丛书策划　陈义望　朱宝元

看世界｜区域国别史经典丛书

HISTOIRE DE LA CIVILISATION FRANÇAISE

Moyen Age-XVIe siècle

修订版

法国文明史 I

从中世纪到 16 世纪

〔法〕乔治·杜比　罗贝尔·芒德鲁 - 著　　傅先俊 - 译

中国出版集团 东方出版中心

图书在版编目（CIP）数据

法国文明史: 修订版 / （法）乔治·杜比，（法）罗贝尔·芒德鲁著; 傅先俊译. 一上海: 东方出版中心, 2024.2

ISBN 978-7-5473-2322-9

Ⅰ.①法… Ⅱ.①乔… ②罗… ③傅… Ⅲ.①文化史—法国 Ⅳ.①K565.03

中国国家版本馆 CIP 数据核字（2023）第 246124 号

上海市版权局著作权合同登记：图字 09-2024-0027 号

Originally published in France as：
Histoire de la civilisation française：*Moyen Age* – 16e *siècle Volume* 1
Histoire de la civilisation française：*17e* – *20e siècle Volume* 2
by Georges Duby ＆ Robert Mandrou
© Armand Colin, Paris, 1958
ARMAND COLIN is a trademark of DUNOD Editeur - 11，rue Paul Bert - 92240 MALAKOFF.
Simplified Chinese language translation rights arranged through Divas International，Paris 巴黎迪法国际版权代理（www.divas-books.com）

法国文明史（修订版）

著　　者　[法]乔治·杜比　罗贝尔·芒德鲁
译　　者　傅先俊
责任编辑　刘　鑫　刘　军　曹雪敏
装帧设计　极宇林

出 版 人　陈义望
出版发行　东方出版中心
地　　址　上海市仙霞路 345 号
邮政编码　200336
电　　话　021-62417400
印 刷 者　上海盛通时代印刷有限公司

开　　本　710mm×1000mm　1/16
印　　张　51.25
字　　数　721 千字
版　　次　2024 年 2 月第 1 版
印　　次　2024 年 2 月第 1 次印刷
定　　价　168.00 元

目　录

图表目录

译　序
————

　　当历史著作成为描述重大历史事件、记录帝王宫廷生活和政府间政治、外交、军事活动的故事书时，发掘经济、社会演变的深层次原因，关注普通民众的日常生活及其思想意识形成的"新史学"便应运而生。法国的"年鉴学派"就是新史学的一个主流。作为法国"年鉴学派"第二代的著名学者，乔治·杜比（Georges Duby, 1919—1996）是中世纪史专家、法兰西学术院终身院士，罗贝尔·芒德鲁（Robert Mandrou, 1921—1984）是现代史（16、17 世纪）专家，法国社会科学高等研究院教授。他俩合著的本书《法国文明史》（*Histoire de la civilisation française*）自 1958 年出版以来，再版十余次，被译成英文、西班牙文、意大利文、波兰文、匈牙利文和日文等多种语言，在国际学界有较大影响，成为"年鉴学派"无可争辩的经典之作。今天东方出版中心出版了该书的中文版，可谓填补了一个空白。

　　在谈到本书的写作计划时，作者曾谦逊地表示，"这本关于法国文明的历史小书是为对法国语言和文化感兴趣的外国人和希望对法国文明有总体认识的广大读者而写的"；然而一进入阅读，读者很快会被一种新的历史视角所吸引，它展示了千余年来真正的法国文明演进的轨迹，以及数世纪来塑造了法兰西和法兰西民族特质的诸多文化因素间的内在关系。翻阅一下本书的目录，即可看出本书的两个基本特点：对纷繁的历史事实的高度概括艺术，以及"新史学"的独特视野。高度概括艺术如：

全书 800 余页的篇幅涵盖了法兰西民族的千余年历史，包括经济、社会、文化等各个方面。独特视野如：与其绘声绘色地叙述历史事件，作者转而从全新角度来观察历史事件，特别是对历史事件发生的环境及其影响进行鞭辟入里的分析。

为什么只讲"千余年的"历史，难道生活在法兰西这片土地上的人民只有千余年的文明史吗？当然不是。从本书目录可知，作者选择的时间跨度，从公元 10 世纪即法国封建社会形成之初的卡佩王朝开始，直至 20 世纪"辉煌的 30 年"为止。为什么把公元 10 世纪作为法国文明史的起点呢？从公元前 6 世纪起已居住在这片土地上的高卢人，曾多次遭受异族入侵。入侵的异族，有的短期骚扰劫掠，有的则长期统治部分地区，乃至定居下来与高卢民族融为一体。这种频繁的、足以改变一个民族生存条件的异族入侵直至公元 10 世纪中叶才得以告终。从此，以高卢人为祖先的法兰西民族的历史发展再也没因外族入侵而中断，民族意识也正是在这一时期开始觉醒。因此选择公元 1000 年作为法国文明史的起点是合乎逻辑的。

《法国文明史》（上、下册）全书约 60 万字，分三部 18 章：第一部"中世纪"五章（杜比撰写），从公元 1000 年至 15 世纪，包括法国乡村社会的特征、天主教教会的扎根和影响、封建制组织及其意识形态、农耕技术的进步、哥特式艺术及其遗产、卡佩王朝的统一、14 世纪的王权危机及经济萧条等等；第二部"现代法国"七章（第二、三部均由芒德鲁撰写），从 15 世纪至 18 世纪的启蒙运动为止，综述从信仰危机到宗教狂热、城市文化和市民社会的兴起、天主教改革和宗教冲突的开始、古典主义的"路易十四的世纪"、18 世纪经济革命和人口增长、启蒙运动的哲学精神、巴黎上流社会的沙龙文化等；第三部"当代法国"六章，从法国大革命至 20 世纪七八十年代，包括对法国大革命的评价及其历史遗产、拿破仑帝国、浪漫主义的反叛、近代社会思潮及 1848 年革命、实证主义的法国、科学文明的曙光、20 世纪抽象艺术和新哲学的诞生、两次世界大战的痛定思痛、战后的"辉煌 30 年"和中产阶级的崛起，以及当今法国政坛格局的由来及现状。总之，《法国文明史》详细而完整地阐述了法兰西文明和文化的历史演变，容纳了历史、政治、经济、文化、文学、哲学、宗教、艺术和科学技术等所有领域，堪称了解法国社会古今和法国人思想意识来龙去脉的小百科全书。人们常说，了解过去才能更好地认识现在。这也是我选择翻译这部著作的初衷，即有助于国内学界尤其是年轻研究者和大学生，以及对法国文化和文明感兴趣的广大读者更准确地理解法国社会和法国人。

20 世纪 90 年代，商务印书馆曾移译出版了法国另一位历史学家基佐的《法国文明史》，那是一部值得推介的好书，可是为什么我还要去翻译一部新的《法国文明史》呢？我愿在此发表一些粗浅的意见。弗朗索瓦·基佐（1787—1874）是 19 世纪法国政治家、有名的历史学家。他是带有保皇倾向的资产阶级自由派，主张第三等级即中产阶级夺权，但反对暴力，故鼓吹君主立宪。作为历史学家，基佐是法学出身，学识渊博，熟谙罗马法、罗马行政体制和典章制度，以及中世纪各国法规和宗教史。他的《法国文明史》（四卷）是其主要著作之一。这部著作是以基佐在巴黎大学当历史教授时（1828—1830）的讲稿为基础写成的，全书共 49 章。它的特点是每章一个专题，从公元四至五世纪罗马帝国衰败开始讲到 14 世纪卡佩王朝最后几个君王为止。各章之间跳跃较大，虽有联系但不严密。因为它毕竟不是一部历史专著，须循着一条思想主线一贯到底。其次从断代上说，该书从罗马帝国败落后高卢这块土地上的各部落开始论起，其间经历日耳曼等蛮族入侵，形成法兰克、勃艮第和西哥特等王国，最后法兰克征服其他王国，在 10 世纪左右成为现代法兰西王国的正统。所以严格地说，10 世纪前的历史并非真正的法国文明。这一点基佐在第二卷开始时也有说明。当然，他这样做也没有错，因为后代是前代历史的延续。但如果要说"法国文明史"，则从 10 世纪左右起比较严谨，这也是杜比先生选择从公元 10 世纪开始其《法国文明史》论著的原因。再从内容上说，基佐先生是法学专家，所以他的论述基本上取材于罗马法典、王室编年史、国王敕令汇编、主教会议档案和各国法规汇编等官方文献。他所描述的也局限于国王、诸侯和主教等"社会精英"的生活和历史大事件。这正是"传统史学"和"年鉴派史学"的鸿沟所在。杜比和芒德鲁的《法国文明史》主要论述历史进程中的社会生活，很少写"精英"，也很少描述历史大事件，连18世纪法国大革命也只写了两个章节的"评价"。杜比明白地说，他和他同事写的历史"把对事件的叙述搁在一边，厌恶讲故事，相反专注于提出问题和解决问题；忽略那些表面的震荡，而致力于以中、长期的眼光来观察经济、社会和文明的演进"（《布汶的星期天》前言）。暂且不论孰优孰劣，以鄙之见，两者可兼收并蓄。尤其对我国学人直接接触外国中世纪文献机会较少的现状，像基佐先生这样的著作相当有用，因为书中关于古罗马宫廷组织和中央政府机构、罗马社会等级头衔表、高卢政治年表、高卢教会历史大事记、高卢文学史大事记等等资料实属难能可贵。最后，我还想说，基佐的《法国文明史》写到14世纪，即写到法国中世纪结束，而对进入现代*以后的法国文明，如15至18世纪的法国社会演变和意识进化，城市化和资本主义兴起，16世纪宗教改革，路易十四治下的古典时期，18世纪经济革命和人口增长，启蒙运动，法国大革命的评价，浪漫主义思潮，实证时代，法国近代的科学、艺术、技术文明，以及当代法国社会现象等等一系列重大课题均未论及，这些内容正可补充基佐《法国文明史》的遗缺。综上所述，我以为两部《法国文明史》相辅相成，可以互补。以上是本人的一些粗陋之见，不妥之处，还望读者指正。

最后，我要向我的内人邓曼莉表示感谢，她是本书的第一个读者，没有她的帮助和鼓励，我恐怕没有勇气完成这项工作；同时我还要感谢出版社的编辑，他们的大量细致的审订工作使本书有了今天的面目，书末所附的"法汉译名对照表"对需要查阅的读者会有所帮助。

傅先俊
识于 2018 年 10 月
巴黎南郊舍维伊拉吕

---

* 注：按法国史学界的划期，从中世纪结束到 1789 年大革命发生之前为现代。

第一部：
中世纪

第一章　公元 1000 年

　　法国文明史显然不是从某个确定的时间点开始的，但为了给本书定一个起点，总得作一个人为的选择。将 10 世纪末定为起点有以下几方面的理由。首先，异族入侵的时代至此告一段落。最后几波的劫掠和征服，遍及 10 世纪中叶以前的法国各地。丹麦人、从北非和地中海一些岛屿来的海盗——被当时人称为"撒拉逊人"（Sarrasins），还有来自大草原的骑士们，他们长驱直入至法国西南部的阿基坦地区（Aquitaine），最后在匈牙利定居下来。此后，在某些边境地带还有过若干骚扰（如南部普罗旺斯沿海地区，特别是罗讷河三角洲，在相当长时间遭受蛮族入侵的威胁），不过这些只是短暂的、很局部的扰乱而已。不再有那些发生在整个中世纪上半期对西欧文明和文化造成了深层震撼的大规模颠覆，也不再有长期来来往往的民族迁徙。它们破坏了很多，但也带来了新的因素。从此，西方历史的发展不再因异族入侵而遭受突然的中断。这是一个重要的阶段：公元 1000 年之前的若干年是一个物质和精神进步的漫长进程的开端。

　　其次，对研究古代史的专家来说十分重要的是，孜孜以求的 10 世纪前的资料极为稀少，而从这一时期开始，信息来源变得不那么令人失望：那是"黑暗时代"的终结。史实相对清晰。然而在很长一段时间内，只有文明的某些方面比较清楚，而它们并非最重要的，甚至也不是最具共性的现象：人们对富人和文人的历史了解得多些，它们是个别例外者的历史；但是对社会存在的日常生活，对多数人群思维和反应的普遍方式则知之甚少。不过，至少从那时起，历史见证开始变得更密集，这是选择这一时代作为起点的另一个原因。

　　最后，10 世纪末以前，人们还很难谈论真正的法国文明。事实上，直到那个时代，法国的某些省份尚未明确划分，它们掺杂在一些范围更大的地域里，这也就是人们所称的法兰克王国、高卢和罗马帝国。然而从那时起，各地的个性逐渐显现，物质生活的条件和思维表达的方式开始具有了某些特殊性。虽然表征还相当微弱或者忽隐忽显，却是一个文明社会的真正端倪，人们可正当地追溯其历史。

　　那么当时法国的地域范围又是如何呢？这就提出了另一个新的界定问题，需要作新的选择。如果我们参照"法兰西"（France）这个词——这看来是个好办法——在 10 世纪时最具思维能力的人头脑中所想象的画面，那么人们将看到这些画面相当模糊。法兰西最初只是一个被夹在马恩河和瓦兹河之间、在巴黎和桑利斯两地之内的森林和乡村小国。而它在当时的语言中已是一个公国（duché），这个强大的军事集团前不久刚吞并了卢瓦尔河以北，与诺曼底、勃艮第和洛林等地接邻的所有省份。但它还不是那个由公元 843 年《凡尔登条约》所定的，北起埃斯科河（l'Escaut）、南至加泰罗尼亚（Catalogne）边界，"以四河为界"的王国，其疆土远远扩展到埃斯科河、默兹河（la Meuse）、索恩河（la Saône）和罗讷河（le Rhône）的四河流域。这些地区无一与法国文明的真正延伸区相吻合。因为，法国的文明事实上是围绕着几个中心缓慢形成，然后沿着几个方向发展传播的。况且，这些中心和方向亦非一成不变。我们正需要通过本部历史书，明确地界定那些凝结点，找出传播的方向和界限。对过去的调查是为了更好地认识今天，本书的目的在于更好地认识构成当今法国的所有地区。我们在这一伸缩较大的范围内，将公元 1000 年时文明的主要侧面作为本书的开端。

1. 土地、农民和领主

一种城市文明的痕迹

文明完全是乡村的，因此十分粗糙。事实上，并非到处只有粗俗质朴的乡土味。另一种生活环境也留下了遗迹，它们是历史上罗马帝国的征服者和最进化的原住民的生活痕迹，穿越田野和荆棘丛的坚实道路至今基本无损。它们通往一些古代的城市，法国南部这类城市多些。城市保存完好，半圆形的古罗马露天剧场、温泉浴池、廊柱等建筑遗迹时有所见，它们是帝国时代完全按另一种生活方式来建造的。然而，那些长长的"铁路"，传说是由恺撒大帝、古代奥斯特拉吉王国王后布吕纳奥，或者某个当地英雄所造，现今都已废弃了。道路因年久失修而阻断，有些路段被激流损蚀或变得坑洼。有的城市几乎完全荒废了：只剩下几十家葡萄种植户、放牧人和神父，他们聚居在当时为防御日耳曼人最初入侵而建造的狭窄城郭里，住得还挺宽敞。也有人几户一群地散居在城内各处，围绕着小教堂或某个古建筑废墟而居，这些废墟后来变成了碉堡或躲避野兽的藏身之处。这就是罗马帝国在这片土地上所留下的：一幅到处是荒芜和荆棘蔓延的破败景象。此后，因蛮族入侵的骚乱、商道沿途的日渐凋敝，富人们相继遗弃了城内住宅，迁往乡间农庄。历经两三代人，其子孙完全忘记了城市文化及生活方式，所有人都变成了农民，尚未被完全降服的乡村大自然成了他们的全部生活环境。

贫困的生活条件令他们不敌严寒和黑夜。他们风餐露宿，因为住房极其简陋，没有壁炉，也没有窗户，席地而卧，生活节奏全随季节而定。冬季日照短，加上没有照明，人们睡眠长。人和牲畜相偎而处，保存热量，也节约粮食；中央架起圣诞篝火，放着猪肉祭品和大盘腌肉。春天来临，农民似乎得到了解救，5月是短暂的农耕季节，个个兴高采烈，富人们则开始了征伐，这个季节体现了中世纪的全部生活。接踵而来的是夏天的激奋，所有人奋力工作，疲劳不堪。这样一种生活，价值变化无定，时间无法衡量，人类的生存服从于宇宙的循环，人们过着一种非常动物性的生活。

土地的占有

当时人口稀少，尤其是分布极不均匀。在有人居住的地带，人口密度看来与 18 世纪几乎相仿（在这方面，由于缺乏任何评估材料和数据，历史学家们十分谨慎），但从当时的农耕技术水平来说，似乎估计过高。人口居住点十分稀疏，一处处犹如孤岛：广袤的荒地包围着村庄，将它与其他村落完全隔离。到处都是一望无涯的森林和沼泽地，渺无人烟。人们在此发现了那个时代文明的一个基本特征：隔绝。在人群和人群之间，沟通十分困难；基本上不存在有效的联络工具。这些乡下人已知道轮子，但因缺乏牵引牲畜，更不存在驿站，所以本地以外的马车运输属特殊冒险。人们还在河上划木船，或者牵着驮重牲畜徒步出行；走在荒野小路上，距离是不计的，在没有驿站而行程又无法一天到达的情况下，旅行者极少，社会被分隔为各自封闭的无数小单位。过路者、"外乡人"，都是形迹可疑者，人人以为可以抢劫其财物而不受处罚。由此，社会便失去了异地交流的习惯。

人口密集而与外界隔绝，因此公元 1000 年时的农民是挨饿瘦削的。从墨洛温王朝（mérovingien）古墓发掘出的人体尸骨可以看出，当时的人长期食物不足：因长期嚼食植物而刮磨的牙齿，佝偻病，年轻早逝的数量超高。居民的身体状况从 7 世纪起可能有所改善，但从出土的大量夭折幼儿来看，人的平均寿命依然相当短。生活必需品的长年匮乏，加上周期性的饥荒，整年甚至连续两年的严重饥馑，编年史家得意又不无夸张地描述过这类离奇而吓人的场面：饥民们啃食泥巴，贩卖人肉。如果说人们活得食不果腹，如果说大批孩童在成年前就被疾病夺去了生命，而广袤的可耕土地却荒废着，那原因就是向土地索粮的农耕工具太原始，效率太低。当时的农具不是或者几乎不是金属制的，因为铁太稀缺，都被有钱人用去打造武器了。两三把长柄镰刀、一把锹、一柄斧子，这就是当时装备最好的修道院大面积耕地的全部农具了，靠它们要养殖牲畜栏里的数百头牛。大多数农具是木制的，步犁的质地很轻，锄头仅尖头淬火硬化，使用它们只能在土质疏松的田里耕作，勉强翻地。这说明为何当时耕地面积如此狭窄，农民的技能低下，只能向原始大自然讨取微薄生活的主要来源。

农耕制度

一眼望去都是森林。茂密的森林退化为不同的形态，有矮林，有荆棘，还有欧石南丛生地，在最后一种森林里，人们每隔一二十年放火烧一次，以便在烧荒地里获得一两季微不足道的收成。森林是真正的养育之母。许多隐士、牧人和樵夫就完全靠它生活。然而，森林还给所有人提供生存必需的木材，人们用来造城堡、房屋、围墙，用来制作盆、碗和各种工具；森林还给人们提供蜂蜜、蜡和浆果等多种采摘物（因为人工种植的果树还相当少），植物被人们埋在地下或焚烧了来肥地，森林里还有各种野生的猎物；最后，它还是放养牲畜的牧场，这是森林的一个主要功能：它是牛马的自然牧场，母羊和山羊也终年在此吃草。羊奶可供人们饮用和制作奶酪，半野生的黑毛猪是人们肉食的来源，其肉被烟熏或腌制后可常年保存。

在原始森林里的一片空地上，人们勤奋劳作以生产粮食。独家偏居是少见的现象。紧挨着的一户户封闭小农舍被称为"农庄"（manses），内有人住的木板屋、牲畜棚和谷仓，有大麻田和小块良田，人们用人畜肥料施肥，每天精心耕作，"后花园"（courtil）种蔬菜。这些小农庄往往围绕着一个领主的"庄园"，领主庄园内的木屋更多更大，于是组成了一个村落。村庄周围是管辖区的耕地，朝向最好的几块地种葡萄，葡萄园周围有围栏。葡萄种植遍布各地，即使在气候条件较差的瓦兹河畔和诺曼底地区，人们也种植葡萄，因为喝酒已进入了有钱人家的日常生活，更因为交通运输的不便，人们千方百计在当地自己酿葡萄酒。在较潮湿地带，沿小溪两岸是草料场，收割牛、马等大牲畜的过冬饲料。饲养大牲畜不是为食肉，而是作为贵族坐骑、套车，或耕地用。牲畜也因饲料不足而十分瘦瘠，熬过了一冬显得衰弱不堪。大部分的耕地是种粮食，粮食常用来熬粥喝，这是人们的基本食物。冬麦包括气温较高地区产的小麦、黑麦和晚熟地区的黍；在夏天热暑气候来得较迟缓的地区，人们还在四旬斋①前后再插种一些麦类：主要是大麦，极少种燕麦。这种农耕制度带有部分的游牧性质：在荒地边缘偶尔被火烧过的地带随处撒种，在耕地上无规则地轮种各种作物，土地有时长期不出产，因为土地无法深耕，厩肥又施得少——耕畜少，而且在畜棚内待的时间短，因此畜肥收集得少——土地需要较长的轮休期；大部分耕地闲置，用作牲畜的放牧场，在收割结束和新麦出土期间，拆除所有围栏，任凭牛羊在整片地里自由活动。然而，在撒了种的农地上，出产率令人沮丧地低：正常的年份，农民的收获量仅为播种量的三倍。因此，耕地范围需要相当大。

在这种原始的农耕制度下，不光耕作范围大，人力消耗也巨大。水力磨坊已逐渐推广，它们是由领主建造。磨坊碾麦节约了人工在石头上碾压的时间和劳力，但并非所有农户都能受益。在领主的磨坊磨麦是要缴付一部分面粉的，最贫苦的农民原本口粮不足，往往放弃机磨的便利。总之，由于农具的落后，农民需为耕地付出最大劳力。根据用牲畜套犁耕或完全以膂力用锄耕的不同耕地方式，农民被分为两大社会类别："耕农"和"短工"。公元 1000 年时农业社会已出现的深刻分化，至今仍未完全消失。

土地财富的分配

在这片土地上，人们付出辛勤劳动却只得到极其微薄的回报，且回报的分配亦是不平等的。不论农户家里是否有耕牛，许多家庭是靠自己的农庄独立生存的，农庄属于家族，可以不受控制地世代相传。但是，

———————

① 译注：四旬斋（carême）为天主教的一个节期，指从行圣灰礼的星期三至复活节之间的 40 天。

在这些小自由地所有者之上，压着一个庞大的土地贵族，他们掌握着几乎所有的未开垦地和大部分耕地。这些"富人"，即在当时的文字记载中所称的"贵族"，首先是在地方上被看作国王代表的土地贵族，他们手中掌握的大批王室领土，作为向王室提供各项服务的薪俸；其次还有教会的各种机构，如主教府、大教堂教务会议和修道院，以及遍布各地的大大小小的教堂，掌握着大量领地；最后是分支繁多的大家族，他们财力雄厚，财富来历往往不明，其产业或聚集一处或分散各地，权倾一方。这些占有绝大部分耕地的贵族，也掌握着乡村社会。因为，就像罗马帝国统治下的高卢，就像日耳曼人的原始部落，公元 1000 年时的法国是"奴隶制社会"。奴隶，即当时地方方言所称的"农奴"（serfs），是农民中的少数，他们像牲畜一样被领主买卖，生活在几乎与古代奴隶相仿的人身依附境况下，他们是"生来"的"奴隶"，奴隶的印记自娘胎里带来，世代相传，女奴隶生下的小奴隶也是属于领主的私有财产。农奴得服从领主的任何命令，任主人随意责骂，毫无申诉权利，而主人对其奴隶则无任何义务。也许因为基督教教义的传播，在不触动奴役制度原则的前提下，承认了农奴的家庭权利；然而，农奴所拥有的一切都属于其领主，当农奴去世时，其主人是第一继承人；农奴结婚须得到领主的同意，一个农奴想进入教堂，须先由领主郑重宣告其获得了人身自由。

农奴的存在相当普遍，一般富裕农户家里就可能有一两个农奴，然而，大部分农奴则集中掌握在富人手中。富人家里一般都有二三十个农奴，男、女农奴吃住在主人家，衣着亦由主人分配，没有工资，没有个人积蓄，也没有一切个人的家庭生活。他们担负着领主家的一切家务劳作，制作所有工具和衣物，在领主的一部分耕田里劳动。注意是一部分耕田。如要耕作领主的所有耕田，那么这二三十个农奴还不够，而领主不想扩大农奴人数：因为领主得管农奴的吃住，农奴数目过大，是浪费，且他们的劳动生产率又相当低。因此，领主的"领地"，只是由他们自己直接经营的土地，加上全部荒地，并非主人的全部土地。它们仅是最好的耕地而已，是辖区上大块的良田；而其余的土地则分租给佃农们。佃农通常是自由农民，他们的祖先没有或者只有少量的自由地，因此租种别人的土地：佃农通常亦是农奴出身，其祖上是领主家的家仆，被主人安置在一块独立经营的土地上，但他们还得为主人服徭役，不过吃住在自己包租的土地上，在此繁衍后代。佃农不论祖上是不是农奴，在领主转让的土地上有自由经营权，如有盈余则自己留存，其子女有权继承父辈的经营权，他们只需每年向地主缴纳地租，并在每年的固定期限纳税：几个铜板（数目也许不多，但税项的存在说明佃农的经营不完全是封闭的，在正常年份他们有余粮拿到集市出售）。此外，佃农还会将家庭生产的某些手工业品，如木器或织物在市场上出售；尤其是农产品、谷物和酒的量器、鸡和鸡蛋，往往还有一只羊或一头猪。此外，佃农每年要为主人服一定天数的劳役，家里有耕畜的还得自带耕畜；主人家搞土木工程、农耕繁忙季节、草料收割、庄稼收割、打谷归仓、葡萄收获和出车运输等等，家里仆人人手不够时，佃农亦要出工出力。

土地领主制的结构

领主的土地极少覆盖整个村庄；多数领主的土地分布在几片领地上，小块土地分散在不同地带，与农民小块自由地和附近领主的领地交织在一起。领主家几十口农奴的终年劳作、几十户佃农的劳役以及在每年圣诞节、复活节和圣马丁节向"朝廷"所纳的贡税便是领主的进项。他们在地方上拥有绝大多数的耕地，靠租税过着养尊处优的生活，不光是他们本人和家人，其宾客也都衣食无忧；过路的朋友得到丰盛的招待。领主家的各间库房总是盈满有余，猪油、豌豆、蚕豆和足以接上下一季收获的充足谷物。贵族的最大特权就是从不知何为饥饿，土地分配的不平等造成在普遍物质匮乏的环境中若干饕餮者的孤岛。那也是享乐者的孤岛：当庄稼汉奋力刨地时，闲适的"贵族"却无所事事，终日游手好闲。事实上，古老的观念一直延续至今：真正的自由人不屑体力劳动，高雅者远离生产活动。最后，领主土地制将很少的流通货币集中到少数人手中，借此他们能去购买本农庄或佃农家生产不出的来自远方的稀少物品。

货币

事实上，即便在缺乏道路和城市生活的乡村社会中，商业也从未完全停止过。甚至在一些遗迹中还留有当政治制度崩溃时商业活动持续的痕迹。大多数村庄每周有定时定点的集市。各地都有一些"码头"，所谓"码头"并非船运的卸货点，而是商人聚集的固定地点。经国王准许，定期在一些交通枢纽举办集市，而且还打造货币。实际上，这些货币的用途极其有限。稀有金属的储备量不少，但主要被用来打制首饰和金银器具，闪亮的装饰和耀眼的首饰对古代人极具吸引力，领主们在家中最隐蔽地方所珍藏的宝贝，不是钱币而是手镯和金、银器皿。当时铸造的钱币尺寸很小，而且极薄，用银和铅合金打造，成色不佳，很容易磨损。黑乎乎的钱币——币值最大的是德尼埃（denier），相当于十二分之一苏（sou）——物以稀为贵，相当值钱（二十来个苏可买一头牛）。货币仅为交换工具，人们只在物物交换无法进行时才使用它；然而，在一些地区性大集市周边，总有造币作坊常年打造钱币。普通小农户靠着在集市上出售的微薄收益，每年好歹都能攒上一二十个钱币，而大量的货币则流向领主们的钱袋。靠了这种局部的、断断续续的货币流通，在几乎完全自给自足的乡村经济的边缘地带，货币的影响范围极小，然而，靠它却能在这个闭塞的世界里维持着珍稀物品的长途贩运。

贸易

被人们用于治疗和调味的外国的辛香作料——香料；色彩鲜艳的各种织物：包括家庭作坊生产的羊毛粗呢和麻类织物，以及被富人用来制作炫富的长衫的织物。"贵族"穿着这种长衫以显示与众不同，高人一等。（人们很难想象华丽的服饰在当时人的行为和关注上所占的重要性：仅看日耳曼人路易①的勇士们即可理解——事情发生在公元 9 世纪中叶

---

① 日耳曼人路易（Louis le Germanique，806—876），巴伐利亚公爵和东法兰克国王，是虔诚者路易的第三个儿子，也是查理曼大帝的孙子。

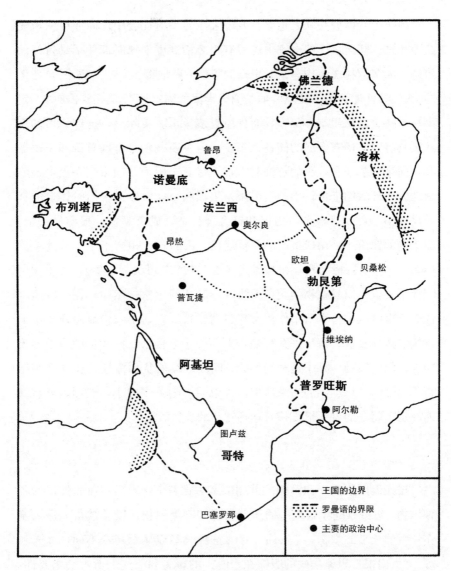

图 1 公元 1000 年时的法国疆界

的日耳曼，但与 10 世纪时法国的情况相仿——这些勇士被禁止在开赴战场时穿丝绸和绣花的衣服，以免在战场上忘了杀敌，却相互争抢他人身上镶饰有闪光物的衣服。）香料、织物，还有佳酿（如果当地不产酒的话）等轻巧而贵重的物品，于是成为商人不辞艰辛长途贩运的主要商品。有些是从遥远的近东地区，穿过意大利北部或西班牙穆斯林地区，几经周折运来的；有些则经过更长路途，从波罗的海和北海漂洋渡海而运至法国。但从流通角度来说，少数富人享用的这些物品销量很有限。与其说是商品更不如说是富人用作馈赠的礼品。当时十分重视馈赠，贵族讲究给朋友送礼。尤其是大领主的慷慨施舍更显示出他们的声望和威信。于是，胡椒粉和红呢绒便到达小乡绅们的手中。当然，也不乏商业买卖的部分，但这种交易很少通过职业批发商。据文献记载，存在少数专事贩运的商贩，譬如凡尔登的一些商人，他们跟西班牙穆斯林商人有贸易关系，但这一社会阶层人数颇少。最通常的情况是，某个大户需要一批异国物品，他会派自己家人远赴一个可以找到这种商品的大集市去直接采购。

　　尽管社会普遍靠土地生活，但等级十分森严。每片林中空地上，在群居的农民中总会产生一门富户，他们的生活靠所有人的劳动来供养。拥有数十农奴的富人家里，妻妾成群，穿金戴银，身着五色缤纷的华丽服饰，出行有专为他们预备的好马——这是显贵的又一标志，向所有人炫耀自己的财富。这些"权贵"，或人们所称的"显赫者"，高高在上地统治着乡野村夫。虽然并非所有农民都是他们的农奴或佃农，但村里的教堂掌握在他们手中，生活在穷困和危险境地中的农民首先向他们寻求庇护。在地处偏远而与外界隔绝的村庄里，他们事实上的权力是稳固的。

国王

　　统治权力的结构是与乡村社会形态相适应的，这种社会形态的特征是闭塞和土地集中在少数人手中。当然，卡洛林王朝的几朝君主在 8 世纪末企图恢复王室权力的努力并未完全销声匿迹。王室权力至高无上的

刚从最野蛮的粗俗中摆脱出来，比普通农民只略高一点。几个世纪以来，全法国——尤其在北方——城市已不再是土地贵族偶尔前来参加高雅文化活动的上流社会中心。文化领域长期以来已为极少数人所垄断，他们是教会的少数显贵和一些隐修院的修士。

2. 教士和文人文化

教会根深蒂固地渗透各地。经过无数教士的布道，通过各地乡村教堂内供奉的圣人（如圣马丁、圣热尔曼、圣阿芒、圣内克泰或圣瓦莱昂）的影响，以及数不清的无名的福音传道者的努力——这种努力长达七个多世纪，而且从未间断——法国各地已完全融入基督教的框架之内。乡村中最后几个异教势力较大的地区，如西南部巴斯克地区、年代较近的由来自斯堪的纳维亚半岛的移民殖民化而形成的诺曼底地区，至公元1000年时才皈依天主教。法国仅剩的信奉异教的"孤岛"范围很小：譬如，在古代城市内定居已久的犹太人小社团，以及在罗马帝国晚期黎凡特（Levant）商人移居法国后的聚居点。

主教

当时，虽然罗马主教的精神威望如日中天，但对高卢教会却不能实施教规监管，9世纪时几任教皇都曾致力于此目的，却终未如愿。因此，法国教会的主要执掌人是主教，在罗马帝国治下的每个古代城市都有主教（南部省份的城市化程度较高，因此那里主教的数量亦相对多一些）。主教拥有大片土地，因享免豁特权而掌握了相当部分的国王治权，在城市里往往还拥有伯爵的全部管治权。主教是整个主教辖区的牧师，德高望重。他是辖区内所有教士都尊敬的首领，是他教导和培养了教区的教士，把他们从平民信徒中选拔出来，授予他们从初级到高级的神职，最终成为神父；圣职授任礼的仪式将神父对主教的依附关系变为最牢固的门生关系。在世俗层面，主教的权力亦不可忽视：他是裁定重罪的法官，还是上层贵族的教区神父；他是教会各种慈善活动的组织者，通过慈善活动把大批虔诚的贫穷信徒团结在教会周围。主教甚至还能在生时或去世后制造"奇迹"，使病患者痊愈，令行恶者遭到天罚；他手中还有更可怕的武器，即有权将某人逐出教门，即从宗教社会——当时人类活动最重要的范畴之一——开除某人，把罪恶的灵魂置于最危险的境地中。

教堂堂区

然而，主教不再像早期教会那样，是教区内的唯一神父。在城市中，围绕着主教堂已组成一个由严格教规来管理的教士团体：主教堂教务会，其成员为议事司铎，他们在隐修院（cloître）内过着一种半集体的生活。隐修院的开支与主教区的拨款分开，由专项的地产收入供给；司铎们是主教的贴身助手，分别负责各项教务：有的负责教士队伍的知识培训，指导礼拜的集体仪式；有的则负责监管乡村教士。因为在法兰克时期，小教堂遍布乡村，它们绝大多数是由贵族家庭在乡村庄园内私人建造的小礼拜堂，然后经过主教祝圣，派遣一名神父在此主持弥撒和日常圣事。如此，在每个居民点建立起一个圣事活动点；至 10 世纪末，教会已在纵深的森林环境中勾勒出各教堂堂区的界线。从此，堂区便成为乡村生活的基本框架。凡在堂区范围内的收获，教会以不同比例征税，作为教堂的开支费用，这就是"什一税"；所有居民（除了贵族家人，他们在领主的私人小教堂做弥撒）都得定期按一定税率缴纳奉献，教堂负责每周组织礼拜，人们在教堂举行各种宗教仪式，以规范信徒的行为，教堂还是为死者举行葬礼的场所和对穷人的赈济中心。因此，在这个以乡村为主体的社会里，最初发源于城市的基督教逐渐乡村化。农民在住所附近再也不会找不到一个神父，神职人员作为上帝的使者，服务于众信徒，他们靠教会丰厚的土地财富供养，人数急剧膨胀，但神职人员之间的物质生活条件差别很大。和世俗社会一样，教士中亦存在着相当大的社会差距：主教、司铎的生活如同贵族，两者是近亲；下层的乡村教士靠一份特别的采地过活，常常还得自己耕作，其生活状况如同一般自由农。被领主释放而获得自由的前农奴，其儿子也有当乡村教士而管理本村小教堂的，他们的物质条件甚至精神境界，与继续留在领主家当马夫的兄弟相比并无显著差别。

修士

修士亦是教会中人，他们削发为僧，断绝尘念，同样终生献身于上帝的事业；但与神父不同，他们并不负责拯救灵魂：他们远离尘世只为自己灵魂得救，得到永福。有的修士选择孤独，他们是住在森林深处的隐士，以采摘野果和信徒施舍为生，这些隐士便是后来流行于 11 世纪的一个教派之先驱。不过，大部分修士则过一种与世隔绝的社团生活——这个团体里几乎只有男修士，因为在妇女地位极其低下的社会里，宗教生活首先是男人的事。从 5 世纪初，最早几个宗教团体在南部普罗旺斯沿海推行埃及聚居苦修的修道方式以来，高卢各地便逐渐布满修道院。临近公元 1000 年时，在古城城郊一带，尤其是乡间，修道院已遍布法国。修道院与农耕经营相结合，往往十分兴旺。民众笃信宗教，特别敬仰祈祷灵修之地；有钱人上了年岁后自愿隐居修道院，有的将一个儿子从小就送进修道院，让他为全家祷告祈福；许多人愿意隐姓埋名地生活于此。所有这一切为修士团体带来了大量的供奉。自卡洛林王朝以后，原则上所有修道院都遵循圣本笃的教规。修道院生活与世隔绝，修士长住修道院，宣誓服从修道院院长的权威，把后者当作精神父亲；修士们终身不娶，但也不刻意清苦，他们个人没有任何财产，但修道院却可能很富；修士必须从事体力劳动，但这条规矩后来放松了。附近农民租种修道院的田地，大多数修士靠当地出产过着领主般的生活。

教会掌握在世俗人士手中

如此庞大的教会组织无处不在，但它的精神影响力究竟如何呢？为了更好地衡量教会的影响力，需要着重分析这一群人的基本特征。法国教会在法兰克时代已经形成，它是福音传教极其成功的产物：宗教灵修和现世生活密切融合，教士和信徒融为一体。卡洛林王朝时期教会领袖曾刻意塑造的圣职人员特殊尊荣的概念已经消失了。在一个万事以土地来衡量的社会里，教会亦变得土地味十足，它在其他各种土地势力中间亦争得一席之地，人们开始把主教领地和伯爵领地相提并论，他们获取的利益相仿，教区神父采地的经营方式和自由农租地相同。个人之间不再有任何真正的区分；除了在主持宗教仪式时，本堂神父与农夫有所区别，平时日常生活中，主教作为领地主管、法官、门生众多的长老和战争时的头领，与其他"首领"相比，不也是掌握一部分王权的人吗？他们穿同样的服装，吃同样的食物，有同样的习俗。这种相互融合并非没有好处，它有利于神父与他的信徒的直接接触。这说明当时的文明，从社会最底层的侧面和最基本的行为上来看，渗透了源自基督教教会的理念，或者至少带有来自基督教的某些形式。这种烙印是深刻而持久的。然而，精神亦因与物质如此紧密地混合而贬值。由于宗教的职能与土地所得的享受紧密相连，营利色彩过浓，导致人们对教会的特殊尊严不再重视，所以当各种世俗势力无法直接行使教会职权时，他们就设法利用教会、支配教会。世俗势力操纵录用神职人员的现象十分普遍。堂区教堂被富人们视为其私人财产，因为教堂原本是贵族祖上出资建造而为其家族所用的，教堂被富人当作其领地上一项最赢利的产业来经营，犹如村里的磨坊和榨油、榨葡萄的压榨机一样。他们把征得的什一税和各种税款截留归己，把信徒们的奉献和缴纳的入葬税等教堂收入窃为己有。以承担教堂礼拜仪式的费用作为交换，随心所欲地指定本堂神父人选；为了保证本堂神父对自己忠心耿耿以及降低管理成本，他们挑选培养最卑微的家仆充当本堂神父。因此乡村教士都是些穷苦人，过得跟农民没有区别，与城里的上层高级教士没有经常联系，很快便忘记了所学的神学知识，因其出身和赖以活命的小块采地而完全依附于堂区的领主。在农民聚居的每一块林中空地，宗教职能都掌握在本村的权贵手中。

上层贵族甚至闯入了教会的高层。修道院也是私人基金捐助的，纳入某大家族的财富中，修士们按照基金掌管者的意志来推选修道院院长，于是基金会指定自己的代言人为修道院院长，往往他们身在尘世而本人直接充当修道院的显职，以便随意攫取修道院的利益。同样，主教区的每个大家族在主教堂教务会中都保留一席位，以便安插自己的亲

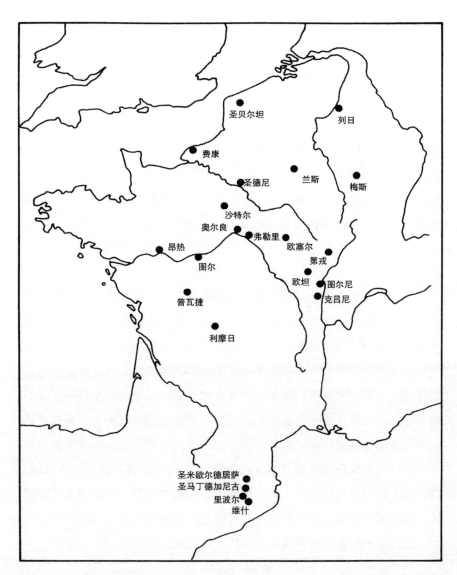

图 2　公元 1000 年时法国教会的分布

信，把这个受俸神职传给某个侄儿。至于主教职位，原则上应由教士团和教徒共同推选，但按法兰克时代沿袭下来的传统，主教由国王任命，也就是说，国王钦定一些重要城市的主教，其余地方则由地方权贵独揽国王的这一权力了。因此，所有的神职均由土地贵族来指派；他们的任命都会——至少间歇是这样——有特殊的考虑。有时会选出最称职的人（在 10 世纪末，教会中不乏称职的道德高尚者），但是这些人抵挡不住世俗权贵们的贪婪，常常选出对后者最有利的候选人，譬如，选某个富翁的小儿子以保障教会的利益，选某个朋友以报偿其对教会的热诚，甚至选某人是因为他送了大礼。因此许多身居要职的教会人士是出于利益而被选上的，他们无德无能，亦未经特别培训。教士与世俗社会交织得如此紧密，以至他们不认为需要改变其生活方式，摈弃尘世生活的习惯。事实上，从行为和道德态度上来说，教会的大部分神职是由世俗人士占据着的。

确实，有些人深感对教会进行改革的必要。一个希望在任命修道院院长和主教时摆脱世俗势力的运动，从与主教团关系密切的洛林地区某些修道院和克吕尼修道院（Cluny）开始蔓延。公元 910 年勃艮第地区克吕尼修道院的创建人，出于保障正常的宗教生活考虑，规定修道院院长的选举应按照本笃教规，排除一切外界势力的介入。这是个值得庆幸的改革：克吕尼成为灵修严谨的典范，在 10 世纪的运动过程中，其他修道院相继邀请克吕尼的修士前去，按照克吕尼的同样原则来改革他们的修道院。然而，反应仅局限于修道院领域，它还只刚刚开始。总体来说，教会仍在世俗势力的操控之下。神职人员的道德状况，因时因地差别很大：有的教士粗暴，缺乏文化教养且懈怠；有的则学问高深，纯粹而敬业。因此，各地教堂及其周边的宗教生活氛围也有很大差别。

宗教修行及态度

这方面很难确定，所存文献只反映了外表的情况和某些精英的修行。不过，人们从最上层的宗教活动至少可以窥见，对最好的教士和修士来说，他们的基督教情感主要来自对《圣经·旧约》的某些篇章，特别是《新约》中"启示录"的沉思，而不是从《福音书》中来。因此，它是一种超验性的宗教，而非化身的宗教。上帝的形象是遥远的、威力巨大和可怕的，他责罚活人，审判死者，根据他们的所行，或保佑他们去极乐世界，或惩罚他们永受苦难。但是最终的审判在何时？较底层的普通民众必定持续生活在世界末日即将来临的信仰中，这种信仰与原始的基督教教义掺合在一起。如果说，今天人们知道在公元 1000 年时并未出现如浪漫主义者所想象的那种集体大恐慌的话，至少可以肯定当时社会，甚至包括教会上层教士在内，存在着世界末日和等待最后审判的焦虑不安。正是这类纯粹心理上的景象促使那些懵懂的教士和凡夫俗子笃信了宗教。拯救自己的灵魂，与可怕的神明和解是每个人的第一忧虑。或许人们并未以所知不多的福音道德准则来约束自己的行为，而是更多地祈求上帝宽恕自己刚犯下的罪过，恳求圣人在上帝面前替自己求饶。这些看不见数不清的众多圣人，各司其职，专门保佑某一教堂或某一圣地。随着基督教化的逐渐深入，基督教圣人在人们的集体意识中逐渐取代了乡村诸神和村庄的守护神。

人们靠圣人在上帝的审判庭上替自己的灵魂辩护，而上帝的宽恕尤其要靠平时的奉献来赎买，"奉献可以洗涤罪恶，如同水能熄灭火一样"。信徒在世时要付出与所犯罪孽严格相应的奉献，奉献要利用一切机会，在最适当的祈祷场所捐出，这便是信徒的主要宗教行为——以至于在交通十分闭塞的乡村，信徒们的虔诚奉献成了经济流通中最活跃的因素。灵魂得救还可以通过准点和多次的礼拜仪式来获得，祈祷能使虔诚心得到升华：在当时缺乏抽象能力的年代，主要靠行动和具体动作来表达。在各种礼拜仪式中，敬仰和触摸圣物最受信徒的恭敬，因为它符合神奇感和奇迹性，10 世纪时的宗教情感中憧憬神奇和奇迹的气氛浓厚。圣人的圣骨和遗体一部分作为神奇力量的具体象征，浸润了某种特别有效的拯救力；人们渴望触摸它，高价征购它，甚至毫不犹豫地将其窃为己有。于是，教会倡导的圣物崇拜便错综复杂地与迷信和巫术妖法混杂在一起，这种迷信和巫术先于基督教而存在，在人们心目中是根深蒂固的。或许乡村教士们也无法将迷信和宗教仪式相区别，所以 10 世纪末主教会议发布教谕，禁止——也许是徒劳——乡村教士宣扬魔术和占卜术。这就是当时基督教的状况：对所有人来说，宗教并没那么多的愉悦和兄弟友爱，只有负罪感和恐惧感。在大多数人眼中，宗教是镶在十分原始信仰的粗糙背景上的一整套礼拜仪式和态度，它保护信徒脱离魔鬼缠身，使其获得心灵平静，它祭祀亡灵，人们对灵魂不死是深信不疑的。入葬时不再在死者坟墓里放入武器和食物还是年代不久的事。然而，围绕着普遍盛行的粗糙的宗教仪式，产生了一系列文学和艺术的创作活动。

　　这些至少是我们能了解的情况。人们不能否认还存在着一种世俗和民众的文化，但是除了极少数难以确定的和间接的痕迹外，世俗文化没留下任何作品，因为它们是一些十分容易消失的东西，吟唱的诗歌还没用文字记录下来。或者是一些极个别的例外，诸如耶稣受难故事、圣莱热颂歌等，它们能流传下来是因其为"乡村叙事歌谣"，是信徒们吟唱的类礼拜诗。此外，还有刻在易损的木材和陶器上、印在织物上的一些图案。人们对不打算入教会服务的富家世俗子弟所受的教育及其趣味一无所知。相反，颂扬上帝的文学和艺术作品则被牢固地保存了下来：它们被写在羊皮书上，刻在象牙和砖石上。

古代文化的残留

　　文化的一些上层侧面，尽管经历了若干变形，仍保存着罗马传统的许多残余。由罗马帝国带给高卢社会上层的知识装备和审美概念，因日耳曼人入侵而遭到严重破坏，城市衰落，大批贵族家庭移居乡间领地，导致学校消亡——过去贵族子弟曾在那里接受非宗教的教育。入侵者引入了一种与高卢罗马文人文化完全不同的艺术，如在小物件上所刻的游牧民艺术，铁匠和首饰匠的工艺，以及在几何图案中加入动物题材的草原游牧民的非形象艺术等。然而，这种持续至公元 7 世纪的古典文化退化——在高卢北部特别明显——并不彻底。学校还存在着，但是经过改造，变成专门培养教士和修士的严格的教会学校。因为基督教是一种"书本的宗教"，建立在一定数量的文本经书上，神职人员至少得读懂和理解经书。这些经书——以 4 世纪末圣杰罗姆翻译的《圣经》为中心——在西方国家是以古拉丁文写成的。正是出于文字书写这一基本要素，教会必须把学习拉丁文的古代学校——它以世俗作家的作品为教材，一向是异教的阵地——纳入其体系，并逐渐使之成为教会不可分割的组成部分。然后，随着通俗语言的讹用，也随着福音传道扩展到拉丁文以外地区，经书的语言（即古拉丁文）才不再是人数不断增加的教士的必用语言。此外，古典艺术的形式也继续存在着。在高卢地区，人们继续按照罗马人的技术兴造石头建筑，这类建筑越来越偏向宗教用途，工匠们亦把罗马人的技术代代相传。因蛮族审美观的传播而遭到摈弃的形象艺术和古希腊、古罗马风格的装饰，亦获得重新发展，譬如出现在6 世纪末巴黎地区以金银纹饰镶边的腰带饰环，以及大巴黎地区儒阿尔教堂地下墓室内石棺侧面的石灰质装饰图案，尤其是圣人故事书中的大量插图。不过，古典文化的决定性回归及其在基督教教会内的再现还是在公元 800 年前后，亦即"卡洛林王朝文艺复兴"时期。为提高教士的文化水平，借鉴在意大利北部和英国修道院内保存较好的罗马帝国晚期文化遗产来革新教堂装饰，教会中两代人和国王作了执着的努力。10 世纪时法国的艺术和精神生活直接受到了这一文艺复兴的影响。

学校

教会学校是教育的基础（上层贵族的年轻子弟上学而不准备当神父或修士的例子是屈指可数的：在中世纪的绝大部分年代里，世俗这个词即是文盲的同义词）。曾辅佐查理曼大帝恢复教育的阿勒盖和其他学者，为修道院和主教堂教务会办的学校制定了一套沿袭古代罗马教育的课程，即被称为"七项自由艺术"的一整套七门课程。它们分为两个阶段。第一阶段叫"三艺"，培养表达能力。首先是"语法"，即拉丁语的语言科学（当时还没人掌握希腊语），通过阅读讲评若干世俗诗人（如维吉尔、斯塔提乌斯、朱韦纳尔、戴朗斯、吕坎）的作品，特别是对多纳和普利西安的批注作抽象研究，讲授拉丁语语法；其次是"修辞"，即文学写作的技巧，通过阅读凯蒂里安的《雄辩法则》和西塞罗的《论演说》，学生模仿《讽刺诗》《链环术》或蒂托·李维的演讲词进行写作；最后是"逻辑"，即培养逻辑推理能力，主要是研究一些拉丁语哲学家的论文及其普及者，如波埃斯、波菲尔等的作品，他们对亚里士多德和柏拉图哲学作了一些十分苍白又歪曲的诠释。第二阶段叫"四艺"，旨在向学生传授世界的百科全书知识，其实各科知识介绍并不深入。通过"地理"和"算术"两科，启迪学生对数的神秘价值产生兴趣，这与当时的魔术不无关系，符合中世纪对灵魂的深入探究，亦寻求数的对应和类比对换，引导学生通过练习，熟练掌握对罗马数字的运用；"天文"在当时还是一门相当初级的简单技术，用于"日历推算法"，计算复活节日期，这是宗教历法中的关键，或者用于星相占卜；最后即"音乐"，即学习圣乐和唱赞美诗。

这些便是学校的全部课程。但是，不要以为各科之间的教学是循序渐进的，年龄参差不齐的一群学生围绕着唯一的教师，而教师还要主持其他宗教仪式。教师读一段课文，讲解一段，正式授课、经验传授和静思默祷，一切都混在一起进行。此外，当时的教育重点放在第一阶段"三艺"上，而"三艺"的重点又落在"语法"上——这完全符合卡洛林王朝的传统：教育就是学习拉丁文。教学方法很笨拙，主要让学生反复咀嚼誊抄下来的课本范文，不过如此方式使上过学的人都会两种语言。事实上，由于学校的教育方向，知识分子的语言，即教会、科学和艺术的语言同大众化的语言完全割裂开来。语言不应该是死的，应是有生命的、灵活的，应能包含思想和书面表达中一切微妙的差别。此外，文学相当贫乏，完全是教科书一类的作品，图书馆（馆藏图书都是在卡洛林时期收集的）、经书誊抄和文学写作室（scriptorium）是学校的附属机构。文学作品只有若干祈祷诗，还有书信。正因生活在物质上阻隔的时代，有文化的人分散在各地教会身居要职，彼此相距遥远，只能靠通信与同一层次的人进行交流。只有一个领域繁荣：历史。在一些重要的教会机构，都有专人负责撰写年鉴，各地教会的年鉴详略不一，年鉴资料或多或少会向外界开放。这一时期权威的作品就是由里歇尔编纂的兰斯教会学校自公元 991 年至 995 年的历史汇编，其写法完全模仿古代作家——特别是萨吕斯特——的作品。

艺术

与学校同样，当时的艺术亦受卡洛林文艺复兴的影响，主要为教会服务：用来营造礼拜仪式的庄重气氛。首先是给宗教仪式配以音乐。在这一领域，10 世纪末正是上一世纪的技术革新在法国各地扎根和弘扬的时代。最初尝试的复调音乐，采用纽玛记谱法——事实上传播范围十分有限——最早以图表代表旋律线，从此仅靠记忆的旋律可以被固定下来；尤其是圣歌中加词法的运用，它能在宗教圣乐上配以自由创作的新词，从而革新格里高利（grégorien）素歌，亦由此促进了宗教抒情音乐的发展，催生了宗教剧的最初形式：公元 970 年的复活节早晨，卢瓦尔河畔弗勒里修道院的修士们，唱着填词的圣曲，模仿信徒惊喜地"发现"耶稣复活的一幕。

教堂内部装饰也起到赞美上帝荣耀的作用，在这方面，从 8 世纪末至 9 世纪复兴的古代传统最具生命力：这就是如同往昔罗马的石雕艺术和人体造型艺术。石雕艺术采用于教堂建造中。几乎所有罗马式的矩形大教堂，出于宗教仪式的需要，特别是圣物崇拜的发展，都采用石头材料进行了改造，这是建筑技术变革的先声。这一教堂建筑变革主要体现在以下两方面：教堂的入口——用于接待朝圣者的入口门廊和二楼廊台被扩大了，大有成为辅助小教堂的规模，顶上架两座塔楼和一个钟楼；主祭台的后部——有入口可进入位于祭台下面的地下墓室，墓室中央供奉圣骨和圣物，围绕着祭台后部半圆形的回廊，呈辐射状地分布着几个小礼拜堂。在一些大教堂的建造中，采用了新的建筑技术，如以传统长方形大厅的大圆柱代替支柱，以拱顶代替构架。至于人体造型艺术，它在教堂祭台的装饰中占了显著地位。耶稣像、耶稣的使徒像还有众多圣人像尊卑有序地一一排列，但耶稣像总在群像的中央，居突出地位。圣像之间隔着绶带饰、抽象的装饰图案和从首饰匠制作工艺借鉴来的花案，这种首饰花案则是日耳曼人入侵后遗留在罗马文化圈的美学遗产，它表现为杂色斑斓和几何图案的非形象艺术。人像以浅浮雕刻在象牙和木板上，涂上稀贵的金银箔，做成装饰屏；也有做成法国南部教堂里的偶像，赢得朝圣者的惊叹和赞美，或做成人体形的圣物盒——南方孔克市圣佛瓦教堂里的圣物盒就是最显著的例子，做工精雕细刻，乃是雕刻艺术的滥觞。此外，在圣贤书中也有画了圣人像的插页。手抄本经书上的圣像绘画技术是卡洛林王朝时期最重要的艺术，它们出现在若干最活跃的修道院里，如圣贝坦修道院、弗勒里修道院，欧塞尔市的圣日耳曼修道院和利摩日市的圣玛蒂亚修道院等，圣人像被放大，画到壁毯上。

文化地域

追根溯源，教士文化、文人文化是与罗马相联系的。但是，其基本框架、表达和传授方式最终是由卡洛林王朝几代国王的辅臣们所奠定的，并扎根于一种特殊的政治结构内。这中间反映了卡洛林王朝文化的某些特征。首先是它的同一性。尽管屈指可数的几个精神和艺术生活中心彼此地理距离遥远，各自湮没在乡村环境中，但是从高卢的一端至另一端，在受过教育的文化人小圈子里，人们的思想方式和趣味爱好却是一致的。事实上，上述各地都处于查理曼大帝所创建的帝国内，在两三代人的决定性时期，真正的文艺复兴艺术家，几个主要修道院的院长和9世纪上半叶的大主教们都是名门之后，且在宫廷内受过相同的教育，他们之间通过定期的教会高层会议，通过旅行互访和书信往来，保持着密切联系，彼此有着共同的精神生活。因此，尽管极端隔绝，他们的艺术创造和思想的范畴仍十分相近。

虽然具同一性但创造相对贫乏。在文人文化领域中，与拉丁基督教的其他地区相比，法国在创造性方面相对落后。首先，法国在卡洛林王朝下所建立的文化设施解体得比帝国其他地区更早更深刻，因为外族的入侵在此更深入，王权的衰退更严重：学校和修道院经书誊抄室遭到比其他地区更严重的破坏。在破坏程度上，法国不仅比保存卡洛林传统较完整的德意志地区严重，甚至还超过基督教文化圈边缘的某些国家，它们因接触其他文明而丰富了自己的文化：譬如意大利伦巴第地区，当地通过亚得里亚海深处的门户向拜占庭开放，保存着世俗教育的痕迹，那里的建筑工匠征服了欧洲各地；特别是西班牙基督教地区，如坎塔布里亚边界地带和加泰罗尼亚，与伊斯兰的财富、精细风格和科学等有密切的联系。

即使在法国内部，文化地域也体现出卡洛林文化留下的不同程度印记。在真正的法兰克地区这种印记更为深刻，如纳斯特里（Neustrie）和奥斯特拉吉（Austrasie），也就是说在卢瓦尔河以北地区。但是在这一区域中，最早的修道院遭到诺曼底人入侵的破坏。整个西部地区在遭受劫掠后，开始了一个漫长的衰败过程，后来，靠强劲的北海船运业和与英国日趋活跃的贸易，西部地区又重新振作起来，出现了图尔、圣德尼和弗勒里等复兴城市，在弗勒里修道院内供奉着德高望重的西方修士的鼻祖——圣本笃的圣骨，不久又出现了沙特尔。不过，更活跃的文化活动还在东部地区，如勃艮第，它未曾遭受入侵浩劫，曾是有钱人的避难地，凡能逃离不安全地区的人蜂拥而至，整个教徒团体带着圣物和圣书逃难至此；边境地带如兰斯等地可感受到来自默兹河和莱茵河上游的一些重要文化中心的有益影响。相反，在高卢南部，如个性倔强的阿基坦地区（Aquitaine），从未被法兰克人真正统治过，仅极其浮浅地受到了卡洛林王朝几任国王的辅臣们推行复兴艺术和研究的影响。不过，南部这一地区却受到另一方面的积极影响。古罗马帝国的遗产在此更丰富，保存得更完整，而且不像塞纳河流域受教会活动影响和日耳曼习俗的传染：在普瓦捷、图卢兹和阿尔勒之间的地区，古罗马（真正的罗马，而非被基督教同化而吸纳的那个罗马文化的特殊侧面）的影响，通过历史建筑物和居民的心理态度，表现得非常强烈。这一地区还受到另一种文化力量的影响，即来自西班牙边境地区的摩萨拉布（mozarabe）文明。

因此，法国以东北部和南部分为两极，两极的文化带有不完全相同的色彩，但同样具有生命力。看来两种地域文化的结合能产生更丰硕的果实，即在卡洛林传统土壤里植入更忠实于拉丁文化，同时渗透了更多伊斯兰信息的南方种子。举一个例子：当时最有学问的教士热尔贝（Gerbert）在教皇任上过世的，称作西尔韦斯特二世，后世把他尊为有神奇力量的魔术师。他是南部阿基坦人，在欧里亚克修道院接受古典文学教育。欧里亚克地处奥弗涅地区边缘，当地未遭受过外族的入侵和统治，对古罗马的记忆特别鲜活。公元 967 至 972 年，他生活在加泰罗尼亚。在这个已阿拉伯化的法西边境地区，各种贸易在此进行，包括香料和贩奴等，各种知识和艺术工艺在此交流，尤其对数学的研究相当深入。热尔贝在此接触并掌握了较深奥的计算技能，特别是掌握了一种被称为"算盘"（abaque）的计算器。从公元 972 至 982 年间，作为兰斯神学院教授，他教授"三艺"课程（以古典文学研究者的身份引入优秀作家，与他有书信往来的学生里歇尔的文学造诣即是证明），与此同时，他还发展了其他学科，如同当时另一位学者阿邦在卢瓦尔河畔弗勒里修道院所做的一样。热尔贝更启迪学生对天文学这门研究世界和谐一体的基础课程的兴趣，他还教授音乐的深奥理论，"以单弦弹出不同的音，将它们的同韵和协和音分为全音、半音、大三度音和高半音，有规则地将音调分配为乐音，令学生深刻体验到其中不同"①，逐步掌握听觉上的色调变化，将它们巧妙地分门别类，更严格地理解节奏和时间。在热尔贝的推动下，兰斯神学院成了法兰西王国最杰出的教育中心，以此为起点，更丰富了学术研究。他的弟子中不仅包括国王于格·卡佩的儿子、未来的国王罗贝尔二世，还有福尔贝，后者在担任沙特尔教区主教后，将他老师的一套教学带到了沙特尔。

---

① 里歇尔（Richer）：《法国史》（*Histoire de France*），第二卷，第 49 页，拉图什（Latouche）出版。

3. 地 区 差 异

热尔贝的活动及其影响证明，知识分子之间的地理距离并不重要，各教育中心之间，人物、经书和思想是流通的，也正是这种交流减少了文化层面的地区性差异。不过，由于环境的严重限制，总体来说，公元1000年时的文明表现为空间上的明显不同。因为法国各地地域广，我们得重复这一点，法国的疆域比今天一些帝国要相对大得多，原因是联络技术的落后和社会流通相当少。各地农民以小群体形式分散在孤独的环境里，风俗习惯和日常生活方式在封闭小范围内各为一体，自主发展。卡洛林王朝的解体和国王治权的分化，事实上是政治结构对人类环境自然分割状态的一种正常适应。再者，某些地区的对立是历史的遗传。高卢各省份并无共同的历史，我们在前面已论述过，各种文明对文化遗产的形成所带来的影响程度不同。自从古代社会结束以来，民族的迁徙、劫掠者所到之处造成的不同程度破坏、外族入侵占领程度的不同，亦使罗马帝国之前已存在的地区差别变得更为明显。有些地方的分界是明确的，有些则是模糊的宽阔地带，是差异逐渐减小的过渡区，这便是当时的法国。在结束本章之前，有必要对之加以说明。

语言分界

首先，语言的分界是十分明确且相当稳定的。法语范围以说其他语言的周边地区为界限，在那边其他语言取代了拉丁语，因为那里的拉丁文化色彩本来就较肤浅。在东部默兹河和孚日山脉以东的日耳曼语地区，入侵者完全抹掉了拉丁文化的痕迹，如同北部弗拉芒平原以北地区，这个曾经被海水淹没、荒无人烟的地区，因海运和内河船运等航运业而兴起，其日后的繁荣在当时已有所显现。在西部阿尔莫里克半岛的西半部是凯尔特语地区，海岛上的布列塔尼人在6世纪时移民到陆地上来，他们一直拒绝臣服于卡洛林王朝：这是一种独特的文化和社会结构，与爱尔兰和威尔士有亲缘关系，他们围绕着一个小氏族而组织起来，移居到布列塔尼地区后仍与法国文明保持着一定距离，在整个中世纪他们跟随法国文明，但有几代人的差距。最后，西南部波尔多以南的巴斯克方言区，也是一个排外性极强的地方。但由当地君主自治的加斯科涅地区，经历了长期与外界几乎隔绝的未开化状态后，与西班牙东北地区有了越来越多的交流，刚开始基督教化的进程。然而，上述的语言特殊化地区范围很有限，往往被限制在法国文明所扩张的地域边缘。在法国文明的整体范围内，人们所用的是罗曼语族的各种方言，当时它们之间尚不存在 11 和 12 世纪起形成的明确差异。这些差异是随着奥克语文学语言的形成以及各地俗拉丁语文学的繁荣而产生的；或许此前已有某些深刻的不同，表现在南、北方语言中拉丁语词根的差别，但是南、北方拉丁语的过渡难以察觉：只不过每个村的居民有不同的口音而已。我们现代人在此所感觉到的界限属于另一层次，即政治分裂，其中有些是历史更为悠久的种族界限的延续。

政治分界——法国的北方和南方

按公元 843 年《凡尔登条约》划定的王国东部界限以西地域，便是人们习惯所称的法国了。沿埃斯科河入海口向上游推溯，穿过阿戈纳丘陵地带接上默兹河，沿河西岸一段距离往上游走，跨河的左岸或右岸，接上索恩河，然后绕过福雷兹平原，划入沃莱地区，最后接上罗讷河三角洲上游的小支流沿河而下。边界是明确的，住在附近的所有居民都知道，特别是那些订立条约的专家们更能精确地划出边界线在哪里。但是，它与日常生活的现实却毫无关系，边界上既无关卡也无驻军，人们不知不觉、毫无顾忌地穿越了边境；边界线穿过领主领地，穿过人口、居住点和村镇管辖区，而从未将它们分割开来。边界那边的洛林地区，在一个世纪前已归并于日耳曼王国，融入辉煌的奥托曼文化，因早期的宗教改革和默兹河沿线商贸大动脉的繁荣，该地变得富有活力。相反，从孚日山脉南端起的"阿尔勒王国"——由勃艮第和普罗旺斯两个王国联合而成，其疆土辽阔，从巴塞尔直至马赛，但住在维埃纳或罗讷河上游的国王却极其无能。该地由一些势力强大的自治领地所组成，有盘山道路通往意大利。东南部一些地区更罗马化、更城市化，但南部地区却严重遭受撒拉逊人的劫掠，直到 10 世纪末前不久才被有效扼制。以至于南部地中海沿海一带的海上航运业萎缩为近海驳运。格勒诺布尔教区主教和普罗旺斯地方伯爵致力在被严重破坏的领地上增加人口，将大批空旷土地分赏给亲信门徒去管理。

法兰西王国远非完全统一。在 10 世纪初被斯堪的纳维亚人占领的地区刚刚收复，塞纳河下游流域，包括贝桑和科唐坦半岛在内的"诺曼底地区"在维京人（Vikings）统治下变成一个很特别的君主国，它的政治取向完全独立于法国。但是，北方民族的殖民仅局限于几个郡，由于实行允许海盗就地扎根的安抚政策，毁坏的痕迹很快消除了，先前文明的某些重要因素，如基督教、拉丁文化及其民间衍生文化和领主制度等又重新出现，而且因外国人带来的贡献而变得更加丰富和坚实。在理论上的法兰克国王（rex francorum）势力范围内，存在着三个不同区域，三个公爵领地，人们按残留的模糊记忆有时将它们称为三个王国，三地的居民相信自己组成了不同的"民族"，那是由于日耳曼人大迁徙、不同的入侵族群割据而成，而卡洛林王朝统治者未能将它们重新统一起来。三个地域中个性最不明显的是勃艮第，它是勃艮第古国留下的小块土地，勃艮第古国的大部分领地在法国范围之外。相反，另两个地区则是剧烈对抗的双方。一边是真正的法兰西，即克洛维国王及其儿子传下的领地，以巴黎、奥尔良和图尔三地为中心，是古代纳斯特里国的延续，国王的祖先即是上述公国的几个公爵。另一边是面积广大的阿基坦，自从西哥特人（wisigoths）入侵并占领当地以来，长期与企图征服自己的法兰克人对抗，阿基坦领地有两个中心：普瓦捷和图卢兹，前者保存罗马帝国的传统，是公国的权力中心；后者为毗邻西班牙边境地带的重镇，也曾是卡洛林王朝为防止从东比利牛斯山过来的阿拉伯人进犯而设置的军事防卫缓冲区。法兰西与阿基坦两区域之间，形成了从卢瓦尔河下游至索恩河畔沙隆市的分界，这种分界是深刻而又现实的，它不但划分了两个敌对的政治统治区域，更区分出两地居民在生活方式、衣着习惯、打麦盖屋、情感和世界观等方面的完全对立。至于双方的相互不理解和彼此敌视，我在这里引述克吕尼修士拉乌尔的一段文字，他在公元 1000 年前后目睹了护送国王罗贝尔的新王后的随行车队："从奥弗涅和阿基坦来的一群人开始进入了法兰西和勃艮第，只见到一些神情十分张狂的人，他们的衣着和习俗很古怪可笑，他们的武器和马具鞍辔杂乱无章，前半脑壳的头发剃得很短，胡子刮得像小丑，脚上穿着极不得体的靴子，完全是一批不守信、无法立誓结盟的人。"[①]

　　差异来自隔绝，这一概念必须再次重申。到处是同样的粗俗，同样不确定的生存条件；在每个稀少又脆弱的避难地都保存着文人文化，同样的经书和同样的美学倾向。但是在围绕着一个交通枢纽、一个大教堂或一个防御据点而形成的各小村落之间，联系却极为稀少，空间距离的阻隔令人望而生畏，外乡人会遭到蔑视，这一切都成为阻碍人们交流的屏障。这就是公元 1000 年时的法国。然而，时代不会倒退，若干年来，自从最后几波大劫掠的平息，人们的生存条件已经改变；各地农民利用效力更高的农具开荒拓土，道路上旅行者越来越多，他们中更有挑担的商贩；人们意识中的世界末日的惶恐已逐渐变得淡漠，但人心骚动，预示不久后的大变动的到来。人类的新时代，一种新的社会关系、新意识和新习俗组成的社会形态，渐渐地开始出现，这就是人们所称的封建制社会。

---

　　① 　拉乌尔·格拉贝（Raoul Glaber）：《历史》（*Histoire*），第三和第九卷，第 40 页。

第二章 封建社会（11 世纪）

封建，这个词是可以商榷的。其实，封地只是人与人之间新关系中的一个并非最重要的组成部分，而人们习惯于用"封建"这个词，那么就保留它并分析其确切含义。在 11 世纪过程中，社会关系的表现形式发生了变化。一个十分重要的变化是：从此开始，并在长达几个世纪内，法国文明的演变在一个新的框架内进行，即使当这框架不再是社会的活的骨架时，它依然持久地影响着人们的思维习惯。"贵族""骑士""荣誉""臣服效忠"，这些新结构的关键词的反响是如此之大，以至直到今天它们的影响仍未完全消失。但是，社会的变革并非突然革命，它是由长期以来不易察觉的深层变化做准备的。在公元 1020 年前后的几十年中，人们开始集体意识到这种变化，社会从法理上加以认可，并明确和固定了这种新型的社会关系，而在过去只存在于模糊的本能反应上。封建制社会最终迟缓地适应于某种特定环境而诞生，这种特定环境就是居民群居点之间的相互隔绝、封闭的经济和作为 10 世纪标志的乡村生活。

封建社会有两个基本特征。首先，权力分散为自治独立的小实体：以往框定政治关系的抽象概念彻底消失了，或许思考力较强的某些教士是例外。王权和公共机构等概念不再有任何意义，指挥人和惩罚人变为个人的权力，它与生俱来，并且可以像土地一样买卖交易，那些有幸获得这种权力的人可以任意行使，不需对任何人负责。此外，这种权威只有在现实的具体环境中才会被承认：谁也不服从一个不见其形、不闻其声的主人，主人必须在现场，他的权力只能管辖眼皮底下的小群体。第二个特征，社会从此将小部分出身优越而被赋予特权的等级集团与普通民众隔离开来。这也只是一种社会意识的觉醒而已：其实贵族阶层的形成由来已久，但从此他们的权力得到了公认，这就是爵位。事实上，10

世纪末人们已普遍认为基督教社会分为不同"等级"，也就是说，界限分明的层级，上帝指派给某些人特别的使命，他们神职在身而有权获得特殊待遇。长期以来在教会的教育体系内已形成了博学者的概念，他们首先是教士和修士，这些人与一般世俗的人已区分开来，但现在又将世俗的人分为两大类。少部分人是富人、领主和非体力劳动者，为了回报上帝给予的优渥物质享受，他们必须全身心投入戎马生涯，以武器保护其他社会阶层。另一部分则是广大的平民、穷人、乡下人所组成的劳力者"等级"，按天意他们得靠体力维持生计，换取前两种人的精神和现世的保护，教士负责祈祷，骑士负责打仗。

1. 城堡和权力

城堡

新型的社会结构在很大程度上是围绕着军事建筑即城堡来构建的。11 世纪时，城堡建筑极其简单，一座长方形或梯形的两层建筑而已。底层为食品贮藏室，上层开一扇门通过活动梯子与外界地面相连，既是起居室又是藏身地，必要时在此进行抵抗。除了在缺乏坚实木材的地中海沿海地区，城墙一般用木材建造。木材容易找也容易加工，但易着火，这是缺陷。首先，不能生火取暖，煮饭得在露天，隔得远远的。尤其对进攻者来说，火攻最为有效。战事发生时，防御方在外墙的最薄弱处要包上刚剥下的兽皮。抵御外敌的能力相当弱，有财力的大领主们不惜工本建造砖砌的城楼，如安茹伯爵在 10 世纪末所造的朗热碉楼和图赖讷地区的蒙巴松碉楼。但是以石头取代木材的建筑，造价相当昂贵（需要雇佣石匠和专业泥工），所以在当时很少，直到 12 世纪下半叶才逐渐普及。因此，在封建社会形成初期，正如当时所有人的住宅一样，城堡十分简陋和不坚固。城堡防御的有效性和力量在于其地理位置：一般碉楼建在一个难以接近的高地上，如果没有自然的陡坡，便人工堆造一个"小土岗"（la motte），周围挖掘一圈很深的壕沟，然后在离防御中心一定距离外的坡地上筑一道篱笆，这是御敌的第一道防线，附近村民在需要时可以进入第一道防线内藏身。所以，城堡或"要塞"亦有集体防御的形象，是统领附近所有村庄的军事指挥权的象征和基础。

当时，城堡数量并不很多，11 世纪时的贵族们并非都住在城堡内。城堡的建筑视地理情况而异，在交通干道沿线和地区统治集团存在冲突的边缘地带，城堡数量较多，而在森林繁密的地方则相对稀少。当时城堡的密集程度相当于今天法国的县（canton）政府所在地，即平均二三十个村庄有一个堡垒要塞。此外，当时建造的防御工事大多是在原有的古建筑上加固而成。卡洛林王朝时代，帝国分裂为敌对的小王国，随后为了对付斯堪的纳维亚人、匈牙利人和撒拉逊人越来越频繁的入侵，各王国或公国必须将军事防御体系扩展至全境范围，在各地构筑防守中心，所以这些城堡几乎都是在国王或公爵的控制下建造的。当然，也有个别军事冒险家利用混乱和不安稳局面，自己出资建造的城堡。私自"僭造"城堡是件冒险的事，必须麻痹民众首领的警觉性同时说服反对的农民。总之，"僭造"的非法城堡是极个别的例外。大多数的城堡要塞最初并在很长时间里都是国王拥有而由其地方代表管理的。正因如此，公元1000年前后，当掌握了国王统治权的各统治阶层之间的最后维系中断时，当所有权力都变成私有和个人的时候，附着了国王统治的最后记忆的城堡也变成守城贵族的世袭财产，而围绕着城堡则形成了新型的权力结构。

11世纪时，还存在一个统领管辖几处城堡的现象，统领在各城堡之间分别住上一段时间，平时则由其下属的守城官或亲信驻守城堡。这种由几个防御点组成的联防网，成为类似公国的骨架，譬如安茹伯爵领地或佛兰德公国便属此类。但大多数情况下，一个城堡是单独统领的驻地，不服从于外界的任何控制。这在法国南部是普遍现象，在北部也经常如此。在国王权力尚未丧失殆尽的小地区，如在巴黎和奥尔良之间，像蒙莱里领主和皮塞领主这样的城堡主基本上是独立的，他们拥有与城堡相关的权力，这种权力还扩展到附近地区。即使在手中掌握了几处城堡的伯爵所在的地区，他们的权力并非来自爵位，而是来自作为守城领主对要塞周边范围的领主管治权。统治权被分散到各军事据点首领的手中，这或许就是封建制度的一个基本侧面。

领主老爷

各地土木结构的堡垒属于当地最富的人，他手中拥有附近的大片森林和成片土地。但是，比财富更重要的是他在城堡中的地位。身边簇拥着一群武装的家仆——所谓"军士"，主人被拥戴为高高凌驾于其他邻近土地领主的首领。城堡主实际上是跟伯爵和主教一样的贵族，只有他们才能在正式文书上被称作"领主""老爷"。他的权力性质和国王一样，事实上是来自国王的，即维护本地区和平及司法。抵御外敌入侵的使命：在遇到危险时，城堡主发出警报，如人们所说的，发出"城堡呼救"，动员战斗，从这一刻起所有战斗者必须服从严格的纪律。这一权力在民众面临劫掠而处于恐慌时显得尤为重要，也正是在这种权力之下，10 世纪时城堡主这些光宗耀祖的壮举，使他能够霸占城堡，并在附近民众的支持下逐渐摆脱一切监督管辖。对内维持司法的使命：城堡主如同古代国王一样，是民间纠纷的调解者；他有权惩处最严重的罪行，处罚破坏和平、扰乱社会的人，如谋杀、诱拐、通奸等罪行，他召集民众，宣判罪犯并执行他的判决；为防止发生纠纷，他负责制订规则并加以监督执行。原本属于国王的权力，现在却变为领主老爷的个人资源。他的权力由世袭而得，他可以为所欲为，在其下属的帮衬下，他可以任意经营他的权力，如同经营他的磨坊和教堂一样。对领主来说，领主管治权是一个生财之道，他可以任意开罚，对百姓强取豪夺。民众对他毫无申诉途径，因此他变本加厉。然而，领主老爷的权力扩张却有一个限制，那就是"习俗"，亦即民众集体记忆中的惯例。约定俗成的惯例并不可靠，因为它未用文字记录下来，只能问村里年纪最大的人；不过它对所有人都有不可触犯的立法作用。事实上，领主特权也正是在"惯例"的名义下被确认的。

领主管治权

来自木头碉楼及其围墙的这一权力，是种种残暴的源头，它的范围辐射到附近地区。这种权力被称为"领主管治权"，或者"裁判管辖区"，领主有权强制民众服从，因为民众在他的保护之下。领主管辖区的范围是有限的——一个人徒步从城堡出发能当天往返的最长单程距离——其边界最初不确定且在变动中，渐渐与邻近领主的边界相衔接，最后明确并固定下来。由此形成了整个中世纪的基本政治单位，即"领主辖地"。

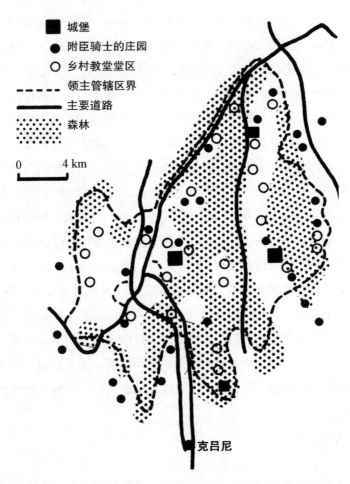

图 3   12 世纪一个城堡领主的管辖区（索恩-卢瓦尔省的布朗西翁）

　　如图所示，在领主管辖区内有两座城堡、两处碉堡，以及零星分布的教会豁免区（乡村教区），管辖区基本以森林和道路为界，附臣骑士的庄园处于边界附近的界外。

在该辖区内居住的所有人都隶属于领主管辖，包括司法权和保护权，所有"居民"（manants，这个词的意思是居住民）都得服从领主的权力。当然，按与领主及城堡的关系，这一权力不会对所有人一视同仁，它形成于公元 1000 年以后，产生了一种新的社会阶级。

奴隶制的终结

奴隶制不复存在，这是第一个变化。在 10 世纪的社会中，法律上最明确的区别是从古罗马和古日耳曼继承来的奴隶制，即在民众中把"自由民"、生来自由人与没有任何法律地位的奴隶区别开来。其实，这种社会分类到了 11 世纪已仅仅留存在人们的语言和思维习惯上，不再符合真实的条件。在穷人中，自由民和奴隶因多种原因已变得很接近：首先，基督教义的渗透，授予非自由民一种新的尊严，他们一旦受洗礼，便成为教区一名教徒，不能再被当作一件物品。其次，依附人群数量的扩大，越来越多的自由民沦落于绝对的从属地位，并且延续到他们的子孙，使他们依附于一个与奴隶主同样严厉的封建主。最后，在私人管治制度下公众团体概念的消失，将一部分人排除在外。事实上在公元 1000 年后，除了北部沿海和海峡地区仍有人口贩卖活动，以及整个中世纪海盗在南部沿海与阿拉伯人进行非基督徒奴隶的贩卖之外，中世纪的法国已不再存在古代那种将人视为家养动物的奴役制度。当然在很长时间内，还有人数众多的家仆仍生活在极其卑微的社会条件下，他们基本上没有任何权利，没有家庭生活，也没有任何个人意愿可言。某些思维习惯和某些用词会延续下来，但语言本身会逐渐适应。如在罗马传统较浓厚的省份，人们对拉丁词的法律含义更注重。在普罗旺斯，人们从 10 世纪起已停止在契据中使用"奴隶"（servus，拉丁文）这个词，因为它包含的依附含义更重，人身从属程度更甚，与当时现实已不再相符。这个词在勃艮第地区的契据中是在 11 世纪末消失的。在许多地区的方言中，"农奴"一词仍经常使用。但从那时起，"农奴"的意思已与过去奴隶一词很不同，人们用它来指某某人的"手下人"。因为，过去奴隶制的人身依附关系已被新的人际从属概念所取代。新的概念渐渐扩展和加强，成为新的社会阶级关系中的主轴之一，代表着人与人之间一种完全不同的关系，特别是人与人之间一种交换和互相给予的关系，最卑微的从属者有权得到他隶属的主人的帮助。从社会阶级的划分界限来说，新关系表现在一种更高的水平上，它是根据新的标准而确立的。

骑士身份

骑士身份是 11 世纪时，在戎马行伍者与其他人之间的一大区别。身佩武器是老式的自由特权之一（从卡洛林王朝起，正是这种自由特权促使许多穷人不惜在农耕季节荒废田地而随国王出征，宁可接受军旅生涯的人身限制，以换取免除徭役），或许它也是行伍者最明显的标志。在影响中世纪上半期政治行为的日耳曼传统构想里，"自由民"首先是勇士，自由人的首要公共义务是入伍打仗，只有当军队集合开赴战场时，自由人的人民集体意识才得到最明显的张扬。然而，随着 10 世纪时的蛮族入侵，战争方式发生了变化：在武装的人群中，装备最好的少数骑士在军中地位最高，他们能免于长途跋涉的辛苦，在战斗中发挥重要作用；而大多数步兵的作用逐渐淡化，变得几乎微不足道，往往不再征召，最后被完全忽略，除非地方上遇到严重的战况。至 11 世纪初，军人的全部荣耀和重要性都归于骑士的特权，只有骑士才是真正的勇士。在拉丁语文书中开始用"战士"（miles）这个词，将骑士与其他人相区分。方言中更说明问题："miles"是骑兵的意思，在法国北方称之为"骑士"。于是，当战斗只是自由人的专门任务这一概念根深蒂固时，完全的自由便只有少数行伍精英才配享受了。

所谓行伍精英还必须是财富的精英。因为，要成为一名骑士，必须是有钱人。在中世纪上半叶，骑士得完全靠自己来装备，当局不给予任何资助。大多数人买不起武器，只能扛着最原始的家伙上战场，所以卡洛林王朝曾特别发布敕令，称战士仅带短粗木棍上战场是不够的。而且，在那个大牲畜都喂不饱的年代，一匹马——一匹能负载骑士及其盔甲的战马——是极其稀罕的装备，更何况马得吃料，主人须备足饲料，可见只有家财万贯的人才能当骑士。此外，平时需要时间操练武艺，每年春夏季节要随军出征，也就是说，在农田最需要劳力时得出发去打仗；为保证城堡内的驻防，亦需要足够的人手看家护院、经营产业、照料家小。总之，11 世纪时，戎马行伍是少数人的特权，他们靠圣明"恩施"，但更多是靠遗产，拥有大片封建领地，足够的人力财力，取得必要的食物和改进装备的财力。在"骑士阶层"跟"农民"和"平民"（从不外出的村民）之间日益加深的鸿沟，就是自古以来区分劳动者与少数吃得脑满肠肥、终日无所事事的乡绅地主的界线。在法国西北部行会传统更浓的一些省份中，当地的大军头成日被一群武装家仆簇拥着，他们根本没有土地，生活在城堡里，靠城堡主养活，他们与城堡主的关系如同家人。但是，大多数的骑士乃是土地贵族。法国的大多数省份的行伍骑士，在11 世纪渐渐与土地贵族融合在一起。

驻扎在领主管辖区内的骑士，与农民一样得服从城堡主的权威。人们可以明显感觉到，这些骑士通常被称为"城堡骑士"（milites castri），因为堡垒是他们的集合点，是他们军事活动的重要据点。然而，城堡主对他们的权威带有另一种性质：因为城堡主本人也是骑士，所以他对城堡骑士的态度是一种对合作者的态度。他们是他的"人"，这是一种建立在荣誉基础上的依赖关系，是一种个人的、自由的依托。它不是盲目的从属，而是那种生死与共的手足之情。城堡骑士不受上下属关系的约束。对他们而言，不存在领主特权所表现的那种人对人的剥削关系和"惯例"约束。事实上，正是在这种情况下，产生了一种有深远影响和后果的情感，即尚武军人享有的特殊豁免权，他们冒着生命危险流了血，就有权得到某些豁免权。

顺从的农民

相反，领主权力的全部重担都压在了非武装的平民身上。对他们而言，处于人身依附地位，从属于某人，即意味着服从他的一切命令，掉入了严厉的甚至是世袭的隶属关系，他们再也不可能从中摆脱出来。封建领主剥削的正是他们，领主通过地方官吏、森林看护人和任何身份极低微的手下人行使特权，这些代理人为虎作伥，滥用权力而很快发了财：他们成了农民的真正暴君。在十分危急的时刻，往往是这些庄稼汉被征去打仗，或者作为被人蔑视的脚夫，手执最微不足道的农具当武器，去为由骑士面对的真正战斗做准备。在平时，农民还要为协同防务做一些被认为是有损体面的劳作，譬如向城堡驻防人员运送给养，特别是运送喂马的饲料和燕麦，或者为堡垒的定期加固而承担劳役，还常会变相地被派去领主的耕田劳动。领主对农民行使极其严厉而草率的司法权，因为它有利可图：任意罚款，罚金按过去蛮族的法律确定，绝无通融（不管何种情况，打人一拳罚七个苏；打人流了血，不管伤势严重程度，一律罚六十苏）。农民攒下的血汗钱就这样流进了领主老爷的金库或地方官吏的钱包。如果当事人付不出罚金，就会被监禁，监禁不是服刑，而是逼人缴罚金的手段。至于更严重的罪行，犯人则由领主老爷任意发落：没收犯人的全部家产，任意施行体罚，将罪犯的作案之手剁下，或者处死。示众架、"绞刑架"则是威权的另一类象征。最后，农民获得领主的保护是有代价的，他们接受如此野蛮的"保护"必须向领主偿付物质"资助"。领主过往，农民得提供食宿，倘若领主难得亲自到农家的茅屋来喝家常面糊，可以让城堡骑士、门客，甚至猎犬群来享用免费餐，对一个庄稼汉家庭可怜的口粮贮备而言，如此可怕的定期盘剥之苦可想而知。幸而还有惯例可循——大多数情况下这种盘剥受到惯例的限制。相反，领主征收的"人头税"（taille）则专横得多，也就是说，领主有权任意取用农家的任何东西。

因此，11 世纪压在农民身上的领主剥削是一种更沉重的封建特权。对租地耕种的佃农来说，领主特权是向地主提供徭役服务之外的额外负担。对教区的所有教徒来说，它是除什一税和其他教会税外的苛捐杂税。正是这种沉重的压迫促使村民们聚集起来更有效地进行自卫，在教区范围内将几个村落合为一个更紧密的团体，维护"惯例"。村民们在作为避难地的教堂周围聚集，集体抵抗封建领主的统治，于是形成了法国乡村的另一个基本单位——村公所——它是今天地方行政区"市"（commune）的萌芽。另一方面，封建领主特权靠巧取豪夺积累了贵族财富，农民微薄积蓄的大部分被转移到领主手中，出现了经济分化的不同层次：它进一步提高了城堡主相对于其他人的地位，尤其是将少数骑士精英与广大村民隔离开来。

2. 骑　士

骑士身份的世袭化

我们对当时农民的生活状况几乎一无所知，只能根据他们受领主盘剥的方式，即通过旁人的见证略知一二。相反，有关骑士集团的生活却有大量的记载。骑士阶层是一个封闭的团体。事实上，当时的一切条件都有利于将骑士身份和特权变成父传子承的世袭制度，将这部分人数有限的富人、武士精英变成一个世袭者的社会团体：在极端狭窄的经济条件下，除非极个别的例外，个人财富一般不可能大起大落，各家族财富之间的差距代代相传维持不变；领主老爷对佃农的残暴剥削更为农民积累财富设置了新的障碍；血缘关系的加强和家族成员间的互助，使得富家子弟即便在父亲去世后也不会失去昔日曾享有过的尊严；在人口流动性不大的社会里，人们相互知根知底，门当户对的家族联姻增加，给靠欺瞒而获得社会升迁的机会添置了有效的屏障；阶级意识过早形成，对出身不同的人企图进入某一社会充满蔑视；最后，少数掌权者心存警觉，从切身利益出发，维护其特权和"惯例"豁免权不被更多人分享。在法国，用"骑士"（ritter）的头衔来称呼比贵族低一等的体面人的历史比其他国家早得多，与贵族有明显区别的骑士，在11世纪成为正式的世袭阶层。贵族内部存在不同成分，它的顶层由少数拥有城堡和军事指挥权的"有权有势者""大财主"控制，他们因祖上与王室有某种血缘关系而感到自豪，自我感觉比城堡骑士和邻近的小附庸要"显贵"得多。然而在法国，战斗中结成的手足情谊、联姻、军人的相互尊重，以及享受同样的特权和相同的行为方式，已把贵族的古老概念扩展到全体骑士阶层，遂形成法国封建社会中结构最紧密一致的阶层。

成为骑士必须经过一个很张扬的授礼仪式，即"骑士礼"（adoubement）。骑士的儿子一出童稚年龄，经过一个骑士习武阶段，也就是说，大约在18岁左右时便可进入骑士团。在骑士授礼仪式上，一个前辈，譬如父亲、伯父或城堡领主，庄严地向年轻骑士授予骑士肩带和作为骑士身份象征的佩剑；然后，在他脸上猛击一掌，即所谓"掌击"，这可能是古代测试膂力和自制力的淡化形式；接下来，新骑士得在骑士团前展现其体力，进行骑士战斗的操演。

> 他收到一副漂亮的护甲，
> 头戴绿色尖顶头盔，
> 纪尧姆将长剑佩在其左侧；
> 手执大盾牌的他，
> 跨上一匹世上最好的骏马。①

就其基本形式来看，骑士礼仪式乃是完全世俗和军事性的。人们知道10世纪时佩剑的宗教降福仪式，但宗教掺和于骑士礼仪式的演变漫长，其过程不很清楚。不过宗教礼仪确已掺和到骑士礼内，如同它已存在于生活中其他主要仪式上。

生活方式和意识形态

除了准备当神父或进修道院当修士，所有的骑士子弟都将接受骑士礼，通过这一仪式向社会彰显骑士阶层的崇高和优越感。然而，骑士的生活与普通农民的生活紧密地联系在一起，只是骑士身份使他比教区里的其他弟兄显得更光彩。骑士的住宅包括牲畜棚和谷仓，规模和面积比普通农民的木屋大，家里有不少仆人，村里有些农民还是"他的"手下人。他负责仲裁所辖的二三十份领主转让采地上发生的民事纠纷。教堂往往归他所有，因此什一税的大部分流入他的腰包。上述种种权力，加上他本人田庄内的出产和佃农缴纳的贡赋，足以让他过得衣食无忧，但他却没有多少钱。因此，他的权威和财富都受到限制。而拥有城堡的骑

---

① 《纪尧姆之歌》（*Chanson de Guillaume*），第1075—1079行诗句。

士则不参与田间生活，又能够大把大把地捞钱生财。但不管哪种骑士，他们的生活都过得相当简陋。他们基本上也无法抵抗黑夜、疾病和寒冷（壁炉的使用是从 12 世纪建造砖房才开始逐渐普及的），或许当时富人的神经构造与当今人有很大不同，他们更能抵抗肉体的痛苦，但缺乏想象力和控制感情冲动的自制力。面对大自然的无能为力亦说明他们为何特别迷信，相信与超自然力量的经常沟通。它也迫使人们过群居的生活：城堡里唯一的起居室——"大厅"里总是挤满了人，领主和他的手下人肩并肩地围坐在一起，吃总管从很远的厨房端来的菜。晚上，所有人围着领主的卧榻席地而睡。在 11 世纪时，一个人独处是绝无仅有的，总是一群人在一起。孤独是禁欲生活中最难熬、最令人敬佩的修炼。

面临自然的威胁，骑士和农民一样显得无力抗争，但有一点与农民有着根本区别：他们不劳动。事实上，体力劳动是与出身高贵者身份不符的苦力。真正自由者靠他人的劳累而生活。骑士什么也不做，但也不留恋财富：当骑士意识到自己的身份，一个必需美德就是后来宫廷作家所颂扬的"慷慨"、无私，或更确切地说是奢侈癖。除了头衔和法律地位，骑士与"劳动者"的最大区别是，他们不仅不生产，还比别人更多地消费、浪费和糟蹋。此外，他们的存在完全是为了打仗。

首先是对野兽开战：从国王到底层官吏，狩猎是最日常的消遣。人们知道当时有大量未开垦地，这大片原始土地都归富人所有，他们辟出一小部分作为农民的牧场，其余大部分则是他们的狩猎场。这片狩猎场即人们所称的"森林"。骑士们带了猎犬群在森林里用长矛追逐野兽，城堡主的猎犬群由手下人照料。出征狩猎的条件艰苦且充满危险，其本身也是作战训练——从武器和策略上说跟打仗相仿——而且野味还可补充食物。当时除了放牧，狩猎还是补充肉食的途径。骑士是食肉者，这是他的又一特征。犬猎，即用猎犬狩猎的一整套方法和规则，狩猎者必须适应与原始自然的紧密接触，这些——在几个世纪内——都是骑士意识形态的基本要素。然而，骑士生活的中心还是真正定义骑士的活动：作战。

兵法

骑士装备中首先是战马，它必不可少，也是骑士社会地位的最明显的标志。其次是十分昂贵的个人装备（一身装备差不多等于一个富有农户的全部财产），正因如此，只有富人才有资格当骑士。战马和装备两者缺一不可，在 11 世纪，这两者的关系变得越来越紧密和有效。公元 1000 年时，武器还相当简单：凭一柄短矛就能上战场。短矛当标枪使，骑士远远地将短矛投向敌手，犹如 1080 年制作的巴约挂毯上所展现的诺曼底公爵、征服者纪尧姆的作战场面；短兵相接时采用的武器是剑，剑很长很重——英雄叙事诗中描写的与战马同样重要的武器。打造剑要有高超的技能，这是从中世纪前期的打铁匠遗传下来的。至于防身，则用金属头罩，即尖顶的头盔；还有护甲，它是长过膝盖的皮革护身，上面附着许多金属的鳞片；最后是圆形或三角形的皮革盾牌。这副装备的重量相对较轻，骑士戴上之后有较大的行动自由。随着炼铁技术——这方面人们知之甚少，但对这一时期至关重要——的推广，防御性武器不断完善。一块与头盔相连的金属板，即护鼻，保护脸部；一件锁子甲把全身从上至下罩起来，代替了原来的皮革护甲，锁子甲或用铁环相扣或用铁网制成。新式盔甲几乎可以保护骑士刀枪不入，标枪和小弓射出的箭等投掷武器都伤不到他，遂扼制了长距离攻击的威胁，将战斗胜负限制在决定性的短兵相接。但是新装备亦使骑士身上的负荷更重，运载更困难——其行动受到更大限制。因此要求马匹适应新的作战条件。过去，马匹的作用是行军，以突然出现在敌阵之前实施恐吓、骚扰和追击；但双方交战时，一般弃马徒步，以剑相搏。渐渐地骑士们习惯于骑马作战：借助马镫和大马鞍，骑士在马鞍上更有力更稳固；同时靠改进饲料来改良马的品种，使战马更壮实，能驮着穿戴新式盔甲的骑士而跳跃得更敏捷。因此，军事对抗到了 11 世纪末已成为骑术较量，成为马上比武。从此，进攻武器就是长矛。骑士在作战中，扛长矛靠髋部发力，策马疾行，以长矛挑敌手落马，对方不幸被挑中落马后，裹身在沉重的护甲里动弹

不得，只得听凭胜方处置；"宽恕！"（miséricorde）——该词后来有一个
引申义：锋利短剑。得胜者遂拔出藏在护胸甲内的短剑，结果敌手的
性命。

> 当罗兰听到他的声音（天哪！他是那么痛苦）
> 使劲用马刺策马，纵马飞驰，
> 奋力朝伯爵身上砍去。①

　　这是一个根本性的改变。它扩大了骑士和步兵的距离，从此步兵的
作用变得无足轻重。它也改变了战斗者的心态。有效防止了远距离的攻
击，迫使他们短兵相接，作面对面的决斗。同时也允许翻身落马者与决
胜方有一个对话的机会，一个讨价还价的余地，减少了战斗的屠杀性质。
获得赦免的战败方得发誓向胜方付一笔赎金，由此赎金概念便进入了军
事对抗的范畴，明显改变了战争的行为方式。最后，战场也改变了面貌。
在 12 世纪初，敌对双方先开骂一阵，然后双方各派一骑队冲向对方示
威，马上再折返回来，集结在本方的步兵阵后面，由步兵们手执长矛打
冲锋。而新的战法则需要在开战前作某些准备，特别是双方约定战场地
点，它应是一片适宜骑士纵马交战的平坦开阔地。于是便产生了军中传
令官，令今天的人们感到有些惊讶的这一军职贯穿了整个中世纪，传令
官作为交战双方的使者约定开战日期与战场地点。由于装备的完善，战
争遂变为一种艺术，一种斗智的运动。当然，打仗仍有危险。赎金的诱
惑不足以完全扼制人们的屠杀欲，也无法控制他们的狂躁，其性格已在
长期对付猛兽的狩猎中变得残暴无情。正如中世纪颂扬武功的史诗所描
写的战场，遍地是被割下的人头和洒得一地的脑浆。但是，战争毕竟有
了该遵循的规则。光明磊落，不得背信弃义，玩弄"花招"，于是便形成
骑士道德的一大准则：守信。

---

① 《罗兰之歌》（*Chanson de Roland*），第 1196—1198 行诗句。

骑士比武

然而，打仗带来的快感是一时性的。漫长的冬季对习惯于戎马征战的尚武骑士来说犹如死亡季节，再者无战事的日子也比人们所想得更多更长。平时太平无事的日子，骑士也不完全空闲在农庄里，他得去附近城堡驻防；离开自己的土地一两个月，在城堡与别的骑士一起练武协防——当时称作"见习"，吃住由城堡主负担。此外，还有跟打仗一样刺激的比武大会。12世纪骑士比武大会最盛行，组织者为此广泛宣传，经过长时间的准备，骑士们有的从遥远的地方赶来。比武大会有悠久的传统，本意是召集各路英雄豪杰在一起，以便骑士们相互切磋武艺。但当时比武大会已变得跟打仗一样暴烈：在一片开阔地上，双方骑士拉开阵势，奋勇厮杀，目的是俘获对方，然后索取赎金。有时下手太狠，结果了对方性命。"每个人奋力防身的同时还援助同伴，相互掩护，协力打击对方并捕获俘虏……下午三时比武结束后，骑士们并不离开，因为还有事要做。有的四处寻找在比武中被俘的同伴，有的搜寻丢失的马鞍，还有人向对方打听自己亲戚、朋友的消息，而当了俘虏的人则要求朋友替自己垫付赎金和押金。"[1] 这是一次很成功的比武大会气氛的真实写照。这位写纪尧姆元帅生平的无名氏作者还写到这位英雄发誓以"头贴铁砧"的决心，固执地要求铁匠修复他那顶被打烂的头盔（这是13世纪初的事，所以时间上晚了一些）。由于比武过于贴近真实，后来教会和几任国王出于维护公共治安的考虑，禁止骑士比武和私人械斗。由此可见，尚武已成为贵族生活的最高境界，出色的军事才能决定贵族的全部行为和精神体系。贵族把不适宜打仗的弟子安排到修道院去，他们崇尚威武体格和无畏气概，英雄壮举和骁勇顽强是他们的真正"价值观"。

封臣制度

信守誓言、忠于发过誓的结盟者是骑士道德的另一大支柱，因为骑

---

[1] 《纪尧姆元帅一生》（*Vie de Guillaume le Maréchal*），第2981—2996行诗句。

士这一社会等级不受掌握公权力的地方行政的任何约束，也摆脱了城堡主对农民的各种惩处权，它是一个有严格定义的封建阶级。在这个阶级中，由人与人之间的道德关系而确立的政治关系，是建立在封臣制和采邑基础上的。

无论在贵族社会还是在平民百姓中，建立对主子个人忠诚的"臣服"关系是由来已久的习惯。围绕着一个有权有势的领主，自然而然地形成一个效忠的门客群体。从 9 世纪起卡洛林王朝的国王们就试图将这一私人行为规范化。他们自己就用这种方法来巩固对王国的统治。为了直接控制最有影响的地方诸侯，以授予王权的省级代理权来换取他们更全面的服从。在卢瓦尔河至莱茵河的范围内，这一统治方法是最为根深蒂固的。此后，它又逐渐蔓延至南方各地区，随着王权的逐步衰落而变得更为流行。与此同时，随着骑士"等级"与农民的进一步分离，这种人与人的关系被赋予特殊的形式。在 11 世纪初，当一个城堡领主对他的家奴或"见习"骑士讲话时，通常都把他们两者称为"我的人"（尽管对依附贵族的骑士有一个专门名字"附臣"），但是领主期许于两者的服务和态度，以及他对两者的感情却是根本不同的。用词上的区别已赫然不同：对于家仆，领主就是"主人"；而对骑士，领主是长者，也是"前辈"。骑士尊重城堡领主，不是因为他手中掌握的权力，而仅因为他是道德上的尊长，犹如家族中的长辈。从附臣与领主的结拜仪式能更清楚地看出两者关系的性质。

仪式分两步进行。首先是"臣从礼"。投靠者不戴头盔，不带武器，跪在领主前，摆出完全臣服，全身心交付的姿势，将紧握的双手交到领主的手中，领主接受了投靠者的双手意味着接受投靠，并成为后者的领主。这一刻真正体现了附臣的从属地位，附臣不再属于他自身，他得完全服从别人的命令。但是，附臣并不停留在这个屈服的姿势上，领主会马上把附臣扶起来，并跟他行口吻礼。行口吻礼即明确表示两人今后又重新处于同一地位上，他们刚结的关系不是屈从关系，而是友谊的结盟。然后，起身的附臣马上向领主宣誓效忠，"作为依附人向领主表达忠心，不存丝毫异念"。这是仪式的第二步，即"发誓"。立誓原是宗教行为，或许是后来才添加的内容，这是基督教行为逐渐渗入社会关系的又一个佐证。但是，宣誓也表明依附称臣是一项个人的自由的行为，它不是在外力约束下进行的。

依附称臣是一个终身的约定：臣属将紧握的双手交到领主手中，并信誓旦旦地立誓这一切是不能收回的。领主和附臣的结盟关系是一辈子的。然而，附臣对领主的依附与农民不同，它不传代，只是严格的个人行为。此外，在正当理由下，譬如一方不履行其义务，另一方可以通过与"臣从礼"相反的仪式——"挑战"或其他特殊行为（譬如折断一根木棍，扔在地上）来解除双方关系。因为，臣属关系约束双方必须履行各自的义务。那么这种义务的性质及范围如何确定呢？在一个法律模糊不清，仅存在于人们集体记忆中的时代，一般人只看重外部形式，由臣服立誓而结成的双方义务并不确定也无明细的规范。不过，11世纪初人们曾试图把这种义务明确化。当阿基坦公爵提出类似问题时，德高望重的沙特尔主教福尔贝——他善于作法律思考，出身贵族世家且身为主教，因而对领主阶层意识形态和反应方式有深入了解——在1020年给出了关于义务的最好诠释。福尔贝首先精确地定义了忠诚的基本义务，即为了避免被人所称的"叛逆罪"而应当刻意履行的义务是：不做可能会对领主的身体、财产以及"名誉"造成损害的任何事。因此，臣属关系总是而且首先是双方之间的一种信赖，一种安全的担保。

然而，仅从排除法来定义义务还不够，"因为不做坏事还不够"，沙特尔主教接着说，"还必须做好事"。不过，沙特尔主教提出的正面要求仅两个词——"帮助"和"建议"，似乎太过笼统。每个人都相信，依附者应当"帮助"其领主，亦就是说，当领主有困难时，附臣应当出手相助，而且全力以赴：譬如当领主生老病死时，附臣应当负责替他经营产业；当领主有官司时，附臣应为他作证；后来在12世纪，当金钱变得更重要时，附臣还要为领主付赎金、嫁女或筹划接纳他儿子成骑士并为其购置装备。但是，在完全按打仗需要来组织的环境里，帮助显然是指军事上的辅佐，附臣主要是拿武器来协助领主，臣属关系原则上就成了战斗的同盟关系。"建议"的义务则为了另一种需要。在人们习惯于过群居生活的时代，很难想象一个有权势的领主孤独生活，特别是他会单独一个人做出某项重要的决定，而不征求附臣们的"建议"。因此，附臣们有义务经常去访问领主，在他身边组成一个"朝廷"，这种人脉交情是必不可少的。附臣定期造访领主，在领主家一住几天，其间兄弟伙伴吃同锅睡同榻，于是就形成了另一个结果，即紧密地维系臣属关系，否则彼此之间会逐渐疏远，而疏远在那个时代会使首领失去权威。

　　这一切义务都是相互的。沙特尔主教福尔贝还指出："在所有方面，领主应当同样地对待他的附臣。"他不能做伤害附臣的事，而且在武器、建议方面，甚至必要时在金钱上帮助附臣。不过在附臣方面，义务的约束性更大些。对依附者来说，还要尽"服务"义务，当我们用这个词时就想到了奴隶。不过这种服务是自发的，主仆双方关系越紧密，服务的范围就越广。双方的这种情结往往起始于孩提时代，因为习惯上附臣的孩子年幼时多半会在领主家待几年，在那里学习武艺，跟领主家孩子一起照料猎犬群，日后孩子们之间自然延续了臣属关系。经过双方的商讨，往往会在忠诚誓言里明确"服务"的性质。但是，服务在正常情况下是有偿的，所以福尔贝特别指出：附臣应当对领主提供帮助和建议，由此他才"配获得封地"。总之，对附臣的服务，领主应回报以"好处"。

封地

　　对领主来说，最重要的是慷慨，因为宽宏大度能使他赢得附臣们的友谊。附臣们于他期待很多，盼望获得武器、马匹、金钱，尤其是当时那么值钱的首饰。实际上在领主保护的原始概念里，附臣的生活完全由领主负担，他们像家仆一样在领主家吃住。在 11 世纪的许多城堡里，常有一两个骑士一生都住在领主城堡内，他们已完全融入了领主家庭。"你们向我要封地，我没法给予，"绰号"长剑"的诺曼底公爵纪尧姆对他手下人说，"但是我愿意将我的全部家产都给你们，我的手镯、肩带、头盔、护腿铠甲、马匹、斧头，还有非常漂亮的镶金长剑，都给你们；你们可以在我家里永远分享我的友谊和享受服务的荣耀。"① 然而，附臣们宁可希望得到一块封地，这在当时是真正的财富，唯有它才能避免总在一起用餐的麻烦。事实上，11 世纪初，当一个附臣来投靠，领主通常会赏他一块封地，也就是土地的"终身用益权"，或者通常所称的"封地"。封地大小不等，一座教堂、什一税的一份所得、某项经营权或某农庄的耕植权、一家磨坊的管理权或一片田地的种植权等等。名义上领主还是这类产业的业主，但通过一项仪式，将某产业的用益权授予附臣，后者拥有产业的经营权。只要他履行附臣义务，就可以一直经营下去，亦即说，只要不叛逆，他可以经营到死。经营产业的收益即是他对领主效忠的回报。

在确立臣属关系中，封建的采邑转让成为一个主要内容。在一个任何利益都要看得到摸得着的时代，这是不言而喻的：从 11 世纪下半叶起，人们普遍认为向领主效忠"就是为了获得封地"。封建这个词便包含了土地关系中至关重要的新内容，即人与人的关系是靠某块土地来维系的。由此，人际关系发生了明显变化。一方面，它加强了封建领主的权力，因为有封地的转让和与此相关的一切，附臣得听命于领主；附臣若违背其誓言，领主拥有了对他惩处的手段，可以在征求其他附臣的意见后，没收那个背信附臣的封地。另一方面，既然臣属关系是双方以友谊来生死相托的，领主如何能从附臣继承者的手中收回封地呢？再者，已被附臣经营了一生的封地早已跟他们家族的土地融合在一起。于是通常情况下，领主只得让附臣的后代继续经营封地，并与后者保持臣属关系——往往出于不得已，即使领主对附臣后人的忠诚存疑或者对其服务不满意。此外，既然允许附臣将封地传与后人，他们认为也可以将封地赠送或出售。当然，买卖封地必须先征得领主的同意，同时作为购买封

---

① 圣康坦的都恩（Doon de Saint-Quentin, 960?—1043），11 世纪诺曼底的编年史家，作品《诺曼底最初几位公爵的业绩和风俗》（*De moribus et actis primorum Normanniae ducum*），亦称《诺曼底史》，第三卷，第 44 页。

地的买方，如果有意获得一份领主原本当礼物赠与的封地，也必须先对领主行效忠礼。尽管如此，封地的流动使忠心变得不那么牢靠，尤其是双方对忠诚缺乏深入的体验：领主会看到一个并非由他选择的附臣后人或购入方进入了他的附臣圈子，而附臣也觉得是被迫而非自觉自愿地对领主效忠服务，他被迫服务无非是为了获得封地的收益。甚至于也有作为残疾人、寡妇或女儿的继承人，他们无力履行军事义务。更糟糕的情况是，由于封地的自由转卖，一个人可能同时拥有几个领主的封地，这个附臣得效忠几个领主。那么他得为哪个领主服务，尤其当领主之间发生冲突时，他得替哪个领主效力呢？这种情况下，附臣的个人忠诚便大打折扣——按忠诚的初衷，它应是毫无保留的，但夹在几个领主中间，必然存在矛盾，最终附臣只能保持谨慎的中立。尽管忠诚观念削弱了，臣属意识还是当时骑士精神的主要支柱之一，它浸润了包括贵族意识在内的全部时代道德。这些义务和禁忌规范了尚武骑士们的政治行为，那么它们是否对充满冲动和贪婪的骑士们起到了一定的约束作用呢？

封建制度及其秩序的维持

老实说，分封及效忠的社会结构并不严密。它不可能在 11 世纪构成一个自下而上的等级金字塔，把全法国所有骑士的忠诚层层叠叠地汇聚到国王一个人身上。因不断的继承和转让而变得十分复杂的多重效忠关系在每一社会阶层都存在，从而形成了无数互相隔绝的小群体，它们凝聚在各地权贵周围。因此在各省表现出彼此不连贯、严密程度不同的结构。在法国的整个南部地区，封建制度出现较晚，它叠加在其他社会结构之上，因此显得不十分坚固。特别是在整个中世纪过程中，许多封地都已经摆脱了所有的义务。而且附庸关系的有效性在很大程度上取决于领主与附臣的真正亲密程度，以及两者之间社会等级的实际距离。臣属关系使村里的普通骑士——半农民身份——服从于城堡主，住得靠城堡越近的附臣对城堡领主的依附越深。人数不多的骑士和猎手小团体围绕着领主组成一个"家族"、一个内部团结的"宗派"，彼此之间存在真正的互助——时间可长达数世纪之久。靠共同生活和家族联姻而加强友谊，集体服从一个首领的决定。这样的领主能调解手下人相互间的矛盾纠纷，当他率领众人出征打仗时，他的权威不会受到挑战。相反，当同样的臣服仪式把两个势均力敌但彼此间平时往来不多的领主联结在一起——譬如将佛兰德伯爵与国王联结在一起的那种臣属关系——它仅是一种单纯和不完备的安全协约，双方之间不存在真正的从属关系。最后，即使双方的关系十分接近，仅靠封建关系还不足以约束附臣的所有行为，原因是骑士只会因他得到封地（采邑面积相对于其本人的财富往往无足轻重，他还有更多无须纳税的自由地和良田）但不尽忠诚的义务而受到领主的处罚。一个附臣可以干出种种坏事，只要他不直接损害领主的利益，领主一般不会干预：领主在未得到其他附臣同意——这是必不可少的——的情况下，不可能处罚他的附臣。因此，只要遵守义务，骑士基本上可以自由决定自己的行动，并且享有土地的独立性。何以见得？只消综观一下当时贵族是如何依据惯例来执法的。

司法惯例

当一个粗野的人勃然大怒时犯下了一桩罪行，或者一个骑士遭到另一个骑士的"污辱"，也就是说，另一个人的某项举动触犯他的权利时，怎么办？受害者及其亲友的第一个反应，不是起诉——有哪个司法当局是有效的？——而是自己直接伸张正义。私人复仇行为在农民中受到城堡主执法权力的限制，但在贵族社会里却大行其道——这也往往是大多数武装冲突的起因，以至于"战争"这个词本意专指公诉讨伐，后来渐渐广泛应用于一切军事对抗。由此，一切暴力都会带来长远的影响。因为它不只是两个人之间的个人对抗，而且是两个集团间的对抗。冲突的每一方都会向其亲人、附臣或领主，向他的所有朋友求助，他的报复不光针对犯事者一个，而且针对对方的所有人。因此，残暴行为冤冤相报，连锁反应。编年史上对这样长期延续并不断扩大的仇恨有所记载，一个省的无数贵族遭到残杀。然而到了某个时候，双方的大多数人都希望结束争端，双方朋友中的某些人在两个阵营里都有熟人，于是他们居中调停，主要当事人也渐渐地愿意实现和解了。这时还需要消除仇恨，登记各方所受的损失，估计实现"和解"的金额，对死伤者给予抚恤，对物质损失加以赔偿：因此有必要做出仲裁。至于仲裁，人们极少求助于地方当局如某伯爵或领主老爷等。地方当局对裁定平民百姓的官司十分热心，因为可以判处罚款，却懒于充当贵族间调解人的角色，因为事件棘手且无利可图。所以，解决的办法往往是双方举行圆桌会议，各方派数量相等的代表与会。对于裁定各方错误，不需要做任何调查，只相信无形的力量就够了：上帝在上代表良心，双方决定由神意裁判。最通常最适合尚武习俗的是双方决斗——古老的神意裁判带有更多异教色彩，即以沸水或火在被告身上验定其是否有罪，这种神意裁判当时在法国已废止了。通过决斗来判定双方谁对谁错，当事人若不适合决斗，可以请"决斗者"代替。在教会影响之下，根据对方及其朋友的要求，双方当事人得先发誓。因深信立伪誓必将遭天罚，天庭震怒的威力如此可怕，所以当事人若不确信自己有理便不敢赌咒发誓。仲裁者通过观察这一系列过程，明了是非曲直，做出裁定。裁定极少不偏不倚，但会分摊责任，尽量满足双方要求。最后，还得使双方接受裁判，经过必不可少的双方互相原谅的一系列仪式，再通过双方协商和宣誓后，才算真正达成和平。

调停过程漫长而不完善，因为它不可能弥补所有损失；而且耗费巨大，因为要向中间调解人、仲裁者、代理决斗人和宣誓人送礼。总之，骑士社会的调解方式的效果特别差，往往双方宁可不如此调解。于是 11 世纪的骑士习俗里便有了一整套方法来调解矛盾。当一个骑士订立一个协议，他必须首先以其灵魂发誓，此外为了更保险起见，他得有一些人为他的行为负连带责任，这些人也要发誓，才能成为当事人的"担保人"（pleiges），担保人在道德上保证协议的履行，如果协议被撕毁，担保人即是对方手中的人质，他们得尽一切力量来恢复和平。在这种担保人制度中，人们押上了骑士社会最有道德约束力的两股力量：一是团体的凝聚力，对团体的每一成员加以管束；二是信守誓言，发誓是宗教行为，是人们手碰圣物或《福音书》而宣誓的"圣事"，直接祈求上帝的帮助。因此，不守誓言必然会遭受最严重的精神损失。这两股力量已体现在臣服关系的全部价值里，它们也并行地作用在封建社会的组织中，很大程度上纠正了它的不足。

家庭关系

任何团体的凝聚力都不及血缘关系结成的家庭族群。从 10 世纪起，贵族阶层的家族血缘关系似乎大大加强了，首先是最上层的有王室血统的亲王，其次是大封建领主，最后在乡绅小贵族地主阶层里。父传子，子传孙，代代相传的家族体系在祖上留下的财富基础上扎根繁衍，靠发家经营史和"贵族荣誉感"，其后代显得无比尊贵。11 世纪骑士阶层流行在名字中加上祖先的名号，这通常是他们家族世袭封地的名称，以表示血统传承关系。地区当局权力的削弱而带来的不安全感，迫使家族寻求联合有亲缘关系的人，使得血缘关系逐步扩大，正如通过臣服关系来壮大势力一样。另一方面，经济制约的因素也使家族成员更加团结，领主土地制度成为一切财富的基础。

20 人、30 人，甚至更多的人，包括已婚儿子及其子女、孙儿辈——因为年满 14 岁即成年了，人们结婚早，隔代之间的年龄差距很小——都集合在一起，组成一个大家族。彼此肩并肩地围着同一炉火，吃一锅饭，晚间常常拥挤在唯一的房间里休息。一家人在最年长者的统领下一起经营无法分割的家族产业。这就是当时的贵族之家。人们生活在严格的相互依存中：任何人都没有个人积蓄，无法过一种自己想要的生活。于是便产生了骑士意识，渴望远方的冒险，渴望浪迹天涯去劫掠去寻找利益。家族中父亲如果长寿便会与儿子——急于替代父亲成为当家人——发生冲突，以至儿子投奔对方领主寻求庇护。这一切都可以从家族产业不可分割的现状得到解释。相反，正是家族产业的不可分割成为内部凝聚力的最强因素。它使人们养成了守纪律的习惯，封地的世袭和骑士头衔的世袭都是家族共同经营习惯的必然结果。它亦使家族关系成为最牢固的防御体系：当危险来临，当为了报复或者为了捍卫权利而面临打仗，当需要以捐献或赎罪仪式来拯救灵魂时，人们首先求助的对象是有亲缘关系的人。家族集团的意志比个人意志强得多——从根本上说，封臣制度只是亲缘关系的外延，"臣服效忠"仪式是在两个人之间人为建立家族联系的一种手段。一个骑士很少在没有同伴的情况下单独行动，他身后有血亲关系的同伴作为掩护，但是他也必须听从同伴的意见，服从团体的意志来克制个人冲动。在这一点上，家族结构起到了有效防止社会混乱的扼制作用。

上帝的和平

此外还有一些只通过发誓来实现和平的联盟。随着卡洛林王朝的崩溃，法兰克社会在维护秩序的机制上出现了空缺，于是教会出面担负起国王不再能履行的使命：在人世间实现上帝的和平。10 世纪末的最后几年，在王权瓦解得最为彻底的阿基坦地区，集合了地区权贵的主教会议内产生了一种普遍做法，它又在教会的控制下很快蔓延至卢瓦尔河以北社会组织更为紧密的各公国，最后罗马教廷在 1095 年实际控制了这一运动，把它推广至更大的范围。这项运动的目的是明确界定诉诸武力的范围。这也仅是对暴力加以限制而已，不可能予以杜绝，不可能解除一个社会集团、一个"社会等级"的武装——因为它本身就是为打仗需要而组织起来的，也不可能对私人报复的权利提出异议。但是，在上帝本身的"和平"下，首先能特别保护一些地方，如教堂及其周围地带；其次在某些时间能给民众以庇护，如每周做祈祷或忏悔的日子，在礼拜仪式中或在封斋节期间；最后对某些特殊人群提供保护，如教士、"穷人"、一切手无寸铁的不会造成危害和容易受到伤害的人——譬如贵族妇女、商人，主要是大批农民。这就对私人战争的范围作了规范，即私人战争不得扩展到骑士集团之外，同时规定了休战期及庇护所。这个法规还明确了对违反者的处罚，首先是精神上的惩罚：革出教门、开除教籍。这种处罚十分有效，因为人们特别害怕遭到上帝的惩罚。以此收敛尚武者的极端挑衅，扼制他们的嗜斗性和破坏欲，迫使他们遵守一切禁例，至少令他们对自己的过错感到后悔并尽快对受害者做出赔偿。尤其是这种和平的承诺是以真正赌咒方式发誓的：骑士们在主教召唤下来到主教会议前，一个接一个手按圣物发誓遵守条约，所有骑士承诺将与肇事者断绝友谊并群起而攻之。

这种集体自律的秩序一直有效地维持到 12 世纪中期，它建立在对灵魂救赎的担忧和遵守誓言的基础上，对促进骑士阶层的团结和向其他社会层次的人宣扬骑士道德的某些价值起到了决定性的作用。当然，它不可能完全杜绝骑士的暴力。封建时代乃是一个野蛮时期，战争绵延不绝，烽火连天，大火烧毁作物和农舍，杀戮、奸淫和造成肢体伤残的暴行无所不有，甚至发生在宗教圣殿内，发生在象征上帝最神圣威力的教堂主祭台前，连最脆弱的人都不能幸免。暴力甚至会爆发在关系最密切的社团内部，如在家族内部或领主与附臣的关系中。于是，宗教追求和平的努力还通过其他的平行途径，如通过对武器的降福仪式，在骑士授礼中引入宗教仪式，使尚武风俗渐渐基督教化，潜移默化地将骑士道德转化成为上帝效力的虔诚。加上贵族阶层的所有人对附臣关系和连带担保的各种誓言，以及家族亲缘的自然联系，这一切在当时财富以土地为主、人际交往较少的停滞环境下，把骑士阶层网罗在一个由互助和义务织成的社会关系网里，常常能遏制其过分的破坏性。虽然有纪律但不愿受约束，崇尚戎马生涯的骑士们的这一显著特性相比他们游手好闲、挥霍成性等其他特点，更决定了他们既服从又自由，人生只为荣誉和信义的生活态度。

3. 文化的归宿

教会和封建制度

在世俗社会中，只有骑士阶级有话语权。他们的下一代在教会里身居显职。因此骑士风俗及其行为方式决定了 11 世纪时的文明乃至精神领域的特质。

事实上，封建制度渗透到掌握文人文化的教会内部。由于豁免特权的扩大，教会变成了独立的领主阶层，他们对掌控下的佃农颐指气使，任意加以审判和惩罚，处处袒护教士和修士。每个主教、每个修道院院长都有自己的骑士和附庸，后者通过效忠获得土地分封，这种现象甚至在下层的教堂堂区也屡见不鲜。当骑士附臣效忠而带来"帮助"和"建议"时，也往往把战火引到教堂、隐修院内来。但是骑士风俗对教会的传染还有更深刻的：主教和修道院院长通过与世俗领主同样的分封手段，笼络人心，使自己获得当选，获得象征主教和修道院院长权力的权杖。在世俗封建制度的仪式中，附臣向领主发誓效忠后获得的封地是与他对领主的义务不可分离的，那么这一理念也渐渐影响到教会内部，即把传教的使命也看作一种分封，获得传教使命等于附臣，他也应当为主教本人服务：圣职危险地掺和到世俗权力体系中来。此外，主教、修道院院长和司铎原本都出身豪门贵族，他们没有与家族割断现世联系，他们中许多人依仗教会显职也过起世俗领主的生活。他们住城堡，身边簇拥着附臣武士和家仆骑士、见习属臣；他们组织讨伐，对蔑视教会权力、杀戮教会辖区农奴和抢劫教会马厩的人实行报复。在粗暴的氛围中，他们的行为和意识不由自主地回复到童年状态。当时的教会高层亦喜好打仗和狩猎，更不用说对女色的嗜癖——封建社会对性放荡很少克制，男人身边只有妻子一个女人是极稀罕的事。在任何城堡里，总有轻浮放荡的女人让过路客人唾手可得。

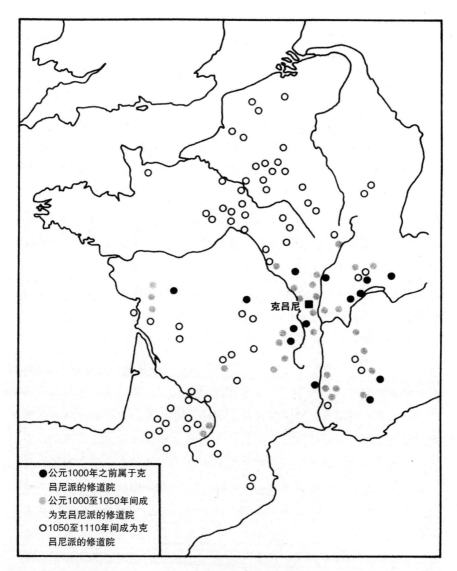

图 4 克吕尼派修道院的分布

（摘自 S. 贝特利埃 [S. Bertelier] 的文章，《考古期刊》[Revue archéologique]，第 11
卷，1938 年，第 320—321 页；以及多姆·P. 库赞 [Dom P. Cousin] 所著《在克吕尼》[A
Cluny] 一书，1950 年，第 188 页）

克吕尼修道院

反对教会堕落腐化的运动日益壮大，11 世纪出现的克吕尼修道院改革很快取得了极大成功。在佛兰德南部和中部、在普罗旺斯地区，继而在洛林地区，一个个本笃会修道院纷纷仿效克吕尼修道院修士们严格遵循教规戒律的榜样实行改革。为了使这一纯净教会的运动持续下去，教会改革者们和已成功实现改革的教堂保持密切关系，从此推行改革的各修道院只认定克吕尼修道院院长为共同院长，到 11 世纪末全法国数百所修道院组成为一个宗教团体，它是修道院系统内的一个特别团体，也是第一个宗教修会。在那里，修士们的生活方式不受封建等级社会的影响：克吕尼修道院是道德严谨的纯粹的隐修地。然而，即便在这样的修道院里——其内部凝聚力来自不受世俗权势影响的独立性，修士们生活方式的某些方面仍带有骑士意识的痕迹。譬如，克吕尼修士们违背了圣本笃教规的初衷，在日常活动中排斥体力劳动，这是与贵族理念中的劳动不体面有密切联系的。修道院生活完全迎合了封建领主制度和世俗社会的等级制度，修士们像骑士一样终日无所事事。日常琐事由身边仆人代劳，靠附属农民的劳动和服务来维持其优渥的生活，一日三餐由人服侍，还有专人为其调酒更衣，修道院显贵出门还备有亲王用的华丽座驾。这就是教会内的贵族观念的体现，他们认为上帝的仆人理应吃上等面包，穿着比一般劳动者更奢华，出门坐更好的马车。

然而，贵族的生活方式、思想和行为方式的影响不只局限于教会结构的表面。事实上，在现世生活和宗教之间的相互渗透中，随着封建效忠仪式、骑士授礼和军事上道德守则的基督教化逐步加深，骑士意识也深深地渗入到宗教在教徒心目中的形象。由此，信徒与上帝的关系表现为家庭形式的主仆关系。11 世纪初，信徒祈祷时的姿势，由古代基督教祈祷像中双臂张开仰天的姿势已变为免冠紧握双手的跪姿，这样的姿势犹如附臣向领主行效忠礼。在人的举止是重要表征的时代，祈祷姿势的变化不只是简单的共鸣现象："信徒"（这个词本身就是附臣的一个同义词）以如此姿势祈祷时意识到在向上帝祈求保佑，作为回报即意味着为上帝服务的义务，保佑和服务是相互的。尤其是当时还流行着一种几乎军事化的灵修生活概念。基督徒就是战士，他必须通过为上帝而战，为上帝服务，同敌对力量作斗争，来赢得灵魂的拯救。11 世纪中叶阿基坦地区出现的配有人像的《启示录》中绘有"敌人"的最早画像就是一个证明。同期克吕尼修道院撰写编年史的修士拉乌尔也十分精确地描绘了"魔鬼"，称魔鬼常住在修道院的宿舍里。一旦宗教生活变成心灵搏斗，力量和意志等优点便得到特别推崇：当时的圣洁就是指禁欲，作为能控制自己肉体的英雄，修士和骑士一样需要勇气，禁欲的勇气比书本知识更为必要。

学校文化的衰退

11 世纪初，学校里的文化活动出现衰退。世俗生活中的文化衰退现象亦十分明显。以往在南部一些省份讲究由法律专业人士拟写书面文书的习惯很快消失了。书面立据被看作缺乏信任，凡事都以口头承诺或实际行动来决定。这种文化衰退的现象在教会最有文化的圈子内也相当常见。当然，福尔贝主教在他创办的沙特尔教会学校内推行他老师热尔贝制定的一整套教学方法，至 11 世纪末普及到法国北方最发达的地区并取得了很大成功。但是在宗教气氛最浓的地方，在克吕尼派的各修道院内，却有反对书本教育的倾向。11 世纪初，最忠实于圣本笃传统的克吕尼修道院院长奥迪隆，根据圣本笃制定的路线，抨击修士从阅读拉丁语古典文学作品中寻找乐趣，认为这是追求一种凶险的感官快乐。当年圣本笃就曾在卡洛林王朝文艺复兴的鼎盛时期，反其道而行之，禁止在隐修院内阅读人文主义的古典文学作品。奥迪隆院长认为，修道院生活的目的不是通过知识追求来加深信仰，而是在集体祈祷中赞美上帝的荣耀。

正是这一政策取向，使克吕尼修道院成为西方基督教最奢华的礼拜圣地。在音乐方面：围绕弥撒和每天各时段的祈祷，都有圣乐相伴，唱经班融入了一切礼拜活动，占据修士的全部生活。在雕刻方面：装饰教

1. 农耕技术的进步

物质生产的增长

　　这一增长是以长期有利的经济发展趋势为前提的。从公元 1000 年前异族最后入侵结束以来，西方社会出现了经济持续发展的趋势，这一趋势对社会发展的促进作用在 1075 年后变得愈发明显。财富迅速增长，首先在农民中，农村变得富庶起来。事实上，11 至 12 世纪是农耕技术革新十分踊跃的时期。这一运动的铺展面十分广泛，但由于完全缺失任何农具的遗迹，当时的绘画和雕刻缺乏精确的细节，只能看到平庸艺术家的歪曲描绘，当时的文字资料对日常生活中最平凡的农耕活动的细微变化未作任何记载，因此人们很难追溯农耕技术进步的细节及其方式。不过整个农业生产技术确实出现过一个大革新，它在新石器时代至现代"农业革命"之间，改变了法国的农村面貌。由于这一农耕技术的进步并非靠若干发明，也不是——除个别例外——靠引进当时西方不知晓的某些方法，而是靠推广在某些地区（如卡洛林王朝时期卢瓦尔河和莱茵河之间某些修道院领地）和局部分散的乡村已实行很久的耕作方法来实现的，我们需要对它做出评估，因为这是文明的一个基本领域；而历史研究又面临了无法逾越的信息困难，人们只能在极少数令人信服的迹象基础上进行假设。总之，大面积推广农具的改良以及某些农耕技术，尤其是同时采纳多项零星的技术改良，这就是推动整个文明进步的深层次动力。

　　12 世纪中期，农民的"装备"肯定比 10 世纪时所用的更复杂更有效。首先是磨坊，在溪流上转动的磨坊数量更多了，连最小的领主也在流经本村的河段和河闸上造起了磨坊，甚至在大河流上建设水坝和浮桥，如图卢兹的巴扎格勒水坝同时使十来座叶轮磨坊运转，这是最早的叶轮。其次，农民家家户户都有了石磨盘，有些地区的领主规定农户必须采用磨盘。习惯成自然，农民不再使用捣槌和手工研磨，这是劳动力的明显解放，也是食物的革命。因为面包取代面糊，制作面包的小麦取代了黍、稷。各地出现了在磨坊的转轴上再增加其他设备，如洗被单的棒槌机和捣麻机等。别的革新之路也打开了，出现了打铁用的水力锤和其他工业机械。从 13 世纪末起，在发展最快的地区的乡村里，在商人和城市包工头的带动下，出现了许多新兴行业，在祖祖辈辈土地耕作之外，还增加了手工制作业。人们还开始利用风力：在 12 世纪的最后几年里，诺曼底地区出现了最早的风车。

与此同时，农具也有了长足进步。1150 年的农村里，铁已不再那么稀缺。铁的应用使人们有了征服自然的更有效的工具：砍伐用的大斧头，还有带犁刀和犁铧的重型犁。这种重型的大犁得用四头、六头甚至八头牛来拖——人们用铁质牛轭同时套几头牛，用这种重犁翻地至少有一大好处，即可以深翻黏性大的土壤，而且可以深耕，使土地变得更加肥沃。这种犁的价格昂贵，开始只在领主领地上耕作，渐渐地村民们合起来使用，最后便应用在所有耕地上。领主家的铁匠也为村民们提供打铁服务，逐渐在每个村都有了铁匠铺——铁匠（le fèvre, le fabre）这个词（纯属偶然地）最早在 1080 年前后出现在安茹地区（Anjou），1140 年正式在马孔地区（Mâcon）使用。这是当时唯一的专业工匠，直到今天在有些地方还没被机器匠这一名称取代。

农耕制度也终于因引入了更好的轮作制而得到改进。三年一个周期，在同一块土地上，先种冬麦，即小麦和黑麦，再种春粮，即燕麦和大麦，接着是轮休，以此交替。其间还采用原始的烧荒、随地撒种和不规则的轮种。整个改良进程十分缓慢，从中世纪上半叶开始直到 13 世纪末尚未结束。改良一般都从中央地带开始逐渐往杂乱的偏远地区延伸，从领主的大片耕田向逃避在荒地附近的穷苦农民的零星小块土地推进。在全法国范围内，先进农耕制度的改良从大巴黎盆地和洛林地区开始，逐渐向南部推广，只要气候条件允许都会采用改良技术，对南方春季热得过早、不利于三月份播种春麦的地区，则采用罗马帝国时代的两年轮种制。新制度只让耕地在三年中轮休一年，增加了粮食生产，同时推广了燕麦的种植，或许也因此而改良了马匹的养殖。如果说封建社会的文明基本上是骑士文明的话，可能与农耕结构的改善不无关系。骑士的战马，还有农民的耕马：法国东北部农村以跑得更快的耕马代替耕牛，这又是全面革新田间作业的一个方面。

当然，这一农业改良运动并不完善。首先，它只局限于法国的部分地区，真正实行改良的只在中央高原以北的地区。南北农耕技术的不平衡是南部文明相对落后的一大原因。由于土质和气候等自然原因，南方停留在两年轮作制和摆杆步犁的水平，尽管地中海沿岸引进了若干新的农作物，但相对于实行农耕技术革新的北方，南方农业处于一种较低级的水平。其次，即使在农耕技术革新较领先的省份，革新也局限在经济实力雄厚和富庶的地区，因为新式农耕装备较昂贵：在12世纪的乡村，贫困农民和土地贫瘠地带的农民还在用摆杆步犁、淬火木锄，还停留在手工碾谷、游牧耕种，单独耕种小块土地，靠偶尔收获来维持生计的原始农耕生活。总之，在相当长的时间内，革新后的农耕制度并未严格实行，多种耕作方式并存。直到中世纪末耕田尚未全部实行定期轮作，也就是说全村农户组成一个紧密的共同体，农户们同步耕作而接受一定的集体约束。最后，这种农业革新是不全面的。它没有解决肥料和耕田定期深耕的问题。饲料和厩肥缺乏，大牲口不足，耕田长时间轮休，土地出产率仍十分低下。12世纪在位于农耕革新中心的克吕尼修道院的领地上，上好耕田的产量为撒种量的六倍，而较差耕田的产量仅为两倍。尽管如此，农耕技术有了根本性的革新，它改变了人们的全部生活方式。从此，农民能在小片耕田上，花较少的劳动力和较少的时间，收获更多的粮食。

封建领地的转变

粮食增产的第一个结果是农村家庭有了更多更稳定的食物。农民的孩子有更多机会长大成人，人口繁殖不再受到幼儿夭折率高的致命局限。农民抵抗疾病的能力增强了，农户生活更容易，因此人口数量也增加了。然而，尽管农户家庭扩大，耕田并未增加，农业人口密度增加了。事实上，中世纪早期的大"庄园"在10至12世纪中期已经瓦解，产生了面积相对较小的"区""分成制租地""继承地"。这类土地单位有利于人口繁殖。由此带来的第一个根本变化是在1150年左右，老的耕田上的人口密度明显增加。村里的劳动力增加了。

另一方面，土地领主变得不像过去那么苛刻了，因为领主的实物收入增加比农民更多。领主既作为磨坊主在农民的谷物中抽成，又作为教区什一税的收税人按农民收成征税。什一税增加，领主是第一个受益人。领主不用管别的事，只要留意农田的出产，反正产量增加了，什一税的进项也增加，领主的谷仓会自动填满。领主乐得省心不去追逐额外利益，于是减少了对自己领地的经营。不过领主没有成为纯粹的土地食利者，直到中世纪末他们的领地跟国王或有权势的大贵族的领地一样，都有一些附属的农副业，庄园内有放牛和把犁的家仆，还有自己的葡萄园、草场和几块耕田。庄园的规模一般不大，农具又十分先进，因此不需要很多劳力——家仆们足够打理本庄农活，除非在特别紧急的情况下，一年至多几天需要增添几个额外劳力。因此，10世纪前将佃农紧紧捆在领主庄园内的徭役现象消失了。何必墨守成规一周三天要佃户派人到领主庄园来听使唤，而领主又没有太多活指派他们去做，反而要管他们的饭？倒不如给他们想要的自由，要他们以金钱抵偿劳役。佃农现在挣钱的机会多了，也拿得出几个钱，领主亦可以更多地去消费。开始时佃农只以实物代劳役，渐渐地他们付现金，于是佃农租种的领主采地逐渐变为自主经营地了。

随之，村里的社会气氛也发生了显著变化。领主的大庄园不再是集体劳动场所，租种领主土地的可怜佃户们过去几乎每天在领主庄园上集体耕作的场面不见了。村民和骑士领主之间的人际关系也明显缓和了。过去，他们的男性祖辈被迫于最好的时间段在领主的耕田上服劳役，他们的女性祖辈得在领主家的作坊内纺线织布；12世纪的农民则感觉他们是在为自己拉犁、播种和收割。偶尔佃农被指派几天的劳役，按领主要求去收割草料、把犁或耕田的话，也不必亲自去，只要派一个家里最无劳力的人去就可以。他唯一的义务是定期给领主家送谷物、酒或肉。领主征收的租税肯定比过去更重，但农户的耕田出产也多了，所以负担并未加重。总之，现在农民能完全独立地经营其产业。佃户的境况与自由农几乎差不多了，自由农所种的地是祖传的自由地，不属于领主的采邑；但对农户来说负担最重的是什一税，是各项"例税"和城堡领主以保护为名征收的人头税，这些税是全村所有农户都得缴纳的。在乡村中，现时真正的社会差别是佣工和农家（不管是佃农还是自由农）的区别。佣工是一无所有的穷苦人，他们没有一块可自主耕作的田地，纯粹是劳力，"从头到脚"是主人的财产，主人对他可以任意责罚。当时佣工的人数极多，各种社会等级的家庭只要有钱就可以雇佣工，主人管佣工的吃住，佣工得无条件地为主人服务。至于各种农户之间的差别，过去是自由农有耕地的犁等农具，而佃户只能靠臂力用木锄耕地，现在佃农受到领主的剥削减少了，各农户之间的差别只在于谁家有更先进的农具。

拓荒及人口增长

农业技术进步的另一个结果是耕田面积的扩大，大规模的拓荒运动可能是法国中世纪历史上最重要的事件。事实上，农具的改进向农民提供了伐树、挖树根，尤其是深翻土地的更有效的手段。以往人们不注意深耕土地，不是因为土地不够肥沃，而是不可能这么做。此外，农耕制度革新的直接结果是提高了人类的劳动生产率，也间接地减轻了领主对佃农的徭役要求，解放了劳动力，使人们有余暇向耕田以外的空间发展。最后，劳动生产率的提高增加了粮食出产，鼓励了人口增长，促使人们在人口密度较大的土地范围之外寻求发展。

向荒地进军的最早记载出现在10世纪中期，至1050年以后各地都开荒，从那时起开始了长达两个世纪之久的大规模拓荒运动。伐树、开垦荒地、整平沼泽地等等。最不起眼也最常见的是森林中村庄的面积逐

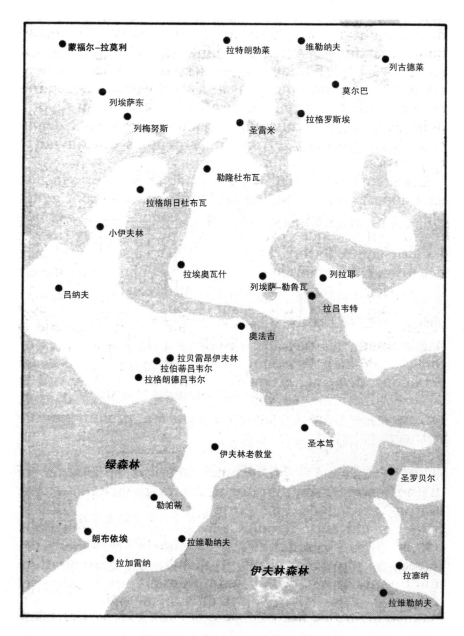

图 5　一个拓荒的地区——朗布依埃森林

步扩展。现在农民有更多时间和更好的农具，他们在原有耕田边缘向外推进，向过去已烧过荒的荆棘丛延伸，以前这里是树龄达百年以上的乔木林。过去的放牧地和偶尔散种的边角地被并入了农民的耕田，它们仅保留了过去的名称，如"荆棘地""人造地""新地"等等。然后，人们砍伐大树，向森林的潮湿深处进一步推进。把新开垦的森林荒地先变成牧场，再引流灌溉将采伐地变为麦田和葡萄园，然后再向前拓荒。就这样森林和牧场被推向教区的边缘地带，有时退缩成耕田边缘的一些"孤岛"，常常变得过于狭小，使得共同牧场带给农耕体系必不可少的辅助作用显得不足了。当农民在耕田边缘向外拓展开荒时，领主往往给予合作，如在实现引流灌溉等较困难的工程时，领主制定所有人都必须遵守的规定。但一般来说，农民拓荒是个人行为，有时甚至是偷偷摸摸地干，瞒着护林人侵占了领主的保留地。

与此完全不同的是在"荒漠"中开辟一个新的辖区，这种拓荒必须由领主、修道院院长或城堡主发起。他们的领地中有大片森林，他们愿意接纳自愿开拓者，吸引农民从人口密集的村庄移居处女地，知道变森林为耕地对自己有利。临近 12 世纪时，在法国各地森林中这样的自愿拓荒者人数相当多。领主们订立移民契据，以优惠条件吸引新拓荒者，诸如低廉的土地租金、免除劳役、免征人头税、减轻兵役和司法罚款等。领主将新移民引向最适合于垦殖的森林地带，把移民组织成团体，往往还提供基本的农具，承诺放弃狩猎权，给每家每户分配土地，还及时建造教堂以满足移民的灵魂需求。于是诞生了一种协调的村庄——它们常常被称为"新村""新市""林中村"，它们位于林中小路旁或新开垦的良田附近，周围都是农田，一家挨着一户，屋后是自家的长条形耕田，渐渐延伸至森林边缘。这些新开垦的耕田将大片处女地分割为小块狭长地，逐步相互靠近。早先村民在一起拓荒，到了 13 世纪通常变为农户单独经营。难道是因为有了更先进的农具？或许出于不再厌恶孤独？抑或期望摆脱领主的约束？在各地都出现了一种新的居住方式：人们分开建造房屋，每家每户周围都有一小片空地，在耕田四周植树或种灌木丛以防止家畜或森林野兽的闯入。这是另一幅分割和零星的景象：树木围栏的田地与大片"平原"形成对比。

因此，在10世纪至13世纪中期，几代拓荒者的无数斧劈锄耕、开渠引灌、防洪筑堤、烧荒拓田和开辟新葡萄园等奇迹般的努力，给法国农村带来了一番全新的、我们至今仍可看到的面貌。首先，居住人口相对稳定，流动性不再像过去那么大，土地分割更加明确，森林和畜牧场边缘更清晰固定。其次，村落居民聚居地与老的领主领地完全分开。最后，各地乡村面貌的差别更加明显。法国北方的农村十分开阔，村落聚集在大片田地的阡陌纵横之中，极目远望毫无阻挡——在长期抗拒外来殖民的地区，庄稼作物和树林混杂在一起；南部地区的乡村景象则是大小不等的小片田地与灌木丛生的石灰质荒地相交替。拓荒者通过在处女地（许多处女地相当肥沃）上的辛勤劳动，大量增加了食粮和饲料：这说明了人口增加的原因。许多迹象表明人口增加的幅度相当大，但因缺乏任何数字资料，无法进行估计，哪怕是粗略的估算也不可能。不过参照保存了若干统计数字的英国，人们可以想象在两个世纪中法国人口至少增加了三倍。消费人口增加了，生产者也增加了，因此经济得以持续增长。长期以来缓慢增长的财富也随着人口的增加而迅速增长。最后，因空地上居住人数增加，沼泽地逐渐缩小干涸，大河谷变窄了，村落之间的距离也缩短了，居民之间的交流和交通变得更方便更频繁，从而改变了10世纪时法国乡村闭塞和隔绝的局面。12世纪的这一大变化是法国文明进程中的一个大跃进，它是农业发展带来的结果。

2. 旅行、商业和货币

其实，人们的生活方式并未马上发生根本变化。关于农民大众的生活方式，我们知之甚少，因为文字记载都是有关富人的，极少涉及那些手臂长满毛、黑不溜秋、满口土话的泥腿子，可以说农民的生活方式没有任何变化。但有一点可以肯定，就是乡下人不再挨饿了。虽说农民靠天吃饭，粮食产量各年份之间仍有很大差异；不过从1050年左右起，农民不再有中世纪上半叶经常遭遇的那种可怕的饥馑。自那时起，法国农村的几代人享受了基本的幸福，那就是食品安全。

流通

相反，对封建领主来说，不管是世俗领主还是教会领主，生活却有了更快更明显的变化。富人一向吃用不愁，过去他们的生活跟土地贴得很近，但现在完全脱离了土地。首先，领主庄园的丰厚收入决定了贵族家庭生活圈子的扩大，形成了当时人所称的"小朝廷"，也就是簇拥在出身高贵的人身边的附臣和食客群。贵族家里的仆人数量也多了，且家仆之间有了专业的分工，仆人中有了总管；尤其是显贵的宾客人数增多了，因为12世纪时人们出行访友变得更为方便。物质的进步容许人们更多地外出旅行。旅行成为当时人们摆脱乡村的无聊和家庭拥挤的唯一消遣方式，还可以让人丰富见识、增加阅历——也是实现自我的唯一方式。因此尽管旅途漫长、劳顿甚至危险，它还是最刺激最必要的娱乐。于是人们开始外出，个别出行或结队旅行。读书人去寻求新书或其他教育，修士们尽管受修道院的约束和教会改革派的批评，仍以朝圣等各种名义出行，呼吸外界的自由空气。由于旅行条件的改善，到著名的宗教圣地朝圣成为11世纪以后最受追捧的虔诚活动，也被认为是洗刷罪孽、接近圣人的最有效方法。无论贫富，出门旅行都不必顾虑路途遥远，各地修道院设有收容站，居民会热情施舍。人们沿着崎岖小路步行几个月甚至几年，不愿错过任何一处存有圣人圣物的圣地，涌向基督教最著名的三方圣地：罗马、圣地亚哥-德孔波斯特拉和耶路撒冷。旅途出行人数的增加是 12 世纪初社会经济大发展的一个基本标志，也许还是当时人最感新鲜的现象之一。

　　旅途的热闹也促进了交流。随着农耕技术进步而带来的生活富裕，首饰、装饰品和一切舶来品都不再像过去那样对骑士和农民来说可望而不可即了。这些物品与平时家庭作坊生产的土里土气的东西不同，与众不同的东西就值钱——高档物品的贸易经久不衰。从远方运来的贵重食料、香料，还有华丽织物，十分走俏；顾主人数明显增多，趣味亦不一而足，购买力增加了，商业活动更趋活跃。从欧洲整体来说，由于匈牙利、斯堪的纳维亚以海洋为生的部落，以及北方大平原的半野蛮斯拉夫人逐步融入拉丁语基督教世界，由于西班牙边境地带及意大利半岛南部与阿拉伯人的贸易关系不断扩大、亚得里亚海深处与拜占庭人的贸易发展，也由于第勒尼安诸海岛和西西里岛的军事征服这一决定性事实，地中海东、西两海域之间基督教徒的交往变得更加安全可靠。西欧开始逐步摆脱孤立和停滞，并穿过法国的一些地区形成了尚处于萌芽期的商品流通体系。这一体系以三极为支撑点：第一极围绕佛兰德沿海、瓦兹河河谷和塞纳河下游地区形成；这里既是优质呢绒生产中心，也是色彩鲜艳的印染中心，越来越多的贵族家庭成为这类产品的买主，而且这里出产的好酒销往英伦诸岛和北方各地。第二极在西班牙边境的非基督教地区，基督徒商人来此以武器和奴隶换取摩萨拉布人的贵重商品。第三极是意大利，它是从近东地区运来的香料等贵重商品的集散地。以上三个商贸中心经由法国乡村的内河航运和陆路交通相联系，使越来越多的商品物资流往无数目的地。

职业商人

　　从 11 世纪二三十年代至 70 年代中期，人们看到一个新的社会阶层诞生并不断扩大：这些人既不种地又非领主，既非乞丐又非盗匪——或许偶尔为之，但他们照样赚钱过日子，他们是职业商人，或称之为行商。因为那些商人不是在商店里等客人，而是上门推销。他们到城堡里去向领主及其身边的附臣、食客展示物品，他们在朝圣地教堂门口设摊等候教徒们，有盛大节日吸引贵族们到来时，他们也会在那里等候客人，鼓动人们买他们的货。这又是一个新现象：过去是富人派遣仆人去远处采购异国物品，采办过程复杂，路途充满风险；现在相反，行商们送货上门满足富人的需求，怂恿富人消费。富人们受了诱惑，为购买商人展示的物品，他们花费平时积攒起来的金银，而过去他们只知道用这些金银打制粗糙又乏味的首饰。于是在 11 世纪，行商和买家之间建立的新型供求关系，使教堂和领主家贮存的金钱部分地流通起来，市面上金银又重新开始流通了。本来西方社会的金银并非完全枯竭，只是中世纪上半期的商业瘫痪才使金银凝固在富人家里。到了 12 世纪货币变得更加充足了。人们熔化了银杯、银首饰和银制的祭台饰品来打造新的钱币，此外，货币不再是唯一通货，人们以袋装胡椒粉和片状的黄金作为交易手段。货币流通加速。货币多了便不那么值钱：在 11 世纪最后几年，出现了生活必需品价格的上涨（物价上涨的情况需要作评估），上涨呈持续趋势。人们开始发现造币作坊打造的货币数量太多了——因为在经济极度萎缩的年代，每个稍具规模的市场旁都建立了一个造币作坊。现在货币流通如此频繁，加上各种货币不尽一致，因此出现了一个新概念，即货币价值；也出现了一个新行业，即货币兑换，出现了过磅人、造币人、（货币）削边人，最后还产生了借贷人。

12 世纪的商人是挑着货担满街兜售的小商贩，有时他们走得很远，如受到教皇保护的意大利商人，长途跋涉把货贩到法国，但从菲利普一世起，法国王室设关卡限制，当意大利商人进入巴黎地区时会受到王室的勒索，按行商背囊里的货物或更经常是按马驮的货物数量来征税。商贩一路劳顿，和朝圣教徒一样"满身灰尘"，当时被从诺曼底到马孔沿途的居民称为"外邦人"、陌生人。行商经常受到当地人的怀疑和不信，是遭非议的对象：认为他们毫不费力地赚钱，背离上帝的意旨搜刮钱财，违背行善的箴言，把生活必需品倒卖给兄弟赚钱；但最终他们还是被人羡慕，因为他们背后鼓鼓的行囊里装着乡下人从未见过的各色物品和钱币。从 10 世纪起外来过路人、行商和旅行者逐渐有了些地位。道路经过修筑，法国最古老桥梁的桥基大部分建造于 11 世纪，其养护也被当作一件善事来做，如同人们盖教堂一样。在同一年代，一座座教堂沿大路矗立起来，给过路者提供庇护；行善者组成教会社团为他们提供接待、食宿和医护照料。安全也得到了加强。商人们通常结队出行，他们的车辆配备了武器，行动井然有序。每当商队出发的好季节，住在同一城市的同路商人便结伴出发，声势如同当年军队出征。但如此组织的出行在十分偏僻的地区仍会遇到各种不测，当地权贵对外乡过路者拥有一切权力，所以商人们结队旅行，集体捍卫权益。如朗格勒地区的商人每年夏天都前往克吕尼修道院所在的大集市做生意，1075 年左右被当地领主狠狠地勒索了一笔。当然，上帝的和平条款特别提到保护商人，但真正保护商人及商品还得靠另一新制度，即"护运"：当进入封建领主辖地范围后，商人们便处于领主的保护之下，直到被护送离境为止；但作为交换商队得付领主一笔税费，担保不遭抢劫和免征"买路费"。此外，集市和大规模交易的安全也需要领主提供保护，从当时的流通过程来说，这种保护也是必不可少的，它使得本地商贩能定期来集市与外来行商洽谈，一方面补充货源，购买远方运来的商品，另一方面也向行商推销本地产品。自中世纪上半期以来，各地形成了许多集市。有些集市在一些势力强大又深谋远虑的大领主，如香槟地区伯爵、佛兰德伯爵或圣德尼修道院院长等的推动下，为商人们提供了有效的保护。这些地区在 12 世纪形成了定期的、时间长达数天的贸易市场，成为新型商业中最活跃的集市。

城市的扩张

交通和商品流通的加速决定了城市生活的发展。事实上，在道路交叉的十字路口，在供奉圣物的教堂外，在航运河道的终点，在山口山脚

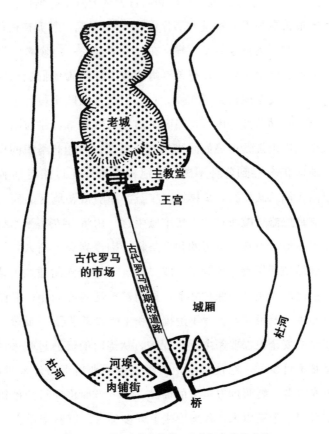

图 6　12 世纪的城市扩展：贝桑松老城和城厢

（摘自 F. 贝耶尔 ［F. Beyerle］ 著《关于城市结构的类型问题》
［*Zur Typenfrage in der Stadtverfassung*］，《萨维尼法学史基金会会刊》
［*Zeitschrift der Savigny-Stiftung für Rechtsgeschichte*］，第 50 卷，第
22 页，1930 年）

下，在大河桥头，在平原上，在步行道的站点，都需要有固定驿站供小商贩和朝圣者们歇脚用餐，这些驿站上有装卸、船运、客栈和食肆等必要设施。对商人来说，在冬天闲季也需要有一些可以长住的固定地点。12世纪时，长年在外贩卖的行商们归来时定居在某个城市，他们依附于当地领主，在路卡与人发生争执时便搬出领主头衔。夏天靠来来往往的旅行者，冬季靠定居在当地的商人们，城市渐渐热闹起来。自11世纪中期起，法国的一些交通要道上便出现了强劲的早期城市化趋势，催生出新的住宅区，设立新的教区。在罗马时期遗留下来的每个古城附近，在大领主城堡和朝圣者众多的著名修道院近旁，出现了被称为"乡镇"（bourg）的新区。围绕着集市广场四周和沿着通往乡村的大路旁，盖起了成排的简易棚屋，形成一个个极其简陋的居民点，它们如同附着在旧城外的赘生物，与老城的石头建筑相比显得十分贫穷脆弱。老城雄踞一方，遇到危急情形时加固防御，向居民提供庇护；而乡镇新区则是商贩们从事商贸活动的中心。

其实，12世纪的城市规模都很小——居民人数仅数百，特别繁华的城市也不过四五千而已，但却是农产品可贵的消费市场，对无法靠自己生产食品的所有过路人来说是栖身驿站。因此在每个城镇周围，在乡村交通驿站附近，会出现若干销售生活必需品的商铺。于是，商贩们采购农产品的数量更大了，酒、羊毛或染料植物等成为销量更大的商品。农民的点滴劳动卷入到商贸活动中来，直到被贩运至拓荒者开垦的森林空地，人人都习惯于使用不再稀罕的远方物品，人人都参与了财富的快速流通。

货币的流动

在12世纪，大面积土地经营也有了更灵活的机制。货币经济的渗透使金钱部分取代了陈旧的劳役制度或实物地租，这一变化大大松懈了佃农和土地领主的关系。此外，农业佣工制度的发展，在富人和村里最贫困农民之间形成一种全新的雇佣关系。富人有了更多的现金收入，宁可雇佣短工更好地完成指定的农活；而村里的穷苦农民也乐于打短工赚些钱，现金到处用得上。地处城市中心的封建领主也适应了货币流通加快的现状，当他嗅到农户积累起一些钱财时，即增税"刮地皮"；既然市民承担的各项苛捐杂税已减轻为定期纳税，人与人之间的关系最终也缓和了。

但是经济转型的最明显后果是产生了一个与农业社会完全不同的新的社会阶层，自 11 世纪末以来，人们就试图用一个特别的词来概括他们：城里人（les gens du bourg），即"市民"（bourgeois）。事实上，当时的城镇与乡村环境并无任何区别。城镇还没有城墙，田地和葡萄园延伸至房屋之间，小块田地还属于租地，佃农还得向领主缴租和服劳役、收割草料。城镇居民大多数是本地农民和被运输业的好处吸引而从邻村迁来的农民，他们照样还在住宅前后种地放牧、种植葡萄园、收割谷物；从外地迁来的农民甚至还获得了土地租赁权；犹太人小社团的成员往往聚居在每个城镇的某一条街上。所有人都跟村里农民一样服从城内领主的管辖权，接受封建领主的司法仲裁并缴税纳赋。他们中大多数人都是领主手下的人，依附于其主人，不得主人许可不准结婚。他们的生活方式、饮食穿着和思想意识跟乡下人没有区别，他们也是十足的土包子。

市民阶层的产生

然而，城里人的职业使其区别于乡下人。市民家庭的一家之长差不多都有一门"职业"。"职业"这个词在当时是指一种特别的经济行当，区别于普通的种地。这些职业最初通常起源于为主人提供的服务：事实上，城市兴起时最早的"生意人"就是城内某领主的一个代理人，他替主人家去远方采办货物，为主人管理磨坊、酒肆或面包烘房，替主人征收过路费，等等。后来他们逐渐扩大了业务。附近有些农民也仿效他们，渐渐荒疏了农业劳动。最大胆的完全摆脱了仆人身份，全身心地投入利润越来越大的行业中，或者不顾土地领主的责难彻底放弃了种地。许多人自己开客栈、烘面包，为过路旅客提供服务；也有许多人开起了肉铺，也就是说，兼营养殖牲畜、供销肉类、处理皮革和转卖食盐（在所有中世纪城市中，经营肉铺的人最多，是最早有组织的行业，常常也是最富的行业）；还有人开杂货铺，经营从异国他乡贩运来的各种物品，上门兜售给富人。这些脱离了农业劳动的职业能直接带来现金收入，因此市民阶层的另一特征是有钱。有钱是指有金银条、各种货币和金银碎料，这些通货是农民手上极为罕见的。城里人的财富更加隐蔽，它们可以藏匿，与农民的牲畜、谷堆和腌肉相比，更容易躲避领主的勒索。而且市民阶层的财富更加个人化，它不像祖传的土地属于家族共同财产，由此城里人的互助意识薄弱得多：个人相对于他的兄弟和子女来说更具有独立性，这就是商人的生活方式，因为经常出外经商，久而久之更强化了个性主义的倾向。尤其是他们的财富流动性更大。城镇是人们能靠其职业谋求快速致富的唯一地方，因此城里人的意识中会有利益、利润和积累等概念，这些是乡下人——不管是领主还是农民——完全没有的。或许他们心中还有某种不祥的念头：担心暴发致富太快，因不行善事而遭到天罚，所以他们会在临终前把大批财产捐赠给教会，捐赠给本地的教堂，后者也因此间接地得益于城市的繁荣。从 12 世纪中叶起，城市教堂比单靠土地财富的乡村教会拥有更多的财力。由此可见，城里人的财富积累跟它的消融一样迅速。只是在 1150 年以后，有些城市富人才开始将个人财富的一部分用于投资，减少了财富的流动性：他们斥资建造象征舒适生活的石头住宅，法国南部至今还保存着当年兴建的这类住房。

另一个大的区别：新兴城镇居民因其现金财富而获得更大自由，他们更能保护自己免受封建领主的巧取豪夺。早在 11 世纪中期，佛兰德地区的圣奥梅尔和瓦朗谢讷等市的商人们就联合本地商人，组织旅行车队一致对付外来客人和供货商。这种商贾的互助团体往往带有宗教色彩，他们尊奉一个保护神，举行集体祈祷和仪式，把声势扩大到城镇全体居民，以集体宣誓方式将整个城市紧密团结起来。“友谊”，这一真正的祈求，与上帝的和平所主张的互助宗旨非常贴近，其目的在于维持居民的秩序，加强城市安全；因为当时城市向外界开放，外地人和陌生人混杂其中，任何人想窃取财富太容易了。"一切忠于城市友谊的人以信仰和宣誓确认：人人像兄弟一样相互提供有用和适当的援助……如有人因家中失火或被俘须付赎金而陷于困境时，每个人都将以金钱帮助这个可怜的'朋友'。"① 写在利斯河畔艾尔市宪章上的这番话清楚地表明：正是这种博爱为全体居民提供安全保障，他们中许多人是离乡背井的外来落户者，互助精神自然地团结了同胞兄弟。

城市自由的获得

民众的互助保护社团被当时人称为"公社"（commune），它自然而然地向城镇首领，如修道院院长、主教或伯爵，提出要求废除封建领主的某些权力，废除在城镇化发展前的农村环境下尚能容忍而现今对经商者来说特别令人反感的税赋负担，诸如各种苛捐杂税，令过路者望而却步的沉重的过路税，原始的不适应经商活动的法律程序，以及在集市旺季和商业繁忙季节因军事征用对道路交通实施封锁，等等。某些城镇的市民团体——特别在法国南部，住在城内的骑士们势力强大，控制了城镇大权的地方——甚至提出管理市镇某些利益的要求。根据现存文献不十分翔实的记载，这种抗议最早出现在 1070 年的勒芒市，此后陆续发生在瓦兹河河谷、佛兰德地区和图卢兹等地，以后逐渐蔓延至各交通要道沿线（有的城市为获得与其他地方的同等权利进行了抗争：如索恩河畔的图尔尼市市民在 1170 年与当地领主发生激烈冲突，原因是过路商人拿他们当笑料，嘲讽他们还在向领主缴纳其他地方早已废止的某一税项，尽管税额很少）。双方的交涉多数是和平进行的，因为经商的市民们手中掌握着大量金钱，对封建领主有很大诱惑力。结果往往是市民们向领主捐纳一笔巨款，还同意定期缴纳经营税，作为交换领主同意"免征"某些税，但税赋从未完全取消过，领主答应限制某些权力，尤其是废止了征税的任意性。然而在有些城市，市民阶层的要求遭到领主的拒绝，这些领主主要是教会中人，他们觉得领主特权不属于自己，自己只是管理

---

① 法国国王敕令汇编（*Ordonnances des rois de France*），第 12 卷，第 563—564 页。

者而已，真正的特权所有者是教堂的守护神；而且教会不缺钱使，它拥有市民阶层信徒的奉献款，还有经商收入。市民阶层和封建领主的对抗与冲突有时十分激烈，如 1116 年拉昂市造反的市民把当地的主教杀死了。各地市民阶层的抗争取得了不同程度的胜利，但在相当长的时间里教会人士对市民阶层提出的要求很不满意："市民社团这个新词可憎可恨，既然现在所有纳个人税的人一年纳税一次，不再受徭役的惯例约束，那么他们犯了罪就得罚款，再说领主对一般农奴的其他权力已经给他们免了。"① 但是潮流是抵挡不住的：12 世纪中叶，卢瓦尔河以北的若干城市里，司法已经由市长和代表商人社团的助理市长掌管了；除南部城市的执政长官仍由地方自治贵族的小集团掌控外，法国其他所有省份的较大城市里，市民阶层开始出资兴建城墙，城内的自由空气更加强烈了。这便是城市和乡村之间政治分化的开端，这种分化将在古老的法国社会持续相当长的时间。不过从同一时代起，某些乡村的村民社团也取得了一些豁免权，也跟城市里一样以宪章形式确定下来。但这是土地领主主动提出的，目的在于吸引移民迁居到领地上来，这又是经济发展的一个直接后果。

然而，如果说绝大多数的社会约束现在都已松懈的话，多数人的生活水平并未显著提高。宗教虔诚以及相信奉献是赎罪的有效方式，使得农民和城里人把新近创造的大部分财富都奉献给上帝和圣人，也就是说，送给了上帝的仆人——教士和修士。尤其是农业进步和商业发展相结合，使领主的税项大大增加。佃农们自愿将金钱上缴给领主，以免除劳役和谷物酒类等实物纳贡，使大量金钱流入领主手中；另一方面，城镇商人为取得更大的经商自由，也乐于让城市领主在自己的利润中抽取更多分成。到了 12 世纪，农民吃得更好了，抗病能力也更强，更容易养活子女；他们使用的农具也更先进，有能力去城市购买食盐和木屐，购买村里铁匠铺打造的铁犁和铁斧。但是他们的住房始终还是那么简陋，除了几个锅盆一无长物，炉火依旧是三脚支撑的；身上穿的仍是兽皮或

① 教士吉贝尔·德诺让（Guibert de Nogent）：《自传》（De vita sua），第三卷。

屋后圈棚里养的绵羊或山羊的皮：他们还没有消费习惯。有钱的城里人也强不到哪里去，他们虽然有钱，可是生活得仍跟农民一样。新的财富最终汇聚到祈祷者和打仗者这两大精英阶层手中。全部货币最终都流向教会上层人士和骑士的手中，仅仅改善了他们的生活条件和文化水准。

3. 服务上帝和认识上帝

教会的净化

12 世纪上半期是圣贝尔纳、德高望重的皮埃尔①和絮热②的时代，法国教会发生了显著变化。11 世纪中叶后教皇加强了对教会的控制，经过漫长的"格雷古瓦改革"，法国教会变得更富有、更重学问，也更独立，很大程度上脱离了封建社会生活。但是这种摆脱十分困难，因为从国王到最小的乡绅所组成的整个封建领主社会紧紧掌握着教会各级机构大大小小的权力，相对于卡洛林帝国瓦解后产生的其他国家，法国虽然没发生激烈的翻天覆地的冲突，但教会与世俗势力的斗争却更执着更深入人心——无数半神职半世俗的人士的鼓吹游说深入到封建体制的心脏，企图剥离教会与世俗社会的共生联体，结果适得其反。这场改革是在教会高层人士的积极推动下进行的，如教皇特使、里昂大主教于格·德迪，以及曾在克吕尼修道院当修士后来成为教皇的乌尔班二世，后者在 1095 年对法国中部的巡视访问被视为这场宗教改革的决定性举措。

当时，城堡主和乡村骑士纷纷放弃了几乎全部乡村教堂的所有权，其后人也有不甘就此丧失祖产而反悔的，或表示保持沉默的。封建领主感到威胁，担心被逐出教门，所以才把财产捐给了上帝，多数是捐给修道院，以求灵魂得救。当然，他们经常会截留什一税的税款，因为农耕技术的进步增加了土地收益，什一税收入更多了；同时还保留对本堂神父任命的话语权。但是"祭台"已不再控制在他们手中，信徒的丧葬费和定期奉献已不再落入他们的腰包，神职已脱离了领主的经营范围。这种分离的后果是：教堂堂区组织得更加严密。森林中耕地面积的扩大，

---

① 译注：德高望重的皮埃尔（Pierre le Vénérable, 1092—1156），曾任克吕尼修道院院长（1122—1156）。
② 译注：絮热（Suger, 1081—1151），法国修士和政治家，曾任圣德尼修道院院长。

未耕种的边缘地带向森林纵深推进，使堂区范围勾勒得更明确。信徒们在这一范围内从事一切宗教活动，受到教堂新主人的监视，信徒不得到别处去听弥撒或领圣体，尤其不能隐瞒或带走奉献款。如此堂区组织在居住分散的乡村，把偏僻小村落的信徒凝聚起来。最终，围绕着虔诚的宗教社团和负责修护教堂、发放赈济的信徒组织形成了村民集体。不过把乡村教堂转变为宗教团体资产并未使乡村教士的素质有所提高：事实上，修士们并不亲自主持堂区传教，他们把传教托付给自己仆人的儿子，后者成为乡村本堂神父。乡村教士依然是穷人，几乎都会结婚生子，没有文化，很少受到监督，人瘦得皮包骨头，他们也想利用罩在自己神职外衣上的光环从教徒身上得到些什么。他们不懂布道，或者布道很差；只是定期召集信徒在教堂聚会唱经，自己却对经文一知半解，胡乱做驱魔的宗教仪式，或者照本宣科、老生常谈。因此，信徒的宗教生活相当贫乏。乡村教士素质不足的现象持续到中世纪结束以后的很长时间，使基督教义未能真正地融入农民社会。耶稣基督对 12 世纪的农民究竟意味着什么？农民在福音传道中得到了什么启示？带有种种禁忌的农民的精神世界又是如何组织的？这一系列问题从未得到过解答。

司铎和修士

但是改革的成功在教会上层带来很大变化。在 12 世纪法国所有的修道院里，修士们都按教规生活，自由地选举修道院院长。在社会演变和宗教改革的影响下，几乎所有修士都是从骑士子弟中选拔的（事实上，长期以来形成了这样的惯例，即农家出身的修士，所谓"杂务修士"，被列为低级教士，只能被委以事务性的差使），骑士出身的修士越来越多地进入神父、司铎的职位。在大教堂教务会议中，教规现在得到更严格的遵守，回归到某种庄严朴素的氛围中来。大教堂中的领俸神职也都保留给贵族子弟，富裕市民的子弟须等到 12 世纪末才能得到领俸的神职。最后，主教也由教务会的司铎们选举产生；国王和亲王们若推荐主教须做得更隐蔽，主教们比他们的历任前辈更加称职，更有学问，精力更充沛，也往往更为清廉。总之，在修道院上层显贵和教会高级神职人士中，不称职的和作风粗鲁的人越来越少。现在所有高级神职人员对自己的使命都无可争辩地有更高更清醒的认识。他们特别意识到有必要运用教会的资源装饰教堂、鼓励建校办学和促进文化研究，总之更好地服务于上帝。教会的财富比过去更多，不仅因为教会领地收入增加了，而且收入不再被世俗领主分享，也减少了经营不善造成的挥霍和浪费。可以说"格雷古瓦改革"催生了第一个独特的思想体系，同时产生了法国文明中第一个也是唯一的伟大宗教艺术。

罗曼式建筑

新积累的财富首先用来建造克吕尼式的雄伟的礼拜圣殿。直至 1109 年担任克吕尼修道院院长的圣于格高调声称，贵重金属不应再压箱底，应当用来装饰上帝之家。于是在克吕尼修道院的影响之下，艺术之风在法国最受克吕尼影响的省份——法国南方各省掀起。然而，在普瓦捷、图卢兹、克莱蒙、欧坦、里昂、维埃纳和阿尔勒等原本古罗马文明扎根最深的南方城市，罗马遗迹最多，保存得最好。长期以来，当地居民在古罗马建筑前经过却熟视无睹，只是从公元 1000 年起才重新开始欣赏它们，以赞叹的目光注视它们并把它们当作灵感的源泉。克吕尼修道院风格吸收了古罗马的建筑技术，以豪华排场（从圣乐到雕塑）来弘扬上帝荣耀，形成了新的艺术。罗曼式艺术从 10 世纪末起已在各地教堂建造中分散地开始探索，到了 12 世纪初终于在卢瓦尔河以南和勃艮第高地的教堂杰作中绽放出灿烂的奇葩。

这种艺术的唯一目的是：教堂。全部艺术匠心围绕着一个中心，即按照古罗马建筑风格用石材建造漂亮的尺寸匀称的教堂，教堂的大厅能让礼拜圣乐的歌声有响彻云霄的感受。某地兴建教堂是艺术复兴的最明显的象征，也是乡村环境中最大规模的经济项目。建筑的艺术是耗资巨大的艺术，罗曼式教堂不是光靠信徒们的自发和志愿的服务便能凭空而起的，也不是靠教士的神职工作和佃农们的无偿劳役能建成的；它是专业工匠们的巨作，包括采石匠、石匠、泥水匠和搬运工（因为好材料不一定都能就近找到）等等。工匠们有组织地在各地巡回施工，他们要领工资。这种工程队无疑是首支专业工匠队伍。由此，人们可以理解，经过如此长期准备的建堂计划——罗曼式建筑诞生，令当时人赞叹不已的许多白色教堂拔地而起——只有在经济充分发展、货币渗透到生活各方面、金银从箱底取出并在市面上广泛流通、城市复兴、关卡设立和货物充足的特定历史时期才可能实现。人们同时也可以理解，只有当财源充足并且不断补充时，大教堂这样巨大的艺术工程才可能如此快速完成。如克吕尼第三大教堂从 1088 年开工，至 1118 年就几乎竣工了，如此大的工程过去往往会无限拖延，长期中断，哪怕教会多次组织募捐，并不断发布获得新圣物或出现了新奇迹等新闻；即便有朝一日大教堂建成了，在建筑美学和技术方法等方面也常会与设计初衷大相径庭，显得不太协调。

法国南部的罗曼式教堂，建筑材料完全采用石头，不光是厚重的墙体，连教堂顶也采用石材。这一构思并非出于安全防火考虑（大火确实烧毁了不少教堂），而是出于一种建筑美学的新构想。事实上，圆拱顶是教堂极其美观的重要组成部分，它的基本目的是在祭台四周创造一个相对封闭的与信徒保持一定距离的内部空间，营造出一种特殊的崇高气氛，它是礼拜仪式的汇聚中心，又是让圣乐在其中萦绕回荡的共鸣箱，它的结构统一符合教堂象征的神的独一无二。至于古老大教堂的大厅顶部，新艺术在两侧采用一长列廊柱和拱孔结构，支撑起半圆形或棱肋形的拱顶。这种拱顶在卡洛林时期已被建筑工匠用来建造老教堂的扩建部分、地下墓室或钟塔门厅。但是限于当时的建筑技术，出于平衡的原因，教堂的墙体必须造得很厚而且不能太高，窗户也不能太大。于是教堂内显得比较昏暗——但在这种半明半暗的光线中，教堂的烛光显得特别神圣，烛光在当时的礼拜和宗教仪式中占有重要地位，教堂内半明半暗正符合信徒们围绕圣物进行集体祈祷的神圣气氛。教堂外形显得矮墩，因为建造者更多考虑的是建筑物结构的平衡匀称，而非高度和内部宽敞。

和谐、平衡和节奏——通过最大限度符合算术比例的尺寸达到空间和时间的合理安排（因为不能把建造者的追求与乐师的追求隔绝开来），这就是罗曼式建筑的美之所在。罗曼式教堂的外形与内部比例正是古典时代留下的最后建筑的特征。

12 世纪造的教堂彼此差别很大，因为那个时代尽管交通有所发展，但实际距离仍很远；从建造教堂的热忱到形成最初方案的构思上，各地教堂的设计独立进行。尚且不存在我们今天所说的建筑设计这一概念：某个教会首领决定要建造一座教堂，他根据自己历次旅行中对所见教堂的回忆，常常亲自赶赴定为范本的教堂进行实地测量，再融合他自己的亲身体验，独自构思计划（由此可见实行宗教改革和教会上层遴选制度改革，净化教会高级神职人员，以及教会学校推广数学知识对艺术革新的巨大作用）。出于这一原因，同一地区的各教堂之间有某种亲缘性，因为这些教堂靠得较近，人们经常路过看见，建造者的思想受到了影响，所以教堂外形就更相近些。然而，同省的教堂类同不是绝对的，因为邻近相仿还受到其他因素的制约：精神联系可以把两个相距很远的修道院联结在一起，因为观点相近，远隔两地但经常走动的两个主教会建造同一风格的教堂以示友谊。相反，邻近教区的两个主教会背道而驰：12 世纪初，欧坦主教在建造主教堂的附属新教堂时，就不采纳近在咫尺但观点不同的克吕尼教士推荐的方案，而选择了另一种不同的建筑风格。教堂风格多种多样，风姿多彩：在卡奥尔、佩里格、昂古莱姆等地的教堂大厅以一长列穹顶覆盖，这种风格延续到索利尼亚克、普瓦捷和丰特夫罗；而图尔尼市的圣菲利贝尔教堂又是大胆的例外，在白色和玫瑰色砖墙的和谐统一中，正厅内两列高耸的圆柱顶上横向排列着一列半圆形拱顶；一些供朝圣的主教座堂的设计更有重大发展，为方便朝圣者的人流移动，教堂正厅两侧连着侧厅，沿着主祭台后面半圆形围廊建有若干呈辐射状排列的小祈祷厅，如图卢兹的圣塞宁教堂和孔克的圣佛瓦教堂，还有利摩日的圣玛夏尔教堂和图尔的圣马丁教堂都是这一风格；但是勒皮的五色缤纷的圣母堂又是奇特的例外；布里奥奈地区的罗曼式教堂则

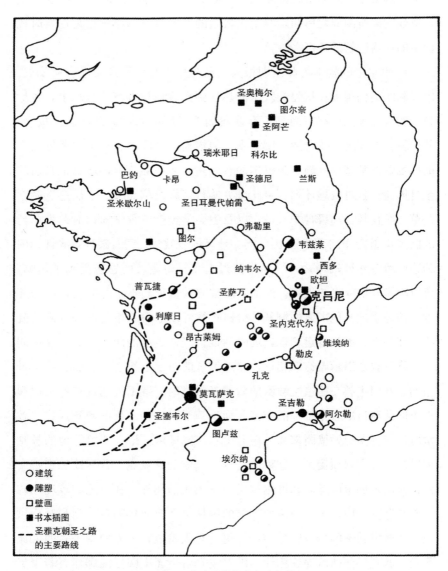

圣奥梅尔
图尔奈
圣阿芒
瑞米耶日   科尔比
巴约   卡昂
圣德尼   兰斯
圣米歇尔山   圣日耳曼代帕雷
图尔   弗勒里
韦兹莱
纳韦尔   西多
普瓦捷   欧坦
圣萨万   克吕尼
利摩日   圣内克代尔   维埃纳
昂古莱姆   勒皮
孔克
莫瓦萨克
圣塞韦尔   圣吉勒
图卢兹   阿尔勒
埃尔纳

○建筑
●雕塑
□壁画
■书本插图
- - - 圣雅克朝圣之路
    的主要路线

图 7 法国罗曼式艺术的分布

更敞亮，因为大厅的高窗开在两边侧厅棱肋形拱顶的上方，这种风格的教堂为后来的韦兹莱市教堂提供了范式；欧坦大教堂内带凹槽的壁柱和普罗旺斯地区十分简单的小教堂正门两侧圆柱的考林坦式柱头上方顶着三角楣，这些都是严格按照罗马建筑风格来建造的。

绘画和雕塑

　　新造的教堂里都有装饰，或许法国南部的美学革新主要还在这里：将教堂的局部装饰融合到建筑中，根据建筑需要把原来只局限于祭台周边小范围的装饰——如《福音书》插图内容、圣人书封面的木雕和象牙雕、刻在祭台的质地不硬的石板上的装饰花纹等——搬移到整个教堂。在 11 世纪，阿基坦和勃艮第等地修道院中誊抄室和彩色字母着色室的艺术家，从摩萨拉布人或意大利拜占庭人的大型绘画中汲取灵感，绘制《圣经·启示录》的插图；接触过最早瓷器上的釉工的利摩日艺术家用金、红、蓝三种绚丽色彩，以哀矜悲怆和易感动人的风格来绘制《圣礼书》的插图；比利牛斯山采石场的石刻匠们原来凿刻石棺面，后来渐渐把工作转移到了教堂建筑工地。因此教堂内巨幅画面多了起来。在 12 世纪，所有教堂祭台后的半圆形空间和很少有窗户的教堂墙上都绘制了壁画，如普瓦图和卢瓦尔河畔的教堂内金黄和谐色调的壁画，鲁西永地区的小教堂和勒皮市大教堂鲜亮色彩的壁画，以及贝尔赞城的克吕尼派教堂内幽暗墙面上的壁画都属于这一类。有的甚至采用新技术，把壁画绘在教堂大厅的拱顶上，如加唐普河畔圣萨万教堂为放置新布置的壁画而特意改建了拱顶；有的教堂的昏暗内墙上绘着一长列圣人像。形象化的人像更具有叙述性——如维克市教堂的热情奔放的人像、布利内市教堂的虔诚默祷的人像和塔旺市教堂的近乎狂热的人像——相比于只有少数人能看懂的《圣经》，绘画能向更多的信徒提供经文的形象画面。不过实事求是地说，罗曼艺术在这一领域的繁荣是在整个文明的发展和相当古老传统的有利影响下产生的，它得到了主教会议的鼓励和普遍舆论的支持，当时的舆论认为，一个没有壁画的教堂是未竣工的教堂。

　　与此相反，全新雕塑的出现则是革命性的。当时的雕塑已不再是抽象和几何图形的，或者仅仅是绶带饰或花卉图案，雕塑已变得更有说明性和代表性。这一艺术的诞生并非简单地因为重新发现已消失的技术；它标志着趣味的某种深刻变化，同样也首先产生于南部的省份。实际上，雕塑"是古代的习俗和古老的方式，在奥弗涅、鲁埃格和图卢兹及其毗邻地区，为树立自己的守护神，按其财力以金、银或其他金属雕塑一具圣像，圣像的头部或身体的某个最重要部分是精心雕刻的"①。自 10 世纪以来，这一习俗，这种以雕像塑造圣人的需要逐渐在卢瓦尔河以南各省蔓延，最终运用于建筑的装饰上。于是浮雕开始出现在教堂内壁上，从鲁西永山区小礼拜堂正门过梁上笨拙的最初雕刻到昂古莱姆大教堂外墙有戏剧效果的复杂浮雕群。但实事求是地说，直至 12 世纪初，雕塑还处于较低级的艺术水平。它还只是建筑中的附属品，雕塑本身尚未成为一门艺术。雕塑附着在墙上，稍稍有些凸出，雕塑上着了色，这是建筑内个别地方着色装饰的发端。沿袭罗马传统的建筑包工头交代给雕刻匠的任务仅是古代神庙的浮雕装饰：一是圆柱的柱顶，先在螺旋状叶片装饰之间镶入人物和怪兽雕塑，最后它们完全取代了过去的植物装饰；另一是面积大得多的外墙，往往整堵墙用作装饰，如普瓦捷的圣母大教堂，但通常雕塑仅局限于门框的周围，如西部圣通日地区和普瓦捷的一些教堂正门拱形装饰上简单的圣女像或代表宗教七美德的天使，在正门上方半圆形门楣内雕刻的复杂浮雕等。至少在这里，教会人士有意让信徒甫入教堂即能瞻仰圣人雕像，与此同时，在图卢兹和勃艮第等地区的一些克吕尼派修士更打开了一条通往最完美的基督教艺术之路。图卢兹圣塞宁大教堂的墙基磐石上所刻的浮雕十分贴近世俗生活，贴近罗马雕塑；而孔克市教堂的雕塑《最后的审判》向大批朝圣者展示出小丑般指手画脚的魔鬼和在天堂面露幸福喜悦的得救信徒，显得太大众化，太土气，迎合了庸俗趣味。事实上，浮雕艺术在以下几幅大作品中最完美地体现了教士的宗教情感：莫瓦萨克修道院的雕塑显示了世界末日的景象中，

---

　　① 《圣佛瓦奇迹书》（*Liber miraculorum sancte Fidis*），第一卷。

上帝高不可及，身边围绕着一群年迈的乐师；欧坦大教堂正门上方半圆
形门楣的浮雕以最大胆的自由的尘世风格雕成，雕刻匠通过细长状人物
的脸部表现出当时人尚带有若干恐惧的虔诚；韦兹莱教堂的雕刻呈现出
基督教世界所能想象的全能上帝的最庄严的形象，整个教会都沉浸在圣
灵降临节的感悟之中。

　　这就是法国的罗曼艺术。它首先是修道院的艺术，宗教礼拜的艺术，
是运用"四艺"中数学技巧的计算艺术。这种宣扬上帝超群杰出的艺术，
配合赞美诗、先知者的预言，使一切都沉浸在中世纪上半期赋予西方基
督教义的关于世纪末日的遐想之中。圣乐作曲家的艺术是以谐音形式构
思的宇宙，它是与人类的智慧活动和精神灵感相协调的各种音调，也是
与宇宙间的四季节奏相一致的，这正是克吕尼修道院院长圣于格愿听到
的、萦绕在大教堂主祭台周围令人赞叹的圆柱群上空的庄严圣乐。罗曼
艺术的鼎盛期在 1100 年左右，从 12 世纪 30 年代起开始逐渐衰退。勃艮
第雕刻匠们在夏尔吕和容吉的圣于连两处的教堂雕塑中单纯追求技巧，
精湛的雕塑艺术退化为巴洛克风格的花哨别致。只有普罗旺斯一处例
外，40 年后在圣吉勒教堂正门的奇特雕塑上，罗曼艺术绽放出最后的奇
葩，它是多种艺术流派的汇合：原始的罗讷河流域雕刻中的雄狮和以伦
巴第画匠技法处理的罗马皱叶菊苣装饰相并存。这一法国最罗马化地区
呈现的顽强的艺术暂留现象，最后一次展示了法国南部雕塑中体现的罗
曼艺术与往昔罗马帝国传来的地中海传统美学的紧密结合。

卢瓦尔河以北地区的艺术

　　12 世纪初，在卢瓦尔河以北、卡洛林王朝印记较深刻的省份，审美
情趣有很大的不同。人们对书本的装潢十分讲究：来自佛兰德和阿图瓦
两地修道院誊抄室的配有插图的手抄本是当时最精美的手稿，它们受到
来自英国温切斯特修道院和默兹河流域印书作坊的双重影响。但是，这
里的人们对大的圣人雕像却很不习惯：11 世纪初昂热教会学校的一名教
师从阿基坦旅行回来，对在那里看到的"偶像"，看到的那些被浮雕表现

得过于具体的圣人像很不以为然，他从雕像里看到了"过去祭神礼仪的
延续或者甚至是魔鬼崇拜"。他说："对我来说，一切都是陌生的，事物
十分不正常，完全违背基督教教规。当我第一次看到摆在祭台上的圣热
罗雕像时……他的脸酷肖普通人的脸，似乎以一种敏锐的目光注视着对
他默祷的众多农民，而从他眼睛反射出来的光似乎在和善地答谢人们的
祈祷。"① 此外，卢瓦尔河以北的高级神职人员在建造教堂时尚未刻意追
求和谐完美，那种由石砌拱顶带来的内部氛围；他们仍忠于查理曼大帝
及其儿子奠定的帝国传统，偏爱教堂的巨大规模、宽敞明亮、不带神秘
感、高耸的钟塔、高墙尖顶，和以木结构来支撑的高大敞亮的大厅。

　　然而，在北方因斯堪的纳维亚人入侵而遭到严重破坏且尚未恢复的
地区，长期处于文化衰退的状况。自 11 世纪中叶起，也出现了艺术追求
的热诚，这一倾向尤其得益于经济的快速发展和教会的早期革新。首先
在诺曼底这个最繁荣、最辽阔的地区，1060 至 1100 年之间，在科唐坦
半岛和塞纳河流域之间，在卡昂、瑞米耶日、贝尔奈、巴约等地，一座
座大教堂和修道院教堂耸立起来，高耸的钟塔矗立在高高的外墙上，直
冲云霄，教堂内部有几层，楼上也有信徒席，有连拱廊和高窗。早期
教堂没有拱顶，但 12 世纪初，有些大教堂开始采用各地罗曼式教堂的
拱顶技术，不过其用意仅在装饰，建筑工匠们无意去解决拱顶的各种
问题，去发掘拱顶结构的种种可能性：他们建造出一种交叉的尖形穹
窿，通过弓弧框架把石砌穹窿的重量压在墙角柱上，这样可以把尖形
穹窿架在更高更薄的墙体上。此后，1120 至 1140 年间，这类尖形穹窿
普遍运用到诺曼底的博韦西、皮卡第和大巴黎地区的小教堂，然后再
推广到与勃艮第毗邻的更大规模的教堂，如桑斯、卢瓦尔河畔拉沙里
泰和朗格勒的大教堂。但是须等到 1132 至 1144 年间絮热主教主持建造
圣德尼修道院教堂这一典范建筑时，上述方法才真正成为一种建筑新
美学的关键成分。

---

① 《圣佛瓦奇迹书》（*Liber miraculorum sancte Fidis*），第一卷。

絮热院长和圣德尼修道院

令人肃然起敬的圣德尼修道院早在墨洛温王朝时就已收到众多信徒的奉献，那里藏有耶稣受难时的著名圣物，从 7 世纪起历代君主的遗体都埋葬在这里，它保存着王室的徽章、国王军队的旗帜和王室方形王旗，它是所有修道院中王室色彩最浓的一个，在 12 世纪初法兰西圣德尼便成为英雄传奇史诗中所颂扬的"伟大的修道院"。圣德尼修道院之所以如此出名有多种因素：首先，它的财力雄厚跟塞纳河和瓦兹河上内河航运繁荣而带来的朗迪集市的发展有关；其次，1127 年的宗教改革恢复了宗教的正规化活动，有关圣德尼的传说在传播中变得越来越神奇；最后，尤其得益于修道院院长絮热的个人魅力。絮热院长是国王路易六世和路易七世的挚友，当 1147 年国王带兵远征去收复圣地期间，絮热院长曾摄政管理王国，他是 12 世纪上半叶身兼多职的最重要的教会人士。他当过王国的行政首脑，是替上帝和圣人管理尘世财富的杰出经营者。在去卢瓦尔河以南各地旅行途中，他对宏伟的建筑产生了兴趣，并决意要改建圣德尼修道院教堂，使它成为名副其实的祈祷圣殿。他赞同克吕尼派教士对盛大礼拜仪式的偏重，用他本人的话："要以真正敬神的方式来赞美神圣的奥义。"这就是他的第一个目的。然而，他还在建筑上添加了两个设想，使他的作品更具新意。其一是采光，他把光明作为世人与上帝之间的默契联系，作为传递祈祷和恩惠的载体，通过穿越视觉可及的外表、达到心灵的现实。当他在宝石的熠熠光泽下陷入沉思——此时"物质已转化为非物质"——"犹如现实中处身于宇宙的某个陌生地方，它既不完全存在于尘世的污泥中也非在天堂的纯净里"；他要在新教堂的入口刻上这样两句诗——"没有光明的心灵穿越物质在真理中升起，在光明中从过去的湮没里复活"；他要在所有门上重复他的意愿，即看到他的教堂"照亮信徒的心灵并使其在真实的阳光下通往真正的光明，耶稣基督便是通往光明的大门"。这种关于光的神秘构思并非絮热院长的个人创造，它直接来自伪托"雅典刑事法官"德尼的新柏拉图主义神学。圣德

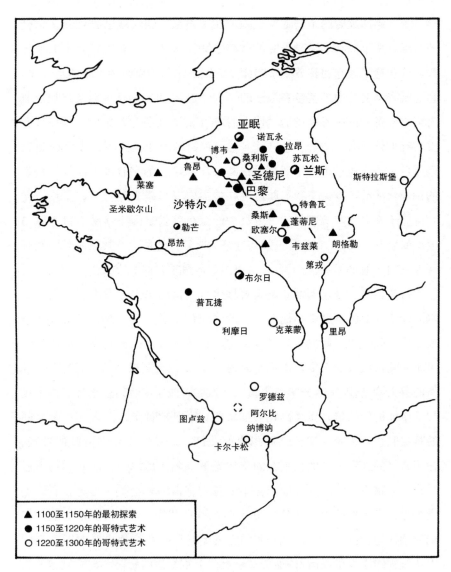

图 8   12、13世纪的法国哥特式艺术的分布

尼修道院的修士们把葬在修道院地下墓室的殉道者德尼当作古希腊雅典法庭的法官德尼，并在卡洛林王朝时把这位伪托者的带有宗教幻象的神学著作从希腊文翻译成拉丁文。但有关光的概念过去仅停留在沉思幻想或抒情表达层面上，至少是絮热院长使它成为一种新建筑艺术的基础——教堂建筑不再追求营造由许多烛光带来的半明半暗的内部氛围，而是追求上帝住屋的光明启迪："哥特式艺术"是寻求光明的诗篇。其二，与装饰罗曼式教堂不同的新意在于，絮热院长寻求以象征性画面来体现《旧约》和《新约》的和谐一致。因为在12世纪初，在法国北部最激进的宗教人士中产生了一种《圣经》中所述世界末日的灵感，默想神明的超群非凡，虔诚于福音救世，相信上帝即将降临人世，由此更注重人的感觉及其自然环境。于是在圣德尼修道院内形成一种新的肖像艺术：在绘画和雕塑中首次出现基督奥义中人的形象，取代了过去的可怕怪兽和享天福的圣像。

在改造老教堂时不能把它拆除，因为人们认为教堂是耶稣自己建造的，于是絮热在老教堂门外加造了一个新门，大门的宏伟建筑和诺曼底的一些大教堂正门一样，使信徒在进入教堂的一刻有一种升天的感觉，但圣德尼大教堂的重大创新之处在于它的第一座哥特式的教堂正门：两座高耸的钟塔完全融合于建筑中，两座钟塔之间的上层小教堂上方开了一个巨大的圆花窗，以及圆花窗周边的雕饰。圣德尼大教堂正门采纳勃艮第、图卢兹等地教堂正门有《圣经》人像装饰的半圆形门楣，同时融合了普瓦图地区教堂的拱形饰框，下面由雕了历代国王和王后像的石柱支撑——这是絮热的天才发明之一。雕刻匠或许是从南方大作坊聘来的，他们在此创造出全新的雕塑，把圣母放在最后审判图中耶稣的使徒们中间，连絮热本人也出现在向上帝奉献的信徒中，这两个人物出现在上帝威权和正义的庄严画面中代表了乐意助人的母性和人类的软弱。然后，为了使新教堂内充满阳光，为了"让整个教堂透过更明亮的窗户，在永不熄灭的奇妙光明中闪耀生辉"，絮热建造了带唱经班的大祭台，充分利用交叉的尖形穹窿结构的长处。祭台后面呈辐射形排列的各个小礼拜堂之间不再有隔墙；精致的细石柱，宽阔的窗洞，大块的花窗玻璃，而过去花玻璃只作为点缀装饰用。

哥特式艺术的绽放

絮热未能在去世前完成大祭台前的围廊，但他改造的圣德尼大教堂毕竟开创了新艺术的先河。因为圣德尼地处塞纳河流域各大交通要道的枢纽，这一地区得益于内河航运物资交流，沿河经济带动乡村财富快速增长，已超越了原先较富庶的南部罗马帝国的旧行省。絮热的杰作在建筑工匠施工、雕塑绘画和花窗玻璃等方面为这一地区的主教们提供了最具魅力的榜样，各地主教因城市繁荣带来商人信徒的大量捐献而囊中有了钱。圣德尼修道院大教堂遂引领了王室领地内一系列大教堂的建造：1145 年诺瓦永大教堂开工建造，1153 年桑利斯主教在国王路易七世的帮助下开始重建教堂，1155 年拉昂市大教堂破土动工，1163 年巴黎圣母院的主祭台竣工，教堂大厅在 1180 年完成，同年苏瓦松市大教堂落成。在这些大教堂的建造过程中，技术不断得到改进，最重要的革新是巴黎圣母院以外墙拱扶垛支托教堂大厅，由此完全摆脱了罗曼式教堂结构的局限，可以把教堂正殿造到难以置信的 32 米高度。教堂建筑创造的垂直高度，空薄的外墙，透过更大的花窗玻璃射入的充足光线，哥特式建筑至此奠定了自己的风格。与此同时，从圣德尼大教堂开始的装饰新风格也形成了。在沙特尔大教堂建造时，为了以雕塑装饰正门，由絮热集合起来的雕刻工匠们在 1145 年后移师当地，发挥了主要作用。通过石柱上雕刻得栩栩如生的人物塑像，通过对人物脸部与以往截然不同的处理手法（眉睫朝下一些，眼睑带些皱纹，使罗曼式人物的眼变为哥特式人物的眼神；嘴巴更生动些，使罗曼式雕刻的画面特征渐渐地体现出尘世味），尤其通过崭新的题材——耶稣诞生塑像，表达了神的化身最平易近人的一面，耶稣基督在画面上是一个脆弱的婴儿，首次把圣母放在一幅半圆门楣雕塑的中央位置。这幅雕塑很快被完整地复制到勒芒、圣鲁德诺、布尔日和埃唐普等地的教堂，其影响甚至还达到阿尔勒市圣特罗菲姆教堂门廊的罗曼式人物雕塑上。然而，新雕塑艺术最动人的特征在 12 世纪最后几年才真正显露出来，即把上帝明确塑造成人类的兄弟形象，上帝也像普通人一样从娘胎里出来，同样受着痛苦：在拉昂大教堂里的最后审判图雕塑上，基督耶稣张开双臂，表现出内心痛苦的神情；桑利斯圣母院正门雕塑颂扬圣母的荣耀，在一扇半圆门楣上，神情快活的圣母和耶稣在一起，耶稣正在给圣母授冠。

在 1120 至 1180 年之间，大巴黎地区迎头赶上，吸收南部各地的艺术之长化为己用，并创造了自己的风格。哥特式艺术的诞生伴随着复调音乐的惊人繁荣，它也从利摩日的圣玛夏尔教堂移植至塞纳河两岸（在 12 世纪末，佩罗坦大师为巴黎圣母院的正厅落成而创作了多声部拉丁文歌、四和声复调乐曲，他的四和声圣乐被视为中世纪最美妙的乐曲之一）。神圣的艺术配合了宗教情感的演变和思维工具的进步，从恐惧和胡思乱想中解放出来——耶稣以圣母为中介接近人世，成为世人的兄弟，处身于和解的自然中心。城市化的基督教艺术适应新的经济条件：自公元 7 世纪以来在文人文化中占最活跃地位的乡村修道院从此被城市大教堂和城镇教务会所取代。大巴黎地区的大教堂和城市内大教堂的重要性更表现在教育的复兴上。

教育中心的涌现

进入 12 世纪后，修士对知识传播的戒心有所加强：阅读古代罗马的世俗著作被认为是追求快感的犯罪；世人接近上帝不是靠思索，而是靠真挚的感情，让灵魂随着圣乐的旋律升天，靠禁欲来抑制凡人的肉欲。在修道院里不再阅读古典著作。但是在俗的教会领袖却持相反态度，他们认为教士的使命是学习，然后可以去教育民众，虔诚心应得到科学的滋养，因此在隐修院之外学校开始发展起来。传统上，由教会的一位司铎或者一名教区督学（écolâtre）来负责学校授课，学校遂成为教会的附属机构。学校只有一个教师，学生年龄参差不齐，基本上都是本教区的教士，个别教士为追求新知识从别处转来，学生中也有极个别的领主豪门子弟。教学往往平庸乏味，内容仅局限于教士神职培训，诸如礼拜仪式和唱经，然而倘若教师本人学识渊博，学校书柜内有几本有价值的手抄本时，教学就会相当出色。总之，11世纪的教会学校在时间和空间上很不一致。从1080年起某些教会学校开始出名，它们都在卢瓦尔河以北。如图尔奈、拉昂的学校繁荣了几年；昂热、图尔、奥尔良等地学校注重研习和诠释古代诗人作品，办得更有特色；沙特尔的古老学校在伊夫主教的主持下焕发了青春，学校以研究数字和受柏拉图影响的哲学流派为特点，教学取得了极大成功，一直延续至1150年左右；最后，巴黎的教会学校从12世纪起开始繁荣起来。这些教学中心吸引了大批学生。做学问和求学的人向某些中心集中是经济转型的结果：事实上，货币的流通允许读书人和其他人一样能比较方便地出行，远离本乡本土，走出本教区本修道院去到另一个城市。在12世纪的学校教育中金钱已必不可少，昂热和奥尔良两地学生向家里要钱的家信即可证明这一点。此外，学校的结构也发生了变化。学生人数增多，一个教师显得不够。于是教会当局通过"资格"授权（教师资格授权是免费的，只需要通过一项能力测试）来委派助理教师协助督学。学校机构变得复杂起来：学校内有多名教师，课程扩大了，学习年限也延长了。教师各有专长，学生按专业选择教师。原来在大教堂隐修院内授课，所有学生在一起上大课。现在学生分成小班，彼此程度更整齐划一，他们跟随一个教师学习几年，从而形成真正的研习集体（连日常生活也在一起，因为教师常常还兼管食宿），因此师生之间结成了牢固的友谊。学生们往往追捧导师，同时也激励导师不断地探究新知识。这样的求知方式在当时特别活跃，但物质条件却相当简陋，教师常常露天授课，在大街上或在教堂门廊下，有时在城郊某幢新盖的楼内租一个铺面就作为教室了，不少学生们蹲着听课，膝上放一块板就是课桌。学生们早上做练习，下午听导师阅读讲解做笔记，这样一直持续到晚上再一起集体祈祷默思。渐渐地读书人集中到几所有名的学校，出现了专靠授课为生的专职教师，各个教学团体有不同的研习方向，无疑促进了知识的丰富和发展，使教学手段不断完善。

12 世纪的"文艺复兴"

学习古典拉丁文化的运动起初声势并不大，还称不上"文艺复兴"。但是在卡洛林王朝"文艺复兴"（人们继承了西塞罗、维吉尔和圣杰罗姆的纯粹拉丁语，形成一种区别于大众化语言的文人语言）与 14 世纪意大利人文主义者和 15 世纪法国、莱茵河畔人文主义者的文艺复兴之间，人们确实能把 1130 年前后这段时间定为一个热烈追捧和学习古代罗马思想和写作模式的时期。当时出现了一批按照奥尔良和卢瓦尔河流域学校一再强调的方法，用标准的拉丁文写的散文和诗歌：譬如让·德萨利斯布里的《政治权力》一书惊人地以古代罗马人的写作风格来阐述其哲学思想，他出生在英伦但跟不少英国人一样在沙特尔和巴黎接受教育；又如卢瓦尔河畔出现的一批抒情诗，包括在格里高利圣乐续唱基础上写成的宗教颂歌和诙谐的爱情诗，它们是卢瓦尔河畔的一些高级教士，如昂热的马尔波德、布尔格伊修道院院长和勒芒的主教等所写；还有若干游方僧写的饮酒歌和讽刺诗。精湛的形式技巧甚至可以在激烈反对这一倾向的圣贝尔纳的著作中看到，在德高望重的克吕尼修道院院长皮埃尔的精巧诗作中达到了典雅高尚。皮埃尔时常在离修道院不远的森林里组织文艺小社团活动以自娱，他自己也写诗作为消遣。这是修辞学家和激情奔放的诗人——音乐诗人的世纪，因为诗歌的兴起往往伴随着音乐的发展，我们对这一时期的音乐了解太少，但是这些音乐或许是中世纪文明中最重要的创造。这也是人文主义者的世纪，因为 12 世纪最好的教士用拉丁语写作，他们都是思想的大师。西塞罗、苏埃东和塞内克为他们开拓了通往全新道德世界的前景，传递给他们一种关于个人价值、努力以及他们称之为友谊（amicitia）的感情关系的新理念。甚至在最纯粹的神秘基督徒身上都可看到古代思想大师的影响，人们在西都修道会修士圣蒂埃里的纪尧姆的《论自然和爱》中读到作者对奥维德《爱的艺术》的回忆。12 世纪初人们在情感上快速变得高雅起来，很大程度上与阅读熟悉古典作品有关，正如人们更关注罗马废墟中的艺术一样，正如从浮雕上透出的新雕塑艺术气息一样。从最早的哥特式雕塑上表达出来的更人性化的宗教倾向，与教会上层人士受到人文主义的影响不无关系。

逻辑学家

但是，受古典作家影响而得到充实的不只是文学，它涉及一切思想领域。事实上，12世纪初法国的知识界已开始了一场最终改变了欧洲思想结构的大规模运动。直至那个时代，人们的主要认知活动是本能的。每个人眼中看到的是一个可感觉的世界，在这个受局限的世界里看到的是人生和上帝的模糊形象，人们靠逐步破解不同符号来艰难地发现其深刻含义。为了认识更深奥的科学，上帝的科学，必须解读象征，寻找对应物，把握和谐的事物。在此我们可以理解为何当时人把音乐和数的研究列为基本学科。出于这样的热情，整个中世纪的人如此热衷于寓意，热衷于对古代文本作类比评论。不过书本只是许多符号中的一种，相对于逻辑研究，更富有成效的态度仍是凝神沉思和静寂中清心寡欲的默想。

然而，读书人的新圈子里渐渐形成了另一种知识概念。人们不再满足于感觉和猜度，而是靠理性推断来理解事物。"intelligere"（这个拉丁词的意思）即定义、归类和观察。由此逐步提高到更高层次的理解力。这种变化首先在学校知识分子的小圈子里形成，然后注定不断蔓延至更大范围，以至最后影响了几代人。在科学领域，或者更确切地说，在学校传授自由七艺第一阶段的认知技巧方面，包括辩证法和推理艺术。当时的教育相当初级，在最好的学校里也只是泛泛阅读以蹩脚的拉丁文翻译的哲学普及读本，它们只传递了关于希腊哲学思想伟大体系的十分模糊的诠释。但是11世纪初在沙特尔已出现最初的进步——那是因为学校比其他教育中心的简单传授更深入了一步：人们在该校的初级读本中看到关于共相问题，即关于一般概念存在与否的讨论内容。对于学界讨论的这个问题，法国北部的思想界人士不久便分化为两派。一派是否认概念实在的"唯名论"，另一派是持相反观点的"实在论"。这种无谓的思想操练尤其能使人更好地认识理性，认识"人的荣誉"以及"上帝本身的形象"，这是图尔教区督学贝朗热自豪声称的。他是在 1050 年前率先对基督教教义中的晦涩模糊领域作理性思考的第一人。最初的搅动，最初的丑闻——主教会议马上开会研究推理者提出的论点，并作出最早的谴责。但是思想运动从此开始了。至 11 世纪末辩证法在许多教会人士看来已成为教士培养中的基本科目，因为它提供了领会神的真理的最可靠方法。从此信仰不再是盲目的，它应当深化，受理智光芒的照耀。圣安瑟伦当年所阐述的这层意思，在今天已得到了所有人的喝彩，这位伦巴第人在诺曼底贝克主持一所修道院学校，1109 年在坎特伯雷大主教任上去世，因他在理性探索中懂得不偏离正统路线，所以他能名正言顺地借助理性思考来解决信仰问题。

当理性上升到灵魂活动的最高层面时，便开始了 12 世纪的大征服。在形成重要教育中心的同时，人们发现了新的古典著作，精神材料的突然丰富无疑促进了教育的发展。直到那时为止，西方思想仅靠垂死的罗马帝国留下的极少量古代作品滋养，罗马帝国对逻辑和理性准确并不关心，信奉基督教的大师们所关心的是形式和语法，很少去努力充实自己可怜的知识宝库。随着物质繁荣、流通更加便利和军事扩张，从 1100 年起，以拜占庭人和阿拉伯人为中介，一些过去不知道的希腊哲学和科学文献，从西西里岛，特别是从西班牙，传到了卢瓦尔河和塞纳河畔的学校，尤其传到了沙特尔的学校的教师们手中。他们的学生——英国巴斯的阿达拉尔在 1115 至 1140 年间的几次中东旅行归来时，也带回了一些希腊作品，其中包括欧几里得著作的一个译本。在比萨、巴勒莫，特别是在被天主教国王重新征服的托莱多，一批翻译者渐渐发现了柏拉图的《斐多篇》，托勒密、希波克拉底、盖伦等人的著作，通过这些学者的著作又发现了更令人着迷的亚里士多德的思想。《工具论》《逻辑学》《尼各马可伦理学》的若干片段，所有这些便是当时学校知识分子以极大热情在两代人时间内发现的学问——也就是他们寻找的思想方法，这种以单纯知识结构所呈现的思想方法来自他们对世界的认识，但与基督教世界公然抵触，因此不可能被（当局）接纳。

这是一个决定性的进步。但是它真正的开花结果，是在1100至1180年间新建学校内学习方法的改进。直至那时学校的基本方法还仅是阅读某"作者"、某"权威"的著作，这种在教师解释下的阅读只能是循规蹈矩。渐渐地在奥尔良出现了若干教师对拉丁诗所作的一些权威评论、"诠释"，在沙特尔和巴黎出现教师撰写的一些辩证法的范文，这些诠释和范文影响极广；大师们的诠释和范文，让学生们抄写模仿；诠释与范文自成一体，又被后人再加以诠释——于是这类诠释成为独特的著作和真正的创作。此外，在阅读评论过程中产生了解释的困难，到了12世纪初人们已习惯于清晰地表述意见，提出人们所称的"问题"，而刚从亚里士多德著作中学到的逻辑推理方法正好用来解决这类明确提出的问题。这种对古典作品更积极主动和富有成效的学习态度是10、11世纪的教区督学们所缺乏的，他们不敢对古典作品进行讨论，出于敬重反而陷于僵化。

神学家

这种诠释的自由甚至也运用在对权威著作最忠实的阅读中，诸如《圣经问答》①《圣经·福音书》及教会圣师们的著作。从1110年起，注释性阅读成为专业大师的职业，它们又成为后人研习的对象，成为学校教授自由艺术的最高成果。为了更清晰易懂，拉昂的昂塞尔姆和在巴黎办学的伦巴第人皮埃尔致力于将宗教教义归类成一系列简单明白的"警句"。或许太简明了，各警句之间反而出现了前后矛盾，暴露出要解决的"问题"。这时便出现了一个名叫阿贝拉尔②的学生，他太优秀了，因而对大师们的诠释感到不满。后来他回到巴黎的学校授课，成为巴黎最具吸引力的教师，同时他对教师的职业非常热心。巴黎的学校因此兴起研究辩证法并在这方面超越了沙特尔的学校。学生们追随他催促他把研究

---

① 译注：《圣经问答》（*Divina Pagina*）为默伦的罗贝尔（Robert de Melun, 1095?—1167）的著作，作者是经院哲学家、神学家，生于英国，在法国传教。主张理性高于权威，被认为是以提问方式研究神学的创始人之一。

② 译注：阿贝拉尔（Abélard, 1079—1142），法国中世纪有名的哲学家和神学家。

更往前推进，"他们要求人类理性和哲学论证，不但需要确认，更需要明白的解释；他们说如果不对自己的话作出解释，再说也无用，人们只有理解了才会真正相信"（人们在这里看到逻辑思维的进步），学生们认为"把连自己都没搞懂的东西传授给别人是可笑的"。首先是逻辑学家的阿贝拉尔从解决模糊的共相问题入手，于1135年前后在他的《是与否》中汇集了警句、格言的所有矛盾，以洞察入微的推论建立起"神学的推理方法"（"神学"一词也正是在这一时期开始用来指研究《圣经》的新科学）。阿贝拉尔的思想毫无否定宗教的意思，把他排斥在教会之外是莫大的误解，正如他在给爱洛伊丝的信中写道："我不想做亚里士多德的弟子，倘若这样做会把我与基督分开……令你担忧、使你的心灵变得如此不安，你知道我把自己的思想建立在基督建造他教会的基石之上……"他和爱洛伊丝之间的通信极其真诚，是他们心灵深处的表白，它们见证了最好的人文主义情感，是那个时代教会文化最美好的成果之一。我们知道1140年主教评议会对他的谴责粉碎了他的灵魂。但是，自从出现了巴黎大师阿贝拉尔，宗教不再只是对付一切敌视超自然力量的有效武器，也不再仅仅是感情的抒发，它成为一种逻辑思想体系的基础：经院哲学——成为所有学者的态度，同时也是西方的第一哲学。

教会的焦虑

这种追求心智的激情，这种运用三段论推理的热忱——从1150年起在来自越来越多的社会面和不同层次的巴黎各学校学生中发酵蔓延——受到教会上层的重视，正如教会对复调音乐、对教堂建筑线条的和谐与奔放、对大型浮雕和附插图的手稿一样。经过改革的教会摆脱了世俗权势的控制，教堂往往处于商贸的十字路口，又拥有最好的良田，因此相当富裕。然而，由于教会的改革和积累的财富，特别是短短几年内取得的文化上的惊人进步，教会高级教士、议事司铎、克吕尼派修士，以及教学大师及其学生等组成的社会少部分人——全法国总共不过数千人——越来越脱离了低级教士和普通信徒。对后者来说，高级的圣乐、辩证法、建筑杰作、《圣经》文化，甚至教堂内过于高深的象征性装饰都是高不可及的。一切事物的更新会在民众和部分教士中产生某种宗教情感，它们与克吕尼派修道院活动和主教堂教务会议给人的印象不总是那么协调一致。因此产生了某种不安和对立，首先是对所谓异端邪说的不满情绪；另有一些进步的迹象和因素，不过它们的表现仍处于早期的萌芽状态。

　　这些精神追求的潮流存在于两种非常不同的环境中。在远离文人文化、地位低微的社会阶层里出现了某些涌动（最早在公元1000年左右被教会认定为邪教追随者的是香槟地区的农民和1025年受到追究的阿拉斯市市民），他们的信仰只以《福音书》为准绳，批评教会上层的行为与其使命不符，同时认为需要有道德规范，认为救世不但靠礼拜仪式更要靠苦行禁欲。因此，他们要模仿基督耶稣过一种真正的宗教生活。与这种流传较广而通常不明确表达的信仰（我们只偶尔在教会当局的镇压法令中有所了解）相应的是，在教会内部相当高层次中也出现的类似倾向。曾参与格雷古瓦宗教改革的教士和修士中，许多人认为宗教改革不应以摆脱世俗权势为唯一目的，改革应当促成整个教会的真正转化，应当与世俗社会完全割裂，回归原始基督教的精神状态（从卡洛林王朝起，教会就令人遗憾地与世俗社会掺和在一起），回归到当时人所称的"使徒生活"。这一概念也是从《福音书》的默祷中获取滋养，它主张抛弃现世一切，战胜肉体邪念而使灵魂得到解脱，以苦行禁欲的名义越来越反对讲究隆重礼拜仪式的克吕尼式的基督教主义，反对教区督学提倡的知识和推理的基督教教义。凡认同这种观点的教士也远离了官方教会。他们是生活在森林里过隐士生活的独居者，通过与现世外界的完全隔绝来实现自己的修道理念；还包括在十字路口宣讲福音的游方僧——传道本是使徒的基本使命——他们通过讲道来满足小民百姓的精神需求。11世纪末大批民众信徒受到宣道者的感召：成千上万民众跟随隐士皮埃尔①走上奔赴耶路撒冷的征程，在安茹的大批女信徒也在阿尔

---

① 译注：隐士皮埃尔（Pierre l'Ermite，1050？—1115），传道鼓吹第一次十字军东征并率领民众十字军东征耶路撒冷。

贝赛勒的罗贝尔①的激励下聚集起来。骑士、亲王的妻女和以玛德莱娜②为榜样的从良妓女们一起，开始敬仰玛德莱娜的圣物，对神父的前情妇讲述玛德莱娜的故事，而神父本人也洗心革面许愿终生独身。

　　不过，纯洁教会的愿望主要出现在基层的宗教新社团里。许多隐士和民众首领聚集了一些追随者，过着与世隔绝的生活。一些教会司铎们以圣奥古斯丁的清规戒律自律，汇集在前教师尚波的纪尧姆周围，组成巴黎的圣维克多教派③；普雷蒙特莱的修士们聚集在圣诺贝尔④身边。一些修士以米雷的艾蒂安⑤为榜样，从 1074 年起在利摩日的格朗蒙修道院内各自生活在一个单独的小棚屋里，终日沉思静修，仅靠信徒们的施舍度日，过极清苦的生活。兰斯教区前督学圣布鲁诺⑥于 1084 年在深山老林里建立修道院，修士们过着清贫苦修的隐居生活，每周只有数小时可以打破沉寂气氛，走出与世隔绝的修道室。上述每个祈祷和苦修会分散于各地，其分支形成了若干新的宗教团体，它们在精神上与克吕尼派本笃会相对立。

西都修道会

　　宗教团体如此迅速的繁衍说明存在着对一种新的宗教生活方式的深刻需要，它也说明 1075 至 1120 年间人口的大量增加。在所有的宗教新社团中，西都修道会是最成功的。它由隐士罗贝尔·德莫莱姆创立，1078 年他隐遁到索姆河河谷的一个多沼泽的森林深处，当时森林还未经砍伐，修道会的诞生也是公然反对克吕尼修道制度的产物。但是它本身

---

① 译注：阿尔贝赛勒的罗贝尔（Robert d'Arbrissel，1045—1116），布列塔尼修士出身，1099 年在丰特夫罗创立第一所女修道院。
② 译注：玛德莱娜（Madeleine），在基督教传统中，她是处女，耶稣的母亲。
③ 译注：巴黎圣维克多教派由尚波的纪尧姆创立，主张神秘的灵性生活，同时重视世俗文化。
④ 译注：圣诺贝尔（Saint Norbert，1080—1134），神父，云游四方宣道，在 1120 年创立普雷蒙特莱修道院。
⑤ 译注：米雷的艾蒂安（Étienne de Muret，1046—1124），利摩日隐士，宗教圣人，于 1074 年创立格朗蒙修道院。
⑥ 译注：圣布鲁诺（Saint Bruno，1030？—1101），出生在科隆，后在法国兰斯教会学校求学。1084 年在格勒诺布尔附近的沙特勒斯创立第一所修道院。

也属于本笃会，其宗旨在于要不折不扣地恢复圣本笃的教规。西都修会的弘扬光大靠圣贝尔纳①这个人，1112 年他带了骑士子弟、家人和朋友等 30 余人来到修会修道，他的到来使精疲力竭的宗教小团体一下子盘活了，修道会日益壮大，还开设了分支修道院，贝尔纳本人成为克莱尔沃修道分院院长，成为西都修道会的灵魂。尽管长期过清苦生活身体很虚弱，他仍凭顽强意志坚持到各地旅行传道。作为天才雄辩家、激烈反对经院哲学的思想家、十字军东征的组织者和教皇的良师益友，贝尔纳在 1130 至 1150 年间真正严谨地引领了整个基督教的道德。在西都修道会的教规中，寻求教会革新和回归使徒生活等各种倾向得到了平衡。为寻求静寂，西都修会把修道院建在"荒漠"中，远离村落人烟，但是忠实于圣本笃的旨意，西都修会的修士们在一起过团体生活。修士们清贫得一无所有：每人每天一磅黑面包，少量不加任何调料的蔬菜，喝掺入少量红葡萄酒的水，睡草垫，穿破烂不堪的粗呢长衫，对个人卫生不屑一顾，认为讲究卫生是追求肉体享受。西都修会的教堂内没有任何装饰（我们知道贝尔纳曾对克吕尼艺术大加鞭挞，认为克吕尼派的奢华和精心浮雕转移了人们对上帝的追求），教堂内无任何浮雕装饰，只有灰暗的窗玻璃。丰特奈和多罗纳两所修道院的那种特殊的美感来自建筑的线条简洁明快、结构的匀称和谐、砖石的质量——修道院一无所有，但掌握着精心保存的契据以保证丰厚的地产，它们是维持团体生活必不可少的支持。西都修会重视体力劳动，这或许是西都修会的一大创新，它遵循民众福音主义路线，既摈弃克吕尼悠闲的礼拜仪式，又排斥格朗蒙空洞的静修。西都修会谴责领主般的生活方式："因为从圣本笃的教规及其生活中，他们未看到大师曾拥有祭台和教堂、受过信徒的奉献和葬礼费、征收过什一税，也没有面包烤房，没有磨坊、村庄和农民，所以他们就摈弃这一切东西"②，因此西都修会修士强迫自己靠双手种地，但是他们

---

① 译注：圣贝尔纳（saint Bernard de Clairvaux，1091—1153），曾是西都修道院修士，1115年创立克莱尔沃修道院并任首任院长，西方天主教的重要人物。
② 《小开端》（*Exordium parvum*），西都修会的原始文献汇编。

并没有完全抛弃教会职务上的贵族理念：事实上，如同在一切新的宗教团体内部一样，西都修会修士也分为两类，一类属上等修士，他们都出身于教士和骑士家庭；另一类修士则是农家子弟，在修道院从事粗重的农活。"杂务修士和雇工干谷仓重活……"[①] 西都修会修士开拓荒地的数量远比人们所说的少，他们主要从事放牧业，生产羊毛皮革以及奶酪肉类，生产随着12世纪中叶城市扩展后市场急需的一切生活必需品。西都修会的领地很快与商业流通渠道建立了联系，靠着大量热忱而不斤斤计较的劳动力，在经济市场上占有重要地位，不久西都修会便变得极其富有。修士们不改其清苦的生活习惯，不过，人们看到修士离开修道院后只是去经商。待圣贝尔纳去世后，各种批评西都修会修士的声音已经十分强烈，人们指责西都修会太过热衷于捍卫自己的法律权利，太过迅速地收购因庄稼歉收而陷于困境的农户的土地，收购急需现金的骑士土地，尤其是批评他们远离民众生活，对穷人的精神需求麻木不仁。

异教加答尔和伏德派

事实上，一切以使徒精神来革新修道院生活的企图都是为了逃避现实。但基督教社会无法全部都隐遁到荒漠里去，留在现实生活里的信徒被最称职的神父所抛弃，负责照顾他们的是一些极其无知或学究气太重，抑或太富有或不够"纯粹"的牧师，信徒们的精神需求无法得到满足。因此他们四顾张望——尤其在对新成员态度开放的社团、在新建市镇和在骑士社会里，这些信徒对游僧们的说教深感兴趣。因受到教会高层的打压，游僧们云游四方，人数越来越多。他们笃信上帝，深信自己比谴责自己的教会人士更"完美"，因此坚持传播福音，宣扬抛弃财富、改革习俗，在正统教会外团结了一拨又一拨极其热诚的信徒，遍布在法国各省。在如此持续发酵的环境中，于1140至1150年间出现了一种略有不同的宗教态度。这种教派最早在中央高原和南部比利牛斯山等地扎根，至1167年后有了自己的组织和教务会议，形成与正统教会相抗衡的

[①] 1134年章程（Statuts de 1134），第八条。

成型的教会。人们一时不知如何称呼他们，权以希腊名"加答尔"称呼之，因为这一运动通过意大利北部与巴尔干地区的拜占庭人——最"纯粹"的信徒有联系。实际上就是再次向往净化灵魂。异教加答尔以极严格的形式出现（或许很少人能理解，它极少以明白的方式表达），它与基督教风马牛不相及。从教义上说，它表现为很简单的二元论：宇宙（和人类本身）表现为两个本原的冲突，一是精神，另一是物质。应当趋善避恶，放弃物质，放弃尘世享乐，甘心清贫，保守贞洁——由此达到完善，也就是灵魂得救；纵使不然，灵魂通过几番转世赋有新的肉体，直至达到极纯粹境界，也能获得解脱。这一教义掩盖了其在说辞和象征上完全取自基督教（如耶稣的形象和《福音书》），在民众信徒看来是排除种种太深奥仪式的更简单的基督教，宣道的人与官方神父形成鲜明对照，他们身体力行真正体现了福音美德。因此加答尔教在阿基坦南部迅速扩大。在邪教势力尚未形成气候时，1145 年在圣贝尔纳领导下弘扬正统教会的运动就无功告终，1177 年，图卢兹伯爵再次发出警报：教堂内已空无一人，在阿尔比教区的教务会议上，主教成了光杆司令，再无一人在精神上服从于他，所有人在教会外发现了另一种活的宗教，真正来自耶稣使徒的宗教。

在西都修会的隐修院外，在南部阿尔比一带分庭抗礼的加答尔教外，另有一些教徒也在热心地追寻《福音书》倡导的生活，他们希望过福音生活而不与神父决裂——这一现象尤其出现在正统教会势力较弱的城市，许多人暴富起来，他们更关心贫困和灵魂得救的问题。里昂富商皮埃尔·德伏德便是一例。他以自己的行为来实现福音理念，在 1176 年变卖了所有个人财产，将所得的钱都分给穷人，以苦行赎罪，在身边团结了大批自愿在精神和物质上"清贫"的信徒。他极力留在教会内，但最终受到教会谴责，因不服而离开教会，自信是受到了神的启示才如此作为，于是带领信徒加入异教。人们把他们称为"伏德派"，并将其与加答尔邪教相提并论。这些宗教异端引导成千上万信徒走入森林过孤独的隐士生活，面临刚显露的理性神学，他们提倡纯粹爱和道德操守的异教，使商人们更关注福音世界的前景，使许多人成为仅靠信徒施舍过活的隐士，成为终年背着挎包奔波在大路上的传道者。这种现象发生在社会实现大进步的时代，其实是宗教情感在世俗社会里精炼升华的结果。在有些地方，异教渗入了最有教养的阶层（加答尔信徒和异教传道的听众不少是骑士和资产阶级①中最富裕者；寻求清贫者当然是富人，绝对不会是真正的穷人），世俗社会实际已从农民的半巫术意识中脱离出来，渐渐开始意识到平时在一些新建教堂正门门楣浮雕上看到的福音救世，并非靠礼拜仪式来获得，而是要靠自己的生活方式去实现。这种显然不那么粗野的概念只是精神普遍转变的一个侧面，因为在当时世俗阶层的精英中，出现了普遍的意识觉醒，一切的认知能力都在进步中。

---

① 编辑注：此处的 bourgeois 指的是有"市民"的法律身份的人，与城市普通居民不同。它与后世"资产阶级"在法语中是同一个词，也可视为"资产阶级"的起源，但须注意，它在中世纪与在后世的语义截然不同。

4. 世俗文化的出现

骑士和金钱

人口增长和财富增加使修道院和教会变得富裕，同时亦使骑士阶层受益。骑士生活得更富庶，豢养更多的马匹、家犬，雇用更多的仆人使女，招待宾客更加阔绰。物质生活的充裕是骑士社会地位优越的基本表征。自 11 世纪末以来，骑士们变得更有钱。人们看到金钱的流通最终大部分都流入他们手中。农民们很少消费，靠平时在城里和路边出售一些余粮积攒不了几个钱；他们尚不能指望这些微薄收入，口粮、农畜和土地在他们眼中比这重要得多。因此他们把余钱攒起来，用来向领主交租，替代劳役和实物进贡；倘若有余则用来向城堡主缴纳人头税，这是公共安全的保护费。至于城里人，从手工作坊和商贸经营中得来的利润则会在他们手中积攒得更久些，但他们会将其中一部分奉献给教会，其余用来付买路费，付集市摊位费，还要向城市领主购买昂贵的特许经营权。若有积蓄，现金碎银、金条或难得的一撮纯金，人们将它们与首饰一起藏在卧房的一角。这就是骑士阶级新的经济状况。

当然这种状况并不包括所有人。对手中拥有指挥权、征收各种税项、负责更大领域安全的城堡主来说，他们掌握的金银财宝数量更多——尤其是那些掌控大集市的，或者掌管繁荣市镇，不时可从辖区内经商的犹太居民身上榨出更多油水的大领主们，他们聚敛的财富就更不计其数了。但是金钱收入上不平等的后果并非如人们想象得那么大。因为领主们的第一义务是把本阶级最大多数人集结在他的财富周围。他敛财越多身边宾客人数亦越多越显要。而且领主没有积蓄习惯，贵族社会素以出手阔绰为炫耀，钱越多越要挥霍。一过严冬，狩猎者和勇士们便集队出发去旅行，他们常常露天活动，饕餮盛宴，锻炼体魄，但也渐渐习惯于武功以外的其他娱乐，女人在他们眼中已不再是取乐对象或者合法妻子——侍奉他们的第一仆人，他们的个人"小朝廷"就是一个社会环境，12世纪中世纪文明的最大进步就发生在这样的环境里。

十字军东征

显然，贵族们如有余钱必先用来改善武器装备，这方面的进步体现在骑士社会的兵器、坐骑和护甲的改良上。越来越多的财富允许他们更经常地离开城堡或村庄外出旅行。宗教旅行——在朝圣者中最多的肯定是贵族——但也包括军事出征。从11世纪中叶起在诺曼底等政治动荡特别厉害的一些公国，由于调整安全机制、加强镇压力量，避免了战争的频发。那个时代还没有大规模的骑士比武活动。贵族家庭的众多儿子因受到父权的压抑，许多还未成婚，原因是家族不愿拆分家产，不希望有太多的财产继承人。所以许多贵族子弟渴望摆脱过于紧密的家族互助关系，由此也往往在家族内部产生互不容忍的敌意。出路就在脚下。已有贵族子弟离家出走，听说他们在外地发了财。出生率高、解除了阻碍交通的一切羁绊，加上军事装备的优势，这一切保证了法国相当部分的骑士在远征冒险中战胜在装备上较落后的对手。1066年诺曼底公爵纪尧姆率领从法国各地来的大批冒险者，征服英国就是最令人注目的事件。这支跨海远征部队吸引了从佛兰德地区至布列塔尼的无数梦想建立武功并掠夺财富的勇士。同时亦应该提到从11世纪初起，许多诺曼底骑士聚亲带友，远征意大利南部，最初是作为雇佣兵替希腊各城邦或伦巴第领主打仗，后来成为纯粹的征服者、王国奠基人，从阿拉伯人手中夺取了西西里岛。还有勃艮第和香槟地区的骑士们，他们熟悉圣雅克朝圣之路，联合西班牙基督徒共同向非基督徒开战，把他们赶至卡斯蒂利亚以南，建立了葡萄牙王国。

在西西里岛，在西班牙，对手都是基督教的敌人，正是在针对撒拉逊人的幸运战斗中形成了全新的圣战概念，它结合了朝圣和武功的双重意义，保证所有参战者在获得征战乐趣的同时也能得到上帝的赦罪，阵亡勇士能冠以牺牲者的桂冠，其他人都能得到胜利的好处。从这一事实出发，耶路撒冷的朝圣，不管阿拉伯人的容忍态度是否改变，最终都将被赋予由骑士率领的一些小部队的武力征战形式。后来教皇在 1095 年发起十字军东征，使征战变为"行善"。在持续一个世纪的时间里，十字军东征激励了法国各省的无数骑士勇士，他们坚信应解放圣地，在圣地上竖起十字架（人们在重新关注耶稣走过的道路时，见证并重新发现了基督教曾经完成的福音救世之道），十字军东征遂成为吉贝尔·德诺让①所称的实现上帝意志的工具。从 1097 年十字军出发东征到首次遭受挫折并派出救援的第二次十字军东征之间的整整 30 年里，一切迹象使人相信至少有一半的法国骑士以小部队开往黎凡特和比利牛斯山脉冒险。有的去了几个月，大多数一去好几年（许多人死在路上、战场上或搭乘简陋的大帆船遇到海难而葬身大海，尤其还有许多人因在当地水土不服而死亡，极少人是抱着去当地扎根的信念出发的），这些暂时移居西班牙边境或出征耶路撒冷圣地的骑士们对法国骑士文化的演变产生了相当深刻的影响。

主要是显著改变了的军事习俗。骑士们带着军事作战的进攻性和以武装朝圣确保上帝和平的意志出征反对非基督徒。在教会人士看来这是好事。1095 年在奥弗涅地区的克莱蒙，教皇于尔班发出十字军东征的号召，同时以教皇的权威发布平息基督教骑士间冲突的和平教谕：基督徒勇士在共同的征战中必须停止一切相互敌对的行为。事实上，骑士中最好斗分子的出征立即使家族内部或敌对领主之间的紧张关系缓和下来。而且，当注意力都集中在十字军东征上时，源于教权主义的"基督教卫队"、骑士献身服务上帝、只参与反对异教徒和邪恶者的正义战争等概念得到传播和加强。在最初几次十字军为圣战出征的同时，出现了骑士团被逐渐神圣化的迹象。神父的作用在骑士授受礼上加强了，原来只对骑士的佩剑祝福，现在还对将被授衔的骑士作道德辅导。在以英勇和忠诚为基础的封建军事道德中，开始渗入了基督徒的某些美德：虔诚、勇于纠错的正直、保护弱者，以及圣贝尔纳热烈颂扬的"新卫士"精神，骑

---

① 译注：吉贝尔·德诺让（Guibert de Nogent，1055—1125），法国编年史家、神学家。

士团渐渐带有宗教团体的色彩。从这一理想出发，不久便有了见证：在12世纪初被征服的耶路撒冷城出现了僧侣—士兵兄弟会，负责朝圣者的安全，尤其是常年保卫圣城。该组织不久便遍布全法国，无法随军出征的信徒以奉献给予资助。骑士团骑士献身于圣战，得到很好的饮食照顾，他们珍惜武器，免于过分的礼拜仪式，生活清廉，放弃狩猎和奢华的生活方式（马具上既无装饰又无鞍褥），并保持一定的谦卑（避免夸耀自己的武功）。圣殿骑士团（Templiers）和仁爱骑士团（Hospitaliers）便是这种新一代骑士的典型代表。

新趣味和新需求

骑士们典当自己的土地以换取若干金银，集合少数邻居和本家兄弟一起出发。他们打着本地领主的旗号，越过比利牛斯山，或绕道热那亚、威尼斯，稍后在马赛上船，开始探索新世界的征程。对文人文化来说，基督徒重新征服的意义深远，它给闭塞的西方带来了摩萨拉布人的艺术工艺，以及拜占庭人、阿拉伯人的书本科学。对骑士文明来说，东征骑士们在萨拉戈萨、君士坦丁堡和安提约等地发现了另一种开化得多的生活方式。在地中海沿岸一些国家生活期间，他们对当地的装饰、五颜六色的服装（与自己身上穿的、由自家仆人编织的羊毛和麻布做的灰褐色衣服形成鲜明对照）、水果香料的滋味和香气、闪亮的首饰等看得眼花缭乱。当然在公元1000年时人们已知道东方国家的华丽服饰和香料，少数人曾去过那里朝圣，但对大多数人来说那只是对教堂陈列的珍稀物品若干记忆的梦。骑士们返乡时带回了鲜活的印象，甚至把那里的习俗带给了从未出过门的乡亲。他们对家里的俭朴生活感到厌烦，更喜爱货币流通带来的越来越多的商品。人们对当时最主要的奢华——装饰的要求更加精细，服饰是当时社会生活的一大兴趣点，是人们最大的消费，这可以从12世纪骑士文学作品中对首饰的大段描写得到证明。1100年前后，服装潮流变了，贵族男女的服装变得更长："长衫"长至脚踝，外面罩一件长袖的"长袍"，拖地的大衣，如死于1106年的诺曼底公爵罗贝尔在西西里岛习惯于穿的那种"拖地扫灰"式的罩袍。这种拖地长袍与平民的短衫形成鲜明对照，说明着衣人无须多动，生活悠然闲适，不必从事体力劳动；而且这种宽松的服装穿着更舒服。尤其是长袍的衣料不再是家庭作坊生产的那种粗布。丝绸在当时还十分稀少，大领主家用的丝绸都从小亚细亚进口，而由专业工匠自制染色的五花八门的织物在骑士阶层里的需求越来越广泛，要求也越来越高。贵族阶级的财富增长以及他们的品味提高促使在 1075 至 1180 年之间诞生了最初的手工业大作坊，如佛兰德、阿图瓦和皮卡第等地的工场，同时也刺激了若干手工艺的发展，如 12 世纪中叶利摩日的上釉工匠已不再专为教堂烧瓷，也开始为"王亲国戚"服务。

意识的进步

与此同时，骑士的精神世界也丰富起来。原来十分原始的宗教信仰、打仗和狩猎的技巧以及封建社会和家族的行为准则占据了骑士们的全部思想，现在他们的知识面更广。从 12 世纪起，贵族子弟在学校里接受的知识教育开始反映到他们的社会生活中来。某个并非出身于大贵族家庭的普通教士，家族成员中亦无人在教务会当司铎，他受过教育，读过几本书，熟悉书写，习惯于作周密的逻辑推理；他又与家族成员保持密切的联系而且经常访问家人，选择了一个侄子继承自己，对侄子进行辅导。仅靠与家族成员的这层联系，教会文化便在骑士阶层里产生了很大的反响。此外，人们可以想象在骑士环境中，教会学校的教育与培养未来骑士并不冲突，骑士家庭即使不打算让孩子将来进入教会，也会出于某种考虑送他去念教会学校，如阿贝拉尔神父，他在年轻时就接受了这样的教育，他希望他的子弟也得到同样的教育。出于对知识新价值的关注，许多贵族子弟作为自由学子进入了修道院学校或世俗学校：圣贝尔纳五岁时进入塞纳河畔沙蒂永的由司铎们办的学校时，并未刻意要将来当教士。也有许多教师——曾经是学生，但为了挣钱而中断学业来到城堡当家庭教师——和教士终身从事新的教育事业。

事实上，越来越多献身服务上帝的人在接受了学校教育之后，靠知识赚钱，在教会之外找到了谋生之路。这也是当时教会学校学生人数激增的原因之一。他们为领主服务，负责处理文书，担任一切需要一定逻辑思维的工作。他们被委任拟订契约，同时也越来越多地参与文艺以娱乐城堡主——城堡主及其家人也不再那么愚昧，开始对这类娱乐产生兴趣。文人思想和表达方式逐渐渗进骑士意识中，作为上流社会中心的大领主"朝廷"发挥了重要作用，那里既吸引了本省的骑士阶层，又与受过良好教育的僧侣保持着密切联系。在上流社会的文化圈里，卡佩王朝国王的朝廷反而显得逊色，因为作为代表上帝的国王，其加冕犹如主教的圣职授任，他感觉应当清廉，将财富用来装饰教堂和礼拜仪式。而最显赫的"朝廷"在法国南部，如在普瓦捷的阿基坦公爵家，在纳博讷，在尼姆，在罗讷河畔圣吉勒的图卢兹伯爵家；卢瓦尔河以北，则在诺曼底公爵家和安茹伯爵家（不久诺曼底和安茹两地被并入阿基坦，归属金雀花王朝统治）。稍后在 12 世纪下半叶，香槟伯爵和佛兰德伯爵家也成为有名的文人社交圈。参加这类聚会的骑士经常变化，在这一场合服装的新潮流层出不穷；新鲜织物和香料推销商觅到了最好最稳定的顾主群；一些新的智力游戏如国际象棋成为时髦（值得关注的是国际象棋中最重要的棋子是皇后）；已经有好几代的修士和教士受雇于领主，用拉丁文为社团写编年史或娱乐性文艺作品，如博德里·德布尔盖伊或伊尔德贝·德拉瓦尔丹题献给诺曼底公主的模仿奥维德风格的爱情诗——直到11 世纪末爱情诗才被首次认可并能在骑士们面前朗读。这些作品常常是教会人士的作品，也有的是领主家御用文人或游荡各处卖弄才华的文人所写，然后由专业朗诵者、专为贵族提供乐趣的演艺人和行吟诗人当众朗诵。在阿基坦地区最活跃的贵族社会里，有些爱情诗是骑士本人所写，他们在这种文字和音乐游戏中找到了新乐趣，尤其是抱着炫耀个人才能和成就的动机，这又是一个新现象。这些作品以罗曼语写成——它不是因地而异的日常白话，而是那种近乎矫揉造作的文人语言，它是各色人等聚会上文人之间通用的，在行吟诗人朗诵时各地骑士们都能听懂。这一事实相当重要，因为它意味着需要听众在欣赏时作移情调动，这种精神活动具有开发智力的作用。社会分化出现了新因素：骑士能理解和使用一种区别于平时对马夫所说的语言，就是在上流社会和精神活动中所用的高雅语言。

尚武歌和爱情诗

这是两个主要的创作领域，分别采用两种不同的文学语言，从两个不同环境吸取灵感——因为其读者对象的思维习惯是不同的。在11世纪末的最后几年里，人们看到在诺曼底、卢瓦尔河谷和大巴黎地区出现了一些英雄叙事诗，其形式和题材在人们口头传诵中经过缓慢的演变，最终成为尚武歌。或许最早用文字记录下来的是一个传世杰作，它是由谙熟维吉尔和吕坎①作品的一位天才诗人写的，作品问世即获得巨大成功，那便是《罗兰之歌》。长篇的叠韵诗句，在高声诵读时配以早期的音乐，诗篇用意于娱乐封建时代热衷于征战的骑士，其精神生活很大部分围绕着君臣关系的忠诚和献身精神，也为娱乐那些曾参加或梦想参加十字军东征的勇士。他们的英雄生活在卡洛林时代，因为那个时代基督教势力最早向阿拉伯国家扩张，所有亲历圣雅克朝圣之路者都熟悉当年征战的路线，这一时期也是封建贵族形成的孕育期，每个亲王和城堡领主家族开始在祖传领地上扎下家族的根。叙事诗主人公的内心世界充满着个人建功立业、贪婪渴望、对家族的义务以及君臣之间忠诚关系等种种矛盾；他们面临战斗的各个阶段都被不厌其烦地详尽刻画出来；其中大多数人最终都参与圣战献身上帝，成为基督教英雄的典范；他们的敌人撒拉逊人是基督的敌人，也是东征十字军和西班牙武装朝圣者的敌人；诗篇描写马上比武、策马疾驰、立誓信仰与过激行为之间的矛盾冲突，以松树、橄榄树和橙树为背景，故事发生地被安排在奥朗日、阿尔勒附近的古罗马墓场、比利牛斯山区海港和君士坦丁堡等地。

---

① 译注：维吉尔（Virgile，前70—前19），古罗马诗人，著有史诗《埃内伊德》（l'Énéide）；
吕坎（Lucain，39—65），拉丁诗人，著有《法萨尔》（Pharsale）。

与此同时，在普瓦捷和利摩日之间出现了用奥克语写的最早的文学作品，其风格截然不同。它们是短小诗歌，用通俗的语言配以礼拜圣乐改编的较复杂的旋律，利摩日圣玛夏教堂成为多产的创作中心之一。作品的主导题材是爱情关系；第一位知名的作者是一个大领主——阿基坦公爵纪尧姆九世。这类爱情诗的独特性来自卢瓦尔河以南地区骑士文化的独特性。这里的封建臣属关系并不构成贵族社会的主要框架，而且贵族骑士社会本身亦非专注于军事征战，他们更文明；处身于城市文明传统自中世纪上半期以来从未戛然中断的地区，他们更习惯于司法庭审和组织战斗集体以外的别种聚会。他们与南部西班牙摩萨拉布人和阿拉伯人控制地区的关系更为密切，或许从那里传来了吟唱通俗歌的激情；社会生活并不那么发达，教士们接受的教育兼有拉丁文化和基督教文明的内容，人数也远非北方那么多；这一地区受克吕尼精神的熏陶更为深刻，尤其在音乐和教堂装潢方面。最后，也许这块土地更早地接受了一个极重要的社会变革，即妇女地位在骑士世界里的上升。

女性地位的提高

直至那个时代，贵族妇女也因循骑士风俗，热衷于狩猎，发怒时可以将自己的使女打死，欣赏自己的强健体魄，欣赏多子多产和精力旺盛，也甘居低下的社会地位。因不携带武器打仗，所以她们低人一等，被排斥在封建等级之外；婚前完全从属于她们的父亲，其后由两个家族的男人背地进行交易，最后落到依附于丈夫的地位；丈夫去世，她便跟从儿子或封地领主，领主把她再嫁给一个他选择的男人。在宗教领域里妇女处境不比以前好，因为教会里大多数人将她们看作罪恶之源，软弱之根；她们没有自己的宗教生活，在上帝面前是丈夫和父亲替她们负责。然而在 11 世纪的最后几年里，一切都改变了。在宗教生活中，人们的注意力开始转移到女性身上，转移到女圣徒身上，譬如玛德莱娜，人们争相得到玛德莱娜的圣物——到处都有圣母圣像，圣母总是出现在耶稣身旁，成了人和上帝之间沟通的不可缺少的中介。虔诚不再是男性教徒专有的宗教情感。许多游方僧人专门对女教徒说教传道，女修道院开办起来了，其中最出名的是丰特夫罗修道院，它是修道总会，12世纪初所有贵族妇女都梦想在那里了其终生。那个修道院地处昂热和普瓦捷之间，当地的文人们争相传抄拉丁文爱情诗，于是出现了最早的爱情歌曲。与此同时，妇女权利也得到了肯定。11世纪习以为常的休妻现象（当丈夫对自己妻子厌倦了，只要赔偿女方家庭的损失或找到愿意娶她的人即可打发女方）渐渐受到教会的限制。在一些地方只要领主不太厉害，教会也会谨慎地主动出面保护被遗弃的妇女。渐渐地人们接受了女主人在丈夫出门不在家期间打理领主庄园的现实，这种新风尚是因为领主越来越多地外出或长期离家参加十字军东征而产生的。不久女领主也可向所属领主效忠而接受封邑。当然，尚武骑士的妻子总是被丈夫粗暴对待，像家仆一样受到责骂；妻子也会与丈夫的姘妇及其非婚生子女一起拥挤在一个大厅里。然而，她们在骑士生活中占有较少拘束的地位。尊重女性（当然是指贵族妇女，对平民妇女则另当别论）已成为骑士道德的守则之一。尤其在战斗和狩猎之余，在宫廷里，在空间较小的房间——"小客厅"里，从1100年前后起在一些最摩登城堡的大厅堂旁专门为贵妇们聊天布置的闺房里，贵妇们的私下聊天成为贵族生活的一大乐趣。到11世纪末，在最时髦的贵族社会里，人们看到了向贵妇献殷勤的骑士。在《罗兰之歌》里，人们可从作者对撒拉逊人、塞维利亚的马加利的描写中隐约地感觉到这种骑士风范：

> 面对女友的美貌，
> 从未见过他如此心花怒放。①

同一时期，在普瓦图、利穆赞和朗格多克等的上流社会，贵妇们的意见受到更多的重视。

---

① 诗句957—958。

彬彬有礼的骑士风尚

1100 至 1140 年，在贵族男女关系中出现了一种新概念。这一概念在阿基坦公爵纪尧姆的作品中已浮现过两三次，它大体上是赞美肉体快感，以博取男士听众的开怀大笑。后来行吟诗人再加以发挥升华，使之成为人们所称的骑士爱情。这种情感或许来自人文主义者从西塞罗作品中发现的"友情"（amicitia），可能更与安达卢西亚阿拉伯人的爱情哲学有关——从某些方面来说，它表达了某种宗教式的爱慕和附臣般的献身精神（从封建语言中借来的"服务、效忠和英勇行为"等词就很说明问题），然而这种情感有其独特性。它是基督教婚姻范畴以外的一种爱情游戏——心仪的女子通常是别人的妻子——当然它不是一种纯粹的精神恋爱，与人们通常所想的相反，其最终目的还是肉体结合；不过爱情游戏规则得到尊重，在肉欲和满足之间留有一定空间，并尽量用精神快感来填充它——这就是进化，它表明感觉的细腻化。

随着卢瓦尔河南、北地区的人员交流日益频繁，商贸活动的持续增加，一些年来用奥克语写的爱情诗中所表达的南部骑士社会的爱情礼节，在 12 世纪中叶传入法国北方的骑士生活。风气的转变更因偶尔的政治环境变化得以加速：1137 年路易七世迎娶了阿基坦公爵的女儿，同时也是爵位继承人的阿丽埃诺公主，作为王后的她及其身边随从在婚后 15 年里竭力把普瓦捷宫廷的风气融入北方大巴黎地区卡佩王朝的宫廷中，然而南部上流社会的风俗与卡佩王朝的朴质严肃的氛围相去太远，国王和王后最终离异。阿丽埃诺公主的离婚事件正说明北方卡佩王朝宫廷与南方普瓦捷地区在生活和思维方式上的巨大差异。相反，阿基坦跟安茹公国和诺曼底公国之间的融入则容易得多，两公国从此归属于金雀花王朝君主亨利的统治下，其中阿丽埃诺的两个女儿（一个嫁给布卢瓦伯爵，另一个嫁给香槟伯爵）的个人影响力亦起相当作用。当然英雄史诗在卢瓦尔河以北地区的流传并未削弱，纯战争题材的诗歌继续传播，情形犹如今天的美国西部片，故事情节围绕着成功的人物展开。然而在贵族人士出入最多的上流社会里，人们的兴趣关注点已转移至别处。当人文主义者重新发现奥维德①时，文人墨客用奥维德笔法描写上流人士的爱情态度和生活方式，孕育了一部阐述爱情新方式的传世之作，其影响波及其后一代代作家：1184年香槟伯爵夫人玛丽的私人教堂神父安德烈用拉丁文写了一篇题为《论崇高的爱情艺术》的论文，并将它题献给这位出众的贵妇，作者在该论文中用经院哲学的方法，将骑士爱情上升到理论高度，行文措辞不无卖弄学问的意图。与此同时，另一种新的文学样式正在发展壮大，它就是罗曼传奇。

罗曼传奇

　　罗曼传奇在形式上不同于尚武的英雄史诗：它摆脱了吟唱的形式，诗句更短，两句两句押韵，便于高声朗诵，其听众范围更狭小。这说明世俗上流社会的发展，也说明朗诵习惯和听众能力的形成。然而更大的区别还在于它的精神：它是一种逃离现实和理性的消遣文学，通过在梦幻世界里旅行和"寻觅"，把一系列传奇经历、爱情故事和战争冒险串连起来。这类传奇首先建立在古典文学的框架上（说明教士和文人对世俗文化形成的巨大影响），如1150年左右用韵文写成的《底比斯传奇》，然后在埃涅阿斯故事，又在《特洛伊传奇》中，人们看到一种新的文学样式逐渐从英雄叙事诗中分离出来，它大量描写基督教勇士与异教徒冲突的重大题材，栩栩如生地展现宫廷生活场景，越来越细致入微地分析爱情阴谋，这些方面都是以往史诗作品所没有的。1170年产生的"布列塔尼题材"，完全是想象的而且充满了凯尔特寓言的各种象征，从英国康沃尔和威尔士传入诺曼底和阿基坦，最后在金雀花家族的周围人士中扎根繁衍，金雀花家族为炫耀其家族声望，或许也故意用这种新诗境界跟"法兰西题材"，跟从卡洛林王朝获取灵感的颂扬法兰西、圣德尼的史诗相抗衡，从而挑战卡佩王室的权威。关于特里斯坦、圣杯和完美体现骑

---

①　译注：奥维德（Ovide，前43—公元17），古罗马诗人，以爱情诗出名，著有《变形记》《爱的艺术》《爱情三论》。

士精神的亚瑟王及其圆桌骑士等传说，都是法兰西的玛丽（即香槟伯爵夫人）、城堡主家庭出身后来成为法国北部第一个贵族诗人的阿拉斯的戈蒂埃，以及最著名的诗人和教士、特鲁瓦的克雷蒂安的作品题材。后者的古典文化造诣极高，是香槟伯爵和佛兰德伯爵的御用文人。人们至今保存着香槟公爵夫人的遗墨，她是法国现存作品年代最早的女作家。在克雷蒂安写的最后一部作品《佩瑟瓦尔》（亦称《圣杯传奇》，写于1174 至 1180 年间）中，传奇文学出现了新的变化，即开始带有神秘感：骑士爱情得到升华，作者颂扬贞洁和纯净——新一代"骑士风尚"的美德，带有明显的宗教色彩。

以上便是大进步世纪里领主们意识形态演变的大致线索。显然，只有诺曼底、香槟和普瓦捷等地骑士社会最开放圈子内的少数优秀文人和社会精英，真正参与了意识的迅速演变，以新价值观取代了粗鲁的武夫意识。对绝大多数仅听说过骑士风尚的骑士来说，这只是一种难以理解的态度。在此后很长时期内，他们仍然是缺乏教养的、无法抑制自己贪欲的粗暴军头，行事凭基本的宗教意识反射。在某些闭塞的省份，他们依旧滥杀无辜，披着狐皮打家劫舍，残害修士，洗劫商人和强抢民女。国家范围如此之大，交通设施仍然十分原始，即便在同一社会阶层内，各地的习俗和意识的演变都存在巨大差异。但至少对骑士阶级的多数人来说，决定性变革的时代已经来临。

最后，文学创作史如同宗教艺术和思想学术史一样，显露出一种新倾向：1150 年左右在大巴黎地区方言的基础上发展形成了一种新的文学语言，它很快蔓延至其他地区。这一现象说明法国的文化正逐渐向塞纳河流域集中，在 1100 年还如此纷繁的各种文化已被容纳吸收。到 12 世纪中叶前后，在沙特尔、香槟地区的一些商业城市，在巴黎等地，已在准备文化的融合；而在围绕着卡佩王室领地的省份，一种政治的统合也已初显端倪。

第四章　卡佩王朝的统一（1180—1270）

在法国的中世纪，13世纪是一个普遍繁荣的时代。当然，在一个以乡村土地为主、所有人的生产活动仍与土地密切相关的国家里，繁荣首先是农村的繁荣。村落富裕起来了，尽管当时的农耕技术无法进一步提高，改良农业生产的一切方法都已用尽，尽管除了西南部省份外，开发荒地的步伐已放慢了节奏，农业产量还在不停地增加。三年轮作制已向纵深推广，家畜品种的改良也在逐步进行中。尤其是人口在持续不断地增长，它是促进繁荣的最积极因素：13世纪末法国农村的居民密度已达到18世纪人口大爆炸前的最高水平。粮仓和库房满坑满谷，人们对饥馑的记忆已经消失。

从1180年起又出现了一个新特征，即交通和物资交流的不断发展，同时城市出现了繁荣景象。事实上经过几代人的经营，城市已处于商业大发展和商品繁荣时期。但总体而言，法国文明仍是深深浸润在乡村自然环境里的农业文明。不过从发展最快的某些现象看，这种文明已带有另一种来自城市的不同特质。

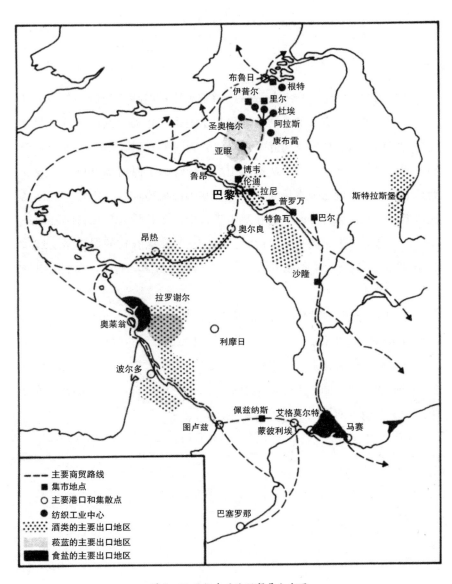

布鲁日
伊普尔   根特
圣奥梅尔   里尔
杜埃
阿拉斯
康布雷
亚眠
博韦
鲁昂   伦迪
巴黎   拉尼
普罗万   斯特拉斯堡
特鲁瓦   巴尔
昂热   奥尔良
沙隆
拉罗谢尔
奥莱翁   利摩日
波尔多
佩兹纳斯   艾格莫尔特
图卢兹   蒙彼利埃   马赛
巴塞罗那

主要商贸路线
■ 集市地点
○ 主要港口和集散点
● 纺织工业中心
酒类的主要出口地区
菘蓝的主要出口地区
食盐的主要出口地区

图 9   13 世纪中叶法国贸易分布图

1. 城市的繁荣

市场的扩大

从 12 世纪中期起，法国各地受惠于欧洲各国贸易的兴起而得到发展，它与 100 多年前欧洲人的征服有直接关系：墨西拿海峡因对西西里岛的征服而被打通，意大利港口城市海运业发展，为运送去圣地的东征十字军而建立的大型船队有能力运输大量货物；加上北方国家的贸易经济逐渐纳入欧洲大陆贸易的大循环，英国逐渐摆脱原始野蛮，德意志农民和大宗批发商殖民开发波罗的海沿岸等因素。法国——尤其是勃艮第、香槟、大巴黎和阿图瓦等地区——成为商品流通网络的巨大集散中心。商业网络的北方中心在比利时的布鲁日，南方的意大利热那亚、比萨、威尼斯以及波河平原城市则是从近东各国运来货物的中转站，其前哨港口是与其他各国商人的接洽点，如俄罗斯的诺夫哥罗德、埃及的亚历山大港，以及叙利亚和黑海之滨的一些商旅必经之地。

上述国际贸易的繁荣必须从对非本地生产的奢侈品的需求不断增加来解释，这类商品已进入人们的日常生活。由于农村生产的增加，人们生活变得更宽裕，越来越广泛的社会阶层开始对许多新商品有了需求。除了最贫困的家庭外，一般家庭已不再是树枝和泥巴糊的简陋巢穴，住家内已有砖砌的烟囱，改善了简陋与不舒适的状况。人们已习惯于与黑夜作斗争，用上了过去只在教堂里用的照明手段（人们战胜了黑暗，不久以固定的时间概念取代了以往随季节而变的不固定时间，从此时间被固定下来，完全独立于日照长短。这一进步与乐师们制定的时间新概念不无关系）。居民住宅内出现了最初的家具——装铰链、能上锁的带盖木箱，有的还以铁条加固，四壁挂织物，既是墙饰又可挡风，还有床等，这些物品在遗嘱里都一一详细列明。至 13 世纪，在一些富裕农民家里除了木制或陶器容器外，还有了金属的盆罐。饮食也讲究起来，不再像过去暴饮暴食：城堡主的餐桌上，包括一些骑士家庭或城内定期宴请各种行会成员的宴会上，人们越来越习惯于饮酒，哪怕在葡萄不易生长的地方也是这样，人们更看重酒的质量。肉类的消费增加了，封斋期内人们改吃鱼。香料也用得多了，一方面作为治病的药材，另一方面作为各种调味。当时人们还不习惯异国风味，酒还很少用来做作料。最大的奢侈还是服饰。"你要穿得好一些"，国王圣路易对儒安维尔这样说，"你穿得好，你太太会更爱你，手下人会更听从你"。每年春天国王和大领主会把上好的羊毛衣料赏赐给手下军官和仆人。"鲜红色、绛红色、紫红色、蓝绿色和黑褐色"，所有这些色彩鲜艳的织物是富人用的。这是一个喜欢闪烁和花花绿绿的时代，广大民众在重大节日、国王加冕和庄重仪式时，穿着五颜六色的鲜艳服装，耀眼夺目。厚衣料往往配上毛皮里子，制成上衣和罩袍。妇女穿胸前系带的紧身长裌，装饰开始与男性服装有别（"女子穿紧身长裌比穿短上衣显得更娇小可爱"）。至13 世纪末，妇女服饰还增加了"长袖紧身裙"和"长袍"。她们衣橱内的服装多了起来。当时的骑士夫人通常得备有三套服装：一套用来出席大场面，一套周日穿着去教堂，还有一套是平时穿的。1279 年，国王勇敢者菲利普颁布法令，对不同社会阶层的男子每年购置长袍数量加以限制：大领主可购带夹长袍五件，贵族和宫廷侍从每年可购长袍两至四件，城市资产阶级拥有财产超过 1 000 利弗尔者才可购买一件长袍，其太太可购置两件。

手工业的集中，货币和信贷

为满足人数日益增加、要求越来越高的消费者，形成了一些大的生产中心。交通手段的不断改进（改进的不是道路——除了行人谁也不会关心道路的维护，但是运输设备的确有了进步，还出现了专门押运某线路的运输队，驮马改良了，航运的船只更新，还建立了驿站，海运技术也进步了），有利于生产集中和专业分工。在塞纳河流域、卢瓦尔河下游，以及拉罗谢尔和波尔多等沿水路一带，开辟了专门面向出口的葡萄酒生产基地。出现了一些手工艺品生产中心，其中有两地到 13 世纪末远远超过了其他城市：一个是巴黎，生产所有的工艺品；另一个是阿图瓦和佛兰德地区，主要生产优良的纺织品。在阿拉斯、杜埃、伊普尔，以及稍后的根特等地，逐渐形成厚呢绒料的生产中心，当地印染的织物色彩鲜艳，颇受人喜爱。纺织业的各种工艺，如打样制板、织布、鞣革、印染和剪毛等各自完成生产过程的一道工序。它们由无数家庭作坊独立完成，但集中在几个主要城市里。这些家庭作坊使用的工具依然相当原始，技术由市镇当局控制，作坊不得擅自更改。庞大的生产者行会受商人的监控，工匠们的一切努力只在改进质量，但商品的经销则由商人决定：大量原材料如羊毛越来越依赖于从英国进口，明矾从小亚细亚地区进口，印染原料多数在附近农村购买，如茜草，尤其是菘蓝，它们是印染蓝、绿为底的各种颜色都要用的原料。贩卖印染原料的最大商家集中在亚眠市，但有些染料如靛青则需要通过意大利商人从更远的近东国家贩入。

　　由于商贸的持续发展，货币工具也得到改进。原来在各地小市场由当地小领主打造的那种黑乎乎的形状不规则、币值不一的钱币，只能在附近农村的小范围内使用，大宗批发商只收由大造币作坊打造的成色不变、价值固定的流通货币。13 世纪在商贸不发达年代形成的货币不统一局面渐渐结束了。人们长期习惯于以某些地区的大货币，如索恩河和罗讷河河谷地区流行的"维恩币"① 来折算价格，后来国王的货币——"图尔币"② 和"巴黎币"③ ——在全法国各地迅速通用。1266 年出现一种模仿由意大利商人引进并使用的货币而打造的价值较大的银币，即"大币"（les gros），币值相当于旧币的 12 倍。最后打造了金币，原来墨洛温王朝曾使用过金币，但后来随着古代商业消亡，金币也被废止。直到国王圣路易时代，意大利金币在王国越来越流行，遂重新推行金币。

---

① 译注：维恩币（le viennois），中世纪法国东南部流通的一种货币。
② 译注：图尔币（le tournois），一种在图尔打造的王室货币，中世纪时流通极广。
③ 译注：巴黎币（le parisis），国王菲利普·奥古斯特打造的货币，取代了图尔币。

在整个 13 世纪，农产品价格的缓慢攀升，刺激了生产的发展，货币流通亦随之持续增长。

　　然而流通货币仍然不足，因为稀有金属的储量并没有太多增加，所以信贷便开始得以迅速推广。当时信贷大多数是消费信贷，形式极其原始，通常以土地作为抵押——土地是唯一的真正的财富：高利贷以一周计算，更长期的贷款则须以城内或乡下的不动产作为抵押，或出让和收购以地产、房屋和其他收益作为抵押的终身年金。放贷人是犹太人、商人或小城市的僧侣，在商业较繁华的大城市渐渐地出现了职业钱庄，钱庄主是外国人和南方人，人们最早称其为"卡奥尔人"（Cahorsins），后来称之为"伦巴第人"——这仅是个称呼而已——因为大多数债主确是从意大利伦巴第来的。债主们遭负债人妒恨——觉得被债主勒索得过紧而不公平。所有人都对债主恨之入骨，因为人们知道他们富得走油，而且住在别处。债主们聚集而居，通常住同一条街，出于防范他们需付昂贵的保护费以得到领主的保护。13 世纪中叶以后，各亲王府和生意大户过手的信贷数目更大了。放贷人往往是当地金融家——阿拉斯市的情况就是一例——但更多的是某些意大利公司的代表，有锡耶纳人、卢卡人或皮亚琴察人。即使在发展迅速（又很局限）的信贷行业，资金运作方法仍相当原始，会计制度的缺乏致使资金无法直接转账，汇票还不存在。要把资金从一地调往另一地，为避免运送现金，最有效的方法是通过圣殿骑士团在各地的分支机构汇钱。圣殿骑士团的分支机构遍布各地，主要是征集十字军东征所需援款并运往圣地：国王拨款走这条线，其他许多人也使用这一汇款方法，不信任钱庄的民众要汇款也求助于圣殿骑士团。资金调拨方式的进步促使了最原始的沿途行商形式的改变，出现了大集市。定期组织集市更是商业集中的体现，每年好的季节在同一地区举办一系列的集市，形成各种商人固定的聚会行商制度。从佛兰德到伊普尔、里尔、墨西拿、布鲁日和托尔豪特等地都有集市，促进了优质纺织品生产集中在这一地区。这类大型集市中尤其出名的是香槟地区的集市。

香槟地区的集市贸易

　　具有悠久历史的香槟地区的集市，进入 12 世纪后因对行商提供有效的保护，吸引了大批过路的外国客商，形成了每年固定的大集市，到 13 世纪成为整个西方有名的贸易市场和重要的商品集散地。集市从开春到入冬为止每年举办六次，在特鲁瓦、普罗万、拉尼和奥布河畔巴尔等四镇开市接纳四方客商，短短数周大批商品源源不断地运抵当地货栈。来自整个巴黎盆地、佛兰德地区、莱茵河沿岸各地的批发商跟法国南方和意大利来的商贩在此洽谈生意（1278 年，在拉尼镇上有 23 家代理行，代表来自意大利热那亚、威尼斯、皮亚琴察、米兰、博洛尼亚、卢卡、阿斯蒂、锡耶纳、佛罗伦萨和罗马等地的商人）。每个集市定期进行交易。头八天是"入巷"，商人们安顿开箱、互访议价，接着开市：先买卖布匹，后是"科尔多瓦"①，即一切皮革制品，然后是食品，以分量计算，商人习惯称此为"过磅"。商人用"香料"一词指所有从黎凡特和意大利运来的香料和染料。根据各集市的不同情况，经过一段时间的交易，最后是收市，货币兑换者收摊，各商家开始"出货"。这时货物被装箱，商人们结算后货银两讫。

　　香槟地区的集市具有两方面的重要作用。首先是商业：直至 1260 年意大利某些商人都绕过香槟地区直接前往荷兰做生意，香槟地区的集市是连接欧洲的两大商贸网络，即阿尔卑斯另一边意大利的香料进口商以及北方阿图瓦和佛兰德地区的纺织品商人的主要集散地。从一个数字可以看出当时的交易规模：1280 年仅普罗万镇的集市上就交易了 5.5 万匹布匹，占佛兰德运来的布匹总数的一半。其次，金融方面的作用更重要更持久，一直持续至 1 300 年以后。既然在这里进行着西方世界最大宗的商贸活动，香槟地区的集市便成为一个货银结算中心——尤其是商人们一般在每季集市最后的"出货"时进行结算，在整个集市过程中商人之间运转着一个巨大的信贷补偿贸易体系。也就是说商人在此购入或出售的货价要比实际流通现金的数量大得多：集市因此弥补了当时欧洲经济

---

　　① 　译注：科尔多瓦为意大利一地名，因产细羊皮出名，遂用以代称一切毛皮产品。

面临的稀有金属短缺。总之，香槟集市出现在法国繁荣的经济中心（它们的地理位置清楚说明何以法国北方的经济水平远高于南方，尽管南部有马赛的冒险家活动，有艾格莫尔特海港①、佩兹纳斯集市、里昂商贸枢纽的缓慢复兴，图卢兹和波尔多经济的迅速发展，南部经济还是萎靡不振），再加上集市的自然延伸——巴黎作为大城市常年有集市，又因与香槟集市近在咫尺，水陆交通便利而形成的后续市场——其突出的经济作用在不断扩大。

城市的特性

在 12 世纪过程中，各地城市规模不断扩大，城市人口在圣路易时代已达到相当大的数量。巴黎市人口至少已达 8 万，甚至 15 万，成为全法国乃至整个拉丁语基督教世界的一个大城市，当然意大利的城市是例外。而地区中心图卢兹和工业中心阿拉斯等城市的人口也已达三四万，连主教府或大修道院所在的城市都有几千居民。因此，城市不再是与乡村难以分割的单纯的居民聚居区，它已形成自己的特性。或许富裕市民聚居的城区依然可见种种农村景象：城内有许多空地和菜园，甚至田地和牧场；街道和乡村小路一样泥泞不堪，到处堆肥料，鸡鸭成群，家畜满街乱跑；对城里人来说收割庄稼和摘收葡萄的季节同样十分重要；他们在住宅周边也开垦种植，特别是保留着小块葡萄园，所有中世纪城镇都还保留着葡萄植株。但是，根本的区别在于，城市已完全封闭起来，四周筑有高高的城墙，城门有阍者把守，入夜后城门关闭。乡村与城市截然不同，是完全开放、毫无防御的"平地"。城市是另一世界，住房更加坚固，而且越造越高，住房格局与村舍不一样，城里人的生活和饮食习惯都与乡下人不同，生活节奏也不一样。

行会

农村人口不断涌向城市，致使城市人口迅速膨胀，随着城市经济生

---

①　译注：艾格莫尔特（Aigues-Mortes），南部地中海沿岸古老港口，建于古罗马时代，查理曼大帝和圣路易国王都曾在那里建立防御工事，是中世纪南部的重要海港。

活趋于多样化，城市的社会结构也不再千篇一律。以商人为例，自从商业复兴，商人联合组成季节性商队以来，专门从事贩卖的商人、各种手工匠人或经销商纷纷聚合起来，组成各种"行会"。行会首先是宗教团体，会员们供奉同一守护神，为死去的同行举行集体祈祷，对生活有困难者行善互助，行会就是垄断某一职业活动的封闭社团。但是它必须履行市镇当局制订并监督的行规，防止竞争，制定价格和监督质量以保护消费者。至于家仆用人、流浪汉乞丐、泼皮无赖则另当别论，他们被严加看管。城里所有获得经营权、被称作资产阶级的市民都在各种行会内从事职业活动。

结成行会或许是社会平等的一个因素。行会内无大作坊和小店铺之分，同行都在同一条街营业，白天店门敞开——因不能在烛光下开工——在众目睽睽之下操简陋的工具干活。一个师傅带一两个伙计，还有一两个学徒，通常伙计和学徒就是师傅的儿子，他们一起干活，吃一锅饭，外加未成年的孩子和家仆，极有乡村里的家族氛围。如此一个劳动团体等同一个家庭，由家长出面在行会内作为代表，所有成员的需求在行会内得到满足，从不存在经济上的对抗竞争。然而行会之间有大小之分，行业内部有尊卑之别。这一切在大的集体节庆时从排序先后上特别彰明。在所有行业里人们不可能一夜暴富，生活水平参差不一。这种差别在大规模商队必须经过的、生产远销重洋紧俏商品的大城市里尤其明显。如阿拉斯、杜埃和里尔等地，呢绒生产商如同其他行业也有行会，但小作坊主从原料到产品销售完全依赖于大经销商，后者往往还提供贷款，甚至还是生产工具的所有者，其实就是老板，居高临下地榨取小作坊主的血汗。小作坊主是真正的打工受薪者，他们从事的行业被卷入一个庞大的贸易循环，其商品流通遇到再小的障碍都会导致破产失业，陷入贫困。他们手下的佣工则更加困难，一周只被雇佣几天，甚至一天，生活在更无保障的状况中。气氛十分紧张，情绪激愤的无产阶级和商业贵族之间严重对立，为获得自主经营权的行业斗争时有发生，这就是罢工。最早的罢工发生在 1245 年的杜埃市。坦率地说，这是极个别的例外。但是除了行业的尖锐矛盾外，13世纪所有城市都出现了一些富裕家族，他们过着一种越来越脱离"普通人"的生活。

资本寡头

资产阶级暴富起来后把大部分钱投资在乡下地产上，如里昂人称之为"打地洞者"。他们住在城内跟教堂和城堡一样漂亮的石砌建筑里，室内摆设着上等家具。他们拥有许多房产，还有出租的店铺和商摊。在乡下他们是领主，大部分财产都在肥沃的田地里，耕地租赁给佃农，佃农向他们缴租纳粮，他们自己什么也不用做；在城里经营着缝纫用品店、布庄或香料食品店、兑换铺等，他们的祖上就是靠这些行业发家的。这些人游手好闲，但是对市镇管理大权则死抓不放。在北方叫市政长官，在南部叫行政官。他们从自己的最大利益出发来管理城市的商业和手工业，哄抬自己出售的酒和谷物价格，压低自己收购的其他食品价格，然后再将它们销往外地。他们管理市镇公共财政如经营私家生意，向上谎报税收以谋取私利，出贷公帑牟取利息。资本寡头的地位牢固——只要生意兴隆还会有新富豪加入进来——直到13世纪末出现最初的市民骚乱，才使他们感到了威胁。这是一批新的文化精英。他们的根基里有在商业经营中形成的实用文化成分，拥有对现实世界和事物的直接经验，偶尔也追求艺术和精神的享受。最有钱的一些资产阶级拿出一部分财富来装饰教堂；行会给新建教堂捐款购置玻璃花窗；亚眠大教堂内的所有装饰都是该市生意兴隆的出口菘蓝染料的商家捐赠的。在一些较小的城市里，有钱人不断斥资创造宗教艺术，如马孔市一个不算太富的资产者去世前（1250年前）捐给该市主教堂一批金银制作的圣杯，出资在教堂主祭台上方，为古老的罗曼式拱顶添加了一个交叉穹顶，还为其家族造了一座小礼拜堂。资产阶级成为艺术家们的新主顾，成为作家们的新读者。因适应于富有、享乐和受贵族生活方式的吸引，资产阶级养成了过去骑士特有的某些习惯和趣味。纺织和金融业巨头聚集的阿拉斯市在13世纪初成为文学创作的一大中心，180多位职业或业余诗人生活在该市，诗人们创作出各种形式和种类的诗歌，还组织起一种半宗教半文学性的团体，成为一种文学协会：勒皮伊（le Puy）①。

农民和商业

商业流通的发展必然逐步影响到城墙以外的乡村，沿着赶车的羊肠小道延伸至新建的村落和森林边缘的偏僻小屋。事实上乡村的农产品卖得越来越好，销往城市的农产品数量更多，价格也更贵：因为城市的人口密集，加上城里人有自己的职业，靠门前屋后自家菜园出产的农产品已不够消费。于是大量农产品从乡下运往城里，从诺曼底或勃艮第的莫万丘陵源源不断地将家畜运往巴黎的屠宰场，制作印染原料的植物也出口到英国，法国葡萄酒甚至远销至波罗的海沿岸各地。乡村经济究竟是通过什么中介进入商业渠道的呢？人们不得而知。但是种种迹象表明农民已开始重视经商。从各地农村签订的自由契约可以看出，农民迫使领主允许自家备有度量衡器具，应允他们组织每周集市，举办季节性的大集市。

然而，在经营产业和与卖方洽谈生意中，并非所有人都那么机敏灵巧，所有人都是幸运儿。随着市场经济逐步深入农民阶层，社会不平等亦在加剧。耕农与佃农之间始终是一对矛盾。仅靠体力的佃户中有些人更穷些，遇上灾难不测只能举债度日，典出地产收益，逾期还不上则折成现金偿债。沉重的负担破灭了家庭重振的一切希望，迫使其再次借贷，甚至抵押家产而进一步沦入依附于人的境地：家里的自由地变为租地，人身沦为世代从属地位。这种情况在某些省份便产生了财富等级社会里最底层的新一代农奴：耕地农奴、贫穷农奴。农奴一旦有了钱可赎回身份，但是他们被贫困压垮，永不得翻身。这种奴役形式在各地世代延续，直到法国大革命才被废止。由于人口持续增长，而许多地方已停止伐林垦荒，因此农村到处都有无耕地的农民，为了生存他们只得租种富人的

---

① 译注：勒皮伊（le Puy），13、14 世纪出现于法国北方某些城市的一种文学协会，早期宗教色彩较深厚，作品赞美圣母，后来文学性强于宗教意识。

田地，或逃荒到城市郊区。反之，有些富裕农民的地位则攀升，凭借与富家联姻，或比普通人工作更勤奋，或机灵地藏匿积蓄而巧妙地躲过领主征税吏的眼睛。不过平民百姓发财致富的"正道"还是巴结领主，在其辖地混个官差。村里官差的肥缺首先是司法官吏，能有个管森林的代理人或其他的领主代理人职务也可以。总之，这些胥吏可享受免税，还能截留执法征收罚款的一部分作为薪俸，又能以领主名义执法判罪得到好处。他们是乡巴佬们的真正主人，可以任意鱼肉平民，收纳贿金和敲诈勒索。此外，他们受领主之托在市场上销售纳税人缴纳的多余物品，包括堆在什一税征税吏仓库的谷物和酒类。他们以最优惠的条件包租领主辖地的最好耕地，搜刮村里贫苦农民仅剩的活命口粮，总之是开放农村商业渠道的第一个受益者。富裕农过着领主般的生活，终日游手好闲，土地由佃农耕种，他们霸占最贫困农民的家产坐享收益。他们宁可不收嫁妆地迎娶骑士女儿，送儿子去读书深造，以便将来谋个体面的教会职务。他们收购贵族家的田地，有些人成为封地领主，拥有司法裁判权，入住破产乡绅留下的小城堡。平民暴发户的赤裸裸行径令人作呕，但毕竟取代了旧贵族的地位。这类题材在13世纪骑士文学中屡见不鲜，见证了一出出身高贵的血统贵族让位于靠金钱发迹的平民暴发户的丑剧。

乡村贵族的困境

金钱的作用改变了土地财富的分配，长期以来土地财富的稳定性在社会各阶层之间造成了不可逾越的等级，在城市抑或农村里，香料商人或乡巴佬摇身一变成了债主或领主女婿（常常是继承人）；土地财富的再分配导致骑士的优越性，甚至贵族概念的动摇。事实上对大多数贵族而言，新时代令他们因财政拮据而感到窘迫不堪。贵族们自孩提时代起已习惯于蔑视挣钱，极少关心如何增加从父辈继承下来的财富（在当时的法国，关注改进农耕技术，圈地窃据共同牧场，改良耕畜和扩大葡萄园种植面积的地主不是骑士——这一点与英国不同——而是庄园主或大资产阶级。他们刚购得土地，经营土地如同做生意：贵族们从来不读经营发家的书）。法国贵族不懂也不愿去利用更好条件以获得更多收益。他们首先想到的是有稳定收益，自由自在，不受任何监督束缚，压根儿就没想过由自己直接出售谷物、酒类和菘蓝染料以获取更大利益，他们习惯于通过代管人出租土地，而这些土地曾经是他们祖辈亲自经营、指使家仆耕种的；他们允许佃户们以几个钱币取代实物缴租，而实物是可以再运到市场上去卖好价钱的。

现金收租的数额是固定的，倘若加上物价上涨的因素，还在不断地贬值。而贵族在收入减少的同时，需求却在不断增加。现在一切都要现金支付：嫁女儿要用钱，风俗变了——女儿出嫁时得带现金陪嫁；拯救灵魂得用钱，人死了给教会的奉献得花钱，建立基金得用大量的钱，平时和每年忌日做弥撒都得花钱——既然地产奉献已被白花花的现银取代了。缴给教会的地租所得捐款按家产总值计算，这笔支出永远是财产继承人的沉重负担，而且会不断地加重压在一代一代的继承者身上。总之，为保持贵族领主的体面地位得花费比以前更多的钱：服装和首饰更昂贵了，军事装备不断完善更得花钱。在一些偏僻的省份，原始的兵器不得不弃置，须添置新式的锁子甲——它在发展快速的地区已成为做工很讲究的兵服，加上配套的护腕和护脚，价格十分昂贵。至于头盔，已经发展成完全封闭的罩子，把整个头部保护起来（骑士得剃光胡子剪短头发，彼此看不清对方的面目，因此需要靠一些符号、图形象征向对方表明自己身份，这便是纹章和一切纹章技术的起源。从1300年起，纹章学成为贵族教育的主要内容之一）。此外，骑士的住宅也变化了，它已成为带护沟、碉塔的"堡垒式"建筑，宛如城堡的缩影——如此改造住所或许并非出于安全考虑，因为时代已变得太平得多，主要是显示骑士已相对地独立于城堡主，骑士需要在外表上体现其身份，体现出他与附近平民的不同，因为他在财富上与平民的差别已不再那么悬殊了。所有这一切都得花钱。当骑士的坐骑在打仗或比武时死了，或者当他为儿子举行骑士授任礼需要招待四方宾客时，他上哪儿去筹钱？老办法，只有去借。在上一世纪人们缺几个钱，可以容易地从表兄弟或领主那儿借得，但是现在缺口那么大，贷方条件又苛刻，谁都想尽量获取更大更安全的利益，再者出贷谋利不再怕受到教会谴责。举债，抵押部分地产，从此土地出产成了债主的收益——不消说这笔债是永远无法偿还的：再遇到困难，只得贱卖地产，而得到的解脱也只是暂时的，因为领地收益入不敷出，再陷困境。最终家产瓦解，开始时小块土地出售，后来只能成片割让，于是土地流向赢家，落入暴发户手中。不知不觉地在贵族意识中有了地位不保的感觉，他们眼睁睁地看着资产阶级、领主的前管家、自己祖上的农奴侄孙或某个退役雇佣兵闯入自己的贵族圈子，而且人数越来越多。新贵们个个是在行的奋斗者，纵然出身卑微。因此从 13 世纪初起，死守其世袭特权和生活方式，怀着共同偏见的没落贵族阶级便组织起来，对抗新来的僭越者。他们坚持一种信念，即贵族不一定有相当财产，也不一定非得是骑士，其子弟即使成年也可以推迟（花费巨资的）骑士授任礼等仪式，这并不妨碍他们仍被看作贵族。于是出现了新的贵族头衔，在法国北方称作"年轻贵族"（écuyer），在南部被称作"年轻绅士"（damoiseau），这些头衔确切表达了出身高贵而尚未佩剑正式成为骑士的年轻贵族的天赋优越。显然它是为这些出身高贵、靠血统继承的社会幸运儿量身定制的，赋予这部分人特别的尊严，外表的尊严掩盖了古老统治家族事实上的衰落和失势。这一观念是封建社会留下的痕迹，它还留存在人们的意识中。在 13 世纪随着商业繁荣而来的财富迅速流通，封建社会正在逐渐解体。

乡村中昔日精英的地位如此明显地下降。由于贩卖谷物、酒类和牲畜的商人经营活动，由于借贷关系把贫困农民、破产小乡绅与金融资产阶级联系在一起，由于发家暴富的商人和皇亲国戚的代理人扎根于农村小贵族领地，从 13 世纪起各地乡村开始依附于邻近的城市，原来的小城镇逐渐膨胀为真正的大城市，成为连接各种社会关系的主要枢纽。有财力的城堡主和骑士都想在城内找落脚点，盖"公馆"便是明证，他们将在此过更快乐的生活。

城市生活的这一现象是极其重要的新特征。它首先带来了权力结构的深层变化。在 13 世纪，政治权力的最牢固基础不再在乡村的城堡，而已转移至城市。城市由城墙、护城河和城门保护，坚实牢固；城市又是行政权力的所在地（大法官裁判所或行政长官驻地），管辖附近乡村；而且还是最有利可图的税收地，掌握最多的税金收入。其次，它显示了文明重心的转变，文化的前沿不再在勇士和乡村教士组成的游移不定的小圈子里，已扎根在更大的城市里，那里各色人等混杂，范围也广得多。

2. 法 国 王 室

金钱和权势

从 12 世纪最后二三十年起，商业的持续发展和城市的扩大有利于权力的集中。从此权力的保障不再依靠土地、朋友和依附者，而是靠财力。国王菲利普·奥古斯特深谙此道，他在 1190 年率十字军东征圣地前所立的"遗嘱"表明其十分注重保存财富。只有财力充足才能在战争中克敌制胜。11 世纪城堡主凭借城堡四周的栅栏来抵御敌人的所谓防御早已名存实亡。因为在十字军东征期间跟拜占庭人打交道，西欧人很快学会了围城艺术。真正能固守阵地保一方平安的城堡应是用石头垒起来、底部加固的圆形碉堡，而且城墙上有箭眼，朝下有堞眼。但是改造旧城堡需要大量金钱。购置攻城机械，如投石机、投射器等装备更需资金，这些投射武器能摧毁老式城堡的城墙。除此之外，打仗的勇士更骁勇善战，不像过去的士兵借口徭役期满而临阵脱逃藏身乡下，他们不为赎金而战，拼死杀敌，他们能登梯攻城、运用复杂而威力巨大的投掷武器，也能使用弓弩击穿任何锁子甲，总之是需用重金征聘的雇佣军。他们是从贫困地区征来的亡命之徒，是"布拉班人"或"巴斯克人"，他们出行成群结队，被人称为"大路强盗"，只要有钱就能雇他们打仗。有钱还能收买人，以赏年金（fiefs de bourse）的形式收买更多人替自己卖命，由此结成更紧密的联系，因为任何不忠会立即遇到惩罚。靠金钱可以收购没落贵族的自由地，迫使他们对自己效忠。最后靠金钱还可实现几个世纪以来无法做到的异地遥控——靠金钱而非封邑来雇佣下属官吏，如此更加可靠而且便于调遣。金钱能授予真正的权力。由此保证若干大领主和掌控通商要道、大集市和大城市的地区权贵（如公爵和伯爵）的继承人对无数封邑老爷的绝对控制权，后者凭借手中的小片采邑曾经分享过统治权和惩处权。因为只有大领主才能从资产阶级和伦巴第商人身上榨取

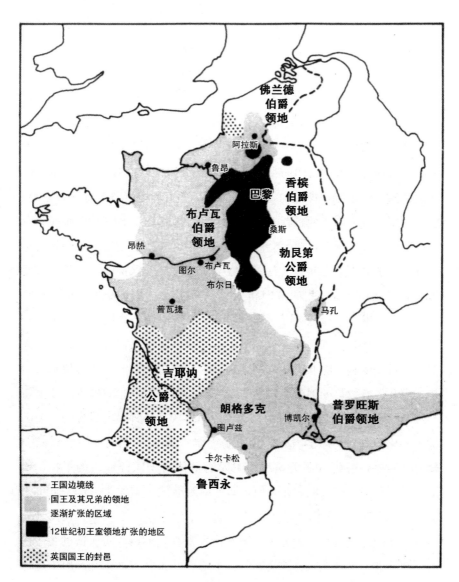

图 10　国王圣路易统治末期的法兰西王国

利益，才能从最富裕的商人那儿得到优惠且无限额的贷款，同时富商亦从大领主们那儿收获最有力的支持和最好的主顾。商业进步和货币流通使得地域广大、结构紧密的各公国逐步得以恢复和重建。首先是在商贸交通要道所经地区，如诺曼底、佛兰德、香槟和安茹等地区，12世纪中叶以后再扩大到大巴黎地区，亦即王室领地所在地。

王室尊严

王室并未被甚嚣尘上的封建势力所湮没。法国国王保留着以下三方面的可靠地位。首先是他的头衔，这是经宗教仪式加冕的唯一特权，也就是说国王的权力是神授的（由此，12世纪的人相信国王有神奇威力，他只要用手触摸瘰疬颈患者的额头，患者就会病愈）。国王像查理曼大帝一样受到教会的祝圣，伟大皇帝的英雄印象填满了刚诞生不久的新文学和骑士文学的想象空间。国王就是教会所有信徒的保护者，其威力遍及王国的所有领地——它的范围相当广，人们约需一个多月时间才能穿越。其次，国王的地位凌驾于错综复杂的封建臣属关系网之巅。国王从未对任何人俯首称臣，在所有贵族中唯有他不曾对任何人脱帽、双手握拳地行过屈膝礼，除非对上帝这个唯一的救世主；而王国的其他贵族包括公爵和最有权势的伯爵都效忠于国王，如同他们祖先效忠查理曼大帝一样。12世纪初开始在国王的身边人中间形成了一种最初很虚幻但渐渐被真实化的概念，即王国的封建体制犹如一座金字塔，国王居于塔顶，他通过层层叠叠的从属关系统领王国的全体骑士以至低层的平民。最后，国王是一个庞大的家族领地，即王室领地的一家之主。这一点出于偶然：自从于格·卡佩当选为国王后的两个世纪来，王室一直在其领地实行世袭的王室统治。因为历代国王都有幸育有男嗣，而保证世袭传代的诀窍是在国王健在时就选定儿子当继承者并为其行加冕礼。由于这种世袭传承，卡佩家族产生的首个国王的个人产业——历代法兰西公爵们的古老的公国领地（包括巴黎、奥尔良，以及埃纳省和索姆省境内的若干属地）——便与一国之尊的头衔联系在一起，成为法兰西王国最坚实的支柱。渐渐地历代国王形成了热爱祖先土地的意识，绝不能让它流入外人之手，相反一有机会就将其不断扩大。卡佩王族从未梦想将王室领地扩展至王国全境范围（王室实际只掌握小块领地，试想何以由其一个家族来管理和经营如此广大范围的土地？），这就是说预见一件不可思议的事：废除封建制。但是自从菲利普一世统治以后，王室确有意图建立一个面积足够大的公国，凌驾于众多臣仆的领地之上，有能力供奉上帝的仆人①，他们的子孙能扎根在祖传采邑上，延续国王后代的称号，能把足够的土地和财富传给子孙，让他们维护家族繁衍，过上有王室尊严的体面生活。这一设想原本是很有节制的，而实行中由于遇到各种机遇和可能，朝廷的需求不断扩大，王权意识日益膨胀，雄心越来越大。随着王室领地逐渐扩大，国王权力也不断变大，因为偶然因素和经济、社会和政治环境的变化，倚仗了几代国王的个人努力，卡佩王室终于名副其实地成为法国正统。

卡佩王朝的成功

路易六世（在法国历代守旧而可笑的诸多国王中，他是第一个"好"国王）肯定不及他父亲菲利普一世头脑敏捷，但他长年跃马扬鞭，是个骁勇善战的勇士。当年在卡佩王室领地内，不少地方权贵割地称霸，他甚至亲自带领手下小队人马，手执火炬，埋头冲锋，削平一个个山头。但是真正起步还在下一代，即路易七世（这位国王历来很少被提及，但必须还他应有的历史地位）。他首次去大巴黎地区甚至王国范围以外的地方远征，迎娶阿基坦公主，去圣雅克和坎特伯雷等地朝圣，访问查尔特安修道院，尤其参加十字军东征，与许多从未近距离看到国王的贵族进行了富有成效的接触。路易七世在西部面临金雀花家族的巨大挑战，但是他为王室领地向东南方、向索姆河和罗讷河流域一带的进一步扩张打下了初步基础，在政治格局尚未形成的地区，国王就是正义的化身，教会和商人的保护神，是打家劫舍的地方恶霸的克星。国王接受主要城

---

① 译注：即教会。

堡主的效忠，帮助参与某些教会领地的管理，顺势向当地派遣国王的常驻代表，使王室新领地在不知不觉中扎根蔓延，逐步蚕食最后连成一片，吞并封建势力，最终将其驱逐并取而代之。到了路易七世的儿子菲利普·奥古斯特治下，更有了决定性的转折。当时政治条件起了变化，雄厚的财力使王室能采取更大规模的行动。经过 20 年艰苦卓绝的戎马倥偬，无休止的围城、挫折、失败、仓皇逃溃，行装和档案丧失殆尽，但百折不挠——终于在布汶一仗大获全胜，彻底击溃了金雀花家族势力。集中了纺织业大城市的阿图瓦地区、比卡佩王室领地富庶得多的诺曼底地区、安茹地区和普瓦图都相继归并入王室领地，使领地面积扩大了三倍多，因此结构亦发生了变化。为了管理这一片属地，需要创设新的国家机构，任命派往各地的管理人员，这些"地方执法官"（baillis）被派往远离巴黎——已被最终确定为王国的政治中心——的各地，监督执行国王的法律，为军事远征组织骑士队伍，征收税金再负责运往圣殿骑士团的各地金库。菲利普·奥古斯特去世后，他儿子路易八世则瞄准了另一片土地，即西南方的图卢兹和卡尔卡松，亲自领衔多年来由巴黎地区贵族进行的反加答尔异教徒的斗争，不幸在地中海沿岸传染了疟疾很快离世。但路易八世无意中准备了王室领地的进一步扩展——归并了一个地处偏远，风俗完全不同的地区："朗格多克"（该地区因使用方言奥克语 "oc"，故得名朗格多克 "langue d'oc"），该地区因使用不同语言，几个世纪来处于几乎独立自治的状况下。路易八世英年早逝，儿子尚未成年，于是由其母亲摄政——这是法国历史上首次摄政，亦是新的社会现象，说明 13 世纪中期后妇女在封建社会的地位得到了承认——其后出现了一个圣人国王，即路易九世。

　　圣路易的治世之道其实仍然相当原始："他多次说过，在夏天做完弥撒后，他来到万森树林里，背靠一棵橡树席地而坐，让我们围坐在他身边，一切有困难的人都可直接向他诉说，不必通过执达吏或任何其他人"；御前咨询会议也这样席地举行，或坐在地毯上，或在王室牧羊人的草地上，或在某处楼梯上——国王与其臣仆之间没有任何距离，也不需要任何中介，除非有几个教士和国王身边的骑士在场，后者在场只为接受当事人的申诉请求，准备程序和核实材料而已。但是，路易九世治下主要是解决与英国国王的宿怨旧账，力求治国公平仁慈，派专员巡访各地惩治官员滥权。国王颁布的法令在王国全境范围内有效，法令内容以道德规范为主（国王作为上帝的代表，保障以往由教会出面监管的社会和平，惩处辱骂宗教亵渎神明的人，阻止私人之间的战争行为），开启了由国王向全国颁布敕令的先河。圣路易仲裁一切纠纷，他本人在十字军东征中为基督殉道，其实在生前就已有圣人的美誉。作为西方最开明的君主，他在根深蒂固的农民意识中激起了对国王尊严的崇敬心理。1270年他去世时，法兰西已成为一个真正的王国，以后只需改进其行政机构，在罗马法中找到统治模式而已。

这就是法兰西王国通过几代国王开拓而成形的大致线索（因为直至圣路易之前，权力完全靠个人威望，国王就是一切；反之当国王出行时，当他年迈或生病了，当他再也不能骑马出征、投枪掷标，或者只能宣读别人替他所作的决定时，王国扩张的活力便松弛了）。不过，在那些尚未并入国王领地的公国，在佛兰德伯爵领地、在勃艮第公爵领地、在布列塔尼、在依然掌控在英国国王手中的西南部吉耶讷（Guyenne）地区，以及王国以外的萨瓦、普罗旺斯等地，公爵和伯爵们的势力同样在加强，他们拥有相当雄厚的财力，继续扩张个人领地，建立了驯服的官吏体制，实施着确保领主利益和最大安全的封建制法律。至 13 世纪末，在政治上封建制已行将就木，所有城堡和骑士的碉堡式住宅都已在地方当局的监控之下；私人效忠体系已转向对国王的效忠；贫困败落的贵族已被降伏了。

国王的官吏

诸公国的形成所带来的第一个后果就是产生了一个新的社会阶层——权力的辅助官吏阶层。服务于国王或大领主的各级官吏，按其不同专业被安插在他们住的"公馆"里或集中在地方行政首府所在地，这些官僚人数至 13 世纪末已相当庞大。他们从各个社会阶层中被选来。有的来自教士，教士都受过学校教育；有些是从意大利，特别是博洛尼亚学习了罗马法归来的，不过这部分人较少；有的来自精于理财的资产阶级上层；也有来自小骑士和贵族家庭出身的子弟。没落贵族领取国王或公爵的薪俸，面临新兴阶级地位的上升感到窘迫，他们觉得代人行使权力是摆脱贫困和羞辱的一条出路。官僚们的处境各不相同：有的仅是地位卑微的簿记员、法庭书记员和机关誊抄员，但在社会关系中所起的作用越来越重要；有的被任命当公证员，笔录登记一切契约合同，成为城市生活（不久包括农村）中不可或缺的中间人。个人之间借贷立契、雇佣家仆、立遗嘱和定制工艺品等都须有公证员的书面立据；有人当城堡镇守、地方执法官和行政长官，他们都是贵族，本人若非骑士家庭出身，上司也会授予其骑士头衔，因为他们得佩剑，统领辖地内的诸领主。但是不论职位高低，共同的思维和行为方式使他们彼此靠近：他们都是吃皇粮的，个人财产与主子的财富密切相关，必定最坚决地捍卫主子的利益，千方百计地扩张主子地盘，谋求主子的最大好处。因此，国王的官吏往往比国王本人更热衷于扩张王室领地，他们主动地想方设法，行使各种奸计侵吞别人产业，使王室属地迅速扩大。靠那些死心塌地之徒的活动，王室至尊至贵的理念慢慢地蔓延到思想最开放的人群意识中。此外，这些官僚成为僧侣阶层之后第二个会识文断字的阶层。对他们来说，书本不只是一种摆设，如穿戴的首饰可以在重要场合炫耀一样，它更是一种工具，一种知识的手段。不过，这类人的文化素养是特殊现象，主要体现在司法方面。这类被称为"法律顾问"的官吏在法国南部比较多，他们在意大利某地或蒙彼利埃的学校上过学，或者毕业于较现代的巴黎和奥尔良学校，在那里用经院式方法，结合前人所写的批注和问答，学习教会法、罗马法等学者的司法典籍。但是大多数官僚不懂拉丁文，主要在实践中得到培养。他们将各地不同的错综复杂的大量习惯判例按理性明了的方式分门别类，并用文字记载下来；过去这些习惯判法只存在于人们的记忆中，而且相互矛盾、漏洞百出，现在有据可查，能作为最终判决管理社会，被人们尊称为"习惯法"。1240 年后在诺曼底和安茹两地出现了习惯法汇编。为实际判案者而编纂的判例汇编有 13 世纪中叶问世的皮埃尔·德方丹的《准则》，1260 年左右在奥尔良出版的《司法和诉讼》，这些书通俗地介绍了文人法典的要则，同期还出版了古代法典的翻译本（这是俗拉丁语的又一成果），如东罗马皇帝查士丁尼一世的《民法大全》和《新律》在 13 世纪中期相继有译本问世。法学家们和行政长官对其他文学亦感兴趣，他们成为编年史、百科全书和离奇传说的新读者群，这些文学样式在 1250 年前后大为流行。有些文官对骑士传奇和宫廷爱情诗情有独钟，最著名的是包马努瓦领主老爷、皮卡第人菲利普·德雷米。作为法国国王派往韦尔芒图瓦领地的执法官，他不但编纂了有重要历史价值的博韦西地区判例汇编，而且还在 1276 年和 1285 年写过两部诗体爱情传奇和许多歌曲。部分文官就此加入学校文化精英、教会高级僧侣和大领主宫廷文人的圈子，成为新的知识中心，但是方向却不同，他们更贴近现实和行动，尤其是思想不那么闭塞，分布也更加分散，并且直接与最普通的各阶层人士打交道。

安全和统一的进步

随着诸公国格局的形成，安全也得到了加强。圣路易时代不但是令人怀念的繁荣时代，更是和平的时代。这两者是密不可分的。强盗劫掠现象减少了，仅在偏远的乡村才有发生；骑士们扰民也有所收敛；私人战争得到抑制：按王室法律规定，若有纷争必须等 40 天后才能向对方发动报复，这 40 天的期限就是让勃然大怒的当事人冷静下来，也便于双方朋友从中调解以期达成妥协。另外亦加强了对武器的监控，于是受武力威胁的人能在国王或公爵的保护下自由行动：社会变文明了。社会关系亦出现了缓和；家族势力抱团对外不再有用武之地，人们反而开始感到它碍事。家族关系松弛了，不再是铁板一块。兄弟之间各人希望享有更大的独立性。过去在城堡主监护和管辖下集结起的一个个孤立的小领主集团很快土崩瓦解了。当然封建领主私自立法执法的现象还存在，不会

马上消失，但受制于上面威力强大的王法，任意罚款、动辄惩处的现象
越来越少。倘若小乡绅擅自判决，当事人可以向附近的王室执法官上诉，
一旦接到上诉，执法官必定出面在农民和领主间进行仲裁。事实上封建
领主已很少行使地方防卫的职权，而在 11、12 世纪他们借此名义敲诈勒
索、乱征人头税。自从私人武装被解散，国王或公爵的执达吏布满各地，
更有效地维护公共秩序，小领主和地方权贵的社会维治功能被替代了，
他们不光丧失了刑事豁免权，而且也失去了经济优势。

　　古老的家族互助体制解体、社会各团体的靠近，也使族群特性逐渐
减弱。新的社会关系网促使领主特权消融在更广范围的政治结构中；地
方判例汇编的出版和司法上诉制度的建立，推倒了各地的当地法律及其
运用；大巴黎地区骑士对阿尔比地方异教徒的征伐给被征服的朗格多克
地区带去了巴黎地区的若干习惯法；同样，通过国王派遣各地的行政官
也渐渐地把王室领地的习惯法带到当地。这些国王外派各地的行政官都
在王室受过培训，他们与任职所在地无任何关系，有的被派往很远的地
方去扎根。通过这些熟悉巴黎宫廷习惯和行政语言、对国王负责的地方
执政官，卡佩王室的影响很快扩展至昂古莱姆边缘，直至里昂地区，在
13 世纪末甚至开始深入到过去卡洛林帝国的其他地方。

　　实现统一的趋势亦同样反映在法国教会内部，其凝固剂就是反异教
的斗争，天主教会上下一心，决心以一切力量根除宗教异端势力。在每
个天主教教区内，普通教士和主教的关系更加紧密，每个教堂堂区内形
成监视网，而且在普通司法体系外，还有精神上的警察机构，这就是宗
教裁判所（Inquisition），专门负责调查追随异端邪说的宗教团体，粉碎
那些曾在 12 世纪蓬勃一时、至少在表面上团结了许多教徒的异教组织。
特别是从 13 世纪初开始，在每个城市出现了两支宗教卫队，其发展之神
速令人惊讶，它们极有纪律而且非常有效。它们是两个托钵僧组织：多
明我会（Dominicains）和方济各会（Franciscains）。与过去本笃会不同，
它们活动在百姓的日常生活中，在教会内部实行清苦的使徒般生活理
想，而长期以来忧虑灵魂归宿的普通教徒只能在异教组织内找到这种理

想。两个托钵修会与教廷的关系密切，它们弥补了教区教士的不足，通过传道四处弘扬神圣和统一的教义。13 世纪是一个真正重组的世纪。经过封建时代五花八门的分裂割据，一种合并综合的趋势在卡佩王室领地内兴起，它势必蔓延至王国各地，甚至王国边境以外的更远地带。

3. 大巴黎地区综述

13 世纪主要的经济和政治力量向巴黎盆地的中心汇聚。这是法国南部开始衰落的时期，南部曾经是罗马文明的摇篮。大巴黎地区的农村未经历深刻的改造，最繁忙的商贸通道此时不再通往西班牙，而是通向意大利，阿基坦不再是必经之路：随着金雀花"帝国"的解体，安茹、普瓦图等地已转身向北，朝向巴黎；面积狭小的吉耶讷地区，以经营葡萄酒出口而致富，面向大海和英国，越来越背离了大陆。普罗旺斯依托马赛、罗讷河下游地区和迪朗斯河走廊的经济活动变得越发富裕和活跃，而图卢兹和卡尔卡松一带曾经是古老的西哥特人的祖居地，却因异教加答尔泛滥而遭到征伐和宗教裁判所的迫害，丧失了许多知识精英：新的统治阶级刚在当地扎根，民众的不信任、怀疑气氛浓厚，地区一时出现明显的衰退。各地的衰弱更突显出大巴黎地区，首先是王室所在地以及阿尔卑斯山以北的唯一大城市——巴黎的优势。法国文明从 13 世纪起开始变得不那么零乱，至少在某些特征上烙上了巴黎的印记。

巴黎

巴黎在 11 世纪还只是跟其他城市一样的小城，除了位于河道枢纽外，别无优势。然而它的地位却比位于卢瓦尔河畔的另一座卡佩王室的城市——奥尔良重要得多。虽然奥尔良跟巴黎一样也是交通枢纽，甚至曾比巴黎更重要，有著名的学校，又是文化中心；但历代国王并不在那儿常住，他们住在有王室宫殿的地方，而且在各处宫殿轮番住。12 世纪巴黎在以下三个因素的共同作用下发展起来：塞纳河上的航运因香槟地区的集市繁荣而发达，学校有名的教师吸引了大批学者和听众，最后是国王的偏好——原因很多，但巴黎附近有最好的狩猎森林恐怕是主要因素。从此巴黎城市便不断扩大，自 13 世纪起已成为超大的城市，居民人

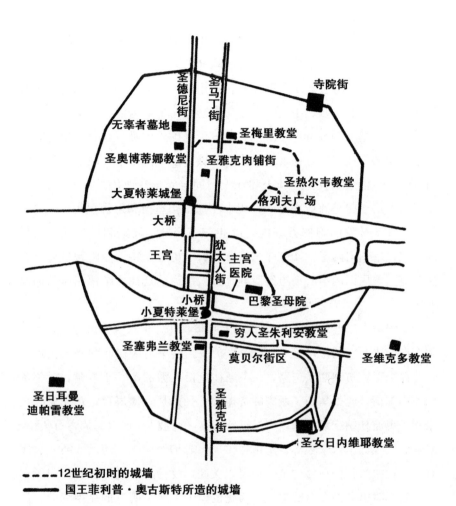

----12世纪初时的城墙

━━━国王菲利普·奥古斯特所造的城墙

图 11　国王菲利普·奥古斯特时代的巴黎市简图

数比法国其他大城市都高出四至五倍之多。

巴黎集三大功能于一身：欧洲最早的位于一国地理中心的首都、经济枢纽和知识文化的交汇中心。市中心塞纳河上的"西岱岛"——中世纪早期就存在的古老内城——曾是城市生活的狭窄范围。古老城墙的颓垣断壁至今尚存；刚落成的巴黎圣母院（正面两座钟楼竣工于 1230 年）就耸立在一些教务会建筑和慈善机构的中央；岛的另一端是王宫，王宫城墙内有花园、果园、小礼拜堂等其他建筑，其中包括国王圣路易下令重建的圣教堂（la Sainte-Chapelle）。这不是国王的唯一住所，他有时还住在右岸的卢浮宫、万森古堡或附近的城堡里，但王室行政机构和王室"官邸"，包括众多教士、骑士和仆人则固定安排在西岱岛上的王宫内。更早时西岱岛曾是商业中心——集中在德拉帕里街和朱佛里街——而学校则设在圣母院的隐修方庭内。12 世纪下半叶，商铺和学校迁出西岱岛，搬往塞纳河两岸：1180 年国王菲利普·奥古斯特下令将曾被允许在法兰克人聚居区内中心街道经商的犹太人的商铺迁往塞纳河右岸新的商业区。

塞纳河右岸新区自 1190 年起筑有城墙保护，但很快街区拥塞，于是朝东向尚未开发的沼泽地（Marais）扩展。右岸街区在菲利普·奥古斯特的命令下，筑起两条道路，一条通往克吕尼派的圣马丁教堂，毗邻圣雅克肉铺街，此处集中了贩肉的货摊，另一条是圣德尼道，在无罪者喷泉和圣奥波杜纳广场之间，穿过巴黎古街区尚波①。这里每周六有集市，附近农民在此出售余粮等，集市摊位一直延伸至塞纳河边的大桥。这座有六个桥拱的石桥在夏德莱一边可以关闭。夏德莱是地方官各衙门所在地，是当时巴黎最安全的地带，因此也集中了几乎所有的兑换商店。但是最热闹的地段在塞纳河畔的拉格雷沃（La Grève），因为桥洞阻碍，上游来的"水路商人"的船舶不易通过，所以商船把从塞纳河上游和香槟地区集市运来的谷物、木材，尤其是酒等商品卸在拉格雷沃的堤岸上，而从下游鲁昂运来的海盐和鱼类海鲜则卸在夏德莱一段的河岸。拉格雷

---

　　① 译注：巴黎古街区尚波（Champeaux），在现在巴黎一区"Les Halles"一带。

沃附近的街道，是伦巴第商人聚居的地方。再往北就是"寺院街"（le Temple），那里集中了国王储存金钱的库房。那也是个相当拥挤的街区，各种手工业制造商和金银兑换商在那里经商活动。实际上，巴黎是一个大的手工艺品制作中心，巴黎出产的手工艺品远比阿图瓦和佛兰德地区纺织品城市的出品更丰富多样：尤其是巴黎生产的艺术品和高档奢侈品需经过多家作坊的加工，它们不是供当地消费的。在圣路易时代的一位巴黎市政长官艾蒂安·布瓦洛编撰的《行业目录》中，收录的巴黎职业行会有150多个，从业工匠人数多达近5 000——这还只算了重要的工匠。巴黎同时还是重要的商业集散地。靠稠密的居民人口支撑的本地商业由一个极富有的肉商财团掌控，他们手下有一批身携凶器的帮手；而长途商路则由管航运的水路商人董事会所控制，掌管该董事会的巴黎行政长官在国王面前就是巴黎资产阶级的代言人，因为巴黎的资产阶级未获得国王特别准予的自由经营特许。

在塞纳河左岸又是另一番景象。一边是圣日耳曼迪帕雷修道院，四周是葡萄园和大片草地包围着的一个小村庄，另一边是圣维克多修道院，沿着通往奥尔良的大道——圣雅克大街——是一个个农家小园，地势渐渐升高，通往圣女日内维耶高地。这里曾是古罗马旧城的遗址，许多当年的建筑至今仍然矗立着，而且还在使用，这就是学院区。这片街区从塞纳河边的小桥开始，桥上的小店在12世纪时曾是学校教师的住宅，包括王室行政长官的小夏德莱官邸，再向南就是圣赛弗兰教堂和圣于连教堂，沿着加朗德街一直到莫贝尔广场，广场附近聚集着各种食品商铺。这个学院区随着巴黎学府的盛名远扬而扩大，自12世纪中期起，巴黎学校成为最早讲授辩证法和神学的天主教学校，到13世纪已形成综合性学府，许多著名教授在此任教，高级神职人士主持神学班，专门培养主教和教会领袖，多位教皇曾在此深造过；学生来自全法国，乃至英国、意大利、德意志和斯堪的纳维亚各国家。

大学

从世界各地来的大批学生带着各自不同的生活习惯和生活方式云集

巴黎，他们的境况各不相同，有的出身富裕家庭，有的则相当贫困，不得不在教堂外的门廊下过夜。穷学生为了糊口，给富家子弟当仆人，帮他们誊抄、复习功课和替班唱经；更有不少穷学生不得不放弃神学，转到法学和医学，以求缩短学业尽快自立。从 12 世纪末起，大批学生面临适应现实生活的巨大压力。学校为应付学生数量不断增加的局面，迁出圣母院旁的隐修方庭，搬到圣女日内维耶高地。于是为服务学生、跟学生生活密切相关的各行各业也集中到这里来，有出租住房的普通市民房东、羊皮纸商、墨水制造商和印书商。为了帮助穷困学生，慈善者模仿沿途接纳朝圣者的做法创办了收容所。从 1180 年起，西岱岛上的主宫医院利用信徒奉献的资金，向 18 名贫困学生提供住宿和每月 12 小币的助学金；然后其他学校也在私人慈善事业资助下创立起来，其中就有国王圣路易的朋友罗贝尔·德索邦创办的面向神学生的学校。每个大的宗教社团也在巴黎学校附近为自己的成员设立了接待站。教师和学生一起维护学校的纪律，共同面对城市资产阶级、国王官吏和教会当局，捍卫自身利益，组织起一种十分类似于和平维持会、慈善互助会和城市行会等组织的教育团体——定期举行会餐、集体礼拜和集体为死者送葬——这样的团体在 1208 年以后被人们称为"大学"。后来大学与巴黎行政长官及主教府主事发生抗争，他们罢课、闹事，最终在教皇的支持下，于 1192 至 1231 年间，获得了官方的正式承认，取得司法豁免等特权。大学规模不断扩大，产生了不同的分支。组成四个互助性的特别团体：法兰西、皮卡第、诺曼底和英吉利四个"民族"，教师和学生按国别和所使用语言被分配到四个分部。同时教学上也分出四个分支，这些分支在1219 年首次被命名为"学院"（facultés）。一个学院是预备部，即"艺术"学院，学生最多也最年轻：学生十二三岁入学，年满 19 岁时通过升学考试。然后再经过两年学习，取得学士学位。最后通过一个类似于职业入行的仪式——学生需上台开一堂课（chef-d'œuvre），并且经过宣誓，还要请上一餐——之后，才能成为教师，有资格开办一所学校。其他三个学院十分专业：法学院、医学院和神学院。实在地说，医学在当时还很粗浅，相反，神学则是学科之王，最出色的学士在心智成熟之后在此深造，从此通往教会最高职务的大门为他们开启了。

巴黎文化

以上所述是巴黎的三张面孔。巴黎不是唯一的手工艺品制作中心（13世纪时其他城市，尤其像特鲁瓦、阿拉斯等城市在新文化形成过程中亦扮演了重要的角色），但是它开风气之先，引领潮流，譬如为巴黎圣母院作装潢的雕塑工匠们无论在题材选择还是雕塑手法方面都比亚眠、兰斯、斯特拉斯堡等城市大教堂的工匠领先了20多年。以下两方面的事实使巴黎处于文化权威的地位。首先巴黎是文人更密集、发展更快的文化接纳地，它的文化圈不是由宫廷文人——12世纪或15世纪国王身边的一批大领主（那时巴黎的文化还是非常简朴、十分宗教化的文化，并非上流社会的文化），而是由为王室服务的数量众多的骑士和僧侣团体，由富裕的资产阶级和大学教授所组成的。这个社会阶层与循规蹈矩的彬彬有礼的宫廷阶层不同，它是向现实开放的。另一方面，过去受宗教势力控制、与修道院和高级神职人员有千丝万缕关系的艺术和文化潮流，现在迎合了大商业的需要，而巴黎便是主要的商贸中心。13世纪出现了其他一些新现象，譬如商店，人们可用金钱在此购买书籍或艺术品，然后带到别处出售——这又是货币经济渗透的另一方面。在11、12世纪，书籍产生于修道院誊抄室，主要是为了丰富修道院图书馆的藏书；有的是作为馈赠品，大多数情况下书籍留在团体内，跟圣器和祭台饰品一样是团体共有的；跟圣器和祭台饰品一样，书籍的誊抄制作要花很多时间，人们带着虔诚的态度誊抄书籍，追求形式的完美，因为这项工作被看作是提高灵修的方法。而在做学问者和行政主管的新社会里，书籍完全是另一回事，它首先是一种使用工具，而且在12世纪书籍在制作上发生了很大变化——书籍由受薪者誊抄，他们往往是为了赚钱的穷学生。誊抄的速度较快，为了节约时间和羊皮纸，采用简写的草书，摈弃一切多余的装饰，抄书成了只为出售的手工业：于是在13世纪下半叶出现了最早的书店，这是文化史上的一个根本性的革命。与此同时，有些手工匠不再参与建造教堂和某领主住宅的集体工程，他们自己开店，向顾客出售他们的手工艺制品，那些便于携带的小型艺术品，如着色的用珐琅质和象牙制作的小圣像或小型浮雕作品。顾主人数相当有限，手工匠们通常是为客人定制。但作为商品买卖的、放在装饰盒内的书籍，以及模仿著名大师作品的可携带式小祭台和圣母圣子小雕像等仿制品，被装在负贩货箱里甚至远销至波罗的海沿岸和西西里岛，传播了新的文化知识、新形式和新趣味。这种传播非常有利于确立巴黎文化的重要地位。

这种文化的底蕴源自13世纪卡佩王室周围人士特别浓厚的宗教传统，出于王室的高度责任感以及对卡洛林王朝的忠诚，卡佩家族远比法国其他诸侯家族更服从于教会：圣德尼和沙特尔教堂的宗教艺术、复调圣乐、用辩证法来追寻上帝都是明证。但是这一传统又受到来自三方面新因素的影响。首先是意识到世界的多元化和丰富性，这种想法在从事商业活动、行政管理和学校教育的人身上十分明显，他们是新文化的参与者。他们对现实有清醒的认识，在日常生活中接触外国人、伦巴第银行家和从英国或科隆来的学生。其次是人们发现了与基督教精神世界截然不同的另一种思想体系，即亚里士多德体系：不是人们早已熟知的逻辑学家亚里士多德，从他的学说已经诞生了经院哲学方法，而是"新亚里士多德"主义，即作为道德学家和形而上学者的亚里士多德。他的《伦理学》《形而上学》《自然哲学》《论政治》等作品，以及从伊斯兰世界传来的由阿拉伯和犹太人思想家所写的对这些作品的诠释著作。波斯哲学家兼医生亚维森纳和阿拉伯哲学家亚维侯的著作在西西里岛、西班牙，甚至在巴黎被翻译出版，在学界引进了一种具有吸引力的十分刺激且有颠覆性的理性思想结构，对建立在信仰基础上的稳固的传统思想具有溶解腐蚀作用，尤其是它揭示了一种关于人类和自然的哲学体系，使人们不再对超自然的神秘现象发生兴趣。第三个新因素是引入了方济各修会的宗旨。教会面临人数越来越多而层次越来越高的城市信徒，他们期望从教区神父那里获得精神食粮但不得满足：因为那些神父的神学知识不足，只会重复惯常的宗教仪式。于是，圣方济各的门徒人数于 13 世纪上半期在法国城市中迅速扩大（最早一批方济各修会修士于 1219 年来到巴黎，被人们当作异教徒，但是至 1233 年他们已在卢瓦尔河以北的所有大城市扎下了根），并与传统教会争夺信徒。尽管各教区神父竭力排斥新来的方济各修会修士，后者通过道德说教和圣事仪式发挥了很大影响，引导信徒仿效耶稣的生活，特别在灵修方面以圣路易为榜样。随之而来的是基督教教义的完全革新，情感生活的丰富充实，它并不只局限于以往的唯美主义小宗派。当然，这种种新因素是缓慢地渗透到人们的意识中，方济各修会对文明的影响在 14 世纪前并未明显地显现出来。但是需要把这一逐步浸润现象作为大巴黎地区综述的主要内容之一。

　　总而言之，平衡性是 13 世纪巴黎文化的最显著特征。从此以后，巴黎文化具备了足够成熟的智力，以规范在上一世纪缤纷凌乱的艺术生命之迸发，同时又不使它们枯萎窒息。在一个摆脱了饥饿和战争的繁荣世界里，这种平衡是理性和感情之间的平衡，是自然和神明之间的平衡。极端之间的协调首先表现为封建传统和骑士风尚的某种平和化，它摆脱了非理性，回归现实，纳入逻辑的范畴，同时也更严格地纳入基督教生活中来。

骑士意识的革新

　　在 13 世纪，骑士文学的潮流始终那么波澜壮阔，崇尚武功和爱情题材文学、想象的游历文学、英雄叙事歌、罗曼传奇和用普罗旺斯语写的抒情诗（认为讨伐阿尔比异教的征战使以奥克方言写的爱情诗产量减少的看法是错误的）等文学样式的读者数量在各地不断扩大：这是一个产生城堡主诗人的时代，过去只有个别权势极大的领主出面赞助文学艺术的现象已逐渐消亡了，通信交流的发展有利于小规模文学中心的形成。但是这类创作流于外省趣味，而在巴黎盆地尤其是巴黎市内的前卫圈子里显露出另一种比较复杂的新基调。一方面是运用学院式的借喻手法和文学及经院逻辑推理的一切创作源泉，进行更深层的发掘，更清晰地描写骑士爱情的各种心理活动，譬如奥尔良人纪尧姆·德洛里斯写的《玫瑰传奇》是对谦恭礼貌的骑士风尚的真正"概括"（"谦恭礼貌"［courtoisie］这一学者用词正好符合以雄辩风格表达的思辨内容），至1236年整个爱情文学已臻成熟，而这部作品凭借其平衡和优雅显得尤为纯净。另一方面是回归具体，这一新气息体现在世纪初的某些罗曼传奇中。特别是让·勒纳尔的作品，作者在《埃古佛勒》一开头就表示他喜欢真理和理性，在《多勒的纪尧姆》中又体现出他的超凡洞察力；然而具有讽刺意味的是他却不知美妙的《奥卡森》，作者着力分析人物个性，也对市民阶层和农民感兴趣，这些都是通过编年史形式，通过作品人物，以通俗散文叙述的真正故事，以精彩方式表达出来的。

可见骑士意识有了某些革新，冲动下的暴力、寓言趣味，以及拘泥形式和有局限的宗教情感已让位于义务感和注重实效，让位于清醒的自控力。一种新颖的人物类型出现了：做一个"正直守信的人"（prud'homme，"这个词如此美好和庄重，它已到了嘴边，只要把它说出来就行了"）。圣路易把正直放在"一时热情"和寻求个人灵魂得救的虔诚之上，他身体力行了"正直"，追随上帝的榜样，但同时是理性和乐观的，喜欢说笑，热爱战马和比武，但懂得克制鲁莽。他身上最能体现骑士意识的革新，他肯定是一个超凡的人，比文学作品中的人物，比沙特尔大教堂的圣泰奥多尔像和兰斯大教堂的扫罗王像更能代表一个时代和一个阶级的理想典型，他就是圣路易本人。年迈的茹安维尔[①]以平实和不走样的笔触这样描写圣路易：这位国王"全心全意地热爱上帝并追从他的榜样……他多次为他所热爱的人民付出生命代价的冒险"；这位国王"主张人们不应为无益的事、为这个世界上的离奇要求而浪费时间……他专注阅读圣人著作，手边有注释本《圣经》，有圣奥古斯丁和其

---

①　译注：茹安维尔（Joinville，1224—1317），法国编年史家，香槟地区司法总管，参与圣路易领导的第七次十字军东征，深得圣路易信任，曾写过国王圣路易的回忆录。

他圣人的著作以及其他圣贤书。他自己用心阅读，还在用餐和睡前让别人朗诵"[1]；这位国王怀着和圣方济各同样的态度，在耶稣受难前的周四那天为穷人洗脚，亲手给麻风病人喂食，浸泡他们的病体；他对热情已开始消退的十字军东征的理想坚信不疑，以个人的热忱重新组织十字军，两次踏上东征圣途；第二次东征力排众议，毅然决然地出征，最后殉道在途中。此种神秘主义是对散文体传奇《兰斯洛特》中主人公的神秘主义的回响，不过受了现实主义影响而带上新的特征：圣路易尊重教会神父，但反对他们对王权的僭越，他不支持教皇反对神圣罗马帝国腓特烈二世皇帝，与其说他赞赏虔敬不如说他更欣赏率真。他在作为人生楷模的福音美德和作为骑士的品德之间力求平衡，以良知平和地对待两者，达到心智的健全：这正是贵族理想的新典型。

哥特式古典主义

那种平抑上一世纪狂热的明智和大巴黎地区的艺术所表现的平衡，体现了哥特式古典主义，其特征正如13世纪初建造的巴黎圣母院正门所展现出的平衡，这种经典的哥特式同时也体现在1250年前后竣工的巴黎西岱岛王宫内的王室圣教堂，以及沙特尔、亚眠和兰斯大教堂等建筑上。这些建筑的风格是统一的，它们的建筑样式一直延续了三个多世纪，影响了西方大多数国家的教堂建筑。工匠们通过改善教堂尖形穹窿的设计，以外墙的拱形扶垛取代扶墙，使教堂建筑进一步突破了厚重和昏暗的局限。新的建筑风格首先是高耸入云，突破建筑材料的局限：拱顶和尖塔升高了，升到尽可能的高度，以至造成博韦市教堂的倒塌重建——该教堂祭台的穹顶不谨慎地造到48米之高，尖塔顶端高耸至150米；建筑各部分普遍延长，通过逐步取消建筑内部的柱头和柱顶中楣，取消一切有碍支柱上升的部分，给人以朝天升空的感觉；建筑外部增添三角形上耸饰壁、小尖塔、尖角和向天投射的塔顶。这是一种朝天喷发的艺术，

---

[1]　圣帕杜的纪尧姆（Guillaume de Saint-Pathus）：《圣路易圣人传》（*Vie Monseigneur saint Loys*），第7卷。

是最大限度采光的艺术。建筑本身越来越成为支柱和拱顶构成的骨架；窗户做得越来越高、越来越宽，沙特尔教堂首次出现整堵玻璃窗墙；为了使建筑内部结构更加开放，巴黎圣母院的建筑设计者把从诺曼底教堂结构中借鉴来的上层过廊改为轻巧的仅作装饰用的连拱廊。王室圣教堂的上层小教堂采用惊人的全玻璃结构——而让·德谢勒则在建造圣母院北耳堂外墙时首次采用了辐射型的巨大花玻璃圆窗，不久这种花玻璃大圆窗便在教堂建造中取代了一切尚可利用的墙面。然而，通过向上发展和追求采光来寻求建筑的空间和减少建材时，仍需维持最坚实和最健全的平衡，这种分寸感使得沙特尔教堂的比例尺寸是如此和谐，也使巴黎圣母院的外观达到完美平稳。这种在建筑线条和棱角安排上体现出的数学严谨性，犹如伟大的复调圣乐一样，都是理性的胜利。

教堂的装饰艺术亦因玻璃花窗取代墙壁成为主要的表达方式而变得超现实。13世纪初建造沙特尔教堂的玻璃匠，以及此后于1245年在巴黎建造王室圣教堂和圣母院耳堂外墙大圆花窗的工匠们制作出当时充满激情的杰作，由纯净明亮的色彩所创造的抒情方式比罗曼式教堂壁画中透出的绿色和褐色的土墙更能激起信徒们的热情，比圣德尼修道院长絮热所迷醉的镶宝石装饰更加明亮。絮热院长在宝石装饰透出的红色和深蓝色中享受到最精致的乐趣，宝石镶在花窗玻璃上所产生的效果使絮热院长忽略了人物圣像的需要。花玻璃统率了整个绘画艺术，并赋予细密画一种特别效果——在鲜艳色彩的烘托下，处于幽暗角落神态拘谨的人物、过于简化笼统的风景、金黄的底色都变得更加生动。当时的巴黎和英国的温切斯特是欧洲制作这种细密画的主要中心。在雕塑方面，以最完善的方式体现了神秘的爱、现实趣味和作为巴黎文化精髓的良知这三者之间的平衡。工匠们一方面与方济各会修士保持密切联系，以《福音书》作为唯一参考，将基督教视为一种化身的宗教；另一方面与学校的学者们有往来，像学者们一样懂得在知识体系中恢复自然的应有地位。不再有阴暗角落里的怪兽，也不再有扭曲现实的形象，这是对非理性的胜利。纯粹的装饰元素不再取自想象的怪兽，也不是形式抽象的非现实构图；而是工匠在身边观察到的生命迹象和周围大自然田野的气息，它们萌发在教堂各个角落，只要不妨碍建筑的和谐统一。归根结底，这些图案是仍带有农民味的平衡之源泉，如大巴黎地区的植物、常春藤叶、葡萄藤叶和莴苣叶等。这正是人文主义的胜利果实在大型浮雕中的绽放。有关圣母马利亚题材的雕塑层出不穷，它们同耶稣生平题材的雕塑，同基督教英雄、耶稣众使徒和圣人的雕像一起，从内墙和支柱上被移置到教堂正门，以生活中真人的大小和神态惟妙惟肖地刻画出来。它们就是生活中可以触摸、可以接近、可以亲密交流的人，完全摆脱了罗曼式浮雕和教堂耳堂墙上人物塑像高高在上的气势，教徒在雕像跟前显露的是欣喜出神的恍惚。于是，在亚眠大教堂门柱上雕塑的"慈祥上帝"的脸上，如同在许多基督耶稣像上一样，人们可以看到那种融合了人和超自然的宗教的最完美体现，至高无上的上帝和神学融合在人类的慈爱中；在巴黎圣母院通往原来隐修方庭的大门上，人们可以看到圣婴雕塑所散发的温柔气息。慈爱温柔而非受苦受难。这是神的幸福的化身，是自然人和上帝和解的化身，是坚信赎罪能战胜死亡的信仰之化身。13世纪是雕塑艺术中体现微笑的罕有时代之一，虽然微笑得有些不自然，还带有些稚气，是勉强的微笑，但它毕竟摆脱了对神秘未知力量和神圣威权的恐惧。而只有当哥特式雕塑把人类的平衡表达到炉火纯青时，才能与希腊雕塑艺术相接近，然而人物往往还显得有些困惑，譬如在兰斯大教堂内表现怀孕圣母访问也已怀孕的表姐伊丽莎白的群雕中所体现的。

理性的进步

那种通过骑士爱情文学的新倾向或雕塑人物的脸部新特征所表现出的态度，那种对自然美的接受，以及力图将极端引向智慧光明照耀下的和谐的那种努力，人们还能在一个范围更狭小但向另一些社会阶层越来越开放的世界里看到更明确的印记，这就是思想学术界。自从阿贝拉尔以来，巴黎学校里的逻辑学教育不断完善。运用三段论推理的精湛技巧由于引进了新的教育方法而变得更加灵活："对辩"（la dispute），即组织持不同观点者的公开讨论。这一方法在 13 世纪初已被采用到所有的学科领域。对学者来说，这种方法犹如骑士的马上比武，双方友好答辩，这是一种既可训练思维，又能培养恂恂儒雅的态度并彰显自己才能的好方法。新的知识一出现就会被大教授们整理进自己的教学提纲，写入浓缩的课本即"概要"（les sommes）中，以便于更深入的研究和提高对文本的阅读理解。尤其是亚里士多德作品的新译本及其诠释著作，不仅提供了一个理性思维的框架，而且还引进了大量意想不到的知识宝藏来填充这一框架。至 12 世纪的最后几年，通过阅读以往不知的著作大大促进了巴黎学院的成功。教师们在学生的促动下更大胆地探索学问，尤其是艺术学科的教师，他们的学生更年轻大胆。教师陶醉于新发现的逻辑体系，在这个逻辑体系中，一切都组织得如此合理，没有半点神秘，符合人之常理。某些学者走得太远，偏离了基督教思想的传统范围，令当局感到危险：于是 1210 年的一次主教会议谴责了阿莫里·德贝纳和大卫·德迪南这两位巴黎教授；从此讲授《自然哲学》及其诠释著作的课程被取消；曾有几年学校像过去一样只能开逻辑课。但是大学领袖和曾在巴黎大学求学的教皇后来觉得如此封杀不是长久之计，或许正面对待这一新理论，使之与教会传统理论相协调才不会那么危险。主张和解的还有托钵修会的高僧，他们领导着圣女日内维耶高地上的修道院，绝对服从于教廷当局，担保一切会符合教会正统。对于亚里士多德哲学，方济各会修士站在正统天主教思想一边，圣奥古斯丁早在中世纪初已开辟了天主教思想的道路，在 12 世纪这种正统思想又在圣维克多学派和西都修会内发展壮大。面临理性神学的兴起，方济各会修士表示拥护情感和神秘论——那种温和不过分的、有理智的神秘主义，它向天地万物开放，完全吻合于圣方济各的精神，能在神的恩惠启迪下归附于上帝，也符合人们从希腊哲学中感受其力量和美妙的大自然。多明我会修士的态度则相反，他们拥抱自然哲学，通过一番令人炫目的繁复推理，逐步化解了将理性与基督信仰相对立的无数矛盾。该派哲学由大阿尔贝神父[①]开拓，

---

① 译注：亦称阿尔贝图斯·麦格努斯。

大部分理论是在巴黎圣雅克街的修道院内完成，最后由意大利人托马斯·阿奎那集大成。他的《神学大全》以其雄浑和大胆，显示了圣路易时代有教养者的主导倾向：努力求得统一，一切归于共同谅解。

实在地说，托马斯的哲学有点过了分。它犹如冒险地走在十分危险的山脊上，其尖锐和脆弱更甚于大教堂的尖顶，对绝大多数人来说是可望而不可即；它会让最大胆的知识分子受到亚里士多德思想的诱惑，认为教会信条和哲学是不可协调的，从而追随亚维侯的学说，越来越独立于教会正统理论。1270 年左右，学校内的哲学家和神学家中出现了一种极其激奋的现象，人人狂热地寻找新发现，受激情鼓动而且相互对立：人们处于一种意识危机的前夜，知识价值将受到质疑。

批判精神

在这一文化演变阶段最具意义和决定性的是一种精神状态，它在教师身边的学生小圈子中产生，逐渐蔓延至巴黎和法国北方大城市的其他知识分子阶层。人们有时把这种精神状态称作"资产阶级"精神。其实不然，因为这种精神状态虽然为城市居民所特有，不涉及乡间的贵族，当然更与缺乏个性的广大农民风马牛不相及，但它却是许多社会阶层的共同特性。譬如富商——尽管人数不多，也许只在巴黎，或者像阿拉斯等财团势力强大的个别大城市——他们除了关心生意和个人灵魂得救外，还关注其他事情；其他如教士、教会议事司铎、城市的本堂神父、大学教师、医生、公证员、办公室文员、为王室效命的骑士、城内的小贵族、演艺人和手工艺人、装潢着色画师和肖像画师、木雕匠等。所有这些人的智力相对强得多，他们明智清醒，目光犀利，正是这些特质使他们在精神态度上与 12 世纪的祖辈有明显的区别。好奇心是那个时代的普遍现象。13 世纪中叶是伟大的百科全书时代，人们对世界的所有认知被集中起来并开始分门别类。出现了各类《镜子集》《珍宝集》《宝石集》《动物寓言集》——各种稀奇古怪事物的集子，形式十分朴实，却使人的精神向天地万物开放，令人发现现实世界与人们想象的同样丰富惊人，它也可以逐步清点成册，展露于智慧的光芒之下。对现实世界有了正面的看法，不愿再被愚弄欺骗：所有人都是信徒，相互之间没有一点裂缝，平静而自然的虔诚心完全融入日常的行为中，越来越习惯于以圣母和圣人像为中介，通过平和的宗教来与上帝对话；但是，他们对待世事多了一种讽刺感，这是重要的进步。一切过分的东西都会受到批评，不予尊重：彬彬有礼、谦卑殷勤的骑士风尚和为妇女效劳的精神抑制了男性的张狂，使过去的秩序受到了质疑；妄自尊大的贵族所炫耀的优先权，事实上再也不能以道德和物质的优势来正名；狂热的宗教行为，教会中人的使命与其日常生活行为的可悲差距都受到摈弃。平衡的意识和或然性的思想，是信徒们内心深处最健全的信仰与面对神父的极其坦率的严肃之结合——这种态度现在之所以能表达出来，是因为教士已不再是唯一有话语权的人了。它也是信徒们更好地理解宗教价值、对教会有更高要求，以及世俗者加入宗教生活的表征。人们还学会了揶揄。对他们来说，一种全新的文学诞生了：在嘲笑中得到娱乐。于是出现了伟大的音乐家和导演亚当·德拉阿勒在阿拉斯出版的讽刺性刊物，出现了嘲笑富裕农民、女人、说大话吹牛者、神父，特别是修士的古怪举止的滑稽故事，还有戏谑讽刺性的歌曲和寓言，其中借助动物指责人类社会的种种丑行。作品显露出好争辩的机智，有时甚至有点故弄玄虚，但却是活生生的，带有若干天真的乡土之美，令人赏心悦目。这一切都表达在伟大的巴黎诗人吕特伯夫①的诗篇中，它就是 13 世纪的基调。

巴黎风尚的传播

自 1180 年以来在卡佩王室领地中心的巴黎逐渐形成的趣味、感觉或表达方式等，通过商人，通过曾在巴黎大学求学后来到外省当主教或教区督学的人，通过由王室派往远离巴黎在各地常驻或执行短期使命的官

---

① 译注：吕特伯夫（Rutebeuf，1230—1285），13 世纪巴黎行吟诗人。他深谙行吟诗人的艰辛，写过十字军歌曲，还写过圣徒传记、戏剧、韵文故事和讽刺诗等。他的作品对后世有较大影响。

吏，很快传播到法国各地。巴黎风尚的传播主要通过城市，由于各地的
权贵面临财政拮据的困境，国王有可能施加影响。卢瓦尔河以北的整个
地区（除了里尔和杜埃以北讲日耳曼方言的部分佛兰德伯爵领地外，这
些地方越来越偏离了法兰西王国），整个勃艮第直至里昂附近地区，已完
全处于大巴黎的影响范围之内。再往南，在 12 世纪中期对法兰克文明还
表现得极其冷漠的阿基坦地区，也开始传播巴黎风尚：图卢兹成为传播
巴黎经院哲学的中心，为了传播教会正统教条以对抗邪教加答尔，1229
年创立了大学；巴黎地区方言①作为与王室联系的语言逐渐占领奥克语
地盘，使皮卡第和巴黎地区文人的读者群向法国南部扩展；13 世纪下半
期各地教区主教纷纷仿效哥特式教堂的模式对本地教堂进行改造，如模
仿亚眠大教堂来重建克莱蒙、利摩日、罗德兹和纳博讷等地大教堂，以
巴黎的王室圣教堂为模式来改造卡尔卡松的圣纳泽尔教堂。哥特式教堂
风格融入了西都修会修士所加的某些元素后不断扩展，取代了罗曼式教
堂的传统。

最后，沿着商贸大道和欧洲政治的轴线，巴黎文化也跨越了王国边
界，远远传播至世界各地，国王圣路易使王国成为在天主教内享有盛名
的国家。在卡洛林帝国时代，曾以福雷兹、沃莱、热沃当等地为界的卡
佩家族领地已扩大至里昂，由于语言及一切以语言为载体的因素，由于
大宗贸易商的经商活动以及文化艺术的渗透，那时埃诺、巴鲁瓦、勃艮
第公爵领地和多菲内地区已完全朝向了王室，同时法兰西的影响已达到
南部普罗旺斯，那里的主宰者是国王圣路易的兄弟。如果说在 11 世纪末
和整个 12 世纪英国与法国是一对共生体的话，那么进入 13 世纪后英国
就逐渐远离大陆，开始形成其独特的文明；相反日耳曼各国则摆脱了卡
洛林时代的乡土气，世俗和教会贵族人士开始接受法兰西方式。在 12 世
纪末最后几年里，法国行吟诗人的韵律和香槟地区罗曼传奇的题材被吸
纳到德意志宫廷抒情诗人的创作里；在莱茵河、美因河和兰河流域两岸
出现的新教堂都带有法国拉昂或苏瓦松等地大教堂的影子；法国的建筑

———————————

① 译注：属奥依语。

方法还影响了从斯堪的纳维亚各国至多瑙河中游地带的建筑风格，兰斯教堂的雕塑在德意志班贝格市教堂获得忠实的回响，在斯特拉斯堡教堂得到了延伸。同时，因为法国北部的骑士大多数曾参与十字军东征，他们在近东地区、叙利亚、塞浦路斯、摩里亚半岛建立了天主教徒殖民区，那里的居民从语言上、从城堡和教堂的风格以及领主们的生活方式上都是"法兰克人"。在西班牙卡斯蒂利亚、布尔戈斯、莱昂和托莱多等地，建筑和新盖教堂的装饰都是法国化的；在一向忠实于罗马传统的意大利，法国小艺术品和象牙雕像也随处可见，有的也许还启发了乔托的创作灵感。文学方面更其如此，法国的文学语言成为意大利上层人士的娱乐消遣，佛罗伦萨人布吕内·拉丁并非唯一用法国方言来写作俗拉丁语作品的意大利作家。从基督教世界的一端至另一端，所有未完全困于田间劳作的人，诸如与香槟地区集市关系密切的大宗商人、教会显贵、宫廷要人和在各地巡游比武的骑士们，都感受到大巴黎地区风尚的气息。13 世纪或许是这样一个时期：在欧洲各国，欧洲文明体现出最强烈的法国色彩。

第五章　中世纪末（14—15世纪）

这是一个进步惊人的时代。法国的人口增长，随着农耕制度的形成，各地面貌也相对固定，直到18世纪为止不再有大的变动。新的商业循环的建立唤醒了城市，对大多数人来说，基督教教义已不再是单纯的一套赎罪仪式，它已成为道德规范，对少数精英来说更已成为逻辑思维的工具，各种政见和基督教思想纷纷涌现。这就是法国文明史演进中的第一时期。这个时期的文明深深扎根于卡洛林王朝时代，穿过浓重的野蛮风俗，甚至可以追溯到更早的古罗马帝国；但是它并不涵盖被历史学家们称为中世纪的整个漫长历史阶段。在西方和法国的历史中还存在另一个更鲜活更为人们所了解的中世纪，即被浪漫派学者所激活的那个中世纪，它与早期中世纪有很大不同。两个中世纪之间的拐点在13世纪70年代，即圣路易国王死后不久。在中世纪后期发生了三大变化：对知识认知态度的改变、政治权力新概念的出现和经济条件的颠覆性变化。

基督教思想的转折

基督教思想的最初转变只涉及知识分子中很有限的范围，不过他们掌握了以后几代人的逻辑思维和感受方法，所以在学校内的最初变化决定了整个未来。当时巴黎大学的多明我会修士曾试图协调新亚里士多德主义和基督教教义，亦即相信希腊哲学，鼓励文学院众多的教师和学生加以研习。教师和学生们对希腊哲学极感兴趣，他们首先是为个人而学，把它作为生财之道，未曾想到将这种哲学融入与基督教教义相关的思想体系。1260年左右，在巴黎大学形成以教师西热·德布拉班特为首的辩证法学者团体，只研究亚里士多德以及由著名的阿拉伯学者亚维侯所作的诠释，亚维侯对亚里士多德著作的诠释最大胆亦最少宗教色彩。学者们建立起一个纯粹的逻辑学体系，该体系因完全脱离了基督教范畴而引起非议，招致长期来对辩证法介入宗教行为感到恐惧的所有人的谴责。在 1270 和 1277 年，巴黎的亚维侯追随者们两次遭到教会的严正谴责，教会的第二次斥责还包括托马斯·阿奎那的学说。以亚里士多德学说对圣经著作的一切诠释都被视为不能容忍；连同从圣安瑟伦①和最早经院哲学家以来的几代教士企图理性地解释神秘的基督教教义、将理性和信仰加以协调的努力都被归于徒劳无益，极其有害的徒劳无益。这是一次重大的割裂。知识分子的新立场——14 世纪初在巴黎的英国人邓斯·司各脱便是该派的典型代表——是方济各会的主张，它与基督教的另一种思辨倾向相结合，那就是在亚里士多德学说被发掘并风靡之前已存在的、宣扬神秘感悟的理论。它主张世人不是靠智慧来亲近上帝，而是靠爱激发的意愿。这种理论把宗教态度与理性思考完全隔绝开来。

事实上，从那时起在所有人看来用逻辑思维来解释神启的真理都是不可能的，一切理性的神学都毫无意义。从此信仰成为纯粹感情上的事，宗教生活只是情感层面的活动。经过了 50 多年的逐步渗透，方济各会和多明我会终于排除了教区僧侣的抵抗，或许也包括不少信徒的保留意见（他们把托钵僧看作是教皇派遣的人），真正确立了对城市信徒宗教行为的影响（值得注意的是，影响只局限于城市范围，从而加剧了城市文明与乡村文明的对立）。灰袍修士（方济各会）和白袍修士（多明我会）穿街走巷地深入千家万户，活跃在街头巷尾，无时无刻不与世俗者保持接触，借助榜样，通过说教和聆听忏悔，成为全面革新宗教的倡导者。他们传布的基督教教义不是靠推理，而是通过耶稣的受难故事来感化；为了达到心灵喜悦，凭借智慧能力是无用的，靠的是童心、谦卑和慈善。于是，知识界人士的关切与民众虔诚的新形式紧密相连：两者都通向神秘主义。

---

① 译注：圣安瑟伦（saint Anselme，1033—1109），中世纪意大利哲学家、神学家，1093 至 1109 年任坎特伯雷大主教，被尊为第一位经院哲学家。

哲学思辨的新领域

　　但是相反，按邓斯·司各脱主张的理论，人类理性能适用于神启真理以外的一切领域，从这点上说，理性属于人类的智力范畴，既然信仰不会受到怀疑，人们可以完全自由地运用理性。于是邓斯·司各脱的思想被当时巴黎最有影响的大师纪尧姆·德奥克汉姆①采纳并发挥。奥克汉姆的学说影响了 14 世纪上半叶的后半期。尽管受到教会排斥，他的学说决定性地扭转了知识史的发展方向——几乎完全被排斥在神学研究之外的哲学自此摆脱了一切教条束缚，迈向对经验事实的探究：它开辟出一片实际应用的广阔天地，也就是对人类和世界的研究。事实上，大学学者的态度和 13 世纪中期接触文化的世俗文人所表现出的积极的好奇心之间有明显吻合，从 14 世纪起逻辑方法已开始在法国被运用来理解一些自然现象。哲学大师让·比里当和尼古拉·奥雷姆大胆地（其实还是畏首畏尾地摸索着）采用实验方法来观察物质世界。其后便有了精确科学、数学和光学的明显进步。从那时起，以往最有学识的人都感到陌生的用数字表示的精确度概念开始渗透进人们的头脑，同时还产生了关于空间和时间的越来越明确的意识。这种意识表现在 14 世纪中叶最早有透视感的细密画上，也表现在 14 世纪"新艺术"派音乐家的细腻节奏上，此外，在巴黎和卡昂市街头的公共场所最早出现的自鸣钟也增强了人们的时间意识。

　　另一方面，推理也开始运用于政治和社会关系的分析。曾任巴黎大学校长（1312）的马西尔·德帕度和巴黎纳瓦拉中学教师让·德雅顿合著的《和平的辩护士》一书因反对教皇的神权政治而被禁，但当时该书在学校内仍被广泛阅读和评论；基于亚里士多德学说尤其是《政治论》而展开的关于权力的哲学探讨不断进行着，尼古拉·奥雷姆还在 1370 至 1377 年间以俗拉丁语翻译了亚里士多德的《政治论》。查理五世国王身

---

　　①　译注：纪尧姆·德奥克汉姆（Guillaume d'Ockham, 1285? —1347），英国哲学家、逻辑学家和神学家，方济各修会修士，唯名论经院哲学派的杰出代表。

边的一批大学学者制定出一个"好政策"、好政府的理论：国王作为上帝意志在世上的执行者，应当仿效"圣路易"践行基督的全部美德，为"公共利益"而执政；为此必须建立一个由智慧和理性者组成的有效的好内阁，这个班子的人数不必多，负责监督王室领地财政的量入为出，对不法者不能过于宽容；如果不以理性克制自己，君主就将成为暴君——15 世纪初，当路易·德奥尔良被谋杀后，阿马尼亚克和勃艮第两派诸侯发生激战，有一位大学学者让·珀蒂就当着全体朝臣的面，以逻辑三段论论证诛戮暴君的必要性。

行政机器

但是，单从理性思考来理解世界还不能完全解释政治意识的进步。事实上，从 13 世纪最后 30 年起，政权的性质及其运用都发生了根本变化。从路易七世至圣路易，王室权威的扩张只是在封建制的框架内进行的；卡佩王室仅扩大了其作为封建领主的权威。国王在由附臣组成的内阁辅助下行使法律，在面临战争时国王身后有附臣壮胆，当国王个人领地的财力不足以应付一项巨大开支时便向附臣们寻求"帮助"，所以国王是"封建君王"。谁都没有清晰地意识到国王的权力应当高于封建主，在所有人的眼中，国王直接的家长式的个人权力是在家族形式下，靠封建从属关系的"友谊"来行使的，附臣因领受封邑而依附于领主。但是在1270 年以后，王室的权力结构完全变了。首先是国王行政机构迅速膨胀。在圣路易时代，行政机构人员已相当多，"国王手下人"的数量在13 世纪最后几年里大量增加。代表国王的每个大法官和司法总管行署、王室军事防御驻地有司法官吏、执法员、军警共数十人；政府各级机构均有数百名僧侣或世俗办事员，专门负责王室成员起居的王府人员现在与朝廷工作人员完全分开，朝廷各机构也被分开：最高法庭及其下属各庭，掌玺大臣公署和财政审计院。尽管从一个现代国家的视角来看，如此行政机构仍处于萌芽阶段，组织松散，随意性大，而且机构在运作方式和精神状态方面完全是仆人角色，部门头领生活在王室内府，办事员按需要被任意调派；但是不久它便逐渐走向正规化和秩序化，在一个习惯于直接行使权力、首领与下属只以口头和手势领导的世界里，显得十分有效。行政机器庞大到能自行运作，国王的个人能力已不再重要。这就是一个重大的新特征：圣路易的孙子、国王美男子菲利普可以说就是法国第一位这样的君主，人们甚至不清楚他治下的一切重要措施是否由他所决定，国王的决定开始被主要顾问们的言行所取代；在他以后的几个国王可以不具有个人威望，不必亲自带兵打仗，而把军队交给军事统帅，自己在作战室里遥控指挥；甚至疯子国王都不影响下属以他的名义来仲裁纠纷、发动战争和征收税项。严格地说，至 14 世纪初国家权力已不再体现在国王个人身上。

战争和税收

此外，由如此众多的官吏集体运作的复杂机构向各地蔓延，热心鼓吹王室权力的人把国王行为推向比"封建"君王所做的更远。法国国王不再把自己的使命局限于上帝交付的维护国内和平和正义，为了共同得救他还把臣民引向征战。他开始带兵远征边境——派兵出国到南方加泰罗尼亚或者出征到自认为有权干涉的北方佛兰德地区——奔袭里昂，不久再征战东部多菲内地区，把受外国封建主压迫的当地民众的利益看作自己的利益。14 世纪是欧洲大陆开始大规模武装冲突的时代。战争——最早是邻近部落之间季节性的劫掠——到了封建时代的法国已变成局部范围内家常便饭的事，譬如在宗教休战期外的抢劫、个人复仇、小团伙的零星骚扰，还有发生在领地边缘地带为挽回名誉而进行的短暂入侵等。对远方的目标发起大规模的远征，这就是长途跋涉的征战。从此以后，战争成为大的政治集团之间特别激烈的对抗，逐渐摆脱了封建的性质。发动战争的借口在大多数情况下仍然是领地和附属身份之争，或者是家族内部的矛盾，但是激化冲突的起因往往是经济利益，或者是集体意识中慢慢萌芽的对别处居民的侵略心，它还称不上民族感情，只是某种排外意识。这种情绪在边境地带尤为强烈，在国与国的冲突中更有现实性。这是欧洲各国生存条件中的一个深刻变化，其形式和成因值得作更贴近的研究。

为进行这类旷日持久的战争，单靠封建制惯例向法国国王提供的手段是不够的。仅靠所属附臣征集来的义务劳役兵何以实施有效的军事行动？各地执法官征募劳役兵耗时长，队伍集结起来后拖拖拉拉地到达集合点；士兵们的兵器装备常常破旧不堪，他们花着国王的钱而心里往往盘算着如何与相逢的熟人一起热闹一番，毫无纪律观念。40 天的当差期甫满，不管部队是在被围困中还是即将面临战斗，劳役兵就拔腿回家了。从 12 世纪起，国王开始征聘雇佣军，作为职业军人他们打仗认真。到了国王美男子菲利普的时代，军队全体人员都领薪受饷，薪金因等级和兵种而不同。国王的附臣本人也成为受饷者，这样就能要求军队打仗不计日夜、装备良好、准时准点和指挥得法。雇佣军有效但耗资巨大。在正常情况下，王室内府、宫廷和政府全体成员的现金开支是有限的，而一旦调动军队——当时征召军队的人数相当少，不会超过两三千骑兵——哪怕只两三个月时间，费用就会超出平时开支的三四倍，立刻罄尽国库。一个目标的围困时间稍长就会造成国家此后几年的经济拮据。军队要适应新式战争就会骤然增加王室的财政需求。然而，有一个观念是根深蒂固的，即国王如同所有封建领主一样，只能在惯例明确界定的少数几种情况下，才能动用王室领地的财政储备和征调下属附臣的帮助。国王是否有权要求更多，有权向臣民征税呢？这是在查理五世治下政治理论家们特别讨论过的问题之一。如果说《果园之梦》的作者认为，作为共同财富的担保者，国王可以出于公众的普遍利益而要求得到额外御用金的话，尼古拉·奥雷姆的意见则相反，他认为"额外"征税需获得臣民的特别赞同。事实上尽管有保留，官吏们在财政短缺时仍会巧立名目地张罗钱财。诸如借贷和征收各种捐税。国王的财政开始成为王国的负担，会通过各层封建关系将臣民的财富与国王的财源联系起来。

至高无上的国王和等级会议

13 世纪最后 30 年间，在热衷于以最高政策来开拓王室财源的国王附臣中，形成了关于国王权力的另一种观念。它的鼓吹者是新近才归并入王国的南方朗格多克领地的一些官吏，他们曾在博洛尼亚和蒙彼利埃两地的学校受过罗马法的教育，是所谓的"法学家"。他们提出了一种与产生于封建制基础的王权概念完全不同的国王权力至高无上的新理论。他们认为，法国国王就是"王国范围内的帝王"，这首先意味着国王除了服从上帝威权外，独立于其他任何权力。自从 1250 年腓特烈二世驾崩以来，西方已不存在帝国，没有皇帝了。至于教皇方面，王国也正在那时脱离了教皇的控制——人们知道法国国王美男子菲利普与教皇卜尼法斯八世之间的激烈冲突——法国教会因此开始疏远教廷，成为更接近本国国王的一个实体。至于国王的统治权，则明确肯定国王对其全体臣民拥有至高无上的权威，任何人不得挑战其权威。这就使亵渎君主罪的观念复活了，从而使王权决定性地挣脱了封建制的躯壳。但是，由此就有必要建立一种国王与其臣民之间沟通的新渠道，它不同于过去靠封建制的层层效忠，组成环环相扣的统治结构。于是便产生了新制度下最早的"等级会议"。实际上，它是封建制下"咨询会议"的简单改装：国王召集各地大贵族、高级僧侣和其他"等级"的代表，也就是各大城市的资产阶级及大学精英等社会各阶层的代表。会议并无固定会期，国王在遇到特殊困难而需要邀请王国各阶层头面人士参与决策时便召集会议。1302 年在巴黎举行的大会是第一次等级会议，震动了整个社会。这次会议是在对抗教皇决定的背景下召开的，为法国国王可能被教皇逐出教门作精神准备，讨论法国的抵抗能走多远。其后的几次等级会议，都是讨论王国的财政困难，商量征税计划。等级会议的代表性变动较大：国王美男子菲利普死后，为商讨王位继承人问题的等级会议只召集了贵族和教会显贵；而当需要商讨财政问题时，资产阶级代表便在会议上占据了重要地位——在幅员辽阔、阶层复杂的王国内，等级会议从来不具备"普遍的"代表性。南部朗格多克地区的代表总是那么几位，北部地区通常以省份来推选代表。选代表无固定规则，只有被国王召集的人才前来参加会议。14 世纪上半叶，国王和臣民就以这种方式开始对话。遇到战争，国王就会频繁召集等级会议。在等级会议全体大会的会场外，各方进行讨价还价；官吏们得许诺实施某些改革来换取与会代表的"帮助"。于是面对国王个人色彩淡化的王权，逐渐形成了一套能让臣民表达诉求的治国工具，它也符合政治哲学家们提出的臣民可能实行监督的理论：在这个领域里，发出了中世纪终结的独特声音。

经济氛围的变化

中世纪终结的声音在经济特征上显得更加清晰。事实上在 1300 年前后的数十年中，经济状况已完全被颠覆了。在法国各地持续了三个世纪的大规模经济发展和技术进步，至 1270 年左右开始放慢了节奏，并最终停止。这是一个漫长的萧条、停滞和倒退时期的开端，生产和流通的萎缩迫使人们艰苦奋斗去克服一个又一个困难，人们的日常生活蒙上了一层阴影。能否说这一衰退导致了一切事物的衰落呢？能否像荷兰学者赫伊津哈以及后来的一些历史学家们所说的那样，把 14、15 世纪称作黄昏和没落的时期呢？进而把当时人都看作神经官能症患者，无能力进行平衡的创造，迷失在梦幻里，生活在极端神秘主义和一味寻找野蛮刺激中呢？这种悲观主义观点还含有一些浪漫主义成分。历史学家应当谨慎：首先，因为他手中掌握的实物资料已变得浩如烟海，需要进行选择，必须作抽样统计，那些令人印象深刻的个别特征容易使人疏忽正常情况，即日常生活中的平衡状态；其次，当一种新现象冒头，为抓住它而对其特别审视时，容易忽略其余的一切，将它们丢在一边，而经历了中世纪繁荣期的那股强大的习惯熔流，会渗入逆境时期并使之振作起来；最后，这个世界还如此深地扎根于泥土，如此贴近自然，如此地生硬，生活方式和思维方法在本质上是如此地原始，不至于那么脆弱，那么易受财富升降波动的影响，不像生活在当今复杂、脆弱的文明里的我们可能会想象的那样。同样，中世纪繁荣期的各种方法、求知欲和观察推理世界的方式也会延续到后代的知识阶层，他们对哲学的新思想才刚接触或者知之不多；同样，封建意识和领主制度尚且残存，尽管王权至上的观念有所发展，但社会政治关系的基本框架、附臣效忠意识、家族互助和各种封建义务在当时人眼里仍比等级会议或者求助国王司法重要得多；同样，法国绝大多数民众——满脑子只想着糊口的粮食如何能支撑到次年夏季的农民，根本不懂何为奢侈，而只知道狩猎和巴结权贵的外省小官吏、平庸的市民、城郊的葡萄种植户和小商贩们也只会略微有所感觉，但我们可以相信，他们不会意识到危机重重。货币贬值和商贸活动停滞的后果，只有在经济发达的少数地区才会较明显地影响部分人的生活水平。这是贫困的时代，这一点是肯定的，但也储备了保存和更新文化传统的足够活力，以便在 15 世纪释放能量，引发文艺复兴的最初绽放。

1. 贫 困 时 期

当最贫苦的民众开始发出哀号时，来自社会所有阶层的怨声贯穿了整个 14 世纪。起初是零星的断断续续的抱怨，从 1330 年起逐渐不断蔓延，直到 1420 至 1430 年间爆发为普遍的吼声。物资匮乏造成的士气消沉、面临死亡威胁的担忧和恐惧，在当时的文学作品均有所表现，诸如在用词夸张的应景诗，描写更确切的私人信札、个人日记、回忆录中，此外凄惨的遗嘱和遗产清单更直截了当地反映出时代的艰辛。各种灾难接踵而来，其中最令人不能忘怀的三种灾难是：饥馑、战争和鼠疫。

饥荒

对杜·盖克兰①和圣女贞德的同代人而言，好时光、黄金时代就是圣路易治下的年代，即让所有人都能吃饱肚子。其实，他们肯定生活在幻觉中：在 12、13 世纪，人们亦有过饥荒的年份，夏季雨水过多，冬季过于寒冷，在青黄不接时大多数人亦曾以野菜充饥度日，也不得不勒紧裤带。但相对于封建时代的鼎盛期，中世纪末是一个粮食匮乏的年代，这点不假：饥荒更频繁更严重，发生了两个多世纪来人们已不习惯的饥馑。物质短缺是当时一切困难中最突出的问题，那么它是怎么造成的呢？

14 世纪以前，在国家财政制度建立之前，在人们对用数字表示的精确度新概念形成之前，谁也没关心过一个城市或一个省份的确切人口数字（保存在法国档案馆内第一份略似我们今天所说的人口统计是 1328 年的资料，即《各地大法官或司法总管辖区的炉灶状况》，在王室领地内按"炉灶"［即"家庭"纳税单位］数来计算各教区的居民住户数量，统计很难得出精确结果）。然而，各种迹象令人相信，人口从 11 世纪初起

---

① 译注：杜·盖克兰（Bertrand du Guesclin, 1320—1380），布列塔尼的武士，服务于法国国王查理五世，抵抗英国人的民族英雄。

以较快的速度增长。伴随着人口增加，农业生产的发展亦相当迅速，一方面是农耕技术的不断改进，另一方面随着沼泽地开拓、处女地开荒和大片伐林造地，劳动力人口持续增长。但是从 13 世纪最后几年起，农业产量停止增加，优良的耕作技术在所有能实施的地方都被采纳了，但没有更好的新技术，也不再有新的拓荒——因为在有些地区，进一步减少森林和牧场的面积会损害农业体系本身；而另一些地方大规模的伐林开地后，土地经过几年平庸的收成已变得十分贫瘠，农民不能继续向前拓荒，而必须返回到不那么贫瘠的耕地上耕种；再者有些地方，荒地的主人认为让土地闲置比开垦耕种更有利可图，随着城市扩展和物质生活的进步，留着森林和生长牧草更有价值，收入比谷物更好。于是耕田不再扩大，甚至还减少了。粮食收成减少，土地连年耕作致使地力耗尽。农业生产停滞不前，结果打破了原先的平衡，因为人口在原来的基础上继续增加，并且持续了一段时间。14 世纪初法国人口大约不到 1 500 万，但已是人口过剩的国家，许多人吃不饱。粮食匮乏年年频发，农产品价格暴涨。从此粮食价格与其他商品价格的比例失衡，这或许对农民的意识产生了相当大的影响。人们的主要忧虑又回复到农业大进步之前的生存问题。随着饥饿的无产者人数不断扩大，农村萧条衰退成为经济萎靡的第一症状。但是它更因造成经济失衡的第二因素——战争——而持续加剧。

相当长时间以来的大规模冲突至 13 世纪仍未停止。国王美男子菲利普对吉耶讷①、佛兰德两地发动战争，实际上是与英国国王冲突的前奏，法英两国冲突正式开始于 1337 年。所谓"百年战争"，这一称呼其实并不确切，因为武装冲突一直延续至 1453 年，历时一个多世纪。这场冲突标志了两国敌对的长期性以及新时代最明显的特征。从此战争占据了人们的日常生活。这个时期出生的人可能一生都不知道真正的和平是什么，连他们的祖父都无法告诉他们。那么这是一场什么样的战争呢？

———————————

①　译注：吉耶讷（Guyenne），法国旧省名，地处西南部，大约相当于今天阿基坦、南比利牛斯山和普瓦图-夏朗德等地区的一部分。

战争中的新技术

战争的打法与菲利普·奥古斯特或圣路易时代不完全一样了。除了武士的习惯行为及其常用装备——在农业繁荣期有多少可怜的乡绅骑士带着他们祖辈打造的武器和铠甲跟随国王的军队东征西伐！——除了对付敌手的一些传统战术方法外，许多事物在 14 世纪发生了变化。其中最主要的或许就是投掷武器，它变得更有效：当时发明了弩，这种武器更复杂易损但更加精准，它射出的箭，即"铁质角镞箭"具有极强的穿透力；还有大型的弓，射程远，力量大，而且速度极快；更不必说随着冶金技术的进步而出现的火炮，这种采用火药的武器使用起来不很方便，主要用在攻城时替代老式的投石器，亦用在双方已经对阵时，火炮鸣放时发出的巨响可惊吓敌方的战马和士兵。远距离攻击性武器的改进使老式护甲和皮盾不堪一击。于是甲胄必须跟着改进，在锁子甲和身体易受攻击部位的甲胄上加铁片；最初是把铁片覆盖在护甲上，后来把铁片镶在盔甲里，出现了"铁片盔甲"。这种铁甲等于把战斗者包在甲壳中，铁甲足够坚固，关节活动部位还装有活络铰链，但也变得越来越沉重。15世纪时，一副新式的铠甲重达 60 至 80 公斤，骑士本人无法穿戴，甚至无法承受——他无法做各种动作，只能朝前行走和向前打斗，一旦跌倒就再无法站起来，遇到泥泞地便陷身泥潭。此外，骑士的战斗力也大大减弱，首先战马不堪重负，载着如此重的骑士跑不快也走不远；其次坐骑不戴护甲，遭到强弓和弩的射击只能很快退出战斗。于是地面的肉搏变得尤为重要。法国骑士对英国士兵引进的新战术适应缓慢，应对笨拙，屡遭惨败。英国士兵习惯于穿着铠甲，使用钉头锤和剑等短小武器徒步格斗。随着步兵作用的加强，骑士的优势愈加减弱：弓箭手和长枪步兵用带钩的长戟把骑士打下马，再以匕首从铁甲缝隙间刺入结果骑士性命，因为骑士一旦落地便无法动弹；或者他们从背后袭击骑士，因为骑士受铁甲所碍转身不便。渐渐地，身着铁甲的骑士——顾名思义是骑在马背上比武的人——不得不投入一个徒步的战斗组。可怜的贵族骑士穿着沉重的铁甲，身随两名弓箭手——他们现在因机动性强而受到重用——再加上一名长枪步兵。15世纪时也有骑士本人充当令人厌恶的长枪手角色，骑士的随身仆人和侍从在打仗时则负责保管武器和照料战马。这个战斗组被人们称为"尖刀组"（lance），因为它的行动围绕着头领所指向的攻击点。

战争的破坏

上述这些变化对士兵的心理不可能不产生影响。在长期老式战争中形成的道德守则根深蒂固，眼下人们能远距离打击敌方，步兵变得如此凶残，渐渐使战争失去了昔日双方决斗、不施"暗器"、诚实地捍卫荣誉的性质。如今征聘职业雇佣兵，以杀手身份来参与战争，在尚未达到真正的职业高度时，他们只求有效屠杀，而较少顾忌礼数和骑士风范。他们往往来自最野蛮地区的最贫困阶层，面临说另一种语言的对手，心中滋生起排外情绪，对于生性暴烈又习惯于苏格兰和威尔士地方殊死决斗的主要敌人英国人，法国骑士养成了用诈和蔑视生命的习性。总之，人们投入了一场完全不同的战争。双方事先约定的阵地战越来越少了。主要的战术变为出人意料的快速突击、追击、伏击，以及派遣机动性极强的小部队对敌方实行短促的骚扰。由于围困已变成战争的一个重要阶段：人们常能从编年史和历史书的彩色插图里看到围城场景的描绘。围城对峙旷日持久，因为城堡和城市的防御技术远远超前于攻城技术，围城又难以做到密不透风，所以城堡很难攻克。长期围困一座城市令战事延续至冬季，攻方筑起了自己的防御工事，与守方形成对峙的局面也是新现象。但是食物短缺和物资贫乏对被围方造成巨大压力，即使把闲散人口都遣散了仍无济于事；而对攻方而言，终日懒散和无聊亦令人备受煎熬，心焦如焚，有的人因气候恶劣而病倒，所以一旦城市被攻陷，受了如此痛苦的围城方便杀入屠城，以泄围城之忿。然而围城把大批军队长时间集结在一处，其余地方则可得以太平。这就是新式战争。

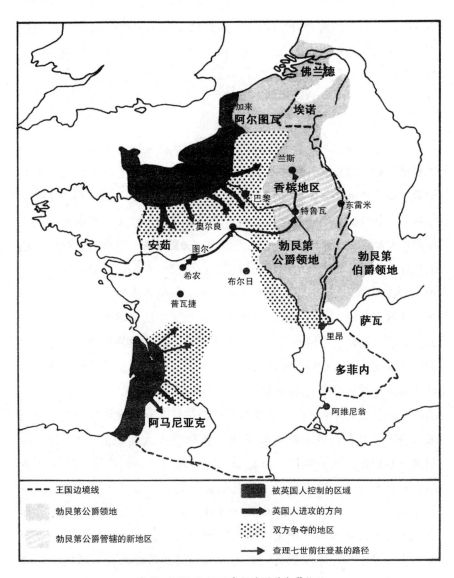

图 12   1420 至 1430 年间法国的分裂状况

　　比起现代战争来，当时打仗的破坏性毕竟小得多。尽管侵略性有所增强，尽管杀戮心和破坏力都有增加，但是战斗双方所受的生命威胁并不大，因为战争的基本目的仍是——或许比以往更是——为了赚取赎金。这是一场大规模的赌博，人们押上身家性命是为了赢得对方更多的钱。无钱赎命的可怜虫则被人毫不犹豫地杀掉；但也有这种情况，即战斗爆发前，几个人就已商定如何活捉大鱼然后分赃。人们决不会杀害有油水可榨的俘虏，否则才真是人财两空了——英王亨利五世在阿赞库尔战役获得大胜的当晚，喜出望外而冲昏了头脑，又因接获假警报而在惊慌中下令杀掉了大多数战俘，这是极个别的意外事件：此后很多年英王的身边人都惋惜此事为倾家荡产的浪费。正常情况下，只要敌方放弃了阵地，整个战役就停下来了。通常不会穷追猛打，胜方捕获了战俘，无论如何不会再作任何冒险。因此，没有不死不休的战斗。除非交上厄运，战场上的贵族骑士一般都能保全性命；不过也可能会度过漫长的囚禁生活。因为赎金通常相当高（虽然打了败仗，谈判中尊严犹在：赎金越高说明战俘的价值越大），赎方的家族一时难以凑齐，即使按封建惯例要求附臣的例外"资助"都不够。被囚战俘本人或多或少会受折磨，得忍受长期脱离自然生活环境的痛苦，疏远跟家族和封建属臣的习惯联系；而对捕获方来说，监管、负责战俘的生活也是件耗资不菲和令人厌倦的事。有的捕获方干脆摆脱战俘，折价将其转让与别人。这种习俗在现金稀少的时代促成了大量现金和黄金通过不正常的途径流通，而无规则的交易又打乱了贵族间财富的平衡。

　　至于对不参与战争的人，战争的破坏力也不像人们想象的那么严重。事实上，军队人数极少。英王亨利五世当年企图征服法国，倾其全部军队和财力，1417 年才带了总共不到1.1万名士兵登陆法国。1429 年守护奥尔良的士兵不足千人，圣女贞德带来的增援部队才 200 名士兵，便借此扭转了战局。人数如此少的军队不可能造成很大破坏。军队在各地不停移动，平民百姓只要时刻留意，事先把贵重物品藏匿在一个隐蔽处，带好牲口耐心地在森林或沼泽地里躲一两天，即可避过兵燹战乱。

抑或部队为围城而屯驻一处，那么劫掠也只局限在某一小区域。再者战争不会旷日持久地进行下去，因为谁都承受不起长期打仗的耗费。当时人已习惯于在冬季打仗，当然厌战情绪还存在，大多数士兵的思想仍停留在过去的习惯想法上，认为打仗就是几个星期的事，而且只在天气好的季节进行。因此，战争会以协议、停战、或长或短的"零星战斗"等形式断断续续地进行，在此期间战争的创伤能得以恢复。

结队沿途行劫

新式战争虽然只发生在有限地区，加上不断休战，总之破坏力有限，但毕竟是灾难性的。战争的频繁度超过了以往封建领主间的冲突，它的纵深度和破坏性亦更大。百年战争初期，英国入侵者沿途洗劫，然后把赃物一车车地运到他们船上。此后，英国人在克雷西和普瓦捷两大战役遭受重大挫折，法国人对付英国人的抢劫采取了新策略，即实行焦土政策，当着英国人的面烧毁他们想抢劫的东西加以阻遏。这是一场雇佣兵的战争，主要危害就在于此。法国国王、英国国王以及稍后各诸侯亲王不再满足于附臣提供的劳役兵服务：一旦发生战争，他们直接求助于军阀、职业军头和各种各样的军事冒险家（往往本人是贵族）。不管是英国人、德国人、西班牙人，也不管是布列塔尼人、巴斯克人还是洛林人，只要你肯出钱，军阀就出人出地盘替你卖命。军头本人骁勇能战，手下人死心塌地跟他打仗，他也懂得保护和笼络下属，因此部队战斗力强。这种队伍一般才15人左右，最多不过30来人；行伍者本身也是贵族，不过没落了或者是私生子，也有个别是农民出身；随军人员中有仆人、铁匠，总还有一名僧侣，负责主持弥撒和起草文书。行伍者以打仗为职业，能征善战。但是当雇主付不出钱，抑或遇到休战歇业时，这支队伍并不就地解散。职业行伍者多数离乡背井已成了漂泊者，无法再回到从前的生活状态，于是就结伙打家劫舍来维持生计。正因为一无所有，他们变得更加凶残。流匪们鱼肉地方，榨干了一地再去别处，拦截道路，袭击商队，不时向城镇和村庄勒索财物，而平民以此换取相对的安全。

流匪路霸延续和加重了战争的痛苦，他们把暴力行凶当家常便饭，令百姓在休战期反而比战争冲突时更遭殃：战争时至少兵匪忙于相互屠杀，死伤一些人而已，而流匪结队沿途行劫却成为真正的祸害。所以每当停战实现和平时就盗贼蜂起：1360年布雷蒂尼战役后，人们对"大路匪帮"束手无策，这帮人流窜至战争未曾波及的省份，如勃艮第、罗讷河流域等地区，威胁阿维尼翁的教皇，拒绝应征十字军，最后还是杜·盖克兰将他们引往卡斯蒂利亚去打仗；1435年阿拉斯战役后，先是"盗匪"洗劫，接着"趁火打劫"者搜刮剩余的物品。盗匪（brigand，该词是当时用语，原是一件武器的名称）的头目并非都受公众鄙视，其中有些人后来还加入了圣女贞德的队伍，他们继续与国王做交易，自炫有骑士风度，处处标榜曾建功立业，有的还攀一门好姻缘，购入漂亮的封建主庄园，往往临死时虔诚信教，受人敬仰。

财政混乱

战争是灾难性的。虽然限于财力只是小打小闹、断断续续，但毕竟耗资巨大，白花花的银子往里面扔，足以使君王的财源枯竭。为了要给士兵出饷和负担战争的种种开支——1356年国王约翰二世在普瓦捷被俘，最后付了巨额赎金才得以生还——政府不得不征税，从私人积蓄中定期抽成以应付君主之需。渐次制订的各种税赋，遭到许多人的反对，除了激起民众的抵制和不断造反外，国王代表和王国各"等级"人士之间亦没完没了地讨价还价。盐税、城市居民日常生活必需品的消费税和农村家家户户须纳的人头税等税项，使大量的流通货币转向非生产性开支。这些税赋还不够，迫使官吏们另辟蹊径，由此而生"货币调整"一招，即改变钱币的价值。然而这些欺骗手段用在以金和银为基础的复本位货币制内相当敏感，造成金、银的价格极不稳定，因而被认为是舞弊，遭到了包括国王身边人在内的广泛谴责（尼古拉·奥雷姆奏请国王查理五世，根据亚里士多德的公共财富概念，建立了货币稳定理论）。这些劣招扰乱了物价，致使流通停滞。税收不当和价格随意变动亦会造成经济衰退和资金囤积，加剧由农业生产不足而引起的经济困难。由战争带来的社会、心理和货币的失衡，和战争本身造成的破坏一样，亦在很大程度上使中世纪末期变得黯然失色。

鼠疫

第三种祸害是鼠疫，因为谁都不明白灾祸从何而来，也不知道该如何防御，所以它是更可怕的灾难。当时卫生条件差——人们虽有简陋的卫生习惯，但食物供应时有时无，而且不平衡，住房通风条件差，寄生虫泛滥——医药手段效果差，这些都为传染病传播打开了大门。在12、13世纪，传染病并未大规模流行成灾，或许因为多数人还能吃饱，人体对一些固定病毒已慢慢产生了免疫力。然而这种生态平衡到14世纪被打破了。首先是人口大量增加，而且营养不足，大多数人处于长期体力亏损状态，加上战祸频繁，百姓或颠沛流离，或拥挤在被围困城市的城墙下避难。但是更主要的是鼠疫这种新疾病突然传入欧洲。鼠疫表现为两种，腺鼠疫和肺鼠疫。被人称作"黑死病"的病毒是从黎凡特经由商船携带，在1348年初传入马赛和朗格多克地区一些港口城市的。然后传到阿维尼翁，最后从这个枢纽城市扩散至四面八方。尽管当时人们采取了所有预防措施：城市闭关严防，城门设卫生警戒线，市民向乡村疏散；焚烧带有香味的草来净化空气；进行集体忏悔，在佛兰德、皮卡第和香槟地区，大批教徒游行自笞赎罪以求上天息怒；虽不迁怒于托钵僧，却有人屠杀犹太人，将其看作招灾惹祸的祸根；国王亦向巴黎医学院教授咨询救治对策。凡此种种均不能阻止鼠疫蔓延，至1348年夏季，疫情达到顶峰期。无数生灵没于灾难：编年史家让·博华萨与同时代人都认为，至少有三分之一的人口死于鼠疫。这一估计对农村来说可能高了些，但对城市来说绝对低于实际死亡人数。根据勃艮第地区一个小镇日夫里教区的记载，当年该镇有一半人口被鼠疫夺走生命（在8月、9月、10月三个月内总共死了680人，而正常情况下每月平均死亡5人，该镇人口总数曾为1 200至1 500人）。在人口密集的地方，如修道院、大教堂教务会和宗教团体，死亡人数之多更触目惊心：马赛的方济各会修士全数死亡，无一存活；蒙彼利埃市 140 名多明我会修士仅 7 人幸存。突如其来的打击如此巨大——人们可以想象鼠疫带来的即刻后果。因来势凶猛的疫情夺走了年富力强者，加剧了人们的恐惧心理；最好的僧侣被夺去生命，随之而来的是缺少神父，教徒们缺乏心理疏导而惶惶不可终日；加上造成劳动力的短缺，所有的人工骤然蹿升。全欧洲因此在六七年间停止了战争，大量的遗产被继承过户，生死离别的颠覆震撼了幸存者，长时期地改变了他们的生活条件。鼠疫病毒从此在欧陆扎根，疫情有时舒缓，但定期回潮复发，1361 年、1373 年和 1380 年几度暴发，其间人们再度面临不知如何埋葬死者的绝境。

农村萧条

直至 14 世纪中叶，当三大灾难的后果一齐出现时，贫困已暴露出来，而且越来越重。各地农村的荒芜毁坏情况不等。在战祸长久持续的省份，如诺曼底、大巴黎地区、吉耶讷边界和普罗旺斯等地的破坏程度相当深重，其他地方因灾祸时间较短，经过人们坚持不懈的努力，在战争和死亡的间隙期得到较快恢复。不过种种灾难多多少少改变了地方的面貌：有些居民点被摧毁而遭遗弃，葡萄园种植面积减少，荒地和森林范围扩大，皮塞和栋布等地方从此变为森林。人口普遍地大量减少，如诺曼底在 13 世纪末估计有 150 万人口，而 150 年后仅剩 50 万。人口在大范围内长期持续地减少，甚至居民从此消失：1417 年住在圣通日教区的最后三位居民离开本地迁往波尔多避难，上普罗旺斯省的一半村庄几乎变为无人村。不过逃过劫难而留在家乡的农民则有了较好的处境，因为人数少了许多，空间更大了，他们可以放弃贫瘠土地择优而耕。如果土地贫瘠地区居民外流的话，那么土地肥沃的地方马上有新移民移入而很快弥补了人口的不足。各地的耕种者面对其领主也可以扬眉吐气了。事实上，每当警报过后，封建骑士老爷及其代理人必定四处招募人工，以图恢复生产，修缮破损的房屋，重新种植葡萄园。领主修葺庄园时庄稼汉倒成了抢手货。于是在 14 世纪前祖上还处于世袭农奴地位（阿基坦地区称之为"农奴"[questaux]，勃艮第称作"长工"[hommes couchants et levants]）的大多数农民都摆脱了农奴身份，他们与自身陷于困境的主人达成协议，纷纷离乡背井迁往地多人少的地区。从 15 世纪中叶起，农奴制在法国已成强弩之末之势。加上地租降价，主要是因货币贬值而领主亦不得不减租：战争稍有停息领主就开始招工恢复耕种荒芜的土地，但村民们心很齐，领主非减租就不种他的地；最后往往采用低廉的租金取代在 13 世纪繁荣时相当流行的收益分成制。农户之间的家族联营比困难时期前更密切，至百年战争末期，农户耕作面积几乎都很大，他们集体耕作，收益亦更好。他们生活得也像祖辈一样艰难吗？1465 年亦就是百年战争的创伤刚愈合之际，英国人约翰·福蒂斯丘到法国各地旅行，惊讶地看到农民穿着单薄的破衣，喝清水吃野果和黑面包，从不吃肉，除了少量咸肉，或者是贵族和资产阶级宰杀牲畜时留下的动物下水和头部。不过偏见也可能使这位旅行者的头脑变得不清醒。事实是农村人口更稀少，耕地明显缩小；但家族互助更紧密，绝对贫困减少了，生活普遍有所改善。农民们明显减少了与外界的物质交换，乡村的税务亦比过去更重；但农户的耕种器具却不再像 100 多年前那么原始落后。这就是经历了死亡和人口迁徙的 15 世纪法国农村的新面貌。

　　城市内住房之间依然是田地、牲畜圈、葡萄园、菜圃和小块耕田（耕田肯定比以前更多，因为人口减少自然降低了住房密度，再加上农村的供应变得时有时无，饥饿的威胁感更大）。然而城市跟乡村的分离却比以前更明显：城郊一带房屋在抗击英军或流窜盗匪而实施清野时已拆毁，城市四周都筑起城墙，封闭得更严实。城市遭受战祸的威胁减少了（除非意外或有内奸，一般草莽英雄皆缺乏攻城之耐心），城市成为避难所和安全的孤岛，贫困者、流浪汉和穷困潦倒的乡下人试图进城避难但极少能得逞，因为城市资产阶级坚守城门将外乡人一概拒之门外，一是这样会多了吃饭的嘴，饥馑时还得分食，二是怀疑他们可能会带入鼠疫病毒。

事实上，城市既不能躲避灾祸也无法抗拒不测：鼠疫死神对城市的打击更剧烈；城里人更担心食物短缺；商业凋敝令城市的主要功能受到很大影响。

商业停滞

自 13 世纪末以来，西方的商贸地域分布有了明显变化。佛兰德和阿图瓦两地的大规模呢绒纺织业进入衰退期，其原因是多方面的，但其中决定性的因素或许是人们生活方式的转变：厚绒不再受到青睐，出于追求时髦，人们现在更喜欢丝绸、羊毛薄绒或亚麻面料衬以毛皮夹里。杜埃因此迅即萧条了，阿拉斯未完全消沉，因为 14 世纪当地又掀起了另一个制造业，即立式织造的壁毯，当时这种高级壁毯在煊赫的豪门府邸内已经必不可少。但是总体来说，纺织业的准备工序已分散至更多的小城镇去加工，甚至常常分散到各家农户，以逃避过于严格的行业规定，尤其在工酬方面，农民在闲季挣点零钱贴补家用，所需支付的工资可以少得多。于是纺织制造业便分散到法国以外地方，即便在法国，也更分散到诺曼底、香槟、布雷斯和朗格多克南部等手工业活跃地区。此外，过去经济体系中的另一重要环节，即香槟地区的集市亦开始衰退。从 1270 年起，欧洲的商贸活动已不再围绕在香槟地区的集市而进行，起初当地还保留了一些金融集资的活动，到了 1310 年前后连这方面的商业活动也停止了。事实上，从 14 世纪起西欧的经贸活动呈现出更复杂的面貌。它不再单一地沿着佛兰德—意大利这条轴线进行。这条轴线横穿法国，曾给法国各地带来过惊人的繁荣。而造成西方商贸活动另辟蹊径的原因是政治上的阻隔，是各王国彼此之间越来越隔绝。各国君主千方百计地把金币搂入自己的钱袋，笨拙地延长商贸路线，造成混乱。同时也因为战争频发，因为恢复金银复本位货币制后货币体系失衡，因为开辟了新的货运路线：航海技术的发展实现了从海路直接连接意大利各港口跟英国和北海港口城市，而且还开辟出穿越阿尔卑斯山脉的道路，使意大利商人能经过瑞士、巴伐利亚平原和莱茵河流域而抵达荷兰。过去是基督教世界商贸枢纽的法国现在被排斥在外了，重要的经济中心，进行商贸活动的繁荣区域已不再在法国，而转移至意大利、北海沿岸港口和伊比利亚半岛各王国。

造成法国商业瘫痪的部分原因是大的商贸路线改道，但更深层次的原因（比战争本身造成的破坏严重得多，其实冲突只在小范围内进行，对商队不构成绝对的障碍，商队可以绕道而行）是与货币体系混乱密切相关的货币短缺，以及因战争破坏、农业生产荒废和领主领地收益的减少而出现的乡村封建领主和大教堂司铎们的购买力下降。事实上，萧条并非绝对的普遍现象，个别商贸繁华的城市仍然存在。它们是政治首都，是靠新税收所得而活得滋润的特权阶层所在地，从各地搜刮来的税金统统汇聚到亲王公爵们的手中，流入他们家族，分到他们的门客和仆人手里。大贵族们以战争为名向百姓征税，却把税金挥霍在奢侈的消费和宴乐中。一些封建诸侯国的小都城仍然歌舞升平，譬如在加斯东·费比斯时代的贝亚恩领地首府奥尔泰兹。尤其在两个大城市：阿维尼翁和巴黎。阿维尼翁作为教皇和主教府的所在地，地处迪朗斯河走廊和通往马赛的交通枢纽，与意大利的商业活动保持联系，而且在教会分立前基督教世界的财源都汇聚到这里；巴黎则是王室和朝廷的首善之地，城市不断扩大（15世纪初居民人口已达20万，或许更多），它取代了香槟地区的集市，成为阿尔卑斯山与荷兰两地资金流通和商贸往来的主要聚散地。在上述城市内都设有意大利商贸公司的代理处，生意比以往任何时候都火爆。一些大宗批发商成为王亲国戚的供货商，他们在当地发财，对诸侯国的财政感兴趣，向君主们提供资金，亦借此实际控制了金融管理权。不过，这些城市只是普遍平庸的经济环境中的少数例外而已。

城市活动的衰落

其他城市则处于衰落中。整个街区除了废墟便是摇摇欲坠的房屋，足见城市的贫困化。税收的结果一方面说明了人口的骤减——图卢兹在14世纪初有4万人口，100年后只剩2万了，另一方面可看出殷实家庭财富的缩水。由于贵族面临困境而需求减少，手工艺人和商贩们的生活更加艰难。他们通过加强行业监管来应付困难。从 14 世纪初起，手工业行会吹毛求疵地设立行规，限制行外人涉足。如 1318 年阿拉斯市政当局做出决定，"为避免对城市造成困难和不利，对公共利益带来影响……亦鉴于行内从业人数过多而且不断增加，供货已相当充盈，今后海产行业将一概不再接受新人入行，除非申请者为同行的婚生长子"①。但是这类盲目的限制只能保护弱者和最平庸者，致使生产方式僵化、阻遏大胆创新，结果只会加剧萧条。因此经济明显地严重衰退。与同时代的意大利商人相比，法国外省城市的商人在经营、思想意识和生活方式上显得相当落后。他们的主顾面狭窄，因为大多数人种着小块土地以满足自家的基本需求，在经济不景气年代他们越过中间商，直接向养殖户购买肉类和羊毛。商人们什么都做，毫无专业分工，其角色随地方农业生产的波动而变化：收成好的年头他们经营普通庄园不能自产的商品，物资短缺时期做油、盐、咸鱼和布匹生意，遇到荒年就贩运谷物粮食。人们常常看到商人自己在路上运货。他们只雇极少人，簿记方法落后（阿拉伯数字只在 1430 年后才在法国慢慢流行）；人们过着极其粗俗的生活，家里没有书本，只有几本用通俗语言写的祈祷书；不接触艺术品，只有几幅画工粗糙的圣像；唯一的奢侈品是挂在墙上炫富的挂毯，稍有钱者还有一身外套。商人们一旦攒够了钱，一准是买田置产，土地是最好的投资，因为它能提供生存必需的食物，保障粮食安全。商人的梦想就是有了足够的钱能成为土地领主，在乡村庄园里过上悠闲舒适的贵族生活。从他们面对财富的态度里，人们丝毫不能体味出资本主义精神的丁点征兆。

财富的普遍消融

技术的停滞不前，生产和流通的倒退，在 13 世纪迅猛的社会上升运

---

① 埃斯皮纳斯（G. Espinas）著：《法国阿图瓦和佛兰德地区的城市行会法之起源》（*Les Origines du droit d'association dans les villes de l'Artois et de la Flandre française*），第二卷。

动现在戛然而止了。在直到 1380 年为止的几十年里，衰败趋势每况愈下，在货币动荡、战祸、鼠疫的最初几次冲击波影响下，社会整体经历了几番震荡。鼠疫肆虐刚过，1349 年、1350 年和 1351 年连续三年人心惶惶。正当王国政府试图以微薄财力来恢复和平秩序，重振劳动力市场之际，爆发了各地农民暴乱。1357 年大巴黎地区的扎克雷起义（la Jacquerie），1381 年朗格多克地区的穷苦人暴动（les Tuchins），这些都是身处绝境的穷人暴怒失控的反映，少数人在狂怒之下杀死了官吏和领主，而后惊恐万分地随意杀人，个别人不愿单独背负杀人罪名，就强迫别人一起大开杀戒，于是形成没有首领、没有计划，更无希望的暴乱，最终遭到军队的残酷镇压。此外，1380 年鲁昂和巴黎的资产阶级爆发抗税运动。尽管查理五世视征税为劣政，他临终前曾许诺不再征税，但当人们发现征税机器在继续运作时便怒不可遏。这场抗税运动并未引起深刻反响，此后经济不振就在社会结构上普遍地反映出来。

在巴黎以外的一般城市，富豪的财富普遍萎缩。如果说城市贫民，被排斥在资产阶级社会之外的市民，在教堂登记领取救济的乞丐，以及因战祸和贫穷而流落街头者组成的群体人数在迅速膨胀的话，富人和穷人的差距则在缩小，贫富间的紧张关系比 13 世纪末期有所缓和。贵族的财富也同样缩减了。乡绅小贵族比普通农民更受到农村萧条的影响：每当灾祸过后，他们耐心地重建家园，可是领地的收益越来越少；什一税和其他税赋都减少了，农户的地租也失去了原来的价值。权力减少，收益降低，而用钱的地方照样得开支，甚至费用更大。不过在战乱中，除了出身低微的军头和盗匪，普通乡绅在战争中的得失犹如赌博，正如编年史家傅华萨所写，"人们这回赢了而下回会输，冒险会突然爆发为军事冲突"。骑士家庭也遭到各种突如其来的冲击：一笔赎金得还几年，甚至令整个家族倾家荡产；一场特别残酷的战役，如阿赞库尔和韦尔讷伊战役死伤无数；战败的贵族为了不背叛对国王的信仰，不甘在"英国人地盘"当叛臣贼子，宁可离乡背井。

许多贵族世家因此灭绝，眼睁睁地看着自己的领地落入教会手中——教会靠信徒的捐赠和丧葬基金变得越来越富（信徒的奉献即使在贫困时期也照样丰厚），或者落入幸运的冒险家或窥伺已久的某些资产阶级分子手中。总体来说，所有人在14至15世纪都经历了持续的衰退，但衰退不等于流于平庸，贵族阶层依然喜好挥霍，追求华丽的服饰和首饰，以铺张浪费为荣，只是手头拮据。为摆脱财政困境他们只有去追逐有巨额嫁资的女人，去抢劫，去争夺亲王颁发的年金。

暴发户

不过，在普遍的萧条中也冒出个别暴发户，他们大把大把地捞金，其财富在普遍贫困时显得格外扎眼，尤其令人不齿。这些乱世的幸运儿首先是战争贩子，譬如14世纪中期在布列塔尼战场上有个军事头目，"人们管他叫克罗加，起初他只是个穷小子，在荷兰埃尔克勒领主家当了好长时间的侍从"，"在一次打仗中主人被打死了，因为他是仆从，众人便推选他当统领，就这样他站住了脚跟。此后在很短时间里，他赢得许多战俘的赎金，攻城略地，占领城堡，很快发迹。人们说他拥有60 000埃居的财产，还不包括他马厩里的二三十匹骏马。靠着这些他的名声大振，成为王国最显赫的军人……法国国王曾想收编他，许诺给他骑士封号，让他风风光光地娶豪门闺秀，还答应每年给他2 000利弗尔①的年俸，但是他不干"②。同样在50年之后，出了一个叫佩利内·格雷萨的冒险家，他父亲可能只是一名地位低微的王室财务官，他本人从当盗匪起家，后来成为军事统领，占领了重镇卢瓦尔河畔拉沙里泰，窃为己有并以此为据点建立了一个固若金汤的独立王国。他将搜刮来的钱财投资在田庄领地上，为捍卫领地利益与人长期打官司，自诩为贵族——因为正如勒朱韦赛尔所说，"武器能使任何人变为贵族"，他死时家产无数，享尽哀荣。不过，大量可靠的真正财富还是集中在王亲国戚的手中。他们手中有权，直接掌控税收渠道，盐税、各种间接税和特税源源不断流

---

① 译注：利弗尔（livre），法国古代的记账货币，相当于一古斤银的价值。
② 让·傅华萨（Froissart）：《编年史》（*Chroniques*）。

入国库，不管民不聊生和时局危险，也不管市面上多么缺乏现金，他们只要把手伸向金库就有取之不竭的财富宝藏。自上至下，层层官僚无不巧取豪夺。小到地方省会，譬如曾经只是一名法学毕业生的于格·若萨尔，起初仅是里昂大主教教区管财务的教士，后来成为代表国王的地方执法队队长，最后升至他家乡城市的国王顾问，其间他搜罗了多处贵族田产庄园，还在 1398 年受国王查理六世封爵。许多在国王身边的人更加飞黄腾达，如国王顾问阿诺·德科尔比，后来一步步当上巴黎最高法庭法官、庭长，国王的掌玺大臣，加上特别津贴等于使巨额年俸翻了三番，还有各种机会得到国王赠予的各种礼物，以及捞到报酬颇丰的美差。总之，这帮王亲国戚和贪官污吏围着朝廷在疯狂挥霍中大吸民脂民膏，其状令人发指之极。

意识恐慌

　　饥肠辘辘、钱囊空空的平民，忌恨生活太过舒适的少数富人，同时有一种意识的恐慌：感觉自己不再受上帝的指引。教徒的意识危机主要来自教会当局。长期以来法国教会不满教廷过分意大利化，批评教皇过于看重世俗权力，看重财政利益，与佛罗伦萨、锡耶纳的银行界利益过于密切。14 世纪初教皇卜尼法斯八世对法国国王菲利普作出让步，令它在法国教会前一向受到的尊重一扫而空。为了取悦法国国王，教廷迁往阿维尼翁，斥巨资建造教皇府邸。其实教廷并非在法兰西王国的范围内，而是在它的家门口——法国的一个地区。教皇身边的主教大多来自阿基坦地区，犹如教廷近旁的杀手和瘟神——令意大利十分担忧。从此教廷到处显得像驯服的附庸国一般。全欧洲都对此耿耿于怀。但是王国政府对由此得到的道德和物质上的好处感到十分受用，以至于 1378 年当"巴比伦的囚徒"要结束其囚禁生活，教廷打算迁回罗马时，法国国王查理五世无论如何咽不下这口气，不顾一切地搅混选举、制造教会分立。由此产生的后果影响极大：两个教皇甚至三个教皇并立，各派宣布将对方及其追随者逐出教门。各方固执己见，无意沟通和解。于是在巴黎大学内慢慢形成了一些和解的主张，其旨意是教皇权力应同国王的权力一样，当它出现专断独行的倾向时，应有一个由智者组成的信徒大会来加以控制。坦率地说，对教皇权力明确表示质疑的其实只是极少数知识分子和权力阶层。对广大信徒来说，从来只有一个教皇，一个真正的教皇。教会分立只是远处传来的回声，当它触及越来越粗野的人群时已经走样了。然而持久的改变已露出端倪。法国教会自从认同国王美男子菲利普的法令，直至 14 世纪末为迫使相互竞争的教皇达成妥协而参与"抗拒服从"运动以来，已渐渐养成了在本国国王的统辖下组织自治教会的习惯。法国教会甚至更进一步对教皇的至高无上产生了质疑，各地高级神职人员之间的钩心斗角使本来已相当强劲的离心倾向更为加剧，鼓励信徒在等级森严的教会之外，在个人内心的虔诚态度里信奉宗教，寻求直接与上帝沟通。各种形式的大众神秘主义在鼠疫肆虐时期因种种迷信恐惧而激化，更在方济各会异见僧侣沿途传道的推波助澜下，在法国南部广泛传播。方济各会异见教派是阿维尼翁教皇的竭力反对派。

王权危机和众亲王

国王权威衰退是个更敏感的问题，不但接近权力中心、了解内情的人士意识到这一点，至少在危机较严重的时期，连所有封建领主和享有特权的城市的居民都能明显感觉得到，它是造成或多或少影响到每个人物资匮乏的根本原因。王权危机是 14 世纪初才出现的新问题，它时而缓和时而尖锐，前后持续了一个多世纪：说白了就是自封为国王的合法性问题。这里只涉及族系和继承的问题，因为神圣王权世袭的原则并未受到质疑。出于令人惊讶的偶然，于格·卡佩以后的所有国王都有继承大统的嗣子。可是到了国王美男子菲利普的三个儿子身上，他们临终时都只留下女儿。于是，当最后一个儿子死去时，王室元老和主教就选择了驾崩国王的堂兄、瓦卢瓦家族的菲利普继位，他是圣路易的后嗣中族系最近的一位王室成员。这一选择带有一定的任意性，因为在同一辈后嗣中还有其他同样可以继位的人，如英国国王爱德华三世、纳瓦拉君主恶人查理等。由此，对"捡得的"国王感到不满的人就有了背叛的借口，他们中断了与法国国王的君臣关系，不再效忠于他，并结成对抗的联盟。改朝换代将一个毫无经验、缺乏雄才大略的君主捧上王位，代表了骑士中的无所作为和习惯于贵族式铺张挥霍的庸碌，多少会给效忠机制带来危险的裂缝。改朝初的几位国王菲利普六世、老好人约翰二世和病恹恹、疑心病十足的查理五世对下属附臣的忠诚从来都持有戒心，他们生活在严密的戒备下，生怕被毒死或为蛊术所害——这类阴险的杀人手段起始于意大利，当时已传入法国。在 15 世纪初王权危机再度爆发。危机之根源并非英王亨利五世提出的王位继承权，他所谓的继承权只是作为攻占法国国土的借口，其实谁都不予置信；倒是有关当时王位继承人的庶出身份的传说成了关键，这一假定建立在若干令人困扰的传闻上，直到在兰斯大教堂举行国王登基大礼后，国王查理七世才得以正名——这就是圣女贞德救国的最具决定性的一步。所有的怀疑因国王的军事失利而被夸大，被人看作是上帝对僭越者的惩罚，在民众心目中深深地烙下了不确信的印记（"我们没有国王只有上帝；你相信他们是正当地得到他们所拥有的？他们一次次征税盘剥我"，1385 年奥尔良的好色鬼纪尧姆曾公开嚷嚷，"这可怜家伙得养老婆和四个孩子"①）。这就是民众眼中的王权：面临内外两大敌对势力而毫无抵抗力的王权。

　　封建制亦已奄奄一息，唯"等级会议"因王室陷入战争带来的财政困境不得不对其倚重而变得日益强大，成为一种表达方式和行动手段，即使不是对全体领导阶层，至少对城市居民，更确切地说对巴黎的资产阶级是这样。一切取决于真正的实力。巴黎的资产阶级受到巴黎大学学者的政治思想的启发，又得到对当局苛捐杂税已经厌烦的巴黎普通市民的支持，他们对朝廷挥霍的事实比谁都清楚。1355 至 1358 年间，国王老好人约翰二世在普瓦捷战役失败而被俘的困难时期，在巴黎行政长官艾蒂安·马塞尔的领导下，巴黎民众爆发了街头抗议行动；1413 年正当

---

① 《查理六世治下佚文选编》（*Choix de pièces inédites du règne de Charles VI*），第一卷，第 59 页。

各亲王间宗派斗争的白热化之际，巴黎肉铺老板领导了市民暴动：巴黎市民两度试图建立一个由等级会议对征税和税金用途实行严格监控的温和君主制。这些企图都归于失败，它们只有当某个亲王想予以利用时才显得有用：14 世纪纳瓦拉君主恶人查理、15 世纪勃艮第公爵无畏者约翰都曾利用过市民。他们擅长于公众演说——在大城市街头高谈阔论是当时左右民意最有效的方法。事实上，挑战王权的真正劲敌是众亲王。大封建主的割据局面已经消亡，除了布列塔尼、佛兰德、吉耶讷等已完全从王国分离出去的公国，以及地处边缘的比利牛斯山诸封建领地，剩下的就是国王的近亲分掌的地盘了。这些亲王时时窥伺王位，而国王对他们却不能以王法处罚，他们在按传统惯例分封给国王幼子使其能保持王族地位的封邑采地上扩张自己的势力范围，习惯于大肆挥霍的瓦卢瓦王族的众亲王们无所不用其极；他们利用国王托付的军事指挥权，尤其是可以直接觐见国王的特权，还利用他们的手足亲情或者至少是对家族成员无法拒绝的仁慈，获得一切个人好处、特殊优待和宽恕。有的亲王只想如何过得舒适宽裕，譬如查理五世的兄弟中自私自利的贝里公爵让，虽然性情温和，但生活挥霍无度是出了名的；其他亲王则异想天开，如作为普罗旺斯统治者的安茹家族一心想霸占那不勒斯王国。但是在 15 世纪初对王权威胁最大的是勃艮第公爵兼荷兰国统治者，他威势显赫、权倾朝野，实有遮天蔽日之虑。公爵的财富足以构成一个真正的王国，他在王国境内的领地只占其控制地盘的一半。在他的领地上滋长着一种勃艮第人的民族主义情绪，足以与在王室领地刚显露的法兰西民族情结相抗衡。

直到 1410 年至 1435 年间，王权在传统范围内的衰弱而引起的动荡达到了前所未有的地步。当时的国王查理六世得了精神病，众亲王和显贵们为争权夺利相互谋害，终于分裂为两大阵营：阿马尼亚克派和勃艮第派。国王司法调查仅浮于表面，根本无力处置凶手。再加上英国人入侵、王储身份遭王室成员的质疑、教会分立、主教会议起而反对教皇，惶惶不安的恐惧蔓延至社会最底层的民众，甚至影响到边远地方栋雷米

（Domrémy）的一个不识字的农村少女（圣女贞德）的思想。社会已陷入贫困的深渊，到处是兵燹战乱，哀鸿遍野，"为了救助穷人，人们不得不恢复地狱的产物，即征税，开征第四种税——国王特税。再者负责征税的人又都是些无能之辈，他们自己穷得一无所有，所以雁过拔毛，胡征乱收，以致所有商品都不敢进巴黎。造成巴黎城内物价飞涨，民怨载道。1429 年在巴黎的一些粪池内，人们发现这里有 10 具死婴，那里有 20、30 具死婴，他们都是被饿死和冻死的。黑夜里听到孩子的哀哭声：'哎呀！我要饿死了'，人们不伸援手不是心肠太狠太缺乏怜悯心，而是贫苦家庭无力去帮助他们，因为他们既无面包、谷物又无柴火"[1]。

---

[1]　《一个巴黎资产阶级者的日记》（*Journal d'un bourgeois de Paris*），1429 年。

2. 哥特式艺术遗产

这些年确实是特别贫困的年份。想象一下如此灰暗的整个14世纪，能吸引编年史家、回忆录作者和教士们的注意力，令他们津津乐道的只有衰退和创伤，他们忘记了日常生活中仍然存在的一切健康、平衡和富有生命力的东西。诚然，国王菲利普六世和查理五世同时代的人未曾享受到"圣路易世纪"物质充足和生活富裕的安泰祥和。因物质生活困难和连年战争的破坏，在一切社会阶层里文化明显地衰退，或许连风俗也变得粗野，人们已习惯于肉体痛苦而对15世纪初的各种残忍也变得麻木不仁。不过这个时代的精神并不那么贫乏，它比人们所说的，比人们初看时所感觉的更忠实于中世纪的经典传统。在一些免受瘟疫、饥馑和战乱之苦的幸运省份首府的周边地区，在信徒奉献和领地收益不差的城市宗教团体内，不用说在阿维尼翁教廷和巴黎王室宫廷内，艺术的各种伟大形式、过去曾繁荣过的一切思想潮流仍在继续发展，未受到明显损害。只不过规模有所缩小，带上若干收缩的印记，并表现出与现实生活渐渐疏远的倾向。一种新的精致的文化在某些特别有利的环境里诞生，但是它只保留给极少数的精英阶层，与外部世界完全割裂。

《玫瑰传奇》和傅华萨的《编年史》

这两本书——在我看来是当时两部划时代的巨著——完全能使人感受到对传统的秉承。第一本书《玫瑰传奇》犹如一切骑士文学的总结，成书于1265年至1290年，正是贫困时期的前夜，但它在整个14世纪广为流传影响极大：尤其是让·德默恩为《玫瑰传奇》所作的续篇。第二本书让·傅华萨的《编年史》，当时上流社会各阶层所有人士都能在书中找到自己的影子。但事实上，两部书的格调截然不同，它们代表着"哥特式"文化的两极：让·德默恩作品透露出经院派的讽刺，而傅华萨的编年史则反映出骑士的理想。

通过阅读《玫瑰传奇》的续编，生活在 14 世纪的人，尤其是宫廷中充满好奇者，不必上学就能了解 13 世纪时大学所积累的全部知识。让·德默恩接续纪尧姆·德洛里斯的上篇而写的 18 000 行诗句，即全篇三分之二的篇章，诠释了经典的拉丁语作者尤其是奥维德的著作，以及受亚里士多德、阿贝拉尔、里尔的阿兰和圣阿穆尔的纪尧姆等启发的学院派所有思想大师的理论学说。它是一部总汇，一部能令人轻松获得应有的文化、满足前代人已唤醒的好奇心的百科全书。而且它带来的更重要的东西是中世纪精神某个侧面的最打动人心的表达，即理性和批判精神，这是 13 世纪的成就。有三个主要的譬喻——正如当时的所有文学作品一样，让·德默恩以拟人化手法来表达抽象思想：首先是维纳斯，她令人想到爱情，但这是一种直截了当的爱情，一种单纯的、不加克制的、摆脱了那种韵文故事味的爱情；其次，尤其是理性和自然，它们被真正放到首要的位置。以亚里士多德学说中这两大原则的名义，对种种社会习俗和思想习惯提出了质疑。一切矫揉造作的骑士精神受到猛烈的批判，披露妇女在以男性为主体的社会现实中——特别是在知识阶层和骑士社会中所处的令人沮丧的地位。书中表现的权力构想、社会等级制度，以及从公共利益出发来统治国家的国王形象，都符合政治理论家的设想；作者将有美德和高尚灵魂的真正贵族与出身高贵门第的贵族相对立，"如果有人反驳我，以其高贵的血统对我说，贵族（既然平民这样称呼他）因血统和出身高贵而比种地人有更优越的条件……那么我便回答道，任何人如果没有身体力行的美德，就不配有血统"。此外，书中还对披着伪装的托钵僧的神秘主义大加鞭挞，并且热情歌颂智慧和平衡的基督教主义，提倡付诸行动的虔诚——它不应与现世相分离。一切明智者都从这本书中学到了敏捷的智慧和淋漓痛快的讽刺，直至 1401 至 1402 年，当该书的辛辣尖锐不但没有过时反而愈加鲜明；当所面对的种种旧价值观开始动摇，人们从书中的社会批评和关于无神论时代罗马的伟大哲人的描写中，更清晰地感受到一股解放气息时，让·德默恩的书则成为文人们激烈辩论的对象：反对派如克里斯蒂娜·德比尚仍坚持所谓的骑士精神，捍卫者如热尔松等主张情感和恭敬的宗教，而国王身边的年轻一代"人文主义者"也对该书倍加追捧，他们为新的社会结构打下了铺垫。

傅华萨的出色记载同样受到欢迎。这部编年史以百年战争为背景，记录了骑士的梦想和他们生活场景的林林总总：从征战阅兵、服饰装束、骑士们跳的芭蕾舞和爱情生活；作者将骑士们向往"伟大的冒险"的精神反映在现实生活中，但保留了兰斯洛特和"圆桌骑士们"的大无畏献身精神和孜孜不息"寻觅"圣杯的执着态度。作者热情颂扬骑士的英雄壮举："如此崇高和值得推崇的美德不能轻易地放弃，因为她就是贵族之所以存在的理由和荣耀，正如没有火，树枝不能燃烧，不建功立业，贵族就没有尊严和荣耀一样。"[1] 这就是说，通过"使武器变得更加神圣"的行动来体现军事价值、膂力勇气和投标骑马的技巧，以及荣誉、忠诚和对等级形式的尊重，这些都是骑士应遵循和履行的美德，即使当他们在窥伺赎金和实行劫掠时，连最不顾忌的军头也得始终加以遵守——正是它们增添了骑士的荣耀，使他们成为真正的贵族。同样，慷慨也是美德，因为勇士活得豪气，有贵妇相伴玩着复杂的爱情游戏，挥金如土而毫不足惜。编年史显示了 200 年前在封建宫廷内逐渐形成的骑士风尚依然根深蒂固——人们或许比以往任何时候都更需要骑士精神，因为当时贵族社会已不再沉迷于骑士传奇文学，而同时反对英国入侵的斗争展现出一种全新的战争面貌。

封建制的生命力

事实上，尽管存在着冲击社会地位等级次序的种种运动，尽管另一种统治和判断人的方式已开始深入人心，14 世纪基本上还是建立在封建君臣关系上的社会。可能众亲王的幕僚对属臣们的献身精神，对他们的宣誓效忠，对他们的帮助和建议已不再那么看重，但绝大多数的贵族还

---

[1]　让·傅华萨：《编年史》，序言。

保留着他们的根本价值观，他们依然生活在以效忠为纽带的社会圈里。事实上，14世纪在内部结构上可能比11世纪更具封建色彩，那时的封邑在数量上肯定比过去少了，附臣的义务也不像过去那么严厉地约定；但是在贵族的精神和行为方面，或者在其情绪冲动和决定行为的方式上，骑士色彩无疑更加浓厚。14世纪是在纹章上题铭的时代，纹章学有很大发展。那个时代的游侠骑士会在大路上为保护贵族妇女而不惜跟盗匪和劫掠者正面冲突，那也是盛行大比武的时代，比武已开始变得夸耀和讲究排场。1351年在深受法、英战争影响的布列塔尼，立场各异的两派骑士对阵比武，按规则双方各出30名勇士参加比武，但真刀真枪实战，不遗余力，那次比武留名青史。骑士们是为"自己心上人"而战，亦为"能名留青史，让后人在沙龙、在宫廷或别的上流社会场所谈论"，也许更因为按照古老的信仰，他们愿让一般冲突服从上帝的仲裁。次年，召开了由国王老好人约翰二世在法国创建的金星骑士团——王国第一个非僧侣的骑士团——的首届大会。国王创建骑士团或许是担心反叛，企图把特别亲近的朋友更紧密地团结在自己周围。这个带有宗教色彩的团体崇尚骑士风尚，以过去骑士僧侣的手足情义为理想，激励骑士们奉行亚瑟王传说中骑士的行为和道德规范。最后，从忠于古代骑士的道德风范这一点上可以看出，十字军东征的理念仍深深扎根于当时骑士贵族的心中，在当时的贵族社会里，谁都不会把金星骑士团看作陈腐过时的组织。法国最优秀的骑士远征波罗的海沿岸国家，对最后的异教徒发动圣战，上演了追逐异教徒的激动人心的一幕；朝圣耶路撒冷的念头在骑士们心中挥之不去，菲利普·德梅齐埃成为14世纪末发扬骑士精神的最有感召力的传播者，他影响了贵族社会的所有人。1391年，国王查理五世的妻舅路易·德波旁沿着圣路易的脚印，独自带领朋友和臣属踏上了征服突尼斯之路；还有许多其他贵族骑士，如未来的勃艮第公爵让和布锡考特元帅等人远征巴尔干半岛与土耳其人作战。

哥特式艺术的威力

圣路易时代留下的遗产中还有另一项精心保存下来，即教堂的装饰和美学装潢。辉煌的哥特式艺术在整个14世纪中依然得到了不断的完善，兰斯大教堂、亚眠大教堂和王室圣教堂都是后世工匠们的楷模，甚至是美的象征。人们会在艺术潮流中看到某些曲折，但这些毕竟是次要的。建筑的规模和尺寸因时局的艰难有所缩小，又考虑到所有的大教堂都竣工不久，不需要添加任何新的附属物，诸如尖塔、正门三角楣、小尖顶、门廊和祭廊等。很少建造规模庞大的教堂，但南部朗格多克地区是例外，那里刚从阿尔比邪教的深重灾难中恢复过来，竖起了两处教堂杰作：图卢兹布道兄弟会（属多明我会）教堂和阿尔比大教堂，还诞生了大量规模较小的教堂附属建筑。那一时期，大教堂内新增了许多小礼拜堂，它们造在大教堂两侧廊柱的两立柱之间以及祭台后面的半圆形围廊里。或者在教堂内修墓，有嵌在教堂内壁中的"壁墓"，也有独立的"立地高墓"。这些附属建筑多数是富人出钱修的，他们在穷乡僻壤是大户，临终前在遗嘱上写明要倾其所有为教堂添光，以求身后留个善名亦可赢得信徒为其祈祷，但往往因此让继承人背上大笔债务。因为14世纪社会政治动荡，财富迅速流转使家族的宗族关系逐渐疏远；另一方面宗教神秘主义倾向日益严重，信徒在神父司祭之外寻求个人虔诚，宗教笃信也带上了个人和私自的色彩。工匠们越来越多地为艺术收藏家和世俗人士创作。这是一个重大的变化，其效果已经显现出来，甚至在为宗教团体而制作的艺术作品上都可以看得出。艺术变得更赏心悦目了。当然所有创作仍从宗教获得灵感，只有为上帝的作品才值得成为永久的装饰物；但是现在也为美好的情感，为审美愉悦留了一定的空间。有一种东西已渗入于经典的哥特式艺术的崇高形式中，它就是优雅。13世纪末，在表现上帝创造世界题材的细密画和浮雕中，已出现了表现人体美的新思维，如布尔日大教堂内复活者的裸体浮雕，由惊人的纯真线条表达得如此柔和。人物翩翩起舞时的胯部扭动打破了雕塑人物直线条的节奏。舞蹈、微笑、天使和年轻人的敏锐，春天的风格往往会令人觉得略有些矫揉造作，但人物变得更加柔软。同样在花玻璃窗上，耀眼的黄色压倒了蓝、红色，边框形式也开始摆脱了铅质的匝圈，变得更加灵活多样。

事实上，艺术变得更加自由，越来越摆脱礼拜仪式和《圣经》的约束；它更关注于现实，关注天堂和人世的类同及外貌相似，寻求宗教的象征主义，致力满足基督徒的现实需求，他们的精神追求不再那么高，不再那么相信永恒，而是更多地相信生与死的现实。

宫廷的文明及其范畴

然而，14 世纪的文化并未完全继承中世纪中期的遗产。尽管物质匮乏，文化仍在不断地发展丰富。特别是来自意大利方面可贵的影响，14 世纪的意大利正处于商品繁荣和文化艺术充分发展的时期，通过与罗马有密切联系的教廷所在地阿维尼翁，或许更主要是通过在巴黎定居的意大利商人、银行家和伦巴第艺术家社团为中介，法国吸引了大批来自阿尔卑斯山另一边的意大利金融家、艺术家和文人学者。事实上主要在巴黎，围绕着宫廷，围绕着如此喜爱优雅事物的瓦卢瓦王室，一反前朝卡佩王室朴质无华的作风，引进了为艺术不惜工本的嗜好，把以圣战和抗英为名征集来的资金，用于大兴土木，购买书籍和宝石，形成了整个上流社会追求精细优雅艺术的习惯和风气，可谓"娇贵、脆弱的暖房花朵开在门窗紧闭的室内"的局面。从此，以巴黎和各亲王封邑首府为中心，艺术之风吹遍整个欧洲的上流社会。

这种非常狭窄的精英文化比 12 世纪封建制鼎盛期的文化更加贵族化。事实上，它更私密更封闭，因而亦更脱离自然。这种文化的范围就是亲王贵族的府邸，不像圣路易时代那样的果园和牧场，住所不再是天黑和寒冷时或遇到危险时藏身的巢穴，而是经过精心装潢的生活场所。乡村城堡的外表仍是过去的军事城堡，有塔楼、护城壕沟和吊桥，但在防守工程外表的背后，却是面对内庭的贵族豪宅，宽阔的门窗上都有精心雕刻的装饰。尤其在城内，私人公馆更摆脱了军事建筑色彩，如贵族们在巴黎塞纳河右岸、圣安托万区以南的新区所兴建的私人公馆，分散在花园和宠物园的环境中。查理五世在那里建造了新王府，查理六世再将其扩大和装潢，比西岱岛上的旧王宫或万森宫、卢浮宫更合时代的潮流：它便是圣保罗公馆。这类公馆在规模上小巧一些，但作为住宅却舒适得多。阴冷的巨大厅堂在主人居住期间只用来开舞会或演剧。日常起居在由狭窄的旋转楼梯通达的小房间，内有精致的靠椅和桌子等家具，墙上装饰了壁毯——国王老好人约翰二世曾向阿拉斯和巴黎的工匠订购了 250 条壁毯，房间有壁炉取暖，晚上灯火通明：富瓦伯爵加斯东·费比斯每天用晚餐时，点燃起 12 支火烛，室内通明如昼，此景令傅华萨赞叹不止。王公们日常起居从一个房间到另一房间，"花团锦簇的房间内燃着炽热的炭火"。查理五世的生活就是如此：每天上午望弥撒、诵日课经和上朝议政；午后睡一小时，下午"是私人空间，做各项喜爱的活动，接客访友或享受财富……然后去做晚祷。晚祷后，若在夏天，王后会带着王子公主去看他。有时人们向他展示别国送来的礼品，如枪支、盔甲或别的物品，商人们为他带来呢绒织物、金色布匹和各种稀罕美妙的商品，他也让识货者观看家中收藏的珍贵物品。冬天，国王特别喜欢听人朗诵教会圣书中的美好故事，或者《罗马人轶事》《哲学家道德录》，和其他科学知识，直到用晚餐。国王晚餐时间相当早，而且吃得清淡；晚餐后跟贵族元老和骑士们游戏嬉乐，然后退去休息"[1]。

在这种远离各种自然灾害威胁的环境里，贵族们尽量忘却鼠疫——养尊处优的人得病率自然低，也容易忘记盗匪、物价飞涨和村庄被劫掠。他们有了新的"奇特"趣味，喜欢高雅的，带刺激性的东西。亲王们需要娱乐，成天狩猎、比武和发动战争。当夜幕降临或寒冬季节无法在户外活动时，他们不像祖辈们那么寂然无趣，而是兴致盎然。室内聚会、烛光舞会、朗诵演剧和音乐会等活动从来没有如此热闹过。服饰也是一大嗜好。衣料越来越轻柔华丽，做工越来越讲究，王公的服饰不再由家里女仆缝制，而是请专业匠人，如"长袍裁缝""内衣师傅"定制；至于男装（紧身短上装和齐膝紧身裤）需由不同于女装裁缝的专业匠师定制，男装衣料的颜色和质地不同，至少在男性形体方面与女装有别。女装则

---

① 克里斯蒂娜·德比尚（Christine de Pisan）：《明智国王查理五世的生活轶事和好习惯》（*Le Livre des faites et bonnes mœurs du sage roi Charles V*），第 16 篇。

更加祖胸露肩，讲究服装更贴身以显出窈窕，刻意地收腰露乳，按时髦要求凸显女性的曲线。这里，人们亦可看到生活习俗更偏离了自然形态。宫廷开始追求情欲，男女情感的细腻品味，这是肉体爱情上最早的智力征服，其实它只是过去贵族在男女情感上提倡对女性彬彬有礼的骑士风尚的升华而已。

"新艺术"

狭窄的贵族社会所追捧的艺术和文学创作十分精细，相当脆弱，也带有过分追求高雅、标新立异的雕琢。不过它丝毫没有衰落和颓废的征兆，甚至也不比前代文化逊色，它大胆地勇往直前，宣告了一场美学变革的到来——"新艺术"的出现。音乐家们展现出现代主义的意愿，譬如在伟大的纪尧姆·德马肖的"圣母院弥撒曲"（前所未有的多声部弥撒曲）和一些世俗的乐曲中所体现的，精美的乐曲从古老的格里高利的粗糙练声曲中解放出来，摆脱了原来的节奏，运用切分法；同时（这个死亡和贫困的时代正是诗歌繁荣的伟大时期之一）从诗歌形式上下功夫，革新了整个抒情诗，其深远影响持续了三个世纪之久：两韵短诗、回旋诗和叙事歌谣层出不穷。书本的插图亦有革新，景深变得更远，图面的层次更深更多。这一艺术受到国王查理五世身边一些"懂行者"的大力追捧，他们自己家里一般都有十分可观的图书收藏。巴黎更成为一个艺术之都，艺术家们从四面八方来到巴黎，在此为整个欧洲各国的王公们创作，各作坊有自己的独特风格。从这一点上说，当时巴黎比意大利的佛罗伦萨和锡耶纳更重要，因为在后两地的艺术作坊不及巴黎那么开放，因而它们所容纳的流派倾向和研究也较少。可以想象当这些作品从阴暗的作坊被搬出展览时，其艺术的震撼力是何等之大，而当时正值酝酿14世纪西方绘画革命之时。圣路易去世后插图绘画匠已从哥特式象征主义中摆脱出来，他们的绘画作品变得更加灵活，将新雕刻石像上的人物舞姿搬到书本羊皮纸上，增加了人物的动态，渐渐形成绘画的精湛技巧，并在书页空白处添上许多花朵和动物，让文字处于花园和森林之中，可见人们越来越善于观察自然，亦可发现创作受到贵族的自然主义和方济各会修士热爱自然生物的影响。但是彻底改变绘画的最主要革新还是立体视觉的引进。让·皮塞勒在 1325 年绘制日课经和祈祷书的圣像时，首次试图表现人物周围的空间和环境；或许他受到当时文人学者的新学说的影响，当时的学者已掌握几何学和光学知识，并逐步发现了关于距离和空间的合理观念；或许他对意大利壁画师在这方面的探索研究有所耳闻。总之，他在创作更有景深感的绘画时所采用的尚不熟练的技法，给绘画带来了新的视觉效果。在他以后的几年里，插图人物身后非现实的金色底或模仿彩色玻璃的五颜六色格子，让位于风景和室内场景。从此，绘画不再是符号，而成为现实世界的写照。

1400 年巴黎的繁荣

在国王查理六世及其弟弟奥尔良公爵路易身边，在他们的叔伯贝里公爵、安茹公爵和勃艮第公爵身边的宫廷音乐家、诗人和画师们所创造的这股艺术潮流，在 1400 年左右进入一个极其繁荣的时期。正当整个欧洲基督教世界的明智人士都期待巴黎大学的学者们提出一个解决教会分立局面的方案，正当皮埃尔·戴利和让·热尔松等大师试图对来自荷兰和莱茵河畔的神秘主义——这种宗教热忱本身也是"现代的"——提出一种更有分寸、不那么离谱的平衡形式时，正当荷兰人克洛斯·斯吕特受雇于勃艮第公爵菲利普，在第戎修道院的雕像创作中生硬地引进了一种与法国雕刻匠精细优雅传统截然相反的形式，他的雕像人物狂热粗俗，形态粗暴而厚重，属于身份低下、性格暴烈的类型，一种崭新的人文主义已经在巴黎开花结果。新时代的人文主义与 12 世纪的人文主义有很大区别，它离开宗教理念更远。事实上，当时热爱拉丁语文学的人士很多是教士和大学教师，譬如让·热尔松、皮埃尔·戴利、尼古拉·德克拉芒日和贡捷·科尔等人；但并非所有人都属于这一阶层，如国王查理五世的秘书让·德蒙特勒伊，十分喜欢维吉尔和戴朗斯的作品，曾在大学研习"艺术"，但没有追求功名，也未曾在教会内担任任何职务；克里斯蒂娜·德比尚出生于意大利，是个靠写作维持生计的女作家。意大利文化对法国新的人文主义精神肯定有影响：让·德蒙特勒伊与佛罗伦萨人科吕希奥·萨卢塔蒂保持有通信联系，后者是意大利人文主义的主要倡导者；薄伽丘的《贵族男女兴衰录》和《十日谈》先后由罗朗·德帕尔米费翻译出版，曾于 1361 年出使巴黎的彼特拉克①的著作《顺逆境之对策》也被译介过来。但重要的是人们对拉丁文的优美风格和对整个罗马帝国古典文明的如饥似渴的好奇心。1350 年国王老好人约翰二世已经命画匠把恺撒大帝的生活场景画在伏德安伊城堡的房间墙上。14 世纪末是翻译古典作品的伟大时代：它极大地丰富了俗拉丁语，除了词汇更丰富，尤其是更适于描写内心活动，从而使未受过大学教育的人在心理感受方面变得更细腻之外，还提供了一种逻辑推理所必需的严谨句法——这恰是拉丁语的固有特征。在由西蒙·德海斯丁翻译的瓦莱尔·马克西姆②著作《值得记忆的往事和言论》中，在由彼特拉克的朋友贝尔絮翻译的蒂托·李维③所著的《罗马史》中，罗马不再带有被歪曲的古罗马虚幻色彩，古罗马人也不只是勇士而是英雄。

　　同时，尽管英国人的入侵攻击有时暂停，挥金如土的众亲王们却从未停止过征税，百姓对征税已习以为常了。巴黎艺术作坊继续为王公贵族们生产精巧的艺术作品。1361 至 1375 年间，尼古拉·巴达伊根据让·邦多尔的绘图，为安茹公爵制作了以"世界末日"为题材的一系列最精美的壁毯。这一时期的绘画创作特别繁荣。已经出现了在木板上绘制的画作，其中最著名的是让·贝勒肖兹的作品，实际上那只是些把细密画照搬过来的作品，背景是欢快的镂金装饰，金色的珍奇古玩小摆设作点缀，不过画面上出现了肖像，亲王们欲将自己的脸部轮廓留在画上，这或许是受人文主义激发而产生的表达个人荣耀的需求。在大量的书本

---

① 译注：彼特拉克（Pétrarque, 1304—1374），意大利文艺复兴时期的人文主义者和诗人，早年在法国求学。
② 译注：瓦莱尔·马克西姆（Valère Maxime），公元 1 世纪罗马帝国的历史学家和道德家，是罗马皇帝提比略同时代人。
③ 译注：蒂托·李维（Tite-Live, 前 59—公元 17），古罗马著名历史家学，《罗马史》（*Histoire Romaine*）是他最出名的代表作，他还写过多部哲学和诗歌著作。

插图方面，越来越多的意大利画匠加入法国画匠的行列，他们是伦巴第人，尤其是来自意大利北部的工匠，譬如包纳伏·德瓦朗西纳和兰布尔三兄弟。这类画作中最丰富的是贝里公爵让定制的画，画面表现贵族社会在美丽的自然风景中优雅和精致的生活，背景上的自然景色是经过诗一般美化的现实，有来自传说中东方五色缤纷和奢华的仪仗队，以夸张手法表达了宫廷生活的穷奢极欲；然而在一片歌舞升平中，出现了另一种奇特的声音，它就是《罗昂日课经》插图大师的悲怆呼唤，他的画犹如对享乐的富人发出的贫苦和死亡的回响。

　　事实上，最早的文艺复兴之花在疯子国王查理六世身边，在宫廷舞会和化装舞会上已开始绽放——它跟意大利佛罗伦萨的文艺复兴运动一样早，所不同的是它承受了包括骑士文化和经院文化在内的哥特式文明的全部财富——这种早期的人文主义文化还相当地矫揉造作，带有一定的狂热，可是在准备充分开放之际却戛然而止了。因为当时政治动荡正冲击着文化的中心——巴黎。1413 年造反民众冲进了圣保罗公馆的花园；紧接着伦巴第人开设的银行又遭到阿马尼亚克盗匪的抢劫，迫使银行家们四处逃窜，巴黎的繁荣失去了一根主要的支柱；五年后让·德蒙特勒伊和贡捷·科尔遭到反对派的暗杀。从此巴黎被勃艮第人所控制，它在很长一段时间成为一个与外界隔绝的孤岛，王室和众亲王们纷纷撤离，巴黎消沉了。然而正是在这一时期，全法国出现了重振的迹象。

3. 缓　和

1435 年法国国王查理七世在阿拉斯和他的堂兄、勃艮第公爵实现和解，1444 年又与英国人达成休战协议，次年国王颁布法令建立常备军，由国家定期支饷，宿营在居民家里，从此在休战期间，军队不再四处流窜扰民。1453 年查理七世的军队和炮兵赶走了最后一拨英国入侵者，实现了和平。一段时间以来，经济的某些领域也已出现了复苏的最初迹象。

商业复苏

最初的复苏迹象在各地都有所显现，如 1440 年前后图卢兹的商人们已感觉到。但是回升迹象相当微弱，走势高低摇摆，相当不确定：个别胆大者，往往是外国冒险家，或取得短暂成功，如当时在马赛做生意的意大利热那亚商人，亦有不少是有半官方背景的商人，其生意受到某亲王的特别照顾。雅克·柯尔的发迹令同时代人目瞪口呆，也说明了最初发财者的致富特征和局限。雅克·柯尔的父亲曾经只是贝里公爵的一个供货商，资本不大，而且贝里公爵每年住在布尔日的日子也不多。雅克·柯尔的运气来了：因为内战关系，当时还只是王储的查理，继位后的"布尔日王"（查理七世），举家迁到了布尔日，查理府是当时法国众多小朝廷之一。雅克·柯尔从此有了一个重要而稳定的主顾，他跟父亲一样为各王府提供奢侈消费品。1432 年他专程去埃及、叙利亚和塞浦路斯进货。一个没有太大资本的小商人，只得搭乘别人的船，而且像中世纪早期的商人那样自己押运货物，漂洋过海历尽艰险（返回时在科西嘉岛遭海盗劫持，付了赎金才得以脱身）。但是，为亲王府供货的他有机会接近税务机构，不久便在王室临时机构内混得像王府的仆人一样。由于他精于贵金属交易，很快获得了造币局的差事。虽然其间因投机不慎被判过罪但都不了了之，后来他仍巴结上王室财政署，他认为这将是他生意上最可靠的支柱，他的想法没有错。从此他的所有生意都与王室有密切关联。在"阿拉斯和约"后，他开始发迹。事实上，这与国王查理七世的财政状况改善有关。国王需要他的热心供货商以最低的价格提供更漂亮的服饰和最上等的东方调味品。这时的雅克·柯尔有两项主要使命：首先是扩大向国王的供货，为此必须找到更多的稀有金属——正如15世纪的所有人渴望获得更多的金和银一样。雅克·柯尔终于想到向矿脉索取，他对里昂附近的矿藏产生兴趣，同时也利用稀有金属的差价进行投机，与培培尔人做交易以银换金。另外，直接从地中海港口黎凡特的商人批发高档奢侈商品，如此绕过意大利商人，以节约成本。为此他建立了船队，以蒙彼利埃和马赛为据点，旗下收罗忠心耿耿负责"海运"的船员。他之所以能成功，是因为他与国王的关系。成功之后的他像历代豪富一样把绝大部分利润再投入地产，他发达致富了——太富了，以致遭人妒忌，被众人抛弃，终于在1453年倒台了。对道德家来说，雅克·柯尔是个再好不过的例子，他们在说教中屡屡提到"财富之轮"转动，风水轮回，但即使从雅克·柯尔的孤立个案，或从历来广义上的致富手段说，他的例子说明当时法国的生意场上纸醉金迷的风气。

真正的经济回暖出现在1475年左右，也就是在军事冲突最终停止后的25年。和平的效果是显著的：国王的财政纾解了，货币不再流失，尤其是乡村得以重建，不再像过去那样每隔十年要遭到一次毁坏。在一个根本上以农耕为主的经济体中，四分之一世纪的时间足以修复一切。有连续几年的好收成，百姓能吃饱，有能力抚养孩子，使他们能经受住疾病的侵袭。不需几年农村人口就会增加，劳动力也会增多，耕地边缘地带马上会有人开荒种粮，圣路易时代农民的好日子便会再现。但是仅此而已，因为耕作和畜牧方法并没有改进：肥料依然不足，出产率低下。收成一年好一年差，农家库存依然空虚，饥荒的恐惧仍记忆犹新，这种情况还得持续好几代人。然而经过了多少年的贫困、破坏和饥馑，农民终于在一些年份重新有所积余，交换也因此越来越多了，金钱开始流通，出现了普遍经济回暖的局面。

不过，新繁荣的出现除了战争结束的因素外，还有另一主要原因，那就是经济大环境有了转变。随着 14 世纪最后几年越来越加速的环境转变，法国已走出了漫长的经济停滞期。商品变得丰富起来，意大利商人重新来到大、中城市做生意——这是个确定无疑的信号。物资和人员的流通越来越频繁，因道路得到修缮、驿站有了增加，流通亦变得更迅捷；水路运输也更稳定，规模更广。这一时期财富出现了新的流向。首先大西洋沿岸得到开发，几年内西海岸的地平线一下子无限扩大：1480 年前不久从墨西哥马德拉来的糖运抵马赛，尤其是运抵鲁昂；1483 年法国翁弗勒尔的渔民抵达非洲佛得角；过后 20 年巴西人看到从法国诺曼底起航的第一批海船。巴黎仍是汇集各行各业各种生意的大城市，但此时它多了其他交通枢纽城市的竞争对手——奥尔良、特鲁瓦、利摩日和鲁昂，1500 年有个旅行者认为鲁昂的居民人口比纽伦堡还多，鲁昂的人口确实增长了三倍。另一个大枢纽形成了，它就是里昂，所有从意大利和东方国家来的商品都经过这里，当地从 15 世纪初建立的多个集市的规模早已超过索恩河畔沙隆市的一些集市，后来亦超过日内瓦。这是 1462 年王室颁布法令禁止法国商人去参加日内瓦集市的结果。王室瞄准了在王国范围内流通的大量现金财富，企图控制贸易，引导现金的流向，不让它流往境外。于是人们避免向外国供货商购物，国内的一些高档纺织品制造商从中受益，如鲁昂和蒙维埃的呢绒，图尔和里昂新近才开始生产的丝绸等。不过直到 15 世纪末，法国的商人跟意大利和荷兰商人不同，他们平时生活极简朴，只是穿着好一些而已，有积余的钱便购置地产以安顿子女，或者缴纳奉献美化教堂以拯救灵魂；他们敬畏上帝，对文化漠不关心；他们虽然如此积聚金银财宝，积累的财富却并不像人们想象的那么多，因为现金本来就十分稀少。当然，在活跃的商业活动中，"所有人除了贵族——不一定排除所有贵族——都卷入了商品活动"，积累起最早的一批财富，建立了第一批由新人掌握的金钱王朝。但是跟过去一样，能发财的那些商人都是与政治权力有千丝万缕关系的。如果说在临近 16 世纪时，法国再也看不到圣女贞德时代的满目疮痍，所有人都有地种有活干，正如克洛德赛塞尔①在颂扬国王路易十二时所说，"随着人口增长，财产、收入和财富都增加了"，那么真正的受益者还是国王和他的近臣。

巴黎的隐没和大学的僵化

新的起点——但是朝向一个改变了的世界。因为在贫困时期，许多中世纪文明的特征已经消失了。首先是巴黎占突出重要地位的时代之结束。巴黎地位相对隐没是由于 1415 至 1435 年间法国阿马尼亚克和勃艮第两派的内战以及英国人的入侵。在这一期间及此后的一段时间里，巴黎处在一个夹在索姆河和卢瓦尔河之间，北起皮卡第南至里昂的战事频繁的空阔地带。在这个充满不安全的地域，一切惯常的联系都被阻断了；政治关系、商贸往来和文化生活只能以一些外省城市为中心来进行。这种隔离局面也因各亲王采邑势力的逐步发展而得到加强：有王族血统的众亲王封地和少数大贵族的领地从来不属于王室领地的管辖范围，各亲王、领主都希望有自己的行政中心、自己的小朝廷和首府；15 世纪最后的 30 年，小诸侯领地一个个被归并入王室控制范围内时，勃艮第及其在索姆河和佛兰德之间的北方属地、安茹、普罗旺斯和布列塔尼等地仍保持着独立地位，在每个亲王所在的城市里，有大大小小的贵族府邸——它们是邻近乡村贵族在省城的落脚地，有行政机构人员及议事法院法官，有教育中心和艺术作坊，有自己的文化传统，总之保留着各自首府的功能和省城中心的影响力。而巴黎的衰落更因为它不再是王室所在的城市。自从 1418 年巴黎被勃艮第人控制以后，忠于王室的人纷纷投靠王储查理（即后来的查理七世），当时他正躲在其叔父贝里公爵领地的卢瓦尔河一带避难。随着排外情绪的高涨，在王储周围形成了抗英的力量。

---

① 译注：克洛德赛塞尔（Claude Seyssel，1440—1520），教师、作家和翻译家，当过国王路易十二世的顾问、法院行政审查官，也曾是马赛主教。

登基成为查理七世后，"布尔日王"便定居在奥尔良和希农两地，在普瓦捷设立了王国的行政机构。后来和平实现了，巴黎也收复了，但国王亦已习惯于居住在卢瓦尔河畔，朝廷自然就设在那里。至15世纪末，巴黎已恢复了昔日的所有商业活动，依然是当时欧洲人口最多的大都市，但已不再是法国文明的唯一中心。文明之花也开放于王室成员所在的其他城市，譬如图赖讷、奥尔良等地，以及第戎、博讷、艾克斯和穆兰。里昂更以惊人的速度发展，作为通往意大利的门户，成为大宗批发和新兴工业云集之地。

　　巴黎城的隐没是暂时的，但对中世纪文化的主要支柱——巴黎大学来说，衰退却是决定性的。实际上，许多人认为巴黎大学的衰退是政治分裂造成中央行政分权的必然结果。此外，学术思想更自由地交流亦促进了大学中心的多极化：学者们没有必要聚集在同一个地方，他们更容易通过书信、互访和交换书籍来进行交流。这种学术分散的结果是15世纪在欧洲各地都开设了大学：德国、意大利和西班牙，甚至法国外省城市都设立了大学。图卢兹早就有本地的大学，蒙彼利埃设立医学院，教皇在阿维尼翁开设了书院；各地亲王为了培养自己的教士及控制教会，也在普瓦捷、艾克斯、波尔多、卡昂和多勒，以及贝桑松、格勒诺布尔、卡奥尔和瓦朗斯等地建立新的教育中心。巴黎大学面临激烈竞争而逐渐衰退。但更关键的是它失去了历代国王和教皇赋予的种种豁免权和司法特权，以及教会专门给予巴黎大学学位获得者的教职俸禄。而且因为战争和货币贬值，维持学校开支的当局拨款大幅缩水，巴黎大学变得贫困不堪。学生人数减少，生活得不到保障；越来越多的学生挨饿受冻，不得不四处赚钱谋生，荒废学业，如弗朗索瓦·维永①及其同伴。因政治分裂、内乱和英国人占领，巴黎大学的教育水准下降，学科研究松懈。偌大一个思想机器就此渐渐生锈。过去巴黎大学受到各方尊重，

---

①　译注：弗朗索瓦·维永（François Villon，1431—1463），法国中世纪末著名诗人，曾是巴黎大学学生。有文才，为人放荡不羁，因杀人偷窃被判刑，沦落街头。主要作品有《遗赠》《遗嘱》，作品晦涩难懂，但备受同时代文人的推崇。

在 15 世纪初仍享有真正的政治权威，各方遇事都会向其咨询；但因卡波舍暴动①令巴黎大学惊恐万状，其后又遭受严格的言论箝制，所以巴黎大学很快失去了这方面的影响力。剩下的只有理性神学，这是巴黎大学的专科。最好的学者很久以来都已转向于神秘的经验主义。如过去曾与共同生活弟兄会修士们关系密切的热尔松，通过发表专论来宣扬敬爱上帝的理论，论文最早以拉丁文后来用通俗语言写成，希望通过内心灵修生活来实现宗教教育的改革。这种增益精力的神秘主义当时在巴黎的纳瓦拉中学内，由仅剩的大教授尼古拉·德克拉芒日开课讲授，一时传播很广。但当后者于 1437 年去世后，"唯名论者"从此只研究形式逻辑，玩弄文字游戏，而索邦大学的教授们则沉湎于老生常谈，只图方便省事，宁可捧着 300 年前老掉牙的皮埃尔·隆巴尔的《格言集》照本宣科，也不愿直接评论《圣经》。曾经产生了理性思维、为西方征服自然科学及技术做准备的伟大的经院哲学沦落为卖弄学问，津津乐道于精致而无用的三段论，反复咀嚼过于技术性和生硬的抽象词语，结果被一切有才智者所耻笑。

封建领主制的消亡

当一切都在复苏时，过去文明的另一重要支柱却未能起死回生：它就是封建领主制度。确实，在路易十一和查理八世时代，荣誉和忠诚的概念以及一切围绕封建制和骑士精神而形成的自我意识和本能反应还依然十分鲜活；但相反的是，作为中世纪封建制的灵魂，即在保护者与被保护者之间，在出面保障和平、平息纷争的领主与为了得到安全而依附、顺从、服务于领主、必要时向领主提供"帮助"的附属者之间的人际关系已经决定性地消亡了。在重建后的乡村里，地主与农民之间的关系是以长期租约或收益分成的合同形式确定的关系，他们之间只有单纯的经济关系，已经完全没有感情依赖的成分。拥有土地的大地主、贵族绅士、

---

①　译注：西蒙·卡波舍是一个肉铺屠夫，因他领导巴黎市 1413 年民众暴动，故称为卡波舍暴动。

城市资产阶级或教会领主们往往委派一名地产管理人出面与农户接触，而本人已完全成为纯粹的食利者。农户聚居的村庄和贵族住宅之间渐渐地完全失去了联系，贵族们喜欢住在靠近森林的偏远地方，他们的园子里有鸽棚，享有狩猎的特权。另外，过去的封建主物权、司法裁判权、骑警队、领主家畜群在收割后的耕田上的放牧权和过路费等特权多数在战乱后还存在，但已无实际意义。随着领主保护的实际消失，这类特权亦名存实亡。当盗匪骚扰乡村，"撬开农民的嘴"，逼他们说出藏匿的积蓄，当英国人侵者或勃艮第人袭来，或者国王军队开来时，领主本人往往不在场，或者正在别处打仗，或者已被俘、逃亡。在战乱期间，许多领地已经易主，农民世世代代与之互助共存甚至血统相连的那个原始领主，或因财产遭充公，或因交付赎金破产而被迫典出地产，早已消失得无影无踪；现在的领主是个新来的暴发户，一个外来人，一个盗匪或者因帮助外人打败原领主而得到补偿的叛徒。总之是一个贪财者，他所关心的是如何从新的领地产业上榨取更多的利益。如此的产业过户早已使忠诚和互助意识丧失殆尽；在过去的封建时代，尽管贪官污吏敲诈勒索，旧意识还起到维系领主和农户间互助的作用。15世纪末的法国乡村，在兵燹毁坏较轻但战争阴影犹存的省份，这种领主权力支配下的居民共同体已不复存在。面对时而出现的国王代理人、税收官和驻军，农民们不再有真正的中间人、担保人。因为当过去的地方格局被打破后，只剩下国王权力构架了。国王权力经过短暂的衰败，在战争中重新确立起来。

对臣民百姓来说，国王始终是受人崇敬的，国王的人格代表了神的意志，国王是医治百病的神医，引路的向导，是圣路易的子嗣，被视为道德楷模（所以面对查理七世，第一个带情妇出巡的国王，国人都深感不安。一个巴黎资产阶级学者在日记中写道："四月的最后一周"［1448年］，"国王带着一位他公开爱慕的贵族小姐来到巴黎，无信仰无法度的国王竟然不信守对王后所作的承诺……哎呀！看到一国之君为臣民做出如此坏的榜样，上帝啊，发发慈悲吧！"）。但不管怎么说，他是至高无上的君主，是他赶走了英国入侵者，是他真正捍卫了人民。在长期的抗战中，他设立了国家税，废除封建领主的苛捐杂税，其权力如此地稳固，以至于设立税项仅需征询部分省份的意见，不必召集全国"三级会议"。他缔造了由其一手掌控的配备火炮的常备军，有军队做后盾，他对王国内一切有政治野心的人便有了决定性的威慑力。在15世纪最后的25年间，出于若干意想不到的机遇，亦凭借本人坚忍不拔的毅力，国王实现了百年战争前历代国王都不敢想象的事：废除采邑制度以及封建诸侯国。在瓦解了那个一半在王国、一半在德意志神圣罗马帝国的勃艮第公国（鲁莽者查理曾梦想在那里建立一个完全独立的国中之国）后，国王的管辖范围终于与王国臣民的意识相一致，除了若干孤立的自治地区，如波旁公国、比利牛斯山的一些封建领地、阿尔伯雷公国和富瓦伯爵领地，但它们已没有什么影响力。当然他们还有一些追随者、若干武装集团、私人城堡，不服从的习惯势力仍较强大。在相当长一段时间里，个别人还会以反叛和不满的形式挑战王权，但真正令国王担忧的人只剩下他的兄弟、儿子等少数人了。地方的反抗只是一时骚动、没有什么严重后果的"疯狂战争"。法国再不是封建领主所能左右的了，王国现在只属于国王。

说教和戏剧

但是，不能因为中世纪文明的两大支柱——经院哲学和封建制——在15世纪的解体而认为这一时期是法国文明演变史的低落期。事实上正相反，在思想领域里这是一个朝气蓬勃、新事物层出不穷的繁荣期。不过进步是在另一层面上。12、13世纪尤其开辟了人们理性地理解人类和自然的道路；而15世纪却是在意识敏感性的形成上迈出了一大步。这一进步恰与文化的某些形式深入更深的社会阶层，直至城市底层民众的趋势相合拍，从而使那些诉诸情感的文化形式能更直接地影响未受过特别的推理教育的人们，不过这一现象仅局限于城市。以新的形式感召民众：说教。聆听说教在当时是民众喜闻乐见的一种娱乐，极受欢迎。著名的说教者——布道兄弟会（多明我会）或方济各会修士——在各城市间巡回传道，修士们以受神灵启示而著称，市民们往往数周前就翘盼说教者的到来；有人说他们还能治病，甚至说曾看到他们在水上行走。在由托钵僧建造的新教堂里，传道者往往在大厅中央的讲道台上而不是在主祭台前讲道，下面围了大批信徒；或者托钵僧干脆就在城市的广场上说教，他们能连续几小时不间断地布道，攥住全体听道信徒的注意力。数百上千名信徒，女信徒在一边，男信徒在另一边，专心致志地听讲。说教者用不加修辞的最通俗语言，故意显得跟底层民众一样地粗俗鄙陋；他们不讲神学，只讲实际道德，讲如何才能让灵魂得救。他们懂得操纵听众，当发现信徒的注意力开始涣散时，他们会把话锋一转，讲令人震撼的小故事，诸如耶稣受苦受难、对下地狱者的惩罚和生死无常等等话题。说教者对吝啬者、财主，甚至亲王和高级僧侣大加鞭挞——纵容信徒漠视权贵，过一种更自由的宗教生活，由此播下了宗教改革精神的种子——也教会了更多平民去思考，从而丰富了他们的敏感性。最有演说才能的说教者常常能在经过某地时掀起真正的道德革命：听罢布道归来，巴黎信徒们"便洗心革面，一心向善。不出三四天他们架起上百篝火，焚烧双六棋、扑克牌、桌球、弹子和一切会引诱人在赌博中抱怨发怒的游戏工具；女信徒们更会在当天或次日烧掉头上所戴的一切饰品，如头箍、皮质或软金属片的撑帽头罩等；少女们从此不再用发夹、不戴饰物也不扎马尾发束"①。然而最有效的工作还是在群情激昂的宣教之外，本地布道会僧侣的日常传道和听忏悔。

与说教同时，另一种在方法和效果的本质上跟说教十分相近的文化活动是演剧。15世纪的民众极喜欢看演出。在举行婚礼、出殡或欢迎某亲王入城的仪式上，由布道者组织哑剧和活报剧等街头演出，结合他们的口头演讲更能打动信徒。1420年当英国国王亨利五世访问巴黎时，"整条圣德尼大街，从第二道门直到巴黎圣母院，到处张灯结彩；有头有脸的人大多穿大红礼服；在王宫前卡朗德大街上还上演了根据圣母院祭

---

① 《一个巴黎资产阶级者的日记》，1429年。

台四周壁画而创作的极其感人的耶稣受难的神秘剧"①。此外，喜剧、道德剧和傻剧等纯粹的娱乐性的戏剧亦很受欢迎。反响最大、最为轰动的是宗教剧，即"神秘剧"，它与主日讲道一样是市民大众娱乐的主要形式。神秘剧是15世纪由专业的虔诚善会组织的，以表现耶稣被钉十字架上受难为主题的大型演剧活动。演出时间很长，接连好几天——最出名的神秘剧是由巴黎圣母院唱经班领班阿尔努·格雷邦所写，剧本长达3.4万行诗句——极受民众欢迎。从序幕开始，演剧就以令人容易理解的譬喻形式向观众提出了整个基督教教义的中心问题，即灵魂救赎；在讲述福音故事的各幕之间还穿插了娱乐性过场插曲，有魔鬼出场，有世俗对白，还有根据伪经传说而改编的故事，譬如道德罪人玛德莱娜悔过自新等等；特别是演出场面空前壮观，主角、配角和群众演员共达数百人之多，演员化装成《圣经》中的人物，布景庞大，后台已采用相当复杂的舞台机关。这些视觉印象，加上音乐和台词的朗诵，对民众的灵魂启迪有极大影响。

宗教情感的新格调

与产生了深刻作用的说教和演剧相比，印刷的作用在当时仍相当有限。1470年由索邦大学几位教师引入巴黎的印刷技术，三年后又传到了里昂，以后靠文化资助者出资再将它普及至其他地方，因为购置一套印刷设备需大量资金，非普通人的财力所及。新的印刷技术基本上只用来印刷祈祷书，所以直至15世纪末它对人们的阅读条件无多大改变。相反，较早采用的已经相当普及的木刻印刷，以版画方式单独出版或与其他版画合集成小册子形式出版，在提高民众的意识敏感性方面有较大贡献。版画表现虔诚的信仰，把人们从说教中听到的和在演剧里看到的内容固定在画面上，并加以引申发展。凡此种种的宗教行为集合在一起促成了宗教情感的突然迸发。人们往往以为15世纪的基督精神不及圣路易

---

① 《一个巴黎资产阶级者的日记》，1420年。

时代那么强烈，其实这是一种错觉：15 世纪的宗教情感不但照样浓厚，而且更强烈更深刻。但它表达的是另一种基督精神，因为正是在这一时期神父的宗教成为真正大众化的宗教，开始真正被全体民众——至少在城市如此——所感受和体验。如同一切普及化那样，宗教观念从少数知识分子精英向有敏感意识而变得易动感情的广大民众转移，这必然带来新的基调。尤其是当信徒们自发地产生宗教情感时，其效果更加显著，因为信徒的信仰已不再局限于教士的布道。事实上，法国教会在贫困时期亦相当艰难。在黑死病肆虐最厉害的教区，紧接着遭到兵燹毁坏，正如让·莫利内所说，到处是这样的景象：

在偌大的修道院内，
方庭破落，宿舍弃置，
粮仓颗粒不存，奉献箱空空如洗，
库房无滴酒，烤炉断面团，
僧侣无颜面，修士满身泥……

即使在战乱结束后，普通教士仍处在从未有过的凄惨境地，教堂收入被非住堂神父所独占，教士得不到应有的培养，贫穷不堪，被教徒们嘲笑，一心只想从主持圣事和听忏悔中得到更多的金钱。

结果宗教变为更隐秘更个人的家庭化行为。在一个自然和超自然的界限已变得模糊淡薄的世界里，圣人取代神父而成为人与上帝之间的中介，神父显得软弱无力，圣人从此成为人们的保护者，成为能抵挡一切邪恶力量的驱魔者。作为个人保护神的圣人名字开始被人们用来给新生儿起名，这一习俗从 13 世纪末才开始蔓延。过去人们总以祖辈的名字给孩子起名，现在采用受人敬仰的圣人名字，使家庭与圣人守护神亦有了联系。作为集体守护神，职业行会等都有专门的圣人保护，"慈善"机构有自己的守护神，祈祷和送葬各有守护神，这种做法在城市和乡村里被郑重其事地相继效法，连负责城市步兵部队的弓箭手或弓弩手等军事团体也有自己的保护神，保护神是军队的真正统帅；还有作为普遍崇拜对象的圣人守护神，如圣克里斯托夫和圣女芭尔贝能保护人们免于突然死亡，圣安托万或圣罗克能保护人免受某些病魔的袭击。人们需要亲近圣人守护神。圣人体现在最普通的日常行为中，以鲜活的形式活在人们中间：人们从花窗玻璃、从祭台后的装饰屏和军旗会旗上都可以看到他们的头像；他们手上拿着标志性的物件，在游行队伍和演剧舞台上也可以看到圣人的身影。但是最重要的圣人还是圣母，圣母在众多圣人中处于主导地位，令人有一种安全感，圣母罩着众人，如同一堵能抵御世上一切灾祸和上帝发怒的铜墙铁壁。圣母成为信徒们虔诚崇拜的对象，随着越来越多圣母像和各种崇拜圣母的宗教善会的出现，圣母崇拜有了巨大发展。事实上在 15 世纪随着大众的宗教意识的觉醒，中世纪基督教教义的缓慢演变已经完成，圣母马利亚成了基督教教义的中心人物。从此耶稣在圣母身旁以圣母怀抱里的圣婴形式出现，圣母哺乳他；耶稣死后，圣母哀痛地将他的身躯抱在自己膝盖上。信徒的崇拜围绕着这两个主要形象，圣母圣子像，圣母哀痛像，体现了两个多世纪来方济各会修士布道中所提倡的宗教虔诚的新方向，即引向温情，尤其引向悲苦。

　　这是哀婉动人的宗教。这一时期各地信徒流行扛着十字架走耶稣受难的十字架之路，宗教社团纷纷组织、演出耶稣受难的神秘剧；也在这一时期菲利普·德梅泽尔刚创建"耶稣受难骑士团"；查理六世的王后伊萨博·德巴伐利亚专门让人写了"受难默想录"；同一时期方济各会修士在传道中详细描绘耶稣当年受难时令人心惊肉跳的刑具和受伤创口的情况；耶稣受难图上耶稣张开双臂被钉在十字架上，在身体重荷的作用下两手掌被撕裂，十字架被画得像绞架一样；同时期的绘画、雕塑和木刻都表现耶稣头戴荆棘箍等待受刑的痛苦；在虔诚信徒的想象中，耶稣的身体变为可以洗涤罪犯身上血污的复活之泉——总之，与耶稣受难相联系成为虔诚的主要表现。因此信徒随时准备面临死亡，而这种"善死"已变为所有的宗教情结的汇合点。死亡之念萦绕在人们脑际；浪漫主义历史对表现各种死亡的情感尤其津津乐道。从 14 世纪末起有的坟墓上雕刻了腐烂的尸体和剖腹开膛的图案；死亡形象在日课经上被人格化地描绘成带有火舌，或者出现在古老的三死三生故事里，1400 年贝里公爵还专门让人把画面雕刻在石板上；更令人印象深刻的是骷髅舞①画，最早于 1425 年出现在巴黎无罪者墓地的墓碑上，后来被到处照抄，还被印成彩色画广泛流传。对这一题材需要正确理解。它不是精神错乱的表现，也不是因战祸造成贫困而使社会受苦受难的反映。事实上，在说教和介绍"善死"的《死亡之艺术》② 一书中——该书以印刷本和木刻本形式大量发行，1480 年后在法国影响很大——关于死亡的观念如同赶牛的刺棒，激励人更好地享受生活（而且 16 世纪有许多文学作品反映年迈体衰的题材，刺激人去及时享乐）；或者更好地抵抗罪恶诱惑以免临了不知所措。因为宗教变得更大众化更通俗，对上帝敬爱和理智的沉思成分减少了，更多是建立在犯罪感和对地狱的恐惧上，并通过大量描绘炼狱的画面加以渲染。这就是 15 世纪的新特征之一。底层民众和无知识阶层的宗教情感过去仅停留在日常祈祷和表面信仰上，现在经托钵僧教士的激发已深入到基督教教义，并使基督教主义在今后几个世纪内有了新面貌。但同时因非理性情感的突然涌现，亦产生了许多别的信仰。撒旦与圣人一样无处不在、无所不能；魔鬼到处都有，人们能感觉到，能看到，还把魔鬼附身者送上世俗法庭或宗教裁判所；他们在各地被个别地或成批地判刑，如 1459 年、1465 年在阿拉斯，抑或 1480 年在里昂。整个 15 世纪各地都出现能见异象者、受神灵启示者和包治百病者，从而开启了巫师邪术大肆泛滥的时代。在那个充满好奇的时代，人们寻求理解各种现象，而对亚里士多德学说和经院三段论逻辑推理却感到厌倦，于是就从常人无法目睹的事件、星相影响或非理性的关系中去寻找现象的原因。医生也成为——或许首先是——占星师，最优秀的知识分子也关心起魔

①　译注：骷髅舞（danse macabre）是中世纪骷髅艺术最有代表性的作品，出现在 15 至 16 世纪。有许多版本，画面表现若干骷髅带着各种人跳着法国南部普罗旺斯的法兰多拉民间舞。

②　译注：《死亡之艺术》或译作《善死之艺术》（Ars moriendi）系 1415 和 1540 年两部拉丁语著作的合集。根据中世纪末基督教观念介绍所谓善死的艺术，在欧洲有较大影响，被译成大多数西欧国家语言。

术和神秘学。由此，民众意识敏感性提高的充沛活力融入精英文化的创造，精英文化自身亦正处在革新改良中。

资助文艺的亲王

战争带来的灾祸在时间和空间上都相对有限，未能真正阻断甚至明显地偏移上层文化的滔滔洪流。在巴黎遭英国人围困之际，彩色画师、象牙雕刻匠和墓碑石刻匠的作坊因生意冷清而凋零或纷纷解散，作家和艺术家聚集到亲王们身边。王公贵族依然腰缠万贯，一心想着荣华富贵。15 世纪是出身高贵的艺术资助者的时代，值得一提的是，当时最重要的诗人——当然除弗朗索瓦·维永之外，这个穷学生出身的惯窃犯和杀人凶手将自己贫困经历写成动人诗歌，给当时过于僵硬的诗风带来了清新的抒情风格；不过他亦需要巴结上流社会才能出人头地——就是奥尔良公爵查理。还有当时的著名画家之一安茹公爵勒内，近年来人们发现一些精美的细密画原来出自他之手。画面罕有地鲜亮，表现牧场日出或贪睡者的幽暗房间，作为他写的那本平庸小说《热恋之心》的插图。在当时一些大领主身边形成了若干活跃的艺术中心，如国王所在的图尔、布尔日和奥尔良，以及诸侯国君主所在的昂热和艾克斯，还有穆兰——15 世纪末，波旁公爵将它兴建为王国最煊赫的首府之一。事实上勃艮第公爵的朝廷与众不同，相比之下它的气派更大。因地处偏远外省，与时代精神脱节，显得较为僵硬，骑士精神在当地原封不动地保存着，如同一支井然有序的庞大阅兵队伍中一个凸显的方阵。它所表现的凝固着骑士精神的僵硬风格，曾一度传至奥地利和西班牙，直到路易十四治下才回归法国，在那里骑士精神、狂热的神学理论，以及对譬喻手法的偏好，在"大修辞学家"①的徒劳而令人厌烦的精湛诗艺中显得十分僵化。自从引入荷兰雕刻家斯吕特，以及文化中心迁往佛兰德后，勃艮第朝廷越来越背离法国，其重要的艺术作品，譬如雕刻有哭丧队列的第戎墓碑、

---

① 译注："大修辞学家"（Grands Rhétoriqueurs）是后人用来指称 15 世纪一些宫廷诗人的贬称，他们写的诗歌卖弄辞藻，对王公贵族极尽阿谀奉承之能事。

凡·爱克和罗热的名画以及奥克赫姆的音乐等，都不再带有法国格调，而是弗拉芒、埃洛或布拉班特风格的作品。相反在卢瓦尔河和罗讷河畔的王室众亲王的宫殿内，从 1440 年前后起掀起了一股艺术创作之风，因为它受到意大利典范的影响，所以被人忽略；不过，它不是拉丁文化，而是扎根于哥特式文明最肥沃的土壤，已经是真正的文艺复兴了。

火焰式哥特艺术和伟大的绘画

最先是建筑装饰上的文艺复兴。在大巴黎地区的辐射式哥特艺术的长期主导之后，在 1420 年前后出现了新的艺术方法，于是产生一种新的艺术：火焰式艺术。建筑物边角的装饰更加突出醒目、屋檐楼层的线脚更强劲有力、线条或曲面上的凹槽更加明显，与 14 世纪建造的大教堂的线条纤细优美、弯曲柔软的风格大相径庭。植物图案艺术与过去的哥特式一样多，但是更粗壮显得更有活力，从柱子顶部直接衔接穹窿拱顶的筋棱。这是十分聪明的艺术，因为它可以简化建筑结构，使之只需要最基本的构架。同时它也是更自由的艺术，大括号形的丰满装饰组合了曲线和反曲线，使一切线条像在炽热的炉火中一样自然弯曲，卷曲的叶片组成簇束、花环或花束等形状，装饰公馆主层带中梃的窗户、教堂祭台前的祭廊、教堂内信徒为还愿而建的墓壁，等等。这种艺术以独立的雕刻装潢遮盖了建筑物的深层结构。这是一个新的起点，它带来了一系列的教堂重建计划，从巴黎、诺曼底直到布鲁和欧什。16 世纪时再次掀起火焰式哥特式艺术之风，在此基础上附着了意大利的装饰表层，火焰式艺术直到 17 世纪仍然是法国一切建筑样式的框架。

同一时期产生了伟大的绘画。从过去的书本彩色插图，到人们开始喜欢画在木板上的绘画，它保留了细密画的明亮色彩和丰富内容，还能装潢当时人们喜欢居住的私密小房间或者私人祈祷室的祭台。著名的画家照样服务于亲王和领主，当时法国绘画主要出现在三个省份，正是亲王们居住的三个地区（除了画风属弗拉芒风格的勃艮第）。首先是国王查理七世和路易十一喜欢居住的卢瓦尔河河谷地区。这一地区的书本插图

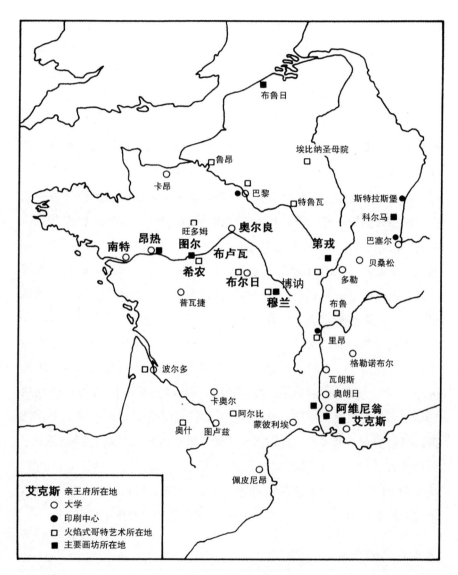

布鲁日

埃比纳圣母院

鲁昂

卡昂

巴黎

特鲁瓦

斯特拉斯堡

科尔马

旺多姆

奥尔良

第戎

巴塞尔

南特

昂热

图尔

布卢瓦

贝桑松

希农

布尔日

博讷

多勒

普瓦捷

穆兰

布鲁

里昂

波尔多

格勒诺布尔

瓦朗斯

卡奥尔

奥朗日

阿尔比

阿维尼翁

奥什

图卢兹

蒙彼利埃

艾克斯

佩皮尼昂

艾克斯 亲王府所在地
○ 大学
● 印刷中心
□ 火焰式哥特艺术所在地
■ 主要画坊所在地

图 13　15 世纪下半叶法国的文化中心

画匠原先为安茹公爵或者贝里公爵让服务，由于巴黎画匠为躲避英国人占领逃来此地，当地的绘画风格得到了丰富，于是产生了著名画家富凯的杰出艺术。画家富凯从意大利旅行归来，不仅带回了从古代绘画中获得灵感的一整套装饰技能，而且还获得了绘画的空间和立体意识；他画面上安详的人物有一种超时代感，与同时期意大利画家皮耶罗·德拉·弗兰切斯卡不无相似之处，但却沉浸在卢瓦尔河流域的另一种氛围之中，不那么拘谨，带有一点柔和感，在滋润的空气里，人物的肉体显得那么柔软，采用当时很少用的粉红和黄色，使画面显得更绚丽多彩。其次是普罗旺斯，在教廷返回罗马之后，住在阿维尼翁的主教们向当地画匠订画；后来安茹公爵勒内迁居艾克斯，激发了画匠们的创作热情。上一世纪锡耶纳画匠装饰教廷和主教府的装潢风格在普罗旺斯跟来自弗拉芒的影响相结合，在 15 世纪中叶产生了一种具有强大生命力的风格，其坚实的结构通过平衡的构图以及对光的透彻分析表现出来，如同贡塔郡石灰岩山岗所呈现的效果，使一切形状得到简明的表达。最后是稍晚形成的穆兰地区绘画，波旁公爵集合了当时最重要的画家在那里创作。参与装饰教堂和公爵城堡的工匠中，有一名画匠在木板上以简洁、纯净和柔和的笔调画了公主们的肖像，画了耶稣诞生图和圣母像。这些了不起的画坊在哪怕再小型的画作上都传达出一种独特的格调，作品的透视感和构图亦令人叹服。这是一种有强大生命力的艺术，它比查理六世宫廷的画风遒劲有力得多。当然，这种艺术一定从佛兰德和意大利的造型艺术中汲取了不少养分，但它在充分消化养分后创造了自己的特征：和谐、优雅和不张扬，这些正是哥特式美学特征之所在。所以在绘画艺术方面，法国文艺复兴的真正起点应当在 1450 年前后的图尔和阿维尼翁。

人文主义的先声

知识领域的文艺复兴出现得稍晚，规模更有限，亦更依附于意大利，但是在大学垄断知识局面解体的背景下，知识领域的文艺复兴可以说是垂死中世纪的回光返照。从 1470 年起担任索邦大学校董会成员的纪尧姆·菲谢是萨瓦省人，他在阿维尼翁求学期间曾受到彼特拉克和古典拉丁作家作品的熏陶，后来他到过米兰，与意大利知识分子有过直接接触。返回巴黎大学后，他成为法国第一个人文主义学者。在他帮助下建立的印刷作坊印刷出版了瓦拉的《高雅的拉丁语》，这是一本新哲学的启蒙书。此后，在当时宗教法学院院长罗贝尔·加甘的周围，一些意大利籍教授和希腊籍避难学者开始传播柏拉图的学说，组织规模不大的古典文学之友协会，会员都是大学学者或宫廷官员；他们非常虔诚，对修道生活和禁欲神秘主义极感兴趣，但是希望在经院哲学的艰涩奥义外，找回古典拉丁语言的纯洁性，并且反对艺术学院某些学者反复咀嚼空洞逻辑的学风，恢复一种受柏拉图主义影响的能升华灵魂的真正哲学。在这个规模极小的文人学者圈中，有一个名叫雅克·勒费弗尔·戴塔普勒的人，他梦想按照圣贝尔纳修道院传统改革王国，他在犹太主义的秘传"佳巴勒"[①] 中找到了抚慰心灵不安的解答，从意大利归来后他出版了一本诠释亚里士多德学说的书和一部自然魔法的论著……

　　按照历史教科书的划期，中世纪至此为止了。但是它真的就此结束了吗？何时结束？当我们观察15世纪最后几年所发生的事件时，发现文明并没有萎缩，而是旺盛地存活着；事实上，它在关于死亡的沉思中发现了相当热烈且富有创造的活力。农耕技术停滞不前，小城市的商业气氛平淡如故，但新世界已向大西洋沿岸的诺曼底和圣通日的渔民开启了大门。面对宗教新情感的觉醒，面对在哥特式传统上萌发的一切新生艺术的绽放，面对刚涌现的各种思潮和新的好奇心，骑士贵族修辞的种种矫饰和索邦大学文人的古怪的连篇废话显得益发微不足道。新生事物会很快茁壮起来，不久年轻的拉伯雷将会尽情地沉醉其中。

---

　　① 译注：佳巴勒（La Kabbale），一种基于犹太主义的秘传传统的智慧，一种精神状态，它融合了对上帝、人类和宇宙的玄学思辨。

第二部：
现代法国

从现代法国到当代法国

　　15 世纪的法国人与 20 世纪下半叶的当代法国人有哪些共同点？两个时代的人相距 500 年，在民族的历史上，500 年还不及前一个时期即中世纪长，而中世纪的历史已经相当丰富了。然而，当代法国文明与1480 年的法国人之间似乎有一道鸿沟，15 世纪的法国人是那么热衷于去发现新世界和旧世界，虔诚的基督徒对上帝敬畏到死的恐惧，逃脱了无休止战争等大灾难的历代民众盼望快乐地生活，同时又是如此粗野，如此可怜地蜷缩在自己的小天地——一个教区或一个省的狭隘社会环境里。充满了反差和中世纪种种不寻常生活的 15 世纪，宣告了新时代的到来，它如何面向当今的法国社会呢？法国作为人类曾经历过的最重大技术革命的重镇和中心，今天依然处于领先地位，以其学者、艺术家、工程技术人员和知识阶层的种种努力占有重要的一席之地，各地乡村和外省小城市带了历代文明的积淀继续生存着……按科学对日常生活越来越大的影响，电影、广播电视和出行速度改变人们的生活方式和意识的程度来看，20 世纪常常令人目瞪口呆的奇迹般的成就，完全可以——如果我们愿意——用本书的一半篇幅甚至更多篇章来加以描述。在 1880 年曾惊讶地目睹铁路这一过去时代最大奇迹的人们，距离路易十二同时代人不比生活在充斥机器、需要每天直接与机器打交道的新世界中的我们更近吗？在中世纪结束后的 300 年出现了颠覆了旧欧洲的新世界，仅 20 世纪初这一二十年给整个文明带来的希望和革新就比此前 400 年的更多。那么就让我们将这 500 年分为不平衡的两个部分，让最后 100 年所占的份额与它之前的 400 年同样多：为达到这一目标，我们还缺少十来部专门研究关于电影、广播的社会和艺术作用，关于机械化对人们心理和生理转变之影响的著作……

不管某些日期有多重要，历史不会跳越式前进，奇迹般的 20 世纪并非由某个突然变故所产生。第一次工业革命带来了后来的两次；巴黎今天已集中体现了法国的文明，因为整个 19 世纪为首都的巨大发展作了准备，也预言了"法国的荒漠"①；昔日的历次革命仍启发着当代人，影响着人们的政治思想，共和国的激情仍鼓动着原本已有大胆革新和各种传统的公众舆论。让我们以传统的（或许过于传统的）划分方法把这一时期分为两个阶段：在政治和社会大革命中诞生的"当代法国"和 1789 年之前经济和社会持续演变 300 年的"现代法国"。在这 300 年的"现代法国"时期，文明得到了充分发展，那还是一种旧制度下的外省文明；18世纪的风流节庆和"百科全书"、启蒙时代的欧洲代表了这一文明的高度成熟，而法国以它的语言和艺术影响了全欧洲。

那么 15 世纪的法国就不具备社会和政治框架，以及一直维持到法国大革命的经济结构吗？其实，主导要素在当时已经确定了。如果不是因为篇幅有限，只需要审视一下某个外省小都市在这 300 年中的兴衰命运便可得出结论：阿拉斯、第戎抑或莫兰，每一个城市都是通过艰难的人为努力而取得成功的。它们发展壮大，在本地区发挥深远的影响，它们跟巴黎和附近城市进行通商，交流思想和书籍；但是在各自内在生活上反映出巨大冲突，而正是靠强劲的长期交流来滋养着法兰西生活：从中世纪早期继承的封建领主社会和资产阶级社会之间的冲突和相互渗透，随着商业的发展和长袍新贵的前程逐渐扩展，资产阶级变得如此强大；王室权威逐步加强但不时也遭受挫折，它在原则上强硬但在日常实施中却软弱。它依靠资产阶级却又害怕昔日的盟友贵族阶级，利用教会却又限制教会对民众的影响。法国的中央集权不尽完善，边境防守薄弱，对欧洲其他国家来说依然是门户敞开。法国各地区的地方主义对丢勒时代

---

① 译注："法国的荒漠"一词从让·弗朗索瓦·格拉维耶（Jean François Gravier）1947 年版的地理著作《巴黎和法国荒漠》（*Paris et le désert français*）中来，作者第一次全面详尽地分析了巴黎巨头的畸形现象。因 19 世纪和 20 世纪初法国农村人口迁移城市，巴黎集中了与其面积不相称的大量人口，而从东北部的默兹省到西南部的朗德省这整个斜贯法国的地带成为人口稀少的"荒漠地带"。

文艺复兴的德意志或者黄金世纪的西班牙都极为敏感，尽管在残酷的战争中体现出一切爱国主义，它们尚未完全统一起来。路易十五及其哲学家时代的法国的许多特征，实际上已体现在如此丰富的 15 世纪——至少有某些特征的胚芽。

　　现代法国和当代法国，分界线在 18 世纪末，在 1789 年 8 月 4 日夜间或者 8 月 26 日那天，它如同铰链联结两部分。陈旧教科书上的传统划期仍然管用。

第六章　15世纪末至18世纪初的
乡村环境和意识

从15世纪末——消除了百年战争和当时西欧各国普遍经历的危机的痕迹——至18世纪初即1730或1740年的两个多世纪内，法国乡村未曾经历深刻的变动，没有剧烈的颠覆，也就是说没有变化。但这仅是在乡村而已。

因此，法国的经济社会结构（也可以说整个欧洲及旧制度下所有国家的经济社会结构）固定下来了。在此有必要在考虑问题时把相互依存的城市和乡村暂时区分开来；因为城市的变化相当迅速，而乡村长期还是故步自封。在几个世纪的过程中，法国的基本地貌仅有些微变化；1500年左右形成的耕地和森林的大致界限至1700年还是原样，或者很少变动。所有村庄是在16世纪初建立的，今天我们看到它们仍然还在那里（尽管有的村庄遭兵燹破坏短期被废弃过）。

在现代法国的前两个世纪里，中世纪遗留下的乡村特征仍保持并影响着社会生活，基本无大变动；社会组织以村共同体为代表，村民生活或多或少围绕着教堂钟楼，由领主、本堂神父和代表国王的官吏实施管理或至少是管治；经济组织中乡村特征也照样存在，农民向附近城市提供食物，大宗商贸规模不大，主要是靠贩运农产品的商贩来实现，土地食利者、贵族和主教，以及自13、14世纪以后购置地产的资产阶级分子在其中起中介作用。但总体上说，主导经济的辐射范围小，涉及的财富有限。村庄自给自足，当然村民们跟耕田和森林之外的外部世界有一定联系，主要是通过神父每周日宣读国王法令，也靠不时闯入村子骚扰的兵痞以及另一类讨厌鬼——流浪汉——带来一些外界的信息，这类人太多也太少。

除了经常提各种要求和爆发革命的大城市周边地区，如巴黎周围的粮仓——博斯、布里和皮卡第，除了河道大路交通枢纽地的大村庄之外，乡村社会处于远离城市生活、远离时代的现实空间，过着一种另类的生活。城市生活中的种种财富、享乐和艰辛的冒险，层出不穷也变幻莫测。但这并不意味着乡村生活是风平浪静，只是说它的风险、不幸、潜在的不安全、传统或者喜悦是基本不变的，正如我们数量不多的乡土文学中反复描写的那样。尽管因地势、土壤和气候等差异而形成不同的生活方式（从博斯的大面积谷物生产者到比利牛斯山或上普罗旺斯山区的争强好斗的游牧民，抑或各地零星存在的数量极少的农业投机经营者，如图卢兹山谷的菘蓝种植或罗讷河流域的葡萄园种植），尽管历史将某些从未有过的个别特征纳入农民生活（如西部百年战争后需要重建，因而农民享有较大的相对自由，而东部未遭受战争破坏的勃艮第、洛林和孔泰地区，因农奴制长期存在而社会制度严厉得多）；然而这些隐性差异不足以谈论，更何况在一个人们首先关心自己的生存和日常生活必需品的年代，全部食物和整个生活的基础就是面包。每天生活的这个第一不安全因素以其轻微的约束使乡村生活变得简单化、同一化，形成了乡村生活的普遍格调。因此在各地区的种种差异之下，我们面前是一幅概图，它的重要特征需要进一步阐明。

1. 物质的不确定性

自足经济和小农经营

物质无保障，或者——在最好情况下（如普瓦图或阿基坦地区土壤肥沃气候适宜）——生活平庸的根本是"自然经济"，或称作自足经济。小户农民守着自己的一块耕田，十分看重保障村民互助的村上事务，但也因此承受各种负担，这样的农民只有一个愿望：生产自己够吃的粮食，首先是小麦、大麦，其次燕麦，也酿少量的酒，甚至在最北地区的农民也想自己酿酒（直至大革命前夕，地方总督还记载在整个布列塔尼、在佩尔什和上诺曼底的科地区等不适宜种植葡萄的地区都有规模相当大的葡萄园）。农民生活全靠自己的出产，或者至多求助于邻近的大车匠和织布匠，不久连这些人也不需要了。这种生活规则在乡村一直保持到19世纪中叶。这一点今天早已被人遗忘了。须知它在中央高原和阿基坦部分地区的家庭式小农经营中是不变的铁律，它甚至在1940至1944年间还有过回潮。这绝非偶然：自己拥有一切，唾手可得，这种感觉在人人担心哪天会断粮的艰难时期不啻为莫大幸福。这种产生于长期持续的饥馑、物资匮乏和"生活昂贵"环境的想法，已根深蒂固地扎根于过去时代遗留下来的经济生活中。

乔治·勒费弗尔在谈到18世纪农民时说得好："法国乡村的典型是为自己，至多是为附近城市种地的农民。"[①] 对再早几世纪的祖辈来说更是如此。法国农民是在本村土地上耕种的小农经营者，他拥有分散在各处的不同朝向的五六处小块土地，土质也往往不同，所以他耕种的是本村每种土壤的一部分，过去轮作制下的一块块土地，与今天的科学轮种完全不同，做法非常单纯（通常北方为三年轮作制，南方为两年制，农

---

① 乔治·勒费弗尔（Georges Lefebvre）：《法国革命之研究》（*Études sur la Révolution française*），巴黎，1953年版，第208页。

民所知道的改良耕地的方法就是让土地轮休的时间长一点）。按我们今天的估算，当时小农经营者可以耕种 10 到 15 公顷的土地；他还可以和邻居共同分享面积很大的公共资源：荒原、森林和多沼泽的牧场……农民靠这些来养家活口，饲养牲畜，用羊毛或沿溪流的大麻田生长的大麻自己纺纱织衣；他用定期分得的森林木材更新农具，用作物的茎秆覆盖房顶……无论耕田是否属于自己，农民的生活方式都差不多。现代法国几个世纪中发展起来的大"资本"农庄，是城市周边的现象；属于城市的大含义，与乡村的含义同样大或许更大。在这类土地上，出现了富裕耕农和将分散土地集中起来大面积经营的农庄主，后者是住在城里的城市人。这些富裕农直接出售部分收成，通常是为了缴税，他们拥有多匹牛马。为耕种 50 至 60 公顷的土地，还需要几匹拉车的牲口。

当时许多农民家里缺少两三头拉重活的大牲口，于是给富裕的邻居农户帮工，作为交换可使用邻居家的套车牲口，往往包括摆杆步犁。这种以小农经营为主导的农村经济——至今仍有不少还存在——并非一成不变：新石器时代不计在内，我们仅局限于观察中世纪，封建领主制的建立、蛮族入侵和战争，大大促成了小农经济的转变。但是它也相当顽强：因为同样在 16 和 17 世纪，邻近的英国和易北河另一边的德意志，小农经济都受到了强力冲击，产生了大土地主和大规模经营模式。总之，在法国没有这一现象，甚至在重农主义盛行的世纪，法国并未出现英国那样的圈地运动；原因是多方面的，其中主要原因十分明显，即法国人对城市生活的偏好，与英国的"圈地"贵族相比，法国贵族对城市的生活更迷恋。

法国小农户尤其是粮农数量稳定这一事实，就已说明农民生活条件之平庸。在当时只要粮仓充足，农民每人每天甚至可以吃三斤面包，面包同样是城里人的主食[①]；事实上，小农经济与集体生活有密切关系，今天特别在洛林地区已基本上不存在这方面的任何痕迹了（除了还可以

---

① 参阅拉布鲁斯（Labrousse）：《法国的经济危机》（*La Crise de l'économie française*），巴黎，1944 年版，第 24 页。

看到小块土地的轮廓）。每家农户的土地与村里其他农户的土地连在一起，逐年所种的作物也都一样。农户没有自己可支配的土地，无论是一片枯死的或茂盛的树林，还是树林中一片蕨或越橘，农民必须征得村里或教区内其他农户的同意才能经营。土地窄小必须依靠互助：收割用镰刀（直至19世纪各地还基本如此），耕田用操作艰辛的摆杆步犁（尽管收成低下），大片砍伐森林，还有收摘葡萄……这一切作业都是在集体农活的季节共同进行的，在这几个月内所有人相互帮助。当今乡村中极其严重的个体主义还是新近现象：过去的个体农户只有阿基坦和勃艮第的葡萄种植户，这些酿酒户已负盛名，因此不再需要集体形式，各自负责将酒运往第戎和波尔多出售，同时买回酒桶和面包；不错，他们亦在田头作业，但就其商人生活方式而言，他们实际上已经是城里人了。因此教徒群体的生活方式有其深刻的现实基础，它说明了为何在法国农村中直到前不久的近代，新技术和新文化传播得如此缓慢。16世纪从美洲传入的玉米和菜豆经过漫长的数十年，还只在法国南部推广种植；稍后引入的烟草和土豆亦同样，它们的例子更为人们所了解。耕作工具和技术方面情况类同：农夫所用的摆杆步犁从古代至18世纪没有变化，或者极少改变；进入近代后，这样的农具还在中央高原的山区、在沃莱和贡布莱伊等地继续使用，人们极容易找到这些古代的农具。更有甚者，我们经常引用的罗热·塔博曾在一本精彩的书中，讲述双轮转铧犁是如何在19世纪中叶才被谨慎而缓慢地引入，成为他家乡马济耶尔-昂加蒂讷一个村的常用农具[①]。但是我们这个马济耶尔乡的革新者当时是自己的田地的主人，他的邻居们——也许是嘲笑者吧——来看他试用新式农具，他们无法阻止他；两三年后邻居们发现他土地上的灌木丛、杂草等完全消失了，于是才决定采纳新型农具。然而，在16、17世纪，这样的革新一开始行不通，原因很多：拉布吕耶尔[②]曾描写过一个农民，他跟父亲和

---

① 罗热·塔博（Roger Thabault）：《我的村庄》（*Mon Village*），巴黎，1945年版，第99页及其他一些地方。

② 译注：让·德拉布吕耶尔（La Bruyère, 1645—1696），法国17世纪的道德学者、作家，其作品《性格》（*Les Caractères*）较出名。

邻居一样耕田，不可能也不想有别的耕作方法。谁能想象在那个艰难的时代，一个农民单枪匹马地种地？从保存的文献资料中，我们没有发现过这样的例子，只有个别例外，如 1636 年在上索恩省河谷地带的一个村里，或者 1662 年波旁的一个村庄，某单干户挺住可怕的饥荒而独自幸存下来。

技术和习俗

实际上，技术和文化习俗都是远古的习惯。尽管中世纪阿拉伯人曾把某些改革带到法国地中海沿岸（参阅本书第三章第一节"农耕技术的进步"），但那只是些为数有限的例子，很容易把它们作如下描述：在最好的土地上种冬麦和春麦；在村庄或独居住宅的附近开辟菜园，种几棵果树；农民每年按同样的方法和用同样的木制农具耕地，因为铁打的农具很昂贵（铁稀少而且制作困难），农民过日子十分节俭，一年到头花不了几个铜板，尽可能少买东西：至多买一把斧头、一把砍柴刀、一把镰刀、一把铲子和配一副步犁的犁刀……大多数的农具都是木制的，如耙子、牛轭、连枷、独轮手推车以及畜力拖车，往往车轮上还是不箍轮辋的。但是，除了公共森林可以年复一年地连续使用，耕地上的收成率极低！摆杆步犁翻地或浅耕的深度才 10 公分，杂草不可能锄干净；用镰刀一行行地收割庄稼，用我们今天对生产力进行的传统比较来看，既费时又费力：用镰刀收割 1 公顷庄稼，1 小时干完得 50 个劳力，用长柄镰刀收割则需 25 个劳力，采用收割机只需 10 个劳力。给耕田施厩肥，农民知道它的重要性，但数量不够。首先是没有足够的牲畜；到处有休闲的土地，但地力恢复得很慢，人们还不懂锄草耘田（直到 18 世纪这一方法才缓慢地推广开来）。在许多山区，土地要休闲数年，等小灌木丛、杂草、矮林长得都赶上树林了，才会在一个好天气将它们全部砍倒，然后放火烧成灰肥田，这样可以在上面连续地耕种几年：这叫烧荒肥田，直到 19 世纪这一方法还未完全绝迹[①]。

---

① 有关耕作方法，请参阅马克·布洛克（Marc Bloch）：《法国乡村史的特征》（*Caractères originaux de l'histoire rurale française*），巴黎，1951 年版，第六、第七章。

厩肥替代不了土地休闲的方法：牲畜数量少而且瘦弱，因为农民只能把在休闲地割下的荒草、庄稼收割后留下的茎秆和树林里割来的野草等限量地喂牲畜；除了一些湿地，可用来放牧的草场很少，缺乏足够的饲料。放牧只能作为种植粮食的补充，在有些高山地区，农民采用高山放牧的办法增加畜牧的数量。然而这种放牧不能得到更多的动物肥料：所以牧场少，麦子就少。在城市周边设立了马车运输站，不久改为驿站，需要大量马厩，于是大土地经营者便向驿站提供草料，也同时饲养马匹，他们得到了好处：王国范围内总有些例外，仅是个别的例外而已。

最后，小农经营者也不可能购买选过的种子来改善收成，如同今天人们根据不同土质和气候选择不同的种子。然而选种是十分现代的技术，需要用到当时尚不存在的科学，再者农民也没钱买种子。所以农民年复一年地采用自留和邻居的谷物撒种：好年份的收成是三比一，或者四比一……

在一切传统中，最重要的是人们思想意识上的传统：人们生活在一个承载着各种习惯的环境中，从孩提时起在家庭长辈处接受的习俗，自然而然地一直维持下去。这种局限于本村范围、由祖上传下来的邻里关系和村里的农民、手工匠等构成的生活环境并非尽善尽美，人们感觉不足的东西太多了，他们自己就是这种无保障生活的受害者，而且时时刻刻承受着。设想着有肥沃的土壤和在晴朗的天空下……想要的东西太多了，最想要的就是金钱。

负担和税赋

过着自给自足生活的小农没有任何积蓄，所以商业城市周围，甚至离城市较远的众多小手艺匠，在隆冬农闲季节挑担进城赚些外快。因为按田间所得，16世纪的农民基本上无任何余粮可售。并非他们生产的粮食只够填饱肚子——遇上好的年份，收成除养家糊口外尚有剩余——主要是上缴给领主和主教的钱占去了农民收成的一大部分。麦子收割了，但入不了自家的谷仓：什一税征收者在田头抽成。根据不同地区，有的

地方十抽一或七抽一，有的地方十五抽一或二十抽一不等；稍后还要磨、
要烤，使用领主的磨坊或烘炉，每次还得付一份实物抵税，甚至连使用
领主的压榨机或揉挤大麻都得缴钱……如果领主本人不在或不屑管这类
琐事，代他管理的村吏比主子更苛刻更凶狠。此外，还得加上封建领主
征收的现金地租。中世纪，特别是 16 世纪的通货膨胀使现金地租严重贬
值，这也是事实；所以不少省份的领主要求农户缴纳实物地租，农民的
负担就更重了。因此这笔账算了又算①：农民缴了什一税，付清了领主
的种种税项和磨坊烘炉的费用，还得留起占全部收成四分之一的下一年
谷种，上述什一税和领主征收的各种税项合在一起约占收成的 25％至
30％，余下的才是农民赖以活命的口粮。城市集市上的粮价不在涨吗？
但粜粮的是什一税征收吏和"粮贩、倒卖者"，他们受领主委托销售存
粮，农民得不到任何好处。这说明农民实际上很少参与城市的货币经济，
他们至多在附近的年集上出售几只肉鸡，若干自制的黄油，或者一头小
牛；同时也说明他们从中得到了一些现钱可用来缴纳国家的人头税、盐
税……不至于因为赋税过重而放弃土地。正如沃邦所写②（他的反应近
乎人情，本人寿命亦较长），他相信种种苛捐杂税正是农民贫困的最主要
原因，坚信农民常会因此揭竿而起，以长枪或长柄叉、连枷等抗击"征
税者"来进行自卫。16、17 世纪的大骚动，如"乡巴佬"③ 造反就是针
对代表国王的征税吏，也就是征收附加赋税的官吏；但是压在农民身上
的最大最重的负担（上述的农民激烈暴动不应造成错觉）还是什一税和
领主征收的各种税项，那些实物赋税。

饥荒和饥馑

在如此条件下，法国农村的物质生活是相当艰苦的。在什一税征税
人和领主家总管的中介作用下，农民生产的粮食被运到城里，有些商品

---

① 拉布鲁斯：《法国的经济危机》，导论。
② 沃邦（Vauban）：《王国的什一税》（*Dixme royale*），科尔纳埃出版社（Coornaert），第 28 页。
③ 译注："乡巴佬"（Les Croquants）是指国王亨利四世和路易十三时代起义的农民。

甚至还进入了国际贸易的循环——如普罗旺斯的小麦运到地中海沿岸国家，阿基坦的小麦贩到西班牙——而农民本身只能勉强糊口。遇到歉收农民更苦，如四月份遭遇大寒冰冻，七月份下暴雨等，结果就会颗粒无收，至少严重减产。在如此脆弱的经济中，一场冰冻一次特大暴雨就可能造成一半减产，这是村民互助无法补救的真正灾难。这时农民只有向资产阶级和大经营者等"富裕者"借粮[1]。遇上天寒地冻的气候后果尤其不堪设想，当时的编年史记载了对我们今天再也见不到的严冬的可怕描写：整条塞纳河和卢瓦尔河完全冻结了，人们可以步行过河；地中海上也结起了冰块。减产歉收对农民首先意味着赋税的加重，因为捐税是按比例抽成的；什一税征收吏和贵族家总管们也更苛刻，因为他们的总进项也减少了。歉收尤其意味着几个月后农民将面临青黄不接的困境：农民缴了赋税之后，得先留起种子——留种的数量是固定的，不管歉收还是丰收，不管农民所得是 100 袋或 150 袋，留种总是需要 25 袋——然后才是农民的口粮；如果到了 4 月间粮仓空了，农民就只得以野草和植物根茎充饥，这样好歹一直要挨到 7 月份。如果农民无法过冬，何以生存？饥饿、灾荒首先肆虐农村，然后蔓延至城市；情况跟我们在 1940 至 1944 年间经历的正相反，那时城里人比农村人更苦。

　　关于经常性的缺粮挨饿和饥荒的恐怖，历史文献上有太多的记载，正如《王国的什一税》这本反省的书特别强调了韦兹莱地方长期贫困的例子，"普通百姓……很少喝酒，一年才吃三次肉，用少量盐……如此营养不良的百姓体弱乏力是不足为奇的事。再加上他们衣不蔽体，四分之三的人冬夏只穿破烂的单衣，衣衫褴褛，脚上一双木屐……贫弱的不健康的百姓"[2]。饥荒、生活成本高昂和饥馑，当代人谨慎地区分它们的不同程度：饥荒是黑色贫困，百姓以野菜、糠麸充饥，但还不至于死人，至多饿死一些体弱的老人；饥馑更糟，袭击范围达数省，饿殍遍野，村

---

[1]　沃邦：《王国的什一税》，第 280 页。
[2]　同上，第 279 页。同时参阅无数其他档案文献，如索恩-卢瓦尔省省档案，B 类 1297。其他回忆录以及家庭或地方上日常开支流水账，如让·比雷尔（Jean Burel）：《回忆录》（Mémoires），勒皮，第 451 页。

子废弃，连城市也遭殃，正如 17 世纪的一个医生所说，它是件"恐怖的事，令人毛骨悚然"①。饥荒往往只发生在一省的某地，但王国没有很好地组织谷物的储存和流通，而粮商们投机买卖，囤积居奇，在几个月内哄抬粮价，致使饥馑蔓延开来，甚至波及城镇，农民离乡背井纷纷逃荒到城市，乞讨本来就是他们自己生产的面包：1630 至 1632 年、1636 至 1638 年、1660 至 1668 年和 1693 至 1694 年，还有 1709 年等多个黑色年代，都是贫穷和长期饥寒交迫的大灾难时期。最后还有一种灾难雪上加霜，即在饥荒中和饥荒过后，疾病在虚弱者身上找到了蔓延的温床，遂暴发大规模的传染病。由于对"瘟疫"的恐惧，人们对外乡人、乞丐，或者任何一个穿过村子的过路者和陌生人都惊恐万状，怀疑流浪汉和游荡者所背的行囊里也许藏着危险的动物，带有可怕的令人闻风丧胆的鼠疫病毒②。一个人口稠密的村庄，六个月后成了人迹罕至的荒村，这种现象不需要其他解释了。从全法国范围来看，一千五六百万人口在饥荒、鼠疫后骤然减少至一千三四百万，又经过 20 多年的太平时期，人口重新回升至 1 700 万至 2 000 万左右。这是大致数字，若经仔细观察就更清楚：一个村庄正常情况下，每年死亡人数为 15 人左右，但 1709 年死亡人数为 55 人，1710 年还死了 30 来人……

　　当然农民也有兴高采烈的时候，收割结束了，丰年的小麦、大麦和燕麦等谷子都归仓了，村民们家家户户把好吃的摆上桌，大吃大喝，欢歌劲舞：乡村中这样的丰盛节庆传统一直保留至今，它充分显示了战胜死亡、确保几个月生活安全的喜悦。丰收能在怀有粗野信仰的农民身上激起何等的狂热！当遇上长时间的干旱，6 月份的早上已经赤日炎炎，谷物停止了生长，本堂神父便带领全堂区的信徒，从教堂出发祈祷求雨。行进队伍在穿过田间阡陌时倍加小心，人们举着专司降雨的保护神圣梅

---

① "一个孩子已把自己一只手吃掉了"（奥利维耶·勒费弗尔·德奥梅松［Olivier Lefèvre d'Ormesson］:《日记》［1640—1672 年］，第二卷，第 9 页）。
② 加斯东·鲁普内尔（Gaston Roupnel）:《17 世纪第戎地区的城市和乡村》（La Ville et la Campagne au XVIIᵉ siècle dans le pays dijonnais），巴黎，1955 年再版。作者在书中对勃艮第地区的可怕灾难有令人印象深刻的描述，包括饥荒、传染病以及对人口的影响。特别参阅第一章。

达尔的圣像，口中喃喃诵着经，直到队伍来到村里还剩一摊水的最后的泉水池前，将圣像浸入水中，向圣人祈求人们的愿望。然而，即使风调雨顺，田头庄稼长势喜人，冬季不严寒，夏日无暴雨，危险就没有了吗？只要打仗的部队一经过，一切都完了。说实在的，身处现代法国的农民十分孤独无助：当时的社会环境对农民、对"乡巴佬"的压迫可谓毫不留情，绝不手软。黎塞留将他们比作已习惯于忍辱负重的骡子，让他们歇着会比不停干活更受累。

2. 社会不安全

今天的读者会认为这标题不贴切，然而能找到对当时法国农民虽然扎根于土地，却处于社会不平衡和不稳定状况的更好表达方式吗？各地乡村的许多农民只有劳力没有土地，他们的生活随季节变化，流动性大，所谓危险的游民：他们很容易成为盗匪，或者兵痞——直至18世纪的军队改革之前，士兵差不多就跟兵痞一样。许多农民断绝了所有的社会关系，被排斥在各种社会团体外，他们成群结队地生活在城市周边或城墙附近，沿水道或（还十分稀少的）大路扎堆而居。在当时，一般人都觉得他们孤独而悲惨。

城堡领主

但是，社会框架还是存在的：城堡主是土地的主人（甚至在不少地方依然是农民的主人，如在某些修道院领地内），通常他们是乡村的保护者——他们向农民征税正是以这个名义。如果有的城堡主在14、15世纪已被某个热衷于投资地产的资产阶级暴发户所取代，新的城堡主照样征税，那么对城堡和贵族家鸽棚——这是依附关系的另一外部特征——周边地区的保护责任理应延续下去；在城堡附近还有本堂神父的保护，如同乡绅贵族保护农民的世俗生活一样，神父则是农民的精神保护者。当每个信徒临终时，本堂神父得为他做临终弥撒，保证信徒死后能够入天堂。但是，尽管神父和城堡主依然存在，尽管本堂神父每周日要聚集教区的全体信徒在教堂布道传经，尽管城堡主得子或嫁女依然会邀请（不那么经常了）农民去城堡的庭院内开桶喝酒，日常的社会现实已不再如中世纪早期的情况了（参阅本书第一章第一节的"土地领主制的结构"小节）。

正如沃邦所说，"可怜的人民"与其说受领主保护不如说受压迫：这是法国农村的大悲剧（这出悲剧直到1789年才告终）。如果在过去城堡贵族保护地方安全的时代，领主税制度是一项正常税收的话，那么现在这一沉重负担只为了显示贵族的社会地位，甚至血统更高贵而已（所谓"贵族血统"，le sang bleu）。对此需作一番分析：如弗莱希耶曾提及的"上塞文山地区"、热沃当和康塔尔的某些领主抢劫邻近村民，勒索过路旅客；1665年建立的奥弗涅特别法庭也未能完全杜绝中央高原山区的贵族欺压平民百姓的现象。如果这类辱没贵族名声的事是极个别的例外，那么在香槟或索洛涅地区的贵族们除了向平民征税、执法判罪，严禁村民打猎捕野味，每周日必坐在教堂第一排座位，在领地上找碴儿跟国王派遣的小官吏争斗外什么都不做，这一切却是不争的事实。人们经常说，小乡绅们生活得跟农民一样，同样的粗野、贫穷和毫无学识[1]：他们肯定不读荷马史诗，也不读龙沙的诗——或许在12、13世纪城市大发展之前，他们的祖先也不曾像他们那么粗俗（参阅本书第三章第一节中"封建领地的转变"小节）——但他们毕竟是地方上的主人，更何况他们享有各种权利，在教堂保留第一排的座位，只是他们的生活因隐蔽的持续通货膨胀的影响已变得相当拮据，衣着也十分破旧，与普通人区别不大而已。我们将在下文看到，随着16世纪延续至18世纪的物价大"革命"，贵族的精神世界确实衰落了，这是指基本的情感。因为社会关系是传统和人的意识造成的：16世纪的小乡绅或许已不再梦想像他们祖辈那样对耶路撒冷或君士坦丁堡进行十字军东征了，每天只能徘徊在鸽棚前，或越过护城沟——如果它还存在的话。对悄悄购置了福雷兹某个"贵族领地"的里昂资产阶级人士来说也一样，他们做丝绸、调味品和黄金生意发了财，就在离里昂40来公里的地方置产，然后就在那里定居，对自己的新头衔沾沾自喜。暴发户成了贵族，但是农民对于他们毫无期待；他们或许比原来土生土长的乡绅更有钱，但他们的财富是用来与城里（里昂或弗尔）的朋友合伙做谷物的投机生意……他们当了贵族不会

---

① 关于小贵族的"确切"描写，请参阅夏西的领主弗朗索瓦·德斯杜（François d'Estut）：《该死的让不会阅读》（Le jean foutre ne sçayt pas lire），涅夫勒省档案，B类60。

出于贵族天职而博爱行善，或者纠正不公。

过去的领主保护早已消失了。剩下的就是比过去更多的赋税和欺压，以及种种义务（劳役也一直存在）。王权对这些未能有力制止，它能削减的封建特权，主要是对城市居民有利的贵族特权；事实上对农民而言，国王权力主要是对"盐税吏"和其他王国税赋征税吏的控制。作为"自然保护人"的领主已不复存在。"自然保护人"一词出于穆尼埃先生，他认为祖上的领主保护已成为一种自然。他认为领主保护一直存在，理由是 17 世纪的农民造反主要是针对代表王室的官吏。这一点没错。但是穆尼埃先生的推断是可以商榷的①。不过，农民对他们的神父仍有很大期待，这是另一层面的期待：身后的期待，农民丝毫不怀疑天堂的存在，他们始终相信上帝的存在和他对尘世的拯救，自然和超自然的信念交织在一起。

本堂神父

尽管乡村本堂神父的社会和政治作用十分重要（他们向信徒宣读和解释接到的国王敕令），尽管他们主管的公益救助事务繁重（直至 16 世纪在城郊小镇的济贫院——收容医院之多即是明证），也未能给农民提供有效的保护：因为他们并不富有，跟村民生活得一样拮据。教会征收的什一税不经他们的手，大多数教区的主教委托世俗官吏征税。乡村本堂神父每年仅从教会得到固定的伙食津贴，16 世纪后本堂神父的薪俸仅够勉强糊口，他们从信徒那里也得不到什么资助，至多受城堡主的邀请，偶尔去城堡内吃顿饭。乡村教士也从不出村：每年最多只能借主教巡视各堂区的机会见到主教一次，而且巡视还会因道路不畅或天气恶劣等诸多因素被取消。乡村本堂神父一般都没受过神职和知识方面的专门教育：仅是草率培训——通常是前任神父从本村最虔诚的多子家庭中选择一个接班人，然后对其随意传授一些最基本的教义而已。一般本堂神父

① R. 穆尼埃（R. Mousnier）:《文明通史》（*Histoire générale des Civilisations*），第四卷"16 和 17 世纪"，巴黎，1953 年版，第 162 页。

只识得几个拉丁词，勉强能在做弥撒时诵读福音经文，对教会圣人甚至
《旧约》都不甚了了。一个普通本堂神父的精神境界与农民没什么大区
别，造成这种状况的部分原因与法国的自主教会主张有关，从查理七世
到弗朗索瓦一世，法国的主教是由国王而非教皇任命。主教是十分虔诚
的天主教徒，但往往疏于职守（至少可以这样说）。因此，乡村教区的本
堂神父多数是一身泥巴的穷教士，虽身为村里要人但毫无当局支持，谁
都不待见他。他真心实意地尽心竭力向信徒传播或多或少正统的基督教
基本教义，但与其说能真正掌控信徒不如说跟他们有同样的情感和激
情，在危难时刻跟他们在一起[1]。

兵痞和盗匪

社会不安全还有外加因素：乡村的社会生活不只是经济活动、集体
劳作、晚上聚会、周日一起做弥撒。拉布吕耶尔和沃邦的笔下曾描述过，
当时的农民还须面对另一些非本村的外人，如代表国王征收人头税和盐
税的难缠的官吏；大路上经过的国王和亲王的长长车队和头戴羽毛的骑
兵队，村民们满怀敬意地远远望着他们经过；喜欢到乡间旅行却又不愿
住在乡村、对农村毫无兴趣的城里人——从里昂去圣朗贝尔，或者从巴
黎去圣克卢或蒙马特尔等地；塞维涅夫人，她很独特，喜欢布列塔尼的
罗歇，从巴黎长途跋涉去那里只为喜欢旅行。这些过路人对农民并无危
害，除非国王的征税吏——征不到税就会抓人摔东西。然而，乡下人最
怕的就是兵痞和盗匪。

现存的档案资料（尤其是各省档案馆保存的B类档案）保存了大量
村民上诉和记载兵痞扰民的可怕内容。丘八们一到乡村，不管有无公务
或是否扎营，也不管是对朋友还是敌人，都是同样作风。这一点并不奇
怪，因为直至17世纪末士兵都是雇佣军，他们拿钱替人卖命，毫无是非

---

[1]　波什内夫（Porchnev）：《"福隆德"运动前法国的民众起义》（*Les Soulèvements populaires en France avant la Fronde*），法译本，巴黎，1963年版，第595页。作者在该书的附录中列举法国昂古莱姆教区若干本堂神父，在1636年曾率领信徒奋起反抗盐税征收吏。

正义感，常常因发饷迟了就到处行劫。战争花费了大量金钱，无论是国王、亲王，甚至查理五世皇帝都难以承受。所以战争中除了极少数受到颂扬的部队外，几乎所有部队的士兵都洗劫村庄，掠夺"家具、衣物、床和马具鞍鞯……牛羊家畜"；"射杀家禽、打骂村民，甚至持刀追逐女孩……"①。当一支队伍闯入毫无防备的村庄时是多么地令人胆战心惊！这帮兵痞过惯了冒险生活（或者是获刑的囚犯，根据当时的司法判词"强征为国王的军队服务 10 年、20 年"），根本不顾惜农民。农民面对兵痞的骚扰毫无抵抗能力，正如中世纪早期他们的祖先面对蛮族的入侵一样。

田里尚未收割的庄稼、粮仓、牲畜、橱柜，还有妇女都受到盗匪的威胁，这些是人们在冬季晚上絮叨的话题。"盗匪"一词可以（正确地）涵盖士兵，而且还往往被加上外国色彩：西班牙、德意志，尤其在 17 世纪末指英国。盗匪有各种各样的：逍遥的贵族、盘踞在河谷两旁高高山岗上的无法无天的土匪，如在罗讷河上的克吕索尔古堡、阿列河谷的诺奈特堡和其他许多地势险峻的要塞等。盗匪在热沃当等地区打家劫舍，横行霸道，国王的军队很少保护村民。被遣散的丘八和大路劫匪在某个彪形大汉的带领下，成群结队出没森林，有组织地打劫村舍。盗匪最好的猎物是过路商人，他们身上带的金子或贵重物品正是土匪所求之物，商旅在大路或者在水道上遇到土匪即被洗劫一空。特别在冬季劫匪更为猖獗，商业流通为之大受影响。费尔南·布罗代尔②曾指出现代盗匪现象无所不在，他描述过盗匪这一社会典型——一般是被排斥在社会之外的极端恐怖分子，但他们并非一概地可憎可恨，因为确有不少劫富济贫的传说，他们惩罚盐税官和为富不仁的领主，或为复仇杀人亦情有可原……除非某一天，为饥寒所逼或者找错对象，他们照样会洗劫总是毫

① 摘自涅夫勒省档案，B 类 44 和 81。
② 费尔南·布罗代尔（F. Braudel）：《菲利普二世时代的地中海和地中海世界》（La Méditerranée et la monde méditerranéen à l'époque de Philippe II），巴黎，1949 年版，第二部第六章。并参阅同一作者发表在《经济、社会和文明年鉴》（Annales E. S. C.）杂志上的文章，1947 年第二期。

无防备的村庄。

遥远的城市

　　农民最终能求助于谁呢？代表国王的地方行政长官或（村民们更有理由向其求助的）地区执法大法官却远离乡村：他们住在城市里。虽然只相距几公里，已经相当远了：因为那是土路的几公里，土路泥泞不堪，冬天泥土或车辙结冰，根本无法通行。农民习惯于结队出行，一年一两次，一般是去圣米歇尔或圣马丁朝圣，但出于求助或寻求紧急保护，不可能立马赶去城里。再者进城得穿越森林赶一程路，即使执法官大老爷也不敢独自出行，他们去各地巡视还必须由武装随从保护着。城市比实际距离遥远得多，而且城里人对乡下农民不友好：城头守兵一发现可疑队伍和士兵，当即关闭城门；每年四五月份农村闹饥荒，大批农民进城乞食，城里人对他们十分冷淡："1631年大饥馑时，大批穷人就倒毙在这座勒皮城外的旱沟里"[1]。稍有风吹草动，譬如出现传染病流言，或者城里粮库空虚时，市政长官和助理法官就会下令把所有乞丐都赶出城外："流浪汉"不归城市管，城市没有责任保护乡下人。尽管城里人与乡下人十分相像，尽管大城市仍保留着许多乡村的面貌，尽管人口流通促进着城乡相互渗透，但日常关切和生活方式的差异使城市与乡村世界截然分隔。农村只要有20来年不闹大饥荒，人口无大流失的话，就会出现人口过剩，与城市不完全同生共息。平原上的城市都筑有城墙，城门有人把守，整天监视着进出城门的人；乡村则是另一个世界。在乡村教区里，遇到战祸和贫困时大家一起遭殃，经济危机袭来时情势特别凶险，农民不堪忍受只得离乡背井外出逃荒。总之，它是一个几乎封闭的小世界，既不参与奢侈的经济生活，又不属于复杂的社会组织，没有城市那种辉煌甚至奢华的艺术文化生活。我们总是用单数说（一种）法国文明：其实用复数称（几种）法国文明比较准确也较谨慎，对过去是这样，对今天也是如此。

---

① 安托万·雅蒙（Antoine Jacmon）：《日记》（1627—1651年），第47页。

3. 信仰和观念

因此，我们不能用一种乡村意识去涵盖五花八门的各地城市文明，里昂的佛罗伦萨文明，里尔的弗拉芒文明，贝桑松的也许是西班牙文明……谁也不会否认地区的多样化，即便是不共戴天的仇敌也随地区而不同——皮卡第的敌人是英国人，勃艮第的敌人是西班牙人和德意志人——同样各地区农民的意识也各有特征，这种情况一直持续至大动荡大分化的19世纪。我们知道，有些相当明显的地区特征因为属于口头文明而不太为人所知。但是除了地区性的各种特征外，我们仍可能抓住一些主导性的情感态度，从而发现某种精神氛围，某种文明的程度：在普遍不安全环境中产生的恐惧感，以及带有敬畏的单纯信仰，这种信仰一方面来自古代不信神时代的记忆，另一方面带有天主教的烙印。这是一种政治性的信仰，一种君主制的信仰，它在作为王国持续存在见证的大巴黎地区或香槟地区，与利穆赞地区偏远农村之间有很大不同，那里农民的信仰中王国的意识就薄弱得多。下面的描述或许是不完全的……

恐惧感

首先是各种焦虑不安的恐惧。各种恐惧笼罩着一切，这正反映出乡村生活的面貌。这种恐惧远甚于20世纪当代人的不安，虽然今天人们日常担心的事比过去多得多。当时人们坚信有一种危险时时刻刻威胁着他们的生活，威胁着牲畜和庄稼的收成。这种担心引发各种奇想：夜空中飞逝的流星，休闲田上奔驰而过的马匹，某个头脑简单的人或者一个邻居从教堂做完弥撒回家经过小酒店时说了一些不着边际的话等，都可能引起村里人的恐慌。出没森林的盗匪、英国士兵、瘟疫、狂欢乱舞者，都会使因长期饥饿而变得心智脆弱的农民胡思乱想。只消看一下庄稼收割前会引起的各种恐慌：一听到尖叫声就起疑心，在路边徘徊的外乡人被视为危险者，收割前的一场大火会吞噬全部收获。为了避免不幸，人们随时准备拿起长柄叉和连枷抢割麦子！17世纪的许多民众造反都是这样一哄而起的[①]。7月田野的恐惧随着教堂的钟声会传得很远，从一村传到另一村，以致蔓延至数省，1630年普罗旺斯地区的恐慌便是如此。这已是乡村生活的惯例，正如庄稼平安收割，谷物安全入仓后的大空闲一样。然而平安收割毕竟还是多数。不过在朝不保夕的年代，恐惧的氛围加上群情激昂可以说明农民兴高采烈时的热烈情绪，也可说明他们愤怒时对国王的征税吏、对敌人、对陌生的外乡人的冲动过激行为，反映出"农民世代相传的一切激愤和已成痼习的憎恨"[②]。

在一切都令人担忧、一切皆有可能的氛围中，还有更严重的事。16世纪法国农民所生活的世界，这土地、空气和河流并非我们今天的世界。在那个世界里，人们不区分自然和非自然、理性和非理性。确实，在当时这样的区分毫无意义。譬如布里地区的一个大庄园主解雇他的一个牧羊人，指责他在六个月内害死了庄园的牛、羊和马等总共395头牲口，这种指控在当时人看来是"正常的"。欲加之罪再简单不过了：只要找到一个可靠的说法，这是任何人都能做到的自然行为。"当庄稼田需要好天气时，组织农民参加长长的祈祷仪式队伍"同样是"正常的"。由此宗教信仰便带有一种怪异的色彩：不分良莠似乎倒是合乎正统的，而遇事不祈求某一圣人保护神却违背了正统的做法。因此存在许多圣人保护神：光巴黎就有数十个保护神，求雨或求雨霁的圣梅达尔、保护葡萄园的圣塞弗兰、保护庄稼不遭受火灾的圣尼古拉、求老天爷不下冰雹的圣多米尼克等，应该说16世纪中期的特伦托主教会议通过的纯洁教会的谕令对农村教会并无多大触及，而且长期都如此。

---

① 参阅勒内·巴厄雷尔（René Baehrel）发表在《法国革命历史年鉴》（*Annales historiques de la Révolution française*）上的精彩文章的第一部分，1951年4至6月，第113页起。

② 沃邦：《王国的什一税》，第38页。

信仰和迷信

　　农村肯定是天主教的农村，按吕西安·费弗尔的说法，农民"从生到死"都在天主教的范畴内。乡村本堂神父时刻不离他的众信徒，从为新生儿洗礼直到为弥留之际的信徒敷抹圣油做临终弥撒，信徒一生都离不开神父。每年复活节的圣餐礼拜仪式极其隆重，它是主要的宗教聚会，信徒必须参加（以至于 18 世纪国王的地方总督借此机会进行教区人口普查），还有每周日的主日弥撒也十分重要。各地的档案资料上时有对缺席教徒的记载，但当年没有一个布拉尔教士①鼓励本堂神父进行登记统计：今天人们很难对零星简单的记载作解释和结论。不能单凭那些记载就认定农村中有亵渎宗教的言行。当然乡村里存在嘲弄教士独身主义的事例，如当本堂神父在教堂为男女信徒主持婚礼宣誓的庄重时刻，有人突然插话嘲讽教士并不了解自己所说的内容，遂引起一阵哄堂大笑。乡村里偶尔发生教徒的扰乱也不能说农民反宗教或不敬神。16 世纪，尤其 17 世纪的自由思想者，应当到城市里去寻找。

　　然而，乡村的宗教信仰却带有某些偏离天主教正统的特性，如祭祀圣人中夹带着某种迷信成分，从 17 世纪初起人们正式称之为迷信；还有自称能看见魔鬼的巫师、巫婆深得村民信任，常常在夜里骑着扫把在森林空旷地中飞奔，这些在农民的信仰中占有很大的地位。魔鬼至少跟上帝一样存在。1679 年一位博学的教士写了一本《迷信专论》，神学专家的这本重要著作不但明确否定巫术，更大胆地质疑宗教奇迹和保护葡萄园、蜜蜂和猪的诸圣人的存在。该书有力地引据教会早期主教的著作（所遗憾的是对同代人著作的引述不多）来研究农村（或城市）中存在的迷信现象，研究某些十分可笑的祈祷，如"小小的白色主祷文为天主所创、天主所说，天主曾贴在天堂上。夜晚我去睡，看见三个天使躺在我床上，一个在脚边，两个在头旁，仁慈的童贞圣母在中间，她叫我去睡，

---

　　① 译注：布拉尔教士曾在 20 世纪 40 年代对法国乡村宗教生活作系统的统计调查，并在此基础上发表了《法国乡村的宗教地图》。

切切莫迟疑。仁慈的天主是我的父，仁慈的圣母是我的母，那三个使徒是我的兄弟，那三个贞女是我的姊妹。天主降世的那件衬衣，现在穿在我身上，圣玛格丽特十字架已经画在我胸前；圣母去田里，正想着天主掉眼泪，遇见了圣约翰。圣约翰先生，您从什么地方来？我从祷祝永生来。您没有看见仁慈的天主吗？看见了，他被钉在十字架上，脚垂着，手钉着，头戴白色荆棘帽。谁晚念三遍，早念三遍，定能进天堂"；还有某些行医的做法，那些惊人的方法和无数秘诀，如"癫痫患者只要将十字架的钉子系在手臂上，就可治愈"，这种疗法到19世纪，甚至20世纪一直在乡间流传，近50年来研究口头传统的民俗学家们或多或少地征集到一些这方面资料。从祖辈继承下来的古老信仰能用来界定和说明巫术，倘若果真如此，岂不太容易了：心仪某女邻居，只要在她肩上掸一点蛤蟆烧成的灰就可令她动情；安息日巫婆现身了，兜里装满了能使全村——人、牲畜和树木——死亡的巫术，魔力无边，这方面因果关系的联想效果惊人。因此人们普遍相信巫术，以致在16、17世纪当局对巫术的镇压只会加强其迅速蔓延的势头。

　　魔鬼在人们的日常生活中无时无刻不在，可见那恐怖的反复重现的巫术威力何等之大！即使在城市也很少有人能抵抗它的诱惑，很少有地区能不受它的影响。当时人们认为巫术在北方比在南方更加盛行。"众所周知，巫术在人们头脑单纯性格粗犷的北方比在南方更活跃，南方人的头脑更精细些。"[1] 这种地域决定论显得有点简单化，问题比较复杂：巫术在孔泰、洛林和佛兰德等地蔓延其实是因为司法追究反而扩大了其影响，在实行惯例法的地区也许更容易对巫术采取法律追究。但是巫术引发的恐惧感何等之大！一个里昂人在1660年不是这样写的吗？"只要有一个粗鲁者看上你的一块土地就糟了，你不愿将祖上传下的那块田卖给他，而他想得到，随口咒一句，这就可能是你破产的开始。"[2] 一种超自

---

[1] 《犯罪成因》（*Cautio criminalis*），法译本，1660年版，序。作者为莱茵河畔的耶稣会教士，他还在该序言中说，德意志的犯罪率高于其他地方。
[2] 同上。

然的邪恶随时会出现在人们头脑中，一头奶牛有不适的症状，而先前刚
好有一个女邻居从牛棚前经过，她正用手搔着发髻……能否下这样的结
论，在艰难的年代，乡村中自愿帮助魔鬼的人太多，信奉宗教尤其是作
为抵挡魔鬼闯入的一种防御？大胆的结论包含了一定的真理成分。

节日和保护者国王

这种精神世界从某些角度来看是十分可怕的，那么农民如何求得快
乐和平安呢？首先是靠毅力。面对种种不幸的农民只有靠毅力去加以克
服：饥饿和灾荒、领主的敲诈勒索和盗匪的劫掠、兵痞的骚扰和超自然
的灾祸，农民得忍受一切。战争过后，村舍烧毁，人口骤减，如"三十
年战争"后的勃艮第地区，存活者马上开始了重建，他们修复破坏较轻
的房屋，重新返回田里耕作。面对毫无保障的生活中出现的种种威胁，
农民的毅力是永无止境的：最重的灾祸刚过，所有村庄很快又重建起来，
即使寡妇也一样努力，当时农村里寡妇人数很多，远远多过今天——这
也是长期不安全的一个特征——她们同样参加劳动，修复家园，参与村
庄集体生活。倘若 20 年、30 年间没有战乱和传染病，收成不坏的话，
村子里人口又会增长起来，生产活动又开始繁忙，生生不息的愿望奇迹
般地改变了村庄的面貌，令当时人自己都感到惊讶不已。

其次是大的节日，每逢宗教节日，如圣诞节、复活节和万圣节等，
村民们早早就开始准备起来。宗教节日中还掺和了未被遗忘的老传统，
如在古老的传统夏至日过圣约翰节，人们燃起篝火，年轻人"从火堆上
跳过去治愈朝秦暮楚的毛病"；还有家庭的晚间聚会，气氛虽不及节日那
么热烈，晚会上听令人毛骨悚然的故事还很有吸引力，特别是在冬天漫
长的夜里。在父亲（往往规矩严厉）的允许下，家人们唱歌，继承传统，
晚会带有既恐怖又诱人的传奇色彩。可惜我们今天对它只了解一鳞
半爪①。

_____

① 谨慎参阅 H. 东唐维尔（H. Dontenville）：《法国的神话》（*Mythologie française*）及其
　附录书目，巴黎，1949 年版；也参阅 A. 瓦拉涅克写的关于史前文明的研究文章。

最后或许是靠政治信念，但是信念大小随地区而不同。国王对 18 世纪末的贫苦民众来说是相当遥远的保护人，这种寄希望于仁慈国王的信念虽然盲目且屡被滥用，但始终存活着，它依靠宗教信仰而具有深刻的政治含义：民众相信国王拥有治病救人的神奇力量。尽管国王派遣的官吏、征税官贪赃枉法可憎可恨，尽管地方乡绅作威作福令人难以容忍，国王在民众心目中仍然是威力强大的主人。当国王在外省巡视时，波旁省和普瓦图省的农民或许有幸目睹过国王的风采，但没人敢进巴黎要求觐见国王（为了偷鸡摸狗的事，即使为了一桩罪行长途跋涉来巴黎告状太不值当）；遇到大的节庆，民众可能在巴黎卢浮宫、在昂布瓦兹、在枫丹白露看到国王，国王会手抚病人令其病愈。从西班牙、意大利，从孔泰和莱茵河畔等，各国病人都会赶来，与法国本国的病人一起，等待国王抚摸前额治愈病患。这种化脓的疾病十分难看而且气味难闻，16 世纪时人称"疬子颈"，今天的医生称之为淋巴结核，主要是因营养不良而引发的疾病。带有神奇力量的宗教信仰奠定了政治信仰的基础。因为在普通百姓的心目中国王是和许多圣人排在一起的，他们在古代法国留下的少数圣物创造了许多奇迹：法国国王和科尔贝尼教堂的圣人马固尔一样可以治愈"疬子颈"，而且历代国王在兰斯大教堂被加冕的次日都要去朝拜这位圣人。我们暂且不论此举的宗教影响，国王在教堂行加冕礼后名正言顺地成为法国教会的领袖，17 世纪的王权理论家——从萨瓦隆到波舒哀——都未特别强调国王在教堂加冕对王权神圣化的重要意义，实令人感到意外：其实此举对于确立民众的坚固的政治信念是何等重要。这一政治信念在波舒哀死后仍广泛流传，甚至反映在普通家庭的日记账或私密的个人日记中："在此我要赞美我的天主，他赐福于我们，使我们有了一位如此信教的、受天主降福的国王，但愿国王所做的一切顺利，但愿他战胜一切敌人，接受天主的恩惠，令所有凶残者都改邪归正。"[①]

---

① 让·比雷尔：《回忆录》（1601—1629 年），勒皮，1875 年版，第 480 页。马克·布洛克（M. Bloch）先生也收集过类似资料，但很少有像引文那样纯朴感人的。

4. 新 因 素

乡村的技术进步

乡村中农民的精神和物质世界，在两个多世纪的时间内不会凝固不变，但基本结构是坚实而稳固的，它还将持续很长的时间。在这个世界内部，以令人难以察觉的方式发生了一些变化：人们是否能制作一份反映 16 世纪过程中各地田间和菜园逐步推广四季豆种植的地图？或者反映各地企图瓜分公共地——贵族们出于"农艺化"的需要而长工们出于获得土地的强烈愿望——的地图呢？各地的大框架也不会一成不变，尤其是城市周边，一切领域内都存在革新的催化因素……从亚眠到阿拉斯，从阿拉斯到加来，这些地区的农民与在上奥弗涅地区的农民完全不一样，该地距离拥有 5 000 居民的欧里亚克市有四五十公里的山路。但是在我们稀有的资料中却记录了这个"小地方民众"的心声，使我们联想到城市所反映的整体演变以及当时其他的一些见证。譬如，物质不安全引起的连锁反应是我们经常遇到的老话题。1596 年一本家庭日记账上这样写道："有这样一些可怜的农民，他们吃地里的野豆子，割麦秸吃，特别是看到他们捡麦谷真叫人怜悯，谷粒未熟透，用炉子把它烘干……这是到处都有的普遍现象。"1660 年一个旅行者在布卢瓦也写道："这里的饥荒如此严重，农民没面包吃，甚至抢食腐烂的动物尸体……随即出现了低热症状。"1694 年在马孔地区有人记载："比西-拉-马索内兹的本堂神父说，该省居民只能吃野草和蕨类植物，贫穷得连盐都吃不上。"直到动荡的 18 世纪初那个可怕的 1709 年……尽管土地集中，出现许多大地主，但大规模经营仍不多，社会民生方面同样是停滞不前，直到大恐怖的来临和那个 8 月 4 日夜里①，甚至一直延续到革新的 18 世纪之后。

---

① 译注：1789 年 8 月 4 日是法国大革命一个重要标志，这天夜里制宪议会宣布废除一切封建特权。

信仰的增强

剩下的巨大领域是非常难发掘的农民信仰和观念。我们无法把握并确定在两个世纪的过程中,圣人传说、神话故事、骑士或魔鬼故事等通过晚会上的叙述、老妇的陈述和孩童的丰富想象而带来的蚀变;幸好作家佩罗为我们留下不少故事——其中小部分是讲给 17 世纪中叶的孩子和成人听的——但相对于从特鲁瓦市蓝色图书馆保存的古籍中所透露出的浩瀚的口头文学(17 世纪,尤其 18 世纪)[①] 来说还是太少了。我们甚至也不可能整体上了解农民的习俗:尽管地方执法官和大法官三令五申地明令禁止,为何民众在再婚夫妻窗外"敲锣打盆"的风俗仍连绵不绝呢?人们能够感觉到的——不可忽视的——是宗教信仰的增强。下面从几个方面来加以盘点。

首先是出现了新教的牧师,其影响在较长时间内还比较薄弱:新教牧师是信仰十分坚定的人,他们在日内瓦深造过几年,灵修上受过很好的训练,他们在辩论中学习,对"罗马天主教的弱点"了如指掌。每到一地传播自己的方法,主张直接阅读《福音书》,这种精神令他们在没有受过神学辩论训练的天主教下层教士眼中显得十分可怕。但是这样的牧师只能这样传教:日内瓦无法培养出成千上万的牧师深入到乡村去"福音布道",很难与扎根于基层教区的天主教会分庭抗礼。新教牧师人数少,只能哪里有紧急召唤就到哪里去:在城市逐步安营扎寨……充其量可以说在 17 世纪下半叶,即 1685 年前后,当城市的新教徒受迫害无法继续生活下去时,乡村里的新教才逐渐形成规模。但是只要新教牧师所到之处,情况就会很快发生变化!每个教徒都应当会读《圣经》,都要有一部《圣经》,由此打开了信徒的逻辑思维,这正是加尔文精神的主要源泉之一。迷信因此迅速消退,教徒的精神世界面向外部生活,面向与法国社会,甚至与外国社会的联系(因此引进了书籍和牧师):这就是加米

---

① 　罗贝尔·芒德鲁 (R. Mandrou):《17 和 18 世纪的法国大众文化》(*De la culture populaire en France aux XVIIe et XVIIIe siècles*),巴黎,1964 年版。

扎尔武装暴动（la guerre des Camisards）前夕的塞文山地区。直至今天，细心的观察家们如果在上卢瓦尔省的利尼翁河畔勒尚邦市住上几天，再到阿尔代什省的圣阿格雷沃市住几天，就会发现仅相隔数公里的两地竟有偌大差异①。

　　与此同时，天主教会也开始实行纪律改革，以便纠正乡村的迷信，增强宗教信仰。面对基督教的批评，天主教会召开特伦托主教会议，决定在乡村教区设立神学院（班）。但因缺乏师资（宗教团体甚至耶稣会都未能提供足够的教师）这项改革实施得相当缓慢。直到17世纪圣樊尚和修道院院长奥利埃意识到不能让神父放任自流、全凭习惯经验布道，有必要向未来神父提供更坚实的神学培训，于是一下子在各地创建了不少神学院（参阅第九章）。其中有一位在宫中失宠的主教费奈隆，对培养年轻神父产生兴趣，在康布雷市主教府旁创立了一所神学院，几年内使整个教区神父的灵修水平大大提高。但这项改革很快结束了，特伦托会议所希望的改革计划并未实施；进入18世纪后，低级神父的神学教育才有显著发展，各教区内都建立了神学院，那是特伦托主教会议通过决议一个半世纪后的事了。

　　如果说17世纪末的下层教士有所醒悟并意识到自己使命的重要性，其实不能全归功于神学院；如果说他们开始热衷于读日课经，后来便阅读《天真汉》和《一个萨瓦省代理主教的信仰职业》，看来应归结为1661至1665年间的"表格"事件以及由此引发的教士的"自觉意识"。路易十四出于反对"让森派异端邪说"的愤激，下令全体天主教士必须在一份明确谴责"康内留斯·让森的书中提出的五项主张"的表格上签字，其他什么也不提。因此在教士中引发好奇心是可以想见的，在鲁埃格或布列塔尼偏远乡村，没有一个本堂神父曾听说过让森这个名字；既然国王和主教以不容置辩的方式要求每个教士在一段晦涩难懂的文字下面签字，必然引发教士对普通本堂神父在教会生活中所占地位的反思。

―――――――――
　　① 参阅 A. 西格弗里德（A. Siegfried）：《第三共和国时期阿尔代什的选举地理》（*Géographie électorale de l'Ardèche sous la IIIe République*），巴黎，1948年版。

对终日忙于烦琐事务的本堂神父来说，每天又必须为生活亲自耕种自己的一亩三分地。在表格上签字这一行政手续很可能使他们开始思考某些意想不到的后果：也许由此而产生了18世纪那些好争论的教士、哲学家和政治家等等。总之，以这件事为契机，神父们养成了多思考多反省的职业习惯：路易十四统治的最后几年亦因此成为乡村天主教教会有较大进步的时期。

城市和平原

最后还有一个问题。我们已经看到城市和平原是两个不同的世界，城乡交流（除了住在城墙边的农民外）并不频繁，它们之间只有一些日常必要的接触：每年的集市、传统节日、国王或亲王、主教巡访时会吸引附近乡村的农民进城，或者遇到饥荒、鼠疫等灾难……然而16世纪和17世纪大部分时间，城市取得了惊人的发展：不仅巴黎——它已是作为行政、商业和"工业"中心的首都城市——还有在16世纪发展起来的大城市里昂，以及大西洋沿岸的港口城市南特、拉罗谢尔和勒阿弗尔……这些城市逐一建设起来，人口逐步增多，城市不断改造。劳动力从邻近的农村涌来，粮食日用品也从农村运来，或者通过土地食利者从更远的地方贩运过来。但是，附近的农村从城市的发展中得到了什么：思想、新行业或生活条件的改善？离开里昂几十公里的乡村又是怎样？作为通往西班牙的门户、货币充足的城市，巴约讷附近的农村又是怎么样呢？对于今天习惯于小省城附近交通干道旁的郊区繁忙景象的我们，看到公路、铁路联络城乡，构成各种错综复杂的关系网，可能会相信当年农村从城市发展中得到了某些东西：这就犯了年代错乱的大错。事实上，一越过"城沟"，就是另一世界的开始。巴黎或许是一个例外，因为马罗①笔下的"漂亮城市"在当时来说已经是一个大都会，它需要塞纳河、马

---

① 译注：克莱蒙·马罗（Clément Marot, 1496—1544），拉伯雷同时代人，是法国人文主义最早、最重要的诗人之一，七星诗社的前驱。开创了一种刻画细腻的颂诗风格（Blason）。后因同情路德派的宗教改革为国王弗朗索瓦一世所不容，下狱后又流亡意大利各地、日内瓦等，最后客死意大利都灵。

恩河和瓦兹河等经济命脉，与巴黎联系的农村已延伸至很远，当地距离利摩日和勒皮等城市比两市距离其郊区的平原地带更近。但是城市真正带动、活跃附近乡村还得等到 18 世纪，尤其 19 世纪。文艺复兴时期城市活动如此丰富多样，如此具有吸引力，它也只是将豪华盛况、少数人的荣耀和危险都锁在城墙内。在人口大幅增长的 16 世纪——危机比后来少一些——法国人口大约在 1 300 万至 1 600 万之间，而我们下面的研究将关注其中 1 200 万至 1 500 万人的生活；其余者，从龙沙到拉辛，从加尔文到波舒哀，从达·芬奇到丰特奈尔，只是被光环笼罩的极少数人。历史学家们常常只想到他们。

第七章　贯穿 16 世纪的城市繁荣
（1500—1640）

我们已经说过，城市和乡村相对立，或者更贴切地说是相互不同。然而，当我们一概而论地谈论法国城市时，有必要首先指出它的第一特征正是其乡村面貌：菜园和耕田，即使在城墙内也是这样，这一特征是众所周知的。其实城市居民也是乡村人，并非真正的城里人，即便当他们从事非常巴黎化的职业，譬如王国审计院院长或最高法院院长，过得也跟乡村人差不多：餐桌上十分简单，消遣方式，信仰和习惯……总之，他们还是露天生活的人，活动都在室外，习惯于风吹日晒，皮肤黝黑，出门骑马。

16 世纪的城市不是 1900 年甚至 1860 年的城市，当近代的城市有了一定的舒适条件，就意味着以另一种方式看待和理解世界了。当时城里人的生活之艰难令人难以想象，繁荣只是相对的。或许推开沉重的家门迎面的不仅是窄窄的土路，甚至还是乱石路或水道。一眼望去便见树林和矮灌木丛的影子，与乡下田头所见只是程度不同而已。需要强调的是水道的繁忙景象，来往船只川流不息，从塞纳河和王室船只行驶的卢瓦尔河，到阿列河和伊泽尔河，作用远大于陆路。尽管陆路的驿站数量增多，但速度既慢又不安全，而且旅途劳顿。因此不发达的城市就是一个交换中心，一个通往外部广阔世界的窗口。当它随着年代的推进逐渐扩大时，越来越显出其重要性，向人们提供越来越多的市场、机会和新商品。1550 年住在里昂市梅尔西埃街的一个资产阶级人士正翘盼从里斯本或威尼斯发来的胡椒消息，他准备再订一批货，打算投资开发快运业务。他的抽屉里有汇票，有一些债券，是由德意志奥格斯堡的福格先生、里昂市的马丁·克莱贝尔先生和热那亚的 F. 斯皮诺拉先生签字的。1557

年，法国国王和西班牙菲利普二世差不多同时破产，这位商人经历了最心惊肉跳的时刻。他的全部希望只寄托在他的弗朗什维尔农庄的承租人身上——这位佃农在每年圣米歇尔节给他送来两只火鸡、一只鹅和若干奶酪，还不时借给他一些小钱买盐，对他从不怀疑。

每个城市与附近农村之间也有些商贸往来，乡村贵族和教会有余粮会运进城出粜，与城市保持各种人际关系，金银币、香料、象牙、纺织品和武器的大宗贸易构成国际大贸易的框架。随着银行业的发展（汇票、合同），贸易产业链也处于经济发展的前列。在 16 世纪里昂那样的法国一流城市，或者单纯的商品集散地，如阿列河上的穆兰和塞纳河上的蒙特罗这类处于交通枢纽和重要河流桥头的城市，人口已相当集中，它们是冒险家和淘金者的乐园：旅行、借贷、投机性投资；各种商人和他们手下的运输者，以及无数为商人服务的城市小手工匠。这些社会群体是乡村中不存在的。

作为商业中心的城市同时也是小的行政首府；这里也是教区所在地，在中世纪建成的大教堂周围出现了各种各样的小商铺，还有七嘴八舌的人群、好争辩的教士、教务会的司铎、城市堂区的本堂神父、官府的法官、大学生、教会学校的导师和中世纪大学的教授。法国的一些中世纪大学闻名遐迩：蒙彼利埃的医学院、奥尔良的法学院……还有许多靠教堂为生的小手工业，如制作大蜡烛、火炬、念珠的工匠和印制《圣经》的印刷工。或许还要加上盗卖圣物的走私贩？作为地方大法官裁判所、初等法庭或地方长官行署的所在地，城市还是国王派遣官吏的集中居住处；资产阶级暴发户以为王室服务而感到荣耀，17 世纪时虽遭王室的冷遇仍热忱不减。资产阶级周围也聚集了法律界人士，一批卖弄学问的学究——法学家天生爱好罗列。律师、法学家、作家提出妙笔生花的诉状和报告，在法庭上替奸商辩护，纵容他们利用司法程序拖延、放高利贷和订立不公正合约。最后还有另一个世界，他们的旅行不比商人多，主要是在思想中神游，大量地阅读，向社会提供资讯，自己也不断地获取各种信息，相互讨论。

　　这一切都远离乡村，远离农村日复一日劳作的单调世界，16 世纪予以城市生活极大的冲力：一是靠书籍，印刷品很快为人们所接受，二是靠美洲的宝藏。罗莫朗坦的无忧无虑的补鞋匠①从未听说过古登堡②和哥伦布，漫不经心地让 1492 年流逝过去了，50 年后才恍然大悟！……整个 16 世纪出现了奇迹般的繁荣，一方面是美洲大陆的新发现，它带来的繁荣以无数方式表现出来；另一方面也借助于人口缓慢但持续的增长（经过许多次用外推法的计算和估测才得以确定的），随着饥荒的停止，以及城市繁荣和商品经济的发展，城市积累起财富，居民人口不断增加：这就是 16 世纪的活力。

---

①　译注：契诃夫小说《鞋匠和魔鬼》中的人物，可怜的穷鞋匠做黄粱梦想发财。
②　译注：古登堡（Gutenberg，1400—1468），德意志印刷匠，发明双面印报（1441 年）。

1. 城里人—乡下人

乡村面貌的城市和城内住房

　　文艺复兴时代的法国人由于所从事的职业需要生活在城里，并非为追求舒适而来城市定居的，他们在城内享受到城外得不到的种种便利。事实上，"城市并不留人"[①]。城市是个大村庄，也关心农民日常所挂念的事。1665 年庄稼收割前夕，一个小城市（当时和今天都叫波旁-朗西）的市长不还颁布过这样的法令："所有养狗的人家注意，必须把狗拴在粗木桩上，不得让它们进入葡萄园，否则格杀勿论。"[②] 这里不是勃艮第葡萄种植园，也不是波尔多的某个酒庄，任何一个小城市里房屋之间的田地上仍保留着乡村的作业：临街住房的后院有菜园子或一小块绿地，城市中还有一片草地、牧场和一小块燕麦地以便饲养马匹和家禽，条件优越的资产阶级还有自己的葡萄园，他们可以像中世纪的主教和贵族一样"喝自家酿的酒"——这是自古以来法国有钱人家所向往的。所以城市街头不光有狗，还有鸡、羊和猪……有乡村生活的一切设施，不少人家还有烤面包的烘炉以及在秋天储存全年粮食的粮仓，甚至在街角还有肥料堆。到亨利四世和布瓦洛的年代，"我的大城市巴黎"也好不了多少：空气污浊不堪，夏季当滚烫的石头一蒸发就臭气熏天，满街的垃圾在马车车轮碾压下飞溅在沿街房屋的墙上，市中心嘈杂而拥挤不堪。大城市也叫人倒足胃口。所以在 16 世纪，尤其在 17 世纪，有条件的巴黎人都逃离了王室圣教堂和圣母院一带的拥挤地段，迁往附近的高地。奥利维耶·德奥梅松到访伊西后不禁满口赞叹道："看到的巴黎近郊舒适的私

[①] 这是吕西安·费弗尔（L. Febvre）在学术期刊《RCC》（1925）上发表的一篇文章中提出的说法。该文是了解文艺复兴时期城市日常生活的极出色的一览表，我们从中受益良多。

[②] 索恩-卢瓦尔省档案，B 类 43。同时参阅 1648 年法令《养猪狗的人家注意……》(*Ordre à ceux qui ont des chiens et pourceaux...*)。

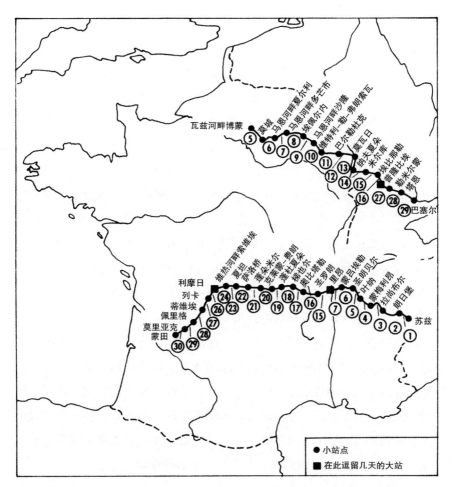

图 14　16 世纪人们旅行的节奏

　　这是当年蒙田去意大利的旅程图，1580 年 9 月 5 至 29 日去程，1581 年 11 月 1 至 30 日返程。有人会说蒙田到处逗留，其行程不反映当时旅途的迟缓，但请注意他返程一路并没耽搁。

人住宅才是法国的华丽一面……"①

　　然而仔细观察后，发觉差别还是有的。城里的住房肯定比乡村房屋更坚固，更加挡风遮雨：从 16 世纪起城市住宅通常已带有玻璃窗，且是石头建筑，房顶也较结实，"乡下农民用树枝盖的筐篓样的四壁、屋顶铺石灰的木头茅屋"② 与城市的住房毫无可比之处。农村里偌大的堂屋是最好的避寒处，在此人畜共处还觉得风寒难御；城里人怕冷怕风，住房如不易取暖就住得不舒服，于是在房间里装大烟囱直通屋顶——这一点乡村房屋很难办到："许多农民家没有烟囱，他们在房间的一角生火，烟尘从窗缝、门框或者天花板的缝隙冒出"③；大房间取暖范围只有几米，这是唯一的取暖设施，而且在结构上各房间并排一列，没有过道和对门的房间，不利于空气流通，这也是取暖的一个障碍。16 世纪的城里人喜欢过露天生活：或许可以说他们更喜欢运动，"运动"一词不一定贴切，因为这里毫无娱乐和放松的意思，只是他们必要的生活方式。国王本人也过着狩猎、竞技和战斗的露天生活；商人和信使终日奔波在大路上，夏天的露天生活时间肯定比冬天长，但他们习惯于在露天行走；城里的商铺也直接临街，没有昂贵的橱窗，有时甚至连门板都没有：这就是说室内一般很冷，客人来了也不舒服，连亲王家里也是一样。因此为了御寒，室内要挂巨大的帷幔、贝加莫厚绒壁毯、西班牙的烫金皮革，窗户得挂窗帘，地上铺地毯……想尽各种方法来抵挡室内的潮湿与寒气。床的四周要挂帷子保暖，晚上睡觉要戴睡帽穿睡衣……这一切室内保暖措施，在我们今天看来不很理解，因为我们已养成一到家就宽衣解带的习惯；而 16 世纪的人恰恰相反，至少在冬季必须保暖。

餐桌

　　城里人支配着金钱和财富，他们吃得比农民好，靠食品提供的热量，

---

① 奥利维耶·德奥梅松：《日记》（1640—1672 年），第一卷，第 208 页，他还写道："它们装饰得如此之好"；但重要的是"舒适的住宅"，在巴黎不能住得这样舒适。
② 上萨瓦省档案，B 类 28。
③ 同上。

体质一定更强壮，更能御寒和抵挡坏天气吧？他们一定更有抵抗力更结实吧？在某种程度上是这样，但不应夸大。因为城里人吃的面包只有在好年份才比农民的好一些：当年投石党法官们如此耿耿于怀的葛奈斯白面小面包也只是大资产阶级餐桌上的奢侈品而已；城里的小手工匠和伙计们吃的是跟农民一样的混合面黑面包，然后就是普通人家几乎天天吃的热面糊。有钱人——资产阶级、贵族和教士——吃肉，家禽和野味更多些，酒是他们惯常的消费品；遇到节日，庆祝某亲王进城或者社团行会的聚会，有好的牛肉吃，这样的肉并非平时家家户户都能吃得上的。根据不同年代的偏好，有时吃的肉差一些。此外，16 世纪的一大奢侈品还是跟中世纪时一样的调味品，胡椒、桂皮、生姜等始终十分抢手，即使后来调味品更多了还是如此，直到 17 世纪时引进了大量的咖啡、可可粉和糖。除了调味品，人们还喝酒，好和坏的葡萄酒，一般都不存过当年，质量肯定不及我们今天喝的佳酿；葡萄酒还有滋补强心作用，替代稀少的烈酒：16 世纪末，国王亨利四世看到一位巴黎妇女在向他提交一份申诉书时昏倒了，就让人递给她一杯红酒。当时奢侈的餐桌很普遍吗？其实俭朴的饮食并不在少数，当时人并不过分吹嘘（亦不指摘）美食："饮食很简单，通常正餐时吃少量肉，晚上就只喝汤吃两只鸡蛋。"[1] 总之，城里人跟乡下人一样，主食还是面包——它保障了所有人的生活。当饥荒袭击乡村时，农民纷纷涌向城市，人人得勒紧粮袋，以保证来日有余粮糊口。面临大灾荒，城市也受到威胁，当局更害怕：国王担心发生骚乱，直接负责巴黎市民的供粮。1649 年王室政府从汉堡和格坦斯克进口小麦："要知道国王为了纾解臣民的困苦，亲自把大批麦子调来巴黎，下个周六及以后几天，在卢浮宫走廊里向巴黎市民分发粮食……"

饥馑和传染病

在辉煌的文艺复兴时期，法国城里人是否有城墙保护并且食物充足

---

[1] 杜·福塞（Du Fossé）:《关于巴黎波尔罗亚尔街区的回忆》(*Mémoires sur MM. de Port-Royal*)，1739 年版，第 443 页。

呢？仍然相当困难。他们还会受到饥饿的威胁，因为粮仓并非取之不竭。盗匪肆虐乡村，兵痞占据城市的街区；然后市政当局与部队谈判驻扎的时间和人数，拨给军饷，最后他们才撤营走人。负担军人吃住是一大笔开销，但那不同于抢劫。无赖坏蛋可没那么文明，他们是另一回事：集市上的扒手、赌博输得精光的大学生、胆大妄为的伪币制造者和贫困街区的权杆儿，城市就是他们的钱袋子。无赖们与大路盗匪有勾结，专门在夜间寻衅滋事，无照明无看守的城市街道就变成无赖们的天下。他们"骂人撒野取乐，满街飞奔，制造假警报；用石头砸窗户，冲击小酒馆……乱按门铃和乱敲教堂钟声"①。城市居民也难逃饥饿和传染病的侵袭，往往传染病首先袭来，饥饿接踵而至，如同荆棘丛中的野火迅速在城市的肮脏小巷中蔓延，在紧挨着大教堂周边的民居中传播。城里人面对恐怖的鼠疫束手无策，只有反复祈祷，并用醋加迷迭香和薰衣草到处熏蒸。有盗贼冒死进入传染鼠疫的空楼行窃，被浓重的烟雾熏至中毒。鼠疫来势汹汹，人们采取一切预防措施却都无济于事：集市被推后，数周内居民被禁止外出，入港的船只被隔离，等等。正如当时一本宣传预防鼠疫的小册子在列举了种种消毒措施（如焚香熏、使用香水）后，在最后一页告诫人们的："最有效的办法是逃离得远远的，尽量迟回来。"蒙田就很知道这一点，他并不比别人更怕死。饥荒把乡下人赶至城门边，而鼠疫却把城里人驱往乡下数个月，在此期间城里的法庭休庭，商店关门，等待空气慢慢地清新起来。

激情和暴力

让我们把相似性比较再推得远一点：当今的现代市民其实从古人的粗犷生活中继承了极其敏感的性格——只是不像农民那么"暴躁"而已，遇事容易上火动怒，感情冲动。在重大节日，如国王首次入城时放纵狂欢，市政长官在广场上向市民分发桂皮热酒和松软的甜面包；遭遇不幸时则号啕痛哭，也会狂怒以对天灾人祸，尤其是对国王的征税吏的敲诈

---

①　索恩-卢瓦尔省档案，B 类 1207。

勒索更是疾恶如仇，征税始终被看作是极不公道的事……"1594 年 6 月 15 日，群情激昂的大批妇女涌进王宫，瘦弱的法官被 150 名妇女团团围住，她们抱怨纳那么多税，而家中可怜的孩子正嗷嗷待哺。"① 这就是面临生活的煎熬，犹如处于残酷战斗威胁下的男男女女，常会有的剧烈的激情爆发。

城市已经扩大了，乡下人也会有进城闯荡的念头——但是无名之辈谈何容易，须知十分有限的物质安全是以巨大的冒险为代价的，包括旅途劳顿和生意挫折等。乡下人愣头愣脑的，对城市一窍不通，所以许多人对城市的恐惧胜过对城市的向往，直至今天这种恐惧依然存在，因此"资本主义精神"并未吸引所有的乡下人，然而，这也许就是城市生活的独特性和魅力所在。

---

① 让·比雷尔：《回忆录》（1601—1629 年），勒皮，1875 年版，第 374 页。

2. 城市社会、行业和社会团体

礼仪

　　城市社会是在封建制度之外诞生和发展起来的，它是反封建制度的，然而却没能摆脱社会拟态的规律：新的等级制被精心地建立起来，而且时时受到监督，统辖着城市的社会关系；尤其当一个新贵族阶层从金融和商业资产阶级中产生，并正寻求在城市里确立像昔日旧贵族在农村和其他场合一样的首席地位。于是便产生了一种席次制度，一种城里的等级。如果说在我们今天的城市里，年金丰厚的资产阶级（倘若有的话！）想以各种方式——住高级街区，开豪华车和过奢侈生活——显示他们与普通阶级不同的话，他们已不再有机会像 16、17 世纪的祖辈那样显耀自己的社会地位。当时的集体生活中有许多仪式，全城市民都会论资排辈地出席参加，在历时几小时的仪式中，各色人物的座次排辈常会引起纷争，但如此礼仪又是必不可少的。当国王王后巡访进城，新主教就职，或者举行宗教仪式（在城里多多少少每年总有十来次大集会）时，各色人等被安排在经过仔细筹划的位置上：年轻贵族骑士有权骑马出城，去迎接将接待的重要人物；然后依次是当地贵族和"像贵族一样生活"的显贵、教士、市长和市政厅官员、市议会裁判官、卫队和法庭法官，每一类人在城门前、大教堂前和在大广场上都有固定的位置；再后才是各行会成员，他们中也严格按规定划分，先是纺织业行会、服饰用品商行会、首饰业行会，最后是担水的挑夫行会，他们有时被挤在广场的一角。贵族与资产阶级之间、众多的穿袍贵族之间的争斗是家常便饭的事，对穿袍贵族来说，他们肩上披的白鼬皮饰带的级别跟今天军人所佩的星杠等级一样重要，冲突还经常伴有谩骂、耳光，甚至用剑背敲打……更重要的是看看被全城市民接受的这种等级制度是如何受到民众的崇敬和欣赏的：漂亮的行进队伍是由教士安排的，逢到国王或亲王进城等大节

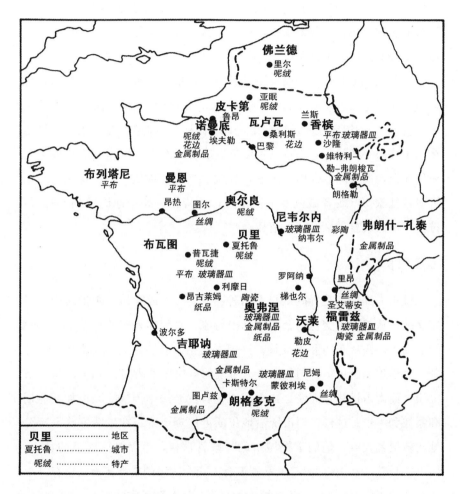

图 15　16 世纪末法国的工业分布图

（摘自 H. 赛埃［H. Sée］和 R. 施奈伯［R. Schnerb］合著：《法国经济史》［*Histoire économique de la France*］）

　　这是一份地区手工业特产的分布图：也就是在国内、国际贸易中某商品生产有一定规模的地区及城市。请与本章图 16 对照阅读。

庆时，晚上还有市民狂欢、放烟火、跳舞、分发食物，尤其是纵酒作乐的聚会，这一切通常会在市民的家庭日记账上有详细的描述。市民把它当作有吃有喝的演出，长时间地互相议论，反复地提到这些场面，在复活节前后这类游行每隔两天就会举行一次。如此大场面不是个别的……但乡下人对这些就不甚了了。

当国王或大主教的华丽马车进城时，大批市民有序地上前观看，他们当中一般不会有贵族家庭的成员：在 16 世纪初贵族居住在城里的不多。直到 17 世纪贵族才逐渐城市化，上流社会开始在城里发展。特别是在国王路易十四治下，为贵族生活定下了新的方式。16 世纪时贵族大多还住在祖传的乡间古堡内；更贴切地说，贵族喜欢从一个古堡到另一个古堡各处旅行，或者城里乡下两地住，总待在一处令他们感到不舒服：狩猎、比武或打仗别有一番情趣。

商品和长袍

城里人如果不是贵族就只有两种出路：商人或穿袍。所指的商人是广义的，从事货币交易的金融家和银行家，直到在狭窄的小巷里开小铺子的商人，销售布匹和家具等；穿袍者是指法官、教士，也指医生、律师、大学生和公证员，与我们今天所说的自由职业者有点相似。从经济上说，商人占优势，即使是在南部一些有古老法律传统的城市如艾克斯和蒙彼利埃也是这样。但占统治地位的上层资产阶级在生活方式上部分地仿效佩剑贵族，他们掌控城市的行政管辖权，出面接待国王的官吏，向王室贷款，从 16 世纪起王室若没有大资产阶级的贷款便无法生存。上层资产阶级中有法官、（17 个城市的）议事法院院长和法官①、初等法庭庭长，也包括大商人、大宗贸易商，他们的生意超出王国的范围，如 16 世纪末与西班牙做生意的圣马洛人，与热那亚、威尼斯、巴塞罗那、黎

---

①   译注：当时国王准许在某些较特殊的城市或地区设立议事法院，代表国王对民间纠纷做出终审裁决，这些议事法院也拥有地方政治决策的权力。这些城市或地区包括巴黎、里昂、奥弗涅、索洛涅、贝里、波旁、安茹、皮卡第、普瓦图、格勒诺布尔、波尔多、图卢兹、第戎、鲁昂、雷恩等。

凡特的诸港口以及培培尔人城市的集市等有贸易联系的马赛人。16 世纪
的大资产阶级都从事贸易、大宗货币交易、香料，尤其是纺织品的生意，
他们在直接或间接地与美洲或亚洲的贸易中发了财。但是在 17 世纪风向
转变了，他们开始转向穿袍阶层，收买官爵，培养子弟当文职官员；这
个时候"穿袍文官"就占了上风，比经商者更吃香了。这或许与经济活
动的起伏有关：整个 16 世纪是经济扩张阶段——物价上涨、生意扩
张——但在 1620 至 1650 年间经济出现下滑；接着是停滞衰退，17 世纪
出现了经济萎缩。不过人们的心理过程不完全与经济的起伏相吻合：在
中世纪最后几百年中，穿袍职业已具相当的诱惑力，王室培养了一批驯
服又充满热忱、忠于王室的文职官吏，取代碍手碍脚还惹是生非的大大
小小封建官吏。至 17 世纪王室采取同样的政策，取得了很大成功。1604
年国王亨利四世实施向文官征收"官税"（la Paulette），同时允许他们自
由转让文职职位，当然也带有世袭的意味，于是让所有的穿袍文官都有
了贵族色彩：继承格勒诺布尔议事法院首席院长的职位，与继承拉图尔
迪潘的一处祖传产业，肯定不是同一回事。但是文官职务的世袭制使本
来已位高权重、受人尊敬的穿袍身份更增添了新的魅力；此举对巩固王
室权威并不利，这又是另一个问题了……

商人和手工匠

　　桑斯、沙隆或鲁昂，外省小中心或沿海大港口，所有城市都是地方
上农产品的集散地——其中什一税征税官、粮商和小商贩起了中介作
用，他们在城市生活中的作用不可忽视（这点在 18 世纪更明显）——保
证了城市居民的食物来源，也是经过陆路的国际贸易的中转站，通过纵
横交错的道路贯穿法国，是连接地中海、大西洋、北海和中欧各国之间
的陆路必经之地。国际贸易有几个重要的市场——过去是一些汉萨同盟
城市、布鲁日和威尼斯，后来是里斯本、塞维利亚和安特卫普——在大
型集市商贸活动的刺激下，靠大起大落的货币流通的带动，大批商人、
货币兑换商和金银器皿手工艺人来到贝桑松，后来再到皮亚琴察、里昂

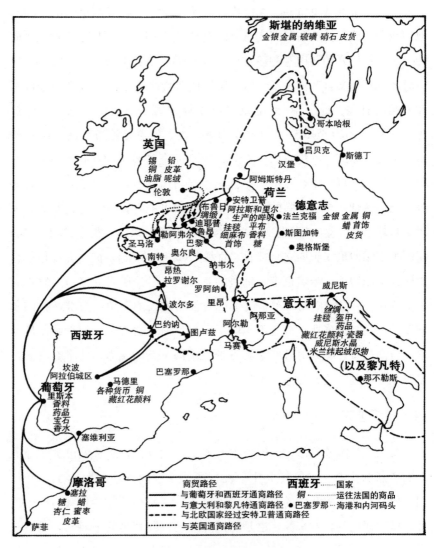

斯堪的纳维亚
金银金属 硫磺 硝石 皮货

哥本哈根

吕贝克   斯德丁

汉堡

阿姆斯特丹

英国
锡   铅
铜   皮革
油脂 呢绒

伦敦

荷兰
安特卫普
布鲁日
绸缎
迪耶普
勒阿弗尔
圣马洛
南特
奥尔良
巴黎
昂热
拉罗谢尔
波尔多
巴约讷
图卢兹
马赛
巴塞罗那

阿拉斯和里尔
生产的哔叽
挂毯 平布
细麻布 香料
首饰 糖

鲁昂
纳韦尔
罗阿纳
里昂
阿那亚
阿尔勒

德意志
法兰克福 金银 金属 铜
蜡 首饰
斯图加特   皮货
奥格斯堡

意大利
威尼斯
绸缎
挂毯 盔甲
药品
藏红花颜料 瓷器
威尼斯水晶
米兰纬起绒织物
（以及黎凡特）
那不勒斯

西班牙
坎波
阿拉伯城区
马德里
各种货币 铜
藏红花颜料

葡萄牙
里斯本
香药品
宝石
香水

塞维利亚

摩洛哥
塞拉
糖 蜡
杏仁 蜜枣
皮革

萨菲

商贸路径	**西班牙**······国家
──── 与葡萄牙和西班牙通商路径	铜 ┄┄ 运往法国的商品
─·─· 与意大利和黎凡特通商路径	●巴塞罗那 海港和内河码头
──── 与北欧国家经过安特卫普通商路径	
········ 与英国通商路径	

图 16　16 世纪法国的进口
（根据一份回忆录，国家图书馆法文手稿库藏文献，2085—2086）

　　本地图仅是一张概图，表示进口的大致路径及主要进口城市，但可以看出 16 世纪法国的国际贸易关系之规模。或许还需要另一幅表明货币流通中心和银行活动的城市图，在那张图上应该会看到安特卫普、里昂、奥格斯堡，以及皮亚琴察、贝桑松和日内瓦……

和安特卫普，至 16 世纪末安特卫普因有交易所而成为固定集市。港口和
河道则是经济动脉，水路运输风险大但成本低（1679 年的一本小册子
《免费贷款》称："核算下来，陆路运输比海运贵 50 倍"），水上航运使
商人赚了钱，这类商人在里昂比格勒诺布尔多，在图卢兹比卡尔卡松多，
在罗阿纳比克莱蒙-费朗……有漂洋过海，经过地中海、大西洋和波罗的
海的远洋航运巨商，也有从巴黎郊区的舒瓦西到巴黎的短途驳运商，它
们的规模不同，途径不一；在这两者之间还有内河航运商，小本经营的
商人选择走狭窄弯曲的河道，其经济作用有限，故编年史上记载不多。
零售小商人投入资本少，所担风险小，利润自然亦少。档案中概要记载
了一对惹上官司的小商贩夫妇："皮埃尔·贝特朗和他妻子若尔热特·
奥克莱尔住在奥弗涅的勒皮诺特尔达姆镇，经营奶酪小生意，把奥弗涅
出产的奶酪运往纳韦尔去卖，返回时也把纳韦尔的彩陶带回奥弗涅来
卖。"[1] 商人象征着 16 世纪的征服扩张，他们长途旅行敢于冒险，把全
部财富押在一条帆船或一艘海运大船上，历时数月漂泊在地中海的惊涛
骇浪中：远涉重洋万里迢迢，一路风险风云难测。水手们在变幻莫测的
风浪中判断航向，还要时刻警惕暴风雨的袭击和海盗威胁。另一方面，
倘若过了正常的船期，在港口等候消息的人，在鲁昂、马赛、里昂和巴
黎等待的商人又是何等焦急！更不用说投机商和保险商了，即使最普通
的生意，也需要承担各种风险。同样在从奥尔良至埃唐普或至巴黎的陆
路运输中，抑或载负胡椒粉的一条小船沿卢瓦尔河河道从南特到苏利的
内河航行中亦有不少冒险！在所有商人中，冒最大风险的可能就是贩运
银和铜的巨商，他们在 16 世纪初的最初几十年里开设两地公司与印度进
行大宗贸易，向国王和亲王贷款，在里斯本、塞维利亚、梅迪纳德尔坎
波（西班牙）和里昂等地都有威尼斯代理商：关于里昂和安特卫普的新
型大资产阶级，埃伦贝格在他的经典著作中有深入的描写[2]。总之，这

---

[1]　涅夫勒省档案，B 类 42。

[2]　R. 埃伦贝格（R. Ehrenberg）：《富格尔家族的世纪》（*Le Siècle des Fugger*），法译本，
巴黎，1955 年版，尤其参阅第二部第二章。

个包括各国商业巨头的世界里，多数是外国人：德意志人、意大利威尼斯人和佛罗伦萨人，特别是热那亚人（16 世纪末）。在最成功的商人中，法国人并不多。这一点在中世纪已表现出来（参阅本书第三章第二节"旅行、商业和货币"），解释这一现象并不容易：有些人把它归结为天主教会对高利贷的谴责，但高利贷在意大利和德意志也受到严厉惩罚，路德派教会亦同样指责高利贷；抑或是新教打消了商人的疑虑，从而激励了大宗贸易在尘世的成功？这只是一个简单的迹象，并不是十分可靠的解释。事实上，还需要考虑一些其他因素方能解释塞维利亚、奥格斯堡和安特卫普对鲁昂、里昂和马赛的优势。首先，法国的公共财政始终枯竭，于是在私人财富上征收重税，而富人们总是俯首听命，正如埃伦贝格在书中指出，"法国国王统治着一群驴，谁都不敢抗拒。他的进项……身为国王想要多少给多少"[①]；向"富裕者"借钱，各种形式的强迫贷款，无异于搜刮银子；然而西班牙王室宣布破产一事的影响同样巨大。其次，里昂和鲁昂的巨富家族垂涎穿袍文职，尤其经不起地产的诱惑（在 16、17 世纪），土地在他们眼中是最可靠的资产，也是实现贵族梦的最佳途径。地产的收益虽不及大宗贸易利润高，但却是固定的且毫无风险。

商业资产阶级的上层掌控在参与国际大宗贸易的巨富手中，他们的听差、仓库主管、在亲王身边活动的代理人——或掌有实权或仅是眼线——人数众多，分头在里昂忙碌地活动，或者单独潜伏在布尔日。大商人们再也不会有雅克·柯尔的好日子了。在大商人之下是无数小商人，他们所冒的风险比我们今天的零售商和小店主的风险大一些，包括面包铺老板、肉档店主和饮食业小商小贩……再其次是手工艺人，按手艺又分为无数行当，如做皮革生意的分为"鞣革工、修鞋匠、手套商和皮祆商"。每个行业有严格的行规，在 16 世纪的生意场上受人尊重的程度一行不如一行；而且各地区的行业侧重不一，有些地方的产品已相当

---

① R. 埃伦贝格（R. Ehrenberg）：《富格尔家族的世纪》（*Le Siècle des Fugger*），法译本，巴黎，1955 年版，尤其参阅第二部第二章，第 31 页。

出名，如布列塔尼的平布，佛兰德地区的呢绒（参阅图 15）。出现大量的相近行业说明行会权威的严重衰退，主要是自由职业的冲击、有名工匠的大型作坊的地位稳定以及市场的需求。行业分散并没有促进技术的进步，因为在这类行业中，由于制作方式和工匠手法的细微差别所用的工具也大不相同，手工行业的一个大问题是缺乏能源，一般工场的能源只有水力和劳力，因此手工行业是劳动力密集型的产业。"小民百姓靠手工劳动吃饭"，小小作坊里都得有一定数量的伙计，少则三五人，多则十来人，连新兴的印刷行业也不例外。由此决定了生产的极大僵化：纺织制毯、家具武器、盖房造车各行各业的造价都十分昂贵，因为都是手工制作，生产周期长，当工匠花足够时间完善其工时，制品也成工艺品了，艺术和手工业合而为一了。在需求增加的情况下，一些城市和地区很快因产品出名，手工匠的手艺也日益精湛：昂古莱姆的造纸厂出产法国最好的纸品，梯也尔市的剪刀铺堪称巴黎第一作坊……

　　手工匠在作坊里既是制作匠也是销售商，他们靠附近农村提供的亚麻、羊毛和大麻等原料进行加工，也靠从法国各地森林中开采的铁矿石，从朗格勒高地到卡尼古、从利摩日到汝拉山，这些行业还算不上现代意义的工业。简陋的织布作坊，山里的鞣革工场，小规模的"采矿场"和烧柴生火的打铁铺，都是微不足道的小铺子，效率低产量少。在 16 世纪的法国，居民人数超过两万，产业集中于工业、冶炼行业，堪称重要工业城市的仅有一地：圣艾蒂安。这是个独特的城市，它发出的巨大声响和野兽般的活力令当时人感到惊恐不安，请看下面这段描述："距离该城市的港口卢瓦尔河畔圣朗贝尔两里①外，就可望见圣艾蒂安这座城市，与其说它是居住的城市不如说是魔鬼的地狱，一座巨大的十字架竖立在城门口……城市附近有三座山，那里长年燃烧着熊熊大火，喷吐出火舌，如意大利的维苏威火山；山里有铁矿和煤矿，这里的居民是全法国最好的技工，他们炼铁打造各种武器和工具……你只要走近城市就听到打雷般的巨响。看到的都是蓬头垢面的人，比夜间的小鬼还可怕，浑身一团

_____

　　①　译注：此处是指法国的古里（lieue），一古里约合今天的四公里。

黑，只露出白晃晃的牙齿和眼珠子……"①。

法律界人士

跟安特卫普和热那亚有联系的里昂的金融家、银行家和商人，与里斯本和巴约讷有贸易往来的图卢兹的染料商、图尔的丝绸运输商、拉罗谢尔的船商，还有制作漂亮的银器和带有圣乔治击倒巨龙大幅雕刻图案的精美家具的手工艺人及承包商，以及对他们的（小）老板已有所积怨的小伙计们——这一成分复杂又人数庞大的人群，组成了自古希腊时期达西亚人打造金币和罗马帝国图拉真皇帝以来，欧洲经济成就最辉煌的16世纪的商业世界。但是面对这个世界，或者更确切地说是与这个世界并存着另一个阶层（因为两者之间并非断然隔绝，直到柯尔贝时代的贵族和资产阶级之间亦是如此），他们是法律人士。这些人在城市生活中不可或缺，在法庭上判案或替人辩护，拟订合同和保险条款，尽管存在（下文要提及的）各种舞弊以及随之而来的效率低下，他们的作用很大，比过去乡村里封建领主仲裁的作用大多了。总之，他们是另一种素质的人。他们跟所有做学问的人一样平时不常出门，从事高度脑力劳动，讲拉丁语——自1536年国王颁布法令规定法语为法律方面所用语言之后，越来越多地讲法语了。他们善于在密密麻麻的法律条文之间找漏洞钻空子，千方百计利用罗马法、封建时代遗留下的各种惯例和宗教法，或者迎合王室的意愿把水搅浑。在市民中就是他们替王室效劳，出于职业也出于对旧贵族既欣赏又憎恶的复杂情感，他们与王室关系密切。事实上，文官职务就是为扼制旧贵族而设立并予加强的。法院和最高法院的法官、顾问位居文官之首，他们炫耀职位，享受特权，十分沾沾自喜，对自己作为王国捍卫者的作用相当自满……穿袍文官很早——在文官的"官职税"创设之前——就以等级意识自视高于其他人特别是高于商人阶层，奥利维耶·德奥梅松不是在17世纪中期就这样描写过他的一位在

---

① 法国国家图书馆，法文手稿库藏文献，17262，第28页。

巴黎最高法院的朋友："他与社会地位低于自己的人结婚只是为了金钱。"①

从 16 世纪起，尤其在 17 世纪，文职高层的地位稳固，俨然成为外省小城市的社会头面人物。他们不遗余力地追捧王室，但并不忠诚：廉价收买文官职位，以替国王效劳为荣；在各地小城市里呼风唤雨，严密控制平民百姓。加上"官税"制实施后地位更加稳固，种种因素使他们感到自己的独立性：世纪末的内战和摄政期的混乱更加强了他们的独立意识。于是穿袍文职很快变为蠢蠢欲动的官僚阶层，他们并不背叛国王，但不顺从，不时向国王提出谏书，脾气执拗，拒绝登记和执行国王颁布的法令。他们是王室奇特的臣仆，王室从弗朗索瓦一世起就声称要建立绝对王权，却对这批文官毫无办法；掌管行政大权的法官和文职官吏唯恐失去自己的权威和特权，常常在城市中形成一股团体力量，必要时不惜与王权抗衡，时局微妙、贫困和王室财政拮据等因素也助长了他们；1666 年是个平静的年份，普瓦捷市拒绝资助柯尔贝的印度公司，"城市被税务压垮了，加上部队过境要负担 1 600 名国王卫队的开销，国王在 1665 年刚向城市征收了一大笔税"。设想一下今天的法院拒绝判案，财政官员在征税中自搞一套……时代环境不同了，但大胆的程度却是一样的。

在上述环境下，现代城市向我们展现出一个纷繁复杂、多元化的社会，在这个社会里群体和个人之间的关系错综复杂，这一切与贫穷单纯的乡村形成鲜明的反差。尤其在当时那个时代，任何一个城市包括巴黎在内都不可能也不想把各个街区相互隔绝，贵族和资产阶级，富人和穷人，店主和伙计每天见面接触，生意往来和社会生活的需要产生了各种知识活动，譬如阅读、记账、通信或者就一匹布进行讨价还价，在法官面前辩论，或者在教堂边某个声名狼藉的小酒店内，人们面对一杯清凉的薄酒进行讨论，这样的讨论不是每逢周日一次，而是天天如此。为保

---

① 奥梅松：《日记》（1640—1672 年），巴黎，1860 年版，第一卷，第 122 页。

持人际关系而参加各种节庆活动：宗教的、市民的、行会的和雇主的活动，偶尔还夹杂了学生打架和嬉闹、轻佻女工的不幸遭遇……城内的市民生活要比城墙另一边的乡村生活"文明"得多。这一点，当时人们就有所察觉，尽管他们自己与农民也很相似。许多文献中都提到这一点，一位当时人在 1664 年写道："17 世纪的田园小说怎么会描写如此优雅的牧羊人？许多人觉得有些事难以置信，作者笔下的男女牧羊人的语言和举止如同最机灵的宫廷朝臣一样，而乡下人一般应该是粗鲁和愚蠢的。"①

---

① 索雷尔（Sorel）：《法国图书馆》 （*La Bibliothèque française*），巴黎，1664 年版，第 158 页。

3. 16 世纪的知识膨胀：书籍

城市的知识生活

城市无疑是知识和艺术生活的中心（在书籍普及之前，"知识和艺术"两词是联系在一起的），从中世纪起（参阅本书第四章第一节中"乡村贵族的困境"小节）就已如此。在这一领域，城市的设施足以说明问题。城市有位于每个大教堂周围的雕刻作坊，有大学和教会学校，在资产阶级的要求下，各堂区还自设学校，对商人子弟进行启蒙教育：这是由艺术大师、博学的教师、僧侣大学生和修士们组成的人数不多的阶层，修士们在授课的同时自己亦在学习……但是这一阶层的人数很少，在著名的学术城市如蒙彼利埃和巴黎也不过几百人，其他较小城市仅数十人。然而古登堡的发明在欧洲大陆迅速推广和不断改进，在五个世纪中完全改变了现代的知识生活，堪称革命，其影响犹如当今社会的影像和音响一样巨大。

要衡量书本带来变化的程度，首先得了解城市少量知识分子原来的意识状况；虽然他们已处在一个较坚实的文化环境中——城市教区已相当活跃而且组织良好，大学和教会学校的社会影响深远——其思想意识与上文已提及的农民意识仍相差不大。尽管有了城市的知识环境以及商人经商活动、人际关系中的"技术"需求，尽管有了书籍——它记录并传播被社会认可的观念和信仰，而多少世纪来这些观念和信仰是靠口述传统来保存和继承的，同时书籍还传播了古代的艺术和思想，但城市知识分子的意识程度并不高。吕西安·费弗尔曾在他的著作《不信教问题》中令人信服地指出，16 世纪（和 17 世纪）的知识分子意识往往与社会条件不相称，带有许多模糊、不准确和矛盾性，这些不协调因素随着知识分子个人的思考节奏、每个人的逻辑需求而缓慢地改变，其缓慢性体现在各人的思想活动上，而非启蒙思想的普遍进程中：理性意识，人们在城市比在乡村更经常地提到它。这就是我们对城市知识阶层的全部判断。吕西安·费弗尔①曾举过德蒙科尼的极好例子，他是 17 世纪的学者、旅行家，注重理性和坚实的知识。他不听信某个女修道院院长关于该修道院经常出现奇迹的报告，也不会在几小时或几天后就相信在类似情况下出现的某种命运或奇迹。他的智力不比让·博丹弱。让·博丹是写作《共和国六书》的学者，曾与同时代人就物价上涨问题进行过辩论的伟大经济学家，他还发表过《巫师的病魔缠身说》一书，罗列了 1 001 种魔鬼的诡计招数。作者不是唯一识破巫术的人，事实上在真伪难辨的时期对一切以妖术惑众者的审判及施行火刑都是由博学的法官们组织的，他们对各种巫术罪行如同对普通偷窃一样了如指掌②。轻信（用这个词有点年代错乱），我们说城里人与乡下人同样地（或许少些）轻信，它在一个理性与非理性、自然与超自然的无意识混淆的年代是极为普遍的现象，可以说是长期以来人们耳熟能详的《黄金传说》③ 的一种遗传，人们容易将不严肃的虔诚混同于真正的福音故事……16 世纪末的一个故事很能说明问题，埃斯托伊勒在《日记》中写了这样一个有趣的事，这些在我们今天看来纯属虚构的事件很有意思，但在当时对皮埃尔·德埃斯托伊勒来说绝非一个故事，他在写作时没有丝毫犹豫，连笔都不抬一下：

　　1593 年 12 月 20 日，有一个暗恋着鞋匠妻子而近乎绝望的那不勒斯人……知道她在哺育婴儿，便以治疗眼疾为由要求妇人给他三滴乳汁，他随信附上十埃居钱，以为这样她很容易得到她丈夫的准许。丈夫有一头山羊，他挤了山羊奶，给那个那不勒斯人送去了三

---

① 《巫术、愚昧或意识革命》（*Sorcellerie, sottise ou révolution mentale*），发表在《经济、社会和文明年鉴》，1948 年。

② 参阅罗贝尔·芒德鲁：《17 世纪法国的法官和巫师》（*Magistrats et sorciers en France au XVIIᵉ siècle*），巴黎，1968 年版。

③ 译注：《黄金传说》（拉丁语：*Legenda aurea*）是热那亚大主教雅各·德伏拉吉所著的基督教圣人传记集，记述约 150 名圣人、圣人团体和殉道者的故事。该书写于 1261 至 1266 年间。

滴山羊奶，竟对他说这是他太太的乳汁。那不勒斯人欣喜若狂，对着送来的三滴乳汁爱慕不已，以为诡计得逞了（据说这一招会令鞋匠妻子对自己萌生爱情，不管他在哪儿，她都会跑来找他）；结果发情的山羊开始狂蹦乱跳，最终冲出主人的住所，在那不勒斯的卫队中找到了这个拈花惹草的人，跳上他的脖子兽性大发，使劲吻他，用爪抚摸他的身体。

心智程度

人们至少会认为现代①城市人并不缺乏知识和职业工具：商人们每天得与账本、钱币打交道，从法国边境到王国中心，货币兑换商和金银器匠得称量金银，测定外国货币的金银成色，需要把旧货币回炉熔化、重铸，大宗贸易商懂得交换和调换等。所有商人至少得会识字计数，不像乡下人那样只会口头讨价还价。不过也要谨慎看待：商人们可能不再像乡村同胞那样用刀在木板条上刻痕记数，犹如农民把一袋袋小麦送去磨坊磨面时记数那样；但是，当时商人离我们习惯的"心算"仍很遥远，"心算"是需要从小在学校培养的，直到今天还是这样。时间和生意上的事并非都能用数字记载，很快就发觉为了记录数字还需要会写。道默松先生曾在 1665 年目睹了他父亲的膀胱结石手术：医生用夹子夹结石数数，结果结石被夹碎了，手术医师只能用匙子来挖出散粒的沙子。手术持续了多久？"比吟诵两遍《上帝怜我》诗篇的时间长一些。"② 记账就是先一笔笔记下来，然后慢慢地算出结果：家庭日记账和其他许多文献上记录的一笔笔数字显示出记账过程，50＋45，150＋30＋4 是表示做加法；但减法就比较困难，多数情况下会把该减的数字忘了。当时有名的大会计师如里昂的马丁·克莱贝尔和国家财政大员如图尔农红衣主教等，一定算得更好些。但是平常百姓犯的计算错误很能说明问题：从 16

---

① 译注：按法国史学界的划期，从中世纪结束到 1789 年大革命发生之前为现代。
② 奥梅松：《日记》，第二卷，第 302 页。《上帝怜我》为《圣经·诗篇》的第 50 篇。

世纪起书本开始大量发行，书本上提供了计算的方法和日常应用表格，但是从技术的发明到民众中较广泛的实际应用，成为一个文明现象之间有一定的时间差距。

城市堂区和学校

然而，在城里人的各种知识和精神现状之外，还应看到他们在书本普及之前已受到两方面的文化熏陶，这些是乡下人所不曾有过的，那就是相当活跃和活动频繁的城市堂区以及大学和学校，这类教会学校最初专为培养僧侣，后来也向世俗子弟开放。

如同乡村堂区一样，城市堂区是市民参与精神生活的环境。但是城市的堂区或许更为严格，本堂神父和副神父享有比乡村同行更大的宗教权威；神父对教徒密切监视，必要时还给予惩罚，这种处罚即使是和善的，市民教徒都会十分认真地看待。"……为何圣雅曼骑兵团的掌旗官莫里斯先生不能做教父呢？副本堂神父回答说，他资格不够，因为他从不参加复活节领圣体的弥撒。"① 因此在勒内·潘塔尔②的描述下，我们看到一些对宗教教条持怀疑态度的博学教徒，为了避嫌从不缺席一次弥撒。城市教徒因受这类监视十分规矩，从不缺席必须到场的宗教节庆。这类节庆很多，到了柯尔贝时代更加繁多。堂区还是教徒的灵修之家：教堂里的雕塑和花窗玻璃诠释着宗教生活，这是众所周知的。但教徒们对此已习以为常了，所以它们的效果不及圣骨或圣物盒，圣物盒上经常会出现奇迹，尤其当教徒面对它静思默祷时会更真切，即使在书本普及的时代还是这样。还有圣曲，数量极其丰富，在举行重大礼拜仪式时由信徒们唱圣歌营造气氛。

比起其他一切礼拜圣器稀有的圣物盒被更细心地收藏，它的盒子由

---

① 马耶讷省档案，B 类 2985。更重要的理由是神父监视某教徒是否有异教嫌疑。卢瓦雷省档案，B 类 1383，"弗朗索瓦丝·布隆丹太太被怀疑信奉新教，因为她已有两年不做弥撒了"。

② 勒内·潘塔尔（René Pintard）：《17 世纪上半叶博学的自由思想》（*Le Libertinage écrudit dans la première moitié du XVIIe siècle*），多处提到这类例子。

能工巧匠精雕几年而成，每个主教区都有一个圣物盒，珍藏着圣人的遗物，它们是基督教会唯一的真品，尽管在相当长时期内有人偷盗倒卖圣物，它依然备受信徒敬仰，在不同地方显现过大奇迹，令整座城市长时间地沉浸在欣喜若狂之中。荆棘、内衣、裹尸布、十字架的一截木、几滴血和眼泪等圣物都被一一珍藏，被一代代信徒反复瞻仰。勒皮那个地方有个农民曾向人这样炫耀他所在教区大教堂的圣物：“这座城市因圣母堂拥有世上最漂亮和最神圣的圣物而荣耀，那是主耶稣的神圣包皮，是他身上的肉，世界上只有这里才有。”此外，教士亦发挥了很大作用：托钵僧修士受过特别训练，专门为城市信徒传道；教区神父在各堂区巡回传道，信徒们渴望听他们的传道，他们的说教也许更生动，而本堂神父的周日布道则比较单调古板。17 世纪中期巴黎最有学识的信徒，倘若家里有图书室又有相当数量的朋友，就会放弃去教堂听道，请耶稣会神父，或者更喜欢请享有盛名的嘉布遣兄弟会修士（capucins）上门传道。或许是听众的要求更高，修士上门传道的情况不多。在外省的小城市里，并非所有小百姓都讲法语，神父传道好坏就不那么重要了。F. 布吕诺曾在他写的书中引述了阿普特主教的一段很能说明问题的话：“布道效果不大，因为被派去的传道者不会讲当地的方言，所以当他们用法语传道时，农民和手工匠们都不听。”[1] 神学讨论、重要的时政问题以及几个世纪来的重大事件，使西方基督教陷于不可调和的分裂；城市听众欣赏漂亮的演讲，习惯于对需要诠释的经文进行长篇说教，于是教士就对城市文官信徒进行冗长的传道。但有时传道缺乏水准，17 世纪有人这样抱怨道：“传道者一味地讨好听众而不是纠正谬误，所以他们往往助长民粹意愿。”[2] 对于听道这样重要的活动，任何事都得让路。此外，城里人还喜欢在教堂、在主教堂内听到悦耳的声音（正如吕西安·费弗尔所指出的，16 世纪的人听觉跟视觉一样地敏感），主们在他们的“小礼拜堂”内满怀热忱地研究圣曲，圣乐弥撒固定不变地由以下六个乐曲组成：“主，

---

① F. 布吕诺（F. Brunot）：《法语史》（*Histoire de la langue française*），第七卷，第68页。
② 斯佩（Spée）：《谨慎指控》（*Cautio Criminalis*），里昂，1660 年版。

矜怜我们""荣耀归主颂""信经颂""圣哉颂""感恩颂""天主羔羊"。尤其是经文歌，从特定祈祷文中摘取出来的歌词是真正的抒情诗，乐师再给每个声部配上旋律，简单的乐曲悦耳动听，16 世纪产生了帕莱斯特里纳和维多利亚等圣乐大师。

由此可见，城市堂区构成了市民文化生活的坚实和活跃的环境，相对于城外乡村堂区来说，他们是得天独厚的。尽管教会体制不尽完善，但城里人是精神上的特权享有者：主教和本堂神父都是城里人。根据 1516 年法国国王和教皇在博洛尼亚签订的和解协议，普通城市的主教由法国国王直接任命，但国王任命的主教不一定就是最好的。由国王亨利四世任命的年仅四岁的洛代沃主教是众所周知的事实……70 年后，作为设在克莱蒙-费朗的奥弗涅国王特别法庭成员，弗莱希耶发现奥弗涅的一个主教很不称职："有一天，当法庭庭长蒙托西埃用神学词语跟他谈到司铎职务的原则时，他竟转身问身旁的神职人员，庭长的话是不是天主教语言……"① 然而 17 世纪有一大进步，因教会内部的纪律改革，在聘任主教方面更加严格，尤其是一场宗教大辩论，使得主教的任命有所改进。

本堂神父和副神父，司铎和主教，以及亲民的嘉布遣兄弟会修士、本笃会修士、耶稣会修士和多明我会修士等许多教士，每时每刻地出现在市民的生活中。市民们聆听他们的说教，同时也以带着几分狡黠的眼神观察神父和修女的一言一行，仿佛古老的韵文故事中那些好笑的人物——拉丰丹在最轻浮的故事中曾描写过这类教会人士。因为堂区十分活跃的生活，亦因为教会学校和大学等教会机构的存在，教会始终在每个人思想中占据首要地位，在拉伯雷、蒙田和笛卡儿的时代，教会和教士阶层经历了不断的变化。伟大"改革家们"的思想是对同时代民众的无数抱怨和多次改革要求的响应，诸如弗朗索瓦一世、耶稣会修士，以及稍后奥拉托利会会员和让森派教士等提出了大胆主张。尽管有许多美

---

① 弗莱希耶（Fléchier）:《奥弗涅特别法庭回忆录》(*Mémoires sur les Grands Jours d'Auvergne*)，巴黎，1856 年版，第 113 页。

好的改革计划，在教育领域的进步仍不大（不包括书籍普及带来的进步）。以至在 17 世纪末，J. 鲁抱怨道："用孩子们根本听不懂的语言和语法规则来教育孩子的野蛮方法……讨厌的第一人称单数、直陈式，还有动词现在时等等幽灵。"但是学校、大学生的喧闹生活以及学校的坚实传统还是给城市小官吏和商人的孩子带来了所需的艺术知识，亦使他们参与了城市的文化生活，譬如学生在学校门前的争论和集会，吸引了大批市民听众，令人联想起论文答辩的场面——1648 年在巴黎医学院隆重举办了一场论文答辩，题为《女人是否是自然所造的次品？》，1668 年另一篇答辩的论文题为《采用鱼胆汁的托比疗法是否自然？》。凡此种种在我们今天看来离奇古怪的题目正反映了当时以圣人著作和亚里士多德学说为基础的科学状况。学校和学院还为城市提供了舞台，学生们上演剧目时，家长、年轻演员的朋友，还有好奇者都去观看达尼埃的故事和圣亚历克西斯的故事：《圣经》和《黄金传说》被大量借鉴。学校或许在经院哲学的主导下感到窒息，但随着学校开学和放假的节奏，以它的争论和节庆也营造了文化生活的氛围。

书籍和阅读

我们再次强调指出，尽管书籍已经相当普及，口头表达仍享有很大的魅力：教堂永远不够大，最有名气的说教者往往在露天演讲，人们追逐精彩的传道和演讲，正如今天某些人追求时髦，赶着去看最新的画展一样。17 世纪的一个巴黎人，如奥利维耶·德奥梅松在一个下午赶几场布道会而乐此不疲，他这样做并非附庸风雅："1643 年 12 月 6 日星期天，我在掌玺大臣家听完道。饭后又去圣保罗听约瑟夫·莫莱神父的传道，他讲得十分精彩，然后再从那儿赶去阿侬西亚德……我听了耶稣会修士、海牙神父的传道。"书籍带来的革命不是习惯上的革命，亦非社会生活节奏的革命：在这一领域中，它的作用显得较迟缓，书籍通常只有在必须懂得阅读的职业中才是必不可少的。书本普及带来的知识世界的扩展是毫无疑义的；但是人们很难估量它的确切程度。可以肯定的是书籍给僧侣阶层带来了我们 20 世纪的人难以设想的巨大改变。我们今天——无论从事哪种职业——每人每年至少阅读三四公斤的文字资料：广告、报纸、报税单……那么从 1450 年至 1550 年的一个世纪中，僧侣及其教会同道们又何以能从稀罕又昂贵的、往往字迹难辨不易阅读更不易保存的手稿，过渡到既漂亮又易读、装帧结实且人手一册的书本呢？我们知道得比较详细的是关于书籍发行的巨大成功：当 15 世纪印刷技术普及后，从 1420 年印制穷人的《圣经》到古登堡采用好的油墨和铅字印刷，印刷作坊在各地涌现。1470 年，尽管最早的索邦大学附近的誊抄作坊提出抗议——原来誊抄工每天不紧不慢地抄写出漂亮的古老讲义和文稿，能挣一份相当滋润的生活，现在被打破了，最早的印刷工场在巴黎索邦大学内创建了。1500 年时仅里昂一市就有 50 家印刷工场，印刷业已成为组织有序的新兴行业，人们大量投资购买印刷机器，对纸张的需求亦不断增加——这是一个特别自由和大胆的行业，它印刷出版一切能得手的东西：学校的课本和教会的书籍。首先印刷的是《福音书》和教会早期主教的著作，从此人们可以一口气地读完《路加福音》或《马太福音》，不必再等到周日去教堂听神父逐节地讲读了；其次出版的是在最古老的修道院陆续发现的拉丁文和希腊文的古代手稿，譬如有共和思想的西塞罗的作品，哲学家柏拉图和塞内克的著作，修昔底德的历史著作，以及许多古代人物传记，如普鲁塔克的《希腊罗马名人传》，该书由阿米约翻译成法语，出版后成为 16 世纪的畅销书。而后书商的出版激情和好奇心依然不减，还出版了思考和研究古代思想并夹杂了当代人观点的论文著作，如博丹的《共和国六书》、著名医生安布鲁瓦兹·帕雷有关医术的博学研究，以及用拉丁文写的关于巫术和炼丹术的著作等等。此外又出版了无数的短评文章，以几页篇幅记述一个特别事件，配几十行字的事件评论：发行量多少？读者群又是谁？这些我们都不太清楚，常常连作者是谁都不知道。这类评论之多反映了文章的重要性及其时代精神："一篇精彩绝伦的文章，记述一只猞猁在 1616 年 3 月 5 日周六闯入维恩市区，被人追逐了很久之后终于躲进了圣莫里斯大教堂"（维恩，普瓦耶出版社［J. Poyet］，共八页）；"一篇十分精彩、真正神奇的文章，讲述一个自称是多菲内地区拉科斯特圣安德烈教派的信徒，因亵渎了神明圣萨克雷芒，最后可怜地被耗子啃死"（尚贝里，布罗萨出版社［Brossart］，共八页）。我们几乎可以说从 16 世纪开始了印刷狂热。

从此，大城市的资产阶级家庭追求奢华，除了像 15 世纪末那样装玻璃窗、购置精工雕刻的木制大橱柜和漂亮的挂毯外，还增添了另一新的嗜好，就是收藏小牛皮封面装订的烫金字的漂亮书籍。我们在遗物清单中可以看出收藏者的良苦用心，书籍大小为四开本或八开本，讲述圣贤故事、居鲁士大帝征战或新世界的奇迹等等。书籍被整齐地沿墙排列，抬头可见，随手可取：这是蒙田和其他许多名人的嗜好！当然，如果我们就此肯定宗教改革和文艺复兴是欧洲大陆普及印刷的产物，认定马丁·路德在维滕贝格提出的"95 条论纲"倘若没有印刷出版，在数周内发行至全德意志乃至稍后全欧洲的话，路德不会比扬·胡斯更危险，等等，就显得有点过于大胆了。但是书籍带来的巨大变化绝对不应低估。

再者，同时存在着两股运动：一方面是文化和精神生活的扩大。当这一潮流找到了更好的传播载体时，它便突破僧侣和教会学校的囹圄，面向对知识文化热情高涨的整个城市上流社会：于是出现了 16 世纪的罗贝尔·艾蒂安、17 世纪的克拉莫瓦齐这样充满热忱的人文主义者，他们既是学者同时又是伟大的印刷者，知识文化生活浮出了水面，开始与艺术生活相脱离；另一方面，探讨、发明以及追求和理解知识的热情亦摆脱了修道院和教会学校的框框，进入市民家的客厅，出现在法学家们的讨论中，并引起了连锁反响。通过书籍传播的这类群体的文化生活跟农民、手工艺人和小市民的普通生活相脱离，因为农民和普通市民不阅读亦无娱乐，跟不上上层社会的精神文化生活。沙特尔圣母院所辖各堂区的全体信徒从教堂正门前经过时，知道门上浮雕的内容，懂得圣人雕塑的意义。但是，龙沙或杜贝莱等人的作品并非为所有人而写的；同样当勒内·笛卡儿翻译他的《方法论》时（显然作者是用拉丁文来思考和写作的），不曾想过也不可能希望他的书能被他的鞋匠或他家乡图赖讷拉海的农民读懂。随着时间的推移，我们将看到这个粗线条的大致轮廓会变得渐渐模糊，它在改变着一切；这一轮廓没有涉及大众文学和贵族高雅文学等重大问题……但也有一定的价值。

4. 16 世纪的经济繁荣：美洲的宝藏

书籍革命、文化和精神革命的深远影响，人们是在一个世纪之后才真正意识到的。1620 年当康帕内拉发出经常被人引用的如下惊叹时，书籍已渗透到从普通人的账册到艺术学校的所有领域："我们的世纪在这些年发生的故事比全世界 4 000 年中的故事还多；在最近一个世纪内出版的书要比之前 5 000 年中有过的书都要多。"然而，从 1550 至 1560 年起，费尔南·布罗代尔[①]所称的"敏锐的观察家们"已经意识到他们正经历着一场巨大的经济革命。让·博丹在一篇著名的文章中这样写道："西班牙曾靠法国存活，不得不从这里进口小麦、布匹、法律知识、菘蓝染料、罗东首饰、纸张、书籍，甚至细工木制家具及一切手工制品，现在它跑到地球另一端去淘金掘银了。"[②] 这一观点很快被接受并成为世纪末的共识，商人和政治家在较长时间后才放弃了这样的观点：认为西班牙即是欧洲的印度。

西班牙的黄金和白银

在 15 世纪末还缺乏金银的欧洲，尽管在德意志、匈牙利和斯堪的纳维亚半岛等地开矿发掘，仍不能解中世纪商人的求金之渴；进入 16 世纪后，市面上的黄金白银突然增多，现金充足。或许现金充足也是相对的，因为战争持续和商品流通的加速需要更多的现金。然而在整个 16 世纪过程中，武装商船整船地运载着金银，从安的列斯群岛起运，将成千上万吨的金子和银子源源不断地运抵西班牙塞维利亚：从 1500 年至 1640 年，共有 180 吨黄金和1.7万吨白银运抵西班牙……多大一笔数量的金银流入

---

① 费尔南·布罗代尔：《菲利普二世时代的地中海和地中海世界》（第一版），第 374—420 页；至于这一节，可参阅该书整个第二部。
② H. 豪斯（H. Hauser）：《让·博丹答德马莱斯特瓦先生》（*Réponse de Jean Bodin à M. de Malestroit*），巴黎，1932 年版，第 12 页。

了欧洲的货币循环！16 世纪初期黄金率先涌入欧洲，此后在 1550 至 1610 年间又有大量白银流入，最后在 17 世纪再有无数含银铜币，作为每天城市内交易的货币注入市场。如此大量的金银铜币一下子涌入市场，说明当时人们对金银的追捧，有很长时间秘鲁这个词就意味着取之不尽的财富之源！即使这样的解释不够充分，也应当承认账面上的货币流通量的增长也十分巨大。

那么为何大量的黄金、白银、西班牙古金币"多布朗"和古银币"里亚尔"会涌入法国呢？因为从一开始征服美洲，西班牙就在这庞大的领域处于领头地位，但它无力单独开发从墨西哥至巴拉圭的整个拉丁美洲：缺乏木材、帆布和缆绳来建造数量庞大的大西洋船队；缺乏面粉、肉类和蔬果来满足无数船员的需求；西班牙一国也无法提供征服者所需的武器、工具和布匹，当时世界上没有任何一个国家能单独满足这样强劲的需求，西班牙的农业和工业都不具备如此大的潜力。所以它势必求助于邻国，向法国购买小麦、布匹和家具，向意大利的热那亚、佛罗伦萨和威尼斯等求助。而后随着时间的推移，因西班牙人大量出征美洲出现了人力不足，于是各种走私和合法的货物开始从法国的马赛、波尔多或圣马洛，从安特卫普和热那亚等地运往西班牙以弥补当地的物资匮乏，西班牙经济变得越来越不能自给，贪婪的邻国则以高价把武器、布匹和小麦等销往塞维利亚。这是地中海和大西洋贸易的黄金时代，船队航行在各条海运线上，波尔多和图卢兹的小麦、染料出口商因此发了财，鲁昂和圣马洛的布匹商及帆布商也发了大财……西班牙的大量货币从南部和西部涌入法国市场，与此同时，政治上的操作也起了推波助澜的作用：西班牙国王查理五世和菲利普二世的满载财富的车队从法国经过，运往从米兰至贝桑松、安特卫普一线的帝国边境，稍后用于供养神圣联盟军队。因此法国的货币充盈是西班牙输血的结果，西班牙流失了金银，更严重的是造成 17 世纪初西班牙阿拉贡地区农村人口稀少，要依靠法国康塔尔省奥弗涅的农民前往埃布罗河流域去收割庄稼。

物价飞涨：受害者和受益者

当然，货币增加并未使法国所有地区都受益，也未使所有社会阶层都受益：它马上引发了物价的猛涨，尤其因法国手工业的可塑性不及西班牙大而影响更严重。或许某些地方因需求增加促进了技术的改良，如因产生新的职业，里昂和鲁昂的纺织业得到改进，但事实上可以说是技术停滞。能源设备和行业本身的技术并无改进；达·芬奇在货币泛滥之前进行的一些技术研究仅停留在图样上，未立即应用于工业生产。唯一能遏制物价上涨的是教会和家庭积蓄财富（这一点不容忽视），它通过兑换商和金银器匠人，将货币变为圣体盒、首饰、金银器皿等积聚起来。其余货币都卷入了商业投机，货币投机的滚动速度因需求扩大而加快，投资方式亦随需要而五花八门地增加，冲破了所有的道德禁忌，包括原来被教会禁止的放贷生息。后来因资金供应势头太猛和通胀洪流的诱惑力过大，最终投机归于失败。有人将这一事件与第二次世界大战后法国出现的情况相比较。私人资本和公共财政都遇到不同的结果：有的成功发大财，也有的深陷危机，甚至破产①。法国因为与西班牙的大宗贸易，因为从阿基坦沿岸港口直至圣马洛、鲁昂等港口城市参与了地中海和大西洋的海上贸易，所以没有遇到意大利一些城市的"货币短缺、地中海危机"等问题，如佛罗伦萨在世纪末所遇到的困境。不过法国因诞生了如马赛，特别是拉罗谢尔、圣马洛、鲁昂和勒阿弗尔等大港口，以及出现了像里昂那样的大型金融市场，它的经济受到了较大震动；中世纪的社会平衡受到威胁，它的根基遭到了破坏：这是这场货币运动的一大好处。货币运动在 1610 至 1630 年间开始放慢，此后便出现了覆盖整个 17世纪下半叶的货币紧缩。

在这场城市的狂躁中，财富以闻所未闻的速度被积累被消融，银行家们以令市民目瞪口呆的节奏控制着借贷和放贷，大宗贸易、战争和各

---

① 关于 1557 年的国际大危机和法国破产，可参阅 R. 埃伦贝格：《富格尔家族的世纪》，法译本，第三部。

亲王的勃勃雄心刺激了需求，令兑换商、货币铸造商及国王审计院都应接不暇①。那么究竟谁是赢家、谁是输家呢？笼统看来，所有社会阶层人士都是输家：手工匠及其伙计苦于物价飞涨；银行家始终处在悬崖边缘胆战心惊，有的已掉落谷底；"实业家们"无法应对需求和定价。如果再加细分，那么至少有两个阶层肯定是受害者。首先是未参与这场货币运动的人，他们原本应在物价普遍上涨（包括农产品的价格）中得到好处，但他们未能出售小麦：小本经营的粮农一年只能在一两次集市上粜粮，其微薄收入很快被贪婪的王室税赋所吞噬。王室的捐税因连年战争变得愈加苛刻，更不用说还得应付土地领主的勒索。除了博斯地区的农户、图卢兹的菘蓝（染料）种植户以及波尔多葡萄种植户等少数例外，其他地方的农民根本得不到什么收益；略有安慰的是农民也没受到太大损失，他们购买得很少。最大的受害者是城市平民大众：打工的伙计、作坊工人、小工场的手工艺人。他们面临的一切都在涨价——小麦、饮料、肉类等，而他们的薪金却并不增加；工资增长缓慢，非常慢②。事实上，实际所得工资还大幅降低了。对城市低收入阶层来说，日子过得非常艰难。不了解这一社会经济背景，便难以理解 16 世纪末民众何以怨声载道，也难以理解神圣联盟部队在巴黎的所作所为，以及佛兰德及其他地区的破坏圣像现象。这一切意味着城市小平民生活在水深火热之中。西班牙人从地球另一端运来的大批黄金、白银，并未装入贫苦者的口袋。在城市人口迅速增长的年代，劳动力充斥市场，城市打工群体根本无法提任何要求，尚处萌芽状态的阶级意识还未能提出社会诉求，市民的不满情绪一触即发。

另一边在得益者方面，物价暴涨时期最大的受益者无疑是土地食利者，佃户缴租的谷子运进他们的粮仓，他们从 1530 至 1540 年起以高价

---

① F. 斯普纳（F. Spooner）：《1490 至 1680 年世界经济和法国的货币铸造》（*L'Économie mondiale et les frappes monétaires en France，1490 – 1680*），巴黎，1956 年版，书中好几处提到。

② 费尔南·布罗代尔，第 407 页。该书提到具体数字：若把 1550 至 1559 年的工资指数设为 100 的话，那么至 1610 至 1619 年时指数则为107.4。

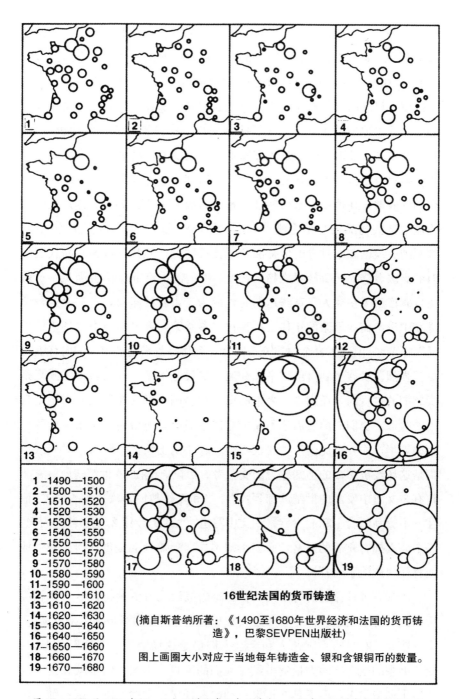

图 17 1550 至 1620 年间，从大西洋彼岸运来的黄金、白银在法国经济中所占的比重

把轻松囤积起来的粮食卖给城市粮商，毫无风险地赚取净利润，粮商再安安全全地赚取投机商和银行家的钱。面对大宗进口商的更大风险（和利益），还有更为唾手可得的利益，即收购城市周边十来公里的良田。购买巴黎、里昂附近的农庄，不光有望获得贵族头衔的敕封——这种虚荣心始终受人追捧，而且还是无风险高回报率的投资：16世纪地价在涨，土地收益亦水涨船高。但是我们知道，国王亨利三世和路易十三时代的贵族抱怨自己是商人发达的受害者，没得到实惠。因为当时贵族名义上得到的收益，在他们看来份额还不够。这有几方面的原因：首先他们的收益给购买物品的物价上涨"吞噬"了，壁毯、丝绸织物、金缕织品、细呢绒、绘画和家具等的价格涨幅不比谷物低；尤其是这类商品代表当时的高级奢侈品，贵族对之趋之若鹜，他们的占有欲从不会满足。这就使贵族产生了在商人飞黄腾达的时代成为受害者的印象，事实上这种感觉在中世纪商业繁荣的年代已经存在（参阅第三章第二节中"货币的流动"小节），但到了真金白银充盈市场、奢侈品越来越被追捧的时代变得更为强烈。贵族感到自己被平民和城市居民赶上了，其实城市工匠只是贵族们的供货商，还用不上奢侈的壁毯和名画。贵族在挥霍时忘记了自己的收入，他们的消费需求不断膨胀。他们面对城堡内的小康生活和城市的繁华市面，不免会产生比较心理。因此说土地食利阶层，贵族或僧侣是这场经济革命的不知感恩的受益者。伊拉斯谟在16世纪初就曾在一篇有名文章中发出中世纪的惊呼："亚当和夏娃他们是贵族绅士吗？"他在《不骑马的骑士和假贵族》一文中写道："其实有什么不可忍受的呢？一个商人拥有充盈的财富，而骑士却不能向上流社会提供任何东西，他们冒任何风险了吗？"

尽管有各种命运的打击，尽管有海船沉没或海盗劫持，尽管挥霍滥用的国王有个别破产，尽管有意大利和佛兰德商人的竞争，大宗贸易商、小制造商、有名的手工艺人和金融家们仍是这场经济"激增"的赢家：成色上乘的或劣质的大量货币经过他们的手再流出去，财富就在这一进一出中创造出来，而不是在积聚不动的金钱里产生的。刚运抵商铺库房

的成批商品，盘点后马上又整箱整筐地倒腾出去，发往下家。16 世纪的
财富就是里昂、布列塔尼和拉罗谢尔商人的家产，他们用积攒的钱买银
器、买贵族的良田、向国王提供贷款（国王穷兵黩武、大兴城堡工程，
所以始终入不敷出），过着奢华的生活，在商业大都会远离商铺和仓库的
新街区兴建私人公馆，以本人肖像装饰豪宅……总之，他们有意识地蔑
视古老的血统贵族，对旧贵族的忌妒十分得意，同时又悄悄地试图挤进
贵族阶层。新旧贵族之间的敌对显而易见，种种手法在卡佩王朝时代已
被玩得相当娴熟了（参阅本书第四章第二节中"卡佩王朝的成功"小
节），而贯穿整个 16 世纪的经济突飞更使之加剧。这一社会现象在资产
阶级出身的穿袍贵族阶层身上体现得最为明显，作为新旧贵族的"混血
儿"，它迅速崛起，志在打倒旧贵族，又处心积虑地与血统贵族混为一
体。正如唯物主义哲学家博克瑙所说，现代思想就是在这种种矛盾之中
诞生的[①]。

　　正是在这种社会分化、财富流动且不断更新的环境下，在黄金白银
和纯铜币从南方、西方和北方大量涌入的征服氛围里，绽放出一种城堡
主和城市的灿烂文明，对所带来的艺术复兴有一种近乎傲慢的自豪：出
现了从勒费弗尔·戴塔普勒到圣西朗神父，从列奥纳尔到菲利普·德尚
佩涅，从皮埃尔·莱斯科至路易·勒沃等一代人。

---

① F. 博克瑙（F. Borkenau）：《从封建代表到世界资产阶级代表》（*De la représentation féodale à la représentation bourgeoise du monde*），巴黎，1934 年版。论点有点过激，但很有意思。

第八章　从创新者到狂热者：
16世纪的面貌

　　这个世纪发生了许多事件，可谓灿烂辉煌。它的伟大功绩包括跨洋过海把欧洲延伸到美洲和亚洲，在古老的地中海发现了一个新世界，靠书籍这一新的交流工具建立了现代社会的生活艺术，以书写取代并延续了口头文化。此外还有其他许多方面，如各种新教派分裂了天主教会，并使之回归其发源地——地中海沿岸，这一地区遂成为天主教最坚固的支柱；整个古代文明的复兴，它的艺术、思想和科学广泛传播，建立起一个新世界，每个人从中重新认识并适应自己，18世纪的人文主义者（如孟德斯鸠、达朗贝尔……）对辉煌的前辈们推崇备至，20世纪的艺术家和作家在达·芬奇身上寻找艺术和科学的全部思想奥秘（如保尔·瓦莱里），甚至1900年有科学家把拉伯雷（有理由或没理由地）当作自己的先驱……16世纪确实是一个极为丰富的时代。

　　我们以世界或法国历史上几个伟大的年份（1492年、1598年和1610年）来勾勒一个如此伟大的世纪，不是降低它的重要性，而是为了更好地理解它。16世纪并不是一个单一的时代，它由几个阶段相衔接而成，各阶段都有极为不同的集体悲剧，其历史人物亦各不类同：从加尔文到蒙田，从纳瓦拉的玛格丽特到瓦卢瓦的玛格丽特。伟大的16世纪牢固地扎根于法国的心脏地区——卢瓦尔河流域。风景迷人的平静的卢瓦尔河是法国历史乐意渲染的惊心动魄事件的背景和推手：文艺复兴，宗教改革……它都有所剪辑，加上适当的特技处理。与其把这一时期看作与过去诀别的悲剧性"大转折"①、不可挽救的断裂——由于那么多文人

---

① 这种说法来自一位对这段现代历史十分厌恶的偏激学者，因为他对理想的中世纪充满感情。见波伊克特（Peuckert）：《大转折》（*Die Grosse Wende*），汉堡，1948年版。

墨客的渲染，这种关于"文明的暴死"的论调在今天广为流传，我们不如从中看到一系列的过渡和演变，应该尊重而且不抹杀过去。时代风气在没有剧烈振荡的情况下逐渐转变（正如学界所说，自然的非跳越式发展）；弗朗索瓦一世、勒费弗尔和布里索内同代人所呼吸的空气并非 16世纪 60 年代寒风凛冽的空气，那时火刑柱层出不穷，各地反天主教人士被视为威胁，遭到人们的怀疑和鄙视；宗教激情在全法国（乃至毗邻的荷兰）整整燃烧了 30 年。似乎有一条鸿沟把在圣巴托罗缪日听到教堂警钟声的人和生活在 1500 至 1520 年的人分隔开来，当时从意大利凯旋，王室成员常去枫丹白露旅行，伊拉斯谟发表了关于罗马教会进行必要改革的宗教论述。16 世纪的三四代人（算四代人吧，因为当时的人寿命短，对此不必过于计较）经历了不同的法国，最后一代人知道的法国最激烈、最严厉也最狂热：龙沙之后有奥比涅①，勒费弗尔·戴塔普勒之后有蒙吕克……但是过渡十分明显。

指出 16 世纪相继的时代气氛或许不能说明一切，但可以确定的是，不管个人天赋何如，任何人都不能完全超脱于所处的时代、超脱于他的信仰及条件，尤其在受客观技术制约的精神创作领域，如音乐家和画师的领域。即使他只需要一张纸和一支笔，即使他想成为一个预言家，如某一宗教的创始者也不例外：写《基督教要义》的加尔文难道对同时代人没有深刻了解吗？当他试图向亚维侯的追随者提出自己的宿命定义时，他得冒多大风险、多大程度被曲解？时代风尚不能解释一个天才的先驱者，却对他作了定位和框定。吕西安·费弗尔在研究拉伯雷时，将人物拆开再重组，从而摆脱了阿贝尔·勒弗朗②的反宗教解释，为我们作了极好的示范。这并不意味着人们不可能解析天才人物；但当天才被故意重置于一片幽暗或光明中，显示他在某一时期左右摇晃地前行时，

① 译注：奥比涅（Théodore Agrippa d'Aubigné, 1552—1630），法国 16 世纪诗人，新教徒，在圣巴托罗缪惨案后，成为一名军人。他写的英雄诗《悲剧》叙述新教徒受到的迫害，亦反映了宗教战争年代的社会动荡。
② 吕西安·费弗尔：《拉伯雷》（*Rabelais*），巴黎，1942 年版，特别参阅该书的整个第一部分。

他才具有真实的色彩。

　　这就是16世纪的人。他们在1520至1530年间对逐日的新发现感到惊讶和兴奋，当得知世人所在的地球并非环绕地中海而自我封闭的狭长世界时曾经多么兴奋，当了解圆形的地球只是宇宙间的一点时更是惊讶不已，他们中很少有人意识到这一发现的意义；在发明更好的望远镜和出现从开普勒到牛顿的热忱的数学家之前，人们对世间现象不肯定也不否定：总之一切都有可能。人们关注新事物，但新事物并非绝对新生，多少带有过去的某些影子。15世纪意大利人的大力推动，使得他们比法国的文艺复兴早一个世纪，而法国的文艺复兴在许多方面同样比英国早一个世纪。最早的新型人物身上同样也背负着古代留下的沉重包袱，古代文明令他们感到欣喜和激奋，却剥夺了他们的余暇，也夺去了他们继续探寻、认识另一些东西的欲望。而查理八世、路易十二和弗朗索瓦一世同时代人身上具有的真正新的东西，是一种对生活、新发现和新知识的渴望和由此感受到的幸福，也是在一种大无畏的、不在任何（或几乎任何）事物前畏缩的热忱中对阅读和创造的渴望和由此感受到的幸福。好奇心这个词的意义在当时比在今天要强烈得多，就是德国人所称的"内心冲动"（*Lust*）：1520年前后兴致勃勃的人，他们拥有财富——部分是轻松赚来的钱，享受着各种娱乐，抱有各种希望，对书籍和异国，对未知或陌生的世界（在此我们想到中世纪的僧侣所了解的古代社会），充满了好奇心。这就是16世纪初的人，他们对拥有身边的财宝感到非常幸福，而他们的父辈们根本不曾想过拥有这些财富，亦不懂享受，甚至压根儿就没想到它们的存在。确实他们是一些不知疲倦的人，譬如阿米约[①]能使用三种古代语言——拉丁语、希腊语和希伯来语，成为名副其实的人文主义者。他反复阅读最难懂的古代手稿，用当时最标准的法语翻译了普鲁塔克的全部著作。又如那个自学成材的达·芬奇掌握了当时

[①]　译注：雅克·阿米约（Jacques Amyot, 1513—1593），文艺复兴时期法国人文主义者，以翻译古希腊作家的著作而闻名，他最著名的译著是普鲁塔克的《希腊罗马名人传》（1559）。

的全部科学知识，是个亚里士多德式的人物，他不仅掌握中世纪科学，还通晓被发掘的古代学者，如普林尼、瓦隆和许多其他人的学说。达·芬奇想象的新式机械的图纸，其精确性和直观性直到今天仍被人赞叹不已。这位百科全书式的同时集时代艺术之大成的学者，是 16 世纪初最杰出的人物，在他身上绽放出生命和大胆的奇异光彩，只可惜他的存在相当短暂。从 1560 年起出现了"忧郁的人"，忧郁的一代。他们背离了财富和快乐，转向死亡：这是另一种格局，另一种人，他们的目光阴沉，手段狠毒。16 世纪比任何其他时代都更好地体现了最基本的真实，即现代社会的人活得更充实，经历了更多的事，在以下两个相互渗透又互为补充的领域里做得淋漓尽致，但这两个领域的性质截然不同：世纪初至三四十年代占主导地位的艺术，以及在 1570 至 1590 年间造成了血腥的冲突的宗教。

1. 意大利的影响

查理八世和弗朗索瓦一世的征战

"意大利，艺术的土壤……艺术的母亲"，这是肯定的。这个很久以来已为法国商人所熟识的国家，终于受到了法国的几位国王和贵族的青睐，他们兴建尚博尔古堡、枫丹白露宫，扩建卢浮宫，给法国带来了意大利式的新面貌。而在此前的50年，关于意大利的影响曾引起十分强烈的反对。那个竭力捍卫哥特式艺术的顽固派库拉若对意大利热潮不屑一顾，他认为一切从意大利引进的对古代艺术的热爱都是异族的东西。

然而，对意大利艺术的追捧与弗朗索瓦一世统治相吻合的现象并不使人感到惊讶，不如说它是一个过程的终结，是从阿尔卑斯山那边传来的艺术生活高度发展到巅峰时活力四射的喷发。当年查理八世从意大利带回了战利品，弗朗索瓦一世返回法国的随行者中包括教皇利奥十世时代最伟大的天才，他们都无比赞赏地发现已臻成熟的意大利文艺复兴艺术。意大利的文艺复兴始于15世纪，甚至14世纪，但一经成熟就枯萎了。如果我们相信1580年前后曾去意大利旅行的蒙田的《日记》的话，最好不提这一点。在1500至1520年间，达·芬奇、米开朗琪罗和拉斐尔的意大利（弗拉·安杰利科、菲利波·利比和乔托等人已退居二线）向法国骑士们展示了艺术繁荣已持续了近一个世纪的国家面貌；那里丰富的雕塑艺术和绘画是中世纪末主导世界贸易的意大利商人借以炫耀的唯一奢华。这由此赢得查理八世的极度赞赏，他从米兰到那不勒斯，被一路看到的精湛艺术品惊呆了。惊呆……这个词可能说重了，但反映了法国国王及其随从的心态，他们跟当时许多人一样，只能用"美""丰富"等词来形容所看到的艺术。查理八世在1495年3月28日给皮埃尔·德波旁的信中这样写道："而且你无法相信我在这个城市所看到的美丽花园。依我看，只有亚当和夏娃才能造出这样的人间天堂，它们

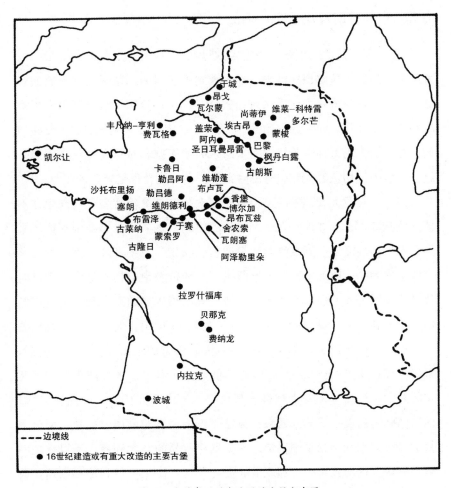

图 18　文艺复兴时期法国的古堡分布图

　　文艺复兴时期建造的古堡主要集中于塞纳河和卢瓦尔河流域：包括诺曼底森林、索洛涅森林、卢瓦尔河流域和大巴黎地区。古堡的功能决定了它所处的位置。在大西洋沿岸也建造了古堡，建议与第七章图 17 对照阅读，体会更深。

如此地美妙，到处都是美好的和奇特的事物……此外，我还在这个国家发现极美的绘画，人们用绘画装饰最漂亮的房顶……"由此说明查理八世和弗朗索瓦一世的随从们何以对意大利艺术如饥似渴，他们逮到什么就买，买了就带走：首饰、绘画、雕像，尤其是艺术品，如此持续了好几年。意大利和法国的艺术工匠接待了——也受累于——成批的野蛮人（如他们开玩笑说的）。在马基雅维利式小君主统治城邦的意大利各地，人们一起经历了战争，城市被占领、被放弃，冲突连续不断。但是在打仗之余，政治上陷入困境的法国骑士却对艺术产生了浓厚兴趣，使得查理八世和弗朗索瓦一世的长途征伐多少有了点意义。

其实这种对意大利艺术的浓厚兴趣由来已久。如果说16世纪的意大利完成了重返古代艺术，对罗马斗兽场废墟及矗立在古代广场上的最后几根石柱产生崇敬，热衷于对罗马图拉真柱上的丰富雕刻进行解读的话，那么法国贵族或许从教皇迁居阿维尼翁，至少从安茹家族远征那不勒斯时代起，就已经不只是嗅到意大利的新艺术气息了：乔托没有与跟随雄心勃勃的亲王而来到意大利的法国工匠们接触过？法王路易十二及其继承者们难道只会收罗数量庞大的艺术遗产吗？所有那些追随国王远征意大利，征服其南部各小公国的法国领主贵族、无畏和无可指责的骑士们，挥舞长剑，长驱直入，对意外的收获欣喜若狂。历史上有过几个世纪法国贵族不能被忽略且不可或缺，大大小小的法国贵族曾与那些富裕的城市、那些城堡和波旁地区的名作坊的出现有关，其中如阿维尼翁新城、里昂，以及奥尔良、昂热和巴黎等城市很早就扬名全法国了。当福尔诺战役的胜利者班师之前，意大利的生活方式已在法国出现了：凯旋者的到来更掀起了真正的意大利热，压过了其他所有的传统。

跟随查理八世和弗朗索瓦一世前往征战的忠诚的随从们不满足于劫掠，他们还发现了美第奇家族的意大利，城市到处是埋没在艺术家作坊内"被糟蹋的"艺术珍宝，无数工匠作坊在出手阔绰的艺术赞助者资助下，因王公们的宫殿需要应运而生。工匠的作坊亦很奇特，工匠们通常集体干活，有时争论几个小时没完，边和泥边絮叨家产，还得跟竞争的作坊和大师们周旋。大师的作坊因没有空位一般不收帮工。与今天的艺术教育不同的是当时靠口头传授：因为口头交流占重要地位，自然"科学"的教授方法跟在油布上绘画和在大理石上雕刻一样主要靠口头传授。了解这一点有助于我们理解达·芬奇的世界。工匠作坊不固定在某地，因为大大小小的作坊都得听凭君主和银行家们的使唤，教皇的订货条件更优厚，对之谁都不会拒绝，总之作坊接受来自各方的订单，较大的工程则由几个作坊分包。米开朗琪罗是个例外，别人"集体"创作的活他独自承揽。在艺术工场林立、工匠如云的城市里，意大利资产阶级和经过三个世纪的艺术赞助已有极高艺术造诣的贵族往往捷足先登，而喜欢意大利艺术品又钦佩其艺术工匠的法国人只能捡漏拾遗了；像本韦努托·切利尼那样的"冒险家"略带自诩又十分粗犷地向人夸耀自己的经历，令法国人钦佩不已。他多才多艺（天才的艺术不是后天获得的），谈锋滔滔不绝，敢作敢为，从不瞻前顾后；他旅行，他创作，他享乐，梦想把艺术带到法国来，在法国再创奇迹。它们是些"完全特别的事物……带有精致窗架的房屋，长长的、宽宽的大走廊，令人赏心悦目的花园……小庭院，过廊、围栏、坡道、喷泉和小溪，供人娱乐和消遣，还有白色大理石和斑岩的古代雕像"①。

意大利作坊和城堡

"文艺复兴"这个词被用得太多了，现在才点到了正题。整个文艺复兴的历史与在古老失修的城堡里住腻的骑士们南下地中海和那不勒斯有关，当地极其丰富的艺术宝库只待向法国或德意志扩散。国王查理八世和弗朗索瓦一世的随行贵族们步本国商人的后尘；其实商人们很早以前就已把意大利的新鲜玩意儿贩运到里昂、贝桑松和巴黎等地。跟随国王远征的贵族们也继承了上一世纪安茹家族的衣钵。总之意大利有数不清的艺术财宝，而法国人渴望得到这些东西。当远征归来的查理八世回到

---

① 摘自波吉奥·雷亚尔（Boggio Reale）的描述，记于安德烈·德拉·维涅（André de la Vigne）写的查理八世旅行编年史《御用果园》（*Vergier d'honneur*）。

王后安娜身边时，随行的无数车队满载了那不勒斯能够提供的一切物品，如雕像和手稿，金银珠宝和宗教圣像，他还带回许多意大利画师、金银器匠、雕刻匠，甚至乐师、细工木匠。这些意大利工匠毫不犹豫地跟随法国雇主到了法国，他们知道阔绰的亲王贵族会提供食宿，还能接到订单——他们早就听说法国是跟意大利一样美丽的国家，在那里有干不完的活，查理八世、弗朗索瓦一世有庞大的工程需要人承包，此后还可接到贵族们的较小工程。红衣主教布里索内曾说过，查理八世身在那不勒斯时，对他出发前最喜欢的昂布瓦兹城堡简直不堪回首，他将重新建造一个；他的继承者亦禁不住要在卢瓦尔河和塞纳河沿岸兴建城堡或景观，与意大利的荣华显赫相媲美。于是意大利工匠承包了大工程，在法国宫廷中受到礼遇，国王和宫廷贵妇对他们呵护备至，亲王贵族们亦纷纷向他们订货：意大利作坊在法国的影响广为传播，国王对身边的意大利工匠，如安德烈亚·德萨尔托、罗索·德罗索、切利尼、达·芬奇等十分得意。意大利艺术大师还带了许多弟子，如罗索的弟子中有米尼亚利、吕卡·佩尼和多梅尼科·德尔·巴比埃，这些人后来被人夸大地称为"枫丹白露画派"。

在令法国贵族痴迷的意大利热潮中，除了著名的蒙娜丽莎像和枫丹白露派的画作外，兴建城堡是主要激情所在。它成为一时的疯狂，从手指间流走的白花花银子，比同样热衷于意大利艺术的德意志奥格斯堡的富格尔家族和韦尔瑟家族所花的钱还多。在国王弗朗索瓦一世治下的法国，在卢瓦尔河流域兴造城堡是世纪的狂热。在不久前曾遭受勃艮第人威胁和蹂躏的法国王室的传统而平静的领地上，弗朗索瓦一世和王公贵族们建造起一批供王室享用的奢华城堡。这些城堡集合了法国传统艺术（如护城河、土堤、圆形碉楼和一切军事碉堡的要素）和意大利艺术（视野的对称、宽阔畅通的门厅，尤其是取法古代建筑的门框和窗框的装饰），将古代装饰移植至现代建筑上来，使之具有意大利的风格，如果少了这些，在布里索内或弗朗索瓦一世的眼中就显得不美。建筑的内部装潢亦追逐意大利风格，采用从热那亚和卡拉运来的大理石和雕塑。人

们开始称建筑工匠为建筑师，他们从古罗马建筑大师维特鲁威的著作中
汲取灵感，遵循文艺复兴建筑理论大师阿尔贝蒂和塞利奥的建议，在画
图纸时重复"古典的"模式——这是获得成功的诀窍："建筑正面一定要
有庄重大气的装饰，建筑整体如同人体一样分为几个部分：底层中央门
厅，犹如人的嘴，食物从这里进入人的身体；窗户如同人的眼睛，两边
各一，大小一致，若在一边开几个窗户，另一边亦应有同样数量的窗户；
装饰、拱孔、门柱和半壁柱亦同样应当左右对称……进门后第一个门厅
必须完美无缺，正如人的喉道，它必须宽阔畅通，使得骑士和步行者成
群涌入时没有任何阻挡，譬如节庆或其他欢庆场合。按人体结构，正面
庭院应当呈正方形，或者长方形，像人的上身那样……"① 如此的人体
建筑理念显得有些牵强，而且带有十分明显的时代特征，如门厅的设计
特别考虑节庆的需要。从昂布瓦兹到圣日耳曼的这些 16 世纪建造的大城
堡，适合贵族生活的需要，国王在其中享受了充分的乐趣，如露天活动
和纸牌游戏，因为国王喜欢，宫廷中人人都是游戏的高手。卢瓦尔河谷
不只是国王受诸侯威胁时的最后避难地，还是王室大规模的狩猎场：舍
农索和布卢瓦，如同圣日耳曼和枫丹白露森林一样都是王室的狩猎场。
对国王和众亲王来说，这些城堡是行宫，如果这话不太刺耳，或许可以
说它们是旅途中的一个快乐的歇脚点，国王的狩猎队伍从一地转到另一
地，从奥尔良到索米尔的整个卢瓦尔河谷就是国王的狩猎场。国王一行
骑马长途跋涉，在贵妇们面前比武搏斗。宫廷贵妇亦在马背上旅行，参
与角逐，在森林中野餐，天黑前赶不到最近城堡的话，也得在野外露宿。
吕西安·费弗尔曾描述过风流的弗朗索瓦一世的情妇们的肌肤有多黝
黑：她们长时间在山岗上和河谷里，骑马或乘船，跟随不知疲倦的国王
到处日晒雨淋②。卢瓦尔河沿岸和附近森林里星罗棋布的大城堡都是王

---

① 乔尔乔·瓦萨里（Giorgio Vasari）：《伟大艺术家的生平》（*Vie des Grands Artistes*），序
言和第七章"建筑师"以及其他一些章节。
② 我们距离妇女终日在室内生活，女性美的标准是肌肤白皙粉嫩的时代还远着呢：一个世
纪后，路易十四的情妇曼特农夫人在回忆录中写道，为了去喂养火鸡（1650 年左右），
"人们在我们的鼻子上戴了脸罩，恐怕我们被晒黑"。见《回忆录》，第一卷，第 98 页。
可见女性的脸反映了上流社会的审美标准。

亲国戚们出征狩猎的奢华歇脚点，城堡外墙有半壁柱和屋檐装饰，内部装潢华丽的一连串套房大到能容纳数百人过夜。他们白天在野外纵马奔驰，在森林中远途跋涉，晚上都需脱靴解衣、无拘无束地放松休息。人们在尚博尔和布卢瓦城堡所看到的是骑士和贵妇们浩浩荡荡的行列，扛着打死的猎物来到城堡前的平台上或大楼梯脚下，将野鹿和牝鹿抛出去让一大群猎犬撕抢分食，或者围在巨大的壁炉旁烤食野味。

只有国王的近臣亲信才有财力建造豪华城堡和做如此装饰：从意大利归来的贵族领主们，被南部的太阳和意大利的城堡美景冲昏头脑，只想推倒自己古老的碉楼式城堡，兴建一座意大利式的城堡，但很快发觉造价昂贵，这种奢华并非人人都能享受。因此，最雄心勃勃的还是国王身边的王亲国戚，他们为造城堡不惜倾箱倒箧，聘请最好的艺术工匠及其弟子，让法国工匠学习意大利风格。1530 至 1540 年间，呼吸了枫丹白露艺术空气的成百上千名法国年轻工匠，目睹宫殿内仿大理石的装饰和以独角兽、巴克斯酒神和阿多尼斯美少年等大量古希腊神话为题材的装饰，成群结队地奔赴意大利，到佛罗伦萨、卡拉拉或罗马等地学习手艺，直到 1580 年赴意大利学艺的人仍络绎不绝。因为当时公认，只有在意大利才能学到古典的和自然的知识①。后来因王室慷慨解囊，各地领主地产收入增加和艺术工匠人数增多（当然他们达不到意大利工匠的水准），北方和南方各地的城堡和呈直角连体形的豪宅渐渐多了起来，为保持建筑外表对称，甚至借助于假窗户。在 1550 至 1580 年间，整个民间的建筑都仿效意大利风格，在窗框上加装饰，大门上加三角楣，采用立柱式样。好挖苦人的蒙田曾讥讽道："当我看到我们的建筑师用半壁柱、下楣、屋檐饰，还有考林辛式和陶立克式等类似行话来自诩时，我就会情不自禁地想到阿波利顿宫殿；突然间我发现这些东西就像我家厨房间门上的微不足道的小物件。"② 最后那些话不重要。总之，从亲王府建

---

① 乔尔乔·瓦萨里：《引言》（*Discours Préliminaire*），第三卷，"要达到真正的模仿自然，越接近它越能模仿得逼真"。这就是枫丹白露派和卢浮宫的绘画及雕塑的全部定义……

② 蒙田（Montaigne）：《随笔集》（*Essais*），第一卷五十一节："论言语的虚荣"（De la vanité des paroles）。

筑、"法国伟大国王"的宫殿推广到资产阶级的豪宅，考林辛式和陶立克式的廊柱和三角楣装饰渐渐地运用到城市住宅——经过世纪末的短暂停顿，尤其在 1600 至 1650 年间又得到广泛运用。

随从国王出征的贵族或非贵族自意大利归来，无论 1515 年的风光凯旋还是 1525 年的惨败回乡，他们从此只想看到意大利式的宫殿、花园和装饰；他们从那不勒斯和佛罗伦萨带回了许多华丽物品，还有艺术工匠和珍贵手稿。当各地兴建法国城堡时，法国的人文主义便从这些手稿中开始发酵。这是两股同时进行的潮流：一边是人们惊讶地目睹卢浮宫建筑和巴黎市中心让·古戎的希腊仙女雕塑的出现（然而面对意大利复古艺术的输入，法国哥特式的现实主义艺术并未顿时消失，甚至在 1530 年后仍然存在于墓地建筑中，譬如亡者的平卧石雕和墓前跪祷像等，还有其他不少漂亮的杰作）；另一边则发生在少数知识分子中间，出现了声势不那么浩大的回归古典文化的潮流，其中有无穷无尽的宝藏等待人们去发掘。

2. 大胆的人文主义者

学者和文献学家

事实上在 16 世纪之初，创造、发现的热忱和兴奋并非只存在于那些艺术工匠作坊里，艺术之花在法国到处开放，同样也出现在文人的书斋内（至少在 1540 年之前）。文人学者以毕生精力潜心研究古代手稿和书籍，从罗马追溯到雅典，发现古典文化越来越丰富的内涵。这些勇敢的发现者有幸得到玛格丽特·德纳瓦尔王后和弗朗索瓦一世的保护（因为发掘史前或史后的古代文献并非毫无风险），国王弗朗索瓦一世为保护他的人文主义朋友在 1530 年建立了法兰西学院。人文主义并非诞生于 16 世纪，意大利同样是它的源头；但是，直至 1534 到 1536 年，直至当局对宗教改革产生了担忧之前，伊拉斯谟的追随者、勒费弗尔·戴塔普勒和纪尧姆·比代的朋友们曾有过几年那么快活的时光。为纪念伟大的人文主义"王子"——比代，今天有一个捍卫"希腊拉丁文化"（Belles Lettres）的协会，它的名称就叫"纪尧姆·比代协会"。

所谓"王子"，并非创始人：追溯法国人文主义的起源并不重要，艺术运动中的平行发展现象是复杂的。当时在巴黎、里昂、莫城和其他十来个城市里，都存在对古典文化的研究热潮，这一领域在中世纪是由僧侣垄断的，而 16 世纪的研究则围绕着作为世界中心的人。人们不必过于纠结于对什么"主义"下定义，今天"人文主义"这个词已充斥天下，有人说是但丁的人文主义，也有人则指此为 12 世纪时的人文主义。难道重要的不是探求促使比代翻译、注释和出版，同时亦激励多雷、塞巴斯蒂安·格里夫和罗贝尔·艾蒂安去做同样工作的那种共同精神吗？当各方学者在 1520 至 1530 年间从事翻译和出版，当他们挺身反对大学里总是围绕着复活节前三日祈祷和四大学科（算术、几何、音乐和天文）的陈规老套，当他们与伊拉斯谟保持通信联系，而比代在国王的准许下派遣大批人前往意大利各地乃至君士坦丁堡去收集各种手稿，人文主义才有了"深入发掘和研究人"这一真正意义，尽管它还不够完善……①

法国文艺复兴时期博学多才的学者们是什么态度呢？首先是一种并不使他们感到惊讶的情感和心灵运动，对此需作一下评估，即认为知识生活和精神探索有优越感的强烈看法。或许这只是人类活动的不同层次，对一遍遍反复阅读色诺芬或修昔底德著作，天天核对古代手稿，运用希腊语、拉丁语和法语进行写作的学者来说并无任何虚荣的想法：从某种意义上说，是知识分子使社会等级秩序发生了变化。人类活动分工和职业高低的区别也许不能归咎于知识分子，但他们强化了这种观念，使它在19乃至20世纪仍然十分强烈，影响到最新产生的行业。精神活动包括创作或单纯的智力思考成为尤其崇高的职业，知识分子因从事这类职业而感到荣耀，而对手工劳动带有某种轻视。执着于自己艺术价值的画师和雕刻匠在当时亦持同一观点："他们（画师们）说真正的困难在于表现精神而非身体，从性质而言，真正需要下功夫研究、透彻理解的东西比仅仅表现体格力量不知要高尚多少。"② 这种观点从伊拉斯谟到比代、到多雷流传甚广，尽管也存在一些不同的观点，如勤奋的修士让·德拉伯雷即使在礼拜仪式中都"张开"着双手，还有后来的龙沙说过"他讨厌让手闲着"③。

所以知识分子对他们复兴人的精神的伟大使命是有一定自负感的；随着深藏于修道院的古代手稿逐渐被发掘，他们表现出发现宝藏的难以掩饰的兴奋。当时对中世纪、对哥特式时代尚未予以否定，真正的蔑视出现在下个世纪。建筑师和雕刻匠赞叹维特鲁威的著作及古代建筑的废墟，人文主义者收集珍贵的手稿：修昔底德的历史，这部"永恒的遗产"证明人文主义者的全部研究的正当性；西塞罗在老加图和其他许多人之后也自诩具备了古代的美德——罗马人灵魂的力量；最后尤其是普林尼

---

① 人文主义一词在19世纪以前并不存在，在《里特雷词典》（*Littré*）的附录中仅谨慎地提到1874年发表于《批评杂志》（*Revue Critique*）的一篇文章。
② 乔尔乔·瓦萨里：《引言》，第33页。
③ 龙沙（Ronsard）：《颂歌》（*Odes*），不过他还说手要去抚琴，不要去操镘刀和刨子。

在他的《自然史》中揭示了关于世界的各种知识；但是对阿米约翻译的普鲁塔克《希腊罗马名人传》这座丰碑，值得多说几句，既然译者阿米约在一封书简中如此表达对古人的由衷敬佩，"书中包含了那么多的快乐和有益的教诲，不管用什么风格写成的，只要被真正读懂了，任何人都会对它作出好评，因为它是有史以来两个最强大最具美德的民族的最伟大君王、将军和智者的言行中最有价值和值得记取的事例摘编"；人文主义学者还赞赏色诺芬和神圣的柏拉图，罗贝尔·艾蒂安从 1507 年起在里昂翻译、注释和出版了两人的著作。在著述多产时代的文人著作中，新柏拉图主义这个词反复出现，因为所有人都重视《共和国》和《高尔吉亚篇》的作者，它是针对学院派（或称经院哲学）亚里士多德的一帖精神解毒剂。然而如此多的希腊名字并未让法国人产生错觉，拉丁语作家同样受到赞赏，他们的著作也被大量地翻译和注释出版。也许是因为与希腊本土的往来还不十分方便，尽管弗朗索瓦一世与苏莱曼一世有良好的关系；希腊连同阿索斯山修道院、雅典卫城和比雷埃夫斯港口都不像意大利及其古建筑废墟那样为法国人文主义学者所熟悉，譬如从法王查理八世到诗人杜贝莱等人参观和欣赏过的那些古代遗迹。

实际上人文主义者的欣喜有两个方面，一是发现、理解和收集的喜悦，另一是分享发现的乐趣，譬如出版一本波利比乌斯或塔西陀的著作赠送给朋友的喜悦。国王查理五世身边那些接待过彼特拉克的文人并没有那种特别兴奋的感觉，与我们今天读了该作家的作品如此多版本和重版本后的感受不一样，也与当年法兰西学院的博学大师和格里夫、艾蒂安等活跃的书商不断向他们的朋友，向官吏、主教和僧侣等更广泛读者所传递的兴奋感觉不一样；当年的人文主义者集中在莫城、丰特奈-勒孔特、里昂附近的尚皮耶等地，他们阅读新出版物，热烈讨论和发表评论：人文主义的这种热情并非十来个学者文人的事，它涉及的范围更广，他们都知道大师伊拉斯谟，也知道比代和布里索内。这些人包括在 1540 年前后加入的第二代学者，队伍不断壮大，他们冒着火刑和被当局追究的危险以各自的风格进行著述。他们就是莫里斯·塞夫和女诗人路易丝·

拉贝，还有龙沙（生于 1524 年）和七星诗社的成员，以及希望与"陈列
于身边五层书架上随手可取的书籍"一起"遐想、记录和口授笔录"的
蒙田。第二代人文学者汇集前人的研究成果；发表了许多哀诗，还出版
了《捍卫和显耀法语》（1549）和《随笔集》（1580）等名著。

这已经是另一种精神了。但是如果要定义比代、波斯代尔、多雷和
勒费弗尔以及《学者期刊》① 撰稿人这些思想难以把握的复杂人物的话，
应当主要抓住些什么呢？比代给自己的工作下定义为文献学，整理、编
纂古代的文献不啻是一种发现，因为大多数古代手稿深藏于修道院的图
书馆内，早被人遗忘了。文献学就是用标准的法语对这些文献作批评注
解……这是一项极花精力的劳动：面对同一本书的三四种手稿，句子内
容上有出入，抑或被篡改，有的因抄写中不经意的疏漏、因纸张和羊皮
纸的破损残缺而需要作增补；从所有版本中选择一个最好的版本——而
它往往不是最常见的版本，然后确定最可靠的文本，再将它翻译成法语。
这对于已经做了文本鉴定的专家来说是相当轻松的事了。比代对古典作
家修昔底德的著作便做了如此漂亮的工作，它需要何等的智慧去理解原
作者的语言和句法，并对希腊的历史和文明有深刻的了解。对古代文献
的批注需要做评论和注释来说明理由，因此多雷出版了《西塞罗诠注》。
早期人文主义者所做的工作与他们的精神态度有关：这就是批判精神，
我们取这个词的最好含义，也就是下一世纪正直的人们所称的睿智。

对文献学的杰出研究说明了何以所有的古典著作会被大量地整理、
编纂出版。每部古典著作的出版向人们展示了古代文明中新的未知的一
面；譬如在塞内克、爱比克泰特和马可·奥勒留的著作中，人们新发现
了兵法理论，甚至可以说是军事伦理学。伊拉斯谟和比代这一代人来不
及注释出版所有的古典著作，不过比代在 1514 年还出版了一本题为《论
货币》的专著，对罗马帝国的物质文明作了全面论述。他的继承者们以
同样的精神继续这方面的工作，荷兰莱顿的著名人文主义者尤斯图斯·

---

① 译注：《学者期刊》（*Journal des Sçavans*）于 1665 年 1 月 5 日在巴黎创刊，为欧洲最早
的一份文学和科学刊物。

利普修斯在 16 世纪末出版了名为《论军事》的斯多葛派兵法论著，1608
年让·德比荣出版了另一部《兵法要则》。至此，人文主义思想带着百科
全书的求知欲已普及到所有领域。早在人文主义兴起之初已有人发表了
《愚人颂》（1511），作者就是从西班牙到意大利、到北海各国被所有热爱
古典文明的人奉为大师的伊拉斯谟。

　　不知疲倦的发现从某种意义上说是改造世界、革新古代思想以及重
建多样化的生活方式。代表这种好奇心的最有意义的人物不就是拉伯雷
本人吗？《卡冈都亚》（1534）和《庞大固埃》（1532）中的拉伯雷式巨
人，他们的大脚踩在"昏头昏脑"的芸芸众生之上，在作品虚构的泰莱
姆修道院里，"修士们都受到扎实的教育，无论男女没有一个不会读、
写、唱，不会熟练地演奏乐器，不会说五六种语言并能用这些语言写诗
作文的"；拉伯雷笔下的人物拥有百科全书般的知识，而且乐天风趣，笑
声不绝。

改革者还是无神论者？

　　然而，出版拉伯雷作品的书商在 1543 年遇上了麻烦：《卡冈都亚》
于 1534 年问世，书中的福音主义者即路德派新教徒常常引起争议，当时
加尔文（1536）尚未出现；人文主义者比宗教改革派早几年；他们是同
时代人，因为加尔文是比代的学生，他是个各方面都十分优秀的学生，
直到有一天他弃师而去，去追寻他的"新目标"。对许多草率的评注家来
说，这些不信教的人文主义者把人作为全部研究的对象，他们是宗教改
革派的源头，或者甚至是罪魁祸首。

　　比代和勒费弗尔等曾为圣保罗书简作注释的人、将《圣经》译成法
语的人，其实与宗教改革派并非一路人。或许他们曾严厉地批评过罗马
教廷的软弱——以宽容做交易抑或其他过失，这是所有人都承认的，而
他们的朋友伊拉斯谟也不会不加严斥。他们也确实嘲笑过修道院生活的
古怪方式，这种嬉笑如同中世纪讲故事者的搞笑一样单纯无邪。其他还
有什么呢？纪尧姆·比代是在他的基督教主义范畴内研究他的古代文化

的。他仿效早期教会包容不信教传统，在学校里保留对基督教史前的古典作家作品的研究，并认为这种研究只是好的引导而已。比代在1535年已明白了学生加尔文的志向（加尔文是在前一年离开他的），同年他写了《希腊文化向基督教主义过渡》，文中表达了他相信热爱古代文化有助于更好地理解基督真理。在这位希腊学者身上或许带有一丝神秘主义色彩。而勒费弗尔和伊拉斯谟的态度本质上没有区别：勒费弗尔拒绝站到另一边，伊拉斯谟则与路德进行过争论（《论自由意志》）。这些柏拉图的仰慕者们认同柏拉图的灵魂不死说，相信一个上帝，他不是宙斯，也非奥林匹斯山的诸神，他们满足于阅读《福音书》和《圣经·旧约》的好的文本，不否认教会和教会先圣们的传统。这就是加尔文不能原谅他们并辱骂他们的原因，把他们比作畏首畏尾的法利赛人尼哥底母[1]。加尔文自己站到了改革派一边（他还在日内瓦指责他们的错误），他要走得更远，认为这些人因害怕而躲藏起来，不敢承担风险，在需要迈出步子时退缩了。

除非——还有人提出另一种假设——不信教的人文主义是更糟糕的无神论。这顶帽子太大了，它用在宗教无所不在的那个世纪有点不合时宜[2]。作为当时宗教信仰深入人心的表征，一位博学者最近曾在一份书目中耐心地罗列了16世纪上半期出版或重版的宗教书籍：书目用我们今天的小字印刷有整整200页![3] ……拉伯雷能是不信教者？如此钟情于古代文明魅力的比代能是不信教者？这种可能并不现实。事实上，当人文主义者在搜集基督教史前或史后的古典遗产时，他们"接触"到一些危险的文献，读到在那个纷乱动荡年代的若干文本是十分正常的事，基督教在初创的几个世纪内，受到过来自犹太人以及生活在亚历山大城、

---

① 译注：尼哥底母（Nicodème），《圣经》中的一个法利赛人，他生怕暴露自己的信仰，只敢在晚上来见耶稣。加尔文以此批评人文主义者赞成宗教改革又不敢公开自己信仰的态度。

② 吕西安·费弗尔：《拉伯雷的宗教，不信教问题》（*La Religion de Rabelais，Le Problème de l'Incroyance*），巴黎，1943年版。

③ J. 达根斯（J. Dagens）：《有关宗教文学及其渊源的编年书目，1501—1610》（*Bibliographie chronologique de la littérature de spiritualité et de ses sources，1501—1610*）。

拜占庭，或者罗马的希腊文化学者的围攻。譬如俄利根与克理索的争论，俄利根严厉驳斥希腊学者克理索（《反驳克理索》），又如若干年后圣西里尔反对罗马皇帝尤利安（《驳尤利安皇帝》）。或许我们博学的拉丁文学者在有力的驳斥者笔下，读到了对方的一些论据——有些击中了问题的要害，否定耶稣的神圣。学者们最终回避了那些大不敬的疯话。他们中只有一个人敢于在文章中采纳了这类话，但不敢署名，他极其谨慎地匿名发表著作，那就是在 1537 年出版的人文主义著作《世界的警钟》（*Cymbalum Mundi*），该书毫无神秘地提出了化身问题，因为它否定耶稣的神化性质[1]。无论是经常以激进言论令人担忧的多雷（被怀疑为福音主义者，而非不信教者），还是拉伯雷都没走得如此远。毫无疑问，博纳旺蒂尔·德佩里耶是一位先驱者，他是当时唯一或者几乎唯一的人；在世纪末的最后几年，让·博丹这位第二代的人文主义者写了同样性质的另一本书《七人对话录》（*l'Heptaplomeres*），该书最初以手稿流传，直到很晚才正式出版。可见 16 世纪 30 年代的人文主义者不是帕斯卡所称的"自由思想者"。

对人文主义者评价的复杂性就在于此，上述只是其中最重要的人和事。以主要人物为中心的这个圈子内产生的其他讽刺小诗和文人诗作长年层出不穷，我们只能把它们搁置一边，但不能不提。这些二行诗和长短格律诗模仿贺拉斯、奥维德和佩特罗纳，随意取个笔名或拉丁化的名字，自比为荷马、维吉尔……譬如斯卡利杰尔、多雷图斯、伏尔图斯或马克里努斯等等，这类作品往往即兴创作，或相互唱和或争论不休。蹩脚诗人事无巨细什么都写，诗兴跟大诗人一样浓厚。他们有的在大学教授科学和巫术（据普林尼和瓦罗称），伊拉斯谟和拉伯雷对他们从不客气，有的在大学艺术部的附设中学教书，但教学并不成功。如果我们相信龙沙，特别是蒙田的话，蒙田曾写道："那是一座禁锢孩子的真正监狱。把孩子逼得筋疲力尽，直到使他们烦躁失常。你若在上课时去，就

---

[1]　参阅吕西安·费弗尔：《俄利根和贝利埃，"世界的警钟"之谜》（*Origène et des Periers ou l'Énigme du Cymbalum Mundi*），日内瓦，1944 年版。

只听到一片叫声，受刑孩子的尖叫和发怒教师的狂吼。"①

科学

在注重古典文化的同时，学者们还研究科学：所有的人文主义者都如此，而不只是拉伯雷一人，他们是一个整体。当初并没有今天我们对文学和科学的区别，人文主义者的求知欲没有在科学面前退却，他们所做的工作首先是收集、积累、观察和描述，仿效普林尼的《自然史》。人文主义者甚至包括研究和发明各种机器的达·芬奇——他设计过飞行器、步兵跟在后面不会遇到任何障碍的战车、挖掘壕沟排水或推倒城墙的采掘机等；当然，并非个个都是能推定假设和进行实验，从一个法则推进到另一个法则的现代意义上的科学家。人文主义者尤其是文献编纂家，欣赏奇才和怪兽，记录被教会承认的真理（索邦大学垄断了这一职责）和一切新鲜事物："哥白尼革命"对善于接受一切新事物的人来说不是一场革命，而此后的伽利略却为此付出了代价（哥白尼在 1543 年发表了伟大的著作《天体运行论》，但是教会对日心说的迫害却加于 1633 年发表了《日心说对话》的伽利略身上）。人文主义科学可以说是摸索中的科学，它向一切方向探索，没有任何方法亦提不出任何明确的问题，仅开始运用科学的手段，也就是数字和实验。数学尚被看作是和谐、音乐的法则，是在一切领域都适用的极其有效的毕达哥拉斯法则，它还有适用于人类生活的其他隐蔽功效。须知区分人文科学和自然科学在当时还没有意义。当让·博丹在谈到共和国的平衡治理时，他仿佛是个数学家："须遵循和谐的公平，要同时并用四个方面，亦即法律、公正、执法和执政者义务……因为一切全在这四个数字上，4、6、8、12，从 4 至 6 的同样理由，亦存在于从 8 至 12 上，包括执法和执政者的义务。"② 16 世纪末，卡当和韦达对数字的研究导向了代数学。

实验尚处于披露古代书籍的水平：安布鲁瓦兹·帕雷甚至包括在

---

① 蒙田：《随笔集》，第一卷二十六节。
② 让·博丹（Bodin）：《共和国六书》（*Les Six Livres de la République*），第四卷。

1543 年发表《人体的构造》一书的维萨里，都是从古人盖伦和希波克拉底的理论（他们的著作从 1526 年起已被翻译出版）中得到滋养，同时亦受到泰奥弗拉斯托斯的影响，他的《植物志》很久前已出版了。维萨里根据自己的重大发现纠正了古人所做的无数观察和治疗：这些争议基本上是理论上的争论，从中诞生了一种模糊的自然主义，用我们今天有严格科学含义的语言很难对当时的自然主义下定义……观点是现成的，就是缺乏内容；超自然的观点，精神和魔力的作用，"*virtus dormitiva*"①，一切都错综复杂地混杂在一起。譬如安布鲁瓦兹·帕雷描写动物、怪兽和神奇事物，这是一个各种怪物都可能存在的世界：长着鸟头的龙、葡萄形状的鱼、独角兽等等。这些"神奇动物"的描绘令人想到 20 世纪的"魔术家"所唤起的梦幻，当代科学的进步令他们晕头转向。

事实上，经过如此多文献的编纂和研究，意大利大学尤其是帕多瓦大学因传播卢克莱修和琉善的思想，在理性大胆方面最为出名。通过潜心阅读古代哲学家和学者的著作，人文主义学者终于在零星积累和短暂的突破中，渐渐达到了提出决定论这个命题的地步，这是研究的关键。在科学研究稍纵即逝的年代，当艾蒂安·多雷脱口而出下面这句至理名言时，许多人听而不闻或熟视无睹，不以为这句话含有多大的真理："因果关系的顺序和连续，一个原因带动了另一个原因，由此便产生了一切事物。"科学蹒跚学步的时代已经来临。

谨慎

毫无疑问，神学领域学者的思想一定更敏锐。尽管地理相距遥远，尽管当局很快引起警觉，路德教从 1530 年起在法国已有相当大的发展。按年份看就十分清楚：1534 年法国发生了昂布瓦兹揭帖事件，这是一个明目张胆的大胆举动；1536 年加尔文发表了《基督教要义》；接着马上

---

① 译注："virtus dormitiva" 这句话最早出现在莫里哀喜剧《无病呻吟》中，一个剧中人被问"为何鸦片能使人瞌睡？"，他回答说"因为鸦片含有致睡功能"，引语即是剧中人用拉丁语说的这句话。显然这个解释什么也没有解释，本书作者以此说明一种同义反复式的虚假解释。

是对新教徒的迫害和火刑处死，米歇尔·塞尔韦在日内瓦被火刑处死，多雷被火刑处死。人文主义运动并未因此而被扼杀，但他们变得更加谨慎：有多少类似多雷曾构思的《论信念》的书最终未能出版？希腊依然受人追捧，杜贝莱去了罗马，出版了《罗马古代文化》一书，那是他面对古代废墟和罗马乡村的遐想。委婉的哀歌可以成为某种形式的退却。龙沙在 1552 年发表了他的早期爱情诗，在 1560 至 1570 年间他作为宫廷诗人得宠施展诗才迎合宫廷轻浮之风，不愿相信日后等待他的不幸。在玛格丽特·德贝里保护下，他度过了最后几年的好日子，这个玛格丽特的勇气不及保护布里索内和勒费弗尔的另一个玛格丽特；从贺拉斯、阿那克里翁、卡桑德勒和海伦处吸取灵感的轻浮艳诗，如同轻柔的宫廷诗歌、爱情诗或追忆马里尼昂辉煌战役的诗歌一起，不久都将销声匿迹。这些诗歌曾由宫廷歌手雅内坎在宫中演唱，他接替了他的著名前任若斯坎·德普雷。圣巴托罗缪日的屠杀开启了残酷无情的宗教战争，使一切都结束了。蒙田躲回了自己的古堡，他认为眼下最好远离动荡的国家，于是在 1580 至 1581 年间去了德意志和意大利旅行，并在此前出版了《随笔集》，作者在书中直面一个永恒的问题：我知道些什么？这个问题是在一篇鼓吹正统神学的专著《为雷蒙·德司邦德辩护》中提出的。而龙沙则写了不少田园诗、宫廷诗，用诗来表达他的"时代的悲哀"。1572 年后是一片寂静，直到奥比涅发表《悲剧》，它是残酷战乱中的一个呼声。所谓寂静并非绝对无声，这是显而易见的：战乱时代的反差比平时更强烈。龙沙受宫廷的青睐，他的诗被谱曲在宫中演唱，受到过分追捧，就在发生圣巴托罗缪惨案的次日，他还在取悦查理九世的宫廷显贵；直到 1574 年以后朋友们的陆续去世使他感到了孤独，年迈的龙沙才真正停止了创作。但是在亨利三世治下，战争之余或在城市里逗留时，宫廷内除了惯常的娱乐还有其他的消遣插曲：喜欢朗诵和讲故事的无名诗人的演出，在巴黎有安托万·巴依夫的音乐协会，此外，给圣诗或艳诗配上乐曲弹奏，亦为天才作曲家雅克·莫迪提供了舞台——那是战乱中的一片绿洲，是过去辉煌的幸存见证者。

人文主义的传播

最后要涉及一个重要的问题：波澜起伏的多元化的人文主义在弗朗索瓦一世和亨利二世治下的法国究竟有多深远的影响？大家都看到在大图书馆的书架上排列着成千上万册书籍，它们是科学专著、翻译和注释作品，由此可推想人文主义的巨大影响，特别要注意书籍再版的次数，因为当时的发行量很小，通常一版能印一两千册，发行已经非常成功了，譬如拉伯雷、勒费弗尔、伊拉斯谟、阿米约和普鲁塔克的作品。还要留意这些热忱的博学者的旅行踪迹和聚会，这并不困难，因为他们对此没有任何隐瞒。人文主义者的足迹遍布法国和欧洲，从里昂到巴黎、到莫城以及卢瓦尔河流域。有时他们的行踪还是小心谨慎的，譬如塞尔韦曾去日内瓦避难。16 世纪法国人文主义的分布图不能根据城堡的分布来制作，当然城堡是重要的见证；但是出生地没有多大意义，居住地不是很清楚。确实当时人文主义有若干重要的中心：里昂、巴黎，还有宫廷和城堡所在的卢瓦尔河流域，此外就是内拉克，因为那里有玛格丽特·德纳瓦尔。但是整个中央高原和布列塔尼，甚至洛林地区根本没有人文主义者涉足的痕迹。我们还知道（或猜测）博学的人文主义者曾在里昂的著名印刷商塞巴斯蒂安·格里夫家里长时间聚会，讨论学术问题。格里夫本人是个健谈者，喜欢对新作发表长篇大论，甚至做一些吹捧性的比较，譬如把让·博丹的《共和国六书》比作柏拉图的《共和国》；他还喜欢争论，譬如在 1568 年前后，他跟马莱斯特瓦、博丹和拉图雷特一起参与了有关艰涩、枯燥的货币问题的辩论。那么人文主义者总共有多少人呢？里昂和巴黎的人文主义学者约有数百人，还有数十名法官和僧侣，以及私立学校的拉丁文教师，他们喜欢用拉丁语来讲述芝麻大的社会新闻，就某一重要著作进行思考。当时大学已开始招收日后不打算当僧侣的世俗学生，私立学校作为现代中学的前身，处于前卫学者和普通文人之间，师生人数不及大学。作为社会统治阶级的尚武贵族为亨利二世喝彩，直到他在比武中意外受伤而死，他们的理想依然是佩剑、武功和狩猎，对文人学者的研究不感兴趣——尽管有龙沙和杜贝莱这样的宫廷诗人。人文主义的激流及其文化理想只是数千文人学者的追求，他们用拉丁文思考和交流，生活在一种精神探索中，无法（往往也不愿）去权衡投身于这场冒险的结果会如何，有价值的东西远未被充分发掘出来；他们顾不上启迪普通民众，民众不追随亦无法追随他们。直到讲拉丁语成为附庸风雅、有别于平民百姓的虚荣：这已是 17 世纪的现象。人们经常批评那些小作家，指责他们讲拉丁语就是为让别人听不懂。索雷尔对德巴扎克先生谈到一篇论文的作者时说："有人指责他用拉丁文写这部著作就是为了不让有关的人读，这些人主要是妇人和一些交际花，她们除了法语听不懂别的语言。"① 相反，也有作家刻意让更多人读懂自己的作品，如笛卡儿曾亲自将他的《方法论》从拉丁文原作翻译成法文。当时普通民众对人文主义学者所知甚少，他们不阅读，除了口头交流别无其他的文化途径；同时，人文主义学者的影响也无法涉及当时另一些重要的社会成员，即宗教改革派。当然，加尔文以及日内瓦、巴塞尔和斯特拉斯堡的改革派大师另当别论，他们与人文主义者的争论是另一层面的事；这场争论牵涉到全人类：关系到人类的命运，而非苏格拉底之死，尽管他死得如此泰然。

---

① Ch. 索雷尔：《法国图书馆》，第 123 页。

3. 宗教的大胆：从加尔文到罗耀拉

法国的宗教改革，有些人认为它于 1530 年已在巴黎出现了。当年善良、温和的勒费弗尔·戴塔普勒执教于索邦大学，热心地注释圣保罗的作品；也在同一年，一个外国人退隐来到巴黎城门边的蒙马特尔，他已立志要成就一番事业，这个人就是日后创建耶稣会的依纳爵·德罗耀拉。事实上，赞成 1520 年修道院改革的勒费弗尔并不是一个"福音主义者"[①]，至多是《福音书》的热心读者，被描绘耶稣钉在哥耳哥达山上十字架受难的生动的福音故事所打动；但是他没有走得更远，亦不接受路德多年来所提出的主张，即从圣保罗的一句不谨慎的话而得出"因信称义"的结论。

路德派

在加尔文出现之前，法国就已经知道了路德教（又译"信义宗"）。正当加尔文这位年轻人（生于 1509 年）还是纪尧姆·比代的学生，他和其他人文主义者一样选择了自己的课题，准备出版他的《论塞内克的宽恕》（1532）时，宗教改革的新思想已传播至这位博学的年轻人周围，当时法雷尔正准备为另一场战斗写一篇关于古典文学的论文。自从 1517 年路德在德意志的维滕贝格教堂门上张贴"95 条论纲"以后，经历了非同寻常的遭遇，他被逐出教门，遭到皇帝下令的追捕，藏身于瓦特堡，他的思想通过斯特拉斯堡和阿尔萨斯等地传到了法国。斯特拉斯堡是一座自由的城市，那里反罗马教会的抗议此起彼伏，城市向各种思想倾向的人开放，如同接纳各路商人一样，它是一个接纳地，两个世界的交汇点。阿尔萨斯通过莱茵河和伊尔河，直通米卢斯和巴塞尔，可达勃艮第境内，再分往巴黎和里昂两地。但是再往北的洛林地区则未受到改革思想的影

[①] 译注：指新教徒。

响：梅斯比南锡更缺乏文化和宗教生活，无论对宗教改革思想还是人文
主义都漠不关心。但是通过阿尔萨斯足以与另一边的弗拉芒—皮卡第地
区相连接。奥古斯丁教派修士[①]的感人召唤要使信仰回归本源，清除几
世纪来因传统而累积在信仰上的一切赘生物。这个呼声肯定不止感动了
少数人，还传到了法国国王弗朗索瓦一世周围的人士，却未能使布里索
内或玛格丽特·德纳瓦尔接受德意志预言家路德的观点，两人坚持对最
有争议的条文作更正统的解释。然而他们身边的许多较大胆、顾虑较少
的人或许在 1520 年就已成为路德主义的热情支持者。不过其间发生了戏
剧性的转变，正当国王和他的顾问们对路德教的流行感到某种困扰和担
忧之际，1534 年发生了揭帖事件，宣扬路德教某些"真理"的小招贴竟
然出现在国王下榻的城堡内！于是马上开始了镇压，尽管弗朗索瓦一世
尚有若干犹豫——国王的犹豫主要来自外交（或其他）因素，即反对神
圣罗马帝国皇帝查理五世的外交政策；镇压一直持续到 1598 年，此后两
派的公开斗争很少停息。

加尔文

然而在 1534 年目光忧郁的年轻人让·加尔文做出了选择，他决定离
开危险的法国，经由斯特拉斯堡来到巴塞尔，在那里修改书稿《基督教
要义》，并于 1536 年用拉丁文正式出版，1541 年起用法文版再版多次。
27 岁的人文主义者加尔文也是法学家，他在巴黎和奥尔良结识了当时最
杰出的大师，从此反对罗马教会，把因国王弗朗索瓦一世的态度转变而
感到迷惘并遭受迫害的法国新教徒团结在自己身边——国王似乎直到
1534 年对新教还几乎抱同情的态度。加尔文不怕冒犯国王，还把《基督
教要义》一书题献给国王。他说自己还希望得到国王的理解，于是不仅
呼唤国王的良心还呼唤他的良知；他对同伴们的归顺提出抗议，但是在
最后一封信中淡定地表示准备接受最坏的情况，这说明他曾对弗朗索瓦
一世寄予多大的幻想："相反，如果恶意者的诽谤遮盖了您的视听，而被

---

①　译注：指马丁·路德。

指控者却没有申辩的机会；另一方面，如果您不加以纠正，这些冲动的怒火会以监禁、鞭挞、拷问、刀割和火刑等酷刑实施残暴：我们确信，当温顺的羔羊面临屠宰也会以死一搏，我们有忍耐我们有灵魂，我们等待上帝的强大之手，他将在时机来临时显示威力，解救不幸者于苦难中，也惩罚眼下如此大胆作恶的蔑视神明者。主啊，王中之王，将重建您正义的王位和公平的统治。"让·加尔文重蹈 20 年前路德走的路，但不打算重走奥古斯丁修士的老路，尽管路德也曾宣称反基督的教会必倒。加尔文走的是另一条路，人们或许可以粗略地说，加尔文走的是一条较少神秘而更逻辑的路，将加尔文教会（而非路德教）建立在对《福音书》的另一种解释上。1541 年他在日内瓦定居下来，在那里建立了加尔文教会，体现出一个建立新罗马的杰出组织者的才能。而路德并不知道这样做。加尔文这位新预言家具有非凡的辩才（我们在前面已提到他对某些人文主义者的批评①，把他们比作《圣经》中一个叫尼哥底母的法利赛人，此人表现得犹豫不决，在夜间去拜访耶稣，是个最怕事的胆小鬼），把迷惘中受到启发的法国新教徒团结起来，包括慈运理（瑞士人）、比塞、法雷尔和卡斯特利奥等人；写了《基督教要义》的加尔文在日内瓦建立了一个新的基督教。

《圣经》和称义

或许加尔文的出发点和路德是一致的。回归《圣经》，以《圣经》作为信仰的唯一源泉，反对传统，反对教会早期主教们添加在《福音书》（《马太福音》《马可福音》《路加福音》《约翰福音》）上的一切"乌七八糟"的东西：所有的评论和注释还不如自己的沉思反省更有价值。改革派的理想仍是早期的教会，至少是"令人难忘的使徒时代"的巴勒斯坦。回归以耶稣为中心的宗教，上帝是天父；中世纪大量产生的圣人不再有任何地位，连圣母亦失去了原来的地位，或者只保留了很普通的地位，被夸大的圣母作用，特别是圣贝尔纳以来宣扬的圣母崇拜在加尔文眼中

---

① 参阅本章第二节中"改革者还是无神论者？"小节中有关纪尧姆·比代的内容。

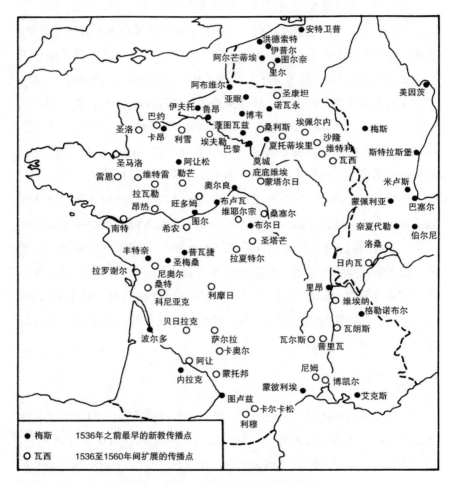

图 19 1560 年之前新教在法国的传播

新教在法国的传播途径大致按两个方向：一个方向是北—南—西方向，即从荷兰向卢瓦尔河以南扩展；另一方向是东—南—东方向，即从莱茵河河谷到里昂和加尔文活动地区。在第二时期（1536—1560）两条扩展线又分别产生许多分支，马恩河河谷的香槟地区成为两条扩展线的交汇点，将莫城和巴黎与斯特拉斯堡相连接。

法国最早的新教传播极少进入山区，如中央高原、浮日山脉和阿尔卑斯山区……当 17 世纪新教徒遭受迫害时，新教才向山区蔓延。

不过是某种偶像崇拜而已。最后加尔文还主张回归圣保罗和圣奥古斯丁，特别是圣保罗，他的书简成为加尔文思想武库的主要部分。所有这一切意味着对罗马教会的同样蔑视——罗马教会的滥用神权、非法获利和过分仪式——罗马已成为反基督的大本营。这些已由路德教提出的指控在加尔文那里变得更为严厉，因此两派在教义和实践中的结论亦大不相同。

加尔文否认善行（或因善行）可以称义，只主张因信称义。在要求信徒遵循与天主教徒同样的"道德"的同时，他直接提出了灵魂归宿命定论；这种建立在无偿道德行为基础上的"道德"比路德说的"罪孽深重，就更要信仰主"那句名言走得更远。加尔文认为，灵魂得救与否是上帝的自由选择，是神的莫大恩惠。如果说路德在复杂的灵魂归宿问题上仍模糊不清的话，加尔文对此没有任何犹豫，灵魂归宿命定不存在任何预知。同样在领圣体仪式上，加尔文摈弃把面包和葡萄酒作为耶稣身体和血，在这一点上路德教也作了妥协，法国的新教徒把面包和葡萄酒降低为仅仅是一种承诺的可见象征，加尔文根本不讨论这些。所以说加尔文思想不是重拾路德主义，而是清醒而热忱的沉思的结果，神秘主义的成分极少。

加尔文使新教的形象尽可能与《圣经》一致，正如他从《福音书》中所读到的那样：和路德教一样，它的本质是信徒本人与上帝的交流，教会的作用就是方便这样的直接交流，帮助信徒的爱主行为。不过人们可以说，加尔文与罗马教会之间的鸿沟更大，决裂更彻底。而且加尔文教在一切领域都有意将逻辑推至极点，在《基督教要义》阐述教会与国家关系这一点上，加尔文与路德明确切割，他拒绝像德意志那样以君权取代教权，主张分离教会与世俗权力（不管是君主还是法官），允许两者之间合作，以尊重基督的箴言——正如他在日内瓦所做的那样——但是保持两个权力的分离。这是大胆的构想，其政治意义十分明显，但没有马上被人领悟，以至于在日内瓦的最初实践中，市政议会过于偏重教会评议会的决定。此外，《基督教要义》中基督徒公民的义务、"基层权力当局"等定义亦相当重要，它们在加尔文设计的牧师、长老会议等教会行政机构中具有举足轻重的意义。牧师和长老会议作为民主的小团体，有可能像"受惊扰的动物"一样影响教会评议会的审议。加尔文在《基督教要义》中每当从哲学上下定义时都非常谨慎小心，因为他面对的是被他称为畏首畏尾的文人，也面对着国家，从他的谨慎可以看出他是一个按部就班、事必躬亲的人。他甚至还重视音乐，和当时人一样十分重视圣乐：在日内瓦曾编写过齐唱曲，但不是多声部重唱曲，如赞美诗宣叙调或净化的大众赞美歌；这类教堂乐曲对加尔文教在不同阶层中的广泛传播发挥了很大作用。

日内瓦和加尔文教信徒

面对新教教义的各种预言家——他们在斯特拉斯堡这座新教实验的大都市，在维滕贝格、苏黎世等城市里，怀着对上帝的热诚创建各种昙花一现的教会，加尔文在日内瓦将一个贪婪商人居住的追求享乐的平庸城市改造成一个首都和新教圣地：1538年应法雷尔之邀来到日内瓦之后，又和泰奥多尔·德贝兹等人一起，把日内瓦变为一个庄严质朴的城市，既无装饰也无雕像，长期作为加尔文教的首府。城市由教会评议会和市政议会严格管治，纠正任何越轨行为，对一切反叛行径严惩不贷。加尔文领导这个城市直到1564年去世。在这座如此快被一个严厉教会征服的城市里，加尔文开设了一座新教大学——日内瓦学院，培养的牧师将前往所有法语国家传播加尔文的教诲，甚至还包括非法语国家。在此造就的牧师具有教士的献身精神和扎实的文化知识，令人刮目相看。日内瓦学院既是神学院又是修道院，连续几年从瑞士各州、全法国各地以及莱茵河流域招募年轻学子：通过坚实的人文主义基础教育和深入的神学研究——必然是天主教教义和新的信仰相结合——培养出的新罗马的弟子，个个是热忱而博学的善辩者，他们在前去传教的城市马上争取到许多贵族和资产阶级，他们在法国倾注了大量精力，包括在巴黎城内传教，争取到分布于整个巴黎盆地的路德教信徒，而且还深入莱茵河河谷。所到之处他们散发小册子《教会教规》——每个加尔文信徒的必读书。日内瓦学院创建于1559年，然而早在日内瓦学院向各地（最远到波兰和

苏格兰）派遣传教团之前，加尔文主义的小册子已广为流传，在 1530 至
1540 年间不但影响了许多普通的传教者，还争取到亨利二世治下相当数
量的法国贵族和资产阶级商人。亨利二世在位时从未停止准备对加尔文
信徒实行镇压：1559 年他与菲利普二世签订和平协议就是为了腾出手来
实施镇压。

在 1560 至 1570 年的十年间，法国人对内战局面已习以为常，加尔
文教已传遍了全法国。但传教成功是相对的，内战前可以说没有一座城
市和一个地区完全被新教占领。现在越来越多的城市有了新教团体，甚
至有了自己的教堂和市民大会——教会评议会之雏形，从里昂到蒙彼利
埃，从波城到阿布维尔和亚眠，还包括卢瓦尔河流域城市和巴黎；但是
农村的广大民众却毫无反应，除了城市周边地区外加尔文教未能深入乡
村。广大农民无动于衷（但并不敌视），原因是日内瓦派遣的教士人数不
足以深入乡村传播福音。随着 1547 年起当局的迫害逐步扩大，新教徒纷
纷逃离法国和危险较大的城市，前往日内瓦避难。大批法国人的涌入，
引起当地居民的不满。不光是日内瓦，法国新教徒还逃往当时神圣罗马
帝国统治下的阿尔萨斯和瑞士其他一些州。正如吕西安·费弗尔所说，
他们是最初一批"为信仰而离乡背井者"，他们的迁徙成为加尔文教扩大
影响的一大有利因素。到 16 世纪下半叶新教徒已形成了欧洲范围的互助
网，在圣巴托罗缪惨案发生后，从反抗菲利普二世的荷兰到德意志新教
徒的互助进一步加强；他们得面临另一个传统的天主教国家联盟——它
以地中海的两个半岛为据点，毫不动摇地忠于天主教信仰（借助宗教裁
判所和虔诚的菲利普二世的力量），这两处据点就是意大利和西班牙。

当信仰加尔文主义的贵族再无畏惧，拿起武器来捍卫自己信奉加尔
文的上帝的权利时，尽管各方都有人出面呼吁平息冲突——天主教方面
有安纳·杜·布尔，新教方面有 S. 卡斯特利奥①——双方却都已摩拳擦

---

① S. 卡斯特利奥（S. Castellion）：《论异端》（*De haereticis an sint persequendi*）（1554）。
安纳·杜·布尔（Anne du Bourg）曾是巴黎最高法院法官，他在 1559 年挺身反对迫害
"在火刑时呼喊耶稣基督的人"。

掌准备对抗，天主教会集结了所有力量，还组成了一支民间征服队：耶稣会。

罗耀拉和再征服

这是为收复失地（这个战略名词用在这里再恰当不过了）、恢复天主教在西欧独霸天下——正如在中世纪整整几个世纪——的统一局面而作的极大努力。这种努力亦显示出在"需要信仰的世纪"里宗教的大胆，吕西安·费弗尔的这句精辟的话高度概括了当时的信仰运动。对各国君主而言，王国的宗教统一即意味着政治统一（包括诸亲王的统一：奥格斯堡临时议会期间的德意志也是同样的想法）。1530 至 1550 年间天主教经历了一场信仰危机：一部分人充满宗教虔诚，另一部分人则希望宗教和解与妥协，至 1560 年持后一种想法的人依然很多。从 1526 年起撰写《神操》的依纳爵·德罗耀拉，找到了摆脱精神危机、增强受威胁的信仰的方法。当 1530 至 1534 年路德教传入巴黎之际，他发起创立了旨在再征服的宗教团体——耶稣会，在获得罗马教廷的首肯后，耶稣会立即向德意志和法国这两个受路德教影响的国家扩展。罗耀拉曾是一名军人，他创建的这支队伍与日内瓦的加尔文传教团恰好旗鼓相当：十来年的传统和神学培训使为罗马教廷而战的耶稣会教士拥有与加尔文教士同样的知识素质；纪律严明，绝对服从罗马教廷，特别是教士的献身精神，使耶稣会迅速发展，不仅在欧洲，甚至还深入到从巴拉圭到日本的天主教新世界。尽管遭到仍在各地活动的不少修道院组织的阻碍，耶稣会仍在天主教世界取得了极大成功。

耶稣会的首战告捷是在特伦托主教会议上（会议几经中断，断断续续从 1542 年开至 1563 年），许多与会主教希望宗教两派能达成和解。而耶稣会坚持并使会议通过决议，重申天主教的传统立场，无论在因信称义的中心问题还是在诸如圣人崇拜等其他细节问题上都坚持天主教传统。耶稣会在重申天主教传统时用词极其谨慎，甚至原文摘引改革派文章并逐字逐句加以评论，逐行地批驳新教的论述。从下面引述的耶稣会阐述"称义"问题的一段文字，可见其辩论风格和思维缜密："当使徒说世人'惟靠信仰才能无偿地'（《使徒保罗致罗马人书》）获得赦罪时，这句话应当理解为，承诺并表达对教会的永远认同；要知道我们说因信仰而被赦罪，因为信仰是灵魂得救的开始，是称义的基础和根本……获得无偿赦罪，因为在称义之前没有任何东西——包括信仰和善行——配得到赦罪的恩惠。"① 最后特伦托会议在决议中给僧侣的纪律改革留了相当大的余地。天主教的这一改革从 1563 年起引入法国，同样引起争议，因为改革对 1516 年博洛尼亚主教会议承认的王室特权提出了质疑。

1560 年以后，耶稣会的巨大成功在于重新征服失地。即使在内战烽火四起的环境中，善于说教的耶稣会教士（他们太精明了，下面还会谈到），个个是老练的心灵导师，他们会根据信徒的不同情况进行诱导，不会把《神操》手册当众发给每个忏悔者，因而迅速在城市内赢得很大声誉，吸引了最好的和不太热心的信徒；同时他们还在教会附近创办学校，城里人已经受到若干年的人文主义熏陶，耶稣会更向他们提供一种新的教育模式。这个模式写在 1584 年制定的《教育大纲》上：一如既往地采用拉丁语教育，保留部分经过严格筛选的有危险倾向的古典作家和作品（譬如卢克莱修，甚至西塞罗的部分章节），但是向基督教教义方向引导，由此将人文主义的精华纳入其教育体系；耶稣会学校还传授城市生活的良好方式，教授舞蹈、音乐、礼节和举止仪态，这些上流社会的交际知识对扩大学校的知名度肯定起了很大作用。从克莱蒙到巴黎和许多其他城市都出现了耶稣会的著名学校。耶稣会学校从 1570 年起取得惊人成功，后来在德意志和法国迅速推广。但这还不是其巅峰时期，1603 年前后耶稣会迎来了更辉煌的时代：耶稣会教士成为王室的忏悔神父，城市的主宰和大教堂建造者，耶稣会成了教会的强有力的领导者……那时的耶稣会已经无所不在，拥有数千名教士，至世纪末有许多教士担任王室密使，学校遍布全法国——尽管战争给耶稣会带来不利因素，因为耶稣

---

① 教谕例子：如果某人说，自从亚当犯罪后，世人便丧失了自由意志，又说这是有名无实之事甚至连名都是虚幻的，是魔鬼的捏造，那么这就违背了教会，应予咒逐……

会参与宗教纷争太深，很快被认为是与主张法国教会自主的古老传统相对立的罗马教廷的代表，而且爱国主义激情特别反对外国势力的介入。至此，我们已进入了一个无论对反改革人士还是新教徒来说都十分重要的另一个时代。

4. 狂 热 时 代

战争

在 1560 至 1598 年的将近 40 年中，法国经历了最为激烈的内战，兄弟相残，英国人和西班牙人干预其中。或许不像好国王亨利身边的人为操控舆论而巧妙地使人相信的，宗教战争已使法国变成一具失血苍白的僵尸那么严重——这一说法确实令人警醒，从而赢得了 1598 至 1610 年的最初振兴。但这场难以平息的内战将绝大多数普通的法国人卷入了其中：狂热压倒了理智及和平的愿望；宗教激情夹杂着愤慨和政治盘算，使几个世纪来致力于国家统一、加强边防和国内和平的王室权威受到严重威胁；这一权力危机部分地影响了 17 世纪的法国和王室的未来。

从弗朗索瓦二世至亨利四世，法国断断续续地发生了八次宗教战争，双方利用交战间隙，喘一口气，再寻求新同盟和积聚力量。其间双方不乏主和派出面调停，试图达成临时妥协或和解，以便实现真正的和平。即便卡特琳·德美第奇在圣巴托罗缪惨案发生之前，也不无犹豫地在异教徒中区分误入信仰歧途、可以"温和方式"使之回头者，与"故意叛乱"而必须"严惩"者[1]。但妥协很快被卷入战争的双方狂热分子所打破。在阿尔克、伊夫里等大战役后，在伊苏瓦尔、蒙布里松和普里瓦等城市经双方占领和反占领的争夺几乎被夷为平地之后，双方在昂布瓦兹、博略和圣日耳曼等地谈判实现休战。无情的战争使爱国的"有政治头脑者"的队伍渐渐壮大，他们摒弃极端主义，既反对神圣联盟派也不赞同最残忍的胡格诺派。爱国者中在 1584 至 1594 年间出现了撰写《嬉笑怒骂皆讽刺》的天才作者，在揭发西班牙国王在法国实施阴谋诡计时，他的辛辣讽刺达到了顶点："经过长时期的引诱，才扔给你一些金币

---

[1] 卡特琳·德美第奇的书信，1561 年 1 月 31 日。

和人马，而早该援助我们的数量竟是如此之少；他不会像屠夫对待猪那样把我们喂肥了再出售吧；他是怕我们死得太早，希望我们死得更惨，他给一点甜头让你苟延残喘，正如狱卒给罪犯送食以便施行酷刑。他吹嘘以几百万金币来拯救我们国家，钱在哪儿？民众丝毫不见，绝大部分都在我们的交战方或者你们这帮亲王、督军、长官和教士的手中，被你们锁在保险柜里呢……"

战争何以持续如此久，新教徒和天主教徒何以变得如此疯狂？其实从两派最初冲突至亨利四世治下巴黎和西班牙发生暴动的整整 40 年间，战争的意义和规模发生过多次变化。1572 年的屠杀，1584 年以后的所谓爱国战争，瓦卢瓦王朝的最后一位继承者安茹公爵①的病故；然而战争的某些特征并没改变。首先是摈弃容忍的宗教狂热，自以为掌握真理的狂热分子根本蔑视容忍——这是天主教列为第二的美德；其次是政界人物过于谨慎，他们置身于内战之外，鼓吹信仰共存这一根本无法被同时代人接受的理念，常常被当作懦弱者，至少也被当作信仰薄弱者。在"不与我站在一起就是反对我"这句名言挂在所有人嘴边的年代，两大派别各执其词，各方的"真理"只能煽起战争的狂热。

宗教真理掺和了政治理念：对天主教徒而言，要捍卫王国的政治统一，同时亦要保卫天主教会和王室的狭隘统一，王室的正统就体现于国王在兰斯大教堂充满一系列象征意义的隆重加冕礼，以及国王入城仪式、民众欢呼、放飞鸽子和在加冕次日造访科尔贝尼的圣马固尔教堂。而对新教徒来说，他们不能奢望统领法国，既然无法奇迹般地让国王改变信仰，只能寄望于在天主教法国出现一个信奉新教的国王。当身为新教徒的纳瓦拉王亨利成为唯一王位继承人时，他们的希望来了，但是他们能设想将全法国变成一个新的日内瓦吗？对他们来说，宗教统一至少是一个更遥远的目标；但是当时的这一伟大思想不能解释一切。

---

① 译注：安茹公爵指前国王亨利二世和卡特琳·德美第奇的第四个儿子、国王亨利三世的弟弟弗朗索瓦。他的死对法国政治有重大影响，使新教徒纳瓦尔王亨利成为唯一的王位继承人。亨利继位后成为亨利四世。

政治

战争持续着，在其他因素刺激下，已平息的战争再度爆发甚至变得更为激烈。在 20 年中，新教和天主教的首领分别都是贵族、公爵和有名望的家族成员：吉斯、罗昂，还有其他名门望族，直到蒙吕克和恐怖的阿德雷男爵。无论他们站在国王一边还是反对国王，都在战争中找到了半个多世纪以来绝无仅有的机会去砍杀，去过露营、埋伏和奋勇追击的戎马生活：这种封建时代贵族叱咤风云的古老传统，在先王弗朗索瓦一世和亨利二世的铁腕下已变为陈旧而虔诚的回忆。

但这并非说科利尼、吉斯、苏利和马耶纳等家族在投入这场战争时没有宗教信念，亦不能说他们有意卖身投靠：有的倒向德意志亲王或英国伊丽莎白一世，有的跟随西班牙国王菲利普二世。当生性好斗的贵族放弃比武、战争演习和其他异想天开的娱乐而投入一场真正的战争时，在他们复杂的心态里除了宗教激情外还夹杂了祖传的封建意识，一种面临王权扩张而丧失地位的恐惧。贵族在战场上和军事会议上可以彰显其军事和政治作用，而长期以来这些贵族特权已被深思熟虑的王室巧妙而逐步地削弱殆尽。此外，在狂热的贵族背后，还有历来享有各种特权的城市：城市市民包括受到加尔文的激进逻辑影响的法学家，从加尔文主义获得正名的、在本世纪发财致富的金融家和商人，还有城市资产阶级以及更关心灵魂得救、被神圣联盟的说教和新教宣传册子的热情（譬如把马耶纳称作"修士公爵、巫师、洛林佬、反叛者、私生子、口是心非的假天主徒、骗子等等"）煽动起来的平民百姓。城市提供金钱、武器、碉堡和士兵，支撑由贵族发动但不可能由其单独承担费用的战争。享有特权的城市的市民在上述文化人的煽动下，再次被贵族们带上一条不只为宗教信仰的道路。

王国

在这场直到 1598 年《南特敕令》颁布才结束的战争中，天主教略占上风，但王室权威却遭到了削弱。事实上，亨利三世的统治并非像神圣联盟成员所说的那么糟糕，而亨利四世在 1594 年皈依天主教亦确实使局势很快平息下来。但是战争虽然平息了，巨大的创伤已经造成，理想君主的形象已被"成千上万"篇檄文和战火中诞生又广为流传的颠覆性理论严重毁坏：下一世纪亨利四世的继承者必须花大力气去修复并巩固王室权威。圣巴托罗缪惨案发生后，新教徒率先对王室权威提出质疑，在这场背叛阴谋中，卡特琳·德美第奇和查理九世铸下了王室背信弃义的大错。短短几个月内，严厉谴责的许多檄文传遍了全法国，阐述王室权力如何和为何丧失了合法性：日内瓦加尔文学院的理论权威泰奥多尔·德贝兹的课程《统治者对其臣民的权力》明确提出义务与权力并重的理论；法律顾问霍特曼发表了著名论著《法兰西高卢》（1574），稍后又发表《公诉暴君》（1579），此外还有无数小册子揭露"卡特琳·德美第奇的荒淫无耻"（《刽子手的钟声》《法国人的警钟》《圣卡特琳一生》等）。从此，一向把服从君王视作天经地义的新教徒认为人民未必要服从一个背信弃义的国王；霍特曼和他的朋友提出一种作为社会秩序的民主基础的契约论。在 1572 年 8 月 25 日的惨案中，新教的绝大多数贵族领袖遇害，这一史实在熟悉罗马史和罗马法的法学家笔下，在多年来参与新教城市教会评议会、对平等社会已习以为常的新教牧师那里被大力渲染。法国的新教徒已不再对天主教王室抱有崇敬之意。

根据王位传男不传女的法律，在 1584 年后当亨利三世唯一的继承人只剩下信奉新教的纳瓦拉王亨利一人时，当神圣联盟的修士在巴黎和全法国发动甚嚣尘上的反对亨利三世本人的攻势时，狂飙再起，但角色换了：轮到最狂热的"教皇主义者"议论暴君，甚至提出弑暴君合法的理论。他们说：当一个国王不能保护神圣联盟的信徒而变得不再神圣时，杀死他就成为一个臣民的义务。于是，诉诸武器的一切暴力和对国王的诅咒都被容忍了。埃图瓦勒在 1593 年 6 月 6 日如此写道："这一天方济各会修士费纳唐在圣约翰教堂传道，在对国王进行百般辱骂后，他说终有一天会天打雷劈，或者他（国王）一命呜呼，朋友们！或者他的下体，因你们都知道的原因，已经腐烂。"在《嬉笑怒骂皆讽刺》中被称为"背火枪的耶稣会教士"和激烈反对两位亨利的嘉布遣会狂热修士的猛烈抨击中，肯定已不再是社会契约的问题了，而是干脆对那个曾受过教会祝圣、被敷过圣油的国王动真刀真枪。目击亨利三世和亨利四世遇刺身亡的同时代人不会搞错，1589 年当亨利三世被修士雅克·克莱蒙"不可思议地残忍谋杀"之后，巴黎流传的一篇极为精辟的文章这样写道：

> 被毒匕首刺穿了腹部，
> 神圣国王倒在奸诈的修士手下，
> 害怕吧，波旁家的那个！① 怎么！所有的心怀鬼胎者，恐惧吧！
> 同样的命运等待着你，你也一样，看剑！有何不可！

> 所有王国的神秘圣人终于露面了；
> 现在知道了，那些国王都算不得什么，
> 他们不过是自封为神而已。②

面对国王甚至能治愈绝症的神圣权威，神圣联盟成员比新教徒更无法无天，新教徒从不敢正面挑战民众广泛敬重的王权；而在亨利三世治下神圣联盟成员竟敢根本否定国王的权威。尽管如此，亨利四世在于沙特尔大教堂举行的加冕礼后还是"抚摸"涌上前的民众：民众对国王权威的信仰还是在动乱中保存了下来。

《南特敕令》

1598 年宗教战争结束了：西班牙人返回了佛兰德和西班牙，菲利普二世不得不在韦尔万放弃了让他女儿继承法国王位的野心；国王颁布

---

① 译注："波旁家的那个"指亨利四世，不幸被作者言中。21 年后，亨利四世也在巴黎遭到刺杀。
② 埃图瓦勒（L'Estoile）：《日记》，第一卷，第 660 页，巴黎，1943 年翻译版。

《南特敕令》允许新教徒在王国存在，这是国王和成为他对手的昔日战友之间签订的一份真正的和解协议。天主教无疑获得了胜利，这一胜利在1593至1594年亨利四世决定最终放弃新教而皈依天主教时已是既定的事实。但是胜利是不完全的、困难的：国王在《敕令》颁布前就毫不掩饰地指出，暂时的情况已严重危及王国的统一，他将等待更好时机实现国家的真正统一。当国王承认新教徒的权利，新教徒赢得在王国的生存权时，曾经只被当作神话的昔日理想又再次被危险地确认为未来的模式；经历了40年的内战，国王仍无法以一个简单的法律定义让臣民接受新教徒的权利，从这层意义上说，胜利是困难的。《敕令》规定：新教徒有权（在城市外）建造自己的教堂，有权举行新教的教务会议，有权在双方发生纷争时与天主教徒共同组成审判机构；亨利四世甚至还允许臣民有权武装反抗他本人（或他的继承者）——允许他们拥有城堡、军队和武器，还答应每年拨给军饷，让少数派新教徒能抵抗天主教的任何挑衅。对国王而言《敕令》的代价十分沉重，尤其他已经斥资向神圣联盟买回了和平，使马耶纳公爵答应撤军，还有其他方面的种种承诺。但是这次妥协，包括此后几年中在圣日耳曼和别处的再妥协功不可没，它毕竟结束了战争，使血腥的法国恢复了平静。法国或许还没学会容忍，不过它已目睹了最狂热的儿子们惨遭无情杀戮的场面。

丛书策划　陈义望　朱宝元

HISTOIRE DE LA CIVILISATION FRANÇAISE

XVIIe-XXe siècle

修订版

法国文明史 II

从 17 世纪到 20 世纪

〔法〕乔治·杜比　罗贝尔·芒德鲁 - 著　　傅先俊 - 译

中国出版集团 东方出版中心

目　录

2 月至 3 月／6 月／梯也尔和法鲁

图表目录

第二部：

现代法国（续）

第九章　"天主教法国" 和现代人

　　诚如深思熟虑的蒙田所说，比较不总能说明问题；但假如我们不滥用比较，以人体生长发育过程来整体考察 1600 至 1660 年这一现代法国"成形"期，可以把它比喻为人的活力充沛又碍手碍脚的青春期：好斗逞强、充满自信，在一切方面都有旺盛的孕育力，跟上一世纪相比它至少同样地乐观幸福，事实上比 1660 至 1690 年的 17 世纪下半叶更为丰富精彩。17 世纪下半叶面临强加的或许必要的选择，法国社会的多元化退却了。这一青春期在它经历的社会和宗教的悲剧环境中，极富征服性；那些社会和宗教悲剧成了法国成长的危机。从所有方面来看，17 世纪是最丰富最具活力的年代；然而它却处于半明半暗的阴影中，凡尔赛宫、太阳王和伟大的古典作家们的光芒让人忽略了这些年的成就和辉煌。这一时期的法国并不像苏利和巴托罗缪·拉费马斯所说的那么财政枯竭；它缓过了口气，在新的格调上以更自信的风格重新找回了 16 世纪的创造活力，找回了宗教激情、科学的好奇心，以及对美的景象和壮观建筑的爱好。当时的法国不但宗教圣人辈出，使受战乱和争论而严重衰退的天主教会重建威望，而且出现了许多高乃依式的英雄，他们崇尚荣誉，除非事关科学真理。法国成为文化人的接纳地，当时还未设文人年金，柯尔贝①尚未当权，夏普兰②还未被重用，但巴黎已成为全世界文人学者的聚集点：皇家广场、梅森神父家或艾蒂安·帕斯卡家的沙龙……1636 至 1637 年间发生了如此多的事件，当时正值西班牙再次入侵法国，由科尔

---

① 译注：柯尔贝（Jean-Baptiste Colbert，1619—1683），法国政治家、国务活动家。1661 年马萨林逝世前向国王引荐了他，此后长期担任国王路易十四的财政大臣。
② 译注：夏普兰（Jean Chapelain，1595—1674），法国诗人和文学批评家，在法兰西学院成立之初即被黎塞留任命为院士，享受年金；后受柯尔贝委任，制定享受国王路易十四慷慨地颁发年金的文人学者名单。

比南下直接威胁巴黎，高乃依的悲剧《熙德》上演，笛卡儿发表了他的
《为追求理性和寻求科学真谛的方法论》，波瓦亚勒修道院的精神导师圣
西朗与红衣主教黎塞留发生冲突，不久被黎塞留投入监狱：这是轰动一
时的让森派事件的静悄悄的开端，后来事件发展到使全巴黎闹腾了整整
20 年。在令人担忧的背景上发生了许多轰轰烈烈的事件：（尽管有黎塞
留的铁腕政治和马萨林的狡诈手段）各地骚乱不绝或者几乎不断，最高
法院法官们和贵族的反抗，新教徒的集会和战争，在这一切之上还有更
为普遍却鲜为人知的城市和乡村的民众抗议运动——譬如被称为"赤脚
党""乡巴佬"的地方性农民暴乱，尽管在各省都有国王派驻的专员，尽
管旧官僚比平民百姓更痛恨各地的王室财务总管，底层民众揭竿而起的
抗议此起彼伏，屡禁不止。17 世纪上半叶的法国，与此前几个世纪一
样，在主导文明生活的艺术和宗教这两个领域中，充满了巨大的反差和
令人惊叹的成就。

1. 17 世纪上半叶的反差

这是个骚乱和躁动不安的年代，即便在政治层面上也是这样，随着国王主政和摄政期的多次更替，国家从治到乱犹如钟摆似的反复摇摆，给人一种印象：政权如同跳芭蕾舞乱了节拍一样错乱不稳。而这类政治危机却精准而灵巧地反映出社会深层的涌动，打乱了社会秩序，标志着求变的思想文化准备；它不是 16 世纪的单纯延伸：譬如围绕着悲剧《熙德》的争论便是明证。然而，人们在这方面的研究却远非像对"受骗者的一天"① 的研究那么深入。

世袭贵族和穿袍贵族

通过博丹和其他人的中介，法国出现了一批模仿古代政治理论的著作，我们从这些著作中得知，法国从乱到治的过程经历了整整 60 年：波旁王朝最初的两位国王均有幸晚年得子，所惜驾崩时王子尚年幼，因此在 1610 年和 1643 年后均有过一段摄政期；可是母后又都是嫁到法国王室来的外国人，对法国有相当的隔膜，自然疏于朝政，而统治的却是一个难以驾驭的民族。地方封建领主势力坐大，穿袍官吏对无主政治求之不得，纷纷扮演摄政顾问的角色。靠黎塞留的铁腕或马萨林的狡诈很快平息了动荡局面。但是这些年被王室逐渐成功制伏的那些大佬，如亨利四世治下的比隆公爵贵族世家和黎塞留时代的圣马斯侯爵、德图、夏莱和蒙莫朗西……这些人骄纵成性、自尊自大；在孔代亲王权势炽热之时，贵族们仿效国王的排场和气派，养尊处优；在路易十三时代，企图专权的母后阴谋反对儿王，路易十三的胞弟、奥尔良的加斯东亲王反对红衣

---

① 译注："受骗者的一天"（la journée des dupes）是博特吕伯爵的一句名言，指 1630 年 11 月 10 至 11 日，王太后玛丽·德美第奇企图逼迫国王路易十三解除黎塞留首相的职务，但是正当后党成员准备弹冠相庆之时，他们受骗了：国王躲到凡尔赛，与黎塞留暗中结盟，一天之内肃清后党，结果太后被迫流亡，后党成员一一被剪除。

主教黎塞留；贵族们利用王权薄弱乘机勒索年金，淘空国库，使财相苏利掌管的金库濒临枯竭，后来甚至挪用税款，而且在政府内阁会议上独霸一方。其实，过去的历代先王已很久不再召贵族大佬参与议政了；他们在外省唆使骚乱（骚乱几乎全是贵族引起的），甚至在卢浮宫策划阴谋，包围巴黎，贵族反叛的威胁极大，连马萨林都不得不退避三舍；孔代亲王谋反失败后不敢再回法国（1652），在西班牙避难直至1659年。更不必说各地反叛军队沿途造成的破坏了，1643年一位目击者在欧里亚克写道："德卡尼亚克和迪耶纳的军队在山区的劫掠不比德塞昂男爵的队伍在平原的打家劫舍少。"①

　　除了世袭贵族的反叛，穿袍贵族，特别是巴黎最高法院法官也勾结贵族参与了激烈的"福隆德"反抗运动。他们作为登记王国的法律、以法律名义作裁决的最高层法官对王室来说同样十分危险，尤其是1648至1652年间，他们的首领是个叫贡迪的野心勃勃的人物。与法国各省议事法院一样，巴黎最高法院的职能是在国王颁布的法令和国王新法律实施之前，负责对这些新法令、新法律进行登记备案，法官们拥有谏诤权，甚至可以拒绝登记国王的法令——这一点原本并不奇怪，因为法律各条款之间需要协调一致，不能单纯地累加重叠，在颁布一项新法律之前需要有这一步协调工作。于是，巴黎议事法院就成了最高法院，但是它企图利用谏诤权和注册权来控制和限制国王的权力。巴黎最高法院（Le Parlement de Paris）强调其名称与伦敦议会（Le Parlement de Londres）相同，其实伦敦议会是代表整个英格兰民族的国民议会（或许它并不真正代表英格兰民众，但这并不重要），是一个政治机构，而巴黎最高法院企图利用所掌握的法律武器来扮演同样的政治角色。早在16世纪内乱时，这种企图就已冒头；卡特琳·德美第奇当时就召集了真正能代表全国民众的三级会议予以制衡，而且在亨利四世治下，世袭贵族和巴黎最高法院的穿袍贵族都已被制伏得规规矩矩，譬如他虽遇到阻力仍成功颁布并实施了《南特敕令》。穿袍贵族的野心之所以得到扩张，一方面是因

① 引自波什内夫：《"福隆德"运动前法国的民众起义》，第681页。

为 1614 年后长期未召开三级会议，另一方面是由于 1604 年实施了"官税制"（paulette），官吏职务的世袭化令穿袍贵族的地位更加稳固。再一个原因是英国的影响（1628 年伦敦议会与王室冲突引发了大混乱，特别是从 1644 年起冲突更加升级）。巴黎的穿袍贵族对英伦岛国上发生的事件十分关注，获得对王室的长期和无可争辩的控制权就是巴黎最高法院法官们梦寐以求的目标。但是，只要国王的嗓门一提高，穿袍贵族和世袭贵族一样，甚至比世袭贵族更快地回到自己的本分，重新开始自己应做的工作，因为穿袍贵族毕竟是些法学家，他们深谙罗马法，在内心深处还有国家意识，况且他们受到的不平等无非就如吃不上戈奈斯小面包①的窘迫差不多罢了。

对穿袍贵族的摇摆，国王毫无办法，理由十分清楚：主要是王室的财政拮据。国王（或摄政母后）理应有办法排除这些法官的干扰，只要解除其职务、另聘别人就行了；但问题是所有官吏的职位是他们捐钱买来的，国王解除某官吏的职务得退还其捐税。而法国的君主历来缺钱，国库空虚，濒临破产，根本无法应付这笔巨额开销。王国公共财政的长期亏空（除了苏利主管王室财务、柯尔贝担任财相的头十年和费勒利担任首相的若干年等少数例外）主要是以下这几方面的原因：尽管有审计院，但缺乏全面会计制度；花费巨大，从来不量入为出，尤其是战争，还有宫中开销和大兴土木；税收制度不协调，税务只压在部分国民头上，如盐税、人头税等只向有承租权的农民和农场主征收，税制极其不公；最后只有在城市资产阶级身上开刀，由他们来认购国债，填补亏空，接受破产。

新教徒

新教徒仍是这一时期造成纷争的因素，至少在发生动乱的初期是这样。他们并不想重新开始在 1598 年已告一段落的战争，主要是担心天主

---

① 译注：戈奈斯小面包（les petits pains de Gonesse），戈奈斯为巴黎附近的小镇，当地烘制的面包因质量上乘在 15 至 17 世纪曾极受追捧，为贵族所专享。

银餐具或私下回收……

　　或许我们看到 1648 年商人和穿袍贵族联合起来反对马萨林，这主要是针对马萨林的税收政策，于是乎商人和穿袍贵族之间的矛盾暂时退居次位。税收政策是当时的另一诟病，此弊病在乡村中早已积重难返：资产阶级靠年金生活，眼看着人头税增加，"富人税"亦会卷土重来，所以心生不满；但是乡下人能说什么呢，他们既要承担国王的人头税，又要承受封建领主税吏的不断勒索，领主希望尽可能地多收地租。另一方面征收各项杂税的征税人也受到其主子的催逼，总之贵族领主永远嫌收入不够，于是濒临卖地的贵族只能告贷举债，最后由法院判决封产、变卖家产。在 17 世纪的过程中，正是在这些破落贵族的家产基础上，越来越多的资产阶级成了地主[①]。

民众反抗

　　民众的负担加重了，部分是因为孔奇尼、黎塞留或马萨林当政时制定的国家政策，部分是社会变迁带来的结果。也许因为过去的日子太容易了，所以当下觉得压力特别大：在整个西部地区，曾经资金充裕、贸易繁荣，所以城镇居民和乡村民众的反抗就比其他地区更频繁更激烈。但各地都有民众的抗议运动：反对盐税官，反对征收人头税、封建主地税、间接税等各项捐税的征税吏。民众的暴动来势凶猛，有时资产阶级甚至法官都不想加以阻止，一是担心会对自己有不利影响，同时看到民众如此激愤也心照不宣地予以同情。愤怒的民众往往由个别妇人带头，她们为保住家中仅剩的几个铜板会把命都豁出去。俄罗斯历史学家波什内夫在其著作中描绘过 1623 至 1643 年法国民众的反抗运动，并企图从中寻找阶级斗争的迹象，可惜未能如愿，因为当时阶级意识说得很少；不过书中对民众运动有很好的描述，而且书末还附有保存在列宁格勒市的法王路易十三的掌玺大臣塞吉埃档案的摘录，对显示妇女在抗议运动

---

　　① 马克·布洛克：《法国乡村史的特征》，第五、第六章；加斯东·鲁普内尔：《17 世纪第戎地区的城市和乡村》，第三部分，巴黎，1955 年再版。

中的作用十分珍贵。同样，1645 年在蒙彼利埃，"因国王加冕开支向手工匠征税竟引发民众暴动，运动由若干妇女领头，后来她们的丈夫也积极参与进来"。另一地的乡村教区也有所响应，"在菲雅克财政区发生了数起民众手执武器的集会。不过这是个贫穷的教区，对民众的如此激愤早已习以为常……集会上手拿武器的妇女比男子多"①。另有一个例子，说明资产阶级附和暴乱民众，一名地方总督抱怨道（平时为遏制民众愤怒，资产阶级会对他给予帮助）："本市的民事法官真的应该在骚动刚开始之际就予以遏制，可是出于胆怯抑或默契，或许两者兼而有之，他们袖手旁观，眼睁睁地看着暴力、狂热和愤怒把一批群氓卷进了最初的运动中。"② 有时城市引发和鼓动农民造反：在利摩日和鲁埃格等贫穷省份，1636 至 1643 年间民众暴乱连年不断，城市在商人的鼓动下开始骚动，比动乱已平息下来的平原地区闹得更凶，给乡村反叛者做了榜样，鼓动农民起来造反。"王室或许有必要在维夫朗什惩处几个带头闹事持续了十个月的居民和官吏，杀一儆百……使农村那些学样造反的穷人有所收敛。"③

不过鲁埃格地区的维夫朗什看来是个例外。西部内陆地区和诺曼底民众的造反声势远胜于东部和大巴黎地区（尽管在"三十年战争"时，东部地区也曾遭受雇佣兵的破坏）。波什内夫等人的著作很好地反映了当时政府的窘况：面对各地零星的抗议运动束手无策，尽管当局全力以赴，但无从下手，只能等破坏造成后才加以镇压；王室官员遭打骂，房屋被烧毁，道路被破坏阻断；暴动者也许并非有组织的持续游击战，但群情激昂，村子里一片骚乱，村民"恐惧"万分，过后带头造反的人躲到附近森林里销声匿迹了，村子太平和寂静了几周或几个月。"反叛者继续在活动，变本加厉地烧杀抢掠，经常在韦尔格树林里

① 波什内夫：《"福隆德"运动前法国的民众起义》，第 702 页，并参阅法国国家图书馆，法文手稿库藏文献，18432，第 231 页。
② 法国国家图书馆，法文手稿库藏文献，18938，第 10 页（诺曼底 1640 年），并参阅波什内夫：《"福隆德"运动前法国的民众起义》，第 644 和 672 页。
③ 法国国家图书馆，法文手稿库藏文献，18432，第 247 页。

集会，德布尔代耶总督派人到野外去搜索……也搜查了森林……可是什么也没发现。"① 因贫困而造反，杀人放火的农民起义和"赤脚党"叛乱在路易十三统治末期的几年里闹得最厉害；起因是东部和北部的兵燹加上各地的自然灾害：1630 至 1632 年的严重饥荒；随后 1637 至 1638 年饥馑蔓延至全法国大部分地区；从那时起直到发生"福隆德"运动，在各地乡村维护治安的总督和官吏们就再无宁日。在这些艰难的年份里，因国内动乱的牵累，红衣主教被迫放松了与哈布斯堡王室的较量。

各地农民起义和城市居民反叛都是底层平民百姓的骚乱，他们是无名之辈，除了暴动没有表达不满的其他方法。城镇尽管在抗议苛捐杂税方面与乡村有（相对的）共同性，但富裕的城市和远离发财致富的乡村之间存在着巨大的反差：遭受王室和封建主盘剥而生活平庸的内陆平原地区与一个世纪以来靠与美洲新大陆贸易和文化交流而变得相当富庶的沿海城市之间差距极大。沿海城市参与征服美洲新大陆、开发新市场，已成为当时"知识人士"的汇聚地。

城市发展和知识生活

17 世纪初期以资产阶级的创造活动和商业繁荣宣示了 18 世纪的未来。资产阶级在巴黎皇家广场和马雷街区（quartier du Marais）兴建住宅，数量跟过去贵族建筑一样多，甚至更多，马雷街区不再是贵族而是资产阶级的住宅区了：这种新式建筑的风格就是私人公馆。公馆远离街道，一侧朝向花园，另一侧是内院，朝内院一侧有两旁呈马蹄形的石级阶梯。公馆出入方便，经常接待客人，消息十分灵通。建筑正门上有三角楣装饰，外壁仿大理石粉饰，在白色或灰色石块间镶以红砖作烘托，这些白色或灰色的石料采自蒙马特尔高地的采石场，这一建筑风格一直延续至 19 世纪。公馆建筑是专为接待众多宾客而设计的，建筑设计构思

① 皮埃尔·德贝索（Pierre de Bessot，1609—1652）：《家庭日记账》（*Livre de raison*），巴黎，1893 年版，第 23 页。

与其说是为主人居住舒适,不如说是为接待宾客。17 世纪的公馆一般内部装潢豪华,事业有成的资产阶级商人和穿袍贵族们自以为值得享受富裕的生活。他们购置精美的家具,以墙上挂自己的半身或全身像为自豪,肖像都是向当时巴黎名画师定购的,如菲利普·德尚佩涅、勒布伦等。肖像人物极其庄严,头戴假发,长长的假发披在大白领上,身着多裥的宽大黑袍,宽松的袍袖下露出洁白的衣袖,袖口镶了烫成管状的褶裥、理得整整齐齐的精致花边,手或张开,做出律师辩护时的手势,或紧握一个小本子,露出光亮细长的手指。整幅肖像透出人物极其自信和富有的气息。

商人、金融家和穿袍官吏所从事的职业使他们有足够的时间享受娱乐和阅读,接触新东西,有暇接待同样喜欢阅读和讨论的宾客:城市征收人头税重——最高法院法官和贵族们对此议论颇多。城市成为知识和艺术生活的中心,上流社会人士热心参与活动,沙龙生活极其丰富多彩,以拉丁语作为传播思想的语言载体,在全欧洲通行无阻,加上自由旅行和交流频繁,欧洲各国虽国情有别但交流毫无障碍:在梅森神父的寓所,无论是巴黎皇家广场还是外省卢瓦尔河畔小城纳韦尔(神父曾在那里教过几年书),意大利人和佛兰德人风尘仆仆赶来相聚,相互尊重的文人学者见面轻松愉悦,共同探讨数学、道德、音乐和神学等议题。"他们是知识渊博的著名学者和热爱古典文学的人士",也有纯粹的好奇者,以能参加学术讨论会而自豪。与会者定期在杜普伊兄弟家、泰奥弗拉斯特·勒诺多家和艾蒂安·帕斯卡的巴黎和鲁昂寓所聚会。据皇家科学院(建立于 1666 年)的历史学家丰特奈尔说,梅森神父的寓所是当时最闻名的聚会处:"50 多年前在梅森神父家聚集了全欧洲最有学问的朋友,他们乐意在此讨论各种议题。伽桑狄、笛卡儿、霍布斯、罗贝瓦尔、帕斯卡父子俩,还有布隆代尔等,都来梅森神父家。神父向来客们提出数学问题,或请他们根据已知现象做某些实验,人们从未如此细心地探讨由几何学和物理学相结合而产生的科学。"这一情形被 J. 唐内利和 R. 潘塔尔出版的《梅森通信录》所证实。稍后,从 1633 年 8 月至

1642 年 9 月期间，又定期在泰奥弗拉斯特·勒诺多家里举行了 355 场更正规的专题讨论会①。"沙龙向所有人开放，与会者就物理、道德和其他学科的各种议题向公众发表演讲"，参加博学聚会的不只是梅森神父、佩雷斯克、伽桑狄、笛卡儿或小帕斯卡等当时的著名学者。有时讨论也会转向无关紧要的话题。然而讨论会持之以恒，持续多年，从当年报纸的评论报道足见它对当时知识社会的巨大影响。它聚集了教会和世俗社会的各方学者，有鲁昂教区总主教哈莱、格拉斯教区主教安托万·戈多，还有伽桑狄、让·莫兰、雅克·西尔蒙和"人们可毫不阿谀地称之为活图书馆的"诺代、路易·摩杜伊、瑞典人胡果·格劳秀斯……这些朋友之间的见解不尽相同：梅森神父与笛卡儿和伽桑狄都是朋友，但是从彼此不间断的通信可看出双方在对方的著作或讨论会所涉及的问题上有争论。这个学者社团出现在柯尔贝创建科学院之前，影响了各大、小城市受过科学知识启迪的整个资产阶级阶层……各地的文人社团遂形成了一股渴求知识的洪流。

　　怀着求知欲望的女士和先生们更多地聚集在一起，形成了一种新型的沙龙，其数量更多，因为讨论的话题不那么艰涩。在罗马出生的德朗布耶侯爵夫人是当时巴黎的社交名媛，她家的沙龙聚集了她的追随者，他们是伏日拉或马莱伯的弟子，热爱语言文学和上流社会的礼仪。宾客汇聚在蓝色和绿色的小沙龙里，炫耀身上镶了羽毛和饰带的时髦套装，以委婉动听的语言谈情说爱。这种语言很快被用滥了——莫里哀根据这一题材在 1659 年写了一部讽刺喜剧《可笑的女才子》。沙龙社会自命清高，鄙视交际花们的粗俗：这种才子风尚是城市生活的一景，也几乎成了一种时尚，风流才子们根据不同的场合穿着不一样的服饰、说不同的语言，得意非凡。如此故作风雅的生活尤其成为一种巴黎现象，也产生了描写这一现象的大批文学作品：《阿斯特雷》，斯屈代里兄妹的小说，如《居鲁士大帝》，以及瓦蒂尔和斯卡龙的作品，还有《捍卫卖俏王国》

---

① 会议记录以《在讨论会上讨论的第一、第二……第一百个问题》（*Première, deuxième ... Centurie des questions traitées des conférences du bureau d'adresses*）为题出版。

《风流的法则》《温情脉脉》《爱情游戏》《貌似正经的才女》等。所有这些作品不应造成一种文学的假象，其实它们只是以特殊方式宣告路易十四治下极为开放的宫廷生活之诞生，并为其登场作铺垫。

西班牙模式

这类文学和科学生活总带有外国的烙印：在这方面 17 世纪是 16 世纪的延续，但是影响的源头变了。16 世纪是德国，特别是意大利处主导地位，17 世纪上半叶则是西班牙了。不过意大利并没丧失其影响力，它依然是艺术方面的楷模：普森毕生在罗马度过，他的作品中古代艺术的典范保持着伦勃朗所没有的魅力。但是菲利普四世治下的那个黄金世纪的西班牙，其影响力波及了所有领域：从经济的扩张到文学上的一大批小说家和戏剧家。卡尔德隆、塞万提斯和洛佩·德维加都曾搭船从塞维利亚来过鲁昂和拉罗谢尔，粗犷的讲故事人使法国人发现了一个依然辉煌却已开始走下坡路的西班牙。那是个激情似火的地方，荣誉和爱情会使人豁出一切，那也是骗子、无赖和旧贵族，耍狗人和魔术师各色人等混杂的世界，还有塞万提斯在《狗的对话》里描写的荒淫无耻的牧羊人。总之，是委拉斯开兹和牟利罗画笔下神奇般的西班牙！当时德国因战争分裂而影响减弱了，瓦伦斯坦和蒂利的贪婪军队到处行劫，在莱茵河沿岸各省、勃艮第和孔泰等地破坏后与法国再无直接交往。东部和北部省份尽管较晚才有些苏醒，但毕竟长期处于死寂状态（荷兰北方和南方的战争直到 1621 年后才停息）。剧烈反对新教的洛林地区在乔治·德拉图尔①的时代天主教势力强大，勃艮第在 1650 年后才恢复了大众化戏剧，如第戎曾以街头卖艺人出名，它的直接艺术为莫里哀提供了喜剧人物的原型，亦取悦了勃艮第地区爱开玩笑的几代人②。但是，与地中海沿岸国家的文化交流受到当地正在扩张中的宗教团体的阻遏，在嘉布遣兄弟

---

① 译注：乔治·德拉图尔（Georges de La Tour, 1593—1652），法国巴洛克时代的画家，生于法国洛林，作品以绘画烛光作为光源的夜景闻名，题材主要为宗教画和风俗画。
② G. 鲁普内尔：《17 世纪第戎地区的城市和乡村》，序言，巴黎，1955 年再版。

会和耶稣会教士的压力下，最活跃的文化生活向内地和西部偏移：里昂已失去了 16 世纪的魅力；巴黎在王室政策鼓励下，同时得益于黎塞留创建的法兰西学术院和各种学者社团的活动，其影响力逐渐扩大；同样，高乃依的鲁昂、布雷多神父的纳韦尔，以及西部一些城市因耶稣会在 1603 年后重新扎根，于是在该会在俗主教助理、设计师马特朗日神父的主持下积极兴建了许多建筑。

这岂不是一幅反差极大的画面？在这些反差中出现了人们所称的巴洛克风格——上述几页文字仅是略略带过而已，还缺乏仔细勾勒和衔接，但只需补充一句：对古典文学的执着兴趣和火刑处死巫婆的狂热，发生在弗朗什-孔泰、拉布尔和洛林等地的大屠杀；热衷于在室内做换字组词、跳棋、作小诗、哼轻浮小曲等游戏，同时还进行激烈的神学争辩……圣人和英雄，如同在 16 世纪时一样，既是人道主义者又是神秘主义者，但两者之间已不像 100 多年前那么混淆不清了。

2. 天主教革新后的圣人

从 1590 至 1640 年法国城市的宗教热忱有逐步升级之势——如果人们可以将热情和热忱加以区分的话——似乎武器不能解决痛苦的冲突，而思想却能被说服，尤其被榜样所改变，从而突显天主教教义的优越性。每个人都意识到对共同命运的责任，用心检讨自身，规划宏大的再征服，这已不仅仅是耶稣会教士的使命，而是全体信徒的天职……用武力解决分歧的时代已经过去，召开和解会议亦已成为历史：亨利四世曾再次尝试缓和宗教分歧，但未能说服他昔日的新教战友；天主教教士的热忱通过各种方式来表达——宣道、教育和革新等。反新教的运动正处于决定性的时刻。

基金会

每个人都全身心地投入，捐出自己的财产，这种愿望首先表现在建立许多基金会、创立修道院、捐款兴建教堂和对教堂进行内部装饰，还有大量入教信徒的捐赠——希望加入宗教团体的每个信徒都会捐出一笔价值不菲的财产……当巴黎人看到大街小巷到处兴建教会建筑，谁都不会怀疑是资产阶级和贵族为荣耀主而捐赠了成百上千万的利弗尔[①]。一片片民宅很容易改造成修道院，天主教教会如此扩张的势头至少延续至困难来临的 1660 年前后。资金和财富的积累令当时人惊讶不已：某一年在圣安托万大街上就一气出现了八座修道院！档案中暂时还隐藏着一些不为人知的秘密。

当然，教徒们荣耀主的意愿更体现在灵修生活方面，这些在文字记载和回忆录中十分清楚：教会革新后的档案比过去的文档更为人们所了解（因为阅读教士的文稿比读公证员的文书更令人感兴趣），它们吸引了

[①] 译注：法国古代的记账货币。

许多研究者的注意和赞赏①。学者们擅长于描写教会内各种灵修派别的细微差别：从弗朗索瓦·德萨勒到孔德朗和贝吕勒，以及亚维拉的德兰和十字若望——两位圣人是上一世纪的西班牙神秘主义大师，成为 17 世纪新一代信徒的思想和祈祷导师；上述圣人都从圣奥古斯丁的神学著作中汲取灵感，尤其是贝吕勒……

于是，新的宗教生活在 16 世纪的经济繁荣和神秘主义惊人蔓延的基础上发展起来，神秘主义者具有倡导者、组织者的实践精神和思想高度缜密的天赋，在阿卡莉夫人和奥利埃神父周围形成了一种专注于沉思默祷和极其崇高的神秘主义氛围。这种神秘氛围在倡导者去世后仍在宗教社团中长期延续，产生了不同的流派或者说倾向，表现出革新后天主教丰富的人文内涵。

心灵旅程

除了耶稣会在法国的卷土重来外，还产生了多少新的名字和宗教团体！在 17 世纪产生新的团体之前，宗教生活因阿卡莉夫人、贝吕勒主教和嘉布遣修会等一批宗教社团的存在已显得相当活跃。贝吕勒红衣主教是个有名的神学家和游历极广的人，他来到地中海沿岸受新教影响较小的一些地区争取信徒。他去西班牙会晤由亚维拉的德兰领导的加尔默罗修会修女，经过几个月的谈判，说服了加尔默罗修女越过比利牛斯山来到法国传教，当时的法国在西班牙人眼中已是反天主教国家；他又去意大利，在罗马对菲利普·德内里创建的奥拉托利修会十分赞赏，并在 1611 年把奥拉托利修会引入法国。贝吕勒主教的辩才比孔德朗和弗朗索瓦·德萨勒更好（他有一句名言，相当准确地概括人的泰然信仰，这句话或许也可以概括他的时代，其主要含义就是"赎罪"，即"上帝把我们托付给了我们自己"），他是个十分自信的天主教重要人物，他所创立

---

① 最著名的有亨利·布雷蒙（Henri Brémond）的《法国宗教情感文学史》（*L'Histoire littéraire du sentiment religieux en France*），八卷，巴黎，1928 年版；较近期的有路易·高涅（Louis Cognet）的《17 世纪的法国灵修》（*La Spiritualité française au XVIIe siècle*），巴黎，1949 年版。

的众多宗教社团和大量活动证明了他的生命活力……面对这类先驱，有一个宗教团体获得了更广泛的信徒，它就是出生在意大利的另一个名叫弗朗索瓦的圣人（圣方济各）传下的嘉布遣兄弟会。嘉布遣修会修士长期来擅长于在城市里传教，比耶稣会修士更能吸引广大的信徒听众，他们的传道手法娴熟甚至有点强制性，在信徒的心目中留下开创者圣方济各的新形象，就是西班牙著名画家苏巴朗[1]作品中那种较少有笑容更悲剧化的方济各会教士的形象。直至 17 世纪末，嘉布遣修会修士的传道魅力不减，这主要得益于他们的布道艺术，1691 年一位外省的目击者这样写道："嘉布遣会修士奥诺雷神父在尼古拉神父和该修会其他修士陪同下，在马芒德进行了一次非常出色的传教，传教在 1691 年 11 月开始……某天下午四时奥诺雷神父正在布道；在有些场合他脖子上会挂一根修会的打结绳套，当他让有罪的信徒当众认罪，命他们高声呼求上帝恕罪和慈悲时，在场的全体信徒几乎都失声痛哭起来……一群人不可思议地都涌上前来。"[2] 嘉布遣修会修士还注意在传道中用一些最传统的题材来吸引信徒，譬如约瑟夫神父[3]多次引用的圣战和其他题材："1646 年 1 月 6 日'三王来朝'日，晚饭后嘉布遣修会修士乔治来传道，他对我们说法国国王应该统治全世界……他还说在 1646 年中，土耳其人将会被逐出君士坦丁堡……"[4] 最后他们还善于从欧洲的一地扯到另一地，譬如从卡拉瓦乔的意大利谈到乔治·德拉图尔的洛林，两幅同样表现神秘凝视题材的画《牧羊人的赞叹》[5] 把同一教派的两位朋友联系在一起。

在 17 世纪最初几年，当耶稣会刚开始在法国卷土重来之际（1603），

---

① 译注：弗朗西斯科·德苏巴朗（Francisco de Zurbarán, 1598—1664），西班牙画家，以宗教题材的作品知名，擅长描绘僧侣、修女、殉道者以及静物。
② 丰丹纳马利（Fontainemarie）：《家庭日记账》（Livre de raison），阿让市，1889 年版，第 39 页。
③ 译注：约瑟夫神父（Père Joseph, 1577—1683），法国嘉布遣会修士，在路易十三时期是首相黎塞留的智囊。灰衣主教"Éminence grise"一词首次用于他身上，因为他对首相黎塞留影响相当大，而且作为嘉布遣会修士身穿灰袍，而红衣主教黎塞留则被称为"Éminence rouge"；"Éminence grise"一词后来转意，被人们用来专指心腹谋士、智囊。
④ 奥梅松：《日记》，第一卷，第 341 页。
⑤ 译注：亦译"圣诞"。

信徒日常的宗教生活深受嘉布遣修会、弗朗索瓦·德萨勒、贝吕勒、康费德、科东、孔德朗等说教者激情的影响。亦正是在这时，弗朗索瓦·德萨勒将自己的建议和灵修经验整理出版，他认为基督徒灵修生活的目的就是为达到一种完美无瑕的爱；1608 年出版的《成圣捷径》是一本容易阅读的日课经，引导信徒慢慢地到达对上帝凝思默祷的境界；有人说，"捷径"针对崎岖道路而言，它的方向是西班牙；然而不容忽视的捷径赋予天地万物以关切与尊严，它们代表着人类追求与天主教信仰的和解。传教者不会迷惘，他们有意探讨"在天地造物中上帝教给我们的知识"。

在心灵旅程之外，时代还经历了重要的神秘主义：圣人弗朗索瓦·德萨勒在《成圣捷径》之后，又发表了《论爱主真谛》（1616）。除了虔诚的宗教生活，还有加尔默罗修会，以及其严厉的禁欲。提倡"卓越"生活的修士们正与贝吕勒派教士进行着热烈的讨论。有着火一般燃烧的灵魂的修女们改革蒙马特尔修道院，也为波瓦亚勒修道院的安热莉克·阿尔诺女修道院院长的大胆感到欢欣鼓舞。那时圣西朗神父还未进入波瓦亚勒，他跟其他人一样热衷于上流社会的社交，梦想拥有基金会，做祷告和过"上帝主张的"生活，他和圣女让娜·德尚塔尔、圣樊尚等成为法国神秘主义色彩最浓的一代。

宗教氛围中还有另一特征：宗教战争结束后，法国高级僧侣不顾教会自立传统，在 1615 年接受了被法国各地议事法院所拒绝的特伦托主教会议通过的教谕。亦就是说，法国教会接受对教会礼拜形式进行改革，这对法国教会具有革命性的意义；从严格意义上来说，曾遭到新教猛烈抨击的中世纪教会的那套奇特做法都将被废止。过去，教堂在举行礼拜仪式时相当自由，教徒在礼拜中或在神父宣道时，不管本堂神父是否有请，可以随意插话，这种做法将被视为有失礼仪；同样教会过去允许每年在教堂举行两三次娱乐活动，以前看来无足轻重，此后也被禁止了。中世纪曾在教堂举办最受欢迎的节庆，在 17 世纪末遭到一位神学家的严词谴责："一些教士头戴面具，另一些身着女装，扮演各种令人厌恶的角

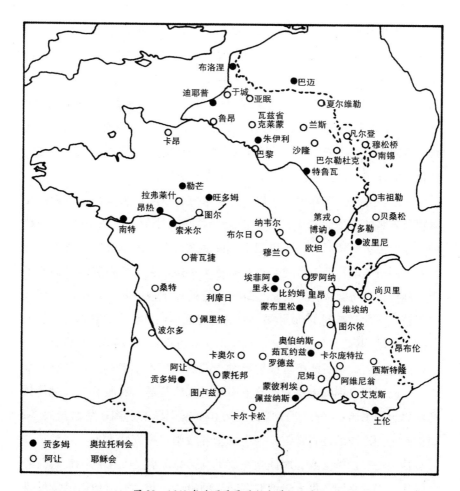

图中标注（地名）：

布洛涅　巴迈　迪耶普　于城　亚眠　夏尔维勒　鲁昂　瓦兹省　克莱蒙　兰斯　凡尔登　穆松桥　南锡　卡昂　朱伊利　巴黎　沙隆　巴尔勒杜克　韦祖勒　特鲁瓦　勒芒　旺多姆　拉弗莱什　图尔　纳韦尔　第戎　贝桑松　昂热　索米尔　布尔日　博讷　多勒　波里尼　南特　穆兰　欧坦　普瓦捷　桑特　利摩日　埃菲阿　里永　比约姆　罗阿纳　里昂　尚贝里　佩里格　蒙布里松　维埃纳　图尔侬　波尔多　卡奥尔　奥伯纳斯　昂布伦　阿让　茹瓦约兹　罗德兹　西斯特隆　贡多姆　蒙托邦　尼姆　蒙彼利埃　阿维尼翁　艾克斯　图卢兹　佩兹纳斯　卡尔卡松　土伦　卡尔庞特拉

图例：
● 贡多姆　奥拉托利会
○ 阿让　耶稣会

图 20　1640 年法国重要的教会学校分布图

奥拉托利会和耶稣会在全法国范围内争相为资产阶级和贵族提供文化的工具——学校。两个天主教派分别创办的教会学校，在动荡的 16 世纪曾造成很大的影响，进入 17 世纪后更变得不可缺少。图中的"次要"地区显得学校分布较稀少，应当补充上新教在色当、索米尔、拉罗谢尔等城市的教会学校，以及耶稣会在坎佩尔、雷恩、康布雷、奥尔良和欧里亚克等市的规模较小的教会学校……此外还应提到耶稣会 1635 年在魁北克创立的学校，尤其是办学所付出的巨大努力（包括校舍建造和师资培养）。这种努力还将继续下去，对照第十二章图 8："旧制度末期的中等教育分布图"。

色和丑角……他们在唱经台上群魔乱舞，唱着淫词滥调，甚至在主祭台上大块大块地吃肥肉……"① 总之，清除中世纪信徒的种种自由散漫，而且还悄悄地废除了过去教会封列的若干圣人或圣德，过去被教会封圣列品的人数不少：这些都是圣莫尔本笃会修士和一些教区的教务会议遗传下来的做法。从此，教堂的礼拜形式变得更庄严有序，弥撒亦不再像过去那样有大家庭的气氛，距离普通教徒更远了，教徒们渐渐失去了（已成习惯的）主动与本堂神父对话、当众进行交流和讨论的权利：信徒在教堂内只能保持静默（当然除了唱经外），这就是更庄严的礼拜。这一变化影响深刻，对教徒们心理上的影响尤其深远。

　　天主教靠这些内部改革和树立榜样来重新争取信徒，在这方面，还得提及著名的护圣会这个组织。护圣会是旺塔杜尔公爵在 1627 年创建的，是个由世俗精英和高级僧侣组成的虔诚协会。护圣会以慈善事业为宗旨，同时争取不信教者或新教徒皈依天主教，它很快在法国社会取得重要地位。该协会声称其监督、管理和惩处亵渎神明者，并在这方面获得了若干成功，直到 1660 年被马萨林取缔之后仍有相当的影响力。护圣会的"行动纲领"包括创建者所确定的主要方面："收容鼠疫病患者、生活极度贫困者、结石病患者或缺乏种子的农民等不幸者；拯救受官府欺诈、受高利贷盘剥的无辜者；改革袒胸露乳的马赛妇女服装；查封传播自由思想的书店；净化圣日耳曼市场和皇家广场的走廊；禁赌禁决斗；保护刚来到巴黎的外省青年；为小学培养教师；追查犹太人、新教徒和异教徒……"护圣会或者虔诚党在莫里哀讽刺喜剧《伪君子》和《唐璜》的时代，指的是同一批人，他们有同样的极端思想，所以他们的特性很快引起社会各阶层的不安；他们就是未经授权也无任何担保的世俗化的宗教裁判所，暴露出教权主义的企图，因此在 17 世纪遭到法国人民的唾弃（取缔护圣会不是马萨林主教的个人决定，而是他收到许多申诉后不得不为之）。在当时所有的宗教团体中，护圣会是唯一引起争论并被禁止的社团。

────────────

① J.-B. 第埃（J.-B. Thiers）：《游戏等通则》（Traité des Jeux ...），第 440 页。

新修会的涌现

　　一切真正的虔信者，从弗朗索瓦·德萨勒为她而写《成圣捷径》的那个温顺的"十分亲爱的菲洛黛"① 到圣路易丝，她们不但有生命的冲动，写出了令人振聋发聩的作品，而且更有能力创建成功的宗教社团，加入一些在中世纪创立的、仍在活跃的宗教团体行列。老团体通过自身的改革，仍忠于创始者的初衷；而许多新修会不断涌现，其宗旨不外是培训新神父和发展慈善事业。圣樊尚的一些慈善团体相当有名，诸如与圣路易丝共同创办的慈善信女会（1633）、巴黎萨勒佩特利医院、弃儿收容所（1638）。即便在困难时期（中世纪的救助机构已相继消失），只要圣樊尚有需要就会获得大量的捐赠，他还创立了专注于静思默祷的女修会，参与加尔默罗会和圣母访亲女修会的活动（1603 年创立的巴黎加尔默罗修会从 1610 年起开始向蓬图瓦兹、第戎、图尔、鲁昂、波尔多和沙隆等地发展）②；尤其创立了一些旨在培养低级教士的修道会：如圣樊尚因目睹无处不存在的贫困，一心想救助穷人，于是特意创立的圣拉萨尔修会（1632）。此外，贝吕勒的朋友兼弟子、巴黎圣绪比斯教堂本堂神父奥利埃，在他致力改革的堂区内创办了一所培养年轻神父的学校——圣绪比斯修会（1650）。然而在教育领域，当时最著名的团体还是由贝吕勒主教从意大利引入在 1611 年创立的法国奥拉托利会。该会的成立宗旨是响应特伦托主教会议号召开办讲经修道班，同圣拉萨尔修会和圣绪比斯修会一样培养神父，但不久便开始接受不以当神父为志向的年轻学子。1640 年后该学校在教育法上的成功，以及在人文学科方面的教育（不仅是古代史，还有近代史方面）的成就在巴黎地区声威大震，特别是当时与耶稣会之间已存在竞争。奥拉托利修会在波瓦亚勒修道院之前放弃用

---

① 译注：菲洛黛（Philothée）这个名字源自希腊，男女通用，后人常在宗教语言中使用它，通指精神父亲指导下的弟子，如受弗朗索瓦·德萨勒灵性指导的其表妹夏莫茜夫人，《成圣捷径》最初为她而写。
② 这里仅举数例，新创立的修会数量极多，尤其是女修会：默祷兄弟会、嘉布遣会、圣于尔絮勒女修会、本笃受难修会、避难女修会、本笃瞻仰圣体会等等。

拉丁语授课的传统，率先采用法语教授基础课程。这项改革是它成功的原因之一。教育的竞争夹杂着神学上的分歧：奥拉托利修会的学生都是贝吕勒主教的弟子，信奉奥古斯丁的神学观，并在 1640 年后受到波瓦亚勒修道院的辩证法的吸引。他们还认同笛卡儿的学说……这就更需要与耶稣会划清界限，而耶稣会也不愿意去消除这一分歧。但是奥拉托利修会最终偏离了培养青年神父的方向。说实话，尽管在培养青年教士方面进行过一些尝试，况且还是在局部地区，在低级僧侣知识培训方面的改革不可能取得实质进展：特伦托主教会议提出的在每个教区设立一个讲经班的宏伟计划并非每个普通僧侣都能受益，尤其是教会中唯上意志横行、利益集中于少数权贵、王室亲信滥权等风气——加上大搞神秘主义——助长了僧侣贪图安逸享受，虔诚心的地位微不足道；再则低级僧侣的生活贫困，应付日常教职已相当疲惫；更何况师资奇缺，虽有神学院存在，但教学内容——如同我们今天常说的——不适应教士在基层传道的实际需要。

耶稣会

随着年代的推进，耶稣会在革新后的天主教内的势力不可否认地扩大，作为天主教重新夺回失地的先锋队，耶稣会在法国各地——包括在过去最有敌意的城市——迅速扎根：在各亲王和大贵族身边，甚至国王左右都有其代言人。取得巨大成功的耶稣会不停地盖楼建堂，创立修道院、神学院，帮助城市堂区管理教堂，常使教内其他派别的活动黯然失色。耶稣会有当局的支持——亨利四世从世纪初开始支持耶稣会；在神学院任教的神父竟然抛弃哥特式中世纪文化，大胆地将古代人文遗产基督化，这些都是其成功的主要方面。夏尔·佩罗在世纪末发生的那场"古今之争"中曾强调过这种教育上的排斥现象，称它对艺术的影响相当大："有些人领受俸禄专往自己管辖下的年轻人脑中灌输古代的东西，他们身着黑长袍、头戴方帽，向年轻人灌输古代作品，似乎这些不但是世上最好的东西，而且就是美本身，倘若他们真能模仿神明，还会给它们戴上种种现成的桂冠。"① 同样，耶稣会的成功被艺术地运用在意识形态的指导方面，其巧妙手法在于潜移默化，即不以过分生硬的言辞来触犯或得罪谨慎小心者：《福音书》上对富人所用的严厉词语会令在大宗生意上发财的大商贾心惊肉跳，耶稣会说富人在上帝面前有罪并不是因为他们的美酒佳肴，也非因为他们的锦衣豪宅；他们的罪过只在于对穷人太凶……

这话听来令人发噱，但经过乖巧神父的"变通"，周日弥撒也变为信徒乐意参加的节日。由耶稣会的建筑高手设计、建造的庞大教堂中央是唯一的大厅，两侧是并列的一座座小教堂，靠顶部的一个或两个穹顶和巨大的窗洞把整个厅堂照得通亮：新教堂的设计是为信徒们能带着自己的祈祷书在教堂内诵读经文；祭台上一片光明，也是为了让信徒们瞻仰和欣赏。因此在"剧院式"结构基础上富丽堂皇地加以装饰：古典式的外表，陶立克式或考林辛式圆柱顶上架着高高的三角楣；内部用大理石装饰，镏金的饰框和绘画；圣餐桌，小教堂，装潢上不厌其烦，一切令人赏心悦目。同样，教堂的圣乐亦近似世俗的音乐，犹如歌剧中的颂歌，女高音占显要的地位，她们唱诗完毕，就下来为教堂募捐。其实这些新气象并非耶稣会教堂所独有，不过人们采用"耶稣会风格"一词来形容教堂高大明亮的建筑和奢华的装饰。近年来这种说法和事实本身遭到某些接近耶稣会的历史学家的反驳②……其实，这正是宗教生活新构想在造型上的表达：耶稣会希望教堂变得更美观舒适，以吸引贵妇和有产阶级。耶稣会的一切用意都是为了这一目标：这是为再征服而付出的代价吗？

耶稣会活动积极而且无处不在，它既参与上流社会生活又频繁接触科学人士，比任何其他宗教团体都更热心于学术、艺术界活动和"哲学"讨论。在索邦大学有权势显赫的学者，在圣安托万大街各修道院有导师，

---

① 佩罗（Perrault）：《古今之类同》（*Parallèle des anciens et des modernes*），第二卷，序言。

② 参阅皮埃尔·莫瓦西（Pierre Moisy）：《法国老救济机构的耶稣会教堂》（*Les Églises des jésuites de l'ancienne assistance de France*），罗马，1958年版。

然而耶稣会最上心的看来还在于向上层资产阶级和贵族阶层传教布道，甚至不惜得罪平民百姓。底层民众对耶稣会的奢华教堂和出格行径感到惊讶之余更是愤怒。以下两种方式的见证值得一提。1634 年在勒皮市有一个气愤的市民这样抱怨："啊！那些在此建造（这样教堂）的人该遭诅咒，且永远诅咒他们……因为他们贪得无厌，永不满足世上已有的财富。"1643 年在巴黎，奥梅松在他的日记上这样写道："4 月 23 日周四，我去听了耶稣会神父兰尚德的布道。此前我还与隆巴尔神父交谈了，他告诉我民众继续仇视他们，而且几乎要上街闹事。"① 不管怎样，在世俗社会的若干挫折中，耶稣会在 1640 年该会创立百年之际已认识到法兰西王国存在贫富不均的现象，而那时它将面临与让森派教士的争论，两派争论是后来的事②。

① 奥梅松：《日记》，第一卷，第 33 页。
② 当两派发生争论时，许多重要人物都已去世：弗朗索瓦·德萨勒死于 1622 年，贝吕勒 1629 年，阿卡莉夫人 1618 年，让娜·德尚塔尔 1641 年，孔德朗 1641 年，只剩下奥利埃和圣樊尚。奥利埃已专注于圣绪比斯教区的教务，圣樊尚死于 1660 年，但他未参与争论。

3. 1636 年的英雄

1636 年 12 月，皮埃尔·高乃依的悲喜剧《熙德》上演。几个月后，勒内·笛卡儿的《为追求理性和寻求科学真谛的方法论》在书店上架了。两部作品，两位杰出人物——这点是肯定的——以不同的方式见证了他们的时代，补充了时代的面貌。在路易十三世治下的天主教法国，在 1638 年国王立下著名许愿时的法国还有其他出类拔萃的才华：高乃依式的英雄和天才学者。高乃依式英雄还出现在当时别的悲剧和悲喜剧中；学者的天才涉及天文学、数学、星相学和音乐。

高乃依

高乃依把罗德里格和希梅娜的叛逆爱情故事搬上舞台，激发了法国古老的理想——骑士理想。剧中主人公以传说中的中世纪英雄熙德为原型，他面临各种巨大的危险，懂得放弃一切，甚至包括爱情。他是一个骑士贵族，接着由国王弗朗索瓦一世最后传下的火炬。人们对弗朗索瓦一世有那么多的美誉，溢美的传说中不乏过誉之辞（帕维亚战役，"一切都失去了，除了荣誉"[Tout est perdu fors l'honneur]）。熙德这位胸襟伟大的英雄，爱他的父亲、爱国王、爱希梅娜。他身为荣誉之乡的西班牙人，却被法国贵族所认同、所赞美，也许法国贵族相信熙德身上有着跟他们同样的美德：近乎盲目的勇气、无限的忠诚、忘我的献身精神……高乃依肯定读过西班牙的传说故事，读过塞万提斯作品——堂吉诃德不允许桑丘提及他认为不体面的退隐一事。而且高乃依还故意写到了决斗，黎塞留对此极为不满，十年来贵族们为决斗一事与红衣主教黎塞留反目：决斗的权利对 1636 年的贵族们来说就是展示崇高美德的权利，带有尊严的意义。达塔尼昂这个大仲马笔下的人物是否真有其人无关紧要，他在巴黎教士草场的著名决斗场上以天赋的体格通过决斗来捍卫自己的崇高信念，在决斗中一切特权都消失了，唯有信念才是最后的避难处。火辣的语言压倒了一切（"伯爵，冲我来吧！……"又如后来另一出悲剧《贺拉斯》中的那句著名的台词"让他去死吧"）：这就是高乃依式英雄身上的显著魅力。

　　一颗如此高傲的心绝不会在荣誉面前含糊，将毫不犹豫去挑战权威（《贺拉斯》中的卡米耶）和整个社会，如殉道者波利厄特，但这一性格并非高乃依人物所独有，也不是他那四大悲剧的专利。这种性格既能让人物即时抒发感情，随时激发荣誉感，也能让人物因忠诚的幸福而爆发出无拘无束的爽朗大笑，它出现在许多作家的作品中：在舞台上和小说中，孤傲的人物（如奥诺雷·德于尔菲的《阿斯特雷》，1627 年），不惜冒暴力和恶斗的代价争强好胜的人物……法国戏剧舞台上这类人物的出现比伊丽莎白时代的英国晚得多，剧情中加入了调笑和眼泪，这种性格的突发性恰到好处地反映了宫廷和古堡的风俗。高乃依在《熙德》之前的喜剧（如《宫外长廊》《皇家广场》）和在 1643 年后写的《阿拉贡的堂·桑切》，以及同时代的邦瑟拉德、罗特鲁等其他剧作家，以悲喜剧的形式写克莱奥帕特、奥古斯都大帝和罗多古娜的题材，这些都是当时的真正风格。正如那个追求高尚、渴望狂欢的动荡社会的影子，舞台上发出决斗的铿锵击剑声：邪恶或崇高的灵魂应声倒地，然而"喜剧丑角阿勒坎以他的连续翻跳和滑稽动作让忧郁的人们知道，他有办法让他们捧腹大笑"[1]。归根结底，高乃依和邦瑟拉德作品中的古典题材是一个背景，它受欢迎是因为给人们一种异国情调，一种悲剧化的乡愁，它能减弱剧中人燃烧着的激情。十多年后出现的《葡萄牙修女》也是这种激情的回响：激情的呼声响彻了整个时代，"……我的名誉扫地，我面临父母的暴怒、国家法律对修女的严厉，还有你那忘恩负义，它是我最大的不幸……"；稍后，修女还呼唤道："天啊！你的负义令我心碎，我要忍受你的仇恨和你竟爱上别的女人给我带来的妒忌；而我至少还有战斗的激情……"

---

　　① 卢瓦尔省档案，B 类 231。

小说中也有同样的英雄、同样奋勇的拼搏：这种豪情在斯卡龙和瓦蒂尔笔下的"才女"身上有，在邦瑟拉德和罗特鲁写的那些刚流行的小说里也有，这类小说卖得跟大部头的神学经典，跟伽桑狄、梅森和笛卡儿等的科学著作一样好。圣雅克街的书商们跑去向作家购买版权，出价动辄数百利弗尔。1636 年罗特鲁以 750 利弗尔出售四个悲剧剧本；30 年后莫里哀以 2 000 利弗尔出售了他的《伪君子》。一个世纪过后有生意头脑的作家则可以发财，譬如伏尔泰。阅读他的《滑稽小说》《学究》《爱情游戏》《温情脉脉》等作品，对由法官、商人、贵族和平民组成的广大新读者来说既是娱乐消遣又长知识。伏尔泰出身富裕家庭，胸襟宽阔，心系社会。他热爱生活，他的喜悦和冒险在新文学中取得巨大成就。从此，戏剧和小说取代了上一世纪作为宫廷生活游戏的风流雅致的抒情诗歌：戏剧是整个社会的游戏，而小说则以它的方式取悦于社会。

笛卡儿

另一些勇于探索和冒险的伟人就是寻求坚实真理的学者。伽利略遭到罗马教廷的查禁，但他无法割舍自己的"发现"；笛卡儿，一个足迹遍布各地的战士，对所有科学抱有激情，他决定研究解剖学，在家乡拉埃市学习了几个月，对当时还十分神秘的人体组织做解剖又再缝合。他长时间潜心研究探索，把心得告诉几个有通信联系的朋友学者，他们之间进行了数年的争论和探讨，最后他发表了关于几何学、屈光学和大气流星现象的三篇论文，令人刮目相看，并以这三篇专论的导论的形式发表了他的《方法论》。在当时的学者看来，这是一条知识探索的旅程，梅森神父知道这条路的艰辛和规则，但是笛卡儿显得比所有人都勇敢：这是个敢于对周围世界提出怀疑的人，包括他自己和上帝；他从怀疑出发勇往直前，但一时在森林中迷失了方向，没有指南针，唯一的出路只有朝一个方向不停地往前走；这是今天刚涉足哲学的研究者还在反复运用的好原则（"永远不要把任何东西当真理来接受"），可是它不会让人忘记出发时的那种令人难以置信的大胆。

　　笛卡儿抛弃了一切，直到发现拯救他的名言"我思故我在"（cogito）的一刻，他找回了一切：国家和同时代人的灵魂，为避免无谓地搅乱平静，宁可长途跋涉移居荷兰，以保证科学研究所必要的思想清静，"留存可能需要的实验费用，而且防止人事纠缠剥夺了自己的余暇"；其次是面对上帝，即传统宗教天主教的上帝，其真理已被不求甚解的经院哲学阐述得如此完美，"既然我知道了一些过去不知晓的真相，而我并非唯一的存在者（请允许我在此自由地使用学院的语言），因此有必要让世界还有更完美的东西"①。还有《形而上学沉思录》（它可能是区别于科学的必要的形而上学的基础），如今已不再被人阅读了……

　　笛卡儿以他的《方法论》和《引导思想之法则》处于当时科学运动的中心，他不是先驱者，同梅森神父和伽桑狄等人一样，他本人也在物理学、数学和解剖学领域苦苦探索，他以下的话便直率地承认了这一点："引起灵魂激情的最贴近和最终因素不是别的，就是思想对脑腺的刺激。"② 但是笛卡儿是他那个时代和他周围人中最杰出的学者，他知道建立普遍适用的方法，靠它去理解并最终认识世界，沿着这条路可以走出16 世纪种种可能的怀疑、模糊和不确定。听一听笛卡儿的伟大断言："几何学家为解决最困难的演算而采用一系列长长的简单而容易的推理，使我联想到一切能被人类所了解的事物都是以同样方式相关联的。"③ 很可能笛卡儿的洞察力不及梅森神父和伽桑狄两位机械论大师，但他与伽桑狄就科学问题进行过多年的争论也十分重要，因为伽桑狄的一些实验令身为物理学家和解剖学家的笛卡儿感到困扰，他认为伽桑狄的体系建立得过于草率，他的实验太不严谨可靠。笛卡儿还是一个哲学家，他提出的数学方法之普遍价值给同代人提供了一种武器，决定性地击退了16 世纪的情感自然主义，并宣告了新科学的诞生：笛卡儿方法的精确性和力求论证的明确性，就是当时人所称的"探索精神"。事实上当年轻的帕

---

① 《方法论》（*Discours de la méthode*），"法国的天才"出版社（Génie de la France），第35 页。
② 《论激情》（*Traité des passions*），"法国的天才"出版社，第103 页。
③ 同上。

斯卡投入数学研究，在多姆山做大气压力的实验，在鲁昂当着兴奋的公众证明真空存在的时候，就是这种科学精神的活生生的体现。帕斯卡发现了他的定律，否则任何科学都无法建立。然而，这种科学的激情是带有纯粹思辨性质的精神激情，还未延伸至技术，甚至未曾想到运用至技术的可能性。德尼·帕潘和他发明的蒸汽锅是17世纪的事，他是笛卡儿的晚辈（当时《学者报》上已不时有关于机器的报道），第一代的蒸汽机出现在18世纪末。总之，当初还只是纯粹地追求知识，未想到应用知识。

这种凡事严谨、处处怀疑的极端大胆，会骚扰谨小慎微的人，这是肯定的；但是笛卡儿至死都是一个好天主教徒，他受到许多人身攻击；耶稣会的学校直到他死都把他的著作列为禁书……他死后耶稣会才改变做法。

博学的自由思想者

在1620至1640年间，知识阶层中还存在另一些人，他们惯于作"长长的一系列推理"，面对信仰有清醒意识；但面临在科学和信仰之间作抉择的风险时，陷于重重矛盾，不敢公然宣称以牺牲信仰来维护科学，他们就是博学的自由思想者。他们是帕多瓦大学思想①的追随者，据梅森神父估计，他们在巴黎人数不少（他提出有5万人的数字有点惊人）。帕斯卡视他们为古怪的孬种，他们行踪隐秘，从不喧嚷，害怕丑闻及其带来的可怕后果。只有个别例外，譬如被火刑处死的于勒·恺撒·瓦尼尼。莫雷利对瓦尼尼有这样的评价："于勒·恺撒·瓦尼尼于1619年4月19日在图卢兹被处以火刑……他是那不勒斯人，17世纪初在法国传播无神论思想，后因此在图卢兹获罪，被处死刑。据说当局让他当众认罪，求得上帝宽恕，请求国王和法律的宽恕，他回答：从不相信有上帝的存在，也从未冒犯过国王，至于法律，他说让它见鬼去吧……"其他

---

① 译注：帕多瓦大学以诋毁经院哲学出名，学生在此看到调和亚里士多德主义和神学信仰的圣托马斯学说的瓦解，他们普遍对宗教信仰持迟疑态度，不再相信基督教教条。

人谁也不想出头露面，他们生活隐秘，不分青红皂白地把诺代和伽桑狄、布夏尔、帕坦、西哈诺和笛卡儿等人归为一类，称笛卡儿为戴面罩的哲学家；他们"按祖上习俗"（more majorum）① 不折不扣地履行教徒的义务，但不与任何人交心；仅在几个可靠的朋友之间，或聚会于某一偏僻的小酒店，或在某人家里，讨论哲学家和神学家们正在争论的重大课题；他们从不发表东西，至多匿名发表某个极谨慎的革新者的文章，如诺代的《为被指控为巫师的伟人们辩护》（1625）。尽管有当时人的种种猜测和帕斯卡的打赌，人们也不可能了解他们的真实面貌——直到19世纪末一位博学者发现了 J. J. 布夏尔的自白忏悔，不过文献真伪仍存在较大的争议。种种迹象表明这只是一个人数极少的小团体，因为收罗和培养弟子也冒有被火刑处死的风险，所以没人敢招收弟子。在科学和信仰即将公开对阵的世界上，他们可以说是无神论者的先驱。

　　在17世纪中叶，大辩论尚未拉开序幕。随着时间的推移，对科学的激情传染了越来越多的资产阶级和贵族人士，妇女也参与了进来，人们在阁楼甚至卧房里架起了望远镜，绞尽脑汁地观察天空，探索天文星象：《女学究》讽刺的就是这一现象。但是在信仰方面，谨慎态度仍占上风。勒诺多的《小报》在1650年对发生的一桩"奇迹"（在圣母领报瞻礼节那天，一棵被砍的树竟流出了血，据说是对在宗教节日劳作的樵夫不信教的惩罚）作如下评论："关于这桩奇迹我想应当告知公众，一听到有人散布奇迹的传言就信以为真，并像一些迷信的人那样毫无根据地将它视为信仰之物，如此漠视教会庄严提出的对奇迹要有证据并作鉴定的规定，应当受到指责。"有关圣人和奇迹，新教徒已经说得很多了，完全有理由相信他们对奇迹采取普遍谨慎态度是正当的。日益壮大的科学和信仰之间的大辩论直到17世纪末才发生。这个问题一直困扰着帕斯卡，可是他生前没赶上这场辩论，"圣书上若干段落的字面意思与理性或意识所确信的意思有矛盾，不应否认这一点而盲从权威，只取圣书表面上的意思，而应当诠释圣书，寻找与明显真理相一致的另一层意思；因为上

① 勒内·潘塔尔：《17世纪上半叶博学的自由思想》，第125页。

帝对同样事实说的话是不会错的，而人的意识和理性的判断也是可靠的，需要将两个真理统一"①。由此产生了奇怪的沉默，导致沉默的原因部分来自笛卡儿本人，他的形而上学与他的物质思想一样，以同样的权威影响了他的时代整整 30 年。

---

① 《致外省人信札第 18 封》（*Dix-huitième lettre provinciale*）。

4. 让森派教徒

造成沉默的另一原因，与笛卡儿和哲学无关，是让森派和耶稣会①
之间那场影响深远、持续近 30 年（1643—1668）的有关神学和道德的争
论。这场争论将我们从阿尔诺的《频繁的圣餐礼》引向教会和平。这场
宗教争论涉及政治和社会各方面，包括上至国王、罗马教廷，下至修道
院打杂务农的低级修士、巴黎圣日耳曼奥克塞瓦街区的平民资产阶级，
以及索邦大学、巴黎最高法院、各教区本堂神父、波瓦亚勒修道院修女
及信徒等社会各界人士都参与其中。整个首都巴黎为之沸腾，后来蔓延
至外省城市，影响了一个多世纪的法国教会生活；当 19 世纪初最后一些
让森派教士去世后，让森派这个词仍是教士苦修和灵魂崇高的代名词：
小说《红与黑》中贝桑松修道院院长、让森派的彼拉神父的形象被描写
得那么和蔼可亲，而耶稣会的弗利莱神父的面目却是何其负面。

《频繁的圣餐礼》和《奥古斯丁》

引发让森派大争论的起点是安托万·阿尔诺于 1643 年发表的《频繁
的圣餐礼》。但这并不意味着圣西朗和让森两人对该派的不重要，因为神
学家让森死于 1638 年，而其著作《奥古斯丁》在 1640 年出版时并未引
起轩然大波：拉丁文的大部头神学著作仅在拉丁语学校里才有读者，书
中大段引用圣奥古斯丁和圣保罗两位圣人的原话和注解（1643 年前出版
的其他受让森思想启发的著作也没有引起大的反响，如塞格诺的专论
《论童贞》，1638 年）。至于圣西朗，他死于争论爆发的当年即 1643 年，
在 30 年代巴黎很少人知道他，作为波瓦亚勒修道院的精神导师，他吸引

---

① 在教会内部与耶稣会的长期争论使让森派直至今天都受到激烈的攻击：普雷克兰在他的
《历史研究初级读本》（《克里奥丛书》[Clio]）中写道，"圣西朗不圣，头脑混乱且荒
诞……学说愚蠢至极……"，至多只能称之为"让森派异端邪说"。参阅 R. 穆斯尼埃
（R. Mousnier）的著作，《克鲁泽丛书》（Crouzet）。

了一些渴望过苦修生活的巴黎教徒,从 1637 年起聚集到谢夫勒斯谷地的修道院内。他曾大胆地批评黎塞留的某些违背天主教道德的政治行动,因此身陷囹圄,在巴士底狱度过了漫长的铁窗生涯(1638—1643)。然而,不管阿尔诺家族在波瓦亚勒修道院内外的影响多大,也不管圣西朗神父管理修道院有多严厉,《频繁的圣餐礼》问世时并未引起当时人所说的巴黎宗教生活大震动。几个月后,被那篇小论文直接所指的耶稣会(文章在当时教会各级当局的帮助下发表,以含蓄的方式指出,圣餐礼这一如此重要的宗教仪式不应在没有适当准备的情况下每周举行数次)和新神学家的朋友们之间才爆发争论,并把争论推向社会公众。用波舒哀的话说,这部作品"受到了学校和年轻人的青睐",无论在道德还是在教义上都显示了天主教的观念,因此很快被普遍认同。倘若相信较可靠的证言,耶稣会应是挑起这场争论的主要责任者。奥利维耶·德奥梅松在《日记》中这样写道:"塔隆先生说,每个人都觉得耶稣会通过诺埃神父之口一心想驳倒这本书的做法不对,诺埃神父把一大堆作者从未说过的错误意思强加在他头上,耶稣会的做法大错特错。"[1] 讲道和讨论就这样进行着,索邦大学不时地爆出争论,普通的传道中对某些惯常做法都会严加斥责,更不用说在灵魂归宿的命定论上⋯⋯

争论主要在两个层面,在整个争论过程中这两个层面的分歧始终存在:一是教义,或者说是教义上的某些观点,让森派自称仍是天主教徒,并未对全部教义提出疑问;另一是道德,亦即天主教宗教仪式。显然这两方面有密切关联,耶稣会的观点截然不同,他们毫不犹豫地称让森派为"新邪教",不过在道德层面上耶稣会的态度比较谨慎,而让森派则认为各人"感觉上帝可有不同的方式"。波瓦亚勒修道院的教义是建立在《奥古斯丁》之上,这部著作是让森对圣奥古斯丁学说的再思考,是关于恩惠和宿命的某种神秘观点,它确实离基督教的新教教义不远了。为此圣安托万大街的耶稣会修道院神父们大呼"警惕卡尔文主义回潮"并没

---

[1] 奥梅松:《日记》,第一卷,第 112 页,作者还在几行字后继续写道:"我去买了这本书(指《频繁的圣餐礼》[La Fréquente Communion]),也读过了,里面写的都很好。"

错。争论的本质是让森派主张有罪在身的信徒在上帝面前羞愧万分，在上帝的恩典和被钉在十字架上受难耶稣的美德前面觉得自己一无是处、无能为力：是无法抗拒的恩典和上帝指定他们得救……从这点可以说，波瓦亚勒的修女们在圣西朗神父来到修道院之前就已经是让森派的追随者了。正是从这些出发，让森派教士不否认传统，不反对圣体圣餐，不否认有奇迹，对圣贝尔纳更是推崇备至——圣人在波瓦亚勒修道院与教廷关系紧张时保佑着修道院。他们高声赞美耶稣的母亲——圣母玛利亚，表示忠于罗马教廷，至多只是对最早几个世纪教会的做法有所遗憾。这一切都体现了让森派有许多正统的观念……然而对事件的评价不会像天平秤一样明确地分出对错。再则，让森派的立场也未受任何理性主义的影响。他们就是对现世生活太多忧虑，太相信上帝无时无刻不在我们的生活中（这与贝吕勒主教的观点相去甚远）。尚且不说帕斯卡和圣荆棘的奇迹，一个出身平民的让森派教徒在世纪末评论一场旱灾因祈祷而得以化解一事时写道："所有人都有理由把消灾归结为圣女日内维耶的代民求情，巴黎市民抬着她的圣骸盒上街游行……这些想法使我们确信圣书上的伟大真理，是被我们的罪孽所激怒的上帝的手驱除了折磨我们的各种祸害；如同是被我们眼泪打动的上帝之手将神的慷慨播撒在我们每一个人身上一样。"[1] 耶稣会逐行死扣《奥古斯丁》的文字，很快从中摘取若干段落，归结为所谓的"五点主张"，于是围绕这五点主张的辩论一直持续到 18 世纪：耶稣会仅根据含义咬定《奥古斯丁》有"五点主张"并据此谴责让森派，事实上诸如"耶稣并非为所有人而死"之类的句子在字面上根本不存在，而让森派则不断声称，他们完全赞同对这五项主张的谴责，但问题是《奥古斯丁》中根本没有这样的字句……没完没了的争论，不可能有任何和解。

波瓦亚勒修道院和《致外省人信札》

　　从法国社会史的角度来看，让森派的道德显得更为重要：作为这一

[1]　杜·福塞（Du Fossé）:《回忆录》（*Mémoires*），第 437 页。

教义带有苦涩而有生气的果实,正如此后经常被人提到的那样,它是全部道德的基础。宿命论牵涉到上帝的自由,也关系到人的自由,个人择善而从并非为了将来有善报,而是出于与切身利益无关的意愿。耶稣会指责波瓦亚勒的教义是纵容自由思想者,似乎他们命中注定会受恩惠而被得救,现世生活方式并不重要,可以随心所欲;而让森派则认为个人行为的唯一价值不是用来做交易的,与惧怕天国的惩罚无关。当然波瓦亚勒修道院也接受慈善捐赠,但仅此而已,并未将此举看作日后有好报的交换,认为永恒的生命是靠日常的善行来体现①。这种在宗教行为中自我"提升"的道德要求,其神圣意义无可争辩,却给让森派带来了困难,他们的信徒也局限于有一定文化能理解艰涩推理的人;不过让森派在习惯于神学家的诡辩、有教养的巴黎资产阶级中有很多追随者,他们当中包括巴黎最高法院相当一部分的法官。这些人很久以来就对耶稣会不满,有意抵制耶稣会的精神慵懒,特别是对大贵族和王室的迁就放任,主要在路易十四年幼时母后奥地利的安娜摄政期内。虽然耶稣会轻而易举地获得一系列成功(包括在索邦大学、罗马教廷和国王本人身边的成功,教皇从 1653 年起颁诏公开谴责"五点主张",1660 年帕斯卡的《致外省人信札》被列为禁书,1664 年波瓦亚勒修道院修女们被遣散……),但他们对让森派的穷追猛打也有不利,使一些孤独者甚至同情他们的朋友,对争论变得相当冷漠。

因此在耶稣会眼中,波瓦亚勒是必须打倒的敌人,至少在 1668 年教会内暂时平息争论之前是这样。自那以后新教徒再次成为被迫害的对象。让森派的影响曾是如此巨大,社会主流被引向谢夫勒斯谷地和它在巴黎的修道院,人们如饥似渴地阅读《频繁的圣餐礼》《致外省人信札》,以及在波瓦亚勒影响下撰文支持其立场的大量小册子:它们依据神学的深奥知识和对自己立场的不可动摇的信仰,纷纷驳斥耶稣会的论点,使耶稣会感到难以容忍——耶稣会一向以引导主流社会为己任。因此罗马

---

① 这些主张在某些方面令人想到了卡尔文,也预告了《实践理性》(*Raison pratique*)的康德和他心灵深处的道德准则,他是个世俗的让森主义者。

教廷的耶稣会教士公然宣称教廷无谬误论：其实早在特伦托主教会议上，这一说法已遭到否定，但是神父们仍坚持这一点。不过让森派还真知道有个认错的教皇（致夏米亚德的第二封信）："相反，无谬误的恰恰是教皇可能出错，作出错误的判断。这方面的例子太多了，眼下就有一个叫你信服的证据，那是你无法否定的，因为它就来自你们相信无谬误的教皇。请读一下《圣格雷古瓦对话录》第一卷第四节。为什么你们对我们作为人会出错而感到惊讶呢？难道你们忘了先知先觉的大卫王，曾因相信伪证而对若纳塔的儿子作出了不公的判决吗？"然而，罗耀拉和莫利纳①的徒子徒孙诡辩的书籍在书店大量销售，以致巴黎人感觉舆论似乎一边倒，《致德蒙塔尔特先生的信》似乎是神学的最后结论。让森派在争取孤独者和学校教育方面也取得了一些成功。有些信徒对家庭和社交生活感到厌倦后，放弃了社会责任和名誉地位，隐遁波瓦亚勒修道院，树立了摆脱尘世生活的榜样。当有思想深度的让森派教士从事教育，开办小学，出色地用法语授课（发扬奥拉托利会修士的首创精神，在一向用拉丁语授课，要求学生以拉丁语读写的教育系统里取得了很好成果），培养出让·拉辛和其他著名人物，他们透彻了解社会生活，精通礼仪，于是吸引了数十名学生离开耶稣会的克莱蒙学院而转入让森派的学校就学时，耶稣会更把让森派视为眼中钉，此事虽小但并非无足轻重。

当年轻的帕斯卡应阿尔诺之请而写作《致外省人信札》时，巴黎上流社会几乎人人争相阅读，还包括很多资产阶级商人和部分低级僧侣，甚至一些前"福隆德"党成员的贵族，如德隆格维尔公爵夫人；这正好被耶稣会用来指责波瓦亚勒有政治阴谋，他们正愁缺乏罪名。阅读《致外省人信札》的热潮从巴黎扩大至外省一些大城市，如鲁昂、奥尔良、图卢兹，再蔓延至帕米耶和博韦等较小城市。主教和本堂神父也参与进来，主张教会自治的年老教士和年轻的神父各以不同方式从这场宗教大

---

① 译注：莫利纳（Luis de Molina，1535—1600），16 世纪西班牙耶稣会最著名的神学家之一，他创立了关于神的恩典和人的自由之间关系的神学理论，被后人称为"莫利纳主义"。

辩论中汲取精神养分。本堂神父对争论的反响很大,因此留下了大量的见证:"他被任命为鲁昂的科尔得利会圣艾蒂安堂区的副本堂神父……他让人了解《福音书》而自己却对《福音书》十分无知……"①

　　传遍全法国的宗教激情还在发酵:1656年3月在波瓦亚勒修道院修女、帕斯卡的侄女身上发生了圣荆棘奇迹②,让森派认为奇迹是上帝对他们事业的支持;随后帕斯卡《致外省人信札》以犀利文笔对耶稣会钻牛角尖的神学进行了无情鞭挞,取得极大成功;帕斯卡毫不犹豫地采用了这样激烈的词句,"耶稣会人无信无诺,无名誉无真理,却有两颗心和两种语言";他甚至不怕诉诸上帝,"如果我的信札在罗马遭到谴责,而被我谴责的人将在天堂受审"③。最后,让森派教士遭到迫害:当局以行政手段下令全体教士必须在一份明确谴责五点主张的文件上签字。这件事反而成为在全法国迅速传播让森派教义的最好方法。谴责书怎能不引起人们的好奇心:"本人签署愿服从教皇英诺森十世于1653年5月31日颁布的教皇法和他的继承者亚历山大七世于1656年10月26日颁布的教皇法,真诚谴责从题为《奥古斯丁》的让森著作中摘取的五点主张,认同教廷通过教皇法对该书作者的指责,并对此深表遗憾。我在此发誓。愿上帝助我,愿《圣福音书》助我。"尤其是当局的迫害引起了同情:一些人被投入巴士底狱,如建议别人不要在文书上签字的德萨西先生,被当作触犯普通法的罪犯而被剥夺领圣体的权利;以安热莉克·德圣让为首的波瓦亚勒修道院12名主要修女被遣散到巴黎几个"可靠的"修道院,她们怀着如此纯朴的灵魂蒙冤被流放,她们那被震撼的心灵原本应引导她们迈向正道,她们应当被送回灵修之家……

　　那是波瓦亚勒达到最高荣耀之时。巴黎人私下都在抱怨国王的专制,1661至1668年间,年轻的国王面对欧洲威风凛凛,而首都巴黎却

---

　　① 杜·福塞:《回忆录》,第331页。
　　② 译注:所谓"圣荆棘奇迹"是指发生在波瓦亚勒修道院修女、帕斯卡的侄女玛格丽特·佩里埃身上的一桩奇迹,修女患了泪腺病。她在1656年3月24日那天碰触了耶稣受难时戴的头箍上的荆棘,眼疾马上消失了。
　　③ 帕斯卡(Pascal):《帕斯卡文集》,七星诗社(la Pléiade)版,第791和810页。

对专制王权和受巴黎总主教迫害的人们表示同情。1668 年在利奥纳的巧妙斡旋之下两派签订了和解协议，利奥纳在罗马打耶稣会的牌，取得教廷带有保留的签字，同时他又审慎地满足让森派的意见。协议签署后，阿尔诺还受到国王的召见，"邪教"让森派依然在王国存在，至少在城市内是这样。让森派因受到城市本堂神父等低级僧侣们的支持，得到二十来位主教的认同，而且在某些宗教社团如奥拉托利会、圣摩尔本笃会中获得很大同情而依然强大。在痛苦的斗争中受到激励，让森派作为法国天主教思想的重要派别从此成为主张法国天主教教会自治的一支力量，对抗耶稣会主导的罗马教廷，以它的榜样和言论影响着法国城市生活，甚至超越国界影响到荷兰和意大利。正值外国的科学发展在惠更斯和牛顿的领导下已超越了法国，而法国的文学亦退化为宫廷的消遣之际，17 世纪 60 年代的让森主义，以其高尚的道德要求和拒绝罗马教廷之传统的新形式①，吸引了一批知识精英，他们敢于高声表达法兰西的时代意识。

---

①　见帕斯卡《致外省人信札》："宗教裁判所和耶稣会是真理的两个祸害……"

第十章　古典主义时代："路易十四的世纪"

　　从 1660 年起，法国和法国文明似乎浓缩于一个人和一个地点：路易十四和凡尔赛宫；也就是国王和为他——路易十三的儿子——所代表的王室量身定制的生活环境。国王君临天下的庄严和豪迈，伏尔泰在 18 世纪 50 年代满腔热情地歌颂路易十四的世纪，借此以同样的激烈贬低先王的继承人——路易十五。确实路易十五并不那么赏识天才……话虽这么说，伏尔泰还是发了财，他专门研究奥古斯特、伯利克里、利奥十世和其他一些伟人，这些人热爱里程碑式的荣耀，关切政绩能名留青史。此外，伏尔泰还关注一些伟大的政治家——路易十四就属于这样的伟人。

　　然而，"伟大的世纪"被热衷于王室的几代作家和历史学家过分夸大了，以致人们很难准确地认识路易十四的时代。国王本人仿效祖辈路易十一和亨利四世，十分注重自己的名声：他的《回忆录》是斥巨资让人为他写的歌功颂德的历史，此外还有作为时代见证的报纸，如《法兰西报》《信使报》《历史诗神》等。路易十四被无限美化，甚至像屡次军事失败和统治晚期的民生凋敝都被竭力掩饰。国王在晚年因家族屡遭丧事和面临欧洲各国围攻而苦苦挣扎，风暴过去后改行新政，但那已是临死前的事了。1709 至 1713 年是危机最严重的时期；但即便在统治初期已出现了因粮食歉收、商贸停滞而带来的贫穷困苦，柯尔贝为之奋斗了一生。国王成年后亲政，朝廷恰遇上经济危机，其后从 1664 至 1680 年间，柯尔贝向在法国的欧洲各国艺术家文人给予资助，路易十四战胜了西班牙和周边帝国（至少荷兰），法国国王遂成为令人敬畏的"欧洲唯一君王"，不久成为欧洲各国宫廷的榜样，从德国宫廷到伦敦英王查理二世无不争相仿效。但从 1680 年起，当世界贸易重趋活跃，迁居凡尔赛的贵族朝臣中反对国王专权的呼声重新抬头时，伟大的君主无法加以压制：被判刑的笛卡儿主义信仰者的大胆，殉道新教徒的大声疾呼，让森派的大无畏精神。接着出现了一阵平静，不过曼特农夫人的退隐和死亡还是引发了强烈的反响，她是路易十四郁郁寡欢的晚年的贴身顾问。

人们可以毫无矛盾地说，路易十四的"世纪"并不比利奥十世时代的时间更长：前后大约只有二十来年，此后君王便不再拥有绝对权威，君王统治遭到异议。法国古典主义时期就是凡尔赛最辉煌的时代，拉辛和莫里哀在宫廷受到礼遇，国王给宫廷和凡尔赛强加了一种生活方式：古板严谨而井然有序、含蓄但持续的激情奔放。古典时期是将一切纳入规范，或者说统一步调的时代。经历了前一时期的狂热膨胀，国王埋葬了一切于王室无益的东西，如让森派的争论和贵族的骚动。这一时期连艺术和科学都受到了规范：柯尔贝重组由黎塞留创立的法兰西学术院，又创建了旨在规范艺术创作的法兰西艺术学院和法兰西科学院。柯尔贝成为最慷慨的人，资助学者，向他们提供实验和研究的经费，这是个庞大的计划，尽管基金创立人不无树立个人威望的想法。国王统领、组织和控制一切：他关闭了巴黎的一半印制所，并下令警察总督监视其余印制厂。王国受到严厉监控，但反对思想并未杜绝：1685 年后，尤其在1700 年后，被封杀噤声几十年的反对声音依然存在，并在法国社会重新生根发芽。

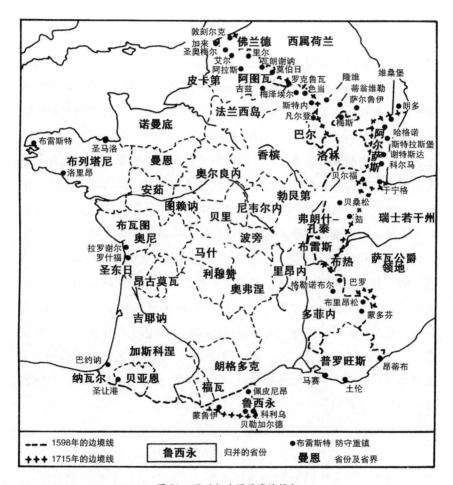

图 21 17 世纪法国疆域的扩大

十分虔诚的国王路易十四的政治和军事优势:1648 年、1659 年、1668 年和 1679 年……每隔十年法兰西王国的疆域就扩大一次,其版图接近了它的"自然疆界"。

1. 困难时期（1660—1680）

在 20 年里，与世界贸易密切关联的法国经济生活也跟国际贸易活动一样出现了萎缩，其很大部分原因是货币短缺：美洲银矿的产量已相当低下，加上富有家庭纷纷储藏金银造成金银涨价。经济萎缩意味着物价被压低，商贸活动和手工业放慢了节奏。城市不景气，公共财政很快陷入紧缩。1680 年后大宗贸易出现回升，经过上上下下几次短期的波动，至下一世纪中期才呈现繁荣。然而法国经济似乎并没紧随这一国际商业大趋势，许多迹象表明法国经济的参与度乏善可陈，甚至相当微弱：追逐金银的需求持续升温，国家明令禁止在敞篷马车上做镏金装饰，"除敬拜上帝的必要装潢外教堂内的一切银器"必须造册登记，等等。17 世纪最后 20 年的世界经济复苏，一方面得益于英国成立中央银行刺激经济发展，另一方面是在巴西的淘金者带回了首批黄金。但法国却因连年战争造成的沉重的经济和财政负担，以及 1693 至 1695 年和 1709 年几场特大饥荒而被排斥在外；此外大批基督徒商人和手工艺人逃离法国，使法国丧失劳力，切断了贸易和经济交往的联系——在传统的种种不利因素上又添加了新的缺失，根据种种迹象，它对路易十四统治后半期的危害程度远远超过前半期。

柯尔贝主义

在路易十四统治前期的经济环境下，柯尔贝推行了重商主义政策，人们常称之为"柯尔贝主义"。这位极有才干的财政大臣在许多方面采取了财政和经济措施，但同时并不触动高压的税收制度。他调整了税务进项，改善农庄体制，当然不破坏公正平衡的原则，减轻农民的负担：继富凯被革职查抄之后，还监督甚至判处了一批国库官吏和包税人，其实富凯并不比其几位前任财务总监更奸诈更贪婪。上述所有措施并没收到预期的效果，原因是土地包租制度未能实行有效监督，同时开支负担越来越重。勤勉尽责的财务大臣在几年里（1664 至 1672 年）管理王国财库而不采用传统的权宜措施，譬如向享有特权的城市发放国债，变换年金，卖官鬻爵，甚至在货币上做手脚；但是后来在挥霍成性的国王和弊端百出的财税制度的压力下，柯尔贝不得不重蹈前任的覆辙——放国债和卖官职。在柯尔贝之后，饥馑和战争造成了萧条，公共财政连年亏损，每况愈下。

此外，柯尔贝在 20 多年中采取措施刺激病态的经济，增加出口，增加贵重金属的进口：计划十分庞大，创建作坊，改革合作制度，鼓励和补贴贸易公司，特别是对殖民地贸易的公司，让它们专营安的列斯群岛、加拿大和几内亚的贸易。拉费马斯和黎塞留在柯尔贝之前都尝试过重商主义政策，而且目的和想法也一样。所以重商主义是 16 世纪从西班牙流入的一种老的经济理论，把重点放在从外国进口贵重金属，这在 1550 至 1600 年间是相当容易做的事。柯尔贝推行重商政策的热情比他的前辈更高，黎塞留当年创立的公司并不成功，他从黎塞留的痛苦经验中吸取了教训；还推迟修道院的修士入院誓愿仪式，目的在于减少修道院这类非生产机构吸纳新修士入院的人数，甚至还有对教会财产上的盘算；柯尔贝尤其注重组织对外贸易，限制进口价值不高的粮食、农产品和木材，鼓励在受到严格监控的作坊内生产的地毯、镜子、瓷器、纺织品等高档奢侈品的出口。柯尔贝根据地方特色在各地创办了一些新型作坊，如欧比松的壁毯作坊、蒂勒的军械厂……他在这类作坊大量投资，其创业的执着在坊间少有传闻，但从其书信、公文和部分已出版的个人回忆录中，可以看出他的重商热情。然而不幸的是，他建立的这套庞大生产系统为时晚了一个世纪，他力求吸引西班牙金银流向法国，以为在塞维利亚仍有大量金银滚滚流向里斯本。实际上西班牙已开始走下坡路，从美洲回来的殖民掠夺船几乎空船而返（有文献表明如此的误判在当时比比皆是：路易十四迎娶西班牙公主玛丽-泰蕾兹时，法国外交官竟向西班牙王室索取 50 万金埃居的嫁妆——这是一笔何等的巨资！难怪有人把时任法国首相的马萨林看作马基亚维利式的人物，在悄悄地准备西班牙王位继承战呢！）。重商主义的逻辑是西班牙菲利普二世时代的产物，时隔一个世纪后它不可能再取得成功。不过仅以重商政策的失败还不足以说明柯尔贝何以不能成功。他为推动合作创建新型作坊曾向一些享有特权的城市发出呼吁，结果毫无反应：1662 年的大饥荒、各地暴发传染病、兵匪流窜，种种原因可解释城市拒付一万至二万利弗尔的理由。当荷兰人在该国阿姆斯特丹银行的支持下成为"海上搬运夫"时，他们霸占殖民地，把阿姆斯特丹港变为欧洲的货栈；而被柯尔贝授以独家经营权的那些法国资产阶级、贵族们却没能征服海上运输。圣多明各发展了，安的列斯群岛的运输打通了……但这些成果与财务大臣的预期相去甚远，他的构想早已过时了。沃邦在世纪末明白了这一点："并非大量的黄金白银使一个国家变得强盛富裕……一个王国的真正富庶在于粮食充裕，粮食是维持百姓生活必不可少的东西。"①

社会关系

经济困难对社会关系会产生压力吗？在当时来看似乎两者之间并无密切的必然联系。不过 17 世纪初的编年史上记载了大量有关血统贵族与上升的穿袍贵族和商业资产阶级之间的冲突事件。他们在某法院入口处为优先入门而发生冲突，有时甚至动粗，激烈程度远胜于莫里哀同类题材的舞台表演。这里列举上百事件中的一个："洛拉热司法辖区的王室副司法总管安托万·杜居普先生与图卢兹议事法院律师让·富尔两人发生争执，前者拔剑刺中了后者的腹部，只因为对方不对他行礼。"② 这方面的最大动作是柯尔贝办公室为了确保贵族的头衔和尊严而进行的调整和监控：尽管国王要求清理尽快结束，整顿还是持续了整整十年，结果引起血统贵族长期来对平民轻易获得爵位一事积怨的大爆发。于是穿袍贵族身份以及给新贵族授予爵位等都成为冲突的焦点，亦让所有无法混入

---

① 沃邦：《王国的什一税》，科尔纳埃出版社（Coornaert），第 25 页。
② 奥德省档案，B 类 2506。

贵族的人出了口恶气："我①跟德索迪斯先生谈到上午在科尔得利修会举行的仪式，仪式上接纳了圣米歇尔会的几名骑士，向他们致敬，接纳条件合格的人，将骑士人数限制为百名，把那些卑鄙小人都剔除了。"② 从此平民跻身于贵族更加困难，柯尔贝的整顿把许多平民出身的新贵族拽回原来的地位上，遭到多少人的诟病！由此形成了一个特殊阶层，他们就是一个世纪后旧制度垮台前最后几十年中的那批贵族。

经济停滞必定使一部分人得益，他们是倒卖粮食的投机商，其利益不可小觑。但是得益更多的还是那些利用公共财政拮据而发财的人：长期的寅吃卯粮酿成难以收拾的灾难，到路易十四统治末期国库收入竟早在几年前就已用罄！而这却是国库官吏、银行家和包税人最乐意看到的事，大到像萨米埃尔·贝尔纳这样的银行家，小到普通的储蓄推销员，他们虽担风险但得益丰厚。银行家恬不知耻地在复杂的运作中牟取暴利，名义上出于国王的利益而最终是他们自己受益。巴黎城内时有关于某某人发横财的传闻，诸如一个区区储蓄推销员临终竟留下了 500 万利弗尔的遗产，还不包括为避免追究而分掉的不少宝石……除了柯尔贝要4 000 多名财务官退赃赔款外，受益者中还有不少买官者。后期当局为了敛财想方设法地增设官职，甚至把有的官职分为半年一期、一季一期地鬻卖。出售的官职并非都像"法定丧葬官"之类不值一提的芝麻官，许多官职相当重要，只要会敛财还真能从此发迹，出人头地。某些公差虽没有太大油水，但不必冒很大的资金风险。

我们再来看一个敛财的例子：一个官方认证的建筑设计师自己还拥有一家建筑公司，他在 1706 年去世时给妻子留下了两处很好的房产：一处在巴黎的住宅，有八间房、一个马厩和一个内院，俨然一座小公馆；另一处在塞纳河畔埃皮奈的乡下，面积较小，是夏天度假的别墅③。我们发现两处住宅的每间房间都摆设得十分阔绰：除了厨房每间房的墙壁

---

① 译注：指引文作者奥梅松。
② 德奥梅松：《日记》，第二卷，第 345 页。
③ 这是从许多去世者的财产清单中选出的一个例子：公证员尼古拉·列凡（Nicolas Liévain）的档案，存于法国国家档案馆，Y 类 17620。

都挂有壁毯，"粗略看一下"，壁毯有佛兰德产的或培加姆产的，埃皮奈住房的壁毯旧些，巴黎住宅内的壁毯更新些；门帘，一处住宅内有 39 古尺①，另一处有 31 古尺；还有镜子，其价值比家具更贵。家具有橡木的、胡桃木的或梨木的：每个大房间（厅和房）内家具齐全，装饰华丽，记载详细（16 英寸的镜子、26 英寸的镜子、镜框……）；银器瓷器也分门别类地一一标明，有锡罐、打印记的装饰彩陶、银烛台、银叉和银匙等等。在埃皮奈那边，有几面镜子，但没有银器，还有储备的木材、一捆捆柴，尤其是酒窖："九小桶②和二个四分之一桶的上好红酒。埃皮奈，记于当年。"这份遗产清单给人的印象是户主过着在当时生活条件下最舒适的生活：巴黎住宅内所有的家具总价值 2 568 利弗尔，埃皮奈的家具总值 698 利弗尔，再加上银器（不包括锡器）价值 763 利弗尔。此外还得加上书房的藏书珍玩，马车和马厩内的马匹——马匹可不总是像我们的建筑设计师那么"白须苍苍，老态龙钟"。在风和日丽的季节从巴黎坐马车去埃皮奈，从城市去不远的乡村旅行，日子过得何等舒坦！但是，这种资产阶级生活关心的是费心思去张罗家具和装潢，它与凡尔赛和宫廷的豪华排场相比是何等的节俭！凡尔赛的生活是另一番景象，那里人人大肆挥霍：城市和宫廷的对比不只像舞台上那么简单。

---

① 译注：古尺（aune），约合 1.2 米。
② 译注：一个酒桶的容量（muid），古制容量单位，各地所指容量不一，有大桶、小（半）桶和四分之一桶的分别。大桶容量约合 300 多升。

2. 国王: 凡尔赛

路易十四统治的伟大思想是使法兰西王国成为全欧洲，乃至全世界的典范——国王不是在凡尔赛接见过暹罗人吗？这种说法用在国王身上十分贴切，他的方法可以改变，但是在54年的亲政期间他没有一天不想到个人的荣耀。这个任务由历任的首相、红衣主教精心安排：黎塞留下令拆除防御式城堡，向各地区派遣地方总督；马萨林的外交手腕使法语于1648年在威斯特伐利亚和约上被国际承认为外交语言之一。这个"绝对君权"王国的一整套体制和国家机器完整无损地保持到18世纪末，而路易十四成功地使他的臣民和后代相信没有人能比他、他的朝廷和他的顾问们干得更好，尤其是没有比凡尔赛更好的宫殿——直到晚年他仍在装点这座雄伟的皇家宫殿。它是国王建树的秩序和权力的骄傲象征，极其符合马西永在国王葬礼上发表的墓志铭："基督教世界的最为显赫的国王。"

柯尔贝和地方总督

路易十四时代的幸运首先是遇上一位敬业的国王，他热爱自己的王位，"做任何事从不半途而废"，必定持之以恒，他有兴趣和意愿来管理国家，而他的首相则勤奋且有条不紊，与其说是精明的治国者不如说是个工作狂，一个甘心献身于君主理想的资产阶级代表。对首相的权威感到妒忌的国王和他的身负重任的首相，在20多年的时间里重塑了王国的面目，在1664至1668年间的表现尤为突出，他们重组国家机构，令大作家们赞不绝口：改革政府部门和顾问机制，重建王室在外省的权威，监督和领导一个因让森派争议而陷于分裂的教会，区分贵族和资产阶级……当局的大胆而严厉震慑了当时三个等级的社会成员。在路易十四亲政之初还属于福隆德抵抗派的巴黎资产阶级，卷入宗教纷争之中，对年轻国王重建权威很不以为然，1666年甚至出现下面的刻毒诗句：

荣耀的国王，

比恺撒大帝更智慧，比亚历山大大帝更骁勇，

有人说他是上帝给我们的恩施，

天啊！愿上帝把他收回去吧！

查处富凯的官司反而导致民众为他鸣不平。让森派教士和其他人起来反对君主专制，但是没有走到鼓动杀害暴君的地步。在贵族阶层里，那些文笔远不及圣西蒙的贵族们原已心怀怨恨，当国王企图对贵族增税，役使他们的做法太过分时，更引起他们的愤愤不平。凯西骑士叙述1699 年 8 月 13 日在路易大帝广场举行国王骑马塑像揭幕典礼时写道，当时市长、市镇长官等头面人物"甚至骑到马脖颈上"去赞叹塑像，"在我看来这个仪式有点像闹剧"[1]。

路易十四要让王国的所有人都服从于自己，这种意志看来是他与生俱来的，但是对柯尔贝来说却是艰巨的重任。柯尔贝为此耗尽了毕生精力，很难肯定直至 1715 年这一目标是否已达成。如果我们把路易十四时代与动乱的前朝、与福隆德时期的可怕记忆，与马萨林不得不在巴黎耍花招、施诡计的软弱相比，进步是无可争辩的，但却十分有限。对政府来说，路易十四建立起一台运作顺畅的国家机器：内阁定期开会，阁员职责明确，各部配备充足的人力资源（路易十四统治晚期在凡尔赛宫"国王的秘书"竟多达九百余人！），各人分管范围极细，随时听候国王召唤，向国王"直接汇报"。这是与弗朗索瓦一世决然不同的另一种治国方法，另一位伟大君主身边缺少了一个柯尔贝。当路易十四控制这台国家机器时，他无时无刻不在考虑各种事务，他"要知道一切"，他亲自"接收和阅读急件"，办公室这个现代行政的缩影已在全速运转，各部处理事务，进行管理……但是到了怠惰的路易十五和不关痛痒的路易十六，一切都是另一回事了。

同样，路易十四通过他的地方财政总督在外省更有影响力：地方总

---

① 　凯西（Quincy）：《回忆录》（*Mémoires*），第 118 页。

督是中央大员而非普通官吏，他们被派驻在某一行政区域，统辖地方事务，大权在握——从司法、警察到财政（财政总督顾名思义要管财务）。地方总督有权过问一切行政事务，可以下令复审案子、修改征税办法、颁布地方法规，大多数情况下他就等于原来枢密院最高法庭诉状审理庭的审查官。代表国王的新总督可以自行任命助理协助处理事务，被称为总督助理，所以地方总督就是中央集权政府的地方大员。然而，从18世纪初起，甚至在国王还未驾崩之前，地方总督就只管经济事务了，如登记物价波动和粮食流动，为王室的某项改革做各项统计，但改革基本上局限于经济领域：这在很大程度上说明了改革失败的原因，其实毫不令人惊讶。早在黎塞留时期，地方总督及其使命（当时还是临时性的）曾引发过地方权贵相当强烈的抗议，因此马萨林上台之初同意取消总督使命。总督控制一切，事事插手，监督地方法官和财政事务，令地方官十分恼火：这些地方权贵坐镇一方，与其说贪图利益，不如说是出于倨傲心。他们是国王的忠诚臣仆，但是已习惯于完全独立地行事，在照顾普遍利益的同时会有意无意地保护其阶级利益。所有官吏包括地方法院法官、国库官吏和征税吏，都难以忍受新总督的监督和决定。行政集权改革的失败首先因为这两拨人的内斗，结果坐镇地方已久的外省帮占了上风，他们倒不是通过激烈斗争，而是跟你磨和耗。当然出格的言行还是有的，譬如1643年在图卢兹就发生这样一幕："那个法国国库官吏朗德先生在市中心广场当着许多头面人物和大批市民说，就是不能缴额外的人头税，尤其不能容忍那些地方总督，就是因为他们才会加税，这帮奸贼。"[①] 地方总督制的失败还因为在消除地方行政差异中的不平等现象：按理说，作为一个精明的管理者，柯尔贝完全可以理顺行政机构关系，但他一会儿在巴黎周围建立五大包税区，一会儿又想在全国所有教区统一实施国王特权，即由国王征收空缺主教的年俸及委任新主教，这就需要重新修订法律。可是国王囿于卡佩王朝的传统，把法国仍看成是各省的拼图，而非统一的国家，因此不想走得太远：一些城市和省份曾与王

---

① 法国国家图书馆，法文手稿库藏文献，17296，第65页。

兴土木亦见证了同样的雄心：确实凡尔赛宫不只在建筑和雕塑上突显了
王室的雄伟，它还是一种新型生活的环境。在这里贵族、各部门当差的
资产阶级和王室仆役们天天见面：昔日的社会关系和礼仪的改变，引见
方式，以及铁栅之外围绕宫廷的新兴城市生活等等。路易十四在凡尔赛
宫为王国朝廷塑造了一种新的风格和背景，这里远离巴黎但贴近王室；
巴黎被留给了艺术家、手工匠和宫廷日常用品的供货商，他们沉默而无
所畏惧地见证了贵族的没落和金融家的傲慢无礼：但默默无闻到何
时……

凡尔赛宫

凡尔赛宫有一段广为人知的漫长历史，它可以归纳如下：开始国王
因妒忌财政总监富凯的伏勒维贡特宫的奢华而设想改造这个规模不大的
行宫，富凯下狱后，国王收罗了他的能工巧匠——勒沃和勒诺特尔（芒
萨尔是后来参与进来的）。路易十四要把小行宫改造成意大利文艺复兴
式的宫殿，朝向由园艺师勒诺特尔设计的规模宏大的御花园一侧的宫殿
外表须呈现对称结构。工程从 1661 年起动工，首先改建父王路易十三留
下的小小狩猎宫：这座红白砖的小行宫坐落在一片沼泽林中，周围水
塘多，猎物丰富……国王已拥有圣日耳曼、卢浮宫和枫丹白露等处宫殿，
他需要的是一处能作为节庆欢宴的场所。对路易十四来说，凡尔赛宫首
先是供宫廷享乐的地方，1664 年整个朝廷来到凡尔赛宫，参加国王在此
举行的名为"欢乐岛的喜悦"的大型节庆活动。然后他想在此住下，因
此得有个宫殿，于是凡尔赛宫最终变成了朝廷新的所在地。凡尔赛宫内
按照王室享乐的趣味和宫廷礼仪，经常举行节庆活动。经过十多年的扩
建修缮，在原有行宫的基础上扩建新建筑，1682 年当国王和他的朝廷正
式迁入时，庞大的工程还远远未竣工。如此大型工程需要平整土地、开
渠引流、搬运大理石和砖块，据柯尔贝留下的账册记载，工程曾征用了
三万余人工，花费了数亿利弗尔。更有数百人在施工中受伤甚至丧命：
据德奥梅松记载，1668 年"一名在凡尔赛施工时从机器上摔下丧命的工

人的母亲，举着白色申诉书……咒骂国王，骂他是嫖客、机器狂、暴君，还骂了其他许多脏话"①。在能工巧匠的修造整合下，凡尔赛宫具有了一座巨型的巴黎公馆的面貌，有内院、直角连体的建筑和宫内统一的堆物场。花园一侧长长的宫殿外观，以及接待用的各大厅、游戏厅、音乐演奏厅等设施，都直接体现了国王路易十四追求奢华生活的情趣；无论在室内或室外接待宾客和举行盛大活动时，人们都可以看到花园和大运河的远景，或者在著名的镜厅内也有同样庄严的视觉效果。这是日均人流量数千（还不包括宫中仆役）的宫廷生活所必需的环境。然而当时也存在某些消极的甚至恼怒的反对声音，他们摆出不屑一顾的神色，《对路易十四统治政绩的回忆和反思》的匿名作者辛辣地评论道："在公众不太知道而且用途很小的建筑上如此挥霍，喷水池为了豪华而故意造在自然的深处，简直可笑至极。"

只要有空闲和娱乐时，勒布伦就带着他的助手积极进行室内装潢：王室不断下订单，要在大理石和铜器上永远留下丘比特、长翅膀的爱神和胜利爱神等题材的美好回忆。随着宫殿扩建，随着两侧对称建筑的延伸，勒布伦得负责一切装潢，不断添加画幅、大型壁画和雕塑，似乎为了填充庞大的空间和阻隔一望无尽的视线：装饰上以寓意象征当朝盛世，国王被比喻为阿波罗、亚历山大大帝，画面上那美少女普赛克、战神玛尔斯、英雄海格力斯和女神维纳斯的众多神话形象，既有家庭寓意又有象征意义。大量的装饰是否打动了世人呢？如此装潢就是为了让人看了眼花缭乱，溢美之词却不多见；确实许多人更欣赏的是丰富的题材。德鲁先生参观了1667年的一次王室展览后这样写道："如此大量的各种题材的绘画，我是说历史、肖像、景色、海景、鲜花和鲜果。"② 镜厅长廊里的巨大镜子更是豪华：当时生产一面4平方米大镜子的造价相当于20

---

① 德奥梅松：《日记》，第二卷，第552页。
② 德鲁（Rou）：《回忆录》（*Mémoires*），第二卷，第18页；确实，简洁明了是当时的风格："晚餐后我去看了（巴黎）圣宠谷教堂穹顶上米涅阿画的壁画，它们太美了"（见德奥梅松《日记》，第二卷，第403页）。

000 个工时的工薪①，因此是一笔巨资，凡尔赛镜厅的镜子可以说代表了最极致的壮丽华美。对后世来说，水池和镜子映出的转瞬即逝的景象远非尚古风格的荣耀那么重要，国王就是愿意处身在这种荣耀中。曾慷慨捐助欧洲各国艺术家，给他们下创作订单，创立绘画、雕塑和音乐学院，吸引了杜比和冯·德默伦等法国和外国文学艺术家的柯尔贝，留下了许多有关仿制古典艺术的书信文献，这一艺术潮流延续了文艺复兴，但也为艺术定下框框，给当时的法国艺术制定了一套排他性的准则。他在给当时罗马的法兰西学院（建于 1666 年，即今天罗马法国学院之前身）院长的信中写道："让（艺术家）严格按合同要求去做，包括瓷瓶及我订单上的所有物件；注意雕塑家要严格按照古代雕塑原型去复制，不要添加任何东西。"② 如此规定意味着艺术上显明的贫瘠；即从鲁本斯到伦勃朗的整个佛兰德艺术流派都被排斥在凡尔赛艺术殿堂之外。但是在巴黎却不一样，在与荷兰交往更多的里尔和亚眠两地更非如此。柯尔贝在另一封信中甚至要求仿制尺寸与原物绝对一样。这种排斥性的学院派仿古艺术倾向——其排斥性之强，连哥特式艺术都在勒布伦弟子那里遭到从未有过的绝对摈弃——在凡尔赛，并通过凡尔赛形成了。这股潮流靠路易十四王朝的整体影响延续了一个多世纪之久。

70 米长的辉煌镜厅、大型喷水池和水渠所组成的宏伟壮丽正是国王路易十四所梦想的宫殿，他要为彼得大帝和土耳其皇帝树立一个榜样，然而凡尔赛宫的作用远非这些。它远离巴黎、远离福隆德反对派和"群氓百姓"，它就是一个井井有条的社会，那个一心想整顿和控制贵族头衔的"混蛋"③ 柯尔贝就可在此让各人安分守己地待在自己位置上：有王室血统的亲王和世袭头衔的贵族，他们能每日出席各种仪式，按宫中礼仪目睹国王的风采；而穿袍官吏、内阁衙门的秘书、宫中和新城内的无

---

① 富拉斯蒂埃（Fourastié）：《机器化和舒适生活》（*Machinisme et Bien-être*），第 127—128 页。
② 见"与罗马的法兰西学院院长的通信集"，1680 年 2 月 1 日的信件。
③ 译注：暗中领导福隆德运动的血统亲王贡代是马萨林的最大反对党，称马萨林为"猩红色的混蛋"（le faquin écarlate），作者在此借"混蛋"一词用在柯尔贝身上。

数仆人差役则各就各位地当差服务。

宫内差役

凡尔赛宫正门前的两侧楼宇是朝廷各部门办公楼，文书、顾问、档案保管员、国王秘书、资产阶级和穿袍法官各色人等在此当差：他们是政治权力和王国的代表，在各自领域里举足轻重，谨慎尽责地掌管着政府各部，保证王国行政机器的正常运作；但他们不像贵族大佬和高级僧侣那样嚣张跋扈和野心勃勃，这是路易十四绝不能容忍的。他们只是当差者，对国王绝对忠诚，但仅对国王一人而已，而对国王身边的阿谀者来说却相当可怕（塞维涅夫人见到柯尔贝就十分害怕）。宫廷官吏为确立君主权威而热心工作，他们是国王最好的臣仆；对宫廷生活守口如瓶，远远地守在那里见证一切。对官吏们的热忱服务，国王论功行赏，封爵加禄，官吏们视此为至高无上的荣誉。

宫中当差的还有另一部分人，他们是在宫内当差或在城内贵族府邸服务的数万仆役。自从朝廷迁入凡尔赛宫以来，大批贵族陆续移居附近新城。几万仆役包括马夫、听差、厨子、侍女、花匠和膳食总管等。这些仆役比各衙门的秘书更多地与巴黎保持着联系。因为凡尔赛当地无任何出产，宫中的全部需求和城内贵族府上的日常一切，包括家具、服饰、织物等全靠巴黎商人供货，由上述仆役负责搬运。他们熟悉宫廷生活，宫内的一举一动、各种消息传闻都通过他们传到被王室和贵族撇下的空城——首都巴黎……对此路易十四心里比谁都明白，有一天他曾当面抱怨西班牙国王菲利普五世的怠惰时说："不要以为外面不知道，他们打听得比谁都清楚；如果你让人写封信给我，外界比我先知道信的内容。"也正因此，国王与外部社会之间不可能隐瞒什么：路易十四想藏掖与曼特农夫人的私情或银行家萨米埃尔·贝尔纳的事，巴黎城里很快打听得清清楚楚，根本不需要《阿姆斯特丹报》这份清教徒共和党人小报的揭发，这份毫不容情的报纸聚集了所有对凡尔赛抱敌视态度的政敌；然而，在"城市—国王"相反方向上却没有任何信息渠道。王国的现实就是，国王对社会大众的想法知之甚少。这便是各地忠于职守却为仕途担忧的地方总督，以及拉雷尼①多份报告上所表达的意思。至少沃邦和圣西蒙在路易十四统治末期亦注意到了这一点；且不说王室虚荣，一墙遮百丑：宫廷奢华无比，恰如只见树木不见森林。

　　国王不会对侍女们视而不见，他总是极有礼貌地跟她们打招呼，这一点众所周知，他亦不会傲慢地对待被召见的大臣顾问，相反总是听取他们的汇报，给予指点。国王近身侍仆的举止——用一种通常而不甚达意的说法——也有几分高雅，因为"高雅"不是他们的基本特性，不如说是"训练有素"更为贴切。路易十四在某种程度上对西班牙礼仪十分欣赏，他的仪态举止极其庄重，喜欢被数千名贵族簇拥着，周围人如同在芭蕾舞和大型戏台上一样，是安排得井然有序的永恒仪式中的前排演员或配角。国王身居宫廷中心，领衔上演法兰西民族最杰出人物参与的大型演出。1650 年以前的那些骚动、喧嚣、对王室构成威胁的贵族，到1680 年已被乖乖地驯服，他们在各项庆典仪式中排着队或三五成群地前行，成天跟在国王身边转，看国王的手势行事。一个世纪前头脑最发热的人曾拿起武器与国王对着干；17 世纪末最激烈的贵族不过执笔撰文以发泄心中的怨恨而已。对于懂得把这四五千名贵族拢在身边的国王来说不啻是漂亮的成功。他需要他们，他们也需要他：一次又一次的欢乐节庆至少持续了近 20 年；日常的宫中礼仪，从国王晨起礼到接待各国大使、出席外国亲王到访的礼仪，盛大的排场令到访贵宾和受邀出席的贵族个个心花怒放。被吸引到国王身边的贵族在此得到了几十年来未曾得到过的好处：按各人的身份等级享受优裕的津贴和俸禄，获得国王任命的有俸教职，他们的女儿能得到国王的赏赐，儿子可获得国王颁发的官吏授职证书。当年亨利四世为了摆脱马耶纳公爵及其党羽，赐金赏银，把他们送回各自领地，可是 1610 年甚至更早他们又卷土重来。但路易十四的做法是接待反叛的贡代亲王，将他羁绊在自己身边（至少一年中的

①　译注：拉雷尼（Nicolas de La Reynie, 1625—1709）为首任巴黎警察总监，任此职长达30 年（1667—1697）之久。

部分时间),好处是显而易见的。同时贵族亦得到好处,试问倘若没有国王的津贴,有几个贵族能支撑凡尔赛生活的昂贵开支?贵族必须在凡尔赛当地设公馆,因为巴黎离宫廷太远,不可能天天往返两地;此外还需备马车、马厩,公馆内得雇全套仆人马夫;还得置备出入宫廷的服饰、养情妇、出席化装舞会,以及购买价值不菲的"饰带"和"镶花边的喇叭形裤腿装饰"等。贵族们向巴黎奢侈品商人订货,尽管有王室津贴,还是捉襟见肘,常常债台高筑。搞得资产阶级供货商也叫苦连天:"贵族往往摆阔,效忠国王不在军队上花钱尽责,而是胡乱挥霍……依我看,贵族就是能肆无忌惮地到处借钱,结果无力偿债,好像还债就有失贵族身份似的……"① 除了住在凡尔赛宫内的王室血统亲王家庭,除了贡代家族这样的大贵族外,其余贵族很少能靠自己的财力负担住在凡尔赛城的昂贵开销。国王给予津贴的条件是该贵族必须住在凡尔赛,能天天照面;宫中的差使名目繁多,侍从、侑者……直至最尽责的军界要人等;国王慷慨地分赏各人,那些在塞维涅夫人眼中微不足道的赏赐,于是她写道:"他丢给的东西……"

　　这就是受国王牵制、再无法施展阴谋的贵族上层社会,他们已屈服于国王,被关在金笼子里,锁得严严实实。对这数千名阿谀朝圣者来说,凡尔赛宫就是世界的尽端,他们的全部艺术就是出现在国王的眼皮底下,邀宠争利,伺机给国王递一件衬衣或端一杯酒。他们的雄心就是能成为国王的心腹,能列队于每天出席国王大晨起礼的二三百人或国王小安寝礼的五十来个亲信之中。列席没完没了的觐见仪式,耐着性子看国王玩游戏和国王家人长达数小时的用餐;应付权力的明争暗斗,而且要面带笑容、彬彬有礼,那是起码的外交礼仪。每天一早衣冠楚楚地进宫,身上喷满香水以遮羞——因为按宫中礼仪解手时间极短——宫廷贵族就这样只为国王一人而活着。作为那个时代辛辣和令人赞叹的画家,莫里哀借笔下人物小侯爵之口留下见证:"我,只要我

---

① 　法国国家图书馆,法文手稿库藏文献,21730,第156页。并参阅莫里哀喜剧《唐·璜》中的人物唐·璜和迪芒什先生的对白。

能参与小安寝礼就够了。"① 在当时某些人和我们今天看来，这是一种受辱的生活：塞维涅夫人受够了那套制度，她尽可能逃离得远远的；还有圣西蒙和帕拉蒂娜公主，他们的愤怒亦为人所知；有些习惯于军旅生涯的贵族，因忠于贵族的尚武理想而拒绝凡尔赛式的生活："你不知道阿谀者就是真正的变色龙。他们通常在大臣和国王红人面前阿谀奉承，奴颜婢膝地打躬作揖；溜须拍马都是假的，一旦得手便忘恩负义，又去追逐别的好处……"② 留在宫中的那些贵族忘记了昔日的尊严和战场上的荣耀，中世纪的尚武理想曾令他们在社会上享有特权，而现在却天天争妍于朝廷，热衷于权术阴谋和"上流社会"的消遣娱乐。至少可以说他们从来就厌恶劳动——不管体力还是其他劳动——满脑子想的就是保住贵族身份，宁可被关在金笼子里娱乐和享受。

节庆和戏剧

节庆和戏剧或许能说明路易十四统治最初 20 年的宫中娱乐。到了吕利、莫里哀和拉辛的时代，风华正茂的国王醉心于荣耀、猎艳和军事胜利，宫廷生活再不缺少更精彩的消遣：贵族们变得无所事事，国王成功地使他们无忧无虑，整天只想着在节庆中寻欢作乐，国王借签订和约和家庭生活的重要事件在宫内举办大型庆祝活动。1669 年初国王为庆祝亚琛和约的签订在宫中举办节庆活动，拨款十万利弗尔（这在今天仍是笔巨款）：在花园中设宴款待宾客，在草坪上演出戏剧（音乐大师吕利创作的芭蕾舞和喜剧芭蕾《普苏涅克先生》）；然后晚餐、放烟花和音乐喷泉，莺歌燕舞直到深夜……

路易十四在节庆方面的情趣，如同在造型艺术上一样，开创了世纪的典范，比他在绘画和雕塑领域的趣味更有独创性。诗人兼批评家夏普兰（他留下了一批很有价值的书信手稿）、王室音乐总监吕利，都帮助国王将戏剧改编以适合在凡尔赛宫内演出（如芭蕾、歌剧和喜剧），即在宫廷节

---

① 莫里哀：《愤世嫉俗者》（*Le Misanthrope*），第二幕第五场。
② 凯西：《回忆录》，第 178 页。

庆气氛的背景中，加上舞蹈和游戏的戏剧内容。在弗朗索瓦一世时代，宫廷娱乐主要是狩猎、骑马远游、比武或模拟打仗；到了亨利三世时，国王在卢浮宫跳宫廷芭蕾；亨利四世为取悦王后玛丽·德美第奇，从意大利引入乐师和歌手。但是当路易十四决定让戏剧在凡尔赛宫占重要地位时，宫廷接受了城市的趣味——巴黎的趣味。1640 至 1660 年间，在文化修养很高的马萨林的影响下，巴黎人开始喜欢两种舞台表演：一种是舞蹈和芭蕾，也就是把过去老式舞蹈简单地搬上舞台，在手摇弦琴和小提琴的伴奏下，舞者"戴面具和穿芭蕾舞服"表演传统的孔雀舞和老式舞曲，或者变换舞步组成更复杂的一种舞蹈，譬如《巴黎大街》《圣日耳曼森林女神》《神奇的自然》等；另一种就是意大利歌剧，在 1647 至 1648 年后意大利歌剧在巴黎舞台上获得极大成功，在带有机关的舞台活动布景前以唱歌形式演喜剧，演员往往跳着芭蕾舞进入舞台。1647 年上演罗西的《俄耳甫斯》（即《俄耳甫斯和欧利蒂丝》），令一些观众欣喜若狂，但也使不少人感到失望……不过歌剧已征服了巴黎观众，在高乃依和其他剧作家的戏剧之外赢得了一席之地。到 1669 至 1670 年，巴黎舞台剧的保留剧目已非常丰富：有梅雷的 7 个剧目（《茜尔薇》《西多妮》等），罗特鲁的 20 个，布瓦罗贝尔的 6 个，皮埃尔·高乃依的 26 个以及托马斯·高乃依的 16 个。

　　城市趣味因国王的意愿而传入凡尔赛宫，高乃依、莫里哀和拉辛都在凡尔赛宫内效劳过：莫里哀一直在宫中演出到 1674 年去世，而拉辛则在上演了《菲德尔》（1677）一剧之后才离开。剧作家们得到国王路易十四的保护、关照，领取国王的津贴。那是国王比较开明的时期。莫里哀的大胆——《伪君子》《唐·璜》——是众所周知的，他十分放肆冒昧，只有国王才能免其遭受最严厉的处罚；莫里哀的这两出戏中都有"解围之神"的情节，上演后曾引起轩然大波。在戏剧人物费加罗出现之前，唐·璜就对贵族说出严厉的真话（第四幕第六场），他借舞台上一个自由思想者之口说出了这样的俏皮台词："我认为两加两等于四……"① 但是芭蕾和喜剧芭蕾在宫廷里取得的成功比悲剧和喜剧更大：莫里哀和高乃

---

① 译注：法语中"两"（deux）与"上帝"（dieux）谐音。

依在一些剧中插入芭蕾舞的开场和过渡，调节剧情节奏以迎合时尚，颇受欢迎。凡尔赛宫的节庆大师是吕利，这位天才的多产音乐大师令一代朝臣，首先是国王本人欣喜万分，国王装扮成阿波罗，头戴太阳装饰跳芭蕾，或者领头跳小步舞、加沃特舞等新式舞蹈。吕利从 1661 年起加入宫廷乐队，写过大量芭蕾舞剧和歌剧，他设计的演出都有华丽的戏服和大型布景：舞台表演与音乐同样美妙，尤其是吕利在编导戏剧的配乐方面殚精竭虑。1660 至 1680 年间，戏剧在巴黎或宫廷中取得的巨大成功或许还体现了一种古典理想，亦就是理论家布瓦洛详细评述的那种带有含蓄的敏感和克制的激情之理想，它正是国王欲强加给这个"缺乏被奉承的"贵族世界的东西。然而，戏剧对观众的影响要深刻得多：表演中"赢得全场一片赞叹"的一刻将所有观众的目光集中在演员身上，舞台培养了观众的趣味和细腻感受。这种戏剧孕育了 18 世纪的马里沃和拉摩戏剧的精致，他们应当好好地感谢伟大的国王。

与节庆活动一样，戏剧演出很快征服了全欧洲，欧洲各国不但为凡尔赛宫大理石建筑和镜子长廊所折服，而且也为芭蕾舞和喜剧的魅力而倾倒：国王路易十四炫耀地邀请外国大使观看演出，一班朝臣跟着国王欢笑和鼓掌，还有王室子弟，尤其是外国亲王。据伏尔泰 1750 年在《路易十四的世纪》一书中记述，从此卢浮宫的长廊和枫丹白露宫都不值一提，（各国君主的）共同愿望就是在欧洲的另一地建造一个小凡尔赛。英国国王查理二世的宫中法国人多了起来，他要有一个从巴黎来的音乐大师，还要求勒诺特尔为他的花园设计图纸；在腓特烈二世和波茨坦宫出现之前，德国亲王们已开始创立科学院和美术院，翻造宫殿，颁发艺术家津贴，还翻译并上演莫里哀的戏剧……凡尔赛宫的生活方式充满了魅力。

尽管路易十四的龙骑兵迫害新教徒，国王下令废除《南特敕令》，波瓦亚勒修道院遭关闭，尽管德国帕拉蒂那市和荷兰被焚毁，尽管税收不断增加，在统治末期再增收"人头税"和"什一税"，尽管百姓遭受战败和饥馑的疾苦，尽管帕拉蒂纳公主称国王已像"丑婆子"，路易十四依然是路易大帝，因为他是凡尔赛的国王。

3. 反 对 派

尽管贵族们争先恐后地谄媚国王，尽管外国使节喝彩，他们的君主羡慕，尽管趋之若鹜的艺术家文人对这位独一无二的艺术赞助人歌功颂德，但颂扬的大合唱不能使人忘记制度的局限：许多法国人，包括在国外的避难者和留在国内的默默旁观者，不参与阿谀奉承的竞赛，正如乌得勒支的一位匿名者所说，某些人认为国王在仿效亚洲的专制主义，"亚洲国王的仿效者，只有奴隶制才令他感兴趣"[①]。当书店受监视、印刷厂被关闭，面对当局的严厉镇压反对派的沉默是可想而知的。尤其在宗教政策方面，国王面临相当一部分公众舆论的抵制：新教徒和让森派教士相继遭受一波波的追逐、迫害，新的殉道者被迫踏上了逃往欧洲其他国家的道路，像罪犯一样被追捕；另一方面科学和哲学的探索在悄悄地进行中，笛卡儿的同代人是那么勇敢地继续着他们的事业，笛卡儿主义的方法和理论有了新的进展，更广义地说，人们通常所指的启蒙思想亦在向前发展。

《南特敕令》的废除

法国对新教徒的迫害在欧洲激起了极大反响；流亡荷兰及其他国家的法国新教徒一般难以适应避难国的生活，对国王恨之入骨；德国亲王们尽管口头上义愤填膺地抗议国王行径，心中却为法国胡格诺给当地带去的利益而暗自庆幸。

1685 年路易十四下令废除《南特敕令》，是国王亲政以来长期执行迫害和刁难新教徒政策的最后或者说几乎是最后的一举。对不受欢迎的

[①] 署名为 L. M. D. L. F. 的匿名作者：《对路易十四统治政绩的回忆和反思》（*Mémoires et réflexions sur les principaux événements du règne de Louis XIV*），鹿特丹，1717 年版，第 193 页。

新教徒实施的限制是多方面的，而且越来越严厉：首先是神学讨论，也就是说劝说已基本放弃，除非对个别重要人物如法国元帅德蒂雷纳，由波舒哀亲自继续进行劝导；其次是发放皈依津贴，即按照佩里松制定的计算表及金库库存，对每个放弃基督教的新教徒按其社会地位给予不等的补贴，但这不是遏制异教的有效方法；在这两套措施之外还施加了更有效的其他压力，如对新教徒的宗教活动加以限制，对 1598 年《南特敕令》的条款作狭义解释，从而进一步限制新教的学校和文化机构（特别在色当和索米尔等地），采取行政措施刁难和禁止（1679）新教徒从事某些行业，譬如书店等。于是新教徒不得在早上六时至晚上六时之间的时间段出殡送葬；新教举行教务会议的次数和会期长短都受到严格限制，而且越来越严。同时，新教徒的日常生活变得愈发困难，更多的职业将他们排斥在外；尤其在南部新教徒占多数的许多城市，1598 年设立的两教联合法庭的职能范围亦被压缩。新教徒陆续离乡背井，他们没想到在 1685 年还会被迫出走，于是隐秘的小批逃亡最终汇成移民洪流。

早在《南特敕令》被废除之前，强迫少年皈依天主教、龙骑兵追捕新教徒等合法迫害手段已愈演愈烈：警察在街上遇到孩子就说他对十字架怀有天主教情感，于是经过一番程序就将该孩子送往修道院接受天主教教育……家长还得负担孩子在修道院的费用。开始时只遣送年满 14 岁的少年，后来年龄降到 12 岁，甚至 7 岁。在追捕最吃紧的 1680 至 1686 年间，尼姆、蒙托邦等城内再也看不到跑腿的僮仆，也没有小孩敢在街上嬉戏或溜达——家长们看紧了孩子，只准他们在自家园子里玩耍，出门必有家长陪同，平时大门紧锁……即使大门锁紧了也难逃魔掌。挖空心思的地方总督即便没有凡尔赛的指令也有绝招：各家各户分摊龙骑兵入住。战争时期各户分摊接纳士兵的义务再被用来逼迫新教徒改宗皈依。城内百姓最怕"丘八"上门，居民担心家具被损，担心酒窖，更担心他们的女儿，只得屈从改教。当战争大臣卢沃瓦侯爵接获地方报告，得悉数万新教徒因此皈依天主教后，对此举的卓著成效倍加赞赏。然而 1683 年普瓦图一名地方总督抱怨再也无法分摊龙骑兵去居民家住，因为居民得悉士兵要来住，马上改教了。

　　1685 年 10 月 18 日，路易十四签署《枫丹白露敕令》废除其祖父亨利四世在经历了 40 年宗教战争后颁布的《南特敕令》，据说是因为他相信法国已不再存在新教徒；或许就是轻信了各地龙骑兵队长和佩里松上报的新教徒皈依人数的统计数字……《敕令》中涉及对王国新教徒子民命运安排的条款太多了，简直可以把这份《敕令》看作肃清新教徒的一份记录。不过从《敕令》序言的用词上看，可以认为路易十四真的相信有必要在王国内统一宗教信仰，这个想法亨利四世和路易十三也曾有过，但因为应付对外战争和缺乏时间而无法实现。《枫丹白露敕令》是一项逼迫剩余的新教徒皈依天主教的强制措施：它是继 20 多年来以多种方式逐步限制新教徒的最后一举。《敕令》极其严厉，不留任何余地，造成了新教在王国消失了 100 多年（直至 1787 年，不允许新教在法国合法存在），《敕令》严禁新教徒进行宗教活动，把新教牧师驱逐出境，关闭新教学校，而且不准新教徒离开法国（违者男性判处苦役；女性则财产充公，没籍为奴）[1]。然而尽管在边境城市有部队把守，尽管处罚严厉，仍有成千上万的新教徒（估计人数达 20 至 40 万）铤而走险，选择流亡国外的道路。沃邦和其他人（特别是阿尔诺和自始至终否认自己是新教徒的让森派教士）赞同国王颁布的《敕令》，但马上意识到肃清运动过了头。逃亡的新教徒利用阿尔萨斯、米卢斯、科尔马和斯特拉斯堡等新教城市（当地不实施《敕令》）作为过渡之地，诺曼底和巴黎的胡格诺则逃往离得较近的荷兰，还有不少新教徒借南特、拉罗谢尔和波尔多等港口从海上逃离。新教徒聚居的大城市的资产阶级纷纷离开自己国家，宁为信仰而放弃一切；尼姆的织布商、拉罗谢尔的船东、勒皮的花边商和鲁昂的布匹商偷偷地把部分财产和资金转移至国外亲戚朋友处，有的把金币缝在衣服夹层内，带上织布机的图纸和生意往来的顾主通讯录，离乡背井举家出逃。在逃亡的路上他们夜间赶路，白天躲藏，直至到达边境。

---

　　[1]　《敕令》第十条。

　　逃难的新教徒在日内瓦、柏林、海牙、卡塞勒和汉诺威受到热情接待，他们是真正的精英。他们意识到自己九死一生，带了执着的信仰为这些城市和其他地方贡献出商人、手工匠、律师、教师等多方面人才，同时也带去了自己的语言、严格和有逻辑的思想习惯以及法国的趣味：勃兰登堡和德国许多小公国也因此繁荣起来。

塞文山荒漠

　　但是并非所有新教徒都逃离了法国，不少城市，西南部和朗格多克农村的新教徒因物质条件和缺乏关系等多种因素而选择留在国内，他们或改教或因信仰遭到迫害。一些人被迫信奉天主教，但一时未能改变自由讨论和较独立的新教习惯，扰乱了教堂的礼拜，招致主教抱怨，指责他们难以管教；另一些新教徒选择了一条更难走的路，他们阳奉阴违，表面皈依天主教，履行天主教徒的义务和礼仪，但内心仍信奉新教，在家庭聚会做小礼拜，百倍谨慎地做两套礼拜，兼信两教；还有少数信徒躲进瓦朗斯、图尔农或尼姆附近的山区，在一些小村子里避难。这些山寨因当年从日内瓦派往波城、普瓦捷和波尔多的新教牧师旅行沿途的传教而发展成为新教据点。山村因人少地偏，教徒人数一直未能扩增，1685年后随着避难教徒的到来队伍才壮大起来；因地处偏僻和山路艰险，王室官吏不易涉足，所以渐渐筑起工事成为要塞，这些山区避难所遂成为新教发展的新据点。它们的影响不可忽视，至今在法国的宗教分布图上仍可以看到从热诺拉克、索米耶尔到利尼翁河畔勒尚邦一带的新教痕迹。这是法国新教徒英勇壮烈的新时代，即所谓的荒漠时期。在梅藏克山和艾瓜勒山的山坳里，新教徒们聚集在从日内瓦秘密派来的新牧师周围，谨慎地分组活动，整夜赶路去参加另一地聚会。信徒们在时时刻刻受到威胁的隐秘聚会上营造一种无比热忱的宗教气氛，因为生命有危险，他们的虔诚心就更真挚，这说明新教徒何以会在路易十四统治末期揭竿而起：当国王在1702至1703年得到确切线报，决定派遣龙骑兵围剿山里的新教徒时，塞文山成为荒漠游击战的真正战场。新教徒农民起义者"加米扎尔"①熟悉这片既无道路又无大村寨的荒漠山区，成功阻击王室军队的围剿，稍后亦打败了维拉尔元帅的队伍。直到路易十四统治结束，在乌得勒支和约签订之后，"加米扎尔"起义者仍然牢牢地控制着这片山区，他们以激烈的战斗捍卫了新教徒的权利，在法国的宗教生活中保存了一席之地。

让森派教士

国王的政策无法完全遏制的另一些反叛者，或者说另一些牺牲者，就是自始至终反对路易十四绝对君权专制的让森派教士。1668年后对让森派的迫害有所停止，同时法国外交家于格·德利奥纳得到罗马教廷的认可，于是波瓦亚勒的让森派教士可以继续从事天主教的改革活动，如此直到18世纪的最初几年。在前一次的宗教大争论中修道院丧失了招收新修士的权利，修道院修士、修女人数陆续减少。波瓦亚勒失去了在17世纪50年代作为宗教灵修中心的光彩。老一代的隐修士尼科尔、朗斯洛和阿蒙等相继去世，后继无人；小派别缺乏大师和学生；阿尔诺本人虽受到王室器重也离开了巴黎，长年居住荷兰；在让森和圣西朗曾修学过的勒芬市和让森曾任职主教的伊普尔斯，让森派仍相当活跃。随着宗教大辩论结束和几位大师的去世，"异端邪说"的让森派丧失了昔日的影响力，但它的思想仍在蔓延扩散：大大小小城市内，僧侣们接受了让森派的主张；1643至1660年间出版的让森派著作始终拥有读者，大师们的深奥神学依然是最高法院资产阶级法官们的精神食粮；随着帕斯卡去世和阿尔诺的沉默，给人的印象似乎让森派已失去光辉，但在平静的表面下，1650年对阵的两派依然面对面地存在着。让森派不得已地保持沉默，而耶稣会对1668年的失败始终耿耿于怀。稍有机会——并非因凯内尔的《道德反省》（该书写得比较隐晦、巧妙），而是克莱蒙的波尔圣母堂本堂神父写的《困惑》——争论和迫害便死灰复燃。奥弗涅的本堂神

----

① 译注："加米扎尔"（Camisards）一词据说从朗格多克的奥克语"camisa"（衬衣）或"camisade"（夜间出击）而来，起义者身着白色衬衣在夜间发动攻击。

父直言：当年让森派教士虽然在谴责书上签了字，但内心却坚信《奥古斯丁》书中并没有所谓的"五点主张"。这话在40多年前阿尔诺就反复重申过。但是《困惑》亦承认1668年的外交手段之必要性。于是立刻引起轩然大波。

路易十四不顾一贯主张的教会自主，要求罗马教廷出面指责让森派不守教规，（经过考虑、拟文和传达等教廷习惯上的漫长过程）教宗在1708年颁布教皇谕旨，谴责赞同《困惑》观点的教士、修女等所有教内人士，将他们定罪为违抗教会和国王。波瓦亚勒修道院最后的22名修女被分别遣送到王国各地，修女们对再次遭到1664年那样的迫害感到荣耀，在她们看来这恰恰证明她们是正确的。然而，受尊敬的高龄修女被流放引起巴黎人的强烈愤慨。教区和各教堂讲道神父像1660年一样群情激昂地集会，对教皇的指责极为不满，不久他们在周日重新回到波瓦亚勒。当年的修道院如今空空如也，已成为树林中教徒们的一个朝圣地：在尼科尔和其他隐修大师曾经闲聊的花园里长时间地散步，在修道院小教堂内祈祷，激动地回忆昂热莉克嬷嬷、帕斯卡等人。四轮马车络绎不绝地从凡尔赛宫南边经过，巴黎和鲁昂神父的煽动性宣教，如此大的动静惊动了天庭，国王震怒了。他在几年内采取了一系列行动：波瓦亚勒修道院的建筑和教堂被一砖一瓦地拆除，当让森派在与修道院毗邻、葬有拉辛、帕斯卡和其他人的墓地集会时，连墓地亦遭拆毁，死者骸骨被集中埋在附近圣朗培村的群葬墓坑里！这些举动引起巴黎市民的普遍愤慨，亦更激励了让森派教士的信仰。

为了结束这一切，路易十四在1713年再次得到教廷新的谕旨，对让森到凯内尔的让森派理论和著作逐条谴责。年迈的国王终于在此后两年内认识了他想扼杀的宗教派别的抵抗力量，它像新教一样临危不惧地与他抗争：以巴黎大主教诺瓦耶为首的15名主教拒绝接受教皇谕旨，认为教皇此举干预了法国教会事务，这与国王本人在30年前竭力捍卫的法国教会自主传统不符，同时也对争论的实质即把让森派定为"异端邪说"——提出保留。一向同情让森派主张、捍卫法国教会自主的巴黎最高法院也立刻跟进，一度拒绝注册教皇谕旨，后来才屈从国王的意志，但特意作了"须经法国教会同意"的保留……面对巴黎总主教诺瓦耶和其他主教的坚定态度，国王最终按照教会自主的传统，决定召开全国主教会议。但预定在 1715 年 9 月举行的主教会议未能如期召开：国王去世了。被关押在巴士底狱的数百名让森派教士获得释放，相反耶稣会教士被投入监狱。摄政当局最终放弃了召开主教会议的计划：让森派和耶稣会之间的斗争没有结束，主张教会自主与听命于罗马教廷这两派的争斗还在继续。

笛卡儿的信徒

最后还有笛卡儿的信徒，他们的斗争不那么喧腾，也较少有人悲壮地受到迫害，但在当局眼中他们的危险性或许并不是最小的。以笛卡儿的名义，在他学说的标签下，理性主义者已为人所知。主张理性主义的笛卡儿信徒没有让森派教士那么张扬，也不像新教徒那样碍手碍脚，因为笛卡儿不采取异教立场，更不必说反宗教立场，因此直至他死为止，没有任何罪名来指控这个喜欢荷兰自由空气的大旅行家，而且还受到在巴黎小住的瑞典女王克里斯蒂娜的保护；但是从 1650 年起一切都变了，耶稣会开始在学校里悄悄地排斥笛卡儿的学说，挑唆对笛卡儿的指责，譬如索邦大学在 1671 年郑重其事地对笛卡儿的全部著作提出指责，稍后奥拉托利会和其他一些教会学校也随声附和，不再教授笛卡儿的学说理论。然而正是在这一时期，笛卡儿的两个出类拔萃的学生——奥拉托利会的马勒伯朗士和荷兰人斯宾诺莎——继续笛卡儿的探索，以不同方式和各自的深刻逻辑发展了笛卡儿的学说：马勒伯朗士是心理学家和神秘主义者，斯宾诺莎则是泛神论理性主义者①。不管笛卡儿的哲学是否遭到官方禁止，至少在当时它是令巴黎知识界人人着迷的理论：如同天文学

---

① 马勒伯朗士（Malebranche）:《探寻真理》（*Recherche de la vérité*，1674），他有一句至理名言："宁为理性而放弃一切。"斯宾诺莎（Spinoza）:《神学政治论》（*Tractatus theologico-politicus*，1670）。

和物理学一样，哲学与科学一起被人研究，令许多人沉迷，于是大家研读"笛卡儿主义的课程"；1664 年有个叫罗奥的人到处开讲座（当然在学校之外），几乎把它当成职业，介绍"笛卡儿哲学，做磁石等其他各种现象的实验"①。当阿尔诺被问及关于谴责亚里士多德的物理学外的一切理论时，他多次为笛卡儿的信仰辩护，认为应当明确区分宗教中的科学和神秘："因为以哲学的方式用物理学的观点来解释神秘不属于信仰范畴。"对笛卡儿的严厉指责可能限制和阻挡人们研究哲学的热情，造成当时许多重要学者远离法国，尽管有柯尔贝的津贴，尽管有在 1666 年创立科学院等慷慨举措：斯宾诺莎留在阿姆斯特丹，牛顿继续在剑桥进行数学研究，莱布尼茨在德国做他的学问，惠更斯来过法国，可是 1685 年就离开了……科学得到鼓励，哲学受到禁止，前者即使有气象台和科学院也只能勉强维持，而后者尽管遭到谴责却生生不息。

　　能证明后笛卡儿时代存在的最好证据就是城市中批判精神的不可否认的重要发展，这种批判精神也体现在几起轰动一时的迷信事件上②，其中最微妙的几桩事件甚至还惊动了索邦大学当局、巴黎总主教、耶稣会以及作为世俗和宗教最高当局的国王本人。确实在 1670 至 1680 年间，由科学家和哲学家组成的学术界共同影响了社会上的普通人，譬如当一个修士把某些做法当作奇迹时称："僧侣把圣玛格丽特腰带③扎在产妇腰围上……他们讲述的这类故事往往会引发学者们的嘲笑。"相比于人们对一些奇谈怪论发出嘲笑，更明显的是 17 世纪末社会上和司法界闹得沸沸扬扬的巫术案从此销声匿迹。这类巫术案在梅森神父、伽桑狄和笛卡儿还活跃在巴黎沙龙的 1630 年代，还时有传闻，甚至骇人听闻——在弗朗什-孔泰和洛林等地，小案件要多少有多少，毫不犹豫地随意立案，有的偷偷摸摸地审案；外省还发生了引起轰动的大案，譬如艾克斯的戈弗

---

① 德奥梅松：《日记》，第二卷，第 146 页。
② 在其他事情上更能体现出批评精神，譬如一个军人在讲述当年被围城的一次经历时说："敌方开始炮轰城楼，红红的炮弹朝城楼方向打来。大多数炮弹在空中爆炸了，城里资产阶级把这事看作是神的奇迹，其实在我们看来就是炮弹本身的射程不够。"
③ 译注：圣玛格丽特腰带（ceinture de Sainte Marguerite），圣玛格丽特为传说中产妇的保护神，产妇身上扎了她的腰带就能保证顺利地分娩。

里迪神父案、卢丹的于尔班·格朗迪埃案、欧索讷的芭尔贝·布韦修女案；直到 1672 至 1682 年间这类案子才最终停息。1672 年鲁昂法院正在审理卡朗唐 34 名巫师，接获国王的撤诉令，尽管法官抗议，司法程序被撤销，庭审实际中止；1682 年国王决定只对少数真正以巫术惑众的巫师才提起诉讼，于是法院停止了传唤占卜者、下毒者和魔术师的惯常做法……从此法院受理的尽是些诽谤之类的案子，诸如"他骂我是巫婆"等。尽管社会上有抵触，法官和行政当局认定真正的巫术是极个别现象。这并不是国王决定的成果，也不是国王的特别美德，而是人们思想长期演变的结果，是医学鉴定的传播所产生的影响——因为相当时间以来医生已认为，疑心巫术和揭发巫师是神经疾病所致，而且认为疑心可能来自精神幻觉。早在 1641 年西拉诺·德贝热拉克已对"不人道"的司法案件提出了抗议；1660 年里昂一家书店翻译出版了一部莱茵省一位耶稣会教士写的有关法院审案的著作①，该书描述法官、律师和受指控者都在某种形式逻辑下思维，作者对这种形式逻辑作了严谨的分析，指出即使是最谨慎、最固执的法官和受指控人都摆脱不了这种形式逻辑。因此魔鬼附身之说一日不破，日常生活中便会冒出巫术和巫师，同样，这种想法也会产生在法官或普通人的思想意识中，至少极大部分人会这样想②。

此外还有更大胆者，1678 年奥拉托利会教士里夏尔·西蒙发表了一部题为《旧约批评史》的著作。作者从其对《圣经》的极其渊博知识出发，运用两个世纪来人们对古代非宗教文献进行清晰解读的方法来研究《圣经》，用哲学家和历史学家的眼光对《圣经》进行分析，得出了令人

---

① 书名为：《敬告刑法学家注意巫术案审理中的滥权现象——题献给德国法官，本书对现时所有法官、法院推事、听忏悔者（法官或罪犯）、宗教裁判所法官、传道者、律师，甚至医生都极有必要》（Advis aux criminalistes sur les abus qui se glissent dans les procès de sorcelerie. Dédiés aux magistrats d'Allemagne. Livre très nécessaire en ce temps icy, à tous Juges, Conseillers, Confesseurs [tant des Juges que des Criminels], inquisiteurs, prédicateurs, advocats et même aux Médecins），著作者为一位罗马的神学家 P. N. S. J.，1632 年在法兰克福出版拉丁文第二版，由 J.-B. 德维勒勒道尔（J.-B. de Villedor）译成法文。

② 至于这个问题，可参考我们的分析，见《17 世纪法国的法官和巫师》，巴黎，1968 年版。

毛骨悚然的结论①：作者认为旧约中《律法书》的五章②不完全由摩西一
人所写，他还提出另一些在当时相当大胆的论断。书刚一出版，版本即
遭焚毁，作者被逐出奥拉托利会。法国《圣经》注释的创举遭到教会当
局的谴责，事件在社会上掀起轩然大波。然而里夏尔·西蒙仍长期默默
地坚持历史和哲学方面的研究，他的第一部著作堪称时代精神的伟大
见证。

　　1680 年后，王室加重了处罚，批评思想仍在继续蔓延。哲学和科学
吸引了越来越多的人，科学发现的本身也鼓励哲学家们更加大胆。"学
者"小团体在官方的学院机构内外继续活动，他们热情高涨的科学实验
气氛（譬如对子午线及其长度、对地球以及它在世界上的位置等研究）
令人回想起 1630 年的辉煌年代。著名学者组成各种团体，贡代亲王直至
去世身边聚集了许多知名学者，因为受到保护，所以学者们的言论非常
开放，但是还需要小心谨慎。荷兰作为在法国受奴役而渴望自由者③的
避难地，成为当时欧洲科学生活的中心；主张旋涡论的笛卡儿信徒④与
赞同牛顿学说的学者相继在阿姆斯特丹和海牙发表论文进行辩论。尽管
当局对邮件实行审查和没收等措施，还是有一批在巴黎书店不敢承印的
大胆书籍传入了巴黎，书中作者对里夏尔·西蒙的著作进行评价，就法
国新教徒纷纷迁居国外和世界的多元化等问题进行讨论：一位资产阶级
人士写道"我发现许多事与从荷兰运来的书籍有关，如果我过去早知道
现在所知的一切，或许我不会相信在巴黎及附近每天印出的大量的书。
从荷兰运来的书使巴黎出版的书完全滞销了"⑤。大量从荷兰运来的书籍

----

① 波舒哀（Bossuet）的《通史论》（*Le Discours sur l'Histoire Universelle*，1681）差不多
　　通篇对 R. 西蒙的著作进行雄辩的驳斥。
② 译注：通称《圣经》前五书，即《创世记》《出埃及记》《利未记》《民数记》《申命记》。
　　长期以来无论是犹太教还是基督教都认为五书均为摩西所写，它们被看作是以色列民族
　　从创世至摩西死亡这段历史的神学解释。
③ "受奴役而渴望自由"是皮埃尔·朱里安于 1689 年在阿姆斯特丹发表的一篇抨击文章中
　　的用语。
④ 派别之争的老传统：某些笛卡儿信徒认为，笛卡儿取代了亚里士多德，笛卡儿的地位是
　　不可动摇的，正如在过去几个世纪里亚里士多德的地位一样。
⑤ 法国国家图书馆，法文手稿库藏文献，21743，第 132 页。

以及书中传播的哲学思想渗入到里尔、亚眠和巴黎等城市，它是整个 18
世纪在法国大张旗鼓进口图书的前奏……路易十四统治末期从阿姆斯特
丹传入法国的最重要、影响最大的著作无疑是皮埃尔·贝勒的《历史和
批评词典》（1697）。他是一个新教牧师的儿子，1685 年后流亡荷兰，他
以罕有的耐心对最受敬仰的权威进行旁敲侧击，悄悄地传播几乎怀疑一
切的思想，他对理性至上的信仰，使他堪称 18 世纪真正意义上的哲
学家。

因此在路易十四统治末期，法国存在着深层的反对派：科学早已在
国内外征服了人心，理性哲学与之齐头并进；两者的影响日益深入民间，
年复一年地征服了更多的民众，包括各城市甚至凡尔赛的资产阶级和法
官。表面上神授君权的王朝所代表的这一宗教政治理想正处于最辉煌的
顶峰，伟大的国王是世界上独一无二的宫殿中至高无上的君主。按照传
统的形象，路易十四和凡尔赛宫真的是王权理想的巅峰，还是寿终正寝
前的绝唱呢？

第十一章　18世纪的经济革命和人口增长

　　革命？在一些没有剧烈变动和跳越的领域使用革命一词或许太夸张了些。但是唯有这个词能充分说明一场史无前例的大规模运动，它的影响只有另一个领域的另一场革命——1789年的大革命——才能比拟，用革命一词来形容其重要性并不过分，却不能说明一切。在拉法耶特、罗伯斯庇尔之前，在奥什和拿破仑之前，必须有一个强大的改变了整个法国面貌的新经济基础。当然也不能像某些巴西经济学家那么夸张，他们欣喜地发现自己国家的黄金在欧洲社会发展中起了重要作用，把法国大革命看作是巴西金矿开采的结果。这种想法的幼稚性正如同另一些人降低了1789年大革命的历史地位，仅把它看成是共济会挑起的一场阴谋。哲学家的时代肯定是一个蓬勃繁荣的时期，它的财富全面滋养了法国生活，堪与16世纪的发展相比，甚至引起人们对奢华和革新的欲望；但是18世纪成功的规模更大，不光涉及城市，而且带动了社会整体。冀望复兴的呼声此起彼伏而且与此前不同：与16世纪文艺复兴只迷恋古典文化的狂热和专一的追求相比，新人文主义运动已转向实践，渴望行动而不只求了解知识。

　　由此可见，大革命前数十年的首要特征在经济方面；除了人口比16世纪有更大的增长外（根据粗略的通常被接受的数据，在1500年左右，法国人口总数为1300万，至1600年约为1600万，到路易十四去世时，尽管法国在17世纪兼并了不少领土，人口总数略多于一千四五百万，1789年前夕达到两千三四百万的水平），法国的物质生活已全面改观。在整个16世纪中城市发展带动财富和人口的迅速膨胀，大大促进了从地中海到大西洋，从意大利到荷兰这一带的国际大贸易；而18世纪带来了更多发展：农村生活变得更容易、更能忍受，广大民众不再像过去那样

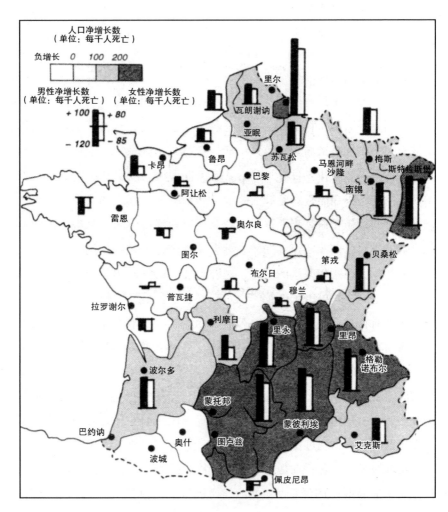

图 22   召开显贵会议前夕法国的人口变动

本图引自安德烈·雷蒙（M. André Rémond）所著《18 世纪的法国》（*La France du XVIIIe siècle*，尚未出版）一书，图中所示各地的人口变动之大令人惊讶；譬如人们习惯性地认为布列塔尼是人口增长较快的地区，其实不然；事实上南部和山区是向巴黎盆地和西部地区输出人口较多的地区（波城和奥什财政区的人口变动均未标出，这是资料的缺陷）。

遭受饥馑等巨大苦难。因此在巴西金矿这个更传统的现象之后，出现了另一个新现象。巴西金矿继漫长的西班牙金银枯竭之后，曾给大规模贸易和开拓全球航运业带来过新动力。而现在农民变得更富裕了——普通承租农户拥有 30 公顷土地，大面积耕种的耕农和相当规模的小地主——他们有可能参与商贸活动，经常（而非偶尔地）在集市上进行交易，做买卖；短工们至少能养家糊口。法国乡村市场对城镇商品开放，这是促进生产的巨大动力，长期供不应求的局面促使城市发展生产，在增加城市财富的同时，也迫切需要建立城乡之间新的交通手段……18 世纪是公路建设大发展的时代，这对于建立新经济生活是必不可少的。

　　城市人口增加而乡村人口不减少（与 19 世纪的人口流动情况不同）：说明居民的平均寿命延长了，延长了宝贵的几年，接近 30 岁。梅桑斯在观察 18 世纪中叶若干普遍现象的基础上作出估计，平均寿命从二十二三岁增加至二十七八岁。尽管今天有人对他的估计提出带有轻蔑的批评，梅桑斯的估算还是可以接受的。因为医学手段还十分有限，对人的健康寿命无大的帮助，所以人们寿命的自然延长更显出社会的进步。从 1730 年起法国在人力和财富方面都有明显的发展：1709 年的大饥荒是最后一次灾难，几个月内死了数百万人；此后在 1726、1727 年部分地方还发生过局部的小灾荒，死了一些老人和幼儿，但都不是真正的大饥馑，死亡人数亦不多。18 世纪法国（也许欧洲也一样）的繁荣一直持续到 1775 年，社会再也未出现过昔日的苦难，人们渐渐已忘却了饥荒，直到一场经济危机的爆发，它一直延续至大革命的最初几年，至少至 1790 年。危机与此前半个世纪的经济增长形成鲜明反差，又正好遇上路易十六登基。这一点十分重要，它清楚地反映出大革命前法国的社会和政治氛围[①]。

---

① 滨海夏朗德省档案，B 类 1722（1742 年）。

1. 乡村的进步

同期的英国在农业革新方面取得了比法国更大规模的进步：人们完全有理由用革命一词来形容当时英国农业的飞跃；其中最基本的就是长期的土地所有权转移，农业经营多种形式的出现，圈地运动起到了极其重要的作用。对法国来说，用农业革命一词有点牵强；总之农业发展并未依托如此规模的土地转让①。

经营方式

法国农业生产的发展没有靠奇迹，甚至也没有出现大规模经营并吞小农经济的现象：乡村景象自 16 世纪以后演变缓慢，令人难以察觉。人们在 1730 年左右才开始感觉到缓慢演变的结果，而促成变化的某些原因仍不太清楚。至于圈地，法国也曾出现过模仿英国对公共用地加以圈拢的法令——启蒙时代的法国在所有领域都欣赏海峡对岸的英国——那是某些地方总督的决定，1770 至 1777 年间若干省份曾颁布过类似的地方法令。当时英国已完成了大规模的土地转让运动，而法国还在畏首畏尾地进行尝试，而且还遭到不少非议。这些我们可从地方陈情书中看到，常常有人提到要恢复公共用地和共同牧场。实际上这是一个集体地役权的问题：它在某些省份因种种地方性的原因而被提出——在南部因进山放牧的习惯遭到破坏，在普罗旺斯因与集体财产概念不相干的罗马法的延续，其他地方因为资产阶级大业主为追求土地收成和收益——这个问题早在 16 世纪时就已经出现。人们称之为土地个体主义的问题并非在 19 世纪的土地大转让中才出现。在北方的广袤平原上，在出现并地现象和利昂库尔的"实验农庄"之前，若干大地主（或他们的承租农）就曾

---

① 马克·布洛克在《法国乡村史的特征》一书中，研究过旧制度末期法国乡村的演变，对这个问题有详细研究（参阅第六章）。

尝试对土地实行归并，其目的是为了保留足够的肥料用于连成一体的大片土地，避免灌溉充足、收成好的耕地因公共走道而遭到破坏，能在公共土地上行使许多传统习惯所允许的土地挑选权——这些尝试可能损害了传统的公共地役权。总之，它们是18世纪土地转让运动的先声。这是世纪性的大跳跃，它发生在各地区的规模程度不一，但因为这一运动在每个乡村与其他各种土地变更混杂在一起，所以不为人所察觉——譬如有个人自发的土地兼并，有家族的土地合并，也有因遗产继承和分配的不得已结果等。土地个体主义现象在18世纪已有较大发展；大革命冲击了某些地方的土地兼并法，使土地个体主义得以进一步发展，后来的制宪会议和19世纪的乡村人口流向城市，都未能抵消大革命对土地个体主义所带来的影响。

许多社会势力朝土地兼并的反方向起作用，竭力维持传统的乡村制度：新近获得土地的城市资产阶级和旧的土地贵族以野外狩猎为荣，一旦土地被打桩圈定或设围种作物，他们就不能像原来那样不受限制地狩猎，至少不再能骑马驰骋了。集体地役权只能缓慢地逐步限制，不可能立刻在田野中间立牌或竖石碑禁止通行，圈地只能在较长时间后才起作用。此外，农民对传统尤其对集体地役权的重视亦起相当作用。乡村的公共土地是普通农户的一大财源，除此之外村民再无任何场地可作放羊的牧场和收割后的草料场，更不必说公共树林的其他用处了。瓜分公用地的情况在洛林地区有一例。当局让教区的全体居民共同作决定，而非仅仅由几个土地所有主来定夺，可怜的短工们眼巴巴地看着公共用地被完全瓜分；公用地被瓜分后，农民可以获得一份耕地，除此之外只能艰难地开垦长年荆棘丛生的边远荒地。但如此完全瓜分公共用地的毕竟是少数。由此可见，18世纪法国的农业繁荣并不是集体地役权缩小和瓜分公用地而引起的社会大变革的结果：大土地主希望出现土地兼并，而包括乡村普通农户的其他阶层则反对；在洛林和佛兰德的部分地方实行了土地兼并，但在福雷兹和奥弗涅则根本不动。所以土地兼并不能说明法国18世纪的农村繁荣。

革新

　　农业产量和收益确实增加了。成功地将小土地兼并一体的大土地主，对乡村进步兴头十足，他们仿效农艺书中英国的榜样，借鉴重农论者做的实验，试图以新方法来耕地和播种；在整个 18 世纪特别是 1750 年后，农业方面的书籍十分畅销，英国热和重农主义流行，从年代顺序上看卢梭的影响也比较凸显。据 1810 年巴黎出版的一份书目，18 世纪总共出版了 1 200 多种农艺学方面的书籍（17 世纪才出版了 130 种，16 世纪 100 种①）；博斯或皮卡第等地的农庄主和耕农开垦荒地或沼泽地，"牺牲小块土地和几年收成来进行乡村经济的实验"。其间的一大进步是减少了休闲地，土地闲置被看作是法国农业的耻辱，曾遭到旧制度最后几年在法国各地旅行的英国人亚瑟·永格的耻笑。乡村集体生活的退缩缓慢，因为阻力相当大。不过到处的休闲地"取消了"，土地在收割后即播种而不再进行轮休，土地出产增加了。在这一领域西欧的经验发明是利用饲料作物，如三叶草、驴食草、紫苜蓿等，这类植物既能用作牲畜饲料又能给土壤提供小麦生长所需的氮。在过去几世纪中它们不为人知，生长在城市住宅的花园内或住宅周边的小块土地上，用来饲养套车牵引的牲畜。自从它们被引入老式的轮作体系后，既促进了小麦生长，又为家畜提供更多的饲料——牲畜饲料充足了，也能产生更多的田间肥料，使庄稼获得更好收成。因此在法国北方的大面积耕地上，萝卜、芜菁、苜蓿和其他饲料作物进入了土地轮作体系。在西南部，16 世纪末从美洲引进的玉米也渐渐推广种植，同样亦改变了两年轮作制：采用玉米与小麦的交替轮种，生产的玉米或当饲料，或食用，总之在日照和雨水充足的气候环境下，让得天独厚的阿基坦农民过得相当舒坦。英国游客永格对此印象深刻："玉米的种植在乡村经济发达的南部与不发达的王国的北部之间划出一条分界线，

---

　　① D. 福谢（D. Faucher）：《农民和机械》（*Le Paysan et la Machine*），巴黎，1955 年版，第 55 页。

只要你没有看到玉米，你就会发现大片非常肥沃的土地闲置着，相反当你看到了玉米，就再也看不到休闲的土地了。"① 永格或许夸大了南北反差，不过他的话很有说服力：在18世纪确实是北方乡村经济落后，南方先进。两个世纪后情况扭转了。从1760年后，北方农业逐渐引进了土豆，促使人们摸索着研究更为复杂的土地轮作制度；更因为在上诺曼底的科地区饲料作物的种植面积很快扩大，生长期不再是从8月到第二年的11月的长季，而是至少有两到三季，由此改变了农耕周期，有利于推行较复杂的轮作制。但是粮食增产（近年有研究表明，当时当地的农业生产率已达到了决定性的五比一）和与此关联的牲畜存栏数的增加并非普遍现象，因为饲料作物的成功只有在圈地上才能实现，而且某些地区交通闭塞，传统势力太强，城市生活也不够活跃——乡村经济的发展在很大程度上要依托城市——所以这类地区的农业没有大的进步。古贝尔先生在对人口进行调查后指出，譬如在下布列塔尼、索洛涅和凯尔西等地区，整个18世纪都存在饥馑和传染病造成的超高死亡率②。

然而除了个别地区以外，各地的乡村生活明显地摆脱了过去数百年业已成规律的长期贫困现象。大规模农业经营的发展，集体地役权的退缩，再加上农耕技术的改进；另外还有一些与城市需求无关的因素，这些因素不易被发觉，因此不为人知：档案文献中提到"小麦商贩"和"二手贩"，他们的人数、涉及他们的官司，以及冲突和暴力现象都比过去少了；这说明在城乡之间倒卖小麦、谷物和食盐等投机——造成物价飞涨和小麦突然断市而引发饥荒的重要原因——不像以前那么厉害了。这只是单纯的印象，还需要加以确认和解释。另外还有一种假设，即气候变化。百姓家庭的日常记事账和回忆录中不再看到过去几个世纪中常见的抱怨冬季严寒（凄风苦雨、可怕冰冻）的记载，18世纪的气候相对

① 亚瑟·永格（A. Young）：《法国旅行记》（*Voyages en France*，三卷本），阿尔芒·科林出版社（A. Colin），巴黎，1931年版，第二卷，第620页。
② 《经济社会文明年鉴》杂志，1954年。

温和，或许对农作物的生长也有好处；这意味着气候条件有较大变化，但这些都很难加以确定，亦需要做进一步的解释①。

死亡率下降

乡村有如此明显的变化，其结果必然是农民收入的增加，而且用 E. 拉布鲁斯的话说，"居民死亡率方面的人口革命"使得农村人口增长。即便没有寸土、仅靠劳力维持生计的最穷苦短工也得到了好处，他们能养家活口了，这是他们最明显的得益。即使遇到灾年，乡村贫苦农民在冬天的"死亡季节"靠讨乞为生，也不会因哀求一块面包而遭到拒绝；短工购买的粮食涨价了，但农村经济必不可少的短工的工资涨得更多②。于是丰年储粮以备灾年，遇上好天气就多出力干活，村里最贫困的农户的日子也不愁了；从此出生率高于死亡率，细心观察的人如梅桑斯看到了农村人口增长的新的必要：1756 年他在《人口研究》中写道，"在乡村小城市和教区里，平常年份一般出生人数多于死亡人数，这无论对大城市的招工，还是对修复战争、瘟疫、传染病或其他对人类造成创伤的灾难都是必要的"，这一观点直到马尔萨斯的出现才被打破，马尔萨斯对人口的持续增长感到恐惧并发出了警告。总之，小农经营户有了若干财产，普通农庄主不光种自己的田还租种大农户的休闲田，至于"耕农"就更不必说了，正如伏尔泰所说，他们有犁、有牛马，摆出大农庄主的架势。这些比短工强的农户日子过得更好：多多少少过上了富裕生活，即使遇上最难的灾年，日子也容易过。人们渐渐忘记了昔日天灾地荒的日子。小农不仅能常年吃饱，到了年底谷仓内还有几袋余粮可售。这是他们可以直接兑现的余粮，农民除了吃饱还挣了钱；他们把余粮运到附近城市出售或卖给粮商，直接把钱"兜口袋"。各地的集市和市场因此多了起

---

① 参阅 E. 勒鲁瓦-拉迪里（E. Leroy-Ladurie）：《气候史》（*Histoire du climat*），巴黎，1967 年版。
② 拉布鲁斯（Labrousse）：《18 世纪收入和物价变动概略》（*Esquisse du mouvement des prix et des revenus en France au XVIIIᵉ siècle*，二卷本），1934 年版，第一卷，第 497 页和下面几页。

来，这是18世纪值得注意的现象，标志着贸易的大规模发展。年历和历书在乡村里越来越普及，历书上面记载了乡村生活的方方面面：常用谚语、月相的盈缺、农田劳作和日常的实用建议等都被仔细地一一标明；大革命前夕的历书上还标明了6 500个村子里的5 000多个定期集市；农民利用历书作为一个随手可查的新的生意手段，保证不错过赶集去出售家禽和牲畜，赶集有历书可查也鼓励农民更多地上集市——他们卖得多也买得多，或许买进得更多一些。最后，受益更多的是葡萄种植户，收获的葡萄都能上市出售，其收益远远大于产粮户（产粮户需要种15至20公顷麦田才够养活全家，而葡萄种植户有2公亩的葡萄园便丰衣足食了）；在半个世纪的繁荣期中，日常用酒和上好佳酿的需求不断增加，有名的葡萄园都是从中世纪教会和皇亲国戚手中传下来的，它们经过改良、革新酿酒技术和拓宽销售渠道，遂形成今天勃艮第、阿尔萨斯、波尔多和香槟地区的部分酒窖面貌。

商业化

法国农民谨慎而缓慢地进入了更大范围的商业循环中：著名的葡萄种植区已有较广泛的经商贸易，耕农、已习惯于赶集市的自由租地种植户和马贩子逐渐参与更多的贸易活动，最后小农户也逐渐涉足市场。他们照例先在集市的小酒店喝一杯，然后逛一圈，摸清行市后买一些小东西，如砍柴刀、锄头、镰刀、木鞋等家具；较少买一块布料，买套装和鞋子的就更少了。在漫长的岁月里，农民的生活限于跟土地打交道的苦日子，距离享受生活还远着呢！谁不知道卢梭在《忏悔录》中写过这样的故事：他年轻时路过一家农户，谨慎的农民拿出黑面包和清汤招待他，后来彼此熟悉了，对他信任时，才端出白面包、火腿、咸肉和好酒。卢梭笔下的农民小心地提防征税吏，后来征税吏不再有了，但藏富的意识仍长期存在……农民依旧住在不通风的阴暗房子里（窗玻璃是多余的奢侈品），家具也很简单——几只大木箱、一只橱柜、一张桌子和几条长凳，还有几张大床——18世纪的农民首先想到的是置备农具，买镰刀、斧头等，后来也买长柄镰刀，随着人工开辟的牧场越来越多，长柄镰刀的用途也更广泛了。1730 至 1775 年间的农业繁荣与亚瑟·永格所描述的贫穷和脏乱似乎有矛盾：永格先生的旅行正值法国经历危机之时（那是在我们所说的年代之后），而且他又是从一个农业发展水平较高的国家来的；他的判断总是以英国农村为参照，两者无法比；再说永格的见证尽管总体上很有价值，但眼光不免带有一定的悲观色彩。另一方面，农业的进步在各地区不平衡，个别地方还有重新陷入贫困的现象。达尔让松在 1748 年 8 月写道："卢瓦尔河以南的王国内陆省份还陷于深重贫困中。收成比去年减半，而去年就已经是很糟的年份了。小麦涨价，到处可以看到乞丐。"1752 年他又这样记录道："一位本堂神父对我说，作为图赖讷省最年长者，他见过许多事，知道过去小麦如何昂贵，但不记得（即便在 1709 年）有像今年这样的大贫困。"农民在改进农耕作业和增加收成的同时，也促进了城市的发展，而城市的繁荣首先是受到土地食利者消费的刺激……城乡的繁荣密不可分：从乡村到城市到处是同样的气氛，物价稳中有升，生活更舒适便利，只是社会、经济条件有差别而已。

2. 城 市 繁 荣

　　乡村和城市的联系加强了，方式也增加了：农民越来越多地使用货币，进入了不同的商业流通循环；意识上的必要适应要比技术上的适应慢得多，直至1850年左右，有多少乡村仍生活在尽量少去城里买商品的原则中？穿街走巷的货郎挑着小工具（如锉刀、夹子）、针线和小书等上门兜销还往往不受欢迎①。城市与乡村的联系因土地食利者而变得更加直接和明显，所谓土地食利者是指在乡村拥有大片土地的不劳而获者，他们住在城市，活跃城市的经济生活。当农村收成增加时，他们获得的按收成收取的实物地租也增加：从磨坊、面包烘房的使用税以及什一税所得的大量谷物和其他农产品源源不断地流入土地食利者的仓库。譬如列安圣这个地方因作物分布的改良，农民的收成从500袋增加至700袋，从默伦来的什一税征税吏的税额就从50袋增至70袋……于是土地所有主或僧侣把更多的粮食运往城里，将收成在市场上变换成现金，然后在城里消费……这才是城市发展的最主要因素，它比巴西黄金流入世界贸易各大市场的作用更重要（不过黄金对于信贷体系中尚未有银行货币支撑的国家还是有不小的帮助，但荷兰和英国除外，这两国的中央银行已在本国的经济生活中占重要地位）。城市发展了，城市人口和商贸活动亦随之增长。梅桑斯曾尝试计算法国大城市的人口增长（以居民的出生年份的平均数乘以一个可变系数），从而得出在1700至1710年到1750至1770年之间重要的人口"增长值"：克莱蒙-费朗等地区省城的人口从17 100略增至20 800；罗阿纳市的人口从5 100增至6 500；欧里亚克市的人口从5 800增至7 200。而地中海沿岸港口城市的人口反而下降，原因是这一时期绕大西洋的航运远远超过了地中海航运，如马赛人口从9.7万减至9万。首都巴黎人口增加了，从50.9万猛增至57万（但普遍认

---

　　① 参阅塔博：《我的村庄》（1850—1914），书中多处提及。

为到 18 世纪中叶巴黎人口已达 70 万）。遗憾的是梅桑斯没有计算南特和波尔多的人口增长情况，这两个城市是 18 世纪发展的最大受益地。城市繁荣整体上与乡村的繁荣相匹配。

土地食利者

土地食利者中包括教会主教、贵族和沉迷于可靠投资而大量购入土地的城市资产阶级。他们是乡村发展的最大受益者，其中极小部分人生活在凡尔赛，远离产业，派勤勉尽责的总管去当地照看他们的利益；大部分人生活在地产附近的城市，甚至贵族也觉得住在古堡不舒适，远离城市花花绿绿的上流社会枯燥乏味。于是如第戎、科尔马和图卢兹等省会城市，以及许多像加纳和蒙布里松一类缺少活力的地区中心也随之发展起来。乡绅和小贵族们一般住在人口在 1 万至 2 万之间的小城镇里，对自己的产业和社会地位沾沾自喜。他们从土地出产增加和谷物涨价中得到好处，积累了一定的财富，不愿再待在乡下而来到附近城市生活和消费。当时的经济生活未能向他们提供太多的投资机会，投资和通过银行中介进行资本运作仅在有巨额交易的城市才有可能：巴黎交易所已存在，并在 18 世纪得到稳固（1724），同样在波尔多和南特也有交易所，包括葡萄牙、法国和意大利等国的放贷者在此投资，与从事大西洋航运业而总是缺乏资金的船东做生意。里昂已失去了 16 世纪的辉煌，当年它曾与昂热市竞争世界的货币市场。事实上，当时的银行作用仍相当有限，包括在 1723 年由瑞士人在巴黎创建的马莱银行、几年后另一个瑞士人内克尔创立的银行亦都如此。马莱银行[1]在约翰·劳的银行破产后随即创立，创建者是 16 世纪移居日内瓦的新教徒的后裔，他重返法国，立志创办一个可靠而坚实的银行。此外，还有后来建立的若干瑞士基金会，但由于地产投资者的过分谨慎（尽管他们在购置地产时并不缩手缩脚）和约翰·劳银行在 1715 至 1720 年间的惨痛教训，均缺乏必要的大胆；密

---

[1] 马莱银行在 1923 年该行创建 200 周年之际发行了一本普通的小纪念册，回顾了银行的发展史。

西西比的金矿谣言和路易斯安那的幻景破灭掏空了巴黎凯冈布瓦街交易所的资金，更不用说其他微不足道的反应了。在大多数城市里，资产阶级以较高利息直接向缺钱的农民、朋友和相识的人提供小额贷款，为了区区小利常常会闹到熟人翻脸、失望甚至惹上官司。

　　另一项在 18 世纪缺乏吸引力的投资是产业装备，今天它已通过贷款和上市向投资者提供了多种渠道。直至大革命爆发前夕，因为技术进步缓慢，相对简单的手工业设备不需要通过这些途径来集资。细木工匠和纺织工匠更新设备的节奏如同农民更换农具一样慢，或许农具更新的速度还快些。但是只有制造业的资金需求量较大，不过它在当时的工业活动中只占很小的份额。围绕着制造业逐渐形成了一批新的产业，如昂赞的煤矿等，在 18 世纪中出现了最早一批规模较大的合伙公司；在勒克勒佐和圣艾蒂安最早的炼铁厂则是向朋友们和附近城市的资产阶级贷款……总之贷款这种利用资本的方式在法国经济生活中还未占重要地位。

　　值得注意的是土地食利者也没有将资金再投资于土地——因为这种需求是自发存在的——以促进对他们来说有利可图的乡村进步：譬如向农庄主、耕农提供长期贷款，以便他们能置更多的地，购买种子和农具，改良存栏耕畜；而最富裕的农户总是缺乏必要的资金来进行周期较长的耕作改良，这项工作很少有人去做，除了个别热心的农艺家创建"英国式的农庄"，如永格先生在《旅行记》中提到的利昂库尔农庄。从土地食利而积累的资本未能再返回土地，首先是因为土地食利者生活在城市，他们并不喜欢乡村，从不关心田间耕作，看不见投资改变乡村的利益，而农民本身则很少会主动要求贷款。

　　土地食利者反馈法国经济的主要方式是购买消费品。所有致富者都想购置家具、壁毯、纺织品；家里雇佣的仆人更多了，日常伙食更精美了，酒窖更充足了；他们还到处盖楼建房。总之很少用于有丰厚回报的投资，总是挥霍享受：18 世纪是城市追求奢侈和舒适的世纪。在城市经济生活方面，这些投资很快见到效应：新的主教府拔地而起，大城市的新兴街区里私人公馆鳞次栉比——其臬极乃是 17 世纪的公馆，公馆内按个人爱好配置家具，不计花费，只求格调和谐。所有这一切都靠手工匠的装潢，像南特城内的本地工匠还不足以胜任，往往还得延请别处更高明的工匠、瓦匠、细木工匠和纺织工匠；于是促使工匠结伴在各地巡回施工，大城市迅速膨胀，小城市发展趋缓，总之，这股兴建热潮促进了城市各行各业的发展。

手工业的繁荣

建筑和纺织是当时带动城市繁荣的两大产业。因为建筑业的许多行当覆盖了大部分的手工业活动，在民众意识中它是龙头行业，是城市发展的最好见证，所谓"只要建筑业好，别的一切都好"；纺织业方面，是因为有鲁昂、米卢斯、巴黎等棉纺业城市，特别是当时上流社会风行的印度棉布，它的质地轻，虽价格不菲，但容易染色，色泽鲜艳。

在供不应求的手工匠、长途贩运或小范围销售的商人背后，商业资本主义受到刺激，发展得比"工业"或手工业更快，原因是技术落后阻碍了行业的深层次革新。法国没有经历过英国式的工业革命。1740 至1780 年间，最初的若干技术发明带动了纺织业的革新，直至 18 世纪末这股纺织业的革新之风吹过英吉利海峡传到法国，尤其在 1815 至 1830年间，又有多项应用范围有限但非同寻常的发现，如新能源的使用：1850 年后出现了蒸汽机。从此对手工业商品的需求迅速扩增，而生产发展却受制于劳动力短缺，所以发展迟缓。随着需求的增长，物价也稳步上升——这是繁荣的迹象，反映了需求增长的压力；大张旗鼓地在大江小河上开辟水道（很快水道就多得过剩了），利用水力资源（今天许多水力磨坊都废置了，说明当年的努力造成设备过剩）；皮卡第地区的亚眠、博韦等城市周边的乡村手工业应运而生；以英国为榜样，城市手工业制造者向农户提供设备，农民在自己住家或地窖开设作坊，从原料、图纸到产品的销路都由城市手工匠一手包办；最后，各行各业为了提高效率和改进技术还采取了至今不为人知的许多措施：《百科全书》中"工业篇"的意义就在于此。狄德罗的朋友们在解释当时法国和外国的各行业技术时，采用了大量的插图、构图和说明。马赛的一位学术院院士说出了对技术的关注："机械制造的艺术原本不是一个院士不该关心的问题。"
《百科全书》因书中的插图而出名，它们的功绩不亚于对教会的抨击……
所有这一切说明交流加快了，人们努力排除商品流通中的阻塞环节——
关卡、各省各市设置的阻碍国内和国际贸易的海关。"工业发展"一方面
加速了柯尔贝惨淡经营而建立起来的行会制度的崩溃，促进家庭手工作
坊的自由经营；另一方面有利于最早的产业集中，制造业内形成了无数
小作坊（如亚眠的冯·罗班雇了1 800多名工人）和大工厂或合伙公司
（如昂赞煤矿等）并存的局面：总合在一起就是工业技术层面对蓬勃发展
的商业需求的微弱响应。

殖民地贸易

殖民地贸易也是18世纪的一大成功，与安的列斯群岛、圣多明各、
马提尼克岛和瓜德罗普岛的通商使越洋航运业得到空前的发展，经过
100多年的黑奴贩卖和殖民开拓，当地已变成最富饶的殖民地之一：波
尔多和南特两地就是靠长途航运业发展致富的，这两个濒临大西洋的港
口城市成为与西印度群岛贸易往来的两大中转站（尽管有马赛的竞争，
马赛同时参与大西洋和印度洋的航运业）。与安的列斯群岛的贸易带动
了加龙河和卢瓦尔河流域的经济，沿河码头和河岸随之发展起来。长途
贩运的商品不再是16世纪时的香料和金、银等贵重金属，而是路易十四
时代的新发现：咖啡、茶和可可等新型饮料。这些饮料很快被巴黎上流
社会所接受，成为餐桌上的奢侈品，随后又流向外省城镇。在法国最早
"品尝"咖啡可上溯至1640年，当时阿拉伯咖啡经由马赛传入法兰西王
国，很快午后饮咖啡便成为时尚，与喝酒形成竞争："德拉德韦兹先生必
定让我们饮一小杯咖啡，再喝杯好酒才答应我们离开。"① 好酒，因为普
通酒可能难喝；也许因此葡萄园和酿酒技术才得以进步。从路易十四时
代起，无论凡尔赛宫中还是巴黎的沙龙里，咖啡都极受欢迎。尽管被众
人所爱，凡尔赛宫（或许其他宫殿）内还有少数人抱怨，帕拉蒂娜公

① 鲁：《回忆录》，第259页。

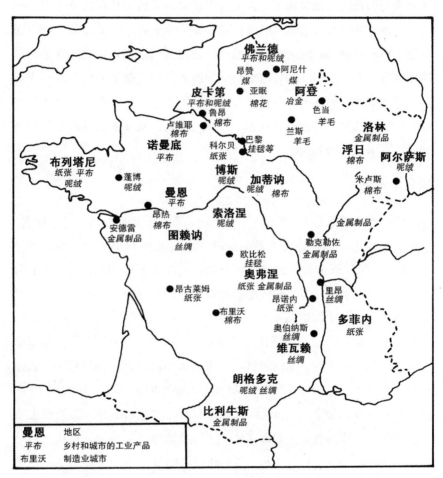

佛兰德
平布和呢绒
昂赞
煤   阿尼什
煤
阿登
皮卡第   亚眠
平布和呢绒   棉花   冶金
鲁昂   色当
棉布   羊毛   洛林
卢维耶   金属制品
棉布   科尔贝   巴黎   兰斯   浮日
诺曼底   纸张   挂毯等   羊毛   棉布   阿尔萨斯
布列塔尼   平布   呢绒
纸张   蓬博   博斯   米卢斯
呢绒   呢绒   呢绒   加蒂讷   棉布
曼恩   平布   棉布
昂热   金属制品
安德雷   棉布   索洛涅
金属制品   呢绒   勒克勒佐
图赖讷   金属制品
丝绸
欧比松
挂毯   里昂
昂古莱姆   奥弗涅   丝绸
纸张   纸张 金属制品   昂诺内
纸张   多菲内
布里沃   奥伯纳斯   纸张
棉布   丝绸
维瓦赖
丝绸
朗格多克
呢绒 丝绸
比利牛斯
金属制品

曼恩	地区
平布	乡村和城市的工业产品
布里沃	制造业城市

图 23 18 世纪末法国的工业分布图
（摘自 H. 赛埃和 R. 施奈伯合著：《法国经济史》）

在柯尔贝发展制造业的努力下，法国的一些城市建立了若干工业，最终导致了行会制
的衰退。在工业革命前夕或更早时期，如图所示，法国的工业呈现十分多元化的局面。可
与第七章图 15 "16 世纪末法国的工业分布图"对照阅读。

主在1712年曾写道："我对茶受不了，也受不了咖啡和可可。我不懂为何人们会喜欢这些东西。我觉得茶有一股干草和腐烂的麦秆味道；咖啡里有烟炱或羽扇豆味；而可可则太甜。"这位德国公主还补充说，"但是我宁可喝啤酒浓汤（Bierenbroot）"。17世纪茶和咖啡是首都的一大奢侈消费品，而在18世纪已成为一般城市内的时尚饮品。从群岛运来的新饮料仅几十年时间内就成了城里人的习惯饮品，从此人们再也离不开它；可是它却长期未深入乡村，直到19世纪末才开始真正在农村流行开来。咖啡靠一丁点儿刺激成为城里人附庸风雅的时髦标志，因此《风流信使报》在1696年这样写道："人们对它（指咖啡）像对小麦一样渴望，又像担心缺少面包一样怕失去它。每当咖啡短缺和涨价时，消息马上会令公众沮丧。"可想而知在今天已变得如此普通的饮料——加糖的牛奶咖啡，在当年是何等的奢侈品：牛奶咖啡的三种成分中，有两种需要从安的列斯群岛运来，热带甘蔗制成食糖当时已出现在资产阶级和贵族的餐桌上，因为比较稀罕，在很长时间内还只在药房出售。除了上述三种饮料、蔗糖和糖蜜，还要加上烟草，烟草传入得更早。这一系列商品使美洲诸群岛在伏尔泰眼中显得如此珍贵，它们足可与加拿大冰天雪地的几阿庞①土地上所出产的木材和毛皮相比。从殖民地贩运来的新商品成为沙龙、学院、阅览室常客的追捧对象，尤其使"咖啡零售铺"受益。

最后，在大宗商品贸易的成功之外，法律界人士也获益颇丰。贸易生意多了，商业上的纠纷、官司亦增多了，商人们需要公证员拟订更多的文书、做笔录、到现场扣押商品等，法律界也从城市繁荣中分得一杯羹：公证员和执达吏、律师和法官，所有法律界人士、"自由职业者"都从中得益。当时的司法程序旷日持久——谁能抱怨？——因为熟悉司法程序的人故意拖延，而且案子也实在多得堆积成山；司法界贪赃枉法盛行，法律人士寡廉鲜耻，只想从城市生活涌现的财富中讹钱。

从某些方面看，即便城市广大市民也从城市发展中得到实惠。虽然

---

① 译注：这是伏尔泰所代表的当时人对加拿大殖民地经济价值低估的一种说法，阿庞（arpent）为加拿大的面积单位，相当于36 802平方英尺。

工资远跟不上物价的上涨——劳动力充足是一个原因，但是木工和织丝工总有活干，因为包工头的订单源源不断。和乡村的短工一样，城市劳工的生活与过去 17 世纪萧条的艰难岁月相比，现在日子明显好过多了：在巴黎或大西洋沿岸港口等城市，普通市民都能有温饱，食桌上天天有酒，当然是普通的酒，但总比喝凉水强；各地城市的市民能维持生计，不再受过去死亡威胁的痛苦煎熬，这就算得上一大进步了。

城市化

因此，手工业和商业所创造的财富更增加了土地的收益。城市繁荣亦说明 18 世纪显著的城市化进程：像圣日耳曼一类的巴黎老街区里，一幢幢漂亮的私人公馆拔地而起，外省城市也不例外，譬如规模较小的里永市和气度恢宏的南锡市。城市化建设在 17 世纪努力的基础上更发扬光大：南特修筑了中央大道，波尔多出现了图尔尼大街；出现了弹硌路，斥巨资安装夜间照明设施等等。城市越来越成为生活舒适的地方。在追求私人舒适方面，新公馆里的房间面积压缩了，以便更好地取暖；在市民公众舒适方面，城市公共设施逐步完善。这些正是贵族们所追求的生活环境。各地区文明遍地开花，这种繁荣景象在外省文人笔下被多次描写到，他们热爱本地的小世界，发现当地上流社会兼有贵族和资产阶级双重面貌的闲适生活。总之 18 世纪的繁荣给外省都市带来更多的财富，这些城市的活跃程度在哲学家时代达到了顶峰；而首都巴黎则成为政治（尽管国王居住在凡尔赛）、行政、经济和文化的中心。长期来这个大都会不断膨胀，规模早已超出了传统中心的范围，原来的城厢地区（如寺院街、圣安托万和圣马尔索等街区）已穿过花园和葡萄园，与贝尔维尔、欧特伊、帕西和圣德尼等郊区乡村连成一片……巴黎城内的绿地、花园和荒地已经不多，尤其是塞纳河右岸（左岸在卢森堡公园以南还有大片空地；皮埃弗尔河岸①云集

---

① 译注：皮埃弗尔河（la Bièvre）过去是一条流经巴黎的小河，现已被填没或成为地下水道，在巴黎流经的地区大致为现在的 13 区和 5 区，它在现今的奥斯特利茨桥附近注入塞纳河。

了皮革商和鞣革作坊，历来以沼泽地和肮脏闻名）。巴黎市内部膨胀，向外扩张，特别是向西延伸，包括荣军院、战神广场一带的空旷地，也包括香榭丽舍大街和圣奥诺雷街的延长，这里的居民逐渐增多。随着西部扩展，城市离原来旧城的主干道圣雅克大街、圣马丁大街以及塞纳河沿岸总是人声喧嚷的港口渐渐远了，巴黎在不断扩大的同时也逐步形成市内的分区，这便是19世纪更加膨胀的重要前奏。

3. 公路和水路

所有城市都依托巴黎而生存，也需要与费尔内、万森和大西洋相连接：与过去几个世纪相比，18世纪时各地相互交流的节奏和频繁程度等方面有了很大变化，随之出现了邮政系统和旅行家，为了更便捷地连接巴黎和外省，公路和运河水道亦迅速得到开发。

运河和河流

从弗朗索瓦一世到路易十四一直都有开发水陆交通的想法，而且还实施了若干工程：如16世纪末开挖了连通卢瓦尔河和卢万河的运河，苏利在巴黎市周边开辟大路，道路两旁植树，开通了引导加龙河流入地中海的著名的里凯运河（亦称南方运河），该水道的航运量却始终不及布里亚尔运河。实际上出于种种原因——人力和财力不足，以及对迫切需要认识不足——瓦卢瓦王朝和波旁王朝的君王们在开发公路和水路方面都没有大的作为。尽管水陆交通对王国的行政管理和商品流通的重要意义不言而喻，但交通始终处于相当落后状态，直到公共马车时代的来临。虽然河道水面下降、河中时有沙滩和暗礁，水上交通从未停止过；公路陷落了，为了避开更大坍塌，人们在田间铺柴捆绕道而行；旅途漫长（从巴黎至巴约讷需要一个月……），而且艰辛（盗匪等意外），以致商品供不应求：譬如木材无法运出，枞树林沦为"矿藏"，奥弗涅的干酪沿阿列河和卢瓦尔河运到奥尔良即刻售罄……然后船工们靠拉纤拖船返回。这些现象在路易十四亲政前的半个世纪繁荣中才得到改变。

在水陆两种交通方面，改善水道的工程规模较小：开凿新运河以连接两条河的流域（如中部运河连接卢瓦尔河和索恩河，勃艮第运河连接塞纳河和索恩河等），整治拓宽自然水道，使排木筏能大量地通过，沿河修筑纤道以方便船工拉纤作业。卢瓦尔河上从罗阿纳到巴尔比尼之间长

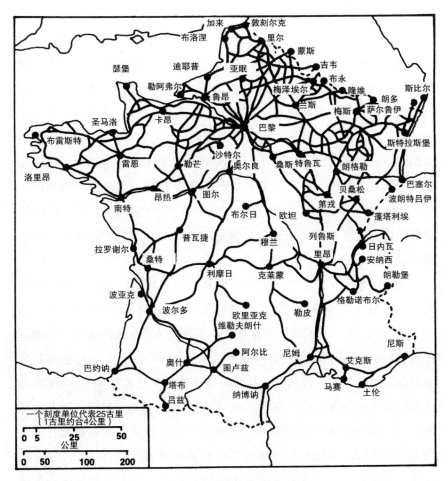

图 24　18 世纪末的公路和驿站

（摘自拉维斯［Lavisse］：《法国史》［*Histoire de France*］，第一卷，第一章，第 379 页）

　　第一条铁路修筑之前，邮政驿站是最重要的交通设施，保证巴黎与全国各地的快速联系。值得注意的是，相对于北部与东部来说，南方的公路网稀疏，交通相当不便：东部与北部的公路网发达主要是出于军事战略的需要。

长的河谷旁至今仍能看到当年为纤夫修筑的铺石小径，它们已被弃置一个多世纪了。在大江小河上过往的船只很多，主要是运输商品；因为随着时代的进步，旅行者越来越多地借道公路了。

公路、桥梁和道路

随着避震技术和悬挂装置的改进，车辆能更好地防震了，于是政府和公众都感到发展公路交通的必要。1715 年王国在财政部下设立桥梁公路局，专门负责修筑从巴黎向外省辐射的大公路：其职能是制订护路规则、建立工程师队伍、组织车辆运输，于是在 1747 年创立了桥梁公路学校，这所著名的学校历经屡次革命依然存在。这些是法国公路建设方面的大步骤，由此形成了以巴黎为中心向全国延伸的蜘蛛网式的公路系统，而 19 世纪的铁路建设就是依托这个公路网发展起来的。公路网建设充分体现了王国政府强化巴黎作为行政、商业和文化中心地位的意图。

这项巨大工程（鉴于当时的平地和铺路的技术、设备等等）得以实现，不但因为当局斥巨资，更依靠了法国农民付出的极大辛劳：从1726 至 1738 年，王国政府力排众议，不顾有关当事人的抗议，分阶段谨慎试验，推行劳役制整整 40 余年（直到 1776 年为止）；劳役制仿效中世纪封建领主的劳役制度（其实封建劳役制早已名存实亡），要求每个农民每年必须为建造公路义务出工 10 至 30 天（自带牲畜、推车和工具）。施工地点有时远离住家，故禁止民工晚上擅自回家，更糟糕的是施工期往往撞上春秋农忙时节。这种劳役必须履行，而且不得以金钱赎卖，堪称是大革命前夕乡村民众的梦魇之一。1748 年达尔让松这样写道："为修建大路而设的劳役制是亘古未有的最可怕的苛政；当局强迫农民付出远超于其承受力的人力和物力，农民想方设法躲进小城市。许多村寨竟变为空村。"1776 年后，政府以签约形式将公路建设和保养包给私营企业或由接纳失业者的慈善机构去经营。当初各财政区的总督不顾乡村民众付出的巨大牺牲，相互攀比，争相建造更宽更大的公路，才建成了铺以碎石、绿树成荫的笔直大道，难怪那个挑剔的亚瑟·永格看到后赞不绝口[①]。

　　与此同时，尤其是 1770 年后，桥梁公路局鉴于当时公路通车率低下，组织城间公路的公共服务，主要是根据路段情况开辟从巴黎至外省主要城市的班车，比 17 世纪的大型旅行马车更进步了，过去的旅行马车是"随到随开"，而新的公共马车不但比邮政马车快，而且定期出车，有固定的路线和预定的时刻。但当年乘马车旅行并不舒适，车辆的避震弹簧强度差，车厢狭窄，令人觉得憋闷。在适宜的季节出行的人宁可骑马：所以路边小客栈长期挂出"步行和骑马者，无任欢迎"的招牌，有的至今仍依稀可辨。

　　公路和邮政驿站使城市更趋活跃，但乡村受益不大，乡村到城市的地方交通并无改善，停留于落后状况：到处是土路，雨天泥泞不堪、无法通行，晴天尘土飞扬、路面坑坑洼洼。虽然农民出行机会多了，挑担货郎也越来越多，桥梁公路局一无时间、二无资金去修筑支路，缺乏支路的公路系统仍处于半瘫痪状态，总体上还是贫乏落后：亚瑟·永格注意到公路技术进步的同时，也悲叹行人和车流量稀少。作为大公路必要补充的支路网是在下一个世纪建成的。

旅行和人员流通

　　F. 布吕诺在《法语史》中指出，王国为了实现民族道德和语言的统一，通过修筑公路比几个世纪中央集权的努力或颁布著名的《维莱-科特雷法》，规定法语作为行政和司法官方语言的效果大得多。1536 年前后，法国许多城里人（且不说农民）只能听懂法语但不会说，如同布列塔尼南部有些人及奥弗涅的老人至今能听不会说法语的情况一样。但 18 世纪公路修成后，鼓励城里人去外省小城或乡村旅行，或做生意或仿效卢梭热爱大自然、与朋友结伴出游。法语在每个省的传播可根据当地公路网的密集程度来衡量，在公路到达之处人流量会逐渐增加。因此当年格雷

---

　　① 亚瑟·永格：《法国旅行记》，第一卷，第 91 页。

古瓦神父进行语言大调查，利摩日的立宪党朋友曾给他写信说："法语只有在沿大公路的大城市和在城堡里的人才使用。"① 公路网形成后也促成了新型的社会交流途径，包括环法兜销行业的出现：巡回法国各地的货郎担和环法施工队。他们不驾马车也不搭公共马车，因为车费太贵：乘公共马车从巴黎到里昂的车费是一笔可观的费用，200 利弗尔！这类旅行者喜欢在平坦又有树荫的大路上徒步旅行，徒步巡回法国既为生计也出于爱好。他们到了一个地方可以离开大路深入偏远的村庄，在田头与目光透出不信任眼神的农民聊天，打听当地情况，趁机兜销商品，同时也给当地农民带去知识和信息。这两个社会行业并非诞生于启蒙时代：由各行业的工匠自发组成的合伙工匠队从一个城市转到另一城市施工，这种形式在中世纪已经存在；穿街走巷向农民兜销针线杂货、历书和各类书籍的货郎在 17 世纪时已广为人知且数量不少。1660 年的文献中已经提到："货郎担？就是肩挎背篓，兜售丝带、绢丝、羊毛头绳、鞋带、细绳带、梳子、小镜子、小匣子、缝衣针和别针等商品的流动负贩。有些商贩兜销历书、识字本、普通故事书和离奇故事书：譬如仙女梅吕茜的传奇、巫师莫吉之歌、埃蒙四兄弟之歌、嗜血成性的长牙吉奥弗瓦传说、孪生兄弟瓦朗坦和乌尔松传奇等；还有售卖其他各种消遣书，如肮脏下流的淫邪小调、讽刺民谣、田园诗、宫廷乐曲和饮酒歌，以及由祭司和预言者根据圣约翰《启示录》地狱中的摧毁者魔鬼而写成的故事，规谏教徒虔诚信主。"1750 年前后，流动货郎人数更多了，他们带去乡村兜销的商品中还包括故事选本、圣徒传记、附插图的格言书和菜谱等，这些书可能比本堂神父借给堂区教徒的宗教启蒙书和圣人故事更吸引农民。或许还需要更多的读物，才能使农舍变为读书室，使农民能像今天读当地报纸那样地经常阅读。事实上，只有少数农民阅读，主要原因是没有时间，尤其在夏季农忙季节，再说农民也没有读书的兴趣和必要。只有货郎送来的历书和埃蒙四兄弟传奇在乡村流传较广，一本书可能传遍整个堂区，成为农家夜间聊天的谈资，一代代口头流传下去。由此可

---

　　① 参阅 F. 布吕诺：《法语史》，第七卷，第三章。

见，货郎们从大路到僻乡传播了法语的民间文学，成为我们今天民俗文化的基础①。

　　同样，流动施工队亦在这一时期被人们议论得最多。17 世纪中他们曾与宗教团体护圣会有过冲突，后者对这帮快活旅行者的道德和宗教信仰感到担忧。工匠队继承了过去的行会作风，讲话时法语夹杂行话，工薪一不合意就拔腿走人，各个城市的工匠结帮以应付不测——闲季、疾病和失业——总之帮派意识强烈，敢于对抗雇主，甚至不惜加以杯葛。巡回全国的合伙工匠们对新开辟的大路了如指掌，他们随地结队又分散，约定地点汇合，而且帮派之间经常打群架，正如一些文献所记载："国王已经知道在拉罗谢尔市不同行业的工匠结成所谓'伙伴义务会'的帮派，会员有标志以便相互辨认，把帮派外的工匠一概称为'加伏'（Gavaux），对他们恶意相向，阻止他们入行……"② 工匠也跟货郎一样以他们的方式传播了民族语言，他们是外省小城镇低层市民中的翘楚，消息特别灵通，而且十分活跃，后来在 1792 至 1794 年间发挥了重要的政治作用。

　　由此，法语作为民族统一的不可替代的工具，在商业繁荣的半个世纪里迅速在全国传播；在离城市不远的大路沿线，法语慢慢地向全国延伸，尽管这种普及不可能尽善尽美。与此同时，欧洲各国宫廷仿效凡尔赛宫的礼仪和路易十四的娱乐方式，以讲法语为时尚。伏尔泰和里瓦罗尔在柏林科学院发表论文，为法语在德国贵族大学内流行大唱赞歌，与法语在境内广泛传播而各地方言（包括拉丁语）节节后退的形势遥相呼应。1730 至 1770 年间交通手段的大发展及其带动的交流频繁的意义不可低估：18 世纪的公路是启蒙之路，城市与城市之间、学院与学院之间的交流往来沿着大路一直通向欧洲的边界，直至柏林和魏玛，维也纳和克拉科夫，圣彼得堡和敖德萨。

① 参阅《论 17、18 世纪法国的民间文化》（*De la culture populaire en France aux XVIIe et XVIIIe siècles*）中我们对该问题的进一步阐述，巴黎，1964 年版。
② 滨海夏朗德省档案，B 类 1722（1742 年）。

4. 危机年代 (1775—1790)

从 1775 年起，这幅繁荣和富庶的画面蒙上了浓重的阴霾：不幸的路易十六在更可怕的年代到来之前就已尝到了厄运的滋味。他的登基恰遇上法国严重的经济危机，而他却无能力减轻危机。国王所能做的只是减轻民众的疾苦，而经过 40 多年几乎两代人的好光景，民众早已淡忘了过去可怕的贫困，所以遇上大的危机便觉得不堪忍受。这场危机不像 1709 年或 1694 年的饥荒，也不像 17 世纪的 1640 至 1680 年间经济的长期而深层萎缩，这 15 年中城市和乡村同时遭受经济放缓和收益下降的打击，多数民众对此都难以承受。危机带来严重的社会问题，阶级对立加剧；政治上因税收进项减少和财政状况恶化陷入对抗，因此可以认为 1775 至 1790 年的危机属于大革命历史的一部分。

农村灾难

与过去的繁荣一样，危机也是决定乡村经济生活的主导因素。与 20 世纪（和 19 世纪下半叶）的经济危机——主导因素是冶金工业——相比，可以说 18 世纪的危机是旧经济制度的危机，它表现为一个国家和一个地区经济整体的停滞和萧条。路易十六统治时期的危机首先是乡村危机：从 1773 至 1789 年因恶劣天气导致连年歉收，灾荒几乎没有停止过；各地农作物损失，收成下降，农业生产效益普遍低下足以使小农经济和农庄主陷入困境，他们承担的租金在前些年不断上涨；短工更是首当其冲，面临更大的困难。一直到 1790 年小麦有好收成为止，历年收获的粮食连谷仓都堆不满。1788 和 1789 年这两年最糟糕，1788 至 1789 年冬季通常被人看作是历史上最坏的年份，一位资产阶级见证人这样写道："这年寒冬从圣安德烈（11 月 30 日）开始直至 1789 年 1 月 14、15 日，到处是厚厚的积雪和冰冻，磨坊无法开磨，许多人饿死，胡桃树和树木也被冻坏；百姓家还剩少许谷粒，但滴酒无存。"此前的 1785 年，曾遭受的特大旱灾的毁坏也不可忽略。烈日下草地都枯黄了，牧草成了大问题，由于缺乏过冬的饲料，农户不得不在秋后宰杀了大部分牲畜。此外，葡萄种植地区出现生产过剩，当年葡萄产量高而家庭酒类消费骤降，所以酿出的酒滞销。各种灾难祸不单行，当时一无农业灾荒储备金库，二无足以补偿严冬或 1785 年大旱的替代作物，农民根本无法应对。持续多年的农业歉收压垮了农村的各个阶层：耕农的利润缩水；小农经营户再无余粮可售，在青黄不接时偶尔还要以糠麸面包充饥；至于没有土地的短工和长工，口粮吃完了家里一无所有；乞丐、流浪汉成群结队，当春季来临家家户户谷仓快朝天时，是村里大恐慌的时候。这是比饥荒更严重的饥馑，面临无力救助的不幸人群，惊愕失措的村民无言以对。面对难以承受的饥馑，乡下农民还须纳税上捐，收成的减少令捐税变得更难以承担。农民千方百计地偷税，在什一税税吏上门前，把数十束麦子捆藏在矮树林里以减少向教会纳税；有的按照规定把少量谷物送去磨坊和面包烘房，在家里用研杵捣谷子煮着吃，目的也是少付磨坊和面包烘房税。农民宁可有 100 袋粮食的收成而向领主纳 10 袋，也不愿在 50 袋的收成中缴出 5 袋，其道理显而易见：前一种情况下农民有 90 袋的自留，而后一种情况就只剩下 45 袋了……当农民缺钱时就不去城里消费，也不再向货郎购物了，购置农具和布匹等也一年年地延后，待手头宽裕时再说。因此乡村的贫困也造成了城市的危机。

城市危机

作为城乡"自然"中介的土地食利者亦受到多种损失：他们的收益是按农民收成分成的，收成减少收益亦随之下降；加上农民为维持生计不得不隐瞒收获，收租者的收益就更少了。在危机最深重的年份，即使土地食利者对欠租农户采取扣押财物或扫地出门都无济于事，收不到的租税就无形损失了。因此这些年土地食利者的收入严重下滑，其消费亦随之减少：兴建住宅、衣料布匹、农具、伙食及酒类开销、雇佣家仆等

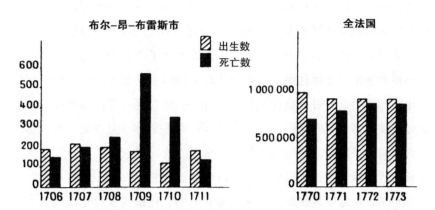

图 25A   18 世纪的人口出生与死亡率变化

　　我们引用拉布鲁斯先生的论文中两幅说明性很强的图表：左边是布尔-昂-布雷斯市在 1709 年饥荒时的人口变动情况，可以看到在 1708、1709 和 1710 年三年的大量死亡人数，右边是全法国在 1770 至 1773 年的饥馑年份里人口变动情况，出生人数略高于死亡人数。

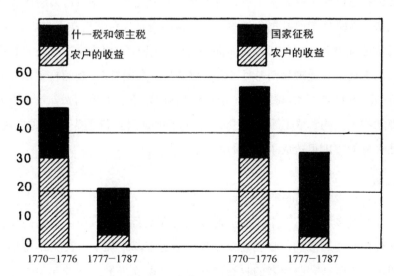

图 25B   王室赋税和领主税的压力
（1770 至 1787 年间，对粮食第一次交易盈利的征税）

　　同一论文作者以图表醒目显示，当恶劣天气造成农业歉收时，国家赋税和领主税对农户造成的"心理"和实际压力。

一应减少；或许只有凡尔赛宫的朝臣们是例外，国王高兴时会替他们偿债，所以他们可以照常维持阔绰的生活，但他们只是土地食利者阶层中的极小部分。

商业和手工业都直接受到影响：富人本来不劳而获，漫不经心地随意挥霍，现时也不得不量入为出、节省开销了；乡村劳苦大众在过去繁荣时经常进城消费，购买布料和工具等生活必需品，现在不再参与城市的商业循环。他们的情况跟富人的不同，但也是不容忽视的因素。城市的经济活动环环相扣，当年的繁荣是相互关联的，如今的式微也是一样，整个奢侈品贸易更是如此。有些行业瘫痪了，譬如建筑业。此外还有一些次要因素加速了市场的萎靡：譬如酒类滞销对乡村危机的影响，美国独立战争造成棉花的短缺以及 1786 年法英两国贸易协定的签订对法国造成的部分困难。这些困难加剧了经济危机，也使印花布料、奥贝康普夫印花棉布或里昂的丝绸品销售变得更加困难。在大革命前夕连安的列斯的贸易亦受到了影响，尽管进口商品都是大宗的时髦饮料。手工匠和制造商的基础相对比较牢固，而大大小小的商家则怨气冲天，抱怨税重也抱怨英国人的竞争；商家只能裁员，工人、学徒和店员面临失业，小麦因歉收而涨价，再加上投机分子推波助澜。手工业同样亦面临困难，譬如里昂丝绸厂停止了向农民家庭作坊发货，原来在里昂、亚眠和鲁昂市周边各有一二十个村庄的农户家庭作坊为纺织厂提供加工，现在作为城市腹地的乡村的家庭经济亦遭到打击。总之，失业造成大批闲置的劳动力，有的即使有工作，工资也下降很多……行会师傅、大宗批发商、手工业制造商和商家都面临生意不景气，不得不压缩生活开支，这对城市危机无疑是雪上加霜；自由职业者虽然间接遭受危机，影响亦十分严重。

怨声载道

饥荒、小麦价格暴涨、工业制品价格下跌、大批失业工人在大路边和树林里游荡、靠微薄年金过活的小户人家陷于贫困：这是经济危机的传统景象。巴黎虽然没有像外省城市那样遭受重创，但在三级会议召开之前，城市六七百万居民中，亦有十来万人属于失业工人或无收入的退休者。全国各地的贫困日益严重，民众怨声载道，不计其数的危机受害者与王国政府的对立愈加严重，尤其使阶级对立加剧。大革命前夕各地城市发生多起惨祸，譬如巴黎一家印纸厂被烧毁、警察马队冲散要求面包的工人集会——劳资冲突屡见不鲜、面包店被哄抢一空、运输面粉的大车在关卡处遇袭。城市劳苦大众的抗议示威尚未造成严重后果：关键是人数不多，当时的行会工人，包括大制造商和独立经营小户的工人人数仅占市民总数的小部分。乡村里发生的冲突更严重，即所谓的"贵族反击"：眼看连年进项骤减，贵族们不甘心眼睁睁地看着产业莫名其妙地破产，于是向领地胥吏、城堡管家施加压力，总管们又疯狂地围堵作弊的农户，追查农户的收获以弥补贵族主人所蒙受的损失。斗争十分激烈，总管们依仗封建主法权甚至滥用权力，对农户穷追不舍：18 世纪 80 年代是人心惶惶的时期，惊恐万状的农户随时准备好打麦连枷和长柄叉，一有动静立刻操起农具与敌人拼一死活，有时草木皆兵，虚惊一场。

出于同一日的但影响更广泛的是土地赋税簿籍①的调整，大革命期间农民对这次调整留有刻骨铭心的噩梦般记忆。所谓调整就是领主贵族从城里请来精通古代封建法和领主权利的公证员，将早已被农民遗忘的、散落在各处被鼠啃坏或已发霉的旧土地赋税簿籍重新誊清……大革命政治活动家巴贝夫就从事过这一职业，因此对封建制度抱有刻骨仇恨。贵族和投资土地的资产阶级轻易地从中发觉了一些被弃置的权利，它们有的记录在册，有的被遗漏，有的存在争议，有的已失去时效；然而，有些时效为 30 年的赋税，20 年来从未征收过，在失效之前几年还可以追讨，这对领主来说是一笔可观的意外收入。一笔被遗忘了 28 年或 25 年的陈年旧账叫农户何以偿还？通过地籍调整一切老账都被翻了出来，老账成了"新债"，加上原本已不堪承受的每年赋税，压得农户无法

---

① 译注：土地赋税簿籍（terriers 或 livre des terriers），指 15 世纪开始采用的土地凭证，包括地契、包租佃户的赋税承诺等内容，属于封建法权，在大革命中被废除。1807 年拿破仑建立地籍册（cadastre）予以取代。

喘息。贵族为了保住其地位身份，还在 1781 年获得了国王签署的有名的军事赦令，断绝了平民晋升军衔之路，使资产阶级子弟在军界发迹的梦想顿时破灭；而此时国家的所有领域都已向资产阶级开放或半开放，军校在造就新仕途方面亦已声名鹊起。

18 世纪末因经济危机减少了收入，凡尔赛的大贵族和外省小贵族们蜷缩在自己的宫殿城堡内，他们留恋昔日的阔绰生活，如同留恋失去的天堂一样，梦寐难忘中世纪封建领主时代，盼望历史车轮倒转："贵族反击"遭到农民的强烈抵制，正因为贵族已经普遍没落，他们的反扑越发令人反感。

除了难以忍受的经济危机，农民和资产阶级还是王权的牺牲品。农民受到王室赋税和教会什一税、领主税的双重压迫，他们跟资产阶级一样痛恨户主财产税、人头税、二十分之一税等直接税，也不满盐税和酒税等间接税。间接税由贪婪的包租人负责征收。税收上的矛盾同样激起民众的强烈不满：其实税收并非因王国支持美国独立战争的开支扩增而增加。由于经济萎缩，税收反而有所下降。间接税方面特别是酒税和盐税的征税额，因为人口增加了，所以基本维持在与过去繁荣时期相当的水平。不过问题的严重性不在这里：关键是无论在哪里，所有人的印象是税负太重，征税不得法，大家都觉得它不堪承受，把它看作拖累城乡经济、造成民众贫困的根源。民众不把自然灾害以及造成乡村和城市普遍贫困的社会机制看作危机的根源，只从税收制度上找原因。确实，税收制度存在严重缺陷，譬如税收方面存在特权等不公平是众所周知的事实。路易十六曾多次试图改革税制以结束亏空连年扩大的局面——这是引发大革命的最直接原因——但从杜尔哥到内克尔，改革均不彻底而且推行方式上也有问题。在资产阶级看来，似乎这就承认了税收制度是罪魁祸首。对税收不满的社会舆论自然而然地把矛头指向核定税基、负责征税的人：因此在各地乡村和大城市的喧闹城厢，盐税局税吏、王室征税官便首当其冲地挨长柄叉打，这是动荡年代的连台好戏；地方小吏、内阁大臣和国王的近臣亲信遂成为大众疾苦的泄愤对象；国王本人自当

别论，至少在民众心目中还有信仰国王的古老传统意识，这从各地的陈
情书中可以看出。但是除了这一点，经济危机通过税制上的发酵作用，
确实使整个社会和政治制度出现问题。由此可见，它在爆发大革命的诸
多直接和深层原因中占有举足轻重的地位。

第十二章　轻佻的节庆和启蒙时代，
欧洲的法国世纪

辉煌的 18 世纪，即便在老国王路易十四驾崩的当天，全国依然是一派欢乐热闹的景象，伏尔泰在通往圣德尼的大道沿途酒店前，目送国王灵柩前往大教堂王室墓地时看到了这一情景。从 1715 年 9 月直到《费加罗婚礼》在特里亚侬宫上演——那个爱笑又迷人的王后玛丽-安托瓦内特出席了演出——法国社会似乎沉浸在一场漫长的节庆里。节庆伴随着由拉摩和莫扎特指挥的轻松柔和的音乐，在修剪齐整的花园、绿荫环抱的小特里亚侬宫进行着。在一片歌舞升平中，时而冒出一些不和谐的喊声扰乱了气氛，过后舞曲又重新奏响了，贵妇们的笑声回荡在火炬的光焰中。总是满腹牢骚的法官们继续充当王室不愿看到的政治角色，他们因自封为"祖国之父"而沾沾自喜，沾上这个用得很普遍的称号容易赢得民心，而对王室却十分危险。耶稣会在反对让森派的长期斗争中败下阵来，失去了昔日的辉煌，不得不撤离王国达半个世纪之久，最后被罗马教廷解散。自然人的哀诉和抗议声开始响起，这个哲学家与众不同，他不欣赏戏剧和虚构故事，不喜欢沙龙及其刻毒的语言，这个希望人类回归到四脚爬行时代的愤世嫉俗者毫不留情地抨击伏尔泰：可怕的卢梭宣告了一个时代的终结。

18 世纪太辉煌了！翻阅一下这个世纪的历史，跳入眼帘的尽是凡尔赛的奢华晚会，杜·德芳侯爵夫人家的盛大沙龙，柏林、第戎和蒙彼利埃科学院的庄严颁奖礼，给人一种世界在急剧往前冲的印象。教会财务总管、欧坦主教德塔列朗-佩里戈尔的朋友们和主教大人一起享受舒适的生活，他们对此多么留恋，但一切都已时过境迁了：动乱中的幸存者在 1815 年后回到法国，看到沙龙内金色护墙板和训练有素的仆人，还记得那无忧无虑年轻时代的背景，但也就是背景而已，一切都不复存在了，都跟着那个文思敏捷、思想永不会干涸的里瓦罗尔，跟着伏尔泰、达朗贝尔和百科全书派的其他作者，跟着有一颗伟大心灵的孔多塞侯爵以及弗雷隆等人一起消失了，或许这些哲学家和文人后悔当初没掐死那条蛇①。消亡了的贵族精神嗜好寻觅恰当的词语，寻找微妙的联系和精细的标志，借此来彰显其善于推理亦凭直觉的敏锐的智慧。这便是那个问心有愧的贵族社会的魅力所在。时间在充满才智的游戏中迅速消逝，所有人都在这场才智游戏面前受到拷问；"受人拥戴"的国王路易十五的回答或许是"在我之后，任它洪水泛滥"（après moi，le déluge）。晚年他对国家的境况并不满意，曾在几年中成功实施了王国从未有过的最扎实的改革。他的大实话一语破的，所有人都感觉到了洪水即将来临，正如巴黎人得悉玛丽-安托瓦内特王后在凡尔赛宫小树丛里与那个轻浮的主教罗昂在一起，完全相信王后的越轨行为一样；事件太凸显了，王后那条扑朔迷离的项链之谜即刻归结为月光下的喜剧：类似喜剧在当时巴黎的所有沙龙，包括女学究德莱斯皮纳斯小姐家的沙龙里每周不都会上演几场吗？尽管在沙龙上人们严肃地讨论气候对风尚的影响和时政要事，孟德斯鸠不是接过了蒙田和帕斯卡的话茬儿，把它当作日常谈论的普通话题吗？新的视界被打开了，文明的事实将由此定义："一切都已被说过了，我们来得太迟了，5 000多年前就已经有了人类和他们所想的（文明）"，拉布吕耶尔这样说过。蒙田在《随笔》第一卷第二十三章中所隐藏的思想没有在16世纪末引起共鸣，反倒成为18世纪所有人议论的话题。这种思想已成为公众舆论的财富，它从轮廓不分明的实体，经过学校的教育、社会生活的关系、阅读、报纸等逐渐成形，最终获得生命力而成为国家的一种权力。伟大的思想和渺小的闲话，跟着多元化精神生活的节奏，在精彩绝伦的谈论之中，时间快速流逝，才华横溢的伏尔泰在沙龙界出类拔萃，他的用词、他的讽刺以及在最重大问题上自然流露的大智慧……卢梭不是这方面的一个好代表，他总是很严肃，过分地严肃，想

① 泛指大革命后遗留下来的贵族残余势力。

制订永恒的法则，他象征着共和思想的美德，是罗伯斯庇尔的父亲。

　　事实上，这个 18 世纪，大革命把它当作革命的前奏——一个既被颂扬又是从属的角色（知识的起因、政治的发端和一系列令人信服的头衔），其实它远比为大革命做准备更为重要，它本身是一个充分发展的时期：它是文明社会的精华，在那个时代持剑决斗被机智的语言所取代，使脂粉掩盖下的脸色变得苍白，但不会杀人；18 世纪体现了城市生活的精粹，在资产阶级和贵族之间找到了平衡，巴黎成为王国的真正首都，既是首善之地又不损害外省城市的特性。外省小城的魅力可与巴黎生活媲美，当地有丰富的传统和让人迷恋之处（如第戎的滑稽剧、贝桑松和斯特拉斯堡的管弦乐），有沙龙和科学院，有哲学家和大大小小的作家（波尔多有孟德斯鸠，每个城市都有本地的知名作家，虽然在文学史上不一定留名，但在当地生活中十分重要）；如此多的城市，如此多的财富，（如果可能将各地财富累加在一起的话）总量就构成了法国启蒙时代的精美和鲜活的文明，它的旗手是伏尔泰——这个魔鬼式的人物——他的名字在身后就意味着一种气质。自从 1717 年被囚禁巴士底狱直到死后 13 年的 1791 年他的灵柩被送入先贤祠，这位哲学王子影响了法国整整一个世纪。曾在费尔内和巴黎生活过的伏尔泰，相貌平平，他的微笑令人局促不安，身后名垂青史。

1. 摄政期的氛围

　　路易十五在其漫长的统治期间（1715—1774），实际亲政只有他在世的最后四年。在奥尔良公爵摄政期间，政局不稳加上各领域内过分松懈的气氛、摄政者的自由派作风和奢华排场，给 18 世纪定下了基调。摄政王和摄政期的巴黎成为王国的重心，这一状况一直延续至路易十六时代。1715 至 1724 年的氛围就是沙龙和文艺协会处于鼎盛，各种主张针锋相对地进行较量；所有无法或不愿参与西班牙王位继承战的人在此大出风头，成为舞台主角。在路易十四驾崩的次日，各派就已摆开了阵势，红衣主教弗勒里、国王路易十五和他的情妇德蓬帕杜尔夫人也只能在各派长期的争斗中起到暂时叫停的作用。在法官们的抗议声浪与让森派重整旗鼓的混乱局面中，孟德斯鸠和伏尔泰已经出名：年轻的伏尔泰刚尝过巴士底狱的铁窗风味，波尔多的严厉法官孟德斯鸠发表了《波斯人信札》。然而奥尔良公爵（其母亲为帕拉蒂娜公主）却对摄政王的地位十分高傲自信，依旧过着豪华奢靡的生活，长年沉迷精美佳肴、歌剧院芭蕾和时尚服饰⋯⋯直到让-雅克（卢梭）发出振聋发聩的勇敢抗议为止。

　　紧随着 1715 年的是反正的年代，"反正"这个词用得有点重，令人联想起热月党人或者路易十八的统治：巴黎最高法院的法官们因重新获得对国王敕令的谏净权和拒绝登记权而喜出望外，老国王路易十四的铁腕统治曾将他们的这些权利褫夺了整整 50 年，法官们的态度表明了对前朝的不满。路易十四的驾崩释放了所有的政治和社会能量，过去他们被迫沉默，屈从于老国王的法律。被监禁的让森派教士获得释放；曾遭排斥、在御前会议上丧失话语权的贵族大佬，在圣西蒙公爵的说服下，相信自己有能力治理国家，而不只是被当作摆设；政治上往往同情让森派的法官们现在昂首挺胸，在先王的亲信旧臣身上开刀，曼特农夫人和耶稣会的听忏悔神父等均被加上种种罪名。至少到 1718 年的这段摄政期是对前朝矫枉过正的时期，充满了闻所未闻的反正事件。

各部会议制、最高法院和让森派

　　包括凡尔赛的公爵旧臣、侯爵和伯爵等大贵族们，为了跻身内阁创设了名为"各部会议制"的执政制度，它对前朝旧制实行全面反扑，可惜短命：圣西蒙公爵等这一天等了那么长时间，他带领大贵族们进入执政舞台，对他们而言，执政与其说是使命不如说是荣誉；在福隆德运动平息之际，各部会议制是大贵族夺回丧失如此之久的参政权的一种新尝试。但是得到摄政王允许或者说支持的这种执政模式，并不比一个世纪前贵族们选择武力争夺的结果好多少。随之发生贵族们为礼宾座次的争吵、彼此阴谋争权的内耗，致使新制度根本无法履行其使命，陷于日常行政的困境。圣西蒙公爵的班子既无能力组织施政，又无法取得公众舆论的认同。各部会议从第一天起就因各人心怀鬼胎和利益分歧而陷入混乱。圣西蒙故作镇静，但他（或许只有他）从中看清了摄政王及其朋友的心思："我们或许不能责怪他（摄政王）不愿为我们去冒险，在事关摄政权的关键时刻，违心地调和巴黎最高法院和（先王的）私生子关系，或者冒险一搏令如此重大和迫切的事务陷于僵局，如此他必输无疑，我们会输得更惨，而公众会对他也对我们产生不满，认为他利用政府规则参与了我们的个人纷争。"当巴黎最高法院在那次有名的议事会议上扣压并修改路易十四的遗嘱、将所有权力都交给摄政王一人时，混沌的时局一下子就明朗了。先王的私生子遭到排斥，特别是曼恩公爵，他"春风得意地"进场，却"灰头土脸"地离场。1718 年摄政王恢复了路易十四时代的内阁顾问制，没有骚动和叛乱，大贵族企图夺回政治权力的愿望落空了……直到大革命前夕举行显贵会议，再次唤醒了被王室自己摧毁的旧贵族的昔日雄心。

　　恢复权力后的巴黎最高法院比过去更看重权力，也更不屈不挠。它在 17 世纪就以国王的顾问自居，发挥着政治和司法的双重作用。时隔半个世纪，其雄心不减，始终抱着崇高的理念——最高法院应是君主制传统的真正卫士——不过它还有一个心照不宣的愿望，即获取更大的政治权力，从目前充当的司法角色中实现最高理想。在那次有名的会议上，最高法院大胆做出有利于摄政王的先王遗嘱修改，现在该是摄政王回报的时候了；法官们对重新取得谏诤权和拒绝登记权大喜过望，决心不失时机地行使权力，于是对所有的政府法令实行真正的监督。确实，让贵族参与各部会议制以取代御前大臣的做法，说明了执政者有创意却也暴露出他们的能力不足：也正因此需要巴黎最高法院的干预。不过当这种干预过分热情时，自然会遭到历代国王的阻遏：从 1718 年起摄政王启用了老办法，即颁发敕令书和召集最高司法会议。然而经过短暂的拨乱反正期，让森派的抗争和哲学家的大胆激发了法官们的战斗性；作为让森派的捍卫者，作为耶稣会的鞭挞者和面对王权的特权阶层及其特权的保护者，巴黎最高法院的法官们行动起来，为争取政治权力上的承认而不惜进行司法怠工，因此遭到放逐，失败了再卷土重来……1732、1756 和 1771 年，巴黎一次次响起为"祖国之父"歌功颂德的赞歌，但是法官们最终屈服了。路易十五在1771 至 1774 年间实行了彻底改革——废除官位的捐纳制度、限制巴黎最高法院的职能权限和准备对司法权力作出明确界定。这次改革原本可以结束政治动荡的局面，但是被路易十六借登基大典为名而废置了。于是巴黎最高法院重新恢复了特权和大胆，直到 1789 年大革命中成为最活跃的捣乱分子，成为推翻王室（不管他们自己怎么说）最积极的造反者。

　　最后，让森派教士们在 1715 年秋获释出狱后要求平反，亦在这一时期的政治动荡中扮演了角色。他们的主要诉求很快得到了满足——先王路易十四的听忏悔的神父勒泰利埃被流放，耶稣会的其他几位神父被捕入狱，尤其是教皇的教谕被弃置，事实上教皇的教谕仅在某些教区公布，还迟迟未在巴黎最高法院登记。道德上如此严谨的让森派竟会与摄政王走到一起令人感到诧异。18 世纪充满了出人意料的结盟，伏尔泰在 1771年莫普①改革时竟支持虔信党——被禁的耶稣会的朋友，反对巴黎最高

---

　　① 译注：莫普（René Nicolas de Maupeou，1714—1792），法国路易十五时期的政治家、大法官。他曾推行改革，限制巴黎最高法院的政治权力，尤其是取消了法官否决国王敕令的权力。莫普改革在路易十六登基后被废置。

法院法官；而莫普改革或许是一项最为彻底的改革。摄政王奥尔良公爵也仅满足了让森派的最低诉求：当他还是摄政王期间，巴黎最高法院终于还是完成了教皇教谕的最后登记。不过教谕被登记并不解决任何问题，让森派依然像过去一样继续讨论教皇的谴责，尤其是他们照常在天主教内组织团体，主张严肃的信仰和崇高的道德——由此，他们在斗争中能始终保持高涨的热情和斗志，不用说让森派在民众中享有很高声望，1727 年的圣梅达尔奇迹①就是明证。18 世纪让森派完全征服了城市的低级教士，在民众中激起巨大的热情。18 世纪初的著名回忆录作者巴比埃在 1727 年写道："教会里所有的二等教士、巴黎资产阶级中极大部分人、穿袍法官、第三等级，甚至最轻佻的妇女和底层民众，都奋起反对耶稣会。"② 让森派的主要目的达到了，该派的胜利最终体现在 1761 年对耶稣会组织的大审判。整个 18 世纪让森派在以下两方面战斗：一是反对耶稣会，即以让森派的信念和习惯来净化和改革天主教会；二是在哲学领域内，严密地监视大胆言论，譬如《论法的精神》刚一出版，他们就率先出来揭发作者亵渎宗教。他们在自己的报纸《新教会》上发表文章，连篇累牍地攻击这个或那个哲学家……

　　总之，经历了长期墨守成规的沉寂和郁闷之后，1715 年以后的反正时期是自由和大胆迸发的年代：在节庆的氛围中，夹杂着欢笑和愉悦，被路易十四压制和定罪的所有能量都释放了出来。正如许多反弹一样，这次的矫正也是猛烈的，它会过头，再说摄政王不愿长期被人当工具使。可是它的折痕会给以后的时代留下印记，尽管奥尔良公爵变得更聪明了，尽管此后红衣主教弗勒里亦更温和了。新自由的最显明的标志就是那位文笔犀利的波尔多法官于 1721 年发表的轻松而冒险的书，作者在书中以讽刺笔法巨细无遗地描绘了法国现状：那个生性狡黠的波斯人不是

① 译注：圣梅达尔奇迹指 1727 年发生在巴黎圣梅达尔教堂墓地的所谓神迹事件。一位名叫弗朗索瓦·德巴利的天主教副祭，赞成让森派的观点，为此向教皇求情撤销对让森派的谴责。他行善帮助穷人，死后将全部财产分给贫困者。于是就在圣梅达尔教堂墓地他的坟墓上发生了许多慕名而来的病人突然康复的奇迹。奇迹越来越多，据说许多病人躺在他的墓上就痊愈了。

② 巴比埃（Barrier）：《日记》（Journal），第一卷，第 263 页。

冒天下之大不韪诋毁几个世纪来保护法国王室的神圣宗教吗？翻过一页，还是那个波斯人用几个字（"国王是魔术师！"）生生糟蹋了给瘰子颈病患治病的神圣国王，把国王与魔术师相提并论，称法国什么都有：还有国王耍魔术的！时代已被定了调：这个言论自由的世纪对什么都不尊重。

银行家约翰·劳

　　银行家约翰·劳破产事件引发的社会动荡对时局也有一定影响。这位苏格兰银行家深知发行纸币的好处，当公众接受纸币、疯狂投资于他的银行时，他越发感到事业的成功，而民众或许并不真正理解他银行的运作机制。他的成功也给自己树敌并招来妒忌。圣西蒙这样描写他："劳是一个精于策划的人，其城府之深令谁都察觉不到任何蛛丝马迹。"1720年7月银行破产，掀起了一阵大风波：以致普通法国人在很长一段时间内不敢再碰纸币，或许对投机、银行等也不再有任何兴趣；可是银行一破产，靠年金生活者首先遭殃，大小股东们倾其所有地投机，资产阶级借贷甚至卖田卖屋，一窝蜂地扑向虚幻的美洲密西西比金矿；不单波旁公爵发了财，连小酒店跑堂、消息灵通的听差等最敏锐的底层穷人都纷纷涌往坎康普瓦街（巴黎交易所旧址），轰轰烈烈地喧闹了两年多时间。银行破产骚动过去后，出逃意大利的银行家劳的资产被清盘抵债，巴黎突然变得"富有"起来，有人惊讶，更多人愤怒，但是确实在动乱中产生了几百个暴发户，他们住入豪华的公馆，开始过上阔绰的生活，正如所有土豪那样，喜欢时尚的玩意儿……这场金融和社会危机——其确切程度难以估算——至少使奥尔良公爵同时代的人相信新世纪的到来：在此天大的胆都有用武之地。自从老国王驾崩后，人们见怪不怪，公众舆论对摄政王在处理国家事务中朝三暮四的做法也认同了，对让森派的大胆和最高法院法官的公然抗命已经习以为常，人们向孟德斯鸠鼓掌，眼睁睁地看着伏尔泰下狱。这便是摄政期沙龙和节庆氛围中的"贵族社会"，它将"统治巴黎"直至18世纪末。

2. 沙龙和轻佻的节庆

在法国现代史上恐怕还从未有过如此坦诚地追求生活乐趣的时期，它不是那种被乡巴佬式的刻苦（即使在 1730 至 1770 年的富庶时代也宁可节俭度日）而衬托出来的玩世不恭；直到出现卢梭以及诞生浪漫主义和社会主义的伟大的 19 世纪，命运的幸运儿和社会骄子们恬不知耻地过着骄奢淫逸的享乐和奢侈生活；直到一个世纪后，正直和审慎才成为人们处世的准则。然而在 18 世纪，至少在世纪之初，还未出现小心谨慎者，也不见有疾恶如仇者，上流社会生活达到了登峰造极的地步。

对上流社会或者城市生活，人人都趋之若鹜；想象一下当时生活在周围都是农民的古堡中人的心态？16 世纪时还算体面的排场到狄德罗时代早已落伍了；继续待在古旧老宅里的人只是乡村小贵族了，在几个世纪里他们陆续变卖家产，如今只剩下鸽楼和头衔了（譬如孔堡的夏多布里昂老爹）①，成了农民中的一员。他们再无财力去享受 18 世纪的豪华生活，而且路易十四统治末期的经济危机早已把他们压垮了。然而在城市里，出身高贵的大贵族、暴发户商人、法律界的穿袍贵族和世袭官职的官僚，却过着醉生梦死的豪富日子：拥有舒适的公馆、享受城市的广场和整洁的街道，出入沙龙聚会，贵妇在沙龙中充当主角，公园迷人的露天节庆，与会者在草坪上翩翩起舞，唱歌剧、演喜剧……各种见解针锋相对的争论亦使城市显得更加热闹，人们停下跳舞来讨论《百科全书》和《天真汉》，围绕着加拉斯案和《爱弥儿》喋喋不休地争论，还有美洲的暴动者……机智的词语，愉悦约会的温情，伏尔泰和里瓦罗尔的巧妙文字，别出心裁的游戏等。即使在 17 世纪朗布耶侯爵夫人的文学沙龙和女才子家的聚会，即使在彬彬有礼的骑士时代，法国都未有过像伊斯贝克和查第格那么诙谐、像拉摩的侄儿和

---

① 参阅亚瑟·永格：《法国旅行记》（三卷本）中的精彩描写。

萨瓦省的副本堂神父①那么热情奔放的才华横溢者。欧洲没有任何人能经得住如此的诱惑和魅力。

舒适生活

首先是城市的舒适生活。18 世纪建造公馆有两个目的：居住舒适并且能接待宾客。私人公馆盖得越来越多，内部房间设计得小巧而隐秘，小客厅一个接一个，以便在重要日子可接待客人。小客厅的设计并非用来讲排场和接待众多宾客，它更适用于家长和子女间的家庭生活，过一种"小资产阶级"（如果能用这个年代错乱的词的话）生活。当时包括贵族、商人、金融家、大批发商等时代宠儿，以及律师、公证员都乐意在家里举办沙龙接待朋友，主人亲自演奏音乐，某个神父发表哲学高论，他们不会像上一世纪那样讲究仪式，而是更注重敦厚和友善。除了个别大金融家的铺张炫耀，一般大型招待会越来越多地在阅览室和科学会堂等新型公共机构内举行。哲学家们的沙龙不再追求凡尔赛宫镜厅的气派；几个私密的朋友聚在窗前的空间或游戏桌旁进行讨论，这是 18 世纪的时尚。人们也喜欢凑近耳根讲悄悄话，在会心一笑之间传递大新闻：哲学家们或多或少是密谋者，拉摩的侄儿就因为在公共场合高声说出别人在沙龙一角悄声细语的内容而招人反感。此外，人们亦喜欢带小客厅的套房的自在和温馨，容易摆设家具，取暖性亦好②。这些文明社团创造了适应于社会生活新概念的新型社交方式。后来连凡尔赛宫和宫廷生活都朝着追求舒适和隐私的方向演变：小特里亚侬宫的建造风格就与路易十四时代的完全不同；凡尔赛宫内部亦根据同样标准进行改造；事实上，路易十五就不像路易十六那么欣赏先祖的炫耀风格；玛丽-安托瓦内

---

① 译注：伊斯贝克（Usbek）、查第格（Zadig）、拉摩的侄儿、萨瓦省的副本堂神父分别为孟德斯鸠《波斯人信札》、伏尔泰《查第格》、狄德罗《拉摩的侄儿》和卢梭《爱弥儿》中的人物。

② 参阅 Ch. 莫拉泽（Ch. Morazé）:《关于火的新试用》（*Nouvel essai sur le feu*），发表于《活的历史林林总总》（*Éventail de l'histoire vivante*），第一卷，第 85 页。该文提出不少大胆的假设，有待考证和核实。

特王后曾在宫内花园里扮演过牧羊女的角色……18世纪末巴黎体现出与宫廷的细微差别，包括卢梭对充斥谎言的名利场、对贵妇名流云集的上流社会的高声指责，这是一个受惊者以精妙绝伦的言辞发出的强烈诅咒。

于是社交生活变为在小公馆内较隐秘的活动。小公馆坐落在马路一侧，闹中取静，宅内有大花园，公馆建筑对称而挺拔，如在香榭丽舍大街和塞纳河两岸的公馆。马路已经拓宽，而且维护得更好更干净，路面铺了鹅卵石，再不是污泥满地。夜间街上有路灯照明，尤其是城市警察专业化，夜间有警察巡逻。大道和大街成为人们散步和约会的地点；古代建筑遗址中发现的城市化设施应用于建造新型的都市。那时的奢华不再追求高大的建筑，而是讲究内部的装潢和家具。路易十四风格的大靠椅演变为更精巧的路易十五风格的小家具，如精致的靠墙桌、独脚小圆桌、精巧小托盘、有多层隐秘抽屉的写字台、轻巧的靠背椅和扶手椅等。巴黎工匠们迎合新潮流生产出带细长弓形腿的桌子和椅子，椅背用印度布做装饰，上面的印花色彩鲜艳、图案各异；木雕厚重的橱柜、古风犹存的餐桌让位于雕刻更精细更优雅的家具，它们与室内质朴的墙饰更加协调，在墙饰方面再也看不到路易十四时代流行的饰带和羽毛装饰了。

除此以外，城市生活还有一大奢侈，其重要性在整个18世纪不断凸显：那就是美食佳肴。弗朗索瓦·瓦泰尔的厨师职业在18世纪成为各大城市最抢手的行业。盛馔如同博彩、沙龙清议一样，成为18世纪法国的一大嗜好：摄政王（并非路易十四——他跟《巨人传》中的庞大固埃一样，用餐狼吞虎咽）十分时髦的精美夜宵、金融家们的佳肴等等，许多名菜还用他们的名字命名哩！贵族和资产阶级以府上有名厨及名菜而自豪，正如今天某个厨师标榜他的橙子鸭一样。城市上流社会的餐桌上必不可少的是从安的列斯群岛运来的饮品。米什莱在描写摄政时期的风尚和精神状态的精彩篇章中，将咖啡比作巴黎生活的提神剂。咖啡在路易十四治下悄然引进，起初人们饮用淡淡的阿拉伯咖啡——摩卡咖啡，后来崇尚《波斯人信札》中写到的从波旁岛①来的浓咖啡，最后在《百科

① 译注：现今称留尼汪岛。

全书》时代人人喜欢喝从圣多明各运来的清淡而刺激的咖啡。当咖啡和茶的香味滞留咽喉之际，不知是出于天才的直觉还是纯粹的偶合，在米什莱之后 50 年，阿尔弗雷德朗博先生发现，在一个酒的消费已对人造成足够大刺激的国家，"如果同时饮用咖啡和茶这两种在古代和中世纪都不为人知的饮料，那么对法国人（应该是"都市法国人"）的性格所带来的影响还远未被充分估计"。[①] 人们经常用酒文化的概念来区分法国、西班牙、意大利与北欧国家和英伦岛国；这方面的研究还有待深入。然而谁也不怀疑当时人已感觉到咖啡的"提神"作用，认为饮用咖啡有许多好处，有些甚至还意想不到：譬如某些回忆录作家就建议天主教神父饮用咖啡，因为"它能使人更贞洁"。《百科全书》严肃地指出，土耳其人将该国人口减少归咎于国人大量消费咖啡；所有人都承认咖啡使舌头更灵巧，有助于人们对答如流，尤其在那个比别人欠缺什么会吃亏的时代。总之人人看好咖啡的新生意，一家家"咖啡店"应运而生。

沙龙

18 世纪城市中有多少沙龙聚会！人们在沙龙上发表机智的言论，讨论政治和学术。咖啡肯定受到欢迎。有些沙龙的主人是有某种意图的：包税人和银行家，大宗批发商和大制造商，以及传统贵族和穿袍贵族，他们都办沙龙，他们的太太也参与其中，报了 17 世纪的克利萨勒们[②]的一箭之仇。除了华丽的沙龙，还有学会、阅览室、共济会会所——上流社会知识生活的新场所。

无论是灯火通明的聚会还是隐秘的私人交谈，任何人只要有闲暇和足够的钱都可以在家里开沙龙：这是哲学家的时代，开沙龙清议时政跟上一世纪攒够了钱在奥尔良和第戎附近置地一样正常。许多家族在两个世纪的作为形成鲜明对比：祖父辈勤俭节约几十年，在他们的地产上发

---

① 朗博（Rambaud）：《法国文明史》（*Histoire de la civilisation française*），第二卷，巴黎，1900 年版，第 559 页。
② 译注：克利萨勒（Chrysale），莫里哀喜剧《女学究》（1672）中的人物，一个大男子主义者。

家致富，终于在城外积累起大片产业或在危机年代守住了家族的生意；而 18 世纪 50 年代的孙儿们却在晚会上挥霍无度，在精致的公馆里眉飞色舞、口若悬河赢得宾客的喝彩。在沙龙上女主人往往摆出女学究的架子扮演主角：如朗贝尔侯爵夫人府上的沙龙开办于 17 世纪末，至 1710 年前后已高朋满座，人们在沙龙上热烈探讨科学和文学；德唐森夫人和若弗兰夫人如法炮制，以她们对世界的广博知识把沙龙办得有声有色。1750 年后，沙龙带有更多的政治色彩：如德莱斯皮纳斯女士主持的沙龙，特别是为其丈夫实现当内阁大臣雄心的内克尔夫人的沙龙更是如此。巴黎沙龙聚集了名公巨卿，如作为第一代哲学家而思想依然敏捷的年迈的丰特奈尔，他喜欢参加沙龙"相互探讨，那里时而有睿哲议论"；巴黎还有——现任的或未来的——学术院院士聚会，夏尔·埃诺在回忆录中谈到朗贝尔侯爵夫人的沙龙时，直言不讳地写道："必须先经过她才能进入法兰西学术院。"① 外省城市的沙龙不像巴黎那么显赫，沙龙常客写新文学作品，朗诵短诗，但是透出一种"自由精神"，狄德罗称之为世纪之精神：百无禁忌的言论自由，以及埃诺所称的那种"雅致风流"的自由气息。这种轻佻的游戏——哲学成分显然少了——我们可以在马里沃的戏剧舞台上看到（非常相像的）影子：故作风雅的爱情游戏和打情骂俏，浅薄和残忍的男女关系，以及矫揉造作的爱情心理；同样在肖代洛·德拉克洛的创作中亦有反映，《危险的偷情》是最辛辣的作品。拥有一颗伟大心灵的卢梭对此疾恶如仇，他的泰蕾兹②是那么地单纯和不善掩饰，她忍受不了这些花言巧语和恶意中伤。

学会、图书馆和共济会会所

图书馆阅览室和学会等聚会比沙龙更严肃些，参与者基本上是男士，取得的成功或许更大，肯定也更有特点。在 1715 年以前外省已出现了许多学会，而到了 18 世纪 50 年代差不多中型的城市（居民人口两万

---

① 参阅他的《回忆录》，1855 年版，第 103 页。
② 译注：泰蕾兹·勒瓦瑟尔（Thérèse le Vasseur）是卢梭的终身伴侣，参阅《忏悔录》。

左右）也都有了自己的学会：有些学会是柯尔贝创立的巴黎科学院的真正分支机构，譬如蒙彼利埃科学学会，它将自己的报告和研究送交巴黎总部；但其他学会并无如此大的志向，只是为了促进本地区法语的运用，发展科学和艺术，如亚眠的科学学会自称宗旨是"协同所有人一起促进语言，营造趣味，培养精神"。科学学会最广泛的关注和基本工作，在于促进科学的研究及其应用：人们不把科学分门别类，各种科学在人们眼中都是"使人们变得更幸福的方法"。达尔让松侯爵在谈到埃诺公馆的"夹楼俱乐部"① 时就用了这话，它使人想起圣茹斯特②；这句名言意味着从科学向技术的过渡——17 世纪未能跨越的一大步。关于生理学、物理学和矿物学等问题的讨论占据学会的大部分议题，农艺学的讨论亦取得很大成功，有的学会只讨论农艺问题，不涉及其他科学，譬如奥尔良的科学艺术古典文学协会。得到保护人慷慨捐助的协会还出资举办论文竞赛、文学游戏和研究等活动——这是文艺赞助的一种新方式——科学院（协会）被当地城市引为自豪，鼓励文人和学者发表作品，建立通信联系，提高研究质量。在此值得提及第戎科学院对卢梭生平的影响，卢梭曾于 1750 年和 1754 年两度在第戎科学院发表论文。

　　与学会性质相近的还有公共图书馆和阅览室，参与者也是求知欲较强的男士。图书馆和阅览室往往是由某个富人（如第戎的布依埃院长）出资建立，或者在某人（如格勒诺布尔的哲学家亨利·加尼翁）倡议下由公众集资建立，图书馆和阅览室在各地如雨后春笋般地涌现。至 18 世纪末，图卢兹以拥有"四所漂亮且藏书丰富的公共图书馆"而自豪，馆内收藏了上一世纪出版的神学著作、本笃会修士撰写的博学著作，以及新近出版的报章期刊；而且还拥有大量的研究工具，收集科学论文著作、大型词典，如皮埃尔·贝勒的《历史和批评词典》和特雷武的《词典》。

───────────

① 译注：设在埃诺公馆夹楼的沙龙名称为"夹楼俱乐部"（Club de l'Entresol），夹楼为法国某些建筑内介于一楼与二楼之间的夹层，亦称为中二楼。
② 译注：圣茹斯特（Saint-Just, 1767—1794），法国大革命雅各宾专政时期的领袖之一，国民公会中最年轻的成员，以热情奔放的演说著称，热月政变后与罗伯斯庇尔一起被送上断头台。

图书馆收藏了当时出版的大量报章杂志，如《学者报》以及历史、政治刊物，其中最著名的是庞古克出版的一些刊物，另有一些昙花一现的，尤其是文学方面的期刊，这些出版物使外省能及时了解巴黎的新闻。图书馆向公众出借图书，它拥有一间阅览室，往往（在图书馆旁边）还有一间讨论室——喜欢发表言论者可以在此交流心得，读者也可像在学会一样进行探讨和发表评论。此外，咖啡店也是一个聚会点，如同英国式的俱乐部，譬如巴黎著名的"夹楼俱乐部"。

　　文化生活在18世纪中还产生了其他一些背景，如共济会会所，共济会的作用和影响比较特别。该组织于1721年从英国引入，经过敦刻尔克、亚眠最后传到巴黎。共济会的标志和隐秘作风、在吸收新会员时多元化平等原则（当时科学院只接纳贵族和资产阶级）以及会员的入会仪式都毫无阻碍地引入法国，这个思想社团取得了极大成功。会员内部讨论的自由气氛及其思想的多元化是它成功的秘诀：从玫瑰十字会的神秘主义到最纯粹的理性主义都能在共济会内并存。共济会与19世纪的反宗教思想并无渊源关系（许多主教和本堂神父都自愿成为会员），它如同科学院一样关心普遍的进步，讨论社会时政的重大问题，对期刊（譬如《文学观察家》和《特雷武日报》等）发表的文章进行评论。因此共济会也促进了哲学思想的传播，但是并不存在所谓密谋大革命的问题。尽管某些作家相信大革命是一场阴谋，而思想激进的共济会就是幕后推手，这一推断实在高估了一些目光短浅、生活古板的共济会成员的作用。

　　由此可见，知识氛围浓厚的上流社会生活五花八门，从轻佻或学究气的沙龙到共济会会所，外省城市亦跟着各种庄重或隐秘聚会的节奏活跃着。每座城市都是文化中心，它在资产阶级、贵族和僧侣的积极参与下，组织论文评选和文学游戏等活动。贵族不再是城市生活的主宰，它必须跟自由资产阶级和商人共同发起各项活动、引导舆论和趣味；然而在启蒙时代已变得势单力薄的僧侣阶层，人数减少，至少德高望重者少了，已处于守势——他们最好不再摆出虔诚的样子，在生活和思想大潮流中随波逐流。在大革命前夕法国僧侣阶层的危机已是尽人皆知的事实：拉特雷耶先生在《教会与大革命》一书中对此有极其精彩的描绘。当时人们特别注意到僧侣人数的减少，反映在选择神职——尤其是进入修道院当修士——的人数大幅下降；譬如梅桑斯统计，1759 年在拥有上百钟楼的鲁昂市，21 个修会仅有修士 418 人，18 个女修会中修女仅528 人。

华托和拉摩

这个崇尚精神享受的社会，它的最轻松的表达就是风流的节庆。华托、朗克雷和布歇的画为我们展现了当时跳舞、爱情游戏的最逼真场面。华托是第一个画这类题材的画家，也因此被冠以"风流节庆画家"的称号；充满激情的年轻国王路易十四于 1660 年在凡尔赛宫，幻想置身于一个能将枯燥朝政抛诸脑后的岛屿上，于是在凡尔赛宫举办的第一场节庆（1664）便命名为"欢乐岛的喜悦"。华托的《出发去爱情岛》（1717）显示出国王的创意在下一世纪初取得了何等的成功：《温和的爱情》《公园聚会》《小步舞》真实地反映出在明媚的阳光下，情人们翩翩起舞和拜谒神圣爱情的真实场面。在华托之后，18 世纪不乏各种倾向的天才画家：轻浮的弗拉戈纳尔、夸张的说教者格勒兹，还有关注小资产阶级生活的夏尔丹——当时的小资产阶级与奢华生活无缘，他们在平庸闲适中依旧保留着传统的美德，但也欣赏优雅的气质和上流社会的精美服饰，《饭前祷告》和《勤劳的母亲》等便是反映这一题材的画作。尽管如此，华托的田园风格和节庆氛围仍受到身后几代人的追捧（从奈瓦尔到雷诺阿），布歇的乡村牧歌同样受到欢迎，他的画亦表现出同样的情趣和优雅。这两位画家的作品令人联想起在作曲家大库普兰用羽管键琴演奏的优雅音乐或者拉摩的"露天舞曲"伴奏下，在公园漫步、跳轻盈的小步舞和加沃特舞的场景。

拉摩是 18 世纪法国的伟大音乐家，他在德国与巴赫和莫扎特齐名。拉摩将 17 世纪吕利发现的声乐和弦乐发展到前所未有的高度。吕利的成功在他的时代是超乎寻常的，音乐不再被视为倚傍于文学的小艺术：这

是拉丰丹说的。拉摩、狄德罗和卢梭为把"这一娱乐感官"的艺术提升
至更显要地位而作出了很大贡献。1706 年《信使报》上写道："您不会
想到，太太，我将在此表演一种十分高雅的艺术：它就是音乐。"很难想
象 50 年后还会有人说这样的话。拉摩曾长期在第戎和克莱蒙的教堂当风
琴师，后来在拉布普利尼埃府上担任乐队指挥长达 20 年，这位大金融家
在帕西的豪宅内招待宾客的盛大规模可与宫廷宴会相媲美；最后他接受
了王室"室内乐作曲家"的官方头衔。音乐悲剧、英雄田园诗、抒情喜
剧、芭蕾舞剧，尤其是使他声望大振的六部歌舞剧，构成他的全部创作。
宣叙调、合唱和交响乐在他的音乐作品中已有较强的表现力，在 19 世纪
的歌剧中更得到了进一步发挥。在《婚姻之神和爱神的节庆》《卡斯托耳
和波鲁克斯》《爱神的惊喜》等剧的轻松情节上，拉摩谱写了齐整有序的
音乐，大型乐队的演奏达到炉火纯青的地步，长期为后辈音乐家所称颂；
但是音乐的细腻和轻盈的特点——在 19 世纪的抒情乐或 20 世纪的交响
乐取得辉煌成功的背景下——被人们遗忘了。拉摩的歌舞剧《风流的印
第安人》（亦译作《殷勤的印第安人》）近年又被搬上舞台，雄浑的交响
乐时而变得十分悲壮，常常令人惊讶不已……拉摩引领了他那个时代的
音乐舞台（他逝于 1764 年），对莫扎特产生过较大的影响。同时他还是
一个音乐理论家，他的音乐理论著作深受后人推崇[1]。歌剧比传统话剧
更能激起观众的情感，在当时很受欢迎并诞生了多种形式，18 世纪末格
雷特利的喜歌剧征服了巴黎观众；抒情剧也逐渐摆脱了宫廷芭蕾舞剧的
陈旧形式，形成独特的风格，赢得更多观众的喜爱。在 18 世纪下半期，
伏尔泰的许多朋友不得不承认卢梭至少创作了一部好的独幕歌剧《乡村
的占卜者》。

　　人们通常把华托和拉摩两人放在一起，他俩代表了巴黎生活乃至法
国生活的一个精彩时期。但是，当用他俩来表达某些精致的情感时，其
意义却超出了我们城市——从第戎到普罗旺斯的艾克斯——的范围：从

---

① 让-菲利普·拉摩（J.-Ph. Rameau）：《和声学》（*Traité de l'harmonie*，1722），《和声原
则的示范》（*Démonstration du principe de l'harmonie*，1750）。

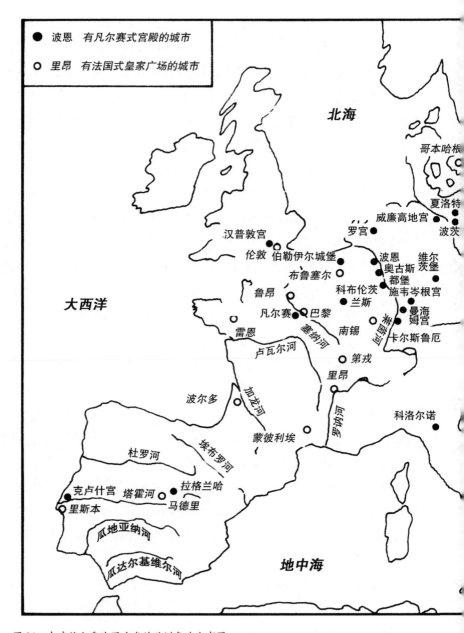

图 26　在建筑上受法国启发的欧洲各地分布图

（引自 L. 雷奥［L. Réau］：《启蒙时代的法国式欧洲》［*L'Europe française au siècle des Lumières*］，第 280—281 页）

卓宁霍姆宫

圣彼得堡　彼得霍夫宫

沙皇村

巴甫洛夫斯克宫

伏尔加河

斯德哥尔摩

波罗的海

道加瓦河

顿河

阿尔汉格尔斯科

库斯科伏

柏林

瓦金基

普里皮亚季河

易北河

维斯瓦河

第聂伯河

施莱斯海姆宫

宁芬堡

海伦基姆湖宫

维也纳

美泉宫

黑海

多瑙河

亚得里亚海

卡塞塔

1720 年起柏林获得了华托的名画《出发去爱情岛》；波茨坦拥有了《温和的爱情》。欧洲各国宫廷争相在墙上挂布歇的画和朗克雷的《威尼斯节日》作为装饰。在音乐方面，外国有自己的大师，但是拉摩与巴赫的《勃兰登堡协奏曲》和莫扎特的《巴黎交响曲》《费加罗婚礼》有着不可否认的联系。法国的社会生活成为整个欧洲的典范，受到各国的仿效——不管怎么说——甚至还被赶上。正当某些法国人的目光转向外国，毫无保留地欣赏"人身保护法"的发源地英国——从 1734 年起竭尽溢美之词（伏尔泰的《英国通讯》）甚至证明英语表达的合理性，普鲁士国王腓特烈二世和俄国女皇叶卡捷琳娜二世纷纷宣布将在本国实行大规模改革，受到巴黎人的喝彩，中国亦在当时百科全书派学者中受到推崇。欧洲不分国别地出版法国书籍，欢迎法国人。在路易十四时期，各国大小亲王们开始仿造凡尔赛式的宫殿，模仿得惟妙惟肖，还在宫殿前修造了法国式的花园。到了 18 世纪，法国书籍、绘画、服饰和家具被源源不断地运往各国宫廷：无论在腓特烈二世身边还是在叶卡捷琳娜二世宫中，宫廷内一律讲法语，唯有法语才能精确地表达意思；年轻的歌德在斯特拉斯堡生活过一段时间后，竟然在动笔写作时会在使用法语还是德语之间犹豫片刻。几百个法国人仅因为会说法语而被请到维也纳、布拉格或柏林——最远到俄罗斯——的大贵族家庭担任孩子的家庭教师；法国的建筑师、音乐家和作家被请到从圣彼得堡到里斯本等的各国城市……巴黎生活之盛名如此之大，连最富有者都想来巴黎居住，把巴黎当作自己的城市。18 世纪末卡扎诺瓦就如是说："只有在巴黎才是生活，在其他地方仅度日而已。"

欧洲迷恋于巴黎的大千世界和法国思想的普遍价值，启蒙时代的欧洲是法国的欧洲——只要有明确的范围，这句话千真万确。从沙龙到学会，无论在柏林还是在圣彼得堡，我们所说的欧洲是上流社会的欧洲，即贵族和资产阶级社会。无论在意大利北部——贝卡里亚①的故乡，还

---

① 译注：贝卡里亚（Beccaria, 1738—1794），意大利法学家、哲学家，他以著作《论犯罪与刑罚》（1764）而闻名，该书批评酷刑和死刑，成为现代刑法学的奠基之作。

是在莱茵河畔的美因茨或科隆或荷兰南部（大部分是法语区），都过着法国式上流社会的生活。相反，英国从未参与对法国的热烈仿效，原因很清楚……我们知道英国的贵族不是一个社会等级，它的上流社会比其他国家更资产阶级化和绅士化。欧洲东部，包括柏林在内，当地有许多法国人，法语学校的存在使 1685 年因受宗教迫害而流亡当地的新教徒后裔仍与法国文化保持着可贵的联系——在萨克斯、奥地利或俄罗斯等地的贵族讲法语，看法语书籍，写法语和唱法语歌；在中欧和东欧国家，资产阶级尚不成气候，他们的经济和社会力量比较薄弱，因此没有参与模仿法国上流社会的生活，因为过这种生活需要有余暇、有丰厚的年金和人际关系，甚至需要商业活动。然而，圣彼得堡或维也纳的资产阶级，被德国或英国的中介者遮挡了……可以认为在全欧洲范围内，法语热与农民阶层或城市普通市民无关：他们什么都没有：余暇、年金……18 世纪法国的欧洲是极少数贵族的欧洲，但它留下的遗产却影响深远。

3. 启蒙运动：哲学精神

从纯粹知识层面上来说，法国并非唯一照亮世界的国家：莱布尼茨的声望，尤其是牛顿的名气都向我们证明这一点。科学的进步绝不逊色于文学的成就，因此需要在比《百科全书》所揭示的更广范围内来理解伏尔泰和孟德斯鸠等政治思想家的影响，九位"艺术之神"在启蒙运动中发挥了各自的作用。在整个18世纪过程中随着知识教育的进步，公众舆论的作用显得越来越重要，当时最重要的哲学家甚至在私人通信中都考虑舆论的影响。

《百科全书》

作为时代的集体创作，工程浩大的《百科全书》是狄德罗计划、准备并实施的，从1748至1765年前后花了17年时间，它或许是哲学精神和艺术的最重要见证人。狄德罗在达朗贝尔的辅助下，成功聚集了各门类的专家学者"尽可能分门别类地展示人类知识的来龙去脉"，达朗贝尔负责科学类编撰时间长达十余年，卢梭则担任音乐方面的编撰……他们都意识到要"为了人类的普遍利益而怀着相互友好的情感"一起工作，这是18世纪乐观的人文主义的大手笔。然而，《百科全书》不是一个科学的综合：百科全书派学者不无遗憾地承认，这个旨在介绍全部知识的唯一系统其实超出了他们个人的能力；自从笛卡儿的旋涡理论失败（而证明牛顿的学说是正确的）以来，法国学者对建立百科全书体系的希望变得不十分强烈。狄德罗的朋友们只是相信每门科学都有它的方法，也就是说"普遍原则是各门科学的基础"，一门科学对另一门科学可能有帮助，但它们之间的关系需要谨慎建立：所谓谨慎并不排斥热情和对人类的信仰（"人是唯一的，一切从人出发也最终归结到人"），正是对人的信仰支撑着《百科全书》的组织者承受住某些合作者们的粗暴拒绝——

包括达朗贝尔的拒绝——和出版的贫困境遇，尤其是 1752 年后批评指责的风暴来临之际，编撰工作不得不迂回曲折地进行；同时亦相信科学的进步，尤其是自然科学领域雷奥米尔、特朗布莱和伟大的布丰的成就。布丰于 1744 年发表了《地球理论》，从 1749 年起陆续出版了卷帙浩繁的《自然史》。在自然科学领域中"观察"的进步是决定性的：17 世纪末诞生了第一部显微镜，光源通过透镜折射；靠这一简单的工具有了许多发现（今天的普通显微镜在 1880 年后才诞生①）。

　　解释各种行业、艺术和科学的《百科全书》是对人类进步的谨慎颂扬，它独立于任何教条和权威，尽管受到过某些保护；布丰因为《地球理论》一书中有与《圣经·创世记》相违的内容而遭到谴责，作者不得不服软，同样狄德罗亦只能在编纂过程中加上一些内容符合基督教正统理论的条款，如神学、亚当和地狱等。尽管许多地方显得相当大胆，百科全书的作者们不得不时时自律，对上帝有正统观念；有时难免显出不得体，甚至不信教（如关于罗马神话中女神"朱诺"的条款）。我们应当在这类人为的矛盾和不同作者之间的分歧和不协调之外去理解《百科全书》，有时不同作者的信仰之间会有相当大的差异（达朗贝尔几乎相信万能数学，但并不照此去做）；《百科全书》向世界展示出有意协调人类已获得的全部知识的企图，它是一部总结，或者说一部总目，当人们承认不可能以一种思想去把握人类全部知识时，有一部总结是必要的。它对各种知识做出点评，勾勒出物质文明的概况，清点材料和技术、形式和风格；还展现出当时人的好奇心，以及他们在一定时空范围内（古代和现代的科学和哲学）② 对历史和周游世界的嗜好（作为对耶稣会教士在未开化国家传教时所写的无数见闻录的反响）。百科全书的精神也是开阔人们的视野，驾驭已有的发现，寻求将世界分门别类地归纳；它面向未来，并相信人类一旦掌握了常常不可预期的发展就必将有更美好的未

---

① 参阅居耶诺（Guyénot）：《17、18 世纪的生命科学》（*Les Sciences de la vie aux XVIIᵉ et XVIIIᵉ sciècles*），巴黎，1941 年版。

② 参阅《百科全书》中关于斯宾诺莎和莱布尼茨的条目。

来：百科全书派的每个作者在自己的领域中看到了超越眼下的将来——譬如《战术通论》（1772）的作者伊波利特·德吉贝尔就预言了大革命时期的公民战士。这就是激励狄德罗的同路人的哲学精神之真髓。

狄德罗主持这项伟大工程十分勤奋努力，当与哲学同道意见相左时他的态度诚恳，对文学上的得失斤斤计较，总是穿着他那件破旧的睡袍，钟爱他笔下的那个反复无常的拉摩的侄儿，对情人索菲·沃兰温柔体贴。在 30 余年的哲学推论和讨论中，他的文笔始终那么犀利和精彩，是身边许多哲学家的楷模。他的朋友鼓励他、帮助他，但也有利用他的，如霍尔巴赫、爱尔维修和雷纳尔神父，还有许多平庸之辈。狄德罗的文思敏捷，常常会讲一些淫猥的话（因为他好色），有能力以寥寥数语把一些重要问题讲得非常透彻：拉摩的侄儿的嘴里常常会说出精彩的妙语，宿命论者雅克也是如此。倘若需要描绘从 1770 至 1774 年开始的经济危机的景象，《宿命论者雅克》中这样写道："糟糕透顶的年份，收成刚够糊口和养活孩子。谷物价格飞涨！家里滴酒无剩！如果还有工做，油水都被富人榨干了，穷人一无所有；工作一天，停息四天。从来不按劳付酬；债权人生硬粗暴得叫人绝望……"翻过一页，作者话题转到人口问题上，"困难时期尽生孩子，徒添嗷嗷待哺之口。多一个孩子对于穷人毫无意义，最终还是送慈善机构去养活……"等等。总之，狄德罗是当时最伟大的名字之一。

反宗教思想

《百科全书》并没提出一套哲学理论，对诸如宗教和政府等当时重大辩论每天都遭到新的质疑，哲学家们的立场亦不尽一致。这些激情洋溢者的方法或许是一致的：他们都受到同一自由批判精神的激励，都把法国君主制的绝对专制和天主教会作为反对的目标。然而他们的共同点仅此而已。不能忽视他们有共同的敌人，面临同一座巴士底狱和同样的耶稣会教士；但是如果看不到他们之间的分歧，就无法理解 18 世纪给后世留下的沉重包袱。哲学家们的分歧在 1750 年以后尤其凸显出来：伏尔泰开始以讽刺笔调评论卢梭的作品，一反以往对卢梭的卓越评价，经常觉得他天真幼稚。王权神授的理论和最受注重的天主教礼仪受到系统的抨击、贬低和驳斥：于是百科全书遭到巴黎大主教的谴责，国王下令禁止；然而书籍依然畅销，以假名或真名发表作品的作者和书店也赚了钱。可是在哲学家阵营内部，分歧扩大了：伏尔泰和卢梭之间出现了裂痕；后来布里索和罗伯斯庇尔之间亦产生对立。

伏尔泰的哲学以其反宗教思想著称，他那热烈雄辩的争论充溢了当时的空气，他的辛辣甚至变得有点疯狂（他有时署名"埃克兰""卑贱者埃克拉宗"……）。然而有必要更贴近地观察一下，在《英国通信》和《论风俗》出版之前，部分资产阶级和大贵族已逐渐具有反宗教的思想，至少开始信奉自然神论。很快人们觉得最好不谈宗教，除了付之一笑，最好只履行最必要的宗教义务，最好表面上显得确信上帝，虽然实际上虔诚已被看作"笑柄"。所以，当内克尔在1788年他的《宗教舆论重要性》中写道"一段时间来人们总在说有必要写一本道德的入门书，但不作宗教信仰的说教，它们已过时了，应当把它们搁置一边"时，人们并不感到震惊。一个世纪来教会内部进行神学和道德的大辩论也有助于滋长对宗教淡漠的情绪；《特雷武日报》和《新教会》之间的激烈争论，巴黎最高法院无视罗马教廷的训谕，英国的影响，特别是洛克鼓吹基督教各派之间应持容忍态度的著作：所有这一切——公开的长期讨论和危险的阅读——都助长了怀疑情绪，渐渐形成了反宗教的某些形式。长期来对罗马教廷和耶稣会教士的恼恨在巴黎市民中滋长，它的背后是对整个神学体系的不假思索的怀疑。伏尔泰肯定在其中起了很大作用：他能以震撼人心的三言两语道出别人需用15页来表达的意思（诸如出名的俏皮话：上帝按他的样子塑造了人……）；其次是他对政府、行政或司法机构内一切有意或无意彰显教会影响的权威的不懈仇恨，如对新教徒的迫害、主教们的滥权（如米普瓦主教）。与七月王朝或第三共和国初期的情况不同，1750年前后形成的"伏尔泰精神"渐渐摧毁了社会对教会人士和教会本身的敬仰：否则如何解释国王路易十六下令把一个红衣主教像坏人一样当街拘捕的举动呢?

　　竭力宣扬容忍的伏尔泰，本人也许是宽容的；但对其他哲学家朋友却未能摆脱偏见，对犹太人也不够容忍。直至大革命前夕 1787 年，新教徒终于取得了身份户籍，被教会列为另类的演员也恢复了名誉因此相互拥抱和庆祝；犹太人始终处于社会的边缘。譬如在法国东部的梅斯，犹太人像在中欧国家一样同族人聚居一处，与城市其他居民相隔离；他们遭到诅咒辱骂，到处都是局外人。有人在回忆录中对 17 世纪末移居波尔多地区的一些犹太人的描写可引以为证："有些犹太人发了财，这个不幸的民族出于自我保护，知道在所居国宁可跟基督徒打交道也不和一个犹太人交往；前朝末年一些犹太人家里有了少许积蓄，就相信国家绝对需要他们，于是自认为是土生土长的本地人了，宁可忘记这个受诅咒的民族。这个民族理该永远流浪奔波，不得定居下来……"伏尔泰也在《哲学词典》中声称："一个无知和野蛮的民族，长期来他们集合了最可鄙的吝啬、最令人憎恶的迷信和对所有民族的无法遏止的仇恨，然而别的民族却容忍他们，令他们致富。不过，不该烧死他们。"另一方面，伏尔泰（与喜欢阅读他作品的大资产阶级和贵族一样）并非真正的无神论者：他相信上帝而不相信僧侣和教会，他的上帝或许是个创造了世界之后不再干预人世的造物主；他尤其相信这个对民众必不可少的世人无法摆脱的上帝和宗教信仰，因为民众不能只靠道德（或政治）规范自己的言行。伏尔泰多次强调指出，对社会来说宗教是好事，因为任何人不否认："我们的社会充满骗子、无赖，到处有小人，他们粗暴、酗酒、行窃：你能对他们说地狱不存在，灵魂会死的? 对我来说，如果他们偷窃了我，我会对着他们的耳朵大声疾呼：你将被罚往地狱。"[①] 此话与宪兵、守财奴大财主的话如出一辙：穷苦人的虔信坦诚在伏尔泰的哲学小说中并没涉及，它只是费尔内的古堡主人[②]的一道屏风，尽管他抨击神父和宗教教条，抨击《圣经》和教会先圣，毫不留情地批评耶稣会教士及其上

---

① 伏尔泰：《哲学词典》（*Dictionnaire philosophique*），"上帝"条目。
② 译注：费尔内的古堡的主人指伏尔泰，因为他曾长期住在费尔内（Ferney）的古堡。

层……

这种偏执的理性主义在当时社会上蔓延，直到有一天充满激情的日内瓦公民终于发声了，恢复了其在宗教情感中的地位："信仰，信仰，神的天性……"萨瓦省的神父①这样呼唤着，这个人物很快遭到罗马教廷和日内瓦双方的谴责，然而他在善良和邪恶之间发现了人和人的自由。面对权贵，卢梭显得和伏尔泰一样地高傲（谁不知那封《致拉斯蒂克伯爵的信》?），但与伏尔泰和其他人不同的是，他内心没有轻视小人物、蔑视民众的心态。在 1750 至 1780 年这 30 年里，卢梭从激情奔放的逻辑出发，强调人类情感的地位：这一点受到包括罗朗夫人在内的整整一代人的赞同，更不用说对后世浪漫主义的影响了。罗朗夫人读着被她称为"神圣的卢梭"的作品会禁不住热泪盈眶。康德没有那么激动，但也受到了卢梭的影响。

在政治方面，分歧也相当明显。1750 年之前，我们的哲学家们是谨慎的改革者，表现出有勇气但也有克制：他们向国王提出大胆的建议，使人相信有望实行开明的君主制。但 1750 年后，卢梭发表了《论人类不平等的起源和基础》（1755）和《社会契约论》（1762），就不再是改良君主制、变绝对专制为温和君主制的问题了：提出了彻底的革命——这个任务连 1789 至 1794 年的人都未能完成。

温和的君主制

写《英国通信》（1734）时的伏尔泰和写《论法的精神》（1748）时的孟德斯鸠都不是共和党人，也不是民主派。伏尔泰匆匆见识了英国，但未曾想到棘手的问题；他肯定读过 1688 年英国革命的理论家——洛克的书，对国王与民众分享权力的英国君主制褒奖有加。伏尔泰对当时法国的一切都表示怀疑，相信外国制度的优越，轻易相信英国的现实和洛克所鼓吹的权力平衡原则是一回事：城市腐败、选举舞弊、地方行政权力混乱等跟他都没有什么关系。于是他不遗余力地吹捧这个制度：众议

---

①　译注：萨瓦省的神父为《爱弥儿》中的人物，见"萨瓦省神父的信仰职业"一章。

院立法，国王实施法律，没有巴士底狱，也没有死囚犯的黑牢……孟德斯鸠比较系统，他研究过古代至现代的例子；反复阅读前辈蒙田的著作，发觉自己与蒙田有相近之处；不屑对历史作一般性的思考——20世纪人们对孟德斯鸠的学说冠以"历史哲学"的名义重新加以研究。孟德斯鸠在柏拉图、博丹等人的理论基础上，指出暴君、君主制和共和国制度的原则有多么大的区别，以权力内部衰落的原理来说明不同制度是如何产生的。最后他也不忽略洛克及其《政府论》，并从中引出他自己的三权分立理论（行政、立法和司法）；由此产生了《论法的精神》，尽管对这部巨著从远处欣赏的人比真正研读的人多，它至今仍指导着我们时代的政治思想。

英国在当时被视为楷模，是欧洲统治得最好的王国。公民受法律的保护，不受任何专横权力的侵犯，国王亦须遵守并非由他制定的法律，君主把立法权交与代表国民的议员手中。法国哲学家们尤其赞赏英国的"人身保护法"（habeas corpus），因为他们自身的安全常常受到国王手谕的威胁：伏尔泰和狄德罗都曾尝过铁窗风味。孟德斯鸠写道："英国是眼下最自由的国家，无论在世界的任何地方，不排除任何一个共和制国家。我所说的自由是指该国国王无权以任何想象的罪名迫害任何一个国民，他的权力受到监控和法律的限制。"除了保证君主制能同共和国一样运作三权分立这一优点外，孟德斯鸠还赞同英国立法机构的两院制：众议院为下院，上议院为贵族院，上议院的作用是保护国王，但是它不是像中世纪那样靠武力和军队来保护王室，而是通过监督代表全体公民的下议院通过的立法。在孟德斯鸠看来，占据上议院的贵族勋爵和圣公会主教们是君主政体的可靠支持者；特权阶层和王室密切相连。因此孟德斯鸠赋予贵族的角色正是几个世纪以来法国国王致力于削弱并最终剥夺贵族的权力：1789年路易十六也认为君主政体与特权阶层是不可分割的。但是孟德斯鸠对宫廷贵族并不温和，他大胆地写道：

以娱乐悠闲为能事，高傲自负又奴颜婢膝，不劳而获想发财，厌恶真理，拍马奉承，背叛投敌，背信弃义，放弃一切责任和义务，蔑视公民的权利，不敢履行亲王的美德，迷恋于苟且偷安，所有这一切再加上玷污美德的可笑行径，我认为，这就是绝大多数宫廷贵族的德行。①

对专制王权及其支持阶层的抨击影响深远，其深远意义或许超出了哲学家们的期许。长期来遭到贬低，尤其被凡尔赛的宫廷生活搞得威信扫地的贵族阶层，再不能重振雄风与海峡彼岸的贵族相提并论了。大革命前夕博马舍借男仆费加罗之口说出了对贵族最尖刻的讽刺话（"以人们要求一个仆人应具有的美德，阁下大人您可知道有多少主子配得上当仆人的？"）；同样，王室也受到百般攻击，它进行了大胆的改革；包括伏尔泰和孟德斯鸠的自由派人士或许会接受君主制度，倘若它能采纳他们的建议变得开明些。伏尔泰曾高声嚷道："啊！路易十四，您若是哲学家该多好！"这句话的弦外之音是："啊！路易十五，您若能听取哲学家的意见该多好！"君主制如同宗教：有好的一面。应当保留它，只要它能听取建议，只要它放弃专断的作风。伏尔泰甚至比孟德斯鸠的要求更低，孟德斯鸠执着于他的理论和权力平衡的理想；他曾服务过两位君主：腓特烈二世和路易十五，但两者都未听从他。不过他对路易十五至少还有些许满意：国王的情妇蓬帕杜尔夫人不时会听他的。

《社会契约论》

卢梭以另一种笔调写作：他不是国王的跟班，也不是最高法院的某个审判庭庭长。这位音乐家讨厌那班文化掮客，曾经发誓不从事写作；但他还是鼓起勇气参加了科学院的论文征集：在1750年他因一篇关于文明和艺术的进步使人的自然天性腐败的论文获得了第戎科学院的一等奖。卢梭认为人的自然天性是美好的，但高雅的社会是从变形镜子里看到的扭曲景象……当时有不少教士和旅行家著书介绍野蛮国度的朴质民

---

① 孟德斯鸠：《论法的精神》（*Esprit des Lois*），第三卷，第五章。

风，让-雅克·卢梭相信他们的叙述并以自己优美的散文表达了这一观念。他的思想在 1775 至 1780 年间为扩大本杰明·富兰克林的影响和宣传美国独立战争发挥了重要作用。1754 年卢梭再次参加论文评选，提出了关于人类不平等的起源与基础的论文：但这一次他没有得奖，因为第戎科学院的院士们被他的论点吓倒了，这个哲学悖论不像 1750 年的论文观点那么可爱。可是卢梭没有放弃这一观点，1762 年他出版了《社会契约论》，或《政治权力之原则》，设想将国家建立在一种新的权力基础之上：这部简明扼要的著作阐述了主权和平等的原则，被视为法国政治思想的重大事件。

一切人类社会都建立在全体参与者的契约基础上，不管这种契约是默认的还是在某一时候被明确接受的都不重要；因此一切最高权力应在于接受契约、准备或拟订该契约实施方式的民众之中。卢梭读过孟德斯鸠的书，但他决心走得更远，因为确认最高权力建立在全体公民的赞同之基础上，即确认全体公民的社会平等。《社会契约论》探讨国家建立于其上的原则，推翻了在 18 世纪法国社会已根深蒂固的一切秩序：由此一切神授权力、自上而下的权威都荡然无存了，既然国王之所以为国王是出自人民的至高无上的意愿，也即一个民族的全体立约人的意愿。人民可以推选一个国王，也有权制定国王统治必须遵循的规则；她尤其可以选择另一种政治制度："人民在把自己托付给一个国王之前就已经存在了。这种托付本身是一种公民行为；它意味着一个公开的评议。因此在考察人民推选国王的行为之前，得先审视人民之所以为人民的事实；因为这个事实先于推选行为而存在，它才是社会的真正基础。"① 伏尔泰和孟德斯鸠向王国政府出谋献策，使它能为哲学家和开明舆论所接受；向一个受到威胁的制度提供支撑和改革计划以便在不触动根本原则的前提下稳固它的根基：英国王室也有它的教会和屡经创伤的历代国王。但是卢梭与他们俩决然不同：对他来说王座已被掀翻，社会的基础不在上层的权力，而在小私有主的平等原则上。小私有主是自由人，他们拥有财

① 《社会契约论》（*Contrat social*），第一卷，第五章。

产，所以是国家的一分子，参与国家的治理。卢梭的这一理念来自古代的学说，根据这一理论拥有小片土地的业主才是真正的公民，他们的政治平等决定了社会平等；所以揭示出《论人类不平等的起源和基础》中那句著名诅咒的滥权性质：“有人破天荒地围了一片园子并无所顾忌地说：这是属于我的，他发觉别人竟天真地信以为真……”从这里出发，卢梭在公民自由之外更关注他们的平等：他有一种与社会组织息息相关的情感，而社会组织的建立来自全体参与者的一致赞同，所以他比孟德斯鸠走得更远，他谴责特权及其阶层。在孟德斯鸠眼里，宫廷贵族只是沾染了许多恶习，部分是因为他们的职位所致……而卢梭的谴责更干脆：“富人或穷人，权贵者或弱小者，一切游手好闲之徒都是无赖混蛋。”卢梭是一个发自内心热烈追求正义的人，他的不妥协是伏尔泰做不到的。有一天他写信给一个反对他观点的第戎科学院院士、一个乐天派哲学家：“我们城市上百个可怜虫过的奢侈生活，足以让我们乡村上万人免于饿毙。在富人和艺术家手中流转的金钱给他们提供了多余的享受，却剥夺了劳苦民众的生活必需品；穷人衣不蔽体就是因为富人服装上的锦绣饰带；我们的厨房需要肉汁，无数病患因此喝不上菜汤；我们的餐桌上要有蔬菜，使得乡下人只能喝清水；我们的假发要敷粉，穷人就没有面包……”卢梭是一个富于激情和慷慨之心的阿尔塞斯特[①]，他对文明进步的同时带来的某些社会浪费现象深恶痛绝，他宁可让文明消失在美好的社会进程中，也不愿看到不公正现象的永久存在。

《社会契约论》原则上是一部民主宪章。这位生活在他所热爱的小共和国里的日内瓦公民，为捍卫理想而与诽谤者辩论（《关于演剧答达朗贝尔书》，参阅《百科全书》中“日内瓦”条目），给人民主权论下了定义：30年后那可怖的8月10日，这一论点在巴黎的推勒利王宫（Tuileries）得到验证：两个权力和两种政治原则在枪炮和鲜血中正面交锋，神授王权和人民主权各自为政，也就在同一年，1792年年底国民公会正式宣告

---

① 译注：阿尔塞斯特（Alceste），莫里哀喜剧《愤世嫉俗者》中的人物，他痛恨贵族的虚伪、怯弱和妥协。

人民主权的胜利。伏尔泰和其他人打了头阵，卢梭以重炮击溃了敌人；法国和法国以外的旧制度从此一蹶不振。

启蒙思想的传播

法国政治思想的这些批判和建设性的重大议题，被大哲学家们的弟子、大大小小的文学家和哲学家反复讨论和发展，它们究竟是如何传播的呢？随着邮局和交通的普遍发展，书籍、小册子和书信的传递更加便捷，人们在沙龙里阅读讨论。关键还是阅读面在不断扩大，也就是说小学和中学的发展：哲学家的读者群在 18 世纪迅速扩大；但除了城市及其郊区，乡村中依然较少人能接触到新思想。

教育的转变十分巨大，尤其是在中学。费迪南·布吕诺在研究法语传播时曾收集了有关资料（参阅他的著作《法语史》第七卷和本书图 27）[1]；相反，大学整体上对教育方法和内容的任何变革仍处于无动于衷的状态，尤其是当时的科学发展大都在大学范围以外取得，而且在一个包租人能成为最知名化学家[2]的年代，哲学家们和有识之士都轻视大学的作用。中学教育是这一时期的最大成功：各地都兴办中学，即便在数千居民的小镇都不例外，学校的学生人数从 20 至 150 人不等，中学增加宿舍和住宿生，以便课外辅导（如同几个世纪前中学在大学之外发挥的作用一样）。这些中学由资产阶级倡议建立，他们希望子女在小学之后能进一步接受教育。学校教授拉丁文，但在基础的人文科目内也开始教法语，特别是教法语拼写。法语正字法受到重视，但不一定被遵守，甚至连哲学家也不严格按规则书写。在人文学科外，中学还教授自然学科、历史和地理。1762 年后，奥拉托利会接收了耶稣会的大部分学校，上述

---

① 德丹维尔（P. de Dainville）曾证明在巴黎盆地东北部的中学教育资源丰富（参阅《民众杂志》［*Population*］1955 年 3 月，《17、18 世纪法国东北部的中学教育情况》［*Effectifs des collèges et scolarité aux XVIIe et XVIIIe siècles dans le N.-E. de la France*］，第 445—488 页）。

② 译注：作者可能是指当过包租人的化学家拉瓦锡（Antoine lavoisier，1743—1794），他是法国著名化学家，否定燃素说，曾提出物质不灭的最初设想，他成功地分析出水的成分，被认为是现代化学之父。

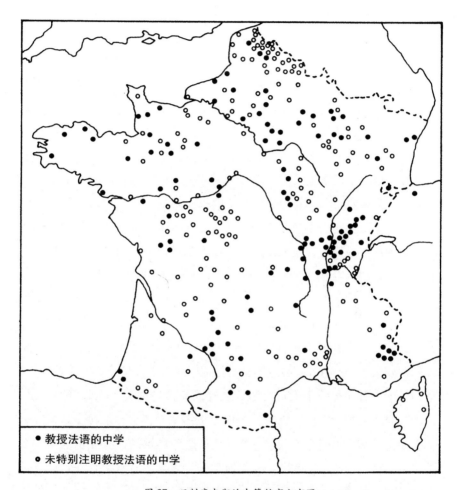

● 教授法语的中学
○ 未特别注明教授法语的中学

图 27　旧制度末期的中等教育分布图
（引自费迪南·布吕诺：《法语史》，第七卷，和革命历四年夏普塔尔的调查报告）

　　本图根据费迪南·布吕诺所收集的有关拉丁语或法语在中学教育中相对峙的资料绘制。在这方面图示并不十分明确：事实上当时各地许多中学仍继续教授拉丁语……但是该图也提供了革命前夕法国中学教育分布的重要信息，长期来人们对这方面了解不多。

科目受到越来越多的重视。大贵族家庭和豪门出身的金融家继续延请家庭教师在家里教育子弟，《爱弥儿》出版后，他们更愿按照哲学家的方法来调教子女。学校里的大量学生绝大部分来自资产阶级家庭，包括法律界人士、商人和食利者阶层，也有个别手工匠和小贵族家庭的子女，极个别的学生是农民子女。这些学生便是哲学家们的未来读者群，他们也将参与各地科学院或学会、共济会会所的活动。资产阶级依靠教会学校的教育壮大了自己的知识分子队伍，这些教会学校包括耶稣会遭驱逐前所办的学校，以及奥拉托利会、多明我会和本笃会等修会办的学校。

　　在平民阶层中，能读能写能算的人数增加不明显；尽管重农论者不断呼吁知识对农民改良技术、学习新耕作方法的必要性，而哲学家却往往与此意见相左：伏尔泰就因在费尔内找不到足够的劳力而抱怨过，他认为农民把子女送去学校是多此一举。这是当时一种相当普遍的态度，带有某种怜悯地认为普通平民完全可以不学任何知识而继续生活在他们的偏见中。1721年国王的医生记述了一桩有趣的事："本回忆录中记载用蟾蜍粉来预防鼠疫，其实它没有特别作用，以我的实际观察看，相信民间流传的这种方法并无根据；不过出于对公众的尊重，我同意刊印此回忆录。"[①] 汝拉山地区的低级僧侣、农民，以及城市的手工匠和行会伙计们都要求当局开办小学：能读会写已成为城市中大量仆人的必备知识，他们每天跟有才智的主人打交道，公开或偷偷地翻阅主人收藏的图书，或者参与主人的阴谋；在机械行业内也更需要会读会写。在多数情况下基金会是由私人出资筹建的：一个在街区受到尊重的富有业主或学会会员出资，在冬季请一个教师，他们通常来自多菲内省或萨瓦省，或者甚至意大利，戴了有三根羽饰的礼帽来到集市的零工招募站，教劳工们读写算。学校教师已成为一种新的社会类型：他们常常有点迂腐，教人读印刷的文字以及写自己的名字、做简单的算术。这些知识或许相当肤浅，但是要知道当时手写与印刷的字体差别很大，而且真正会算的须得掌握各地区度量衡的精确知识和各种货币之间的换算。当时各地学校的规则

---

　　① 法国国家图书馆，法文手稿库藏文献，21630。

不一，汝拉山、勃艮第和东部、北部地区的学校规矩比南部学校更细更严。如勃艮第的韦尔芒通市，学校规则这样写道："须按月向教师缴付学费，学经商的缴六个苏，学写的十个苏，学唱宗教素歌和算术的十五个苏；教师责罚小学生不得用手打、用脚踢，不能用棍棒，只能仁慈地鞭笞，否则仅凭这一条即可辞退教师；无力按月缴付学费的，可根据基金会规定获得慈善补助。"学习期满后学生离开学校，所学到的知识并不多：差不多只能读懂历书上的内容，也就是一些传统知识、收割日期、集市会期、谚语，等等。

如果说乡村有人阅读卢梭和伏尔泰著作的话，那一定是本堂神父了。或许还有某个退隐在小村庄的公证员和法院书记员。这样的读者在乡村十分稀少，除非在大城市近郊，如于尔布瓦①和大巴黎地区，巴黎的南郊和北郊，或交通便利的走廊地带，科尔多省的葡萄种植区，汝拉山和阿尔卑斯山山口等地区；这些地区交通稠密，农民出行多，自然联系也多，于是相互聊天、提供资讯。譬如有的农户每月向大户人家送家禽、奶酪等农产品，有机会与该户的仆人们聊天，而某仆人如果知道一些关于狄德罗或卢梭的事……这是传播启蒙思想的又一个侧面。试想杜·德芳夫人或罗朗夫人读伏尔泰的《论风俗》是完全读懂了，但是她们身边的仆人则未必——他们在等候主人的时候为消磨时间也读过这本书，当他们在大门边与邻家的马夫和厨子闲聊时提起读过的书——那么《天真汉》或《社会契约论》又将会是什么样子呢？这些城市平民在1789 至 1794 年间，曾在雅各宾俱乐部内发挥过重要的政治作用。巴黎从 7 月 14 日至热月 9 日期间，平民阶层的作用是决定性的，了解——哪怕是大致了解——曾鼓动过革命民众的知识精英们的思想意识具有重要的意义。

至少可以确定的是，乡村农民阶层中绝大部分人并没有受到启蒙思想的影响：或多或少带有迷信色彩的古老传统、宗教信仰特别是天主教

---

① 译注：于尔布瓦（Hurepoix）为法国旧省名，大致相当于今天的埃索纳省（Essonne），位于巴黎南郊。

礼拜仪式依然原封不动地保留着。1774 年塔恩省乡下一个知识分子与当地农民之间发生的故事尤其说明了村民中旧意识的根深蒂固："德洛特雷克子爵领地的法官开庭审理一桩发生在科纳克的圣马丁堂区内的凶杀案，被告数人，被害人是王室土地丈量工程师皮埃尔·德拉朗德，他在朗格多克地区当差。这位工程师授命绘制一幅该省地图（即卡西尼地图），为了从制高点进行三角测量，他和助手攀上了教堂钟楼顶和古堡塔顶。当地一群农民却以为他欲施巫术陷害村民，当看到他站在圣马丁教堂顶上时，齐声高喊：'看呀，他们在上面想把死亡降临在这里，抓住他们，杀死该死的家伙。'于是他们冲上去扭住他，逼他下来；当他刚下到地面，众人一起用镢头和石块砸他，把他扔进旱沟，用几大车的碎石将他活埋了。"[1] 总体来说，村民周日去教堂做弥撒、复活节上教堂领圣体是雷打不动的，正如同他们坚信王室的权威、国王的仁慈一样。这一点可从各地为准备三级会议而写的陈情书上得到证明。如果农民在大革命中扮演了某些角色，如果他们在陈情书上要求废除什一税、拆除领主家的鸽楼、废止劳役，等等，甚至扬言要烧毁贵族城堡，那是因为 1775 至 1789 年间的危机激化了社会矛盾，并非启蒙思想传播的结果。启蒙思想确实影响了城市，在大革命过程中发挥了最重要的作用。

---

[1]　塔恩省档案，B 类 7314。

第三部:
当代法国
（19 至 20 世纪）

第十三章 资产阶级的胜利（1789—1845）

　　学者和哲学家们——譬如拉瓦锡和孔狄亚克们——的18世纪，只想表达一个词：自由（在路易十四时代就已常常听到这个不太协调的词）。一切反专制君主制的人、制宪会议和国民公会的代表以及雅各宾派议员，在议会中和其他场合不断地提到各种自由，1789年大革命也在相当长时期内——靠拉马丁的才能——被认为是一场自由的洗礼。1789年8月26日国民议会通过的《公民和人权宣言》的十七条款中的大部分不也是关于自由的吗？经过米什莱、若雷斯、马蒂埃和乔治·勒费弗尔等历史学家们的论证，今天我们谁也不会否认大革命更是一场社会革命，一场让资产阶级登台的革命。尽管有旧制度的反扑，尽管有1814至1815年的王政复辟及其失败，资产阶级一直牢牢地掌握着在1789年大革命中夺得的权力，直到今天依然不曾离开过统治地位。这是破天荒的事。1792年法国资产阶级向全世界发出了自由信息：巴黎建立了新制度，它要展示其优越性并向全欧洲提供帮助。这一信息或多或少地通过共和历二年的士兵以及不久后拿破仑·波拿巴的军队向外释放。整个19世纪被前所未有的社会动荡所照亮。1810年拿破仑的"法国时代"——它与启蒙时代法国在艺术上影响世界的方式大不相同——欧洲终于结束了以开拓新世界为名的传教徒使命。但是，一切并未在1815年纳入轨道——19世纪的历次革命尤其是1848年的熊熊烈火证明了这一点；法国的资产阶级经受住了在20多年流亡生涯中依然毫无长进的旧贵族冲击，终于在1830年取得了延续一个多世纪的胜利："资产阶级的法国"取代了"旧法国"。

大革命的轮廓

　　对这场大革命，在20多年时间里发生了如此多的重要事件，斗争的激烈引发了如此巨大的社会反响，人们不可能从每个细节上去跟踪它的发展；必须把握革命进程的节奏特别是其成功或停顿的曲线，从整体上加以归纳总结，并揭示资产阶级在后一个世纪的发展。从 1789 至 1794 年间，革命迅速向前发展：革命后作出的最初一批决议很快被形势超越了，妥协被打破。1789 年或许是决定性的一年，旧制度被推翻，通过制宪会议建立了新的制度；但是从瓦雷纳事件发生到 1793 年 1 月，因国王的意图和对外战争的压力，由大革命的温和派建立起来的君主立宪制再次遭到质疑，并最后又被推翻；从 1793 年春天起的短短一年时间内（1793 年 7 月至 1794 年 7 月），以山岳派为主导的国民公会，在民众为捍卫祖国和挽救革命的强大支持下，建立了一个短命的社会民主政体；热月政变是一个重要的分水岭。自那以后直至 1815 年，掌握了新制度的资产阶级不再依靠民众运动的支持，同时也不与旧势力勾结，他们企图稳定革命的成果，建立一种与 1791 年妥协方案相仿又能被接受的政权形式。拿破仑在这种情况下出现了，他成功地强加了他的方案，并开始对欧洲实行征服，这正是共和历二年的士兵们和 1792 年的立法议员所梦想的解放欧洲的理想……这种个人制度既远离传统又远离法国大革命，拿破仑帝国在欧洲引发了另一种回响，意味着政治和社会的动荡（有时也出现经济困难）；总是以"法兰西化"取代与法国旧制度一样古老的欧洲各国传统：终于在 1813 至 1815 年间引发了各国"人民"的大规模反抗……

不管妥协的程度如何——督政府时期的共和国、执政府和帝国——也不管 1794 至 1815 年间某些创制对后世的影响如何（譬如荣誉勋位团、帝国大学等），对法国当时命运影响最大的还是大革命初期的种种措施。1789 年占有辉煌的历史地位，法兰西王国的社会和政治框架在这一年崩塌了。法国未来的命运在当年 10 月 5 日至 20 日之间决定了，王室的犹豫不决、议会中代表第三等级的 600 名"律师"踌躇顾忌，以及巴黎平民阶层的高涨热情都暴露在历史舞台的前沿，他们是 1789 年及以后几年中的主角。乔治·勒费弗尔在第二次世界大战爆发前夕出版的题为

《1789年》的著作中，精辟分析了法国历史乃至世界史上非同凡响的这一年的基本特征。代表第三等级的议员们大胆地诉求权利，拟订新法，勇敢地抵抗国王，于6月20日发表著名的网球场誓言，通过议员的一一表决终于迫使国王承认制宪会议，但7月初国王在凡尔赛周边集结军队并罢黜内克尔，议会因缺乏权力而遭受挫折：路易十六仍是军队的统帅（至少在新的立法尚未通过之前），而且国王不一定非得任命在制宪会议中占多数的资产阶级的朋友担任内阁大臣。7月14日巴黎城厢圣安托万街区的民众暴动，包围并攻克了那座臭名昭著的国家监狱，挽救了制宪会议中的法学家和他们的革命。面对不甘放弃权力和特权的国王——作为路易十一、路易十三和路易十四的继承人，国王是贵族阶层的保护者和神授王权的捍卫者——面对王室的"阴谋"，巴黎商店店员、失业的行会伙计，以及没有前途的卫队士兵们集合在一起，他们拿起武器（直到1795年都不曾放下），为了捍卫制宪会议准备与德洛奈指挥的瑞士卫队决一死战。

　　7月下半月和8月初发生的事件亦至关重要：各地农民运动引发了大恐惧。几年来因"领主反击"而惶惶不可终日的农民，更受到为三级会议呈递的陈情书内容的激励和连年饥荒所迫，当听说巴黎发生暴动及传遍全国的可怕传闻时他们立刻起来造反。农民暴动的目标直指贵族城堡，直指保管领主的地籍簿册的文献保管室和档案馆。或许最初只是张皇失措，大恐惧很快发展为规模巨大的社会运动。法国广大乡村农民反对领主制度的自发性起义以及他们自觉参与大革命，这在世界史上是绝无仅有的。对农民来说大恐惧是件兴高采烈的事，他们终于可借此摆脱"封建的"枷锁。尽管制宪会议在8月5至11日间公布的若干法令明文规定，领主的地租等一切权利是赎买而非废止，但农民根本不听这一套：他们拒绝赎买或缴租，动辄争讼于法庭，或消极抵抗或武力抗争，持续了数年之久……后来国民公会于1793年7月17日公布法令，最终废止了制宪会议曾以保护私有财产为名而保留的一切封建权利，实际上是承认了这场农民革命，这在法国乡村中也是破天荒第一遭。

最后，在 1789 年 8 月 26 日制宪会议通过了《人权宣言》，这份宣言以及废除领主权的其他法令均未得到国王签署认可，领主的部分权利仍合法存在，于是 10 月 5 日、6 日两天再次发生类似 7 月 14 日的情形：国王拒绝"剥夺"僧侣和贵族的权利，随着 7 月初首批贵族流亡者逃往日耳曼帝国，关于贵族阴谋破坏革命的传言甚嚣尘上。9 月的最后几天，凡尔赛周边又有军队调动迹象，令无能为力的制宪会议十分担忧，此时巴黎民众强迫国王返回巴黎再次挽救了制宪会议，随后制宪会议亦迁回了巴黎……在 10 月 5 日早上，巴黎妇女们发挥了重要作用：这一年的农业收成不错，但巴黎市内的食品供应依然不足，向凡尔赛进发的人群主要以为饥饿所逼的妇女为主体，当她们把国王一家押回巴黎时，有人戏称"面包店老板、老板娘和小伙计"回来了。尤其是 10 月 5 日晚，巴黎民众和部分抗命的卫队士兵冲入了凡尔赛的制宪会议会场，他们对议员们表示不满，决定施压制造恐怖，如同他们中有些人曾攻打巴士底狱和后来冲击各地领主城堡时一样。因恐惧民众的压力，议会中三个等级的许多议员开始倒向民众。10 月 20 日制宪会议颁布戒严令，以防再次发生民众冲击议会的事件：这是革命当局迈向与民众运动决裂的第一步，它同样表现在以后的纳税人选举制和督政府的镇压措施上。

巴黎和外省

1789 年后法国各地的大革命进程参差不齐。巴黎人受俱乐部和各街区组织的影响几乎每天紧跟革命的发展，对政治形势的每一细微变化都十分敏感，直到 1794 至 1799 年革命泄气而进入低潮为止，巴黎民众一直保持积极高昂的斗志；针织女工、记者和街头演说家活跃在人们焦虑等待的晚间集会上，他们是革命的活跃分子——在 1790 年 7 月 14 日、1792 年 7 月 11 日的关键时刻，或者在狂热的 1792 年 9 月——为拯救危难中的祖国继续革命、发动一次次体现信仰的行动。在巴黎以外的外省城市，人们从五花八门、数量繁多（至少在 1792 年以前）的巴黎报纸上获得革命的信息，或者由当地俱乐部传达报告、形势分析和巴黎的口令——特别是雅各宾俱乐部在外省设立了 150 个分部——以较平静的态度跟踪巴黎发生的革命事件，对各种政治选择抱有与巴黎人不同的看法，正如 1793 年春季的危机中所表现出的那样。首先在外省城市里，革命者的人数相对较少，中产阶级逐步取代大资产阶级成为当地政治领导者，1792 至 1793 年在巴黎发生的重大事件不可能在外省城市重演，因为外省城市旧制度的当权者还在位，不像在巴黎这些人已躲藏了起来；其次外省市民人数少，消息不像巴黎那么灵通，无法像巴黎那样形成巨大的压力。因此外省城市只能（往往出于不得已）跟随革命，但时间上比巴黎慢一拍，而且由于未亲身经历革命事件，所以热情也不及巴黎人那么高涨。至于乡村，仅交通便捷的大路沿线的民众受到革命影响，公证员和大面积耕种的耕农等"乡村资产阶级"对革命较感兴趣。地籍簿册烧毁了，制宪会议的地方机构（主要是村公所）建立了，经过平静的1790 年，乡村民众的注意力主要集中在对上文提及的 1789 年 8 月 5 至11 日法令的贵族受益者及其保护人的斗争上，不再紧随政治斗争：除了宗教问题比较特殊，革命带来的后果并非像人们长期来所想象的那么严重，每份研究都显示乡村本堂神父宣誓服从宪法的比例很高（约为 50％至 60％），从 1791 年起各地乡村已建立起服从宪法的主教团，仅在布列塔尼、旺代省等西部省份，以及北方省、下阿尔萨斯省和西南部若干乡镇存在教士拒绝宣誓的问题，而且性质并不严重，直到 1793 年革命当局决定在乡村征调 30 万士兵时乡村才发生较严重的动乱。事实上，乡村中反响较大的是国王的政治态度：瓦雷纳事件的意义极其重大，事件一下子传遍了法国，人们终于清晰地认识了路易十六对新制度的态度。惊恐的制宪会议如何解释事件或态度转变都不重要，国王企图逃跑就是一种背叛；从 1791 年 6 月到 1792 年 8 月 10 日，再到 1793 年 1 月 20 日①，一切都是逻辑和感情的延续：国王拒绝妥协，拒绝接受 1791 年制宪会议

---

① 译注：1791 年 6 月 21 日国王出逃，在瓦雷纳遭民众拦截，被送回巴黎；1792 年 8 月 10 日巴黎市民攻打国王居住的巴黎推勒利宫，制宪会议当天宣布夺权，君主立宪制理想破灭，王室从此退出历史舞台；1793 年 1 月 21 日，国民公会经过宣判把路易十六送上断头台。

建立的英国式的君主立宪制，甚至还想在 1792 年外国军队威胁巴黎之际
实现复辟，是国王把革命者推向了共和制，这是三年前谁都没有想到的
结局。瓦雷纳出逃事件后，人们又在推勒利王宫的国王铁柜内发现里通
外国的密件，从而给整个过程画上句号。但是在乡村中民众对逐日发生
在巴黎的事件以及审判国王的辩论了解不多，国王的背叛自然而然地导
致废止王政。这是对延续了上千年的君主制传统的重大反叛，共和国的
诞生以法国的未来做抵押，即便是乡村的广大农民也将信将疑。他们只
想有一个能过上安宁生活的政治制度，所以后来温和的路易十八或严厉
的查理十世的种种复辟企图都未在农民中激起热情、重燃起民众几年前
在陈情书中所表达的宗教和政治上的信仰。民众对王政的感情疏远缓慢
而持久，而且在各地区不同社会结构下的表现亦不一致。总之，在城市
尤其在巴黎，对国王背叛的反应尤为强烈；1791 年 6 月 23 日革命党人
丹东对雅各宾俱乐部成员说："这个立誓当法国人民国王的人……"而且
他讲话中言辞的激烈程度已有所克制。

国民公会

公安委员会和山岳派主导的国民公会的作为可能就像 1789 年那样再
次标志法国社会演变的决定性一步：将土地分给贫穷公民的计划比变卖
国有资产（受益者仅局限于少数资产阶级和农民）的影响更大。这一规
模庞大的计划如同国民公会在罗伯斯庇尔和圣茹斯特掌控期间所作出的
其他一些过激措施一样，都昙花一现，并最终导致领导人在热月 9 日被
赶下历史舞台。第一共和国错过了在公民的社会和经济独立基础上实现
真正民主的机会。卢梭的弟子们曾梦想按《不平等起源》和《共和国制
度》的原则建立一个共和国，但是国民公会最终没有追随他们进行二次
革命——它或许会在 1789 至 1791 年革命的巨大变化基础上再次改变法
国公民社会的面貌。这就是热月政变的深刻含义。社会学家达尼埃尔·
盖兰的精彩论文《资产阶级和赤手空拳者》的论证可能有简单化的缺陷，
但提出了一个与众不同的论点。他的论点虽未获得大革命史专家们的一

致认同，但因为被人广泛讨论而显得很有魅力。排除个人间的争论，排除承担着拯救当时内外交困的国家重任的公安委员会成员的言行失误，也排除这些可悲日子的种种特殊情况（譬如人手不足对 1793 至 1794 年政治生活的运转带来很大影响），国民公会中平原派——西哀士和其他真正革命家——的选择是决定性的：共和国往后看，国王已不复存在，但其理想还停留在 1791 年的立宪君主制；共和国能成为自由的和资产阶级性质的，但它还不是民主的。1794 至 1799 年间的热月党人的政策在于稳固这个资产阶级政权的脆弱平衡，既拒绝民主派的要求又反对保皇派的复辟；这是相当困难的政策，一边是城市平民阶层的激进，再加上经济危机的压力，另一边是在教会混乱和相继返国的流亡贵族鼓动下保皇派的反攻。为了实现按资产阶级的标准来稳定革命成果，一场政变接着一场政变，不断排除来自左派或右派的反对势力，这个任务最终在 1799 至 1800 年落到波拿巴身上。他以妥协的方式挽救了革命的基本成果，亦就是在 1789 至 1791 年间取得的成果；直到对英实施大陆封锁和军队溃败的黑暗岁月，尽管在拿破仑统治期间专制独裁有所抬头，但没有引起任何足以动摇政权的抵抗。在复辟期间尽管极端保皇势力嚣张，1814 至 1815 年的宪章仍以旧制度的语言（上帝的恩惠、上帝赐予的宪章等）保留了大革命的最初成果——它们又在 1825 至 1830 年间成为最后一次争论的议题：大革命的成果确实是资产阶级统治的基础。

1. 大革命的评价：平等

"人类生来并永远是自由和权利平等的"，1789 年 8 月 26 日的这份《人权宣言》第一条中的这句话就足够否定旧制度的全部社会价值，法国人尤其欣赏这第二个词：平等，更精确地说是权利的平等。因为他们明白这份人权宣言为人类而非仅仅为法国人民——不同于美国革命者——1789 年的法国人民不至于盲目地看不到事实上的或者说"自然的"不平等。正如当时就有人在国民议会上提出"不平等存在于自然本身"，其意思仍然模棱两可。制宪会议的议员们经过两年与旧制度遗留现实的不断较量，完善了他们的原则。围绕着阶级利益和革新愿望而进行发人深省的辩论，使最敏锐的人看到有必要从根基到屋脊整个重新翻造房屋（社会），而且认识到保存在旧房屋（社会）中各种利益的复杂性，资产阶级已变得富裕：悄悄地获得贵族的财产，剥夺由他们征收的什一税和许多其他税项、某些行会的商业特权等。最著名和最典型的辩论是 8 月 4 日夜间及之后几天的辩论：4 日夜间议员们在冲动之下宣布废除一切特权，但而后又以私有财产神圣不可侵犯的名义（见第一份《人权宣言》[1789] 第十七条），真心地恢复了贵族的部分权利。因此 8 月 5 日至 11 日颁布的法令中，将贵族权利从被废除改为赎买；同样对教会已宣布放弃的什一税，也改为继续征收，直到国家拨给教会别的财源为止。

仔细分析，制宪会议当时摧毁的东西比他们保存的多得多：封建制度仅留下一片废墟，然后在摧毁特权的基础上逐渐建立起平等的各种形式。首先是税务平等：特权阶层不光失去了靠广大农民养活他们的权利，而且他们还得像普通人一样纳税。对税务特权阶层的双重剥夺意味着对得益者的双重肯定。首先，第三等级的所有人为税务的合理分摊而感到高兴，尤其是城市资产阶级，他们曾被直接税和间接税压得喘不过气来；其次对广大农民来说，领主制（事实上或权利上）的废除可谓他们经济上的真正翻身。他们至少可多得四分之一的收成，尤其可拿去市场上出售，这也部分地说明了他们在 1793 年以后显得比较消极的原因。劳役制度、出身高贵的外部特征、狩猎权、司法特权以及贵族头衔在 1790 年的突然消失显得贵族就是乡村中的资产阶级，仅此而已——尽管贵族在各种场合仍显得比农民高贵得多。

公民平等

领主制的没落即意味着公民的平等：根据公益原则，一切保留给贵族的职业向全体公民开放，包括军队各级军衔和行政职务；资产阶级也要开放需要重组的司法领域职务；取消官职世袭制（仅少数官职的捐纳制度一直延续至今）以便受过教育且富有的新兴资产阶级子弟的入行；同样长子继承权也取消了，它显然涉及贵族财产，实行平等继承制度。由此而来的司法和行政机构的改革便于吸纳新进人员，因为旧制度下掌权者的逃亡或杯葛，这些机构急需大量人才；事实上波拿巴担任第一执政时创设新的公职人员职位，解决了在军队和行政机构中公民平等的问题，资产阶级遂急切涌向公职岗位：譬如税务征税机构、省级行政机构等。军队中的变化最引人注目：贵族仍十分看重其出身，资产阶级长期以来已效忠王室，由于流亡潮使兵营空虚，新入伍的年轻人很快填补了空缺的军官职位，成为第一共和国以及不久后帝国的英勇军人。"元帅的权杖出自弹盒"，这句军队用语很快具有了更广的含义，泛指军队中的公民平等。

大革命使法国人民享有行政的平等权利，法律面前人人平等，不光指社会等级和阶层差别也意味着地区差别的消失：从 8 月 4 日夜间起，某些城市自愿加入做出牺牲的运动，宣布放弃税务和商业特惠权；同样有些省份也宣布放弃几个世纪来王室特许的税务豁免权。事实上正是因为制宪会议宣言、后来国民公会和执政府相继实施的行政机构大改组才落实了"地区"平等：省、区、镇、市各级政府，以及各级议会、民选或被任命的各级法院，保证了在全法国各地区实施同样的法律，同样的

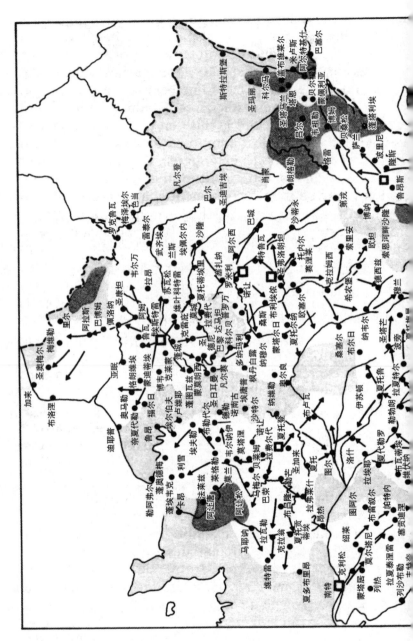

图 28   大革命期间发生大恐惧地区的分布图

（引自乔治·勒费弗尔：《大恐惧》，第一版，第 198—199 页）

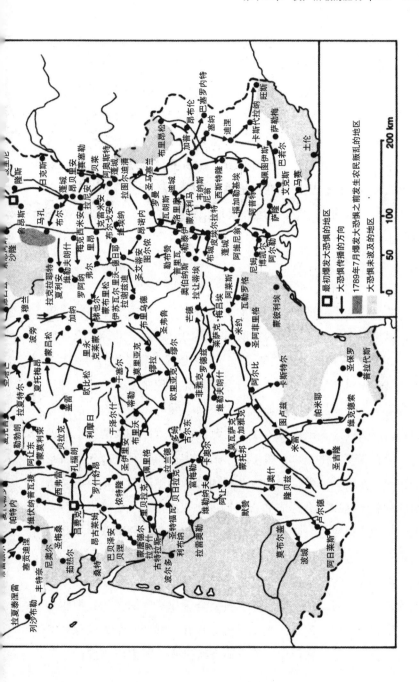

税务和监狱制度；地区特性可能会造成差异，但国家行政机构的良好运作不同程度地满足了公民的期待。

不过大革命在海外属地同一化方面却是例外：议员们的慷慨没有扩展至当时在法国管辖下的海外属地，在安的列斯三岛（瓜德罗普、马提尼克和半个圣多明各）和印度殖民地，对土著人的政治不平等和剥夺自由的统治依然维持着；制宪会议当时受到了拉梅特兄弟领导下的安的列斯压力集团的影响，他们成功地在当地维持奴隶制度。法国失去了圣多明各，但是在 1815 年收复的少数海外属地仍维持旧制度——直到 1848年才加以废止。

经济平等

更重要的是建立了经济平等，它反映了当时人对物质生活的相当粗浅的看法；但是雇主和工人，商人和船东之间的个人完全平等很大程度上促进了 19 世纪上半期的资本主义发展——这是资产阶级统治的一大成就。制宪会议首先对各地很不协调的行会及行会管理制度开刀，这种行会制度被普遍认为有碍经济发展，因为它束缚了制造商和商人们的创业精神。制宪会议一度表现出犹豫不决：按理说 8 月 4 日是取消行会制的有利时机，但它改变了主意，在两年后才作出决定，或许 1791 年经济形势明显好转起了作用；享受特权的行业社团和行会被取消了，对行会进行监控的规章制度（如行会标志和查访制度）也随之消失：雇主和行会师傅的地位降为普通成员，劳动市场解脱了一切羁绊和约束获得了自由发展。同年 6 月 14 日制宪会议还通过法案①解散设在行会和合伙组织内的雇工协会。有人认为这项法令是典型的阶级宣示而已，它建立起某种平起平坐的表象：雇主、合伙师傅似乎被完全看作平等的个人；但将雇主、行业师傅和只有劳力的工人完全平等地放在一起，对工人的保障其实微乎其微。表面上看，在迈向平等方面有所进步，因为旧制度的立法

---

① 译注：《勒夏帕利埃法》（la Loi Le Chapelier）于 1791 年 6 月 14 日通过，法令禁止工人结社，禁止行会，亦禁止农民和工人集会以及工人合伙。

允许行会组织雇主联盟，而禁止雇工合伙自行创业，但是事实上的不平等依然处处存在。再加上《勒夏帕利埃法案》关于乡村劳力的其他措施，为镇压工人的举动开辟道路：于是便发生 1815 至 1850 年间镇压劳工的事件，以及 1831 年在里昂发生的事件……

出于同样目的在经济领域还采取了其他一些措施，但是社会影响不大：如取消贸易公司，即印度公司，这件事直到革命恐怖时期仍有人议论；还取消了垄断的矿产公司，有利于船东和矿主平等地经营。同样还取消了为几代法国人诟病的关税、入市税、盐税、酒税等间接税，这一措施有明显的社会目的。如果在 18 世纪末有一个措施令法国人民真正松了口气的话，那就是取消间接税了。拿破仑上台后，1804 年因为财政紧张以合并税项的名义大胆地恢复了部分间接税；悄悄地恢复征税正说明民众对征收间接税的怨气之大：征收间接税最能说明不同社会条件下的不公平，沉重的税务完全压在平民阶级身上。

尽管因地区差别和议员们不了解情况而表现出犹豫不决或某种谨慎——特别在土地权平等方面，制宪会议议员和国民公会成员仍保留了乡村的公共土地和集体地役权——实行平等实质上是一种阶级行为。当制宪会议宣布公民在税务和就业方面享有平等时，它是为自己，而不是为第四等级的底层人民。（除了《勒夏帕利埃法案》）政治上的不平等就是最好的证明：制宪会议在宣告"主权在民"的原则后，将至少三分之一的公民排斥在政治生活之外，似乎这部分公民不具备参与政治的必要"能力"。纳税人选举制度将公民分为有选举权公民和无选举权公民两部分；无选举权公民享有公民的全部权利，但不能（至少暂时不能）参与政治生活。尽管遭到当时报纸、俱乐部和部分议员的抗议，在制宪会议中只有罗伯斯庇尔等极少数人提出反对，巴黎战神广场惨案发生后……法案以 1789 年《人权宣言》的名义作过少许修改（宣言第六条："法律是普遍意志的表达。所有公民有权亲自或通过其代表去参与法律的制定"）。财富于是成为衡量政治能力的唯一标准，1791 年的情况最能说明问题：缴税额不算太大——相当于三天的工资，根据最精确的计算，若以此为标准在 1791 年法国有选举权的公民人数为 400 万，无选举权公民为 200 万。况且选举总是采用代选制。当时还不存在直接选举的想法；或许是因为直接选举虽有先例但为数极少——仅包括古代城邦、瑞士的州和意大利共和国——或许也因为几千选民选一个议员的做法不可思议。尽管交通手段和计算有了进步，但在人们对选举还相当陌生的情况下，让人数如此多的选民与候选人直接接触仍是令人却步的难事。纳税人选举制同时涉及选民和候选人双方的资格。组织这样选举的深层含义是：选举人对公众普遍利益作出合理评判的必要条件是拥有财富和有一定的余暇。这一观念是从古代传承下来的，它损害了在 1789 年发挥过重要作用的相当大部分人的利益，譬如家仆、乡村短工和巴黎行会伙计等等。

因瓦雷纳事件的后果而吓破胆的制宪会议通过了限制性的选举措施，所以 1791 年的宪法包含了公民政治不平等的内容，把所有无能力保障个人生计和个人独立的人都排斥在政治生活之外。1792 年 8 月 10 日王室被推翻后，议会在巴黎民众的压力下终于放弃了基于财产的排斥政策（即便在 1788 年王室召集三级会议时也没有对第三等级采取过这种歧视）……于是国民公会以全民普选的方式选举产生，共和国就在这种情况下诞生了。

但是热月党人后来又回到 1791 年的选举制度，虽然不把选民分为有、无选举权两类，但对选举人资格设置纳税门槛，事实上仅让有地产和不动产的富人参与政治；波拿巴算有慷慨之举，名义上恢复普选制度，不设门槛但规定每省仅有纳税最多的 600 人可成为选民……从 1791 至 1815 年都实行同一原则。但是王政复辟和七月王朝的 30 多年中，实行了比当初制宪会议更严的选举标准，致使大量公民被褫夺选举权：当局规定纳税 300 法郎以上者有选举资格，以此计算直至 1830 年法国选民人数仅为 9 万人，只占全体公民总数的 1%；而从 1830 至 1848 年间，选举人需纳税 200 法郎，所以选民人数为 18 万，约占公民总数的 3%。

19 世纪初建立的新社会乃是没有等级的社会，原则上公民享有平等，但实际现实远非如此。资产阶级与旧特权阶层分享领导社会的影响力，并且或多或少通过选举制度，排斥小资产阶级、手工匠以及城乡最早无产阶级来巩固自己的统治地位，而当时民众在这样的社会结构里更关注于反旧制度的革新。所以迈斯特和博纳尔德等保皇理论家不仅讨论主权的原则，更质疑资产阶级的政治资格；在他们眼中资产阶级仅是一个经济阶层，而只有贵族才是政治首领：资产阶级活跃物质生活，而贵族则担任领导角色。这种理论出现得太迟，根本无法满足资产阶级的野心，其统治雄心已伸张了几个世纪，终于在1791年得到了满足。

2. 大革命的评价：自由

1791 年的君主立宪制和 1792 年的共和国均打出自由的旗帜，法兰西民族对之向往已久，伏尔泰和其他人早已鼓吹自由之美德和英国的榜样；即便在 1793 年后出现过若干偏差，自由始终在法国人的理想制度中占重要地位，一代代公民已逐渐学会了对自由的尊重。

"以不妨碍他人为前提的一切"，这就是制宪会议议员为摆脱旧制度的种种规章、限制和困扰而成功地对自由所下的最广泛的定义。在具体的现实生活中，以不妨碍他人自由为限来界定一个自由人的行为，在1789 年即意味着正式取消行会制、废除盐税及其追查制度、废止几个世纪来贵族利用头衔的荣誉来蔑视和刁难平民的做法；这是对上流社会习俗的不言明的否定——它们在本质上属同一精神状态——即通过社会限制来体现某一等级或阶级的优越感。自由和平等在下面的阐述中明显地结合在一起："每个人行使其自然权利的限制只能以保证他人享有同样的权利为限。"1789 年的《人权宣言》强调某些社会团体可能会强加于人的约束①，足以说明问题的关键所在：1789 年的法国人希望在日常生活中感受到自由……

人身自由

《人权宣言》不仅对自由本身的定义，而且对公民必不可少的各种自由的定义予以诸多考量。首先革命的立法者需要保障自身享有英国式的人身不受侵犯的权利（habeas corpus），保证他们本人的个人自由：《宣言》不像英国法律那样严格精确，没有限定保护性拘留的限期，也未限定送法院审判的期限。立法的资产阶级或许心存疑虑，担心民众的"极

---

① 见《人权宣言》第四条："此等约束只能通过法律来界定。"第五条："一切不被法律所禁止的事不能被阻拦，任何人不得被强制地去做法律未规定的事。"

端行为"和贵族的阴谋；困难还在于唯恐一时难以完全革除司法程序旷日持久的恶习。然而 8 月 26 日的《宣言》已对基本的自由保障作了明确定义，以致 20 世纪的共和国还有必要反复重申：保护性拘押受到限制，法令不具追溯力，任意性决定被取消并自动失效，逮捕、起诉和监禁的法律程序必须严格遵循……这些条文的制定旨在防止国王手谕、无辜遭关押后突然释放，以及在搜寻罪犯和司法侦查中的不合法手段等滥权行为。从一开始制宪会议就有类似担心，所以立法重申议员的不可侵犯性。在旧制度下的王国时代，虽然也曾试图改善司法（如塞吉埃担任掌玺大臣和柯尔贝主政时期），但国王的臣民从来就没有人身安全，尤其在 18 世纪，会使名誉受到影响的文字流传得如此之快，保护人身权利的上述措施是最基本的。制宪会议三令五申并明确制定法律，规范和实施保护人身自由的普遍原则，在最初制定的安全措施基础上再加上行动的自由……这是大革命的最大功绩之一：虽然后来在 1792 至 1815 年间有种种偏激和曲折，人身自由的定义在复辟时期的宪章上还是被完整无损地保存下来，并且一直持续到 1848 年。

思想自由

大革命还承认法国人民享有思想自由："任何人不应为其思想观点，甚至宗教信仰而感到担忧。"这个原则从 1789 年起就已载入《宣言》。"甚至"一词说明这一条在宗教意义上的大胆更胜于政治层面。以天主教为国教的法国从不允许存在异教：新教徒在 1787 年已获得合法身份，尽管当时天主教会抗议声不断；而犹太人仍被视为社会另类，他们到处受到歧视；优伶自古以来被逐出教门，虽受上流社会追捧，却被禁止踏入教堂，禁止领受圣体……自 1789 年起，法国天主教会的地位改变了：事实上新教有权在法国存在，《宣言》第十条与其说是为保护备受歧视的犹太人，不如说更为保护新教徒。1801 年波拿巴为新教徒立法，正如他曾为天主教徒立法一样；他又在 1806 年承认犹太教；1815 年复辟王朝没有推翻法国的多教制度，也标志了新教和犹太教这两个法国少数派宗教得以发展的开端，此后在 19 和 20 世纪又有了更大的发展。

那么制宪会议和后来的国民公会的议员们何以有勇气去冲击天主教的垄断地位呢？主张法国天主教会自主自治的简单化措施在其中起到了很大作用，至于伏尔泰反宗教思想在当时影响还不太大，主要在后来七月王朝时期才有较大影响。作为国民代表，议员们颠覆和改变了法国天主教的组织和内部规矩，其肆无忌惮如同法国历代国王长期以来利用天主教一样地大胆：没收教会财产以改善国家财政状况，取消什一税，国家按教士在教会内部的职务统一发薪，改革教会任命方式，采纳早期教会选举产生主教的办法。这些做法全然无视罗马教廷：一反过去法国天主教自主自治但仍参与教廷主教会议的政策，竭力反对罗马教廷，其实是回复到 1682 年的状况……不谨慎的做法加上其他一些措施，很快在天主教会内引发分歧。直至 1801 年的历届革命议会均面临教士中宣誓服从革命宪法与拒不宣誓的两派冲突的难题，冲突始终无法调解；反对革命的势力利用了教会内部的冲突。事实上，在实施共和历和国家至上的背景下，教会本身已或多或少地世俗化了，而大多数法国人的天主教意识并未因政治纷争而减弱，"至上崇拜"和"有神博爱教"①等革命派宗教都十分短命、影响不大。如果 1795 年热月党人占多数的国民公会通过的政教分离政策能坚持下来，宗教自由或许能更稳固地扎根于法律上；但是这项政策随后便被弃置，未能在民众心目中树立宗教与政治关系的新观念。

言论自由

大革命鼓动者曾读过为躲避审查而自律谨慎的《百科全书》，以及许多作家出于安全而匿名发表的著作，他们要求拥有表达思想的自由，

---

①　译注："至上崇拜"（le culte de l'Être suprême）是法国大革命时期由罗伯斯庇尔创立的一种自然神论，并试图以它取代天主教；"有神博爱教"（la théophilanthropie）也是在大革命期间出现的一种建立在热爱上帝和人类基础上的自然神论。

并在三级会议召开的最初几周就大胆地运用了这个权利，各种活跃而尖锐的出版物表达了各种各样的思想言论。不管是"人民之友"还是"国王之友"，1789年的报章是法国最早自由表达思想的报纸，因为此前的出版物（如《新闻报》《信使报》等）都受到王室的严密监控，从未享有完全的独立。"一切公民都能自由地发表言论、自由地著书和出版……"印刷厂或书店因"黑色办公室"（常设的邮局审查机构）审查信件而遭封闭的案子令人记忆犹新，因此制宪会议的议员们认为自由表达思想的权利是独立公民最宝贵的权利之一；但很快又意识到让有财力出版者享有完全的出版自由之危险。1792至1793年贵族办的报纸首先被查封……此后每当新闻自由的魅力和政治效力彰显时，新闻自由就不断地受到限制。在王政复辟和七月王朝期间，自由派反对党不断要求自由——它的价值在18世纪最为资产阶级所欣赏却被完全剥夺。政府害怕这股无法控制的力量，采取了一切手段加以限制，包括施加财政压力，勒令报社必须缴纳保证金以及对每期报纸收取税金，致使报纸成为昂贵的商品，令部分资产阶级都承受不起，更不用说拿破仑时代采取的专制措施，限定报刊的数量（巴黎市限为四份报纸，外省各一份）；直到1836年报纸开始刊登商业广告，出现吉拉丹出版每份只卖一苏的报纸，对报纸的财政施压才告失效。在整个复辟时期，通过施加财政压力限制舆论的发表和传播成为当局钳制言论最有效最体面的手段。

通过几个世纪"天主教"思想和一个世纪代表普遍价值的哲学思想的熏陶，制宪会议议员们明白是在为全人类立法。当1791年新制度遭遇挫折，尤其是1792年面临各国君主的阴谋破坏时，崇高理想激励着他们。面临来自维也纳和柏林的威胁，革命进一步被推向高潮，革命者揭露仍然统治着欧洲其他王国的特权阶级和专制制度，声称准备向立志争取自由的欧洲各国人民提供帮助，让他们也获得主权。或许，议员布里索宣布有必要对敌视革命的外国君主发动战争的呼唤未在欧洲各国人民中引起预料中的反响。比利时布拉班特人民1789年起来反对奥地利人，但此后几年平息了下来；倒是《皮尔尼兹宣言》[①] 比受压迫民族的呼声更直接地导致了战争，这场战争一直持续至 1815 年。或许，因种植自由之树和推翻旧制度的时间还不够长，面对法国民众未能像国民公会所希望的那样热烈地投入革命，议会在 1792 年 12 月决定剥夺王室财产并采取其他摧毁旧制度的措施：国民公会成了征服者。法国革命当局归并了阿维尼翁和萨瓦省，又在热马帕战役后发动荷兰"革命"，在欧洲推动了人民掌权的进程，奠定了一种新的权利，带来深刻的社会变革。也在同样的精神原则下，国民公会于 1793 年创立了在法兰西领土上的"避难权"原则："（法国人民）向一切在本国因自由事业而遭到放逐的外国人提供庇护。法国拒绝向暴君提供庇护。"[②]

雅各宾传统

然而，1791 年的立宪君主制或 1792 至 1793 年吉伦特派控制下的共和国并没有在自由领域内成功地传递出革命的信息；与制宪会议同属于资产阶级性质的国民公会后来改变路线，为了自身的长远利益而背离了自己的原则。于是在 1793 至 1794 年罗伯斯庇尔以雄辩和权威领导国民公会期间，形成了雅各宾传统，它的政治影响一直延续至我们当代的生活。

1789 年主张君主立宪的议员以及包括罗伯斯庇尔在内的山岳党人，在 1791 年国王背叛，尤其是 1792 年王朝被推翻后成了共和党人。从这一刻起作为新制度———一个统一的不可分割的共和国，巴雷尔的讲话中不止一次地强调它的高大和崇高———的奠基者，他们立志创建一个前所未有的至少令人忘却过去的新时代。国民公会面临外国列强在边境的威胁和国内叛乱的局面，只有奋力拼搏；同时亦为创建新世界而做准备：1793 年（共和历一年）发布新的人权宣言、筹备拟订《民法典》和《刑

---

① 译注：《皮尔尼兹宣言》（Déclaration de Pillnitz），神圣罗马帝国皇帝利奥波德二世和普鲁士国王腓特烈·威廉二世，于 1791 年 8 月 27 日在德国萨克森州皮尔尼兹联合签署这份宣言，对法国革命政权发出威胁。

② 《共和历一年宪法》，第 120 条。

法典》，尤其是打下了初等教育和大学教育的基础，这一切都是当时国民公会议员们远大抱负的明证。山岳党领导下的国民公会在国民教育领域的计划和实施常常被人提起：如设立免费和义务的国家初小教育计划，这一措施后来被热月党人放弃；设立初中免费教育计划，这一措施亦被热月党人修改（改为收费的中心学校）；创立几所主要大学，在一个半世纪内为民族培养了大批的高级干部，如综合理工大学、桥梁公路大学、战神大学（后来改名为军事学院）和高等师范大学；创设大机构，如国家经纬测量和历法局、工艺制造博物馆和自然史博物馆等。意识到建立当时唯一真正的民主共和国（与荷兰和威尼斯等贵族共和国不同），山岳党人制订了三项首要目标：抵抗外国列强、反对国内反革命势力以及建立真正的民主，亦即社会的民主制度。

罗伯斯庇尔和他的朋友们接管政府正值全欧洲联合起来反对法国之际，当时有人就称法国为人权国家，由弑君者建立的政权和国家的领土完整正遭受严重的威胁（安特卫普国际会议已准备在来年春季瓜分法国）。对公安委员会来说，一切都得服从于挫败反法联盟的计划：征用农产品和工业制品，共和历二年动员大量劳工充实著名的革命军队，号召学者如加斯帕尔·蒙日、贝托莱、夏普塔尔等人负责后勤保障，为卡尔诺动员来的上百万战士提供武器装备；法国边境的各镇守要塞都遭到围困，但不出一年共和国军队击溃了敌人；法国也许不得不放弃向欧洲各国人民输出民主、和平等打算；它知道必须先捍卫自身。国民公会在1793年4月13日以法国人民的名义颁布法令指出，法国不以任何方式干涉其他国家的政府，但也同时声称法国宁可葬身本国的废墟之下，也绝不允许任何外国列强干涉共和国的内政……雅各宾党人首先是爱国主义者，他们认为人民自决权首先意味着捍卫法国人民自己建立的共和国。在土伦和朗多、在维桑堡和弗勒吕斯，到处响彻"马赛曲"，在隆隆炮声中上演了捍卫法兰西民族独立的壮烈一幕。1795年普鲁士、西班牙、荷兰等相继承认了法兰西共和国。1830年后当戈德弗鲁瓦·卡韦尼亚克重组共和党，1870至1871年当甘必大动员民众继续对普鲁士作战时，他们都曾引用雅各宾传统来激励国民的爱国主义；1870 年后直到第二次世界大战期间，山岳党的政策仍有深刻影响，尽管存在若干不同的派别。

为对付国内激烈而危险的反对派，雅各宾派必须全力以赴，甚至在本国或在征服的领土上执行违背自己原则的政策：罗伯斯庇尔和许多国民公会成员对外国列强企图推翻法国革命政权的阴谋深信不疑，因此对自己最亲密的同党都毫不犹豫地开刀，清除了埃贝尔派和丹东集团；在此前的几个月中，"贵族"和可疑温和派的报纸和聚会已首先遭到取缔；在公安委员会的鼓动下，山岳党领导下的国民公会与各地的革命法庭及雅各宾俱乐部建立起积极的合作，在全国实行山岳党的专政。共和国首先属于共和党人，它必须保护共和党人不受敌人攻击。革命政府为了挽救自由只有暂时让公民放弃自由甚至和平；专政是暂时性的。公安委员会声称忠于自由的理想，但同时承认自由的政权相当脆弱，敌人会利用自由而趁机破坏，一旦得逞他们更会扼杀共和党人，因此公安委员会宣称为了捍卫自由有必要中止行使自由。罗伯斯庇尔在 1793 年 12 月 25 日的一份报告中指出："如果他们（指共和国的敌人）乞灵于宪法规定的自由，那只是为了冠冕堂皇地践踏它；他们是卑怯的刽子手，千方百计破坏自由，妄图把共和国扼杀在摇篮里……"在热月党人发动政变之前夕，法国为牺牲自由的政策付出了沉重代价，在大恐怖的日子里"人头像瓦片一样成片地掉下"。为挽救自由而禁止自由，任务难以完成：当自由处于危险时，就有足够理由摈弃自由吗？国民公会和雅各宾传统的政策取向只有一个标准，那就是一切为了应付对外战争。罗伯斯庇尔还在 1793 年 12 月 25 日的同一份报告中声称："革命政府需要非同寻常的行动，就是因为它在战争中。"了不起的克列孟梭在 1917 至 1918 年也说了同样的话。

雅各宾派冒着民望下降和个人生命危险而遏制自由，然而他们忠于自由的理想是不容置疑的，这一点从他们制定的社会政策可以清楚地看到。尽管在危机中他们实行了政治上的权宜之计，但在共和历二年风月所颁布的法令，以闻所未闻的大胆将财产分配给最贫困者的举动表明他们想建立一个真正民主的共和国，也就是建立在公民的经济社会真正独立基础上的共和国：正如罗伯斯庇尔一样，写《共和国制度》一书的圣茹斯特的眼中，只有当公民拥有小块土地、保证他不必低三下四地向雇主、债主或领主们乞求生活时，他才是真正自由的公民。圣茹斯特说过一句十分著名的话："人必须独立地活着。"制宪会议十分清楚这一点，所以曾将仆人和一切不付或只付很少税的人排除在选民范围之外。雅各宾把它颠倒过来，尽一切可能造就公民，使最贫穷者都不能被剥夺选举权。在小生产者社会里实现真正的民主，每个人拥有自己的土地和作坊，有能力养家活口，过上微薄但能自给的生活，不再受到邻居或竞争者的威胁。颁布后从未执行过的《风月法令》规定，将逃往外国的流亡者或可疑者的财产分配给贫困的爱国者，使一切反对革命的人在共和国不再有容身之地。圣茹斯特在《共和国制度》中指出："作为国家的敌人不能在该国拥有财产。"雅各宾的民主是原则上的平等；它将自由建立在限制社会经济不平等的基础上，并未走到"空想的"财产平等；极端的财富不均是民主的障碍，谴责财富不均就已经为挽救普选的深刻意义做了许多。乡村小私有主的理想无疑是雅各宾传统所包含的社会政策的基础和局限。直至20世纪雅各宾的社会思想仍具有很大魅力，它说明何以第三共和国历届议会对南部农民的心理抱有同情；它是扶老、济贫和资助残疾者的立法来源；也促成了继承法的修订。预定在1794年实施的土地分配是一项超前的大胆政策，使雅各宾传统带有社会主义的色彩。

因此山岳党控制下的国民公会向法国人民——稍后向全世界——提出了一个民主理想，其大胆举动远远超出了大革命的初期。1793年宪法在宣示权利方面，阐述了公民的基本权利，主要是公民有享受公共服务和教育的权利，承认公民的个人自由和私有财产，宪法第三十五条还赋予公民反抗的权利："当政府践踏人民的权利时，对全体或部分人民来说，反抗是最神圣和必不可少的权利。"1830年"七月革命"后形成的共和国传统，这种传统在资产阶级七月王朝和小拿破仑当政时期的反对派中，以及后来的执政过程中，不断地丰富和多元化，但是不能忘了它的思想来源。可是当时人们对大革命刚刚建立的自由被取消——哪怕是暂时地取消——非常地敏感：热月党人反对罗伯斯庇尔的政变，不管其深层的理由有多少，主要是出于对暴君的痛恨和要求恢复自由的强烈愿望。政变成功后，热月党人面临保皇党和山岳派继承者的双重夹击，被恢复的自由十分脆弱，他们只能死死地坚守政变成果；波拿巴上台后成为第一执政官，后来建立帝国成为皇帝，他几乎忘记了自己曾是年轻的罗伯斯庇尔的朋友。实施自由变得异常困难，尤其当法国公民已默默地忍受被剥夺了一切权利，包括拿破仑的专制统治、重启国家监狱、取消新闻自由、监控印刷厂、把仅有的少数反对派投入监狱或流放……1804年后的拿破仑，在一封写给当时警察总监富歇的著名信件中谈到新闻自由时，以居高临下的难以模仿的口气说："富歇先生，不久要进行新闻改革，让那些只会妨碍新闻自由而无任何益处的报纸存在，实在太愚蠢了……"1814年王政复辟后的宪章虽名义上恢复了新闻自由，但通过法律对报纸严格地加以规范、限制，直到1848年各项基本自由仍处于十分脆弱的初步阶段，影响范围虽十分有限的报纸在其中发挥了主要作用。各种平等的原则和各项自由虽然从未被完全取消，但会轻易地受到质疑，它们是大革命的基本遗产，影响了19世纪的法国。

3. 拿 破 仑

　　年轻将军波拿巴不接受像僧侣一样被人供养、受人摆布的命运，他在身居法国最高地位的 15 年中，使资产阶级拥有足够的时间和可能来巩固革命成果，而在果月政变（1797 年 9 月 4 日）到雾月政变（1799 年 11 月 9 日）的督政共和国期间，革命的成果依然是相当脆弱的。直到 1815 年对革命取得的社会成果的维护以及在 19 世纪最初 10 年的经济繁荣加强了资产阶级的统治地位，另一方面通过与教廷缔结和解协议使法国教会归顺政府，滞留外国的流亡贵族无法抗议：所以拿破仑时期是巩固革命成果的最重要阶段，从 1794 年起的长时间内，靠拿破仑的政治意识，排斥了最后的雅各宾派成员和朱安党保皇分子，保证了资产阶级的革命成果。

　　然而，拿破仑不只是推翻旧制度的资产阶级的自觉工具，他因出奇大胆而赢得政治上的成功迫使政敌在 1792 至 1799 年间与他达成长期的个人妥协；他的成功以罕见的法兰西"荣耀"在同时代人的日常生活中留下了印记：这就是人们常说的"拿破仑文化"。尤其是正当他在巴黎缔造拿破仑帝国的同时，他还是欧洲革命的一名战士，他的军队横扫欧洲大陆，摧枯拉朽地捣毁各国旧制度，在德国、波兰和意大利等国留下了不可磨灭的痕迹……正如歌德所说，这是一场光芒四射的革命。

　　从共和历八年雾月 19 日在圣克卢费尽周折才使立法议会勉强接受的宣誓将军到 1804 年 12 月 2 日在巴黎圣母院接受教皇庇护七世加冕的法国皇帝，拿破仑的传奇生涯令当年许多人目瞪口呆，而且至今仍有不少仰慕者。确实拿破仑很少遭受挫折：作为第一执政官的他仅用几个月的时间就逼迫奥地利就范，并巧妙地与之缔结了亚眠和约，结束了持续 10 年的战争；他以同样的权威降伏了桀骜不驯的革命分子和野心勃勃的保皇派（处决昂吉安公爵）："我不再要党派，在法国我只要法国人民。"他可以既往不咎，但条件是必须归顺执政府的共和国也就是归顺他本人，因为他就是新政策的唯一保证。经过督政府时期的无数纷乱，法国终于在波拿巴治下恢复了平静。在治理国家中他承袭王朝时代的地方总督和国民公会时代全国专员的传统，创立了省长制，在财政领域设置征税官和国库司库官……但更重要的是推行"芽月法郎"①、制定《民法典》，尤其是与教廷达成和解协议。

芽月法郎和《民法典》

在 1799 年发动雾月政变时曾得到若干巴黎银行家支持的波拿巴，在登上第一执政官宝座后依然与这些银行家保持关系，并借力避免了第一共和国的财政崩溃：从指券、全国通用汇票到破产，此前 10 年中推行的所有财政政策都归于失败，加上战争和外国阴谋使这些政策在 1797 至 1799 年都一败涂地。波拿巴执政后重新规划公共财政，创建分期公债偿还金库，并借助银行家佩尔戈和马莱，从 1803 年起由法兰西银行独家发行见票即付的票据，最后在 1803 年（即共和历十一年芽月 7 日）推行价值为 322 毫克金价的芽月法郎。芽月法郎一经推出就成为稳定的法国货币，一直沿用至第一次世界大战结束后通胀高企时为止。在执政府时期采取的财政政策中，宣布历届政府所欠债务四分之三破产的决定十分重要，公债偿还金库以债务的四分之一为限额向债权人每年偿付 5％的年金。虽然如此，因经历了督政府时期先通胀后通缩的不稳定局面，这项政策没遭到民众的抗议；它使得共和国的债权人和在 1794 至 1799 年间参与疯狂投机的所有人收回的金钱略高于当年投入的本金。但由于推行一种稳定的货币，使经济得以繁荣。长期来尽管农业收成不错，但城市不见繁荣，通胀造成物价上涨、商贸流通停滞，经济危机连年不断；从 1801 年特别是 1803 年起，尽管战火重燃，法国各地呈现普遍繁荣的局面，直至拿破仑对英国实施大陆封锁出现暂时危机（1811—1812）、1817

---

① 译注：拿破仑执政时期，根据革命历十一年芽月十七日（1803 年 4 月 7 日）法令，由法兰西银行铸造的一种新法郎，其价值为 0.322 5 克金价，故称"芽月法郎"。

年出现经济大衰退为止。在银行、商界的生意人以及靠年金生活的城市资产阶级中，当年的财政重组是人们对第一执政官的最好评价之一。

第二个评价是 1804 年正式颁布的《民法典》。修订《民法典》的工作在国民公会时期就已经开始了，当年的当务之急是必须以大革命后的新原则对王朝立法加以修改：这是一项极其细致并且须作长期努力的工程，它在 1795 年国民公会解散之前没来得及完成，而随后的督政府历届议会在这方面均无大的建树。《民法典》是法律的总汇，因此编纂《民法典》是在波拿巴和执政府之前已开始的工作。以最短期限完成这项工作在当时国民眼中意味着将革命成果以立法形式最终固定下来：人身自由和公民平等，铲除封建制度的一切痕迹，在全国范围内实行统一的法律等已刻不容缓。同样在保障私有财产、在限制工人结盟的《勒夏帕利埃法案》基础上正式禁止一切罢工，亦对雇主自由加以限制等条款，都说明了行政法院法官和执政府时期议会议员修订新法律时的意图。其实在保护私有财产方面，1789 年宣言中已特别强调，没有必要再加重申，至于禁止工人罢工及集会，突出波拿巴的专制意识亦非《民法典》之主旨。行政法院法官们的思路十分明确：拿破仑修订民法的重点主要体现在关于家庭的条款方面，强调了丈夫对妻子、父亲对子女拥有最大的权力。司法机构也进行重组（特别是上诉法庭），从 1804 年起便有了一部详细明确的新法典，与 1789 年以前的法律相比，新法典是更简便更公正地实施法律的工具。

与教廷的和解协议

为了进一步稳定国内局面还必须与教廷签订和解协议，以便恢复全国宗教生活的平静。1801 年与教廷签订的协议实行了 100 多年（除了 1817 年所作的若干修正），直至 1905 年为止。根据协议法国国家元首拥有对本国主教的任命权（与历代法国国王所不同的是：国王在接受教皇加冕后成为教会的一员和教会的象征，而第一执政官波拿巴则是"世俗的"当局）；协议还承认将教会财产变为国有财产，允许取消什一税；法国的僧侣根据宪法从此成为受薪的国家公职人员，服从公民的宣誓（第六条）；教廷方面做出让步姿态——教皇告诫主教们放弃对抗法国宪法，按照协议精神更换神职人员（三分之一的主教留用 1789 年以前的旧人，三分之一任用宣誓服从革命宪法的主教，另外三分之一是教皇新任命的主教），教廷的这一让步解决了法国神职人员的更新交替问题。由于部分主教拒绝接受上述安排，有些地区的教会出现分立，加上罗马教廷在法国王政复辟初期的纵容政策，19 世纪法国教会的分立现象渐趋严重；但它并不影响和解协议的实施。很快宗教生活变得十分热烈，革命时期的纷乱非但没有使宗教热情减退，反而使之更加强了。在喜爱阅读的"有教养社会"里，《基督教真谛》（1802）的出版更激励了人们的宗教信仰。恢复教士在日常生活中的地位，结束革命年代的一切纷争，波拿巴与教廷签订和解协议无疑回应了广大民众的愿望：他们没有放弃传统的宗教信仰；同时也打击了反革命保皇派（逃亡贵族拒绝第一执政官提出的大赦令，朱安党人仍与阿图瓦伯爵暗中勾结），使他们失去广大农民的支持……拿破仑对此密切注意，1806 年颁行的帝国宗教启蒙书强调国民对皇帝本人的义务："效忠和服务于我们的皇帝就是荣耀主和服务主……" 1804 年教皇前来巴黎主持严格按照国王加冕礼来安排的拿破仑皇帝加冕仪式，在伦敦和维也纳眼中"篡位者"拿破仑是最大受益者，加冕礼的象征意义十分明显：上帝的手在为法国新君主祝福。然而拿破仑并没像过去的国王那样真以为自己有神奇的能力可治愈瘰子颈患者。在民众的意识中，国王以手触摸能治愈瘰子颈的奇迹早已与对王室的信仰一起消失了：这一点拿破仑看得十分清楚。尽管后来出现了种种困难，尽管教皇遭到软禁，1813 年协约是在监禁和暴力下强夺来的，拿破仑政权是缔结 1801 年的和解协议的最大赢家。1802 年复活节，当巴黎圣母院唱响赞美平息战争和思想纷争的感恩诗时，警察总署花钱雇佣的记者撰文鼓吹法国出现了一位新的奥古斯特君主。铁腕统治下的法国人民只要能享受平等、经济繁荣和宗教和睦的局面，就对丧失自由并不感到遗憾。

在此后的几年中，保皇党和雅各宾派等反对派力量减弱，在广大农民对帝国政权不抱敌意的麻木态度和警察总监富歇的严密监控下，拿破仑在恢复社会不平等的道路上又迈出了重要的一步：设立荣誉团勋章制度是第一个信号，1804 年为捍卫国家的第一批功臣授勋，建立了一支法国精英队伍。1808 年建立长子世袭财产制，同时根据帝国新贵族的爵位高低向新贵族赠送大批地产，保证他们的后代世袭爵位和财产，这是建立社会不平等的决定性一步：当然新公爵、新王子和新伯爵们不再享受免税待遇，也不再在他们拥有的地产上享有特权，但很明显拿破仑皇帝是为了替他的新王朝张罗一批与卡佩王朝的朝臣一样稳定的宫廷近臣。帝国新贵族的人数不多（大约 2 000 左右）以及在特权方面受到限制，使新制度不致引发过大的舆论震动，再者社会舆论早已遭到了钳制。

帝国宫廷和文明

帝国皇帝的眼中只有昔日王朝，对过去盛世王朝的回忆一定融化在新朝廷的豪华排场和煊赫荣华中了：宫廷流行的正式服装过分装饰，令穿着者行动不便，举行仪式如同军队操练，难怪"不拘礼节夫人"[①] 曾以辛辣的语言嘲讽拿破仑皇帝的自由，埃莉萨[②]亦对此强烈批评。推勒利王宫的新主人拿破仑大力推行宫廷文化，以图打上时代的印记。路易十五、路易十六时代分别创造了不同样式的家具；拿破仑时代也创造了一种笨重的帝国式风格：生硬地模仿罗马风格，硕大的立柱、精心雕刻的上楣和圆形装饰、多处镀金……拿破仑还在巴黎大兴土木，在推勒利王宫花园的东西两侧，建立大小两座凯旋门，式样亦仿效古罗马风格，表彰皇帝的历次战功；还建造了庞大而冷峻的古代神庙式的马德兰教堂……宫廷画师大卫和格罗领导帝国的艺术潮流，不过时间不长，未能形成一种创新的风格。文学方面未能受到文学大师夏多布里昂和斯塔埃

①　译注："不拘礼节夫人"指帝国元帅勒费弗尔的夫人卡特琳娜·于歇（Catherine Hubscher，1753—1835），她心直口快、口无遮拦的直言作风有时令宫廷生活十分尴尬，遂有此雅号。

②　埃莉萨是埃莉萨·勒莫尼埃（Élisa Lemonnier，1805—1865），生活于 19 世纪上半期，创办女子职业学校，被视为法国妇女职业教育的创始人。

尔夫人的追捧，只有一帮寡廉鲜耻的无名诗人的阿谀奉承。拿破仑皇帝仅在科学领域有所作为，他扶持工业研究和技术进步，一批学者在18世纪技术进步的基础上作出了重要贡献，譬如自然生物领域的居维叶、若弗鲁瓦-圣-伊莱尔，数学领域的蒙日、拉格朗日、物理学领域的阿拉戈、盖-吕萨克和贝托莱；不过帝国政府直接参与科学研究的不多。此外，拿破仑还对两种大众娱乐表现出短暂的热忱[①]：资产阶级上流社会的舞会和大众舞会，这两种舞会在督政府时期相当流行，拿破仑亦大力提倡，相反对舞台戏剧则比较冷淡，认为它有危险（严禁演出中的政治影射，剧院数量在执政府时期从三十来个骤减为八个）；另一方面，随着拿破仑帝国军队在欧洲各国的军事胜利，军事阅兵式频繁，于是渐渐掀起一股尚武从军的热潮，至少在巴黎青年中十分时髦。总之，在各个战役中靠雇佣文人吹捧的文学、艺术创作不值得冠以拿破仑文明的称号。介乎18世纪理性主义的大胆与精致和在法国境内外掀起的浪漫主义革命之间，拿破仑时代的那股人为插曲不过是妄自尊大意愿的表现而已；因此它的最大功绩不是为巴黎增添了一座马德兰教堂，而是摧枯拉朽地动摇了欧洲各国的旧制度。

拿破仑的欧洲

1810年的欧洲是法国的欧洲，法国对欧洲的影响或许超过了启蒙时期。拿破仑征服了普鲁士和奥地利，通过诸联盟国家和附庸小王国，将整个西欧和相当部分的中欧纳入大帝国或者法国的影响范围内。

在传统的盟国巴伐利亚和因被征服而梦想复仇的普鲁士两国，实行了法国式的改革：建立等级分明而高效率的行政机构是第一步目标，在当地某些人眼中拿破仑是位天才的开明君主，人们对本国前君主约瑟夫二世过去的改革失败记忆犹新；在拿破仑的兄弟和妻舅统治的威斯特法利和意大利等国，建立了仿效法国的制度；因此拿破仑《民法典》的影响远远超出了当时帝国的 130 个省份。法国大革命经过执政府时期的纠正，其成果在新的更大范围内得到实施，曾经作为法国逃亡贵族避难地的欧洲封建国家，现在也经受了一场自上而下的没有流血和动乱的革命。在大帝国控制区范围内重新划分省级及区级行政单位，使五花八门、根深蒂固的各地城邦制或封建制毁于一旦；推行《民法典》就是自动推翻了一切封建制度，首先是解放人数超过法国本土的广大奴隶，实现公民平等；废除等级和特权有利于资产阶级和农民；建立法国式的公务员队伍，即在贵族阶层尚未沦为法国那样纯粹食利者的国家，废止贵族的一切行政和社会的优先权，将权力归于新型行政机构的法官、征税官和地方省长；各国在实施《民法典》中结合本国情况，如意大利与教廷签订了协议，实现教会财产的世俗化是一项重要的步骤，将教会财产当作国有资产出售，或者分赏给法国的新权贵，这些财产过了户，剥夺了当地教会的产权……对拿破仑来说，这一切都是新政成果；而对威斯特法利亚和教廷所辖国的居民来说，法国式制度就是革命，即便旧制度的头衔还保留着，即使米兰宫廷的装饰画还是过去伦巴第王国，即使巴伐利亚王朝还存在于慕尼黑。从 1792 年起，公民平等、人身自由和宗教自由的概念已经超越了法国国界，至 1810 年已传到维斯瓦河流域和卡拉布利亚：拿破仑依然是共和历二年的将军和征战意大利时的波拿巴，似乎整个欧洲都由衷地呼唤着革命。

　　然而征服欧洲乃是长期的使命，首先它面临的是毫无准备的各国民众，欧洲革命并非像法国典范所预言的那么成功。其次是需要时间，除了莱茵河左岸和意大利北部，其他各地实施法国式制度才短短数年。再次这一制度的引入伴随着带有掠夺意图的外国军队的军车，被占领地的民众很难接受，而且它是强加在各国原有的社会制度上；所实行的改革伴随了军事和经济措施，很快便显露出这些措施才是制度的核心，对当地带来沉重的负担：军事捐税和捐款、征兵、出口贸易须服从对英国实行大陆封锁的管制，还暴露出拿破仑希望欧洲市场给予法国经济优惠的野心。最后在意大利和西班牙等天主教国家内，教廷的利益受到威胁，这方面的担忧也在不小程度上动摇了帝国体制在欧洲大陆的信誉。

如果说拿破仑帝国的欧洲排斥"法兰西化"的话，还有一个更深层的原因，那就是卷入这场革命的各国的社会结构。意大利北部、莱茵河两岸和荷兰对法国革命的接受性较强，因为当地的资产阶级力量强大，贸易发达且自由程度高，甚至在法国军队到来之前就已接受了新思想、新理念。当地资产阶级很快原谅了帝国兵士的劫掠，而且甘心情愿地实行新的行政制度以便能最大限度地从法国带来的社会变革中获取好处，能够长期地参与革命的也正是这些人：莱茵河左岸民众从 1794 年起就参与了法国革命，意大利北部从 1796 年起参与革命，到拿破仑帝国的新制推行已经过了 20 年时间，整整一代人在新的社会制度下成长、生活。他们与意大利半岛中、南部，西班牙，易北河畔的日耳曼国家，或者伊里利亚省①等地毫无可比性：在法国军队占领当地的短短几年里，贵族和农民仍是当地居民的主要成分，城市活动基本停止，贵族和僧侣仍处于统治地位，即使拿破仑已剥夺了他们的爵位，并以在敌对地区已立足的法国公务员取而代之，正如司汤达在不伦瑞克服务过一段时间一样。因此，约瑟夫能掌控那不勒斯王国的城市，城市居民绝大多数接受新制度；但对广大的偏远山区却鞭长莫及，贵族即使被剥夺了头衔和职务，仍盘踞在那里，鼓动农民反对外国军队……同一批贵族在 1815 年奥地利军队入侵时就没有那么吹毛求疵。这就是因为拿破仑革命在此动了真格儿：它是一场社会革命，必然引起旧制度拥护者的反对，它需要依靠民众的开明意识；而卡拉布里亚或蒂罗尔地区的农民是不可能具有这种思想的。

爱国情绪占了上风，欧洲唯有一个国家支持法国军队的占领，那就是波兰。在革命初期的战争中，波尼亚托夫斯基统治下的波兰陷于被邻国瓜分的处境，它忠于拿破仑帝国直至莱比锡战役。但是在其他地方，

① 译注：伊里利亚省是法兰西第一帝国在亚得里亚海北岸至东岸设置的一个行政区，面积约 55 000 平方公里，名称来自古代的伊里利亚人。伊里利亚省设置于 1809 年，首府为卢布尔雅那。1813 年 8 月，奥地利对法国宣战，并入侵伊里利亚省。1816 年，该省已完全被反法联军占领，伊里利亚省随之消失。

从西班牙到德国各州，法国军队所到之处都激发了当地民众的民族团结意识，为此拿破仑不得不摧毁神圣罗马帝国的统治格局，在意大利亦如此。意大利王国开始酝酿着 1848 至 1870 年的独立运动，总之排外主义结束了拿破仑帝国的美梦。1813 年的战争是一场兼有政治解放和社会重建双重使命的战争，但是政治解放腼腆地遮盖了社会重建。

1815 年

1814 年拿破仑的倒台使整个欧洲陷入了历史的反动，包括法国以外对新制度已经适应的国家。然而，突然间旧制度的全面复辟在有些地方还是出现反复，譬如德国的巴伐利亚和意大利的皮埃蒙特地区仍保留了自由宪法，保存了法国带去的某些改革。

令人惊讶的拿破仑的垮台分为两个阶段（1814 年和 1815 年），它在法国表现出某种程度的妥协。波旁王朝的复辟并非全面复辟，而且比皮埃蒙特和巴伐利亚两地的复辟更不完全。法国国王路易十八在继位后第 19 年回到了巴黎，他明白要全面复辟、完全恢复旧制度是不可能了——如果说开始时他还有所疑虑的话，那么拿破仑的百日皇朝使他彻底认清了局势：因此才会有宪章所体现的种种妥协；也才会令匆匆赶回来的流亡贵族们感到不耐烦，这些贵族是极端保皇派军队的中坚力量。搭乘着外国军车而返回的波旁家族在 1814 至 1815 年间为争取资产阶级的认同曾作出不少让步，他们维持革命的重要成果，甚至恢复被拿破仑取消的若干自由。教会接受王政复辟，对天主教被恢复为国教感到满意。只有在议会中占压倒多数的贵族和制造白色恐怖的保皇势力仍感到不满，其愤懑情绪直到 1820 年还未能驾驭路易十八时公开暴露了。

在贝里公爵遭刺身亡后，1814 年达成的妥协受到威胁：当维莱尔内阁在极端保皇党占多数的议会上通过对大革命期间被剥夺财产的流亡贵族进行赔偿的法案后，民众中产生了恐惧和不安；接着又通过了惩处渎圣罪法案，暴露了圣会的用意，预示着将对思想自由的进一步迫害；最后，恢复长子继承权也显示出全面复辟旧制度的用心。于是议会中自由派少数议员对极端保皇派议员发起进攻，也对敌视维莱尔内阁的巴黎大贵族进行指责，议会上的唇枪舌剑在普通百姓中没有引起多大反响，譬如 1815 至 1817 年，当局出兵讨伐发生在罗讷河谷一带抗议行动的影响还大于民众对议会辩论的关注；甚至当以年金方式赔偿贵族的法案通过时，也只引起巴黎的年金领取者们的抗议。只有首都巴黎市民才关心政治生活。到了波利尼亚克内阁时期，由于政府的不谨慎，肆无忌惮地违反宪法条文，终于使巴黎舆论引起警觉，唤醒了巴黎民众。他们不顾纳税人选举制度的合法框架，在 1830 年 7 月的几天内发动革命，重新夺回在政治生活中的地位。然而，持续 3 天的七月革命成果被佩利埃兄弟、拉菲特、梯也尔和拉法耶特等人巧妙地窃取，最后成立了以路易-菲利普亲王为国王的资产阶级新王朝——七月王朝。路易-菲利普家族是波旁王室中继位最近的一支，他向"国民起义者"承诺维护新制度，捍卫 1789 至 1791 年的革命成果：1830 年 7 月后，资产阶级的法国终于有了自己的国王和如愿以偿的政治制度。

4. 资产阶级的法国

领年金者（当时领年金者人数不少，而且日子过得相当好），制造商、大宗批发商或银行家等资产阶级在路易-菲利普身上找到了自己的代表，对他十分欣赏——一个披着三色旗的好国王，在人群中自己打伞，平易近人，像普通人一样把孩子送进亨利四世中学念书，从此资产阶级赢得了长期来处心积虑谋取的社会主导地位。当资产阶级开始领导国家经济时，享受到独一无二的物质安全：农民始终受到自然灾害的威胁，工人还没有专业的分工，面临经济市场严苛规律的城市小店主亦没有如此优渥的物质条件。只有靠地租生活的大地主才能像资产阶级一样活得滋润自在，那么资产阶级还想要什么呢？……以路易-菲利普为代表的资产阶级十分清楚：能有现在的经济主导权，不正是他们靠自己的打拼——即使不计祖上的努力——才赢得的吗？而且他们自视为国家的精英：替代旧制度杂乱无章教育的新型大学，从基佐立法在各村建立小学到各学区首府创办专科学院，一切都是为了资产阶级的利益而组织安排的；18世纪纷繁多姿的知识文化生活未能在大革命后延续下来，有谁提出过异议呢？在路易-菲利普治下，靠了他的十分高明的统治手段和不亚于其前任的大胆，法国的政治生活似乎稳定下来，在资产阶级的掌控下法国回归到本国事务中来：只关心本国有选举权者的小世界，狭隘、拘谨、自私，有时显得天真幼稚，至少在1846至1847年的困难年份到来之前是这样。接着危机袭来，经济突然恶化，七月王朝的国王滥权，新思想的涌现和工人运动发展，各种矛盾找上门来终于踢醒了不敢正视现实的统治者，严重的社会问题孕育着巨大危机……一代思想大师基佐从此被人唾弃，或许因为他显得有点轻狂。

萧条

当法国退出革命战争而重新面临和平局面时，经济生活曾一度萎缩：资产阶级不再像在拿破仑帝国的辉煌时代那么有底气。与 18 世纪外贸连年递增的繁荣相比，1817 至 1850 年间的经济活动衰退得相当严重。若以 1815 年指数为 100，至 1850 年才上升到 130……今天的经济学家（而当年的经济学家曾极力鼓吹带来维多利亚时代英国财富增长的"自由主义经济"）认为当时的经济停滞主要归咎于世界的稀有金属匮乏（在一个曾经推行指券的国家，人们对纸币极度不信任）、技术进步缓慢（尤其在能源领域，法国工业革命真正成气候是在 1850 至 1880 年间）和银行业的薄弱，阻碍了大型企业的形成：1842 至 1848 年铁路建设由于投机风潮和实力有限而进展缓慢的事实足以说明这一点。所以王政复辟和七月王朝时期的经济仅有小幅增长，经济活动比较薄弱，资产阶级能够逐步积累其经济实力，但处境相当困难：缺乏贷款、价格低下、效益连年下降……关键是国内市场仍相当薄弱，广大农民尚未充分参与到经济活动中来；同时由于英国在工业和商业方面的超前发展，形成了强大的保护主义压力，阻止法国去争夺国际市场，正当美国和拉美国家需要一切之际，这些国家都一面倒向了英国。

这一时期的经济成功主要归功于商业资本主义，而非大规模的工业化（它在当时还未出现）：1842 年法案通过后，法国决定开发铁路，一些有一定规模的银行——如马莱和佩尔戈两家老牌银行继续经营着法兰西银行，新兴的詹姆士·罗特希尔德银行是家庭性跨国银行在法国的分行——立即投资参与铁路建设，然而这些只是例外；一般的地方和地区银行因资金薄弱，放贷中精打细算，过于小心谨慎，而它们在全国扮演的角色和影响却大于财大气粗的罗特希尔德银行。从缓慢的经济增长中受益最大的是大宗批发商和制造商：原始的铁匠铺已无法满足建造铁路的需要。当时炼铁采用森林里的木炭窑和原始的搅炼技术，法国 1848 年的木炭产量仅为 500 万吨，炼铁产量只有 40 万吨；只有纺织业主从英国发明的技术中得到好处，尽管拿破仑时代英法对峙，英国的纺织技术已传入欧洲大陆，应用在法国北方和诺曼底的毛纺业，尤其是阿尔萨斯、鲁昂和巴黎的棉纺业——巴黎当时还是棉纺业的一大中心；丝绸织造行

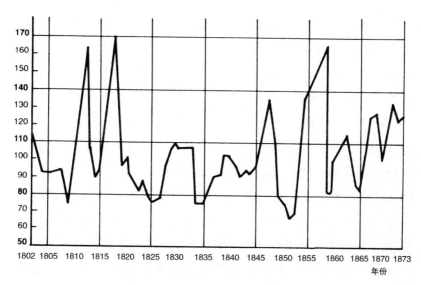

图 29 1817 至 1848 年间的经济萧条

这份表示小麦价格波动曲线的图表摘自拉布鲁斯先生的讲义：《法、英两国的社会、经济演变》（L'Évolution économique et sociale de la France et de l'Angleterre，查理达尔文大学出版社［C. D. U.］，1951 年版）。小麦价格长期低迷是经济萧条的重要征象。

业基本上是十来个织丝工组成的作坊，如克鲁瓦-鲁斯、里昂和维瓦赖等地的织丝作坊，丝织品已成为资产阶级热烈追捧的消费品，价格昂贵，营销商和制造商的利润最大，工匠的工资也最高。里昂丝绸在全欧洲独此一家，即使在英国也没有竞争者，大宗出口和内销，生意十分兴旺。最后还有运输业，业主与其说是现代意义上的实业家不如说是组织者，公共马车和搭客的邮车奔驰在 18 世纪修筑的公路网上，连接各大城市；成千上万的运输业者以公路运输和河道航运为生，在铁路诞生之前活跃着法国经济生活，它或许是大革命以后发展最快的行业。而持续发展的铁路运输尚未对经济生活产生大的影响：1823 年建造的从圣艾蒂安到昂德雷济约、1827 年建造的从圣艾蒂安到里昂的运煤铁路，仅为连接个别城市的局部铁路，至 1848 年为止总长不过 3 000 公里；当时的法国技术观念薄弱，使得铁路发展举步维艰：阿拉戈（1838 年！）、梯也尔等人对铁路的看法众所周知，说明当时人们对铁路的意义并不理解……

城市的市场虽小——因为城市发展迅速，巴黎市因各地农村人口的涌入已出现人口饱和现象，居民人口 10 年内翻了一番（从 50 万增长到 100 万）——已足以使经济生活的主导者避免外国竞争，也避免国家对他们生意的干预：1831 年罗讷省省长在里昂克鲁瓦-鲁斯织丝工反抗雇主的激烈斗争中，企图强行规定工人工资、损害了丝绸厂厂主的经济自由而遭到政府撤职……按《勒夏伯利埃法案》的严格逻辑来说，里昂的流血冲突恰好说明了基佐所说的"尽快使自己富裕起来"的有名论调，就是在这种意识下，资产阶级的财富"通过劳动和经济"得以迅速膨胀。

唯有一个领域里扩张财富的欲望受到限制：那就是地产。在大革命期间资产阶级曾大量投资地产，城里人跟农民一起购入国家拍卖的地产。对于追求可靠收益的投资者来说，投资地产是理想的选择，其收益往往高于现金投机。但是正当城市资产阶级大置地产时，从外国流亡返乡的或对宫廷生活已失去兴趣的贵族们出现了；他们重返家乡，在自己尚剩的地产上定居下来，开始收拾残局、经营祖产、用心监管农户。对于那一时期的社会生活，巴尔扎克的作品是丰富的资讯来源，当然需要谨慎地运用：这里要提到一个名字和一种态度，那就是《幽谷百合》中的德莫尔索先生，这个曾经流亡外国的贵族在 1814 年回到家乡时，发现邻居是一个帝国的新贵，在大革命和拿破仑帝国期间都曾经是显赫人物。1815 年布戈上校领取半饷、提前退休，于是一心一意地经营在佩里戈尔的大批地产。然而贵族大佬返乡，时隔至少四分之一个世纪后再次成为教区里的头面人物，自然引起了很大的社会反响：贵族返乡定居重新得到社会尊重，其经济地位亦获得提升。但是贵族的复辟并不威胁资产阶级的经济优势，只是使它受到一定的制约而已。

大学和中学

在 19 世纪上半期，资产阶级仍继续前几代人在教育上的努力：他们如今成了伏尔泰主义者，尤其关心有一个良好的教育制度，因为按照孔多塞和拉卡纳尔的观点，一个良好的教育制度能建立起文化上的优势地位。大革命之前由教会控制的教育体制已所剩无几：一方面是国民公会时期在旧学院基础上创立了高等学校以及拿破仑时代创立的大学；另一方面是国民公会时期建立的更为活跃的中心学校取代了旧制度下的中学以及各省创办的相当成功的初级学校，它们既招收年轻学生亦向成人开放，这些学校后来变为高级中学和初级中学；此外，如巴黎附近瑞伊市等地的奥拉托利会所办的中学，在拿破仑皇帝十分关切的帝国教育机构重组后继续存在。然而教育制度的最大革新是 1808 年创立帝国大学，它在七月王朝治下又经过调整和进一步的完善。

　　拿破仑在 1808 年创办帝国大学时为国民教育设立的一套行政制度，历经 150 年基本没有大的变动：教育总监[①]、最高教育委员会和教育部学监、学区区长和学区教育会议及学区监察等主要职能部门保证了教育制度的长期良好运作。这套教育体制的基本环节是中等教育。拿破仑皇帝或许重建了若干旧学院，譬如法学院、神学院和医学院，但它们均未有深刻的改制；此外还建立了科学院和文学院，不过这类学院仍处于草创阶段，相当于中学的简单延伸，教员还是原班人马，教学目标也相当有限。帝国在小学方面无大作为，其程度相当于初小教育，仍由天主教会教士们负责。总之，1808 年帝国教育制度的创意在于中学教育，拿破仑设想由中学培养帝国所需的年轻领导者，如公职人员和年轻军官；此外当时人还设想由中学培养商人和法律界人士。学校纪律实行军事化，中学教育沿用教会学校奥拉托利会的教育大纲：包括古代语言、历史、修辞学和数学、物理等各门自然学科。中学阶段学业结束后由高等教育机构负责考核和授予学位……在这套教育制度中，教会不再有地位，教师由国家直接从民间选拔录用。事实上，部分仍掌握在教会手中的中等教育机构，如培养教士的教区学校依然存在。尽管地方上有各种困难，拿破仑式的中学仍受到民众的欢迎：1808 年全国开办了三十来所新式中学（仅指各地城市自费创办的第一批中学，不包括原有的中学），至帝国末

---

①　译注：教育总监（Grand Maître），或称大学总监，地位相当于部长，在后来的复辟王朝、七月王朝和第二共和国时期，教育总监往往身兼国民教育部部长。

期这类中学数量已达百余来所（拿破仑式中学都是男子学校，拿破仑并未想到女子教育，除非少数获荣誉团授勋者的女孩才有机会上中学），而且中学的生源在不断扩大。

1815 年帝国大学成为皇家大学，高级中学和初级中学也冠以皇家的名义，这一称呼一直持续至 1830 年——这说明拿破仑的新教育制度的坚固以及它受资产阶级欢迎的程度——王政复辟期间未曾触动这套教育体制：至少没有触动它的基本构架，仅对大学总监的名称及职能作过几次调整。复辟期间的保皇议会仅有一次试图对拿破仑教育制度进行修改：1817 年的一项法案曾提出干脆取消大学，回复到 1789 年之前的教育制度和体制；其中一项提议导致国王路易十八解散了那届倾向极端保皇的议会。然而，尽管 1808 年创制的大学"采纳天主教箴言作为其教育基础"，不再垄断教育的教会仍千方百计地想控制大学；复辟期间的教育总监、管理人、校长往往由教会人士出任……在七月王朝期间，这一现象减少了许多，那是否因为身为新教徒的基佐的影响和作用呢？直到 1850年，究竟由谁来主导大学教育一直是社会激烈争辩的焦点：复辟期间的圣会要求在大学之外办学，教会学校则积极招收年轻学子，不管其是否有志向将来当神父；天主教政论家在报刊上声嘶力竭地攻击伏尔泰精神①十分明显的大学，主张还天主教的教育自由，结束教育垄断等等，这些便是实施《法鲁教育法案》之前各方争论的主要议题。

虽为皇家大学仍受到教会当局的密切关注，尽管批评声不绝于耳，但像一切应运而生的制度一样逐渐得到加强：理科学院和文学院的生存比较艰难，复辟时期从 1816 年起，不少学院被关闭，它们主要是由学区机构所在地的中学提升但办学苍白的大学；只有基佐和库辛教授任教的巴黎索邦大学，以及稍后基内和米什莱任教的法兰西学院吸引了大批学生。法学院办得比较成功，但因公共法和制度史等科目相当敏感，因此备受当局的严密监视。高等教育较热门的是医学院，随着治疗手段的长

---

① 译注：即反宗教倾向。

足进步以及医生的处方更有效①，人们对健康问题日益关注。但是大学
教育中发展最快的是培养中学师资这一块：小城市开办中学需要师资，
从巴黎高薪延聘必要的教师；尤其是皇家中学体制越来越明确，从1821
年起创设了规范师资资格的"中学教师资格制度"，米什莱就参加了
1821年9月的第一期中学教师资格会考，取得了"文学"资格考试的第
三名（通过"文学"资格会考的教师可教中学三年级以上的学生，而取
得"语法"资格的教师教四年级以下的学生②）。米什莱通过的考试包括
哲学、希腊和罗马文学、古典文献解读……同一年还制定了包括具体科
目的教育大纲、规定哲学课的课时以及通过考试升级的办法；经过种种
调整，高等师范大学终于在1830年担负起培养皇家中学师资的重任。王
政复辟期间还在全国所有皇家中学恢复了1748年创立的统考制度。这些
是中等教育方面的大致体制，这一体制一直沿用至20世纪中叶。或许
19世纪40年代的中学与今天的中学面貌不太相像：那时的教师都穿黑
袍；大部分科目用拉丁语授课；古典文学占较大比重；学校不开设外语
课；而且严厉的纪律令儒勒·瓦莱斯感到恶心，这一切都是当时的时代
烙印。但是教育体制的主导特征已在那时勾勒完整了，它的坚实性和有
效性经受了时间的考验。

小学

七月王朝政府在1833年颁布第一份小学教育条例，从而使整个教育
体制更加完备。《基佐法案》既是他本人作为基督徒的理想主义产物，也
是日益迫切的必要改革：劳动民众缺乏知识使工厂和作坊的生产受到影
响，随着时间的推延，这一缺失越来越明显地凸显出来。从1833年起规
定每个市镇必须留有教育预算，人口稀少的地区可以几个市镇合办一所
小学；小学师资由省师范学院负责培训，由本堂神父协助市镇当局挑选
录用，教师薪金不得低于法定标准，经费由学生所缴学费及市镇政府拨

① 参阅巴尔扎克（Balzac）：《乡村医生》（*Le Médecin de campagne*）。
② 译注：法国中学最低年级为六年级，升级至五年级、四年级……与中国学制不同。

款保证。教师由教会僧侣及监察员进行监督，检查执行教育大纲的情况。
这类小学不属于义务教育，不免费（但市镇政府可给予贫困家庭减免），
教学亦非完全世俗化：教士没有文凭也可以上课，教师受到教会方面的
监督。但是这项法令在农村实施得相当缓慢，在民众中也没引起多大热
情。乡村对知识的需求不像城市那么迫切，而且根据省长落实地方预算
的不同态度，各地在执行中不平衡。新法令的实施毕竟培养了一批出身
平民或接近普通民众的新型乡村教师——他们令第二共和国的各届政府
感到头痛——亦产生了一批新的乡村"资产阶级"，他们在公证员、医生
和本堂神父身边工作；同时也逐步地培养了乡村少量的年轻人。至 1848
年全法国小学在学学生人数达到 5 万名，约占学龄人数的 1%；但是资
产阶级和贵族的子女通常不上乡村小学，他们或在家接受家庭教师的严
格训练，或进入正规中学的附属小学，在那里读完小学课程后直入中学。
《基佐法案》在今天看来是日后努力的出发点，第二帝国时期维克多·迪
吕伊，特别是第三共和国一些人的教育措施都是在此基础上发展的。然
而在路易-菲利普国王的同时代人看来，《基佐法案》不过是为了使中等
教育更巩固、更实用的一个普遍性的补充而已。

政治统治

最后，在政治制度方面，自由派资产阶级把君主立宪制看作最好的政
治工具。以纳税额决定有否选举权的制度将所有贫困阶层都排斥在民主生
活之外，如果说复辟初期选举制度的种种变更显示了某种东西的话，那就
是资产阶级处心积虑地把一切不具备必要能力者排除在公民生活之外的用
意；其实贵族与农民挨得较近，至少在乡村，他们的主张比城市资产阶级
对贫苦农民更为有利。但是城市资产阶级在近 30 年中已获取了法国大部
分的政治领导权。事实上，复辟时期以国王签署的宪章为宪法，虽然内阁
仅对国王本人负责（第十三条），但迫于议会压力以及从历届革命议会已
形成的议事构架，法国的政体已是议会制度：即便像夏多布里昂这样的保
皇派议员也赞同并公开要求内阁应向议会负责；维莱尔首相本人的实际做

法亦向议会负责，尽管他的雄心是恢复一个在社会上强大、政治上处领导地位的贵族阶级。1827 年选举失败后，他没有依据宪法而再赖在首相位置上（说实在，国王查理十世是想挽留他但出于谨慎而不为之）。议会政治的规则遂在有关法律正式颁行之前就已进入了法国的政治习俗：七月王朝时期，路易-菲利普及其官身议员团在 1840 至 1848 年间为拼命保住基佐内阁，或许破坏了议会政治的游戏规则，也伤害了未来的改革派。不过这一原则已经确立，此后的第二帝国（借助官方候选人制度）和 1871 年的如此保守的议会都未经争执地实行了议会政治。因此政治权力的分配并未完全符合宪章的规定：它有利于代表纳税选举人利益的议员。

令资产阶级春风得意的另一标志和其实行政治统治的防护墙，就是七月王朝治下重新建立的国民卫队：这支卫队的成员须自置装备，每月需要操练或演习若干个半天，基本上是一支资产阶级掌握的队伍；贵族子弟多半倾向于正统保皇派，显然极少参与其中，他们宁可加入正规军队，若立志从戎便投身海军。国民卫队这支民间武装是资产阶级为捍卫其制度而建立的队伍；然而这支武装不乏勇气，尤其在七月王朝初期当物资匮乏和共和理想在巴黎或一些大城市引发频繁骚乱时表现英勇。在圣梅利修道院和特朗斯诺尼昂街，国民卫队通过无情镇压捍卫了制度。直到发生严重的经济危机、傲慢而衰弱的基佐内阁难以维持且爆发出多桩丑闻，才迫使国民卫队在 1848 年 2 月局部退却。

19 世纪初期，法国资产阶级清醒地意识到自己在经历了漫长大革命后诞生的新社会里的领导角色：对他们在卑微的体力劳动外（他们不可能去从事体力劳动）所取得的经济成就感到自豪，意识到自身的物质安全远高于普通民众，对保持本阶级在知识和文化上的优势地位极为重视，注重本阶级全体成员对国家的领导地位。无论此后取得的成就有多大——诸如第二帝国时代靠最早的工业革命而积累起巨大财富、19 世纪末随着圣日耳曼城厢的衰落而兴起的上流社会的成功——资产阶级的目光再也不会如此地清晰，也不再具有在推翻法国旧制度时真实体现出的那种集体魅力和胜利豪情。

第十四章　浪漫主义的反叛

19 世纪上半叶法国资产阶级在 1848 年二月革命后经历了分化和重组，新上台的领导阶级未能完全排斥旧统治阶层——这些人始终存在，对新秩序抱批评和敌对态度。只要过去的辉煌历史和灯火通明的古堡还有魅力，新的统治阶级便无法将其完全抹杀。一方面是维护传统的保守派，他们的旧制度毕竟无法挽回了，另一方面是刚上台占领了最佳制高点的资产阶级，他们通常是自由派，在殊死搏斗中绝处逢生，如今终于确保了胜利，两者之间的长期斗争——而且刚在 1848 年的舞台上激烈较量过——无法让人完全忘却那些在台前幕后被人疏忽的次要角色，他们是被遗忘的历史见证者，也是社会重组的牺牲者，而他们正在寻找其他出路：他们是滑铁卢战役后退伍的领取半饷的军官，是难以重新适应公民生活的拿破仑近卫队老兵，是乡村中既无土地又无工作的长工，是城镇和村庄内被"铁的工资规律"①压垮的工人。工人甚至无法避免死于贫困之中：面对组成资产阶级社会新贵族阶层的新显贵和新富豪，存在着无数太凄惨的受害者。

这些受害者尚未发声，人微言轻，他们知道在这个充斥浮夸演说家的国家里要让人听到自己的声音是多么困难；但是他们的不幸会不胫而走。基佐和梯也尔等人的认识不代表他们的整个阶级，仅是多数派的意见而已；其实，不需要人们有一颗太善良的心就能随处目睹和体验种种不和谐的事物，而在一个如此有理性的世界里，正直的人也应该很容易去改变这一切。和平时期的贫困，尤其当这种和平是以大量的牺牲和肮脏的背叛换来时，法国人对此并不喜欢并且不久前还表达过。人们同样

---

①　译注："铁的工资规律"（Loi d'airain）系拉萨尔批判资本主义制度时提出的经济理论，指将工人工资限定在仅能维持劳动者及其家庭生计的最低水平。

憎恶利用上帝来使社会屈从的虚伪做法；资产阶级的美德虽然赢得了赞美者，青年学生还是在 1830 年 7 月筑起街垒，一反前几代人的谨慎和消极而奋起反抗：巴黎综合理工大学的学生似乎丧失了理智，不顾美好前程跑去圣安托万街区起义而惨遭杀戮……

1815 至 1848 年间的法国社会并不愚蠢，它是被窒息了：这些大人物、坐在客厅沙发上夸夸其谈的宪政派议员或那个住在皇家宫殿的阴谋家国王①，都是些口若悬河、能说会道者，满脑子是政体设想的歪点子。他们不久就遇到了毫无顾忌、直截了当的反对派，这些反叛的子孙、大革命中叱咤风云者的继承者，以另一种眼光来看待世界和世人：感受到在希腊、波兰和法国被压制的自由；他们关切地球上被剥夺者的命运，那些无情制度的受害者需要同情和援助；他们宁可放弃个人前途的美好规划，不愿循规蹈矩地谋求事业上发财致富。有的呼吁慈悲心，有的鼓动造反；这些都是发自内心的呼唤，他们想象能创造一个新的更美好的世界……在经过革命洗礼的社会上刚安顿下来，他们就在梦想通过 10 条、20 条不同的途径走得更远。这些温和的梦想者——从《欧那尼》到《玛里翁·德洛姆》②，在文学都成为战场的年代或许并非始终温和——曾现身于 1848 年二月革命的现场，马上为第二共和国提供了慷慨的计划，其时代超前性比 1794 年时更为大胆；时代变迁了，社会结构亦随之革新，社会主义、共产主义等词语已进入人们的日常语言。浪漫主义作为时代变革和心理状态长期演变的结果，成为当代法国社会的一个重要阶段，它至今仍在影响我们的文明。

---

① 译注：指七月王朝国王路易-菲利普。
② 译注：《欧那尼》（*Hernani*）和《玛里翁·德洛姆》（*Marion Delorme*）均为雨果的浪漫主义剧本。1830 年 2 月 25 日当《欧那尼》在法国喜剧院首演时，曾引起古典派和浪漫派的激烈冲突，事件被称为"欧那尼之争"；次年 8 月 1 日被查禁两年的《玛里翁·德洛姆》在圣马丁门剧场得以上演。

1. 社会的另一面：资产阶级法国的贫困

从这些大大小小的贫困现象中，人们可作出以下两种评价。一方面，对许多年轻人和经历了拿破仑时代的成年人来说，纳税人选举制度下的法国已变得令人窒息：外国的占领、路易-菲利普政府将拿破仑骨灰运回国的笨拙举动燃起了国人对帝国辉煌年代的怀旧意识，以及法国和欧洲各列强之间无休止的和平交涉；另一方面，维莱尔政府倒行逆施，实行白色恐怖的过分政策，给人造成教会重新统治的印象：有人说圣会授意或者指使政府实行"天主教政策"，不同观点的人说法不一。在圣会主导下，教权主义重整旗鼓、迅速膨胀。更严重的是有些人拒绝接受法兰西王国自克洛维立国至 1830 年气数已尽，将在路易-菲利普王朝寿终正寝的事实。但是更深层的原因是，民众的不满情绪来源于经济困难。经济不振的阴霾笼罩了 1848 年革命前夕的整个时期，也就是说从实业家和银行家的谨慎反映出的危机尤其说明了贫困的真实性和深刻性；每年有许多人死于饥饿、寒冷和肆虐一时的肺痨，就连生活条件较优越的社会阶层都难以躲避肺痨的袭击。工人的贫困令许多社会观察家——包括像维莱梅这样多愁善感者和雨果这样的抒情诗人——感到震惊和愤慨；乡村中生活不稳定的民众亦身受贫困，"低劣人群"①——短工们则逃亡到经济更活跃更能接纳的城市去。对于一切遭受和体验过 1815 至 1848 年悲惨现实的人来说，资产阶级应当感到内疚：那么多次的反抗、那么多次遭到傲慢和卑鄙的拒绝，激起了悲惨世界中的强烈憎恨。贫民窟"院子"的潮湿、里尔市的冰冷和查理十世登基加冕礼上的滑稽形象（例如诗人贝朗瑞在《查理的加冕》中对其进行了讽刺），揭示了反教权主义、憎恨流亡贵族和蔑视新国王等情绪正在发酵。

---

① 译注："低劣人群"（la vile multitude）是梯也尔在 1850 年 5 月 24 日的议会辩论中对无固定住处的贫困者所用的词。

拿破仑传奇

　　"1815 年的惨败"沉重地压在整整一代人的身上：滑铁卢和叛变，大半个国家被哥萨克人、奥地利人及普鲁士人占领，国王第二次搭乘外国军队的战车回来，一桩桩匪夷所思的事实；从莱茵河畔避难地返回的流亡贵族或从蛰居的古堡重新露面的贵族亦令国人感到莫大的耻辱。令人羞耻的失败给一系列轰动一时的胜利画上了句号，第二份巴黎条约的签订迫使国家割让领土，忍受趾高气扬的保皇派分子大发国难财。许多法国人可能一时并未感到滑铁卢惨败的伤痛，甚至对失去朗多、萨尔布鲁克和萨瓦等地也漠不关心。但是当听到流亡贵族的胜利凯歌时，许多人的痛苦正如同 1940 年遭受类似失败后听到祈求"神赐的惊喜"时一样。这种心理状态能解释 1815 年时的国民反响。外国军队的占领在人们心里留下了最坏的记忆，令人回想起 1815 至 1818 年间，联军占领者手执武器、立等战争赔偿的情景；因此当年占领阿尔萨斯的俄罗斯军队在当地民间传说和童谣中被描写成狼人或魔鬼形象。第一阵骚动过去后，拿破仑百日王朝在许多法国人眼中始终代表一个伟大时代的终结，这种情感并非来自以后的法国新统治者的偏安政策，而是来自人们以无数方式不断更新和滋养对拿破仑时代的怀旧。怀旧者首先是拿破仑军队中的退伍老兵，其次是 1818 年后被复辟王朝战争大臣古维翁·圣-西尔勒令退役而领取半饷的军官们，他们留出的空缺便由保皇分子顶替。这些老兵和军官无法归田或经商，而且往往因鄙视公民生活而不屑融入其中，遂成为鼓吹昔日辉煌的义务吹鼓手。他们在帝国军队中受伤，获得嘉奖和头衔或授勋，复辟政府不敢予以取消，于是他们成为偏远乡村里家家户户围炉夜谈的英雄和重要事迹。"皇帝万岁"的口号虽然在复辟初期是反叛的呼喊，但在乡村集会上依然可以听到，曾到过米兰、维也纳、柏林和莫斯科的革命军队的老兵们会情不自禁地讲述亲身经历的战斗。有"小伍长"① 在，谁还会去提什么大腹便便的路易十八或者亲自打伞的路易-

_____

　　①　译注：拿破仑皇帝是从当一名小伍长开始其戎马生涯的。

菲利普？谁不蔑视 1840 年中东事件中法国政府的沉默和军事退让呢？1840 年是重要的标志：当缪塞的《德国的莱茵河》获得一片掌声时，谁也不听拉马丁和他的《和平的马赛曲》。

参加过帝国征战的老兵忘记了在拉培雷齐纳、莱比锡、蒙米拉伊和滑铁卢的不幸遭遇，而反映当年老兵征战场面的埃比纳版画早已传遍各地，版画以其鲜艳的色彩和精美的画面描绘拿破仑战役的壮丽场面，令人们对 19 世纪最初 20 年的辉煌记忆犹新；同样，货郎担兜销的故事书讲述拿破仑战争的无数故事。流放在圣赫勒拿岛上的拿破仑备受狱卒的烦扰——这些故事早已为人所知——经雨果和贝朗瑞笔下的夸张，在广大民众中引起的反响超越了现实生活的平淡，升华为对辉煌历史的崇拜，也促成了路易十八和路易-菲利普时代的民众对现实生活单调平凡的摈弃。司汤达也参与渲染昔日的荣耀，出版过一本拿破仑传记，他笔下最重要的主人公——于连和法布里斯——都是拿破仑的欣赏者：法布里斯为曾经接近过伟人而自命不凡，而于连则将自己的厄运归咎于 1814 至 1815 年的变故，自叹生不逢时，未能生活在一个辉煌的年代——在那个年代，一个木匠的儿子身经几场战役便能成为法国元帅。

圣会

这里还要提及日常平庸的另一面：缺乏轰轰烈烈的行动，缺乏（在旅行者以外）涉足欧洲各地的机会。年轻一代不再能建功立业，面临微不足道的平庸生涯只有彷徨等待；国王路易十八谨小慎微的国策造成人才拥堵，年轻人举步维艰；于是只得投身于 20 多年来在政治和行政生活中悄无声息的另一股势力：教会。至少在王政复辟期间——因为七月王朝时期情况已有所改变——天主教会在当局支持下，热忱地效忠于传统制度，控制、扼制或者鼓励某些出路，褒扬或者诋毁某些人或者事，大胆监管正统社会，往往不择手段。以至于当时人不论是否信奉宗教，都将这股无形势力归咎于教会内的一个宗派——圣会，在同时代人的心目中，圣会继承了过去的"护圣会"的衣钵，但比它的前身更可怕。事实上，如果说"圣会"这个名称及其阴暗目的从未正式存在过的话，那么在帝国初期确有一个以"信仰骑士会"为名的秘密宗教团体为王政复辟做准备，随后以巩固复辟王朝为己任，对制度内人员实行有效监控。通过该团体谋求在动荡中收复失地的努力，各修道院的修士人数迅速增加，教区变得更趋活跃，在外国传道并在当地扎根的法国教会也在所在国行政当局的支持下，发展信徒和教会。正因如此，人们才会有受到圣会无处不在的严密监视的印象，连最坚定维护法国教会自治的宗教人士也往往有此感觉。

　　1825 至 1827 年发生的一些事件证实了这样的担忧。查理十世治下的议会通过了令人恐惧的《渎圣罪惩处法》，它跟查理十世加冕祝圣礼一样令社会感到震惊。加冕礼完全复制旧制度下历代国王加冕典礼的所有细节：同样的手势和语言，同样在大教堂内放飞和平鸽……查理十世甚至仿效先王、手触病子颈患者为他们治病；可惜在场的不幸患者寥寥无几，昔日的人山人海已不见踪影（更为谨慎的路易十八曾放弃了这样的加冕仪式，1804 年拿破仑小心翼翼地预先视察整个加冕礼过程，取消了某些悖时环节）。尤其是为路易十六被处死而举行的赎罪仪式，1827 年 1 月 21 日 4 000 名神父参加了仪式，长长的宗教行列在巴黎街头行进了数小时，仪式旨在向世人表明查理十世敢为路易十八所不敢为，宣示全面复辟旧制度的决心，同时彰显他获得了教会的支持。由此至少部分地说明，反教权的自然神论已不再像在 18 世纪那样仅是资产阶级的诉求，它已经深入城市平民阶层。其实，当初制订《渎圣罪惩处法》不过是为了惩处发生在教堂里的一些偷盗行为，防止其蔓延；而 1831 年抢劫圣-日耳曼-奥克塞瓦教堂及主教府的行动则反映出民众中重新燃起的反宗教情绪，行动变得更加暴力和失去理智。它是市民不耐烦的爆发，既无后续行动又无其他影响。巴黎市民的示威行动是对保皇派挑衅——在 1820 年 2 月为遇刺身亡的贝利公爵举行追思弥撒——的回应，具有警示意义；同一年代，神父们走在街上经常会遭人辱骂也有同样的含义。后来的七月王朝时期，或许因政界人物来自反宗教的资产阶级，教会的影响有所减弱，总之不再那么明显，更何况当时教会正为争取"教育自由"而与路易-菲利普政府存在冲突。此外，在1830至1848年间，物质贫困成为人们主要关心的问题，其他一切暂且搁置一边了。

经济停滞

在纳税人选举制度下的七月王朝，法国工业资本投资的设备发展缓慢，拖累了整整一代人。工业劳动者成天弯着腰埋头苦干，工作条件比乡村短工和已存在了一个多世纪的城市作坊工人更艰苦；在经济萎靡年代实现的机械进步、银行发展、纺织业飞跃及炼铁技术的微弱改进让资产阶级获得了可观利润，勒克勒佐、富尔尚博、米卢斯的科埃什兰和洛林的旺代尔工厂办得十分成功；但是付出了惊人的代价，在人口过剩的法国过分地浪费人力资源。

当时议会由制造业主和土地所有主议员占绝对多数，当问题涉及关税和商品进出口限制时，议会中缺乏不同政见的代表；议员们一味追随甚至强化拿破仑一世的政策，通过不少法案（特别在1820至1822年间）以关税壁垒保护国内市场；毫不厌烦地实行全面禁运，他们"保护"铁矿、丝绸织品、甜菜糖和小麦不受外国的竞争。提花织机数量大增，乡村里丝绸织机迅速推广到伊泽尔省，增加了里昂丝绸织品的产量，生产价格更便宜的丝织品；致使丝绸工业的发展受到国内消费的限制。这个例子亦适用于棉纺业，棉纺业的发展主要在七月王朝时期。

路易-菲利普时代的公共设施建设（特别是开凿运河）和1842年起铁路网的迅速扩展为缓慢而谨慎地迈向英国式工业革命的法国经济注入了活力；但是作为实业家的铸造业主和银行家们目光短浅，只看到自己的企业、自己所在的城市或城镇：有些铸造业主无法满足用户对铸铁和钢材的需求，却仍主张维持对从英国进口钢铁商品的征税，为保住自己利润增长而沾沾自喜；另一些银行家随波逐流地卷入无节制的投机，原因是法国缺乏大规模的银行吸纳和组织资金的流动，直到1846至1847

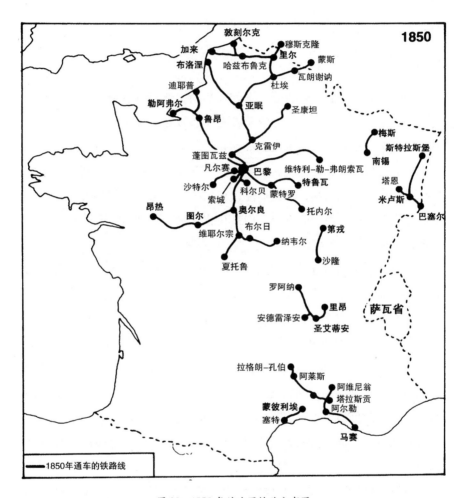

图 30   1850 年的法国铁路分布图

（引自拉蒂伊安 [Lartilleux]：《法国国营铁路公司》[La S. N. C. F.]，谢克斯出版社 [Chaix]，第 5 页）

在法国发展铁路建设之前，从 1823 至 1850 年间不存在真正意义上的铁路网。1846 至 1848 年的破产似乎证实了某些学者和政治家的悲观预言。参阅第十一章图 24 所示的 18 世纪末的公路网。

年爆发经济危机，最早一批铁路公司倒闭，银行和债权人得不到任何救助而陷于破产。

路易-菲利普统治的最后两年见证了这种经济不适应市场的状况：绝大部分地区相当落后的农业经济仍像在 18 世纪一样主导着法国的经济总体。包括中央高原、孚日山脉和阿尔摩高地（布列塔尼）等地势较高的地区仍采用烧荒肥田的做法便是农业落后的明证。同样从 1830 年的一本农艺学课本中可以看到，当时小麦的出产率为一比七，与 18 世纪相比（一比五、一比六）仅有微弱的进步。1846 至 1847 年的危机可以说是旧经济制度下的最后一次危机，从 1846 年起全欧洲农业普遍歉收——再加上土豆病和 1847 年卢瓦尔河、索恩河和罗讷河河水泛滥成灾——影响了整个经济生活。饥饿的城市缺粮、小麦价格上涨和民众打劫运粮车队——这在 1846、1847 年是屡见不鲜的现象。农业歉收引发了工业和商业的危机，失业和城市贫困益发加重，这一切对爆发 1848 年革命不无影响。

民众的贫困

人们对城市平民阶层的贫困比较了解，但不应将他们的贫困与乡村贫困分割开，两者是密切相关的。农村短工和没有土地的佃农在乡村无法生活而离开农村，来到城市作坊、铁路修筑工地挣工资谋生。对每年经手现金不过几十法郎的农民来说，城内所挣的工资自然相当可观。在棉纺工场打工的工人每年至少也能挣上六七百法郎；其实这些钱也仅够工人糊口。然而对于吃住通常不用自己掏钱的工人来说，一天能挣几个法郎已是天大的好事了。人口过剩的乡村实在留不住赤贫的农民，尤其是佃农无法承受每次租约更新时的苛刻条件；大地主与作坊主一样心狠手辣，因此跑到城里来的打工者人满为患。不过乡村的贫困不易被人察觉，不像在城里看到的最早的离乡背井者到处扎堆那么触目惊心。在里昂的克鲁瓦-鲁斯街区、南特的菲米埃街或者里尔的圣-索弗尔街区（1828 年里尔市 8 万居民人口中有 2 万贫穷者），在刚诞生的大工业中工人过着极其贫苦的生活，其悲惨境遇令一切知情者感到震惊。劳动力过剩、消费市场疲软加剧了工人之间的激烈竞争，加上统治阶层的"节约"主意，都足以说明在工业革新和转型的地方何以劳动条件如此恶劣：工场污秽不堪，既无场地保养又无卫生设施，尤其工资十分微薄，甚至令工人难以养家糊口。在纺织业中有大量的女工和童工，她们挣钱贴补家庭开支，即便如此工人家庭也不见得好过：因为女工的工资低（通常只及男工工资的一半），而童工一天工作 15 小时才挣几个苏。凡是了解工人贫困的人都承认这种凄惨的状况①。即使赞成这种经济制度的最乐观者，譬如相信在 1850 年前后工场的卫生条件已有改善的阿道夫·布朗基也不能否认工人生活的"可怕现实"。作为自由派的经济学家阿道夫·布朗基，不可能被人认为是多愁善感的人，但他也这样描写过里尔市贫民窟小院里孩子们的状况：

> 一进入小院，就看到一群脸黄肌瘦的孱弱孩子，有的驼背，有的畸形，个个脸色发灰、苍白无力，他们立刻围住来访者要求赐舍。大多数孩子几乎裸体，少数几个衣衫褴褛，但是他们至少还能呼吸到自由的空气；而在地窖里，人们才目睹了真正的肉体折磨，那些因年迈或天气寒冷而无法出来的人整天待在里面。常常是一家人就地而卧，地上只铺了些油菜秸，或者干枯的土豆藤和沙子，这些还是白天劳动时好不容易捡来的碎屑残片。

根据不同季节，一天得工作 13 至 15 小时，没有休息日，也没有过

---

① 主要的见证包括：E. 维莱梅（E. Villermé）：《丝绸、棉纺和毛纺作坊中工人的精神状态和身体状况》（*Tableau de l'état physique et moral des ouvriers employés dans les manufactures de soie, coton, laine*, 1840）；A. 盖潘（A. Guépin）：《19 世纪的南特》（*Nantes au XIXᵉ siècle*, 1825）；阿道夫·布朗基（Adolphe Blanqui）：《1848 年的工人阶级》（*Les classes ouvrières en 1848*）；E. 比雷（E. Buret）：《法、英两国劳动阶级的贫困》（*La misère des classes laborieuses en France et en Anglettere*, 1849）；维尔纳夫-巴日蒙（Villeneuve-Bargemont）：《基督教政治经济或探讨法国及欧洲贫困现象的性质和成因》（*Économie politique chrétienne ou recherches sur la nature et les causes du paupérisme en France et en Europe*, 1834）。

去的宗教节日，这就是纺织业内有害身心的劳动。四五岁的孩子即开始
当童工，在作坊内推碾靛蓝植物、捡拾掉在机器下的空线筒和监视自动
织机；一家人拥挤在一个泥土地窖里，没有家具，没有取暖设备，晚上
席地躺在麦秆上。从不换洗衣服，男人天天在小酒店酗酒以致酒精中毒，
得肺痨毁坏了身体，还有一大群孩子拖累，孩子大多活不到成年便夭折。
这就是在里尔、鲁昂、南特和米卢斯的成千上万工人所过的生活。或许
并非所有城市都这样：在诺曼底的织布行业里，工人工资略高些，生活
不至于如此悲惨，食物也充足些。同样，在色当和兰斯的工人生活也好
些。然而那里的工人虽然靠工资能过得体面些，一旦危机袭来仍不免受
到失业和疾病的威胁，到处一片赤贫，穷人流浪行乞，甚至丧生于传染
病，譬如 1832 年的霍乱肆虐。

　　七月王朝期间，维莱梅的调查使政府和议会注意到童工的悲惨遭
遇，但当局仍然顾忌重重，因为在劳工领域的干预会与 1791 年颁布的
《勒夏帕利埃法案》有冲突：该法案规定雇主在其企业内享有自由，企业
完全独立于政府。经过议会辩论，最终在 1841 年通过一项法律，禁止 8
岁以下的儿童工作，规定 8 至 12 岁的儿童每天工作时间不得超过 8 小
时，12 至 16 岁的未成年人每天工作时间限制为 12 小时。可是这项法律
到头来还是一纸空文，因为法律仅适用于佣工超过 20 人的工厂，而且监
督权在雇主手中，监察员都是自愿的前作坊主。1841 年法律的意义如同
前一项法律一样，仅在于承认政府有权在劳工法领域内进行干预。至于
其他一些慷慨的建议也都不见成效：譬如限制女工的工作时间，工场的
卫生条例等等。

　　对制造业工人而言，就是盖潘所说的："活着就是不饿死。"工人只
能听天由命，1791 年法律严禁工人罢工（所谓结社损及劳动自由），帝
国时代还建立了劳工本制度——竟然后来谁都没想到予以废止，所以工
人只有忍受屈辱的份儿。因此里昂丝绸工人的抗暴起义丝毫不奇怪，他
们长期被压低工资，尤其是受到 1830 年危机的冲击，终于在 1831 年 11
月爆发了反雇主的暴动。因雇主方拒绝接受地方当局的仲裁（这种仲裁

在形式上并不合法）和罗讷省省长提出的工资方案，坚决维持免饥饿的工资标准：丝绸织工忍无可忍在 1831 年 11 月 22 至 23 日发动起义，并提出了"工作而自由地生或者战斗至死"的口号。这是一场反饥饿的暴动，也是在贫困中觉醒的新兴阶级的第一次抗暴示威，第一次为捍卫生的权利的激烈抗争①。

---

① 1831 年里昂织工抗暴起义的社会和政治意义经常被人提及，其中费尔南·吕德（F. Rude）的著作最出名：《1827 至 1832 年的里昂工人运动》（*Le Mouvement ouvrier à Lyon de 1827 à 1832*），巴黎，1944 年版。

2. 法国浪漫主义的题材和风格

在这个悲惨和非人道的世界上，往往处于无力自救境地的受害者，对不义或卑劣的社会现象十分敏感的人，开始寻找出路。面对上台不久假装和善的新统治者的沾沾自喜，甚至傲慢的姿态，发出了令人振奋而高昂的抗议声。因为资产阶级的胜利是以理性为基础的公平的胜利，所以劳动者的抗议更显得理直气壮；他们的抗议超出了一般的社会抗争和隔代冲突的范畴：19世纪初期法国的呼喊是浪漫主义的呼声。它不但打破传统的社会规范而令资产阶级措手不及（戈蒂埃对传统规范并非无知，却偏偏穿一件红背心去剧场，这种场所理应穿黑礼服），而且显示出欧洲浪漫主义运动中法国特有的民族面貌。当然有外国的影响，德国的"狂飙突进运动"和爱尔兰诗人莪相的纯文学性呼唤，但这些在我们看来都不及围绕《欧那尼》的争论或者将拉辛与莎士比亚作比较更重要。浪漫主义是一个国际性的文学运动，它不分（或几乎不分）国别，各国文人之间有极多的同源和对应现象①；它还是一种精神状态，一种以敏感和宗教信仰的名义对理性主义的反叛；该运动一直延续（或者说不断的反弹）至20世纪就清楚地说明了这一点。从1820年拉马丁和雨果的早期诗歌到1848年革命前夕，在法国发生的一切如火如荼的事件，一切寻求新出路的努力都烙上了浪漫主义的印记：沙龙和剧院内的争论，尤其是工业革命之初人口迁徙、城市居民暴增和新的生活条件形成之际，试图改革现有生活方式的一切新原则和新价值等等。艺术家们往往出于对人类即将发生变化的本能意识（这种意识在浪漫主义者身上特别强烈）迫不及待地大声疾呼。他们是历史性的人物，在我们今天看来，他们是

---

① 参阅《人类进化》(*L'Évolution de l'Humanité*) 丛书中涉及浪漫主义运动的著作，特别是 P. 凡蒂甘 (P. Van Tieghem) 所写的《欧洲文学中的浪漫主义》(*Le Romantisme dans la littérature européenne*)。

历史的创造者。

反叛

　　作为卢梭（《新爱洛依丝》和《忏悔录》的作者）、夏多布里昂的继承者，这些好动爱闹的诗人（或散文家）取得成功与其说是他们的韵文天赋和对自然景色的出色描写，不如说是因为他们的发现：在大革命和拿破仑时代的阴影下蔓延的一种（或者说几种）"世纪病"，反叛的渴望出现在拿破仑之后而非之前①。病态或许存在于生理上，但精神上肯定是有的……以至有人因此死亡，譬如热拉尔·德奈瓦尔病故于1855年。他们至少无法掩饰内心的恐慌和痛苦：写了剧本《夏泰东》（Chatterton）的维尼说，这种痛苦是诗人在这个世界上找不到自己位置的彷徨，缪塞也曾反复说过这样的话，稍后波德莱尔在《浪漫主义艺术》中再次表白。他们四处寻求出路或退隐之地，以后又试图改变世界，有的人甚至投身了1830年的革命：拉马丁特别是雨果奋斗到第三共和国；他们渴望那种征服的幸福感，这种梦想始终萦绕在司汤达的脑际，然而作为资产阶级（或贵族）的子弟，在上等家庭环境中长大，受过当时最好的教育，有的甚至获得过中学会考的桂冠②，却只能窒息于法国社会的现实中；他们拒绝平庸和日常生活的枯燥乏味，拒绝卑躬屈膝地去乞讨体面人的可悲生活；呻吟哀诉的诗神，荒僻湖泊边的少妇，游历过的（至少在想象中）令人神往的异国风情，以及激动地回忆流逝的时光，这些就是浪漫派诗人逃避悲惨年代痛苦生活的避难所，是他们排忧解愁的良药。但是遁迹于象牙之塔、藏身于高山牧场的牧羊人之家，或者蛰居于米利、诺昂或奥蒂斯③的祖传故居内，生活该是如何地无奈和孤注一掷！每年春天众多朋友来到诺昂，而奥蒂斯就位于通往佛兰德和巴黎的大路旁。

　　不过绝望并未压垮所有人。立志为王政和宗教效力的巴尔扎克认

---

①　拿破仑的《圣赫勒拿岛回忆录》（Le Mémorial de Sainte-Hélène）出版于1823年，20年后这本书仍被年轻一代如痴如醉地阅读着。

②　特别是缪塞、雨果和米什莱等。

③　译注：米利、诺昂和奥蒂斯分别为拉马丁、乔治·桑和奈瓦尔曾经生活过的地方。

为这两柱火炬的光焰照亮了他的作品，他孜孜不倦地描绘所有人都觉得比巴黎更枯燥的外省生活场景：乡村医生、农民、流亡返乡的贵族和图尔市的商人……另一些人投身于别的战斗：浪漫主义戏剧、浪漫主义诗歌、浪漫主义艺术等等，无数奋勇向前的战马奠定并宣告了一种新美学的诞生，它终于颠覆了长期独霸文坛但已筋疲力尽的过时的古典主义。1830 年《欧那尼》一剧赢得了开启浪漫主义时代的伟大战役。在形式的争论之外，浪漫主义者通过打破"三一律"和关于戏剧、悲剧的社会功能的争论，弘扬了情感和敏锐性，由此肯定浪漫派面对理性至上的权利。

浪漫主义之心

新一场的"古今之争"比另一场争论吸引了更多人的关注，亦煽起更大的激情，至少在巴黎是这样，它是对统治文坛三个世纪之久的古典主义的反拨，是理性启蒙思想的进步。卢梭和写《基督教真谛》时年轻的夏多布里昂所孕育的浪漫主义之心是灵感和知识的源泉，它面对 1830年代半官方的伏尔泰反宗教主义，与高调宣示的宗教情感不无关系。祈求诗神的灵感，呼唤潜意识的存在（在奈瓦尔和波德莱尔身上），以诗的魅力或借用地狱情景（奈瓦尔在 20 岁时翻译歌德的《浮士德》）来表现一种超自然的生活——一种逃避现实的方式，这些都是表现诗人的情感高于理智的方法。对于 1830 年前后登场的浪漫主义所代表的激情奔放和精神骚动，人们或许可以根据浪漫派小说所塑造的人物类型来估量它的倾向：冒险家、金钱操纵者、苦役犯、妓女……领导浪漫主义运动、体现浪漫主义之心的天才作家并非所谓大师，他们只是因地因时获取灵感而发，这场运动无须哲学思想的引导来概括他们的自然天赋和诗的魅力。至少在它风行的时代还未出现它的哲学：同时代的维克多·库辛和奥古斯特·孔德的哲学思想与浪漫主义都没有那种像高乃依、布瓦洛与笛卡儿之间的深刻关系。浪漫主义哲学至少在法国产生于该运动之后，随着柏格森的出现——这一现象与德国的情况不同。事实上浪漫主义之所以形成一种流派就是因为它的反理性思想；从这一点出发，浪漫派从莎士比亚到卡尔德隆的作品中，从苏格兰到斯塔埃尔夫人熟悉的德国，发现了它的榜样和大师……他们都有一个共同的特征，即有意无意地要摆脱标志新时代的理智主义的控制。"浴火少女"①、妖精、神灵、占卜和神启……浪漫主义的灵感——现实世界和天堂的幻象——是一种念咒式的显露：这就是想象力。

浪漫主义艺术

沿着杰利柯和德拉克洛瓦的艺术之路去追寻宿命之地——希腊和中东，去探索人类的伟大冒险和悲剧面具：《梅杜萨之筏》《自由引导人民》，浪漫主义者在沿途发现了跟他们一样放弃了古罗马传统的造型艺术，它们被排斥在与亚历山大诗体同属的古典运动之外；浪漫主义者尤其发现了一种呼唤感觉而非心智的音乐，假如缪塞或维尼有交响乐的天赋，他们的作品就是浪漫主义音乐（我们的浪漫派诗人中最具音乐天赋的人无疑是奈瓦尔，他曾出于娱乐花了几个月时间，在毗邻瓦卢瓦的家乡埃默农维尔-夏利地区收集大巴黎地区民谣的歌词和乐曲）。尽管法国有柏辽兹——他的生活和作品，尤其是《罗马狂欢节》的序曲《罚入地狱》，代表了法国的浪漫派音乐——浪漫主义音乐在德国达到了巅峰：贝多芬、李斯特、舒曼、门德尔松，尤其是瓦格纳，而且在德国的所有城市都出现过研习音乐的无与伦比的狂热；然而至少肖邦和瓦格纳来到了巴黎。此外，还有抒情戏剧、歌剧和喜歌剧的发展，罗西尼和他的《塞维利亚的理发师》；稍后，当拉马丁和雨果在文学浪漫主义旗开得胜之际，梅耶贝尔的浪漫派歌剧令巴黎人如痴如醉。戏剧音乐的成功（由古诺、比才和德利布等人延续了整个 19 世纪）是否为交响乐的兴起作了准备呢？在浪漫主义者执着于艺术趣味的情况下，尽管艺术尚未受到社会的真正重视，所谓消遣娱乐却促使普莱耶尔、埃拉德等多家钢琴制造商

---

① 译注：《浴火少女》（les Filles du feu）是奈瓦尔（Gérard de Nerval，1808—1855）的著名作品。

生产更多的练习钢琴——19 世纪资产阶级家庭必不可少的家具之一。浪漫主义与音乐和浪漫主义与情感一样变得不可分离；在这个领域内，法国浪漫主义对后世的影响超过了时代本身的影响。

各国人民和“人民”

　　浪漫主义的人——如果说充分体现在从司汤达到波德莱尔一代作家身上的话——他们所关切的是伟大的抱负和计划，不愿湮没在身边的日常琐事中。这种灵魂的崇高感在若干年中往往只是天真的自我激励，个性主义被推向灰暗色调的幻象和最剧烈的激情（在这一方面法国的浪漫派缺乏莱茵河彼岸从荷尔德林到诺瓦利斯等人的丰富想象力，他们从现实或想象的英雄获取灵感）——灵魂的崇高感是某种形式的勇敢。特别是 1830 年之后，在巴黎、布鲁塞尔、意大利和波兰燃起了短暂的希望之火，自由已经觉醒，浪漫主义之梦不止于自身的命运，还关系到被压迫的民族，他们渴望通过一场革命或一次解放去争取幸福：波兰的弟兄们应该像昨日的希腊人民一样谋求独立解放，德拉克洛瓦和维克多·雨果为之热血沸腾，拜伦为之献出了生命，他们成为新的追求目标。昔日的保皇派意外地迎合潮流，随着第二共和国的诞生变为共和党人，这种转变绝非政客的出尔反尔；而是认清了时代，充分意识到对自己认同的社会理想的同情。他们发觉德国、波兰和意大利人民为 1814 至 1815 年胜利所付出的代价，与法国人民遭受失败的痛苦一样地沉重，于是在面临共同的现实时，已经把如此不同的利益混淆在一起了。

　　文学上也是同样的情况，浪漫主义文学不但同情遭受土耳其侵略的希腊人、同情受俄罗斯和普鲁士压迫的波兰人，或受到奥地利首相梅特涅欺压的意大利诗人西尔维奥·佩利科及其同胞，更突出了一个群体：人民——它在 18 世纪如此介入政治的文学中却被完全忽略。这个旧制度下的第四等级在 1830 年 7 月，以及在特朗斯诺尼昂街抗争中所表现出的英勇精神和重要地位逐渐获得社会承认。它的形象在小说中（比在任何其他文学形式中都更）显明突出，这确实是一大发现。在《巴黎圣母院》中巴黎的小市民占据了重要角色；1848 年尚未到来，而雨果已经在写作——甚至已发表——《悲惨世界》的初稿《贫困者》了，他描写普通小人物构成的巴黎，展示出处于绝望中的共和党人的伟大理想（雨果长期受到民众追捧的部分原因就是他的作品表达了对当时贫苦民众的同情；他的小说在整整一个世纪中多次重印再版……雨果的名声还来自他写的《惩罚集》以及他生命中共和党人的经历，来自他旗帜鲜明地反对教会并且在数年内为要求大赦巴黎公社社员而大声疾呼；或许他在 1885 年逝世时受到举国哀悼使其名声到达巅峰，并长期留在巴黎市民的记忆中）。但是雨果不是唯一的。在同一时期，乔治·桑赞美过贝里地区的农民，她收集民间传统和传说，并将其融合在《敲钟人》和许多描写乡村民风的作品中；此外还有若干带有社会主义色彩的作品如《环游法国的伙伴》；尤其值得一提的是米什莱，从孩提时代起他就生活在普通民众中，不需要特意地去发现。1847 年在撰写历史著作之余，他写了《人民》一书，长篇大论地公开表达了自己的信仰。被忽略和轻视的平民阶级终于进入了国民生活和文学生活——至少成为研究的对象和灵感的源泉。浪漫主义者或许来得太迟，艰苦的生存条件已使无产者有一种印象——随着时间的推移这种印象变得越来越强烈——似乎他们生活在一个与世隔绝的环境中，遭受国人的唾弃。至少浪漫主义者在当时为摆脱贫苦者的孤独处境而迈出了一步。

浪漫主义者以资产阶级和昔日贵族不再践行的美德（如忘我、仁慈等等）来形容平民阶层，浪漫主义者接近了社会主义思想家，在 1830 至 1848 年的同一时代，各种社会思潮描绘理想化的村镇，以此取代人们生活中的那个狭窄又不公正的世界。浪漫主义作家充当了预言家的角色，雨果后期有这种倾向，米什莱的全部作品都有预言成分，预感到民众将在工业革命最初浪潮冲击下的国家发挥越来越重要的角色。从 1820 年的伟大抒情，渴望激情和迷恋于"自我中心主义"，经过升华在 19 世纪 40 年代积极介入社会，憧憬美好社会，这就是法国浪漫主义者演变的亮丽曲线；他们从预卜埃尔薇①的命运转变为关切穷苦人的命运，在人道关怀中找到了医治失望和挫折的安慰。

历史

由此可理解为何浪漫派这一代人对历史抱有浓厚兴趣。有人说，追溯历史也是一种对现实的逃避方式，但这还不足以说明问题；或许中世纪令人神往，譬如他们中许多人去过中东旅行，从夏多布里昂到奈瓦尔，创作旅行文学的人总是可赚不少钱。但是在阳光充足和神秘的东方，他们重新发现了存在过秘密政治团体及其秘密反抗的古希腊，在中世纪或17世纪也有同样的现象。历史是思想的一种新形式：人们不再续写家谱，而是将历代国王按人种分类，谱写英雄回忆录，所有人都参与了历史的改写！浪漫派诗人几乎人人都写过一本成功的书，其中历史题材不只是一个借口（除缪塞外，虽然他并不缺乏历史意识，他写过《德国的莱茵河》）；17世纪成为热门题材，这段历史太有意思了，特别是黎塞留，他被描写成是一切自由的死敌（如《圣马斯侯爵》和《马利翁·德洛姆》）；以浓重的色彩描写中世纪的圣女贞德和德国城堡军事首领，还写大革命的题材，从吉伦特党人到拿破仑生平。更不必说涉及题材广泛的大仲马的才能，以章回小说的形式，写作16世纪题材与写大革命题材一样地挥笔自如，他塑造的玛戈王后形象至今仍被人津津乐道。

在历史文学的洪流中也涌现出不少历史学家的专著。法国历史上（直至今天）从未有哪个时代出现过那么多坚韧不拔而大胆有为的治史人才。可以说，那个时代奠定了历史学：面对当时涌现的如此多的著作，过去的历史书变得无足轻重。在基佐、梯也尔、梯叶里、基内、米什莱之后，对历史的激情不断地在许多法国人心中滋生：大革命史、法国史、欧洲文明史……无论是作为天才记者的梯也尔，还是像基佐和米什莱那

---

① 译注：埃尔薇（Elvire）是一个名字，可用于男性，更经常用于女性。这个名字包含了勇气、活力和特立独行的意思，还有自我中心和自我肯定的含义。拉马丁曾写过一首诗《献给埃尔薇》。

样的大学教授，他们都研究过大革命的历史，边写作边发表，他们的工作弘扬了民族的历史。斯塔埃尔夫人在拿破仑时代开始写作《论德国》的工作后继有人，30年后终于蔚为大观。通过启迪知识阶层对历史的兴趣，不断向他们提供新的著作，有的夸张，有的充满战争场面（如梯也尔写的《执政府和帝国史》），历史学家们以他们的方式创造了非凡的成就（即便是拉马丁在1847年出版的多卷本历史著作《吉伦特党人史》也有出色的销售）。一个有历史的民族：这一实体，正如米什莱所称的这个"人物"，她的生命是组成她的全体人民的生命。

　　然而，大量的历史书致力于以优雅的——往往浮夸的——文笔叙述近年发生的事件，许多人还等待着事件的续篇，米什莱以其前瞻性的天才目光，站在历史的制高点上。他以发现者的热忱去感受并写作法国历史，开辟了一条新科学的道路。他大胆地提出假设，善于将分散凌乱的事实整理集中，对圣女贞德或大革命等人类创举始终怀着极大的赞美。他为当代人提供了一幅最发人深省的法国历史画卷，足以启发人们去想象。对他来说，历史就是他潜心生活于其中的过去时代的复活，不遗漏任何东西，要求完完整整的再现……米什莱的《法国史》有《法国概貌》一卷，字里行间透出唤醒人们联想的魅力，不能不在此加以引用。下面是一段描述外省人心态的普通例子。米什莱这样描写奥弗涅人：

　　　　和利摩日人一样，他们穿着不知有多沉的厚重衣服，有人说他们是遇北风便哆嗦的南方人，在说变就变的天空下生活。他们性格固执，彼此靠得很紧。每年有许多人离开大山，外出谋生，把钱财带回家乡，却很少带回思想。然而他们却有一种真正的勇气，一股苦涩的、或许略带有一点尖刻的活力，犹如康塔尔地方的野草，生命力十分旺盛……

下面再引一段对弗拉芒地区教堂的描写：

那些被清洗、打理得干干净净的教堂，像弗拉芒民居一般装点
得十分漂亮，给人一种干净、富庶的印象。内部的铜饰闪闪发光，
到处都用黑、白大理石装饰。它们比意大利的教堂干净多了，而且
精致高雅。佛兰德就是没有葡萄园和阳光、少了点诗意的伦巴第。
教堂上方钟塔顶部发出的和谐而悠扬的钟声，传递了弗拉芒村镇的
体面和快乐。几个世纪来，每小时敲响同样的声音，满足了不知多
少代艺术工匠们的音乐追求，他们在这个平台上出生和老死。

当米什莱写作《耶稣会教士》和《妇女》，当他修改作品和删节手稿时，
曾陷入迷惘，循着——不久将出版的他的日记可能会让人明白的——思
想轨迹走了出来，他没少对同时代人说过这样的想法：法国是一件财富
尚未被认识、被发觉而需要去发掘和爱护的艺术品。他赋予了历史著作
和研究某种意义，令如梦初醒的周围人发现了法国人的性格、环境和重
要历史时刻：因此在他身后法国的历史研究有了如此的飞跃发展，出现
了维克多·迪吕伊和泰纳！

3. 社 会 思 想

在路易-菲利普治下，浪漫主义者为"人民"大声疾呼，对越来越多的人来说，这个词包含了平民阶级的意思；靠了皮埃尔·勒鲁、乔治·桑等人的作品，教会已开始反思，发现了无产阶级存在的现实——最好的例子就是自由派经济学家西斯蒙迪也为被掠夺的无产阶级呼吁了：无产阶级已成为自由竞争和放任经营的受害者，而这些原本就是资产阶级的经济政策的大原则。当年的批评——哲学的或文学的——指以社会浪漫主义的名义包括的整个思想领域，从圣西门到蒲鲁东以及 1848 年革命的思想家。值得强调的是，各种思想之间存在着不可否认的相承关系。

无论是经济学家还是自学成才者，不管信奉天主教还是无神论者，所有人都关心新生的无产阶级，关心米什莱眼中早期工业革命任重道远的现况，对眼前的现实都产生了几分感伤。譬如布歇如此描写过 1833 年的无产阶级状况（《历史科学导论》）：

> 几乎从最年幼时起，他们就得为生存而劳动（我的意思是他们必须为生存而工作：连四岁的孩童也不例外）；他们注定活在唯一的念头里：避免饥饿；他们像珊瑚虫一样俯伏地面劳动，从那里来到世界，也在那里劳动和死亡。

从个人经历（如傅立叶）或根据对变化中社会现象的深入观察（如圣西门），他们滔滔不绝地谈论谁都无法否认的贫困现象；这便是他们设计各种计划、发出预言和激发某种宗教般情感的根本原因。他们谁没有大批的追随者，没有创办过学校甚至教堂来宣传新社会的理想、不对当下发生的社会变革的方式和方法表现出忧心忡忡呢？在那里产生了令社会主义者醉心的"乌托邦"，他们是卡尔·马克思的前辈，后来被科学社会主义所取代，未能避免被冠以"过时的"先驱和哲学家的称号。今天已被世人遗忘的 1848 年那一代的大师们，他们的著作曾被人如饥似渴地阅读，亦拥有过与《吉伦特党人史》或《大街和树林下的歌曲》同样多的读者群；他们的忠实信徒致力于撰写大师的回忆录，或许不该被冠以"温和的梦想家"的贬称，这个称号是后世的唯科学主义强加给他们的。

早期社会主义思想大师们对其生活和受苦的世界都有大量精辟的观点：他们中无一人是真正的文职出身或站在大学讲台授课、生活安逸的大学教授；每个人都以自己的切身体验来说话：圣西门游历欧美各地，见多识广；傅立叶做过商店职员，对忙碌于核算利润的小生意职业生涯有切身体验。纵观他们的大量写作，从他们的文化程度和所提供的信息来看，他们的价值与其说是他们的思想体系或社会规划，不如说在于对社会现象入木三分的深刻分析。马克思并不轻视他们，他读过他们的全部著作，也借用他们的某些说法（如"人对人的剥削"），或者他们关于劳动组织的思考材料；所有人都是从同一观察结果出发，那就是生产一切却一无所有的工人阶级的发展和命运："富裕民族都出现了一个新现象，即随着物质的丰富，公众贫困现象不断加剧，生产出一切的阶级却一天天地逼近于一无所有的境地。"

圣西门

在民众舆论中创造一个全新领域的法国乌托邦社会主义者中间，亨利·德圣西门是最著名的一个，他预言了现代工业世界和一个由生产者领导的政府。出身破落贵族、曾周游世界的圣西门参加过美国的独立战争，在 1780 年就预见商业资本主义的前景，晚年致力培养学生（如奥古斯丁·梯叶里、奥古斯特·孔德）。这些弟子建立了 19 世纪初最坚实的社会主义思想学派；他在去世前向世人宣告了工业世界的到来："工人阶层是基本阶级，是他们养育了社会"，这句话在一个世纪后听来相当平凡，但在 1825 年却含义丰富、掷地有声。圣西门认为各种社会的政府应由生产者领导，因此政府应是经济型的，同时要科学地组织。他还预言一个全世界联盟将在一个真正有实效和工业制度下完成，那将是野蛮时代的终结，到那时"最勤奋和最平和的阶级将被赋予公众权力的领导权"。

除了纲领外，圣西门还向他的弟子们展示了一个未来蓝图，它的宽阔视野和独特性很吸引人。如果当时多数人认为土地财富是经济的主要财源，圣西门则召唤创造者的热情，并告诉他们"工业"这个词不再是过去所指的技巧，而是新的创业方式，它刚刚萌生，并且向一切大胆和进步的创意开放。试想在查理十世治下复辟的狂热气氛下，维莱尔的同僚及国王本人大肆推行极端保皇和宗教偏激的政策，圣西门学派在这种情况下创立，巴扎尔和昂方坦在巴黎组织圣西门派活动，出版大师著作，尤其是《新基督教主义》，建立工人团体，发行被广泛阅读的《环球报》（当时每份报纸都有自己的座右铭——这个习惯后来逐渐消失了——《环球报》的座右铭曾有相当影响："各尽所能，物尽其用"）。可惜后来党派转向为宗教团体，从 1833 年起逐渐式微，但并没完全消亡。不过圣西门的影响非常大：该学派弟子活跃在帝国时代的经济生活中，揭露自由放任政策的弊端，对劳动组织提出建议，他们中的路易·勃朗还建立了自己一整套经济体系；他们提出以合作形式替代个人私有制，生产者联合起来组成更大规模的企业，预见这类企业的发展前途，并在 1825 年刊行的杂志《生产者》上登载研究大型企业的文章。正由于他们大量和深入人心的宣传，有关社会主义理论的整套语言进入了人们的日常生活：譬如剥削和组织、生产和消费、资产阶级和无产阶级等等。或许昂方坦神父的别出心裁未能使圣西门主义成为 19 世纪法国资产阶级的哲学；但也没有抹杀圣西门学说在一切社会阶层（包括从巴黎理工大学学生到参加人权协会的工人）中的深刻影响。

傅立叶

夏尔·傅立叶曾是一名商店小职员、一个谨慎的收银员，可是对销售艺术并不在行，与圣西门一样，在本职岗位上没有出路。他花了几年

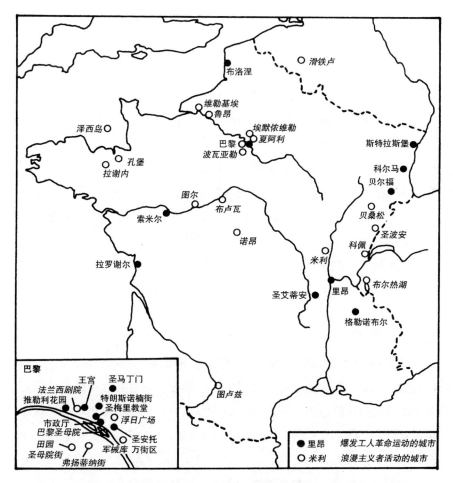

图 31 浪漫主义活动和工人革命运动比较集中的城市分布图

在凡尔赛之后，巴黎重新成为真正的首都。但是浪漫派诗人发现了森林、山脉和大海：如埃默侬维勒（卢梭故居）、圣波安（拉马丁故居）和泽西岛（雨果流亡期间曾在岛上住过三年）。革命运动在工业城市圣艾蒂安或商品集散地拉罗谢尔相当活跃；当时报纸和书籍还提及一些新的革命"城市"……

时间研读艰涩的经济学著作，终于揭露出商业的弊端——他称之为"罪恶"，并向世人揭示竞争如何造成了商业的封建制。他对这种制度下的受害者寄予莫大同情，因为曾在里昂和鲁昂市生活过，所以他对制造作坊内"工人遭屠杀"的现象十分清楚。于是挺身反对富人与穷人之间的战争，在他看来这便是新文明的核心问题。至于解救良方，他提出自己的社会科学，就是通过对种种激情的计算，组成1 600人的社会团体，在经济上能自给自足，即"法伦斯泰尔"（Phalanstère）。这种社会组织于19世纪在色当和巴黎两地做过若干实验，不幸都归于失败。然而傅立叶这个老小孩，犹如一头固执的野牛，一有机会便往前冲。他在构建激情的社会组织中迷失了方向，其实这种组织跟社会主义风马牛不相及。所谓的"法伦斯泰尔"由最不同个性的人组成，而对人的心理分类的统计从来无法真正实现。因此他采用"激情"这一概念，认为孩童们喜欢捏弄泥土和翻垃圾如同蝴蝶一般，属于普遍特性；因此断言"真正的幸福就在于满足所有人的激情"；法伦斯泰尔内部各种激情应由一个有威望的女主管来调节，她"负责管理全体成员的充满活力的活动"。这一切在我们看来完全是无稽之谈[1]；它产生于文学浪漫主义情感泛滥的氛围下，与昂方坦神父的富于激情的幻想相去不远。

　　然而，这些近乎谵妄的奇谈怪论并不妨碍傅立叶创立自己的学派，他有像维克多·孔西代朗这样的门生，门生花了毕生精力传播这位夸夸其谈的汝拉山人的思想，并继他之后猛烈地揭露社会不协调现象。这正是傅立叶主义的主要立场，因为傅立叶关切的是从资本主义社会向法伦斯泰尔社会的过渡，而圣西门关注的是建立生产者领导的政府。傅立叶被后世看作是现代合作制度的创始者——这是比较宽容的评价，因为历史上除了法伦斯泰尔式的消费和生产共同体外，还有过其他生产共同体，譬如布瓦蒙多等等。

----

　　[1]　傅立叶醉心于分类，不乏奇幻之想：他想到妻子的外遇，便归纳出49种"单纯外遇"和31种"复杂外遇"；然而当时人对这种不符合传统道德的观点并不感到离谱，难道他们不像我们一样认为滑稽可笑？应该不至于。要理解这类"幻想"，还需要对浪漫的敏感性作一番社会调查。

圣西门学派转变为昂方坦神父的宗教预言主义，最后于 1833 年在巴黎的梅尼蒙当街区消失（圣西门本人早已在 1825 年过世），傅立叶在 1837 年去世，但是他们的弟子或其他新理论家不断地涌现，富有想象力的改革者们组成了许多战斗团队，有能力向同时代人提出了更好的社会模式，同样令资产阶级社会感到可怕。如果说农村劳动阶层对革命文学一无所知的话，城市资产阶级面临各领域的大胆倡议会心惊胆战。在孔西代朗、勒鲁、贝盖尔、布歇、巴贝斯和布朗基等人外，还有一个叫卡贝的社会活动家，他写的《伊加利之行》是对未来的一大威胁，令人惧怕。书中宣扬平等世界之美梦，在那里生产资料和土地都将归集体所有。不过卡贝也没有取得成功，他在美国得克萨斯州建立伊加利村、实践他的乌托邦梦想，最终不了了之。另一位写作《劳动组织》的更为现实的理论家路易·勃朗，承袭傅立叶对竞争的批判，要求国家帮助濒临死亡的受压迫工人，也遭到许多人的憎恨（譬如法鲁对他的憎恨），迫使他在流亡中结束余生。其实卡贝和路易·勃朗仍相信当局能改造社会，受到罗伯斯庇尔和拿破仑的影响，也因此给人留下糟糕的记忆：如路易·勃朗曾专程去拜访过被软禁在汉姆堡的小拿破仑——这位未来的皇帝正在那里写作《杜绝赤贫》一书。

蒲鲁东

然而 1848 年革命前夕，即《共产党宣言》发表之前，在社会主义思想领域叱咤风云的人物还是弗朗什-孔泰人蒲鲁东。这位被人视为魔鬼的人物——31 岁时因发表《何谓财产》一书而一举成名——从 1840 到 1865 年去世为止，搅得当时一些赫赫有名的大人物寝食不安、心惊肉跳。他捍卫自由，却不甘于只摇旗呐喊，他热衷于社会公正，又与前辈社会主义者不同。印刷工人出身、基本靠自学成才的蒲鲁东尖锐地批评各种经济矛盾却又无能力建立自己的体系；他精力旺盛、智力超群而且语言犀利，直接或间接地不断向受苦人群发出警示。他"出生和成长在工人阶级中，尤其是内心受苦和摆脱的愿望也属于那个阶级"，有一天向人交心地说，"从此可以不松懈地工作，以科学和哲学的精神，付出全副精力和全部力量为改善我愿称之为兄弟和同伴们的精神和知识状况而斗争"。蒲鲁东是对社会现实清醒而毫不留情的观察家，他写的《财富与贫困的哲学》（副题为"经济矛盾的体系"，1846）并没提出一套理论；但是他在平等和自由中寻找正义。他具有很强的语言表达才能，既吸引了他的追随者也招来更多的政敌：谁不知道他那句曾招来无数恶评的著名呐喊："财富就是偷窃。"有时他也会冒犯一些同时代人，譬如他有一天称路易·勃朗为"罗伯斯庇尔的矮小影子"。又有一次他说："他（指路易·勃朗）自以为是革命的蜜蜂，其实只是唱革命高调的蝉。"他思考时感情用事——直至生命终结都在为反对人和制度而斗争——是一个孤军作战者，后来发展成主张无政府的绝对自由主义者："由于科学和法制的发展而形成的公众和私人的意识，足以替代政府和制度的形式，维持秩序、保障一切自由，因此一切权威的原则、警察制度、预防和镇压手段、官僚体制等作用都减弱到徒有虚名；更何况高度集权的王朝政体早已被联邦制和共同习俗所取代了。"他和其他社会主义者一样，无情抨击唯利是图的社会和无孔不入的资本主义。作为一名手工匠的儿子，他一生都对父亲表现出无限的钦佩，认为父亲做买卖定价从不只为谋利。可是他也是一个给社会主义捅娄子者，身为劳动阶级的一员却几乎与所有同路人都干过仗。我们还记得1848年后，他曾与卡尔·马克思进行过长期论战，其形象恰似古尔贝的漫画：一头勇气十足的矮胖看门狗，虎视眈眈，凶气逼人……

　　1848年前夕，梦想和准备二月革命的政治家们不只为掀起一场政治革命，更希望建立一个真正自由的制度，一个共和国。"共和国"这个词还包含了另一层意思；秘密社团的命名英雄已不再是1789年时巴伊和德姆兰式的人物了，而是1793年时的罗伯斯庇尔和马拉，甚至是1796年时的巴贝夫，布朗基从布奥那罗蒂的学说中继承了巴贝夫的理论；革命应当是社会革命：社会主义一词已进入人们的日常语言，1834年被皮埃尔·勒鲁采用，更进一步普及开来。面对嘲弄人民的议会，托克维尔在

1848 年 1 月就注意到：是资产阶级社会的根基出了问题，并非一个政府或某个部长的问题。法国的社会主义者——尽管带有乌托邦色彩——已经勾勒出新生的工人阶级的意识形态，为生命力更旺盛的明天做了准备。

无产阶级的道德贫困与他们的物质匮乏一样引起 1830 年人们的关注：傅立叶将两者联系在一起，而马克思或许从他那里借鉴了这一重要思想。因此当时许多重要的社会主义理论家开始关心宗教及其在他们预言的新社会中的地位。然而极少有人认为天主教依然能在社会主义新世界中保持精神统治的地位：傅立叶在法伦斯泰尔理想中没有设计它的地位，卡贝在伊加利乐园里也不曾设想；蒲鲁东至少在 1848 年后显示出反宗教的倾向，对其鞭挞之猛烈不亚于反资本主义；而圣西门派昂方坦神父的教会是可笑的例外。在社会主义者中只有圣西门派的异己分子布歇，在《历史科学导论》或称《人类发展科学》（1833）及《法国大革命时期的议会史》（1834）两书中声称他的宗教信仰乃是其社会民主理想之精神食粮。他不认为在《福音书》和圣西门倡导的民主社会之间存在任何鸿沟；相反，觉得两者之间有深刻的联系；真正理解了《福音书》就会把平等看作主权在民。皮埃尔·勒鲁和乔治·桑也有类同见解；但是紧接着天主教自由倾向的《未来报》之后，出现的这种以传统宗教来改革社会的呼声并未引起太大反响：布歇及其朋友是社会主义思潮中的例外，他们理应是"犁沟"① 团体的未被认同的远祖，"犁沟"同人在 20 世纪初发展天主教社会思想方面有过新作为。

拉梅内

1830 年天主教会谴责了拉梅内，因为他不但是天主教内的社会主义者，更是一个民主派人士。事实上，当时很少天主教人士担心 1825 至 1830 年的复辟政府的政策会激起反宗教情绪（这一点从 18 世纪哲学家著作成为当时畅销书的事实可以看出），1831 年民众爆发了反教会运动。

---

① 　译注："犁沟"（le Sillon）团体是 20 世纪初由马克·桑尼埃创立的一种法国意识形态和政治运动，其宗旨为拉近天主教主义和共和政体，在工人中对抗左派反教会运动。

产业工人不享受周日休息，也没有节假日，眼睁睁地看着富人有余暇去参加宗教礼拜，他们事实上已被教会抛弃了，尽管他们的人数在不断地增加。更有甚者，教会一味与 1801 年背叛过的王室修好。拉梅内、蒙塔朗贝尔和拉科代尔等教会人士感到教会与民众之间存在断裂，而教士们只顾平日例行圣事，除神学以外缺乏任何资讯和历练，根本看不到这一点。尤其是个性十分敏感的拉梅内，他跟随时代的节奏：这位文风吸引人的作家在 1817 年发表《试论宗教淡漠》一文，以对资产阶级无神论的鞭挞引人注目，他还发行天主教民主倾向的《未来报》直到 1832 年被教皇封杀。教皇通谕"我感到诧异"（Mirari Vos）中指责《未来报》的纲领——接受自由思想，鼓吹容忍，反对教会与王室保持密切关系，等等。通谕发表后，蒙塔朗贝尔和拉科代尔两人屈服了，唯有拉梅内坚持己见。他离开教会于 1834 年发表《一个信仰者的话》，成为当时的一大事件。该书以优美的文笔显露出基本上属于资产阶级的社会思想，作为一个还俗者，作者写书的目的在于拉近平民阶层与神父的关系，这一方面比布歇的文章影响更大。

拉梅内在《一个信仰者的话》中的观点接近社会主义理论家的学说，主张合作联盟，消除社会垄断和贫困现象；他声称对人民有信心，人民比资产阶级和旧贵族更有人性，更道德；在稍后甚至宣布寄希望于人民："真正的人民虽然看来无知、衣衫褴褛，每天靠劳动维持生计，他们却是社会中最健康的成分。在他们身上能找到最纯真的良知、正义和最人道的东西。别人害怕他们，我却对他们抱有希望。"《一个信仰者的话》对在 1848 年春天暂时缓和民众与教会的关系起了一定作用。但是，自由派为促使天主教脱离王室，结束教会狭隘的政治干预的努力，与《未来报》在存在的两年中所作的努力引起了不同的反响：直至 19 世纪末保皇党人归顺第三共和国和 1905 年政教分离法的颁布，自由派在 1830 年的大胆主张早已被人遗忘，而大批民众在此后一段时间内脱离了传统教会（当然主要还是由于社会本身的演变）。原因是教会未及时听取拉梅内的呼声，其实他比教会中任何人都真切地感觉到当时正在发生的变化。一个世纪后，罗马教廷才把法国定为需要再次传道的国家，加强各种专门机构，以图重新征服广大工人群众。

最后，还有比圣西门、傅立叶等其他思想家和忧心忡忡的少数天主教教会人士的诉求更重要的现象，那就是随着资本主义迅速发展而成为牺牲者的工人阶级开始发声了：这是在切身体验和广泛传播的众多乌托邦社会主义理论滋养下形成的工人的思想和阶级的意识，它渐渐地显露并在社会中取得自主地位；它是以各种形式延续至今的一种意识形态运动的前奏。

工人组织

工人阶级在开始写作和发声之前已在旧制度遗留的体制内组织起来，工人组织的存在与其说被当局允许，不如说是被容忍；他们在等待新的爆发之前曾有过积极活动的年代。行会就是一种互助合作形式：上一世纪的巡回施工队按行业组成，彼此视为敌对帮派，随时伺机侮辱对方甚至打群架，但也保留了职业习惯、他们的行话和诀窍，以及针对工头的互助传统。一个名叫阿格利科·佩迪吉埃（绰号为"有美德的阿维尼翁人"）1854 年出版了《伙计回忆录》，记载有关工人传统的极好资料：他非常赞成工人的传统习俗，甚至当许多工人对暴力公开表示遗憾时，他仍为此辩护。想入行者感觉自己被不公平对待，因此与业内工人相对立……许多工人，特别是巴黎的工人反对业内同行之间无谓的竞争和暴力，要求全体工人联合起来共同对付雇主。从那时起，"联合"一词开始具有它的价值和影响，因为联合起来才能斗争，这意味着互助的发展。工人们发扬互助合作，平时自发缴费，有时雇主也承担部分经费，用于救助生病或失业的工人。国家法律（资产阶级也表示赞同）亦允许成立互助保险公司，在绝大多数行业内这种互助组织都受到严密的政治监控。尽管有《勒夏伯利埃法案》的种种限制，自筹保险资金和定期开会等工人组织的习惯已经养成。在 1817 年爆发经济危机后，工人组织的互助共同基金不但帮助贫困者及丧失劳力的年迈工人，还用于资助罢工的工人，成为一种斗争武器。虽然遭到各种禁令，工人们仍越来越多地利用它来进行斗争：互助组织、疾病保险乃成为互助基金。1825 年后，各省省长越来越少地允许工人设立互助基金——被雇主和当局认为是要求改善生活条件的劳动者手中的有效和危险的工具。

事实上，尽管工人运动爆发后当局依法严加禁止或追究，产业工人仍不断地以罢工形式反对雇主，1831 年和 1834 年的里昂工人运动甚至发展成暴动。在里昂工人暴动之前或之后，还发生了多起规模较小、流血较少的反立法起义；自从 1817 年的经济危机直到 1846 至 1847 年酿成更大的危机，几乎每年在各地都有较大规模的工人运动爆发。在七月王朝时期，有些年份被当局追究的工人案件甚至达 50 多起（1837 年有 51起、1838 年 44 起、1839 年 64 起、1840 年达 130 起）。巴黎、南特和鲁昂等地工人无视法律条款和刑事追究，勇敢地争取加薪：他们的斗争经常是绝望的抗争，成果十分有限，甚至往往一无所获。但是共同战斗的热情建立起持久的互助。

《工场》

然后工人们开始发言了，巴黎工人派代表团前往自由派议员或他们的朋友处，如阿拉戈那里去活动。当议会讨论一项有关工厂劳动的法案时，工人代表就四处活动；他们也开始写作，除了回忆录和研究改善劳工命运及伙计生活条件的报告外，当时一项重要的举动是在 1840 年创办了工人自己的报纸《工场》。这份月报与《环球》《生产者》和专门宣传法伦斯泰尔学说的报纸《法伦斯泰尔》不同，它的宗旨是紧跟时事——毫不隐瞒其倾向于布歇的社会天主教观点。这是一份"完全由工人撰稿的劳动阶级的专门报纸"。马丁·纳多在他的《回忆录》中赞赏道：

> 1840 年是工人运动史上最重要的标志。人们看到了前所未有的现象：一群工人集合在一起创办报纸，他们说为了他们的事业，需要白天拿工具劳动，晚上执笔写作。在 10 年时间里，他们一步步地

捍卫本阶级的自由。

他们相信自己比任何人都更有资格说出工人的需要，分析每天积极从事劳资斗争的理由，怀着这样的信念他们进行写作并且自己校对报纸。用今天的话说，他们不接受"资产阶级"的合作，在1848年前后发表的研究报告和提出的诉求中可以看出工人们的清醒头脑，这足以说明为何《工场》报在办报10年中以及在后世留下了如此好的声誉。这份报纸由印刷业工人主办，该行业工人在19世纪与木材和首饰行业工匠一起成为工人运动的先锋队。《工场》报的团队（其主要编辑为高尔东）是民主的团队，主张实行普选，在劳资关系上强烈批评"工业特权"，并建议合理组织劳动……其纲领中并无特殊内容，主要是编辑委员会的组成以及在工人群众中传播明确的阶级意识。办《工场》报的人都有一种尊严感，一种工人的自豪感，因此他们能无畏地说出一切，直至揭露阶级斗争（1841年8月）。"雇主和工人之间的斗争和对立一刻都不停地进行着；正是这种默默而痛苦的斗争，在被禁的名义下，向世界展露出新生、联盟和团结。它在每个工场里都能持续地感觉得到。"1844年基佐曾指控《工场》报"在社会各阶级之间煽动仇恨"——最终是徒劳。接着又采取合法阻挠手段，如规定报纸须纳印花税，但这份报纸也挺过来了；最后是1848年6月后建立的保守派共和国难住了《工场》报同人：规定报社须缴押金。这种不带任何漂亮的空洞词语、清晰表达的工人思想——某种程度上让人心里更踏实，因为它宣扬忠于天主教会，热爱劳动——令资产阶级社会以及对这份新风格的报纸表示欢迎的保守派和自由派的报纸感到惊讶。当时社会主义思想的重大要点都体现在这份报纸上，它的座右铭乃是：自由、平等、博爱、团结。《工场》报同人特别偏好互助和一致行动：他们经常提到国际互助精神，也就是在英国宪章运动时期（1841年9月）的法、英两国工人的互助，"在工人大家庭的利益上，存在着如此完整和全部的共同利益，当一部分人受苦或遭受不幸时，其他人会立即感受到"。通过《工场》报的努力，工人的思想得到确立，并在法国社会中取得了自主地位，开始了漫长的征程。

　　因此，过去被忽略的第四等级不但在浪漫主义者笔下成为文学的主角，而且还是经济学家特别是社会主义理论家研究和讨论的对象，成为城里人交谈和关心的主题，他们以自己有尊严和让人踏实的声音令人感到惊讶、兴奋或担忧——第四等级在 19 世纪中叶已成为法国社会的一支新兴力量；在 1848 年 2 月至 6 月的革命中得到充分的展示。

4. 1848 年革命

奥尔良七月王朝与波旁复辟王朝一样，未经任何抵抗、毫无光彩地土崩瓦解。在 2 月凄风苦雨的三天中，和 18 年前阳光灿烂的 7 月底的三天一样，一个不得民心的衰弱政权在巴黎圣安托万至市政厅一带市民摧枯拉朽般的打击下垮台了。然而，两次革命的类同仅此而已。1848 年 2 月不止于一场短命的政治革命：巴黎市民的胜利果实未被完全抹杀，第二共和国的短暂历史——确切地说从 1848 年 2 月到 6 月——乃是一段有厚重承载的历史，那场具有浪漫主义、社会主义和资产阶级多重面目的暴动，最终归于精明诡诈的小拿破仑——一个靠密谋和蛊惑人心而成功的阴谋家——的凯旋。然而，从它在欧洲激起的反响及其政治、社会的作用来说，第二共和国在当代法国文明轨迹上留下了它的印记：从民众春季起义到梯也尔、法鲁的保守派共和国的建立，炙手可热的历史篇章对当代某些现实仍有所启迪。

2 月至 3 月

七月王朝被曾扶它上台的资产阶级抛弃了，被曾在 1831 至 1839 年间作为它最可靠支柱的国民卫队抛弃了，基佐和路易-菲利普在 2 月份最后向国民卫队求助时遭到了拒绝。因此说巴黎的资产阶级，包括银行家、商人、制造业主和梯也尔一类的政客也参加了革命。1846 至 1848 年的经济危机横扫全国——从 1846 年起发生饥荒和因面包引发的骚乱，随之而来的金融界和工业危机导致工厂倒闭潮和失业——这一切都是对政府的打击。在人们眼中，政府无能力制止危机的蔓延。城市内面包店被抢，乡村中农民遭受小麦和土豆歉收，还面临铁路修筑工地关闭（全法国因此有 50 万修路工失业），种种混乱使资产阶级损失惨重，也让金融界深感失望。加上这几年爆发的多起丑闻，揭露出公共行政当局的贪污腐败，更令民众对在位领导层不信任。最后，当 1847 年不少曾参与 1830 年革命的头面人物相继背离基佐和国王路易-菲利普，要求实行改革之际，米什莱、路易·勃朗和拉马丁等人不约而同地于 1847 年春季发表了各自的大革命史（多卷本）第一卷，此类著作勾起了有文化的资产阶级对 1789 年的回忆。各部著作对历史事件的叙述不尽一致，但都激发起人们对大革命的同情，而"街垒国王"① 对此却不大欣赏。从 1847 年 7 月至 1848 年 2 月，主张改革选举制度和议会的政客在法国外省轮回举办旨在煽动民意的聚餐活动，遭到首相基佐的阻挠，这些"聚餐会"也起了催化民意的作用。梯也尔一派人、奥迪隆·巴罗和其他人提出降低有权参选的纳税门槛，使选民由 25 万增加至 45 万，同时主张对当时大多数倾向国王的官身议员之法定身份进行改革。尽管聚餐会是资产阶级和温和派组织的，但从秋季起越来越多的激进派人士（即共和党人）也参与进来。聚餐会在不满和群情激昂的氛围中进行着。

1847 年的最后几个月中，著书立说者开始鼓动革命。其实对二月革命谁都没有准备，包括路易·勃朗或者勒德律-洛兰等人，既无改革计划又无政治组织准备；然而每个人都能感觉到，大家都猜度在聚餐会和骚动背后正孕育着一场革命，社会上充溢着直觉者（而非组织者）的预感。因此可以说，1848 年 3 月至 5 月的第二共和国是由大革命回忆所哺育，狂热地追求人民主权和盲目信仰人类博爱的即兴之举。捍卫三色旗的拉马丁曾"游历世界"，他对人民的信任超过了对自己的："一个民族就跟大海一样是不会腐烂变质的。"2 月的日子激起巴黎民众的无限热情，他们看到了贫困的尽头；《民族报》的温和派共和党人和《改革报》的社会主义共和党人之间达成暂时协议，组成临时政府，向人民承诺而且也付诸实施了若干措施：譬如实行全民普选，废止殖民地奴隶制，废止政治犯死刑，开设国民工场以纾解巴黎失业状况等等，一系列慷慨措施接续

① 译注：七月王朝诞生于巴黎市民筑街垒而奋起的暴动，并非王室的正统继承，因此国王路易-菲利普在法国历代国王中的地位特殊，其正统性备受质疑，外国列强因此戏称他为"街垒国王"。

了 1789 至 1793 年的革命成果。各种俱乐部和报纸纷纷涌现，比大革命初期办得更好，在良好的气氛中对临时政府施加政治压力，不过好景不长。数周之内平民演说家到处获得掌声、教会神父祝福自由之树、平静的代表团前往市政厅……一切给人一种新生政权已稳掌天下的印象。或许对社会主义者来说，新的政治形式应当是让工人阶级获得最终解放的机会；但温和派却目光短浅或者别有用心。外省居民只是随波逐流，无法参与巴黎市民的革命洪流和俱乐部的热烈活动……巴黎人从 3 月份开始庆祝欧洲各国革命：从米兰到柏林，从维也纳到法兰克福，整个欧洲掀起了革命浪潮；日耳曼同盟瓦解，意大利分化，各地都受城市暴动冲击，民众要求建立自由制度和实现民族统一，而这是梅特涅从 1815 年起就执意反对的。尽管意大利的暴动先于巴黎革命前几周发生，巴黎市民仍认为是他们唤醒了欧洲各国人民为摆脱在帝国战争后陷入政治奴役的斗争。即使思想平和的外交部长拉马丁呼吁共和国不应干预邻国事务，巴黎人仍高喊各民族运动间的国际互助精神。当局势已逆转时，巴黎人还高呼着"波兰万岁"的口号游行。这种天真的乐观主义、街头平民演说家的浮夸作风和缺乏准备的政治（临时政府部长甚至留用七月王朝原来的人员）都说明何以后人常用带贬义的"四八党"来形容他们，这一称呼一直沿用至今。1848 年的早春至 5 月份突然变天，尤其在 6 月份局势更紧。领导人的政治无能和资产阶级扼杀自由的残酷手段都起了作用；然而，1848 年 3 月至 4 月的春天在巴黎工人的集体记忆中仍是充满博爱的伟大时刻：它铭记在人民的心中。

6 月

　　直至 6 月（6 月 22 至 24 日）革命被温和派共和党人篡夺了，国民卫队和二月革命之初由临时政府征募巴黎年轻失业者而组成的机动卫队镇压了工人暴动。腥风血雨的日子以及随后的严厉搜捕标志着共和国的倒退。保守派掌权的共和国立法镇压平民阶级，然后在 1851 年底被小拿破仑这个王子总统篡了权，至此第二共和国已完全失去了巴黎市民的支持，沦为路易-拿破仑·波拿巴弄于股掌上的玩物。

6月份两派冲突有了结局：一方是集合在国民工场内的十余万名工人，另一方则是由保皇分子和温和派共和党人占多数的制宪议会。但是全民普选并没帮上共和国的忙，4月间选出了一个连路易-菲利普，甚至路易十八都可接受的议会；数月后议会推选拿破仑皇帝的侄子为共和国总统。正如人们所说，是因900万选民缺乏政治经验。事实上，因当时大部分选民分布在乡村，无法接触到共和党候选人的宣传（即1848年之前的秘密社团或二月革命后俱乐部和报纸的宣传），所以把票投给了当地头面人物或者投给了拿破仑侄子。选民所熟悉的头面人物无非是公证员、乡绅或医生，他们个个自称拥护共和国，而其目的只在击败社会主义（或共产主义）候选人，社会主义者被称为"摘桃派""赤党"，或被指责在临时政府中主张加税45％（1法郎征税45生丁）。同样，非洲职业军队将军卡芬雅克和勒德律-洛兰等人在农村中的声望都不及路易-拿破仑·波拿巴：在浪漫主义时代，拿破仑神话靠石版画和木刻画的传播，早已在乡村中家喻户晓。因此4月份普选结果让保皇党分子和温和派共和党人获得了绝大多数选票，同样原因让小拿破仑在12月份当上了总统。

于是，一方面是敌视临时政府的议会，另一方面是路易·勃朗提倡的、由一个叫玛丽的女社会活动家组织得相当糟糕的"国民工场"，矛盾势必不可调和。社会福利的种种诉求令人担忧，而占社会主导地位的还是前朝延续下来的经济自由主义思想。一幅在战神广场救助巴黎劳动者场面的漫画使议会多数派更有理由无所顾忌地取缔国民工场。国民工场耗资大，不出产，没有发挥工人的技能特长；而雇主却恬不知耻地在卢森堡委员会上声称招不到工人……紧接着布朗基和巴贝斯在5月15日遭遇失败，国民工场立即被解散，于是引发了巴黎市内从先贤祠到拉雪兹神父公墓的东部和南部街区的市民总暴动。4天内，机动卫队和国民卫队两面夹击，又得到外省国民卫队的增援，一条街、一条街地扑杀起事民众。在非洲远征军——这支曾征服阿尔及利亚殖民地的军队惯于暴力

镇压——的卡芬雅克将军和其他将军的率领下，共和国军队对民众实行
了无情镇压，直至最后堡垒——圣安托万街区被军队攻克，在现场调停
的巴黎总主教在民众投降之夜也因中弹而死于非命。6 月 26 日数百人遭
到处决，2.5 万余人被捕，数千人遭流放，预示了 1871 年巴黎公社失败
后遭镇压的惨景。蒲鲁东回忆这几天的惨状时写道：

> 这次起义比 60 年来的任何起义都更惨烈。责任在议会用心歹
> 毒……机动卫队、军队和国民卫队都参与了惨绝人寰的屠杀……镇
> 压成功后的 48 小时内，当局在候审监狱、在市政厅实行枪决，杀害
> 囚犯、伤员和已经缴械的手无寸铁的百姓……并且以最恶毒的诽谤
> 攻击起义民众，以便对民众实施报复……太恐怖！太恐怖了！

拉梅内也在 7 月 11 日发表他的最后一篇文章中这样谴责卡芬雅克、
法鲁等一班人：

> 参与制宪的民众以共和国开始，也以共和国结束。因为我们所
> 看到的肯定不是一个共和国……而是正围着它的血腥坟墓纵情狂舞
> 的反动势力。这些当了部长及其忠心仆从的人很快会遭到报应……
> 他们将被人蔑视地放逐，羞愧地弯下腰，今天被人诅咒，将来也被
> 诅咒，最终滚到历代所有的叛徒一边去……

报纸被取缔，俱乐部遭关闭，民众缴了械，只有国民卫队趾高气扬，
恐怖的统治开始了。卡芬雅克将军重权在握，制宪议会和后来的立法议
会则精于弄权，以梯也尔、马拉斯特和法鲁等为首的保守党占议会多数，
这是 1848 年的大恐怖。曾以资产阶级与工人阶层联合而诞生的第二共和
国至 6 月已失去了第一张面孔：换上了一张阶级斗争的鬼脸；共和国曾
经是 2 月份工人上街暴动的成果，现在它的捍卫者已被镇压，不光在
1851 年 12 月份不能动弹，而且在 1852 年也不得翻身……

梯也尔和法鲁

1849 至 1851 年的共和国期间，议会被保守的多数派控制，总统是一个野心勃勃的阴谋家，他在爱丽舍宫不动声色地准备着一场新的雾月政变，梯也尔和法鲁——偶尔也包括蒙塔朗贝尔——把国家拉回到在教会保护下、消除了一切障碍的纳税人选举制度去。路易-拿破仑·波拿巴则宁可玩弄普选来捞取民意，似乎他比那些思想狭隘的保守派议员更拥护共和国。梯也尔通过了新的选举法，将选民在选举地的居住期限从 6 个月延长为 3 年，由此大大地限制了选民人数（900 万选举人口中只有 300 万选民）：以巧妙手法把在各地巡回施工的工匠、乡村的短工和受害于经济危机的失业工人统统都挡在投票站门外。这便是准备立法选举的一大策略，即所谓"排除低劣人群"（écarter la vile multitude）。这项选举法是短命的，尤其是其用意太过明显。另外，1850 年 3 月 15 日通过的《法鲁法案》因触动了帝国大学的地位（某些条款沿用至今仍未被取消）是另一项重要立法。法案实施所谓"教育自由"，在公立教育外允许私人办学，是造成法国教育界分歧的深层原因。法案在民众中重新煽起并激化反教会情绪，并在以后年代引发冲突。由蒙塔朗贝尔和法鲁炮制的该法案为天主教效劳，满足了长期来主张"自由"办学的人，他们从七月王朝时就开始反对国家垄断大学教育。法案规定个人可以非常自由地开办学校，因为开办私立中学的唯一条件是校长本人须拥有五年教学或监学的经验，具有资格证书或中学会考文凭；至于小学，神父即有资格当教师，无须任何手续。法案还允许市镇当局、专署或省议会根据学区委员会的意见拨款资助所有的学校。另一方面，《法鲁法案》还将公立教育置于教会监督下：小学教师受本堂神父或市长的管辖；圣会成员可担任公立小学教师；省议会或教育部有权决定关闭师范学校；教会人士进入学区委员会，这样教会通过学区同样可以监控中学教育等。尽管议会内以雨果为首的全体自由派议员，甚至卡芬雅克将军都反对法案，《法鲁法案》还是以多数票通过了，特别是梯也尔在其中推波助澜——在他眼中教师都是社会主义者；相反法案却遭到部分教会人士（如杜潘鲁神父和鲁-拉威涅神父）的反对。议会辩论时梯也尔和雨果两人针锋相对的言论，典型地体现了两种不同的思想境界。梯也尔说：

> 我准备把全部小学教育交给教会来管……除了教师应是世俗人士外，我还正式提出另一项要求：目前太多的教师令人厌恶……我要求本堂神父加强监管的力度，比目前的监管大大加强，因为我十分寄望于他们能传播好的哲学，教育好眼下的受苦者……我说，我也支持小学教育不必也无须向所有人开放；我甚至说受教育，在我看来，是富裕的开始，而富裕不是所有人都能达到的……

雨果则反驳道：

> 小学义务教育是孩子们的权利，你别搞错了，它比父亲的权利更神圣……国家实行并管理庞大的公共教育，从乡村的小学，逐级上升至法兰西学院，直至更高的法兰西研究院；科学的大门应向一切求知者敞开。哪里有思想、有田野，哪里就应有书本！没有一座村庄不设小学！没有一个城市不开中学！……我反对你的法案。我反对它，因为它剥夺了小学教育，因为它损害了中学教育，因为它降低了科学的水准，因为它贬低了我们的国家……

那位王子总统赞成这项讨好教会的法案（若干主教和亲罗马教廷的韦约还要求得到更多的，甚至抗议政府对私立学校的卫生设施加以监管）；在他当上皇帝后，对《法鲁法案》进行修订补充，建立宣誓制度，从教育界清除基佐、米什莱和基内等教授，并推行新的改革：取消哲学、历史、文学和语法等分科文凭（统一以"文科"取代），也取消数学、物理、化学和自然科学分科文凭（统一以"科学"取代），规定教师必须身穿黑袍，而且不得留胡须。

　　1851 年 12 月，路易-拿破仑·波拿巴终于排除了他最难对付的政敌；一年后宣布建立帝国：帝国之初实行严厉的专制政策，但持续不久。拿破仑三世与其他许多留恋个人权力的独裁者不同，从 1860 年后转变政策，几乎回复到他刚上台时的地位，即议会制共和国的总统。但他的优柔寡断和退缩已无济于事：法国在他统治期间已进入了工业革命阶段，实现了前所未有的繁荣，在科技进步开创新时代的氛围下，法国向世界——至少向殖民地世界——更加开放。浪漫主义时代已成过去，城厢革命的年代也一去不复返了。

第十五章　实证主义的法国（1850—1900）

在大半个世纪内（尤其在 1850 至 1880 年），法国经历了种种生活方式的转变，经济活动的变革令人遗忘了过去的民众运动和以往几个世纪的科技革新。对于经历了第二、第三次工业革命的我们来说，早已淡忘了 19 世纪是如何改变法国人生活的。如果说 1870 年的人们与他们 17 或 18 世纪的前辈还十分相近的话——特别是农民，19 世纪 80 年代则是决定性的时期：那是一个转折点。"转折点"这个已被多次使用的说法用在 19 世纪比 16 世纪更有特殊意义。数百万人的日常生活开始发生变化，而这一变化还将加速进行下去：物质和精神生活条件、文化和饮食水平均发生了深刻变化。16 世纪的转变仅涉及数万人而已；而 19 世纪的转折则牵涉到广大的民众。固定或移动的蒸汽机开始给人类提供能量，其效能——在 20 世纪中叶遭到批评——毕竟比水力、人力或畜力提高很多，铁、铸铁和钢在建筑和家庭生活中占有举足轻重的地位：从令人赞叹不已的埃菲尔铁塔到我们祖父辈的戈丹先生[1]就足以证明。第一次工业革命使城市和乡村面貌发生了翻天覆地的变化，交易所内疯狂的金融活动，朗格多克和奥弗涅地区数百年的乡村经济在一种强劲力量的推动下发生变革，迫使人们立即适应新的经济，尽管存在保护主义政策，这种国家手段在当时是唯一的保护措施。

经历这些变化的人们与其是自愿不如说是被动接受，当时的法国人能清醒地认识到正在发生的变化的很少，或许是因为技术的改进与科学的进步不像今天联系得那么紧密：从发明技术到它的推广应用往往要经

---

[1]　译注：让-巴蒂斯特·安德烈·戈丹（Jean-Baptiste André Godin，1817—1888），法国著名工业家和慈善家，受傅立叶空想社会主义理论的影响，将其生产家庭金属器皿的工厂发展成工人生产合作社，在法国北部地区有较大影响。

过许多年时间；而从科学研究到技术发明则需要更长时间！帕潘的蒸汽压力锅发明于 1680 年，而第一辆蒸汽机车头要到一个多世纪后才问世；法国从 1850 年起才开始修筑铁路。然而，与拿破仑三世和麦克马洪同时代的资讯灵通者，那些曾读过圣西门作品，后来又热衷于奥古斯特·孔德和勒南学说的人则坚信不疑：工业时代的来临是科学突飞猛进的必然结果，所有科学领域的进步不断增强人类对自然及自身的把握能力；物理、化学、医学、天文学尤其证明了数学的近代成果。这一代人摈弃浪漫主义的神秘冲动，赞赏哪怕最平白的现实主义，他们对理性主义科学怀有激情，那是一种经过思考的激情。它正在征服社会、启迪 19 世纪60 年代的精英学生以及一切寄希望于第三共和国的人，特别是从 1877至 1890 年，甚至更近年代的人，克列孟梭就是他们中的优秀代表。

在社会、经济结构已更新的国家里，唯科学主义伴随着新的公共生活取得了胜利（"伴随"是谨慎的说法，是否可更加肯定地说是因果关系呢?）。在 1789 年大革命后一个世纪，民主意识占据更重要的地位，保皇信仰除在个别地方外已难成气候，如巴黎的拉丁区，以及布列塔尼或法国诗人米斯特拉尔的家乡梅拉纳等一些外省偏远角落，保皇信仰的程度也参差不一。不过工人阶级的生活已有较大改善，那是因为工业设备的运作需要大量的劳动力，再加上城市化发展和工资上涨等因素。工人思想进一步发展，它与当代思想运动既有联系也有脱节。工人运动始终由巴黎的工人干部带头，他们在 1870 年巴黎公社等大胆创举的激励下，为法国的工人运动输送了领袖人物和作家。各地出现了法国生活的种种新气象，它们因时因地而得到加强。1895 年后，工人组织在整合加强中作了必要的调整，使"无产者"运动登上了国家生活的舞台。

1. 第一次工业革命：经济和社会的新法国

没有取得很大进展，是否就不能说法国在 19 世纪下半叶经历了第一次工业大革命呢？尽管国家无数次的倡导，从柯尔贝起国家多次发放补贴、增加订单和给予优惠，制造业始终发展不起来。制造厂不制造，仅止于集中和分销原材料和手工艺制品，1850 年前后手工匠人数仍比工人多，平原和山区始终在用木炭炼铁，对高炉焦炭炼铁还几乎一无所知，但法国的面貌毕竟发生了决定性的变化，工业化进程在持续，虽然其间爆发过因投机和生产过剩而造成的危机——新型的经济危机早已潜伏在那里。这是当代法国的诞生，城市扩大，乡村居民骤然减少，巴黎市和塞纳省每 25 年就会增加 100 万居民，住房也以同样速率增建 5 万多栋。在这个圣西门时代的法国（基督徒实业家或许与昂方坦神父的信徒一样多而且一样有效），究竟什么是转变的动力呢？蒸汽机肯定起着十分重要的作用，因为它带动了运输业的革新，也更新了大工业的装备。但是在这个仅出产少量煤炭又缺乏投资资金的国家，新生的冶金业大工厂不可能在金融业不普及、信贷机构少且缺乏黄金（最初 20 年）的环境下获得发展。法国的经济起飞及其危机（从 1873 至 1895 年）明显地与欧洲和全球的经济发展节奏相联系；包括它的最民族性的结果，譬如殖民地和 19 世纪 80 年代的帝国主义的发展。从佩雷尔、塔巴洛到儒勒·费里，都是重大的殖民政策的捍卫者，法国自由资本主义不断发展起来。

铁路

法国工业设备蒸汽机化的发展非常迅速：蒸汽机从 1848 年的 6 000 台，至 1870 年已增加到 2.8 万台，装备了近 2.3 万家工厂，总功率达到 34 万匹马力。这一发展进程在 1870 年后仍在持续（1900 年达到 8.4 万台蒸汽机，总功率达 200 万匹马力），直至 1914 年前夕。这也说明了在那一时期工人人数停止增长的原因（即便考虑到随着大工厂发展，手工业和家庭作坊衰退，需要对"工人"一词作更精确的定义）。仅从产量增加（包括纺织和食品的所有工业）来考察工业发展——如工厂的高炉数量和传送皮带的增加——对法国生活的影响，还不如移动蒸汽机——机车头——的发展对法国的影响更引人注目。铁路在几十年内已成为长途运输的工具：至19世纪末铁路已使加龙河和卢瓦尔河上的内河和运河航运业陷于破产，在汽车工业刚兴起之际，铁路加上40万公里的公路网，能到达法国最偏远的市镇：1850年总长为3 000公里的铁路线，1870年达到1.7万公里，至世纪末已达到4.5万公里，数十万辆车厢在1.2万台机车头的拉动下轰鸣驰骋，养活了近50万"铁路工人"……在第二帝国时代，法国成立了几家铁路公司，分别经营从巴黎出发的几大铁路线，犹如18世纪和七月王朝下的几条皇家公路一样。这些铁路网在第二帝国时代继续延伸，发展为以地区命名的铁路分段，譬如1852年建立北方、巴黎—奥尔良、巴黎—里昂和里昂—地中海等铁路段，然后在1853年建立南方和昙花一现的大中部铁路段，1854年建立东部和西部铁路段……至1862年经合并而成立巴黎—里昂—地中海铁路段（这种情况一直延续至1937年的铁路国有化为止）。新兴的铁路产业很快成为不可或缺的交通工具，改变了远离大城市的偏远地区的面貌。然而建设这庞大的铁路设施需要依靠特别巨大的经济付出：铁路公司发展所需的大量资金只能通过交易所来融资；法国的冶金工业仍无法满足铁路建设的需求，因此在相当长的时期内，钢铁和机车头都靠从英国进口，尽管法国在中部和东北部也发展了自己的冶金工厂；基础设施（如道砟、隧道、桥梁和车站等）的建设调动了全国数万建筑工人，还前所未有地从沉睡着的小乡村招工。铁路公司的建立必然以各种方式吸纳了部分公路运输人员。1850年前后从马赛到里昂的公路线上就业人员达5万人；自修筑铁路起，铁路行业带来的震动十分巨大：塔博自传中对马济耶尔-昂加蒂讷的描写充分显示了铁路业对地方的影响，但现今人们对由此带来的移民状况知之甚少。

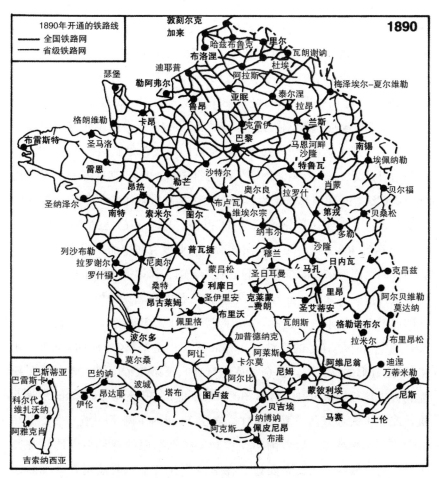

图 32　1890 年的法国铁路分布图
（引自拉蒂伊安：《法国国营铁路公司》，谢克斯出版社，第 98 页）

　　在 19 世纪末汽车出现时，铁路网达到全盛期；各省开发"小火车"以补充大铁路网；水路运输仅在法国北部继续运行。铁路线是法国的经济生命线。参阅第十一章图 24 "18 世纪末的公路和驿站"。

由于铁路建设的大量需求，煤和铁的消耗均超过了生产量，尽管法国各地的煤铁产量都有较大增长，特别是北方省在第二帝国期间已赶上圣艾蒂安盆地成为第一煤铁生产基地。采用贝斯梅转炉，以及在 1860 至 1870 年代西门子和马丁公司对搅炼炉的改进都增加了铁和钢的产量。钢铁的用途越来越广：1867 年世界博览会后，建造桥梁、轮船和灯塔都采用钢铁，而且金属结构成为新型建筑的基本元素。煤炭产量在 1850 年为 400 万吨，实际用煤为 750 万吨，1870 年的产量和用煤量分别达到 1 300 万吨和 1 800 万吨。增长趋势还在继续：至 1899 年，由于北方省的煤矿产量从 400 万吨上升为 2 000 万吨，全法国煤炭产量已达到 3 300 万吨，但是用煤量为 4 500 万吨。钢铁生产也有进步，1878 年后由于采用了托马斯炼钢法，采用洛林铁矿为原料，使法国冶金业生产供不应求的局面有所改善：1870 年法国钢产量为 11 万吨，1880 年已达到 38 万吨，至 1903 年达到 463 万吨。不过，法国冶金工业没有集中而形成大企业，在相当长的时间里采用的技术也不是最先进的。在第二帝国末期，冶金厂仍分散各地——除了北方省、洛林、圣艾蒂安和勒克勒佐四地以外——从朗德至下安德尔、阿登和下塞纳等法国各地。1864 年成立了铸铁委员会，集中当时最有名的炼铁厂，如旺代尔、施奈德、巴黎的列加伊和里沃-德日耶的马雷尔，整合了炼铁行业。至第二帝国末，施奈德在勒克勒佐工厂已拥有 15 座高炉，30 台锻压机，130 座搅炼炉和 85 台蒸汽机，雇佣工人近万名。由于钢材价格在 20 年内下降了一半，设备良好的大工厂越来越多，以致阿韦龙省和朗格勒平原的森林小炼铁厂难以生存，苟延残喘。圣艾蒂安地区在圣沙蒙和霍尔姆两地还有海军的钢铁厂，小规模兵工厂仍以家庭作坊的形式经营，生产条件比较艰苦。旺代尔在洛林已开了大规模的冶炼厂时，邻近的上马恩省还有小规模的工厂以木炭炼铁。现代冶炼业逐渐形成，取代在煤矿就地炼铁——不久在大铁矿脉附近炼铁——的传统手工作坊，出现了重型钢铁工业，高炉、炼钢厂、拉丝车间和轧钢车间，同时在一些传统工业中心继续保留小型的专业冶金厂，生产工业工具，钉子、刀具、长柄镰刀和镰刀……在 1890 年前后，这些工厂开始生产自行车，然后是另一个目标——制造汽车。

银行和股份有限公司

铁路大公司和大型冶金企业由当时的头面人物控制，他们通过家族联姻和生意关系相互勾结，有的坐镇董事会，有的是立法议员，譬如欧仁·施奈德、保兰·塔拉波等人是法国的新巨头。据一位政论作家在 1869 年的统计，控制铁路、大型冶金厂、邮轮、煤气、银行和信贷机构等法国经济命脉的大老板，凡 183 人。时隔 60 年后，记者和讽刺歌谣作者称有 200 个家族。被歪曲的现实像神话一样流传着。所有这些大企业无一不是在公众储蓄的资助下靠信贷创办起来的。第二帝国在这一领域有很大建树。一方面，在"有利于发展法国工商业"的名义下，创办了法国最早的几家大银行，形成了现代法国的银行体系。土地信贷银行在 1852 年创立。同年（佩雷尔家族）也创办了动产信贷银行，成为唯一未存活至今的大信贷银行，其破产归咎于领导人野心太大和竞争激烈，有人说是 18 世纪破产的约翰·劳银行的新翻版。1853 年贴现银行创立，此后相继出现了里昂信贷银行（1863）和兴业银行（1864）。土地信贷银行创办时资本为 6 000 万法郎，至 19 世纪末已达到 2.5 亿法郎。它与法兰西银行一样从 1857 年起在外省各地开设分行，经营一个适应于地方工商业需求的极其灵活的信贷网络，长时期内相比其他信贷银行吸引了更多资金。该银行发行 500 或 1 000 法郎一股的债券，吸纳寻求投资安全的游资，成为受储蓄者信任的分行经理推介的储蓄产品。各地的土地信贷银行还向传统老银行和地区小银行提供贷款，同时亦向巴黎一些大银行（如马莱、罗特希尔德和米拉波等银行）贷款，这类巴黎大银行主要为国家发行债券和做国际贸易生意。各银行之间有专业分工（如土地信贷银行主要做抵押贷款），其他多数银行为商业银行，在经济生活中发挥重要作用（相反，各地和全国性的储蓄银行则主要是吸纳小额储蓄户的资金，为公共财政所用）。

　　另一方面，从 1867 年起，创建大型企业的步伐加速。政府通过一项新法律，向当时涌现出的许多股份有限公司提供发展上的优惠。从申报注册数据可看出股份有限公司发展之迅速：1868 年有 191 家公司成立，1869 年 200 家，1870 年 223 家……股份有限公司靠认购股份来集资，公司由股东大会推选的董事会领导，股东投票权的大小取决于其掌握股份的多少。事实上，这一制度有利于大股东，大多数仅持有几股的股东只能得到分红，在股东大会中不起任何作用。因此新式的股份有限公司比已存在的无限责任公司具有更大的灵活性，它既能筹集到巨额资金又能使经营权掌握在少数人手里，这些人往往又联手参与其他大生意，相互之间有共同利益：因此在交易所上市公司的数量年复一年地增加，即使遇到危机也照常上市，这一情况一直持续至 1914 年第一次世界大战的爆发。同时，交易所内还有人对本国和外国政府的基金进行投机，基金投资也吸引了不少银行及其顾主。从第二帝国时代起，资金和交易所已成为文学作品的常见题材，从费多到左拉等作家对此都有所描写：这是一个大金融家的世界，无数的银行职员成为这类新兴行业中不可缺少的生力军。

大商场

　　工业产品增加和交通运输发展也带动了商业的繁荣，乡村里除了客栈也开出了有五花八门商品的杂货铺，过去的货郎担在几年内消失得无影无踪。城里的商业活动因大商场的出现而更趋活跃：各种名称的商业中心，实在想不出名称就干脆叫"新商场"；从"美廉大商场"到"萨玛利坦纳"，巴黎的大商场层出不穷。1852 年开出"美廉大商场"（Le Bon Marché），1855 年"卢浮宫商场"（Louvre），1865 年"春天百货"（Printemps），1869 年"萨玛利坦纳"（Samaritaine），1889 年"老佛爷商场"（Galeries La Fayette）。雨后春笋般涌现的大商场与城市女性追求优雅的时尚密不可分，米什莱在 1842 年目睹棉花价格暴跌时就已看到了这一点，谁不记得他在《人民》中的著名描述：

所有妇女过去一律穿蓝、黑色的长袍，一穿十年也不洗换，担心长袍穿破。今天，她们的丈夫，再穷的工人哪怕花一天的工资也要替妻子买一件花衣服。如今在大马路上看到穿得五颜六色、眼花缭乱的这些平民妇女，不久前还穿得像戴孝似的。

1842 年肯定还不是女性的春天到来之时，大商场在这场"革命"中扮演了重要角色；然而乡下女人还在继续"戴孝"。对于今天习惯于在超市任意选购和自助购物的我们来说，很难想象当年大商场取得的惊人成功。左拉是亲眼看见的：在《妇女乐园》中，太太们对商品看了又看，空手离开商场后再回来重复看，陈列的衣服可触摸但不能试，购物不能讨价还价……这就是新式零售业的全部新技巧和新节奏：在 20 世纪打广告和促销之前，19 世纪末的大商场是新型商业中刺激性销售的第一步；商品的集中尤其是国内市场的拓展都在这一时期。商业的功能发展了，从业人员也在 1860 至 1900 年间翻了一番。

工商业的突飞猛进更因货币流通量的增加而如虎添翼：1850 年美国加州发现新的金矿，稍后又在南非德兰士瓦发掘金矿，大量黄金涌入欧洲，涌入法国，在 20 来年里部分地带动了物流加速和工资上涨。得益者首先是炼铁技师、大工业家和董事会董事，他们实际上成为 19 世纪法国的新富豪。这些人不少是白手起家（法国各地，尤其巴黎变成"美国式"经济暴涨之地），更多人是在前一时期（尤其在金融业）成功的基础上快马加鞭：如萨玛利坦纳的科尼亚克-热，他的主顾们通过他家族发迹的一系列广告而对他的成功非常感动，但也有些广告显得笨拙；"美廉大商场"的东主——布西科也是同样情况。另一些人比较低调，譬如诺曼底纱厂业主富凯·勒梅特从一个纺纱工成为棉纺技师，他去世时竟留下了200 万法郎的遗产。正是为了这批新富豪，奥斯曼男爵改造巴黎旧城区（或许其中有他们重大的战略意图，他们达到了目的，老房拆迁让金融家们赚取了高额利润：诚如儒勒·费里所说，"奥斯曼的超人算盘"）。改造后的新巴黎，大马路上四轮马车畅通无阻，视野开阔，两旁的漂亮住

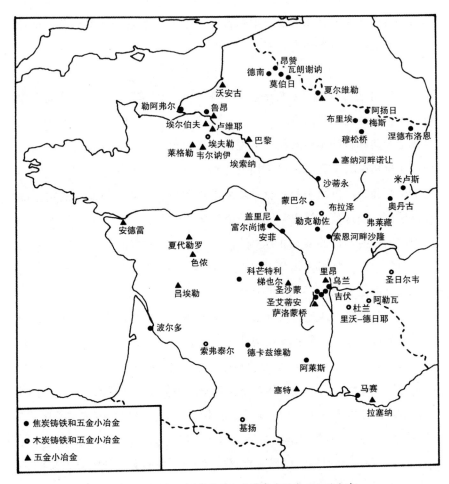

图 33　1850 至 1880 年法国工业革命中冶金工业的分布

　　本图根据 G. 迪沃（G. Duveau）先生所著《第二帝国时期的工人生活》（*La Vie ouvrière sous le second Empire*）一书提供的信息绘制而成。这是冶金业发生大转型的时期。木炭炼铁炉还将长期存在：大批的小炼铁厂放弃了铸造而朝五金小冶金的专门化方面发展。19 世纪末托马斯和吉克利斯特的冶炼技术的发明和电热法冶金技术为冶金业带来了更大发展，使本图在 19 世纪末有所变动：洛林地区、北方省和阿尔卑斯山脉是新技术的主要受益地区。

宅；香榭丽舍大街的"奢华"，从奥德伊到帕西的高尚区，剧场上演奥芬巴赫的轻歌剧《美丽的海伦》和滑稽歌剧，风格轻浮而无聊，巴黎生活铺展的挥霍排场往往带有某种低级趣味；推勒利王宫的情调遭到高傲的圣日耳曼街区的抵制。同样也是为了这批新富豪，巴黎周边兴建起最早的度假地，不安于现状的投机家们再次一哄而上：多维尔、迪耶普、昂吉安，然后是更远的维希、鲁瓦亚和普隆比埃等温泉疗养地。还是为了这批新富豪，1860 至 1880 年间巴黎的高级时装应运而生——在制衣业采用缝纫机——装扮巴黎的贵妇，高级时装行业越来越国际化：如帕甘等名店一直经营至 20 世纪，尽管有维也纳和柏林等地其他名牌的竞争，它的牌子在英国和美国始终畅销。于是在金融、商业和工业资本主义的刺激下，巴黎凭借它的底子厚、行政集中、铁路发达和银行林立而成为一个新型大都市，同一时期街头开始用煤气灯照明了。

金融家沆瀣一气、结成势力强大的利益集团，各集团之间往往有冲突。冒险投机家像赌徒一样在交易所赌博，幕后的实业家和商人不敢轻视利益相关的政治行为——谁不知晓阿尔丰斯·都德在《努马·鲁梅斯当》中对巴黎政经界的无情揭露？这个掺杂了外国利益关系、由各色人等组成的狂热社会就像一个"铁路封建王国"：因为它产生于铁路带来的距离缩短和工业发展两者之结合。这一切也同样改变了乡村生活，不过没有城市的变化那么显眼。各种丑闻通过廉价小报传播到乡村，遭受不幸的人对富豪的所作所为大加指责。资本的（哪怕是虚假的）诱惑力比以往任何时候都更大，城市的繁华喧嚣掩盖了刚平静起步的农业革命，乡村革命方兴未艾。

乡村革新和地区专业化

农产品——还包括肥料和农业机械——的流通便利和加速，促成地区生产的专业化，这是 19 世纪末农业的一大进步。由于各地区的土地所有制的结构和经营方式不同，专业化发展的速度亦参差不齐。由农产品大量商业化而带来的这一转变在一个世纪中改变着农村生活面貌，直至目前所处的危机。最明显的例子是朗格多克地区——每个地区的反应不同，从德芒戎的《皮卡第》到 E. 朱亚尔的《阿尔萨斯南部》，法国地理学派发表的各篇论文都证明了这一点——这个地中海多种作物地区原来有拉古斯蒂埃的葡萄种植、塞文山区的夏季进山牧羊业和平原的小麦种植，自从开通铁路后就专门发展葡萄园，仅十来年时间完全放弃了原来的传统农业；与此同时，北方省则放弃了葡萄种植。总体来说，地区专业化的倾向十分明显，主导思想是选择与地区气候条件相适应的农业生产，放弃传统的谋求自足的多种经营。在贡塔郡，由于各地改进灌溉系统，消除了夏季干旱现象，使农业生产明显好转；其他地方如克勒兹和贡布莱伊河流域喷石灰水改善硅质土壤，使小麦种植面积不再减少。物流便利使得某些地区易变质的商品，如南部蔚蓝海岸的鲜花、布列塔尼和南方地中海沿岸的蔬菜和水果，销售范围能扩大到全国，不久更进入国际贸易循环……

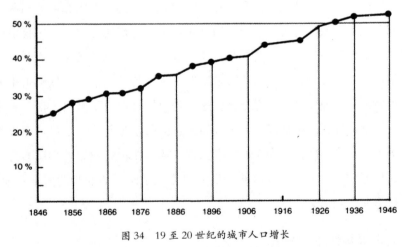

图 34　19 至 20 世纪的城市人口增长

　　图中曲线表示自 1846 年以来，城市人口占全国总人口的比重逐年上升。农村人口流向城市是世纪性的现象。反映了当今法国在人口方面的一个基本事实。

　　然而，地区种植专业化并未带来土地所有制和经营方式上的根本改变。不像在英国和德国等邻国，19 世纪下半叶更多的乡村人口迁往城市，形成更大规模的大面积经营，种植方式也随之发生巨大变化。在法国农业人口虽有减少，但截至 1900 年农村人口仍占全国总人口的多数（59%），净减少的农村居民基本上是进城打工者，没有出现耕地大规模集中的现象，其结果只是扩大了小农户经营的种植面积，没有促成大经营农户的增加。不过根深蒂固的传统习惯没有阻挡种植作物的转变，诺曼底小麦种植面积减少了，阿基坦的葡萄种植也减少；土地分散的状况仍保持不变，每一处公共土地也按块分配给农户。因此农业机械，如割草机、收割机、播种机和脱粒机等无法迅速推广。1862 年时 10 万台脱粒机，至 1892 年增加到 23.5 万台；播种机从 1862 年的 1 万台增加到 1892 年的 5 万台。尽管开设农艺学校加以鼓励，农艺学教师亦大力推广，法国农民面临革新所表现出的犹豫是闻名遐迩的①；尽管普及使用肥料，特别是从北美进口的磷肥，使每公顷产量有所增加，但农民的经济状况没有我们所想的那么好。乡村工业尤其纺织业萎缩，主要是大工厂的竞争，加上 1880 至 1890 年经济危机的影响。由于休耕地总面积减少（1860 年休耕地为 500 万公顷，1880 年减少为 300 万公顷，1880 年后逐渐取消了土地休耕的做法），普遍将公共土地改造为人造牧场；森林资源得到改善，在国家水资源和森林管理局的合理经营下，开发了森林资源的新用途。综合这些因素使农业收入不断增加，显示出农业革新的规模。

村庄也发生了变化：或许过去村里半农半手工艺人占重要地位，他们在传统经济中身兼两职，向农民提供车轮、工具、布匹等必需品。随着铁路的延伸，他们的人数根据村庄离铁路的距离成比例地减少，村子里小公务员、小学教师、邮递员和退休者的人数渐渐多了起来，尤其是专职手工匠增加了。村寨小广场上开出了几家店铺：小酒店在周日教堂弥撒结束后格外红火；杂货铺除了销售每周出版的报纸外，还经销五金小商品、糖果和调味品，各类商品"一应俱全"；在较大的乡镇上，有医生、药剂师、公证员、收税官、兼营农机的车行，充实了原已存在的乡村资产阶级队伍。如果小镇居民人数不足 2 000，那么在统计直接靠土地

---

① 塔博：《我的村庄》，其中详细分析了农村各种基本的心理现象。

生活的农村人口减少时，就会把这部分人遗漏了①。

　　法国各地的乡村面目依然千差万别：19 世纪末在博斯一户农庄的马厩内有 10 至 15 匹马，仓库里有当时的所有农机，小麦和甜菜收成很好；波旁地区的一个佃户每逢周一按主人的吩咐安排一周的劳作，年终的微薄收成与主人五五分成；阿基坦的自由小经营户靠得天独厚的气候和土壤条件，经营着尚有盈余的多种作物，其个性十分独特；随着铁路的发展，他们不同程度地从开放的全国市场获得好处，即便是处境最差的佃户也从中分得一杯羹。

1873 年的萧条

　　这半个世纪并非始终繁荣的时期。它的"发动"阶段几乎与第二帝国同步，即从 1850 至 1873 年，其间遇到了一些不容忽视的冲突，不同程度地影响到法国的经济生活：如 1857 年由投机引起的危机、1860 年后因拿破仑三世与英国签订自由贸易协议，英国纺织品涌入法国市场而造成纺织业困难，又因美国爆发独立战争，进口棉花短缺使纺织业困境延续至 1866 至 1867 年。虽说在困难发生之前，法国纺织业界在 1860 年已提出抗议，但协议的签订使法国的工、农业经济面临英国同行的挑战，英国近一个世纪来始终占有技术优势，而且近十年来又推行自由贸易政策，这对囿于传统观念受到国内市场保护的法国经济造成巨大冲击。1871 年起拿破仑三世的继承者很快回到了贸易保护主义。

　　但是，拿破仑三世的后继者刚上台即遇到 1873 至 1895 年间的经济大萧条：1873 年危机是国际现象，并非只在法国。危机可能源自黄金短缺，加上多国放弃（货币的）复本位制。法国或许因为是以农业为主的国家，所以未遭受英国等国家那样的严重萧条。但是法国农业受到影响，一方面是因为新兴国家的发展压低了价格，美国小麦及阿根廷、澳大利亚羊毛大量销往欧洲——这是法国羊群急剧减少的时期；另一方面是

―――――――――
　　① 参阅加拉韦勒（Garavel）所著《莫雷特的农民》（*Les Paysans de Morette*）一书，以及上述的塔博自传。

1875 年前后出现的葡萄根瘤蚜虫害造成葡萄种植业危机，一直持续至 1890 年，波及全法国所有葡萄种植区。后来靠从美国引进的砧木进行嫁接才接活葡萄藤，但阿基坦和夏朗德地区（包括夏朗德和滨海夏朗德）两地的葡萄种植业因此丧失了重要的市场地位，再加上阿尔及利亚葡萄酒进口的新竞争。纺织、化工和冶金工业也在 1882 至 1885 年间遭受打击，纺织业尤其因为德国在阿尔萨斯开设了纺织厂，迫使米卢斯部分纺织厂迁往孚日山脉西侧而受到影响。摆脱新的经济危机的办法是在 1892 年（经过 1882 至 1883 年的试验）实行梅利纳的保护主义价格政策；这位出生在孚日山的保守派人物对法国经济发展方向有巨大的影响，他的保护主义政策在法国一直沿用至 1960 年。1895 年后法国经济开始全面复苏，老实说帝国主义的征服政策在其中起了重要作用。

在这方面，使得 1873 至 1895 年的经济危机对法国造成的影响远不如西欧其他国家那么严重。向海外扩张最初是政府有意推行的纾困政策，但很快在 1885 至 1895 年间变为公众舆论的共识：法兰西殖民帝国在开始时只是骑士贵族、天主教教士的孤立行为，民众对此并不支持，但从 1890 至 1892 年起便发展为国家行为。从这一定义出发，在 1830 至 1870 年间"征服"的最早殖民地（如留尼汪、圣皮埃尔和密克隆、马提尼克和瓜德罗普，以及在塞内加尔和印度开设的商行）基础上，加上后来的新殖民地，如阿尔及利亚、加蓬、南圻（越南南部一个地区）、柬埔寨、塞内加尔和吉布提；1880 至 1900 年达到帝国鼎盛时期，新增殖民地有突尼斯、北部湾、安南（越南）、西非、赤道非洲、马达加斯加和摩洛哥。当时对青年的宣传组织"殖民地和海洋联盟"以及 1892 年法国政府新设的"殖民地部"在海外扩张中扮演了重要角色。对于海外扩张行为，报复心强的巴黎小资产阶级和以人道主义反对殖民统治的工人阶级表达了很大程度的缄默；当然也有许多人蒙在鼓里，特别是乡下农民。商业资产阶级积极支持这一政策，认为殖民地是法国产品既可靠又安全的最好市场，而且还是工业和食品业原材料的稳定来源。殖民帝国的经济作用十分明显：1895 年前后再也无人怀疑殖民地是令法国摆脱危机的

"解救良方"。但帝国需治理面积达上千万平方公里的领地，管理包括讲各种语言、不同文化和不同肤色的 6 000 万人口，很快出现了困难。1890 年帝国主义者开始隐约地感觉到出了问题（教士除外），而真正意识到问题的严重性还在以后。

经济萧条的严重后果不能忽视，但也不能抹杀 19 世纪下半叶经济总体的增长。在 1880 年以前工、农业的工资增长十分显著，由于大航运公司（海洋运输公司和大西洋公司），尤其是在马赛创造了巨大财富的苏伊士公司的经营，外贸总额在 19 世纪末超过了 100 亿法郎，民众的生活水平普遍得到提高，这些都证明了经济的发展：在第二帝国的 20 年中，小麦消费量增加了 20％（从 1863 年起面包店成为自由经营的职业）；食粮消费量增加了 50％，土豆消费增加了 80％，酒类消费量增加 1 倍，咖啡消费量增加了 3 倍……这些是总的数据。各地增长情况不一致，譬如在农户家庭餐桌上酒类消费多一些，而咖啡还不太普及，咖啡只在城市居民中成为普遍的饮料。烈酒消费也增加了，或许在城市增长得比乡村更多些。总的来说，这些数据都说明经济有了较大的增长，如果说人口从 1850 年至 1900 年增加了 400 万（即从 3 500 万增加至 3 900 万），那是因为人均寿命的延长，说明人们生活条件的改善和医学的进步；并非因为出生率提高，恰恰相反，同一时期的出生率有所下降。正如有人说，这是生理状态明显改善的正常结果，尽管当时人对此还没有意识到；相反，他们对街道的改观、新型工厂的出现、城市和乡村到处实施大工程，改变人们原本熟悉的市容面貌这一切更敏感些。在不断地向四周扩展的城市、在农民能经常食用白面包和肉类的乡村里，19 世纪末法国人的生活显然比活在 1850 年前的父辈或祖辈的生活更好，即使世界依然充满艰辛，贫穷、失业和疾病依然困扰着民众。

2. 科学和唯科学主义

上述的经济进步并非社会变革的结果：七月王朝的自由资本主义社会基本上原封不动地保存着，只是人们对事物拥有更强的支配力；社会主导阶层比普通劳动者和工薪阶层获得了更大的利益。而这些利益无非来自对自然界甚至对人类本身的新认识、新把握。这半个世纪中靠科学进步而把握自然的进程之快是前所未有的。用一种乐观的表达，它是第二次创造世界之开端：人类创造着一个新世界。

《科学的未来》

全欧洲各知识领域的学者越来越多，自然科学的各学科渐渐分类独立，历史上在很长时期内出现过的百科全书式知识已变得不再可能，即使在物理或化学等单一学科内也不会再有人掌握全部知识。解释几个世纪来人们为何和如何凭经验或有系统的研究——从笛卡儿到蒙日，从梅森至开普勒、牛顿，从安布鲁瓦兹到杰纳和拉埃内克——将是一项浩瀚无边的工作，需要把我们的叙述推得很远；必须一步步地跟着自然博物学家——从帕雷到布丰、从居维叶到拉马克——的足迹；同样谨慎的数学家们面临的道路更崎岖，直到黎曼建立了非欧氏几何学——它在19世纪中期属于纯思维的研究，一个世纪后才变得如此重要。特别要强调的是，使科学得以突飞猛进的那种精神——同时代的勒南在他的伟大著作《科学的未来》充当了它的传令官：宣告了对理性的信仰，相信人类有方法征服自然并对已取得的成就感到自豪。几年后，克洛德贝尔纳①雄辩地阐述了在假设和实验之间进行沟通的科学方法。这种科学方法被运

---

① 克洛德贝尔纳（Claude Bernard）的《实验医学导论》（*L'Introduction à la médecine expérimentale*）出版于1862年，《科学的未来》（*L'Avenir de la Science*）写于1848年，于稍后出版。

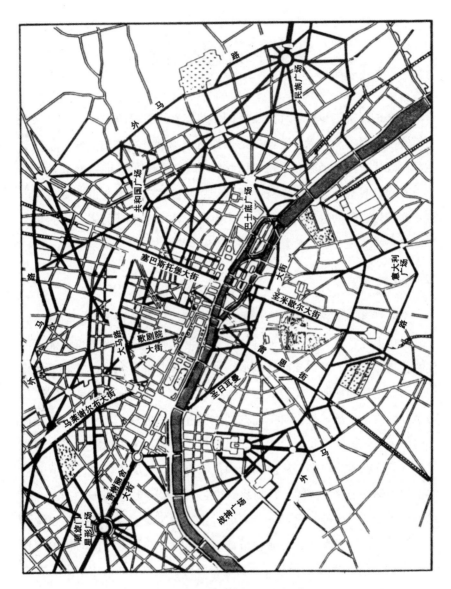

图 35　奥斯曼男爵改造后的巴黎

（引自 P. 拉夫坦 [P. Lavedan]：《奥斯曼男爵的业绩》（*L'œuvre du baron Haussmann*），
法国大学出版社 [P. U. F.]，第 54—55 页）

　　图中粗线表示在奥斯曼担任塞纳省省长期间，领导巴黎市市政改造中开辟的大马路：
包括当时的巴黎环城外马路和市中心各交通干道（如圣米歇尔大街、塞巴斯托堡大街和
歌剧院大街等）。

用在当时最辉煌的发现中：从把数学严格地运用于天文学（根据勒维耶的计算推论，然后人们观察到海王星）到巴斯德观察到微生物生命等。奥古斯特·孔德关于人类社会发展三阶段论的思辨适逢其时：他断定人类已进入实证的科学阶段，在这一阶段一切形而上学已失去其存在的理由，因为它已无现实基础。在新医学的假设下，疾病自然生成说不攻自破；贝特洛的化学实现了最初的合成（甲醇、乙炔）；光和电的现象得到解释和被掌握，确切地说是被掌握，但尚未得到充分解释。

将各个国家的所有重要发现按年份罗列将会是一份很长的清单，需要占不少篇幅：或许只要记住基本的科学研究就是围绕着化学及其原子理论，围绕着光谱理论、电子和电磁理论，以及地质学理论来进行的。热能化学、电子学和生物学则是连接科学和技术的桥梁。同时要指出的是，当时人们对科学的如此进步表现得十分惊讶。有一天雨果曾写道，科学协会在周六会议上记录的化学进步正在恢复并实现炼金术士的古老梦想。他还未看到 20 世纪的人所看到的事：水银会蜕变为黄金，这正是中世纪的博学者浮士德们梦寐以求的事。勒南在 1848 年就写道，科学是向人们提供自然界要求其作出一切解释的宗教。或许医学上的发现是最神奇的进步：首先巴斯德"革命"（发明灭菌法、无菌法，以及他的弟子们在巴斯德学院和热带赤道国家的种种发现）使人的寿命在短短一代人的时间里延长了二十几年；其次将不断改进的化学治疗运用于人体显示出科学的统一性，即把全部科学——包括自然科学和人文科学——统一起来考察的合理性。

数学的胜利

因为从 1850 至 1880 年各门科学取得的胜利是量化的胜利，所以归根结底都是数学的胜利：发明可以对无穷小（或微细胞）和对无穷大（当天体物理学诞生时）进行观察（或实验）的工具，其实都是在同一方向上实现的进步；生物学将自然科学与人文科学相联系，并且显示了两种科学之间过渡的简易性——基于史前重大发现而建立的进化论便是有

力的证明①。自然科学领域的不断发现激起了世人的热情，成为产生唯
科学主义的基础：信仰科学进步即意味着将各门科学汇集到以数学为基
础的唯一知识殿堂，在此考察宇宙及其星系，考察人类，甚至也考察
上帝。

正是在这同一运动中，人文科学得到更新，清晰地限定范围，摈弃
一切艺术奢望，探寻人类决定论的普遍规律，它将比寻找和分析物质规
律更困难：因为几乎不可能进行实验，而且在肯定中还带有臆测的成分，
人的思想产生于头脑犹如糖分蓄积在人体的肝脏内一样，这些都说明困
难的程度，然而还是有人进行尝试。泰纳不无困难地试图以环境、人种
和气候等条件来解释英国文学的现象；德库朗日的历史著作详尽耐心地
分析历史事件的前因后果，其中地理决定论占了很大地位；在他之前勒
南已出版了《耶稣的一生》（1863），该书的结论无比大胆：称耶稣为
"无可比拟的人"。写《资本论》的马克思对剩余价值作过精确估算，说
明这位科学社会主义的创始人也是抱着同样精神来著述的。19 世纪末涂
尔干重新使用奥古斯特·孔德的用语及思想创立社会学，即对人类社会
的科学研究②。人文科学将成为孔德以实证阶段推定的科学大厦之顶冠：
1868 年维克多·迪吕伊创立高等实践学院，以摆脱大学的限制，自由地
拓展科学研究，大大促进了人文科学的发展。但这显然不是说所有法国
人都已变成实证主义者。新科学，即便对人类再有用，也往往被人忽略，
甚至受到挑战：乡村里的农民相信"驱魔者"——即我们所说的土法接
骨师——而不信医生；在卢瓦尔河一带的农民流行这样一句话，"狗的舌
头都比医生的手值钱"。唯科学主义作为一项科学运动只与少数人有关。

唯科学主义信仰是带有某种挑衅性的理性主义，它对宗教特别是天
主教的挑衅含有毫不掩饰的蔑视。《耶稣的一生》显然已发出了呐喊，为
此勒南丢掉了在法兰西学院的讲席；但是达尔文主义很快成为反对教会

---

① 达尔文（Darwin）的《物种起源》（*L'Origine des espèces*），在 1859 年出版后，几乎立
即被翻译成国际学术界使用的所有语言。
② 涂尔干（Durkheim）：《社会学方法的准则》（*Règles de la méthode sociologique*），1895
年版。

圣经教育的致命武器；最后，教皇庇护九世不得不在 1864 年颁布《现代错误学说汇编》，郑重地全面反对现代主义的一切谬误及带有"主义"的种种理论：自由主义、自然主义、冷淡主义、社会主义，此举或许加剧了现代科学与教会的对立。罗马教廷犹如一座被围攻的城堡，当其强调（圣母）无玷受孕或者在 1870 年宣布教皇无谬误论时，（或许因为被围攻的声势太猛）在庄严的外表下显得有点不寻常的僵硬。

不过法国天主教会与教廷的上述庄严声明关系并不大，教会与政府的关系也没有太大的困难：第二帝国初期天主教会得到拿破仑三世的保护，从 1860 年起因罗马教廷问题关系受到影响，但在"重振道德"的名义下教会又很快与当局联手（1875 年当局允许天主教会开办高等教育，实现了天主教会自 1833 至 1850 年重新征服的最后一步），后来 80 年代因共和党议员在议会通过离婚法以及组织小学教育等问题，教会与当局的关系一度陷于紧张……但所有这一切都不能遮盖法国天主教会的强大生命力：民众特别是乡村民众十分听从教会，拥护教会竖立十字架，争当教会的宗座侍卫，年轻人进入神学院学习，成百上千名教士前往非洲和亚洲去传播福音，源源不绝的朝圣者前往勒皮的阿尔斯本堂神父身边忏悔，不久又去卢尔德①朝圣，信徒们踊跃前往耶稣圣心堂、马利亚圣心堂或约瑟夫圣心堂祈祷。在乡村里尤其是西部或山区，但凡本堂神父召唤，信徒们总是一呼百应。法国天主教会出现了许多圣人，拥有大批教师和传道士。但是教会的影响主要在乡村，城市内教士人数已不多了，无产阶级大众普遍不信教；资产阶级介乎信教与不信教之间，而在城郊地带即使正统派人士也有反教会的言行。在乡村里已经出现一种倾向，它发端于 19 世纪最后 25 年一直延续至 1900 年以后，即教士主要依靠女信徒。她们不读报亦不进学堂，除了周日上教堂做弥撒，平时足不出户。当教会变成"女人的事"，户主男人们纷纷离去，按照勒勃拉形象的说

---

① 圣母马利亚在法国首次显现是在 1857 年，当时崇拜圣母的狂热达到无以复加的程度，这一现象具有重要的意义（译注：据说圣母曾在卢尔德的一个山洞内显现，于是当地成为信徒们的朝圣地）。

法，成为"季节性的旁观者"时，法国天主教是真正衰弱了。教会退却而又显得有一定活力，这并不矛盾——它宣告分隔时代的来临。

反教权主义

在帝国时期成长起来的年轻一代知识分子都带有唯科学主义的烙印，从费里至克列孟梭，从瓦莱斯到左拉，无一不是热情奔放的反教权主义者。米什莱修改了他的早期著作，雨果早已定下了基调。共济会四处招募人才，在它的秘密会所为第三共和国的建立培养大批干部。科学的胜利意味着迷信的终结，受到激励的青年们立下"理性主义"的誓言，要加速迷信的消亡：青年时代的克列孟梭曾在拉丁区发誓，今后无论遇到什么情况决不求助于神父……年轻的知识一代有条不紊地工作，有效地准备着替代帝国的新政权的到来，他们拟订政治改革纲领和普及科学的规划。未来的医生、律师和记者如饥似渴地阅读18世纪哲学家的著作，为冲击传统观念的新出版物拍手叫绝：左拉因1867年出版《黛莱丝·拉甘》而在几个月内一举成名。到处宣扬理性主义的激情，不光在瓦莱斯或左拉作品中，也体现在《利特雷辞典》和最初几版的《拉罗斯辞典》中。仅举一例就足以说明问题：1867年的《拉罗斯辞典》中有关教士收取酬金（Casuel）的词条这样写道："（教士的）唯利是图甚至表现在死者的棺材前；谁都知道（神父）祈祷时间的长短与酬金多少成正比……"

抨击教会在1871至1879年间的政治辩论中采取立场，谴责"天主教义政治化"，反教权主义者注意将宗教与教权主义相区分，揭露教士影响社会的种种伎俩。为此让·马塞于1866年在阿尔萨斯的布雷班汉姆创建教育联盟组织。教育联盟不是共济会授意的组织，但确有一些共济会会员参与其中，也有许多新教徒参加，联盟宗旨是抗衡天主教教权主义。在1880至1886年间，议会和参议院经过激烈辩论通过了多项教育法案，剥夺了教会在培养青年一代中垄断教育的权力。同时对1875年在"重振道德"名义下批准公立、私立学校教授同样具有学位授予权的制度进行改革，规定只有公立高等学校教授才有权授予学位。规定小学教育从6

岁至 13 岁：全体法国儿童——原则上在家长负责下——享受免费的义务
教育，废除 1833 年法律规定由学生承担部分的教师报酬（学杂费不免费，
但各地市政府可自行决定实行学杂费免费）。此外在教育世俗化方面，规
定每周四由家长决定在课外让孩子接受由家长选择的宗教教育。教会失去
了对教师实行监控的一切权力，小学师资由各省初等师范学校培养，即所
谓"非教会的师资培训班"；于是在 1885 至 1900 年间全法国兴建了数千
所小学，在很短时间内有数百万学生入学接受教育。另外，1880 年还推
行女子教育，仿效男子中学建立女子初中和高中，男、女中学之间有一定
差别，后来差别渐渐取消。这样就根本改变了教会学校的绝对优势，过去
教会办女修道院专门培养城市资产阶级的女孩。然而出于根深蒂固的成
见，高等教育中的女大学生直到第一次世界大战结束后才开始出现。1914
年以前，索邦大学内的女大学生都是外国女生，主要是俄罗斯女学生。

　　1884 年的法律还允许夫妻离婚、取消议会开会前的集体祈祷、严格
实施以往有法不依的取缔圣会等法案，这一切都反映出同样的反教权精
神。儒勒·费里、纳盖和卡米耶·塞等人准备并促成公众意识的重大转
变；在极少数人不受洗礼、绝大多数人信奉天主教的法国，1880 年的诸
项法律宣告了政教分离，在公众舆论中形成完全分割宗教权力与世俗权
力的想法——这或许不是全新的观念，但还从来没有真正实施过：1880
至 1886 年正在为 1905 至 1907 年做着准备。

文化衰落

　　艺术是否也朝着这个蒸汽和铁的世界的科学方向发展呢？当"财富
取代了一切"，当掌握技术的工程师被视为最有前途的人时，文化生活便
衰落为无远见的投机行为：勒南在《雅典卫城上的祈祷》中所说的"泛
维奥蒂亚现象"① 成为一个时代的标志，尖刻的福楼拜也在作品中无情

---

① 译注：维奥蒂亚（Béotie）为希腊阿蒂卡（雅典所在的州）附近的一个州，在文化繁荣
　的雅典人眼中，维奥蒂亚人是没有文化、缺乏艺术趣味的文盲。勒南借用这一现象来比
　喻工业时代缺乏艺术修养的法国人，所以称为"泛维奥蒂亚现象"。

地嘲笑过这种现象。文化衰落标志着工业资产阶级的登台，工业资本家不再有时间阅读，他们的后代也不会像上一世纪的人那样接受扎实的教育。同时还出现了道德消沉，在这一领域作笼统概括比较困难，但人们不难看到在 17 世纪积极进取的让森派资产阶级与作为巴拿马丑闻中陪衬人物的金融界之间的鸿沟。福兰的那幅尽人皆知的漫画（《他只记得我的话》）从来不会显得过分。布瓦尔、佩居歇和郝麦是福楼拜厌恶社会低级趣味而塑造的夸张人物，这些小说人物属于那个新的"体面社会"。在他们眼中，一切价值不管是否符合传统，都毫无意义。第三共和国的政坛个个都是精神空乏的"维奥蒂亚人"，他们取消向意大利剧场和歌剧院提供的津贴，1897 年又曾拒绝接收卡耶博特的赠与，其中包括了马奈、塞尚和雷诺阿等创新大师的多幅名画。第二帝国时代或许好一些，拿破仑三世从 1863 年起取消由美术学院对艺术创作的严密监控，颁发罗马艺术大奖，国家出面购买艺术作品，并资助艺术家去罗马进行创作活动。在第三共和国时期，官方学院派恣意践踏创新艺术，只有克列孟梭对新绘画感兴趣。

作为对浪漫主义夸张和无病呻吟的反击，尤其为了迎合科学主义的客观性，文学创作刻意成为照相式的记录，不加诠释、不予美化地表现生活的某个剖面：现实主义小说是这类艺术中最优秀代表，拒绝对生活作任何选择，以求最真实地加以表现。左拉写了第二帝国时代的编年史，福楼拜描绘了外省诺曼底的风俗；诗歌已不再时兴，到世纪末已躲入象征派诗人的封闭小社团里，由少数诗人进行艰辛的探索，大众难以接近。巴尔扎克被推崇为新艺术的大师，《贝姨》《高老头》《欧也妮·葛朗台》道出了一代作家的心声：对社会进行传记式的批评和学者式的再现，从《人间喜剧》到《卢贡-马加尔》《小酒店》和《人兽》。然后莫泊桑的作品也体现了同一个方向。

说实在话，文学被绘画超前了至少几年：库尔贝这个壮实的弗朗什-孔泰省人，他画画如苹果树结苹果①，鄙视德拉克洛瓦的中东题材画作。

---

　　① 译注：意思是做某事无目的也不负责任。

他热爱故乡的土地，以其历史性的画作打出了现实主义的旗帜，譬如《奥尔南的葬礼》（1851）、《打石者》和《乡村少女》；接着米勒和柯罗画了许多播种者和乡村景象，他们漠视一切神话，也不对题材作任何选择，专注于画岩石和人物。库尔贝把绘画从学院派题材的囚笼中解放出来，正如皮维·德夏凡纳专注于创作大型壁画一样，库尔贝以幼稚的狂热用"他的"画来征服社会。

印象主义

面对左拉和库尔贝，波德莱尔（写《书信集》时的波德莱尔）、德彪西和稍后的马拉梅在探索中相互支持，并最终重逢于印象主义。印象主义是法国绘画史上最富有成果的创新，其最轰动的事件发生在 1874 至 1876 年的展览会上，但它的影响涵盖了 19 世纪末最后 40 年，准备并宣告了巴黎学派的诞生。在塞尚、德加、马奈、莫奈、雷诺阿等创作的年代，法国有诗意的天才似乎都集中在绘画领域，他们创作了那么多色彩丰富和光线明亮的画作，表现出生活的乐趣和内在的感情：画家超越了诗人，诗人消失在马拉梅和瓦莱里的苦苦求索中。新的风格就是重新发现露天下的色彩本身：当摄影问世，从拍摄人像开始，确定线条，于是就成了一幅画。绘画（在 19 世纪 70 年代被称为印象派）开始转向对色彩的追求：最初的印象派运动到世纪末转向在形式上的新探索，不过并没有理论。谁不知道克洛德莫奈在绘画中的探索：1867 年为了创作那幅著名的《花园里的妇女》，他在花园里挖一条沟，搭起了脚手架，装上滑轮；同时代人的第一个惊讶是发觉画室内的白光在画面上消失了，他们注意到遮阳伞下的人物脸部呈现蓝、绿色的阴影。再后几年里，画家们热衷于表现光线的反射效果，创作了许多作品：他们对河岸有偏爱，所以创作了《阿让特伊的塞纳河》《蓬图瓦兹的瓦兹河》等作品，表现河水中的倒影，执着地追求色彩效果，色彩是用连续的笔触来表达，不存在轮廓线，往往在草图线条上还留下追求色彩的痕迹。这方面的巨大成功体现在所有印象派画家身上，不管其特别的天才在哪一方面，从谙熟巴黎交际场所的温和的雷诺阿到画遍巴黎各种景色的马奈，还包括总是在探索新画法的毕沙罗，以及 1885 至 1890 年在忧郁不安中不断探寻新方法的塞尚、凡·高和高更。

印象派画家遭到官方艺术沙龙的拒绝和摈弃，个人生活常常陷于贫困不堪，直至第一次世界大战结束始终遭受学院派批评的不公正对待。然而正是靠他们的不懈努力，绘画在当代成为现代艺术的主要表现领域，将音乐甚至文学推至第二线：这并非因为法国音乐的衰退，亦非因为文学变成了像马拉梅诗歌那样只有少数人才能享受的特权。古诺和比才的歌剧音乐就是大众喜闻乐见的艺术。瓦格纳更是独领乐坛风骚半个世纪的大音乐家，成为 1860 至 1880 年间音乐会上的偶像（1861 年帕德卢以“大众音乐会”的名义创建交响乐团，1873 年科洛纳也创建了乐团）。但是音乐会的听众毕竟比绘画沙龙的观众少得多。通过艺术沙龙，印象派画作《嘉布遣女修道院大街》《圣拉萨尔车站》《枫丹白露森林》《塞纳河畔的露天舞场》等进入了我们的艺术宝库，也靠莫奈、西斯莱和雷诺阿等人为我们留下了《加歇医生之家》《英国人桥》《普勒杜农庄》……

3. 公共生活和民主意识

　　法国是怎么变成共和国的？1871年2月当议会迁往波尔多时，贵族和保皇派议员人数比1789年旧制度下三级会议中他们前辈的人数还多，然而议会选择了共和制度，法国从此走上了一条不再回头的共和国之路……不单在法国的城市，在乡村也同样选择了共和制度。城市内早就传播了"进步的"思想，乡村中即使与城市联系较少的偏远农村也开始转变，虽然当时省级铁路刚开通不久，自行车还未进入农民的日常生活。其实问题不仅仅是1871至1875年的议会补选，在此期间，甘必大像热忱的旅行推销员一样一个个城市去宣传共和思想；更重要的是事件超越了年代的框架，反映出一个演变过程，它不是单纯的政治同情的改变，而是集体心理的转变。

　　要充分说明民主意识的进步，光看1850至1900年这段历史显然是不够的：其实在君主立宪时期的议会制度上已得到确认，再追溯上去，自进入现代社会以来，我们的法学家们已习惯于根据乡村集体生活中的多数民意来发表意见。所有这些重要的事实，包括传统和共同的工作方法都起了一定的作用。特别是19世纪末德莱菲斯事件爆发后，公众的民主意识骤然增强，同时它与经济和社会的发展亦不无关系。

　　在这方面，第二帝国最初十年影响重大；自1815年王政复辟以来，法国首次在平静的气氛中实现了普选，当时舆论的传统向导之间存在分歧：贵族方面在1848至1849年的复辟希望破灭后推出自己的候选人，或者说他们不赞成教会，也不支持官方候选人。本堂神父在大多数情况下随波逐流，教会与拿破仑三世联合，推出了教会方面的候选人，作为官方候选人，按照莫尔尼制订的做法，官方张贴白色布告，由省长发通报……因此对教会有利。拿破仑一世的侄子恢复了普选，梯也尔及其同党却加以限制，辩论在大庭广众前进行，所以对每个选民的影响深刻。

而在 1848 年的选举中，情况则不一样，当时许多贵族当选为议员。1852
年和 1857 年的选举中，官方候选人步步为营，两次选举都是官方组织下
的选举，进行得十分顺利，选举结果一边倒。事实上，在专制的选举外
表下，掩盖着民众对政治现实的缓慢而真正的觉醒：乡村里共和派"先
生"与本堂神父之间的冲突常常爆出小风波，在集市和市场日益繁荣的
农村中很快传得家喻户晓——因此这种冲突的反响很大。从那个时代
起，农民手中的选票便成为体验政治自由的机会：农民熟悉的村镇议员
各执一词，相互对立。1860 年罗马教廷与帝国当局发生纷争，在拿破仑
三世政府与教会之间出现困难。第二帝国不顾教廷的旨意而独立行事，
使乡村的政治局面更陷混乱。但是农民的民主意识在不断进步。只有在
南部新教影响较大的塞文山等地区，农民中未出现政治分歧。长期来由
于加尔文教的影响，在农民中形成了相当强烈的民主意识，毫无疑问他
们从 1848 年起就是共和派的选民了。

乡村教师和本堂神父

最大的冲突莫过于在 19 世纪 80 年代乡村教师与本堂神父在村子广
场上的公开辩论了：这场辩论不但是公开的，而且还不断地扩大。1848
年当乡村小学和师范学校在教会控制下时，保守倾向的资产阶级不就曾
借梯也尔之口斥责乡村教师都是可憎的社会主义者吗？现在教会对学校
的控制被儒勒·费里废除了；学校里不再进行宗教启蒙教育，教师在课
堂上只讲"自然的"道德和公民教育。在 19 世纪八九十年代，在教会看
来世俗化的学校就是没有上帝的学校，这一现象持续了很久。冲突已经
公开化了，建立乡村公立小学的法案得以通过的社会条件只会使冲突不
可避免地加剧。在国会辩论时，费里为了打消教会人士的顾虑而同意学
校在一段必要的时间内仍可保留适当的宗教教育，但是因教会确信当局
参与了去基督教化的罪恶计划，这番话根本无足轻重。对于持续了整整
四分之一世纪的乡村教师与本堂神父的冲突，不必去寻找其他原因，它
实际就是乡村环境中两种知识权威之间的冲突。由师范学校培养出的年

轻教师在课堂上传授与地方环境相适应的普通教育，具有更人性化的特点，亦随时准备面对拥有大地主支持的教会方面的激烈抨击，教师们心中普遍地有一种实施公民文化和知识教育的强烈使命感：他们一般出生于平民家庭，是佃农、小农庄主，或者是邮递员、铁路工人的子女，深感肩负的重任，准备迎接一场不仅仅是思想和原则的战斗……如果说教师们自身意识到世俗观念以及各种信仰、各种不同意见享有平等自由的观念将给思想领域带来转变的话，他们与教会的冲突很快变了质：教师普遍地受到歪曲，被看作毫无信仰的物质主义者，在教堂内被看成是一个渎圣者；本堂神父则被看成为蒙昧迷信的卫道士、科学及新世界的敌人。除了言语中动辄使用这些侮辱性的词语外，几乎每个家庭都发生了争执：用词冲突和意见不合引起了不同的好奇心和兴趣，也推动了阅读和讨论。此外，法国人分为两派：左派和右派，两派阵营相对稳定。右派是指社会保守派，依仗教会人士，维护传统的政治和道德价值，对王室被推翻感到遗憾；左派则主张社会和政治进步，赞成摆脱一切宗教和社会束缚的民主信仰，相信人世间的未来。

在同一村子里，双方阵营稳定，各司其职。乡村教师掌握知识，有资格与医生、法官和乡村道路工程师对上话，与乡政府的秘书关系密切，在村里拥有举足轻重的社会地位。小学在共和制度下的法国乡村中也扮演了重要角色，其成功的一个标志是文盲率下降：由于严格推广读、写、算等"基础技能"，克服困难耐心培养村民对流行观念的兴趣，终于成功地消除了选民的文盲现象。在 1900 年后，选民中的文盲人数几乎可忽略不计。应当看到乡村教师的坚韧不拔和热忱奉献对社会进步的贡献：广大村民踏上了上学之路，因为学校能满足农民们对文化和知识不断增长的需求；乡镇居民跟城里人一样习惯于送子弟上学；除了中央高原等个别地区外，那里的乡村教育差距需更长时间才能完全消除。历来在春、夏农忙季节（从 5 月到 7 月底），学生出勤率会有所下降，孩子们下田帮工干活。负责学生考勤的村代表由学区学监指派，一般都是学校的熟人，学生缺课家长不会受到追究。事实上，乡村小学的成功说明在师范学校受到扎实训练的教师们拥有道德和知识方面的权威，也说明 6 至 13 岁的孩子在小学所学的知识将来在社会上有用，至少受过教育的人有一定的自豪感；还在不久前，普通家庭都会在家里最好房间的墙上显眼地悬挂初小结业证书的镜框便是明证。学校之所以有必要，倒不是因为开了农艺课——不管教师的水平如何，这门课一般都不太受重视——而是因为学生在学校接受了必不可少的人文教育，譬如学习法语，不再讲方言；学会阅读，将来可以看懂割草机的使用说明书；学会计算平方面积，不再用报纸测量或用某量器贮存谷子的播种面积来丈量土地，采用立方米而不再是线段来计算容积；学会书写以便与人沟通，处理遗产或去附近城市购买播种机；在应征入伍出发前知道将前往的某省名称及省会的所在地。诸多的好处使学校经受住了本堂神父的嘲讽、攻击或者持有保留意见——神父的最好态度。公立小学在城里是无须争辩的，孩子们踊跃上学，家长热情高涨，而它在乡村中的立足则是靠一种对人类进步事业和共和国的纯朴信仰，它是公民道德教育的根本。乡村小学带来的互动变化十分明显：商业化农业的发展，铁路运输的加强，技术进步促进了对科学的信仰；共和精神也随着经济发展而深入人心。从某种程度上说，共和国是蒸汽机的女儿，这句话并无不妥。

德莱菲斯事件

　　世纪末法国爆发了一场人类历史上最轰动的集体大辩论，它在全国范围内引起的反响之大可以衡量共和思想深入人心的程度：那就是德莱菲斯事件。当然，这并非说当时法国 3 500 万人个个都了解德莱菲斯事件的始末，所有人都选边站队，成为德莱菲斯派或反德莱菲斯派；但是可以说法国没有一个乡镇的体面人物如商人或公务员，从巴黎或省会送来的报纸上得悉事件后不表达自己立场的。尽管地处偏僻乡村的民众无法跟踪和分析事件的复杂经过，往往连德莱菲斯的名字也不知道，但至少整体舆论很快了解了冲突的基本争执：一边是正义和真理，另一边是祖国和军队的荣誉。从这个意义上说，德莱菲斯事件是第三共和国所经历的最大危机，其重要性超过了令巴黎人头脑发热的布朗热主义和引发金融丑闻的巴拿马事件。

德莱菲斯事件在 1898 至 1899 年的争论中达到高潮：整整几个月内，人们对德莱菲斯上尉是否犯通敌罪一事莫衷一是；社会各阶层人士因此爆发的争论，甚至造成家庭分裂。社会上很快形成两派，一派人赞成人权联盟提出重新调查事件的要求，进而发展为民主派人士的事业；另一派则拥护法兰西祖国联盟，主张尊重已判决的结果。在事件发酵过程中，法国政治的传统分野出现了大分化、大组合，情况比布朗热事件时更严重：左翼知识分子以严正立场反对军队参谋部，从而让右派突然高调垄断了军事爱国主义。甚至在 1914 至 1918 年一次大战结束后，深刻的分歧依然留在国民当中，直到 1940 年才渐渐淡忘。自从左拉发表《我控诉！》到亨利上校招供（1898 年 1 月至 8 月间），事件煽起一波又一波的冲突：共和主义和民族主义、反教会和拥护教会；上街示威游行、报章上发表各派的言论、议会内的激烈辩论都反映了群情激昂，许多大的原则问题都提出来了。在亨利上校招供之后，处于不利地位的反德莱菲斯派依然不甘心偃旗息鼓：尽管事实昭然若揭，代表军方的雷恩军事法庭在复审时仍然判处德莱菲斯有罪，不过享有"可减刑情节"；法兰西祖国联盟认定军方若改变主意必然损害其荣誉，因此反过来于 1899 年 2 月突然指控总统府……但是在危机中显示出一个重要意义，即在为正义与荣誉、真理与祖国的斗争长期进行过程中，法国人民认识到一个政治制度赖以生存的原则和权利，正如他们已在 1875 年的各种有利环境下，几乎出其不意地采纳了共和制度：整整一代人经受了公民责任感的无与伦比的考验；在 19 世纪最后 20 年里，全体人民终于确信共和制度是最好的制度，或许也赋予了这个制度本身不具备的某些优点，首先是它改善了人的生活条件。

公民责任感

正是在这场斗争中体现了政治新观念的一个主要特征：公民责任感。

公民责任感是在学校里从小培养的，教师不错过任何一个机会来宣传法国及其社会制度。小学生列队行进时喜爱模仿神气十足的军人，直到在1914 至 1918 年大战中冲锋陷阵；共和信仰有它的仪式，它不是矫揉造作的；只有在巴黎才诞生过雅典式的自发的共和国——哪怕只是谨慎和相当肤浅的尝试。人们在各种场合悬挂三色旗：首先在 7 月 14 日，但在巴黎和其他大城市，遇到重大节日如国际博览会时也会挂出三色旗。1878 年全巴黎挂满了三色旗，莫奈和马奈的绘画可以作证（《蒙托格伊街》《彩旗招展的莫尼埃街》）。在最小的村镇里，庆祝 7 月 14 日都会有一系列民众的欢庆活动，在这个庄重的官方节日里，人们高唱《马赛曲》，举行火炬游行，发表演讲怀念 1848 年甚至 1789 年的先辈，老老少少一起参加各项活动：游戏、赛跑、舞会和大聚餐……

公民责任感体现在日常生活中，市镇——乃至全国性——的议题总会引起民众热烈的讨论：任何地方的市政议会召集开会时，与会民众仔细听讲，关注民意代表们的言论和举动；特别是在学校操场上举行立法选举的竞选大会时，绝大多数选民都会到场，他们在会上一般不提问，但注意听讲的严肃程度至今令人惊讶。公民意识更是爱国心，民众关切国家的荣誉（从小在学校被激发的爱国主义，历史课上少不了道德教育），特别是 1870 年后阿尔萨斯和洛林地区民众的爱国情绪，这种现象一直延续至 1914 年大战前夕。总之，体现爱国心的例子不胜枚举：值得一提的是活跃在各地的许多乐队、军乐队（军鼓和军号）——较少管弦乐队——吹奏雄壮的军乐，这些在乡村和城市都是民众喜闻乐见的娱乐活动；此外影响较大的爱国主义活动还有阅兵式、演奏高亢的音乐等。可以列举的还有许多：如一些有才能的热情高涨的平民，与志同道合喜欢搞音乐的伙伴们一起组织长号、铜管乐晚会……巴尼奥莱和林畔丰特奈等城市的军乐队尤其出名，参加过省级、全国乃至国际性的军乐会演……

尽管经历了从布朗热事件到政教分离那么多的冲突和碰撞，共和国几度处境岌岌可危，尽管发生了从卡尔诺总统遇刺身亡到卡约事件等一系列政府丑闻和暴力危机，尽管发生了圣日耳曼街区事件、于泽斯公爵夫人和赛马俱乐部等阴谋和风波，1900 年的法国已是一个根深蒂固的共和国。这不单是选民的选择——因为选举结果是可以随选举而改变的——更是扎根于法国人民集体心理的一个持久的事实。

4. 工人生活和思想

　　但是工人阶级还是被撇在社会的一边；即使最资产阶级化的工人或不穿工装、与工人保持一定距离的人也不否认这一点。阶级斗争是社会现实，把它当作理论家的空谈来加以否认是不恰当的；总之，于 1871 年 5 月在凡尔赛议会上以"秩序、正义和文明"的名义高呼胜利的梯也尔不会搞错，甘必大对此亦非常清楚，他创建第三共和国所依靠的那个"新的社会阶层"，不是工人而是小资产阶级，是下层的公务员、零售商、银行或企业职员。

阶级斗争

　　随着时间的推移，阶级之间的鸿沟越来越明显。历次政治事件似乎在这方面都没起太大的作用，在 1848 年 6 月和 1871 年 5 月，工人阶级中的最优秀分子在巴黎牺牲了，每次血腥镇压后是长时间的沉默，譬如 1848 至 1860 年，1871 至 1890 年；特别是工业活动和经济发展扩大了阶级之间的鸿沟。巴黎及一些大城市的奥斯曼式改造、人口增长的压力促使居民重新分布：巴黎整个东部地区，围绕着巴士底广场、贝尔维尔街区和梅尼蒙塘一带是工人居住区；而大马路，特别是凯旋门附近的街区则是资产阶级的生活区。旧时巴黎市内各阶层人士混居一楼的现象已经消失，在新兴工业如化工企业迁往城郊一带时，大批平民也随之迁居到那里：在 19 世纪时形成了对巴黎的"红色包围圈"。蒲鲁东曾严厉谴责奥斯曼男爵改造后的巴黎，包括它的广场、现代住宅、柏油马路和清道夫大军。高尔蓬说得更简明："巴黎的改造势必把市中心的平民赶往城市边缘，首都巴黎被一分为二：一个富人区，一个穷人区。穷人区包围富人区。"工业化集中和资本主义发展亦加剧了阶级的分化：合作关系不复存在，行会与同业公会一起消失了，雇主即便不是董事会主席或者受薪厂长，都成为普通工人难得一见的人物。雇主与工人的日常关系——至少在大企业内——成为纯粹的阶级关系。加上 1873 至 1895 年的经济危机，工人阶级的社会升迁变得更加困难。原来在第二帝国时代，工人还有不少成为小老板的，巴黎或外省工人的社会升迁尚有可能。到了第三共和国时代，随着大企业的形成，这条路被堵死了。由此产生工人阶层被封闭的沉重感觉，这个阶层只能自我关闭。于是出现了工人阶级中有政治能力的捍卫者，在阶级对抗中产生的自豪感不断加强，阶级意识在工人阶级或资产阶级双方都变得相当强烈。

工人生活条件

工人的生活条件各种各样——有住在巴黎沼泽区的手工艺工人，他们对所居住的巴黎市中心非常熟悉，也有在拉普街漂泊无定、完全靠体力过着朝不保夕生活的无产阶级——但在 50 年中多少有所改善：工资大致涨了一倍，物价在第二帝国时代先涨后跌，食品——或住房——方面有了较大改善，肺痨和酒精中毒虽然在当时是社会的普遍现象，但在抵抗力较弱的社会阶层中造成更多的受害者。19 世纪末的工人身体更强壮，他们的面色比七月王朝那时代好多了。穿着方面也比较讲究了，至少在节日时工人穿得更漂亮些，因为一周的工作日中，工装仍是工人的工作服。但是这些改变并未使劳动者变为资产阶级，即使在巴黎奢侈品行业或新型冶金业工作的命运较好的工人也一样（那些企业的雇主实行家长式管理，为员工们盖住房，开职工食堂）。工人们与小资产阶级相比，缺乏的是足够的自信，特别是安全感；虽然工资有所增加，仍然无法维持全家的体面生活：妇女得同样参加劳动，往往孩子也需要工作，虽有 1841 年法律，雇主及工人都加以回避；学徒工没受到更多的保护，年轻学徒入行饱受剥削，而且传统的师傅规矩相当严苛。关于年轻学徒工艰难的生活条件有许多见证和调查报告，最著名的是皮埃尔·昂普的杰作[1]，絮叨的作者叙述了许多行业内的学徒现象。此外，工人每天的

---

[1] 皮埃尔·昂普（Pierre Hamp）：《我的职业》（Mes Métiers），巴黎，1943 年版。

工作时间仍然很长，很少低于 10 个小时；女工即便与男工做同样的工作，工资也普遍比男同事低一半，外省的情况比巴黎更糟；艰辛的劳动使工人很快衰老：工人平均寿命的增长比其他社会阶层低得多；老工人很少在一个行业里做到老，往往头发未白人先死了。

总之，无产阶级与专业工人一样过着悲惨的生活，他们不断受到各种威胁：首先是疾病，没有疾病保险，甚至没有足够的工人互助基金，得了重症无力医治；其次是失业，经济危机袭来，或者雇主伺机裁员而另聘更好的劳动力；工人就业得不到任何保障，只能听天由命。这也说明何以劳工阶层在储蓄银行存钱的人数特别多：这是他们平时省吃俭用换取的最低限度保险。这种不安全感说明工人感到需要团结和组织起来，不但是为了捍卫若干利益，更是为了争取生存的权利。因此工人自愿过一种集体性的生活，即使在工厂外亦是如此，他们需要经常集会，小咖啡馆就是最理想的聚会点（因为个人住房一般相当狭窄），在咖啡馆内可以喝饮料，还可以读到报纸，一起跟踪和评论时事，同时商讨工人运动的事宜。当时有一句流行的话："小咖啡馆对今天的工人阶级来说，犹如过去的教堂。"工人的生活条件、从 1848 年革命继承下来的传统，甚至是过去的行会习惯，加上阶级意识的觉醒，一切都促使工人们组织起来，结成社团去争取他们在阳光下的社会地位。

工人运动

从第二帝国时期起，工人运动的巨大规模已使所有观察家感到震惊：《两世界杂志》在 1863 年 4 月 1 日发表了一篇反响极大的文章，作者自由派人士雷缪萨这样写道："必须考虑到眼下不断壮大的力量，这就是工人阶级……知识和道德的进步正在他们中得到展现。"显然这并非说工人都是美德和知识的典范：酗酒、放荡等现象在他们中间与在其他社会阶层中一样泛滥，或许更严重些。那些喝得酩酊大醉的酒鬼，那些游荡在马比勒舞场的混混儿和第二帝国时代在大马路上（从圣德尼门到玛德莱娜教堂）找婊子的嫖客确实是工人，但他们与工人阶级毫无关系。全法国约有数百名工人以全体工人的名义与蒲鲁东（他直到去世都自称为工人）和马克思等理论家进行讨论，也与政府进行交涉，他们是工人阶级中的精英，尤其是巴黎工人的优秀分子。他们称得上是工人运动的活跃分子，由于他们的出现，工人阶级被社会认可，从第二帝国时代起他们要求并取得了必要的自由，使工人阶级能够有效地与资本家进行斗争，争取在国民生活中真正的地位。

在这方面，最显著的例子是工人干部对教育问题的重视①。工人们多数在公立小学受过初等教育，但也有工人只在教会识字班（如阿尔萨斯或里昂地区）学过一点基础知识，他们深感知识之不足。许多人在公立学校受过互助教育的培养，求知欲十分强烈，他们大量阅读，甚至在公众生活中也保留着小学教师的方法和语气；让·马塞创建教育联盟促进教育的发展，反对资产阶级的偏见（资产阶级把学校看作革命的摇篮），吸收了许多工人阶级的成员；维克多·迪吕伊在巴黎工人中很受拥护，他在担任政府部长时，在中学设立三至四年制的职业教育，学生不学拉丁语、希腊语，专攻与商业经营有关的科目；同样，也是他创立并推广了公立小学。此外，伯努瓦、高尔蓬、蒲鲁东等自学成才者还对教育的普遍问题进行思考，制订出组织规划，把重点放在职业教育和成人教育上：相信实现普遍教育是社会进步的原动力。

教育问题也是更大范围辩论的焦点：要实现更好的、真正博爱的世界，使工人阶级不再是无产者，也就是说不再受剥削；工人运动是一项解放运动，而教育即是必要条件。瓦尔兰、托兰和伯努瓦·马隆等一代人努力唤醒法国工人阶级的意识，一直活动到1870年。他们受到了来自两个方面的影响，这两种思想相互对立，从当时起直到今天仍存在分歧：这就是蒲鲁东和马克思之间的争论。

---

① 参阅 G. 迪沃（G. Duveau）：《第二共和国和第二帝国时期的工人教育思想》（*La Pensée ouvrière sur l'éducation sous la Seconde République et le Second Empire*），这是一本极有价值的书。

马克思和蒲鲁东

他们俩于七月王朝时代在巴黎相识，曾经有过交往，但在 1848 年革命前夕突然分道扬镳。从此以后直至蒲鲁东去世（1865），再没有任何东西能使两人相互接近；性格差别渐渐成为理论与方法上的对立。无论对资本主义社会的研究，还是在摧毁（或改良）资本主义所使用的方法上，两人水火不容。蒲鲁东是个道德说教者：他更寄希望于人民的本能直觉而非理智，他要实现社会正义，依靠他所生活于其中的工人阶级。当他研究私有财产、经济矛盾或工人阶级能力时，他以犀利的文笔揭发经济关系中不人道的现实，也就是社会的不公正。但如何改变这一切，蒲鲁东没有思想体系也没有整体规划，更缺乏对未来世界的远景设想：他只知道工人阶级只有依靠自己，依靠工人的职业行动、联合团结和生产自救；他在整整十年中给遭受了 1848 年 6 月血腥镇压的工人们提供希望。他鼓励工人们团结起来，接受拿破仑三世政府在 1860 年后提供的宽松现实。这并非因为蒲鲁东是拿破仑分子；他骨子里憎恨国家和军队。如果说他看到了一些未来社会的影子，那就是在无政府状态下能快乐地自由劳动的小团体结合。蒲鲁东告诫巴黎的工人积极分子不要相信一切政治，对通过职业以外的任何行动手段去达到目的表示怀疑；于是他使工人们远离了共和党人，而对拿破仑三世来说，正中下怀。因此蒲鲁东生前划定了工人思想的界线，即反对国家亦反对政治，致力于每日改善生活条件，相信工人阶级的解放将是通过职业劳动而获得的受薪者的解放。这种思想后来经过革新和明晰化，遂成为工人运动中"无政府工团主义"传统的基础。

马克思的阐述则完全不同。他的思想——在法国流行不及在德国和英国快——展现出另一番前景。马克思是科学社会主义的创始人，相信科学主义，是一个和蒲鲁东一样的斗士。马克思号召全世界无产者联合起来，在阐明社会主义的必然胜利之后，认为工人能够而且应当为实现这一目标而奋斗。马克思是个理论家，也是实际行动家，他长期在伦敦筹划召开第一国际大会，听取同伴的意见，撰写宣言；然而对马克思来说最重要的显然是建立一个体系——蒲鲁东所憎恨的理论，该体系将揭示资本主义社会的机制并预言它的末日。从《共产党宣言》（1847）到第一部《资本论》的发表（1867），马克思成为当时最伟大的社会学家；他研究生产关系、剩余价值理论和阶级斗争，这些马克思主义分析中的词语与其他关于社会结构的一些说法，成为人们日常生活中十分熟悉的语言："生产关系的总和构成了社会的经济结构，也就是说它是政治、法律等上层建筑建立于其上的现实基础，各种社会意识形态都与此相关联。物质生活的生产方式普遍决定了生活中社会、政治和知识的进程。并非人的意识决定人的存在方式，而是社会存在方式决定了人的意识。"或许他的论述从前人圣西门和卡贝身上继承了某些要素，但在他之前没有一人能如此清晰地建立起一个体系。马克思通过分析生产方式而将他的唯物主义推广至整个历史进程，构成一幅气势磅礴的巨大历史画卷：他要创建一部科学的人类社会历史；他的最终目标（生前没能实现）或许是建立一门社会数学，计算剩余价值和资本利润，揭示人剥削人的代数方程式和法则。但是他没有达到这一目标，马克思分析法国的阶级斗争，稍后又叙述了亲眼看见的巴黎公社，用他的思想影响了工人阶级的集体意识，尤其是对建立一个更美好世界的希望：也就是说在这样一种思想——即资本主义社会内部各种经济力量的相互作用必将动摇这个社会及其主宰者——的激励下，工人们将更热情地起来实现自身的解放，建立一个没有阶级的社会——社会主义社会……因此说，马克思赋予了工人运动一种无与伦比的社会分析工具（他的继承者们未必懂得在遵循各种辩证关系的情况下加以运用）和抱有希望的理由，鼓励他们加速历史步伐，无产阶级必将如哲学家所预言的那样发挥更重要的作用。

蒲鲁东主义者和马克思主义者都很少正面遇到过合作互助联盟及行业联合会的问题，这类现象兴起于第二帝国初期。当拿破仑三世承认工人的罢工权（1864），当托兰与他的英国同伴在同一年创建第一国际（1864—1872）即"国际劳工联盟"时，工人运动正风起云涌；政府对此大吃一惊，不久产生了忧虑，雇主方面更是忧心忡忡。第一国际的法国支部在最初几年由蒲鲁东派控制，但至 1870 年前夕，法国爆发了大规模的工人罢工潮（拉利加马里、欧班和勒克勒佐等地），马克思主义理论开始从国外传到法国，也正是在这一时期，马克思主义成为国际联盟的官方理论（1868 年的布鲁塞尔大会，1869 年的巴塞尔大会）。法国的国际劳工支部遭到政府的追究并被取缔，但它在工人中已产生了巨大影响，至普法战争前夕，法国的国际劳工支部已拥有 24 万会员（最初几年仅有数百名会员）。一场普法战争使工人运动陷于瘫痪，但亦给法国工人运动提供了一个实现表率性创举的机遇：巴黎公社。

巴黎公社

1871 年 3 月 18 日至 5 月 28 日，巴黎在少数革命者的控制下，他们属于国际劳工联盟中的少数派，没有明确的计划（只有若干口号，最著名的如"土地归农民，工具归工人，为全体人民劳动"），也来不及实行重要的改革。梯也尔拒绝与革命者谈判，串通围困巴黎的普鲁士军队对巴黎市民实行镇压，巴黎公社就是在"被围困所激起的热情"和梯也尔的挑衅下诞生的。巴黎公社创举是社会主义传统的伟大时刻：公社社员们不是担负起全巴黎的行政运作、严格管理公共财政、防止一切抢劫特别是对法兰西银行的打劫活动吗？同时公社社员们以他们的部分建树，如制订劳工法规和组织各行业工会等，证明了他们对社会主义社会未来的信仰。公社是人民自主的政府，具有榜样的价值。瓦尔兰、库尔贝、德勒克吕兹和罗塞尔等人实现了自己的诺言，显示工人有能力管理他们自己。

工人运动也有他们的殉道者：在 5 月 21 至 28 日腥风血雨的一周里，成千上万名工人付出了自己的生命；因为个别的破坏行为，如放火烧了推勒利王宫花园和梯也尔的公馆、枪杀了几名人质——其实人质是在最激烈的巷战中被杀的——有多少工人受害者倒在了里沃利大街和拉雪兹神父公墓的血泊中？1871 年 5 月，当梯也尔和嘉利费恬不知耻地为胜利弹冠相庆时，（据研究巴黎公社的历史学家们估计）至少有 10 万名巴黎人遭到了镇压。直至今日每年的 5 月份，工会组织在拉雪兹神父公墓的"公社社员墙"前献上鲜花，他们没有忘记"无产阶级的英勇斗争"。

巴黎公社过去后，工人们保留了在第二帝国治下获得的权利：从 1864 年起罢工成为工人的合法权利，工人阶级借此有效地与雇主进行斗争；1868 年第二帝国当局容许工人组织行业联合会。但是巴黎公社遭受如此残酷的镇压，以致工人运动再没有重振起来。此后整整十年陷入一片死一般的寂静：仅在 1876 年后出现过小规模的集会、个别的呼吁声，儒勒·盖德几乎一人孤军奋战……

从 1880 至 1895 年间，工人运动重组工会，寻找新的出路（1884 年法案正式允许成立工会）；另一方面全国各行业联合会按行业组织工人（1879 年成立法国制帽工人总工会、1881 年法国印刷工人联合会、1892 年煤矿工人联合会经过几度失败后终于宣告成立）；地方上成立了不分行业帮助工人的劳工互助协会。此外，那些年还成立了工人社会党，但因各地负责人的个人性格及所属派别不同，党内分歧很大：布朗基派、马克思派和蒲鲁东派形成党内许多小团体，通过四处活动和多方宣传，在工人群众中逐渐扩大了影响，终于在 1893 年立法选举中有五十来名社会党人当选为国会议员。在工人日常生活中，行业联合会、工会和政党之间存在根本分歧，虽然在支持工人提出的要求方面绝不含糊，但各方都想在普选中利用工人的政治力量。

与此同时，最初的几届全国工人大会——特别是工人总工会（CGT）创建之前的几届大会——讨论了劳动者在斗争中为施加压力而采取的方法：阿里斯蒂德白里安是当时全国总罢工的推动者，总罢工使全法国陷于瘫痪，取得了对资本家的决定性胜利；人们甚至带有几分幻想地设想发动一场独立于一切政治和政党的革命行动。教育始终是工人运动中最受关注的领域：各地劳工互助协会开设图书馆，组织职业培训班，特别是科学和经济普及班；在技师和中小学教师的帮助下，成立了最早的劳工职业中学，尤其是在巴黎市。

在 1885 至 1895 年的经济萧条期间，工人的日常斗争有所加强：各地爆发罢工风潮，显示出工运积极分子的斗争热情高涨，领导人也因此信心倍增；1891 年 5 月 1 日，富尔米市参加集会的工人遭到枪杀，赋予鲜花盛开的 5 月新的革命含义——5 月 1 日遂成为劳动者的节日。每年的这一天，工人们举行集会庆祝对资产阶级斗争的胜利，评估下一步需要采取的行动。这么多年来 5 月 1 日也是怀念死难工人的纪念日。

可见工人运动在逐步恢复：它的社会行动的主导纲领已经确定。在下一个历史时期内，在工人总工会的佩鲁蒂埃和格利富勒、政党领袖饶勒斯的领导下，工人运动将进行重组并确立它的理论，但分歧也会长期地存在下去。

第十六章　科学文明的黎明（1895—1914）

从 1873 至 1895 年的严重经济危机到 1914 至 1918 年的"大战"在世纪交替年代，法国经历了一系列狂躁事件，如国内的德莱菲斯事件和 1905 年的政教分离，国际上的法绍达事件、布尔人战争到摩洛哥的丹吉尔、阿加迪尔等地的事件以及德法殖民者在喀麦隆东北部"鸭嘴角"的争执等帝国主义列强间的冲突；日益加剧的仇恨和恐惧渐渐激化为战争的心态，终于酿成了 1914 年痛苦的夏天。巴黎几乎天天在新的激奋中震颤：尚未泯灭的复仇情绪、卡约总理的亲德绥靖政策、社会主义理论的大辩论和反宗教主义等都引发了激烈争论和斗争。首都巴黎比以往任何年代都更脱离了构成国民主体的农民大众，卷入政治矛盾和国际危机之中，在乡镇和偏远地区甚至很少感觉到各种矛盾和国际冲突的回响。1900 年万国博览会、英国国王的亲善来访等一系列活动令首都巴黎应接不暇，无法像外省那样地从容应对，一桩桩事件都导致民情激奋，同时爆出焦虑不安的火花。

出生于 1890 至 1900 年的一代人曾连续四年处于地狱般的煎熬、歹徒横行和死寂的气氛中，当他们年迈时，回想起纷乱杂沓的往事足以令他们相信 1900 年前后是个"美好年代"：人们忘记了那么多的暴力和贫困，忘记了贝济耶和富尔米[①]；时隔四五十年后的今天，我们也愿意相信巴黎和法国从来没有像世纪初那么美好过。造物主赐予人类何等的才能！从很早奥唐-拉腊的精美的《茜芬的婚礼》到让·雷诺阿的

---

① 译注：贝济耶（Béziers）为法国南方葡萄酒产地，当地葡萄酒酿造者曾在 1907 年爆发大规模示威，要求当局惩兑掺兑假酒的不法商人，事件连续发酵，导致前往镇压的军队哗变，酿成政治危机，震撼共和国。富尔米（Fourmies）为法国北方省的一个市镇，1891 年 5 月 1 日，富尔米市罢工工人和平示威，要求改善劳动条件，遭到军队弹压，事件震撼世界，后来这一天被定为"国际劳动节"。

《法兰西康康舞》，有声电影自问世以来长盛不衰：这是"美好年代"的全部神话，充满了令人赞叹的画面、精彩动人的题材（红磨坊艳舞厅老板、风度翩翩的东方王子和英武潇洒的军官）以及歌颂顽强生活的主旋律和片尾曲，这些内容经过"升华"大胆地反映了我们过去的动荡年代。20世纪初比过去的许多时代更堪称"黄金时代"，并非因为有"红磨坊"和罗宾逊，也非因为巴黎和外省城市的建筑外表至今所体现的洛可可风格、过分装饰的阳台、精雕细刻的铸铁护栏或大都会的城市建筑……

法国在这一年代引人入胜的特征是科学运动所赋予的，所有人都能感受到它的奇迹，至少人们在这些年看到了并行发展的技术，如被称为"小皇后"的自行车进入了家家户户（环法自行车赛从那时起开始了漫长的生涯），汽车取代马车奔驰在城市街道上，在大战前夕就有人驾机飞越了英吉利海峡；经常阅读的人对突飞猛进的科学进展简直感到眼花缭乱，对一项项科学发明更是目不暇接，居里夫妇和朗日万的发明，爱因斯坦的大胆理论，普朗克的实验，等等。在处于最后辉煌期的欧洲，一切科学门类似乎都要给世人带来惊天动地的创新：这是唯科学主义的末日，虽然没有宣告，但一切了解广义相对论和读过爱因斯坦关于时空新概念的最精彩论述的人已经清晰地看到了这一点。

自然科学和人文科学向人们提供信息，尽管它们尚未指导人们的日常生活；20世纪新的生活艺术还未诞生。但是首先引导物理学，然后逐渐指导其他科学的新的科学精神已经在知识界、文学和艺术界激起了隐隐的回响，但不确定的回声仍让人有所犹豫；绘画和音乐已表现出令正统派担忧的创新，其他艺术领域也一样；囿于传统和诗艺的文学开始遇到蔑视权威者的躁动。唯科学主义从根本上全面溃败，虽然表面不那么明显，它特别并首先体现在宗教革新——确切地说是天主教的革新，尤其是贝玑、桑尼埃等人坚持不懈地投入日常斗争；直觉派哲学的新浪漫派人物柏格森，以充满魅力的丰富语言热情地为非理性主义正名，使得宗教革新在困境中日益发展壮大。

　　作为一个殖民强国和历次革命的发源地，法国因在世界上担负着各种巨大的责任而不堪重负、陷于分裂，但动荡的法国仍是知识和不断征服中的欧洲中心、文明的最早发祥地之一。当 1914 年大战降临时，它经受了一个现代的伟大民族所能承受的最严峻的考验。

1. 科学的新生

在 19 世纪末知识广为传播的欧洲，科学生活不再为法国所独有：几个世纪以来，特别是从梅森神父在"最小兄弟会"的修道院内接待意大利、荷兰等国朋友，组织真正的数学研讨会之时起，科学发现及其影响已不再有边界和国别，学者们为全人类而工作，护照制度尚未建立，至少在西欧他们可以到各地游访；科学的进步乃是无国界的进步。皮埃尔和居里夫妇在巴黎，爱因斯坦在伯尔尼或苏黎世，卢瑟福在剑桥，普朗克在柏林，正如稍后朗日万和德布罗格利在巴黎，费米在罗马一样，他们组成了一个分布于欧洲各国的知识社会（当时美国和俄罗斯还很少有科学家）。这些都说明 20 世纪初的科学发明不属于法国——也不属于德国和英国——属于为科学作出了决定性贡献的每个科学家、他们的实验室以及为非凡的发现提供资助的机构。

新物理学

从 1895 年居里夫妇的放射性研究到 1905 年爱因斯坦提出狭义相对论、进而在 1915 年提出广义相对论，这是一场真正的哥白尼式的革命。它创立了新物理学，为天体物理学的建立和提出宇宙结构的假设开辟了真正前景——比哥白尼和伽利略的时代都更可靠——而且促成了一切机械论和牛顿解释世界体系的迅速瓦解；在此之前多少代人都安稳地把世界建立在经典力学的基础之上。保尔·朗之万研究单质的原子质量，马克斯·普朗克提出量子论填补了光波理论的不足，他们俩都在这场创立新物理学的革命中发挥了重要作用。"相对论之父"在战后以极大热情进行的一切研究工作，如运用非欧氏几何学、提出时空概念的定义等哺育了新的科学思想，为确立新科学概念作出了贡献；因此 20 世纪最初几年是科学的决定性阶段，这不光是因为当时的多项重大科学发现，更因为曾养育了现代科学三个世纪之久的数学决定论的最终退却。

辐射理论和相对论的紧密结合构成当时重大的科学进步。在短短的十多年时间里，所有学者和研究人员都被这两项发现的重要性和意义所吸引；生活在机械论原则氛围中的所有人（或者几乎所有人）都进入了一个想象不到的通过实验能够理解的有秩序的宇宙中，如此的经验和理论的交替将人们带入了世界的新视野，连写过大量数学著作，而且思想接近狭义相对论的亨利·普安卡雷都一时晕头转向，不知所措。物理学占了数学的上风，人们把它称作是一场"科学革命"，如果这样的形容不太过分的话。还需要看到原子理论和相对论向知识世界敞开的巨大的研究空间：20世纪开辟了一个同位素的世界，一个中子、电子（这些名词很快进入了人们的日常语言）的世界，在这些领域中的研究宣告了路易·德布罗格利发明的电子波理论（1925）和弗雷德里克·约里奥-居里发现的铀原子裂变（1938），以及回旋加速器、原子反应堆等一系列发明。

人文科学

物理学革命带来的第一个成果似乎是使人文科学摆脱自然科学而获得了自主独立性，使它从数学机械论及其伟大的公理（即所谓"凡是科学都应能用计量测定"等）中解放出来。事实上当物理学发生巨大变革之际，正是人文科学确立其原则之时：在历史学方面，塞纽博斯和朗格卢瓦于1897年发表了他们的《历史研究导论》，这是一本"客观方法论"的必读书；同时像保尔·瓦莱里这样洞察入微的文学家也在他的《达·芬奇方法之引论》中表示自己是科学大师们忠实和执着的门徒。科学的宇宙决定论已让位于人文科学决定论，似乎在新物理学诞生后科学的宇宙决定论就不再灵验了。于是，朗博在《法国文明史》（出版于20世纪初）中的如下一段文字就不难理解了："政治不像某些人认为的仅仅是观念问题。应该知道它是一门科学，甚至属于实验科学的范畴……如果人们以真正科学的精神来看待政治，那么它也有像物理学、化学或生理学一样可靠的法则。"

由于人文科学发展上的严重滞后，它对世界现象的解释还相当肤浅。当数学、物理学和化学齐心协力、交汇融合之际——我们不去分辨哪门为主，哪门为辅（这是学院派的说法），在生物化学取得长足进展的今天，人文科学最关切的却是分割地盘、划清界限和监视阵地——人们小心翼翼地分清界限，互不越雷池一步：心理学、社会学、政治经济学、历史学和地理学各守其庙，维护其小钟塔（譬如历史学家和社会学家之间）；半个世纪后，我们中学毕业会考的哲学纲要和考题依然让人感受到这一点。

在人文科学领域内，一些洞察入微的学者，知识渊博、感觉敏锐，敢于突破唯科学主义，为我们开辟了道路。这些先驱者长期来遭到——甚至包括同行和母校的——质疑、嘲讽和挖苦。1902 年亨利·贝尔创办《历史综合杂志》，主张建立一门在津津乐道于逐年分析之外加以综合的历史学，而且认为不应将历史学与其他辅助或相邻学科——如社会学和地理学——相割裂。因为这些相近学科对切实理解人类历史是必不可少的。在同一时期维达尔·德拉·布拉什以博大精深的才学呼吁建立人类地理学，更广泛地借助于历史学、人种志，创立地区地理学，也就是以"地区"为单位的综合地理学，这是法国地理学派的一大成就，很快便出现了德芒戎、西翁和布吕纳等代表人物。最后在历史学方面也悄悄地开始了革新：让·饶勒斯领导展开了社会史的研究，其宗旨或许带有意识形态目的，但研究视野开阔，不局限于政治史和外交史；吕西安·费弗尔于 1911 年出版了他的论文《菲利普二世和弗朗什-孔泰》，这是一部融合了政治、宗教和社会史的综合著作，全面描绘了一个省份的面貌及其在 16 世纪下半叶的社会状况。接着亨利·贝尔于 1922 年组织并出版了《人类的演变》总集之第一部《土地和人类演变》——但这本书的酝酿和部分写作是从 1913 年就开始的，它以明晰的论述将某些现象归结为地理环境决定论，但没有明确提出这一理论；与其提出一种理论而在侧面受到反对和牵制，不如隐而不宣更容易达到目的！"真理是在谬误中形成的"，被误解的先驱者们这样写道。但是在很久以后，他们仍然受到打击和讥笑。在历史学领域内，直到 1946 年还有人对亨利·贝尔提出如下指责："在《人类的演变》的标题下，（亨利·贝尔）负责汇集的多卷本大型历史著作中，竟没有一部书——除了若干前言——涉及丁点历史观点，近半个世纪来他在其著作和文章中扮演了不知疲倦的使徒角色。"[①]

科学主义的普及

但是科学主义并没有无所作为地沉沦下去，它生存得更好：科学得到传播，在各城市得到普及，影响了普通民众，甚至通过一个世纪来迅速发展，以已逐渐成为新领导阶层——或辅助领导阶层——的乡村资产阶级为中介，影响到广大农村。科学（或者确切地说是机械的运用）令人眼花缭乱，使公众舆论相信简单的物质主义，民众目睹物质成就年复一年地改变了他们的生活环境和物质手段：在人们出门旅行再也不靠两条腿走路的世界里，科学思想的传播多半伴随着速度的进步。

然而，进步是从蒸汽到电再到发动机一步步发展过来的：贝热斯、德普雷、雷诺阿和福雷斯特等人的发明在 1914 至 1918 年第一次世界大战结束后才被人重视。不过德尔卡塞同时代人当时就已对一系列神奇事物惊叹得目瞪口呆，把它们归结为科学的进步，归功于学者和技术员的创造智慧：电灯、引擎和电力牵引、巴黎的有轨电车和地铁交通，还有吕米埃兄弟和乔治·梅利埃的电影——将戏剧搬上银幕，再现日常生活的场景（《害人者害己》），以及最早的新闻影片。出现了最早的实心胶胎自行车，后来靠爱德华·米什兰的发明再改进为充气胶胎自行车，一时被吹嘘为"铁当差"。最后，在大战前夕还出现了时速能达七八十公里的汽车，在城市里取代了马车，迫使市政当局通过法令限制车速，以保障行人和家畜的安全！城市灰尘满天、惊呼声四起，坐车人紧裹着厚衣，穿戴得如同爱斯基摩人。这就是当年阿尔芒·珀若和路易·雷诺创建汽

---

① L. 阿尔方（L. Halphen）：《历史学导论》（*Introduction à l'histoire*），1946 年版，第 94 页。

车厂时，技术进步给人类带来的欢乐景象！在这一时期的最后几年里还诞生了飞机：1909 年布莱里奥驾机飞越英吉利海峡，1913 年罗兰·加罗斯穿越了地中海，当时飞机的时速已可达 200 公里！

电动引擎的用途逐年推广，它已在工厂内广泛使用；生产染料、肥料和炸药的化工行业也取得长足发展；尤其是电子化学（电解作用）已在金属处理中被普遍采用，硬铝已在大战前夕出现了。最早的塑胶材料，如酪朊塑料和酚醛塑料与人造丝同时于 1900 至 1914 年之间问世。新工厂和新产品不断地从实验室和学者的复杂设备和手中涌现出来，改变人们的日常生活。

在科学奇观领域里，最令人惊讶的是布朗利和马可尼的发明，它在改变大众的科学观念上能发挥重要作用，但一时还鲜为人知：那就是当时还十分稀罕的矿石收音机；同样在电话和电报方面，使用者也相当少……但是神奇的速度和照明已足以展示科学的魅力。或许不能用技术进步来解释一切，其中还掺杂着一些过去时代遗留下来的其他因素，它们靠报纸、漫画和广告等传媒在民众中渐渐传播开来，绘画和照相在其中起了重要作用：福兰和其他画家的讽刺漫画在民众中传播了新观念，传达出当时政治辩论和争议的深刻回响，譬如村子广场上本堂神父和小学教师的对峙，德莱菲斯事件和政教分离，等等。科学思想如同涉及人类和法国前途的信仰而得到迅速传播，它意味着与过去"蒙昧主义和盲从势力"的决裂。信仰进步亦即意味着强烈的反宗教主义——往往同时还反对穷兵黩武，这方面在民众中引起最大的反响。相信今天的世界比昨天更美好，这是一股强大的力量，对所有人都是一种希望。人们甚至看得更远，期望学者能无限延长人的寿命——这便是世人相信科学具有无比威力的最好例证。

在凭借个人的单纯经历而获得的，或者仅随着事件的发展不假思索而形成的各种观点中，反神学、反神谱的想法尤其突出。因为教会的态度是敌视现代社会的，半个多世纪来教会始终谴责一切可能触动其世袭领域的变革——每每教皇发言都会增添混沌不清（在这方面，本堂神父和主教们平时反对没有上帝的学校、谴责没有灵魂的世界，其作用比谨慎的教廷更坏）——于是一切都朝着漠视教会，甚至反教权主义的方向发展：科学和技术很快——或许有点过快地——取代了被击败的宗教，直至使普通民众相信科学和宗教两者是水火不容的。一本刊行于1912年而流传不广的著作之标题再贴切不过地反映了当时人的精神状态：《不是傻瓜能相信上帝吗?》这一现象显得尤其重要，特别在天主教主义重新征服了知识分子或大学教师之际，它已经开始复兴，并不断壮大至今。

2. 天主教复兴

第一次世界大战爆发之前 20 多年，法国天主教得以重振可能与巴黎政坛意识形态的争论不无关系。在政治集会上、报章上和塞纳河左岸持续进行的意识形态纷争十分激烈：1905 至 1907 年间，从德莱菲斯事件到政教分离的争论不断，它们与天主教振兴之间存在着明显的关系。如果说法国正向世人展现世俗和宗教两股势力在为厘清并建立新关系而进行艰难调整的一幕，那么在这场战斗中天主教会肯定处于被指谪的防守地位，以至于根据 1905 年法案进行的教会财产清点时，全国各地引发了激烈的示威，但孔布政府的立场未有丝毫改变。同样在工人国际运动重申各国无产阶级的积极互助精神之际，难道教会还可能在有利于宗教的诸多立场上，标榜捍卫受到社会主义思想严重威胁的社会秩序吗？某个巴赞先生、波尔多先生等捍卫家庭、祖国和天主教义的浪漫主义卫道士支持一种观点，如同若干年前左拉捍卫自己的观点一样地高亢。不过，天主教的振兴还是前面简略提到的科学"地震"带来的结果。柏格森的文学成就，以及他在大学和上流社会的影响改变了整个哲学思想，为天主教的复兴提供了基础，在此基础上产生了一代人的天主教思想、文学和运动，如克洛代尔和莱昂·布洛伊、布尔热和埃斯托涅、桑尼埃和贝玑……

柏格森

显然，柏格森的著作以及关于科学价值的最早讨论并非从 1895 年才开始的[①]：在大学占有重要地位的布伦蒂埃，在大力驳斥贝特洛和勒南

[①] 柏格森的《论意识的直接素材》（*L'Essai sur les données immédiates de la conscience*）出版于 1889 年（译注：该本的一种中译本可能受英译本的影响，取名为《时间与自由意志》）。

时曾无所畏惧地宣称科学的破产。其他一些学者或者从笛卡儿，或者从康德身上寻找依据，只是指出科学的局限性，无法认识精神世界，因为伦理道德现象不能像物理现象一样来解释。小规模的辩论持续进行着，直到 1907 年出现了柏格森的《创造进化论》，作者根据物质非决定论，发掘产生意识的直接素材，最终建立起非理性思维的新基础。

　　柏格森的思想引起的反响极大，以至在很短时间内他成了所有知识精英中无可争辩的思想领袖：他的散文清晰流畅——与 19 世纪许多哲学家的佶屈聱牙的文风不同——柏格森的有些提法一语破的，令读者赏心悦目，如著名的"生命冲力"等，他在法兰西学院任教时已在巴黎声名鹊起，就很说明问题了。柏格森强调生命的流动，把人的内心深层的神秘和本能当作意识的直接素材，反对唯科学主义者的过分偏执，从而轻而易举地推翻了贝特洛所设想的唯科学理性主义。在他发起的论战中，他的论证可能不总那么令人信服，有时论述中还会出现文字游戏，诸如"自然的自然和被自然的自然"，但这些无关紧要：许多其他哲学家，即他的前辈，也玩过类似的游戏。总之，批判科学主义的任务已经完成：柏格森的意识已转向绝对的形而上学，转向能解释一切事物的上帝，首先是指出科学知识之不足。

　　这位哲学家并非天主教徒，可是他比布隆代尔兄弟和勒鲁瓦为弘扬天主教做得更多：他使人有这样一种印象，即枯燥乏味的理智主义已被判处死刑，更不必说许多实证主义者以各种途径求助的唯物主义已被确认为 19 世纪的最大谬误。这一充满活力、以无比华丽的睿智所表现出的非理性哲学，有意无意地与叔本华到尼采的一切外国思想相合拍，加速了理性在生命的本能和力量之前的溃退。当然柏格森并非超人，1905 年在法兰西学院因言论过于大胆，曾被看作一个为无宗教信仰民众而写作的德吕蒙式人物[①]；但是他的灵感和基本观点自始至终没有变过。由此可理解何以一种哲学能引起如此大的反响，而他的魅力在身后旋即消

---

　　① 译注：德吕蒙（E. Drumont, 1844—1917）是法国记者，政论作者，以言论泼辣著称，自命不凡，创建全法反犹联盟，著名的排犹主义者。

失，连他的门生也很快指出了他思想的弱点；可是柏格森的出现适逢其时，当科学需要大的修正之际，一种反理性思想——或者简单地说，超越因科学启迪而产生的理性主义——比较容易被世人接受。这也说明了许多学者和哲学家对柏格森优美散文无动于衷的具体态度。柏格森的文笔优美流畅是显然的，只要重读《论意识的直接素材》的下面一段文字就不言而喻了："可是我们能认识自己的时候很少，正因如此我们很少自由……我们不是为自己而是为外部世界活着；我们说得多思考得少；被动多而主动行动少。自由地行动，就是掌握自己，重新置身于'纯粹的绵延'① 中来。"面对如此流畅的散文，谁会无动于衷呢？

虔诚的文学

总之，如果文学不同时参与的话，新哲学不会有那么多的追随者。正如当年自然主义风行时，文学界靠一批作家的齐心协力非常活跃一样。虔诚的作家们一再表露他们的宗教情怀，以致反对派认定他们的态度是被收买的。让人受不了的莱昂·布洛伊因此而怪罪于那些一味满足教会和公众的皈依天主教的作家，他像对待科佩和布伦蒂埃一样地抨击于斯曼。这位天生的政论家文学造诣并不高，但语言犀利，对世事的判断不乏真知灼见，可惜不被社会认可，最终贫困潦倒。他如此评价梅塘团体的叛逆者于斯曼："（这个）勉强皈依的人，未遭到雷击，既无扭伤亦未闪腰，自己闯入了虔诚文学，谋取利益而已……"布伦蒂埃的待遇也差不多，他被说成是"摆出校长架势的学究"。可是莱昂·布洛伊毕竟见证了"正统思想"的文学的成功。

虔诚文学内有两条路线，它们均获得了成功：一边是文笔既优美又虔诚，体现出正统的宗教情感，乔治·奥内的《打铁匠》是当时的畅销书；保尔·布尔热作为深刻的心理学家以描写纯真的情感而著称；稍后

---

① 译注："绵延"（la durée）是柏格森哲学中的基本概念，他认为人的意识是一个延续不断的流动现象。相对于自然科学和理性主义的"客观时间"（le temps），柏格森提出了一个人的心理生活中的"主观时间"，以"直觉"来解释非理性现象。"主观时间"是不可分割和延续不断的，所以他称之为"绵延"。

亨利·波尔多亦写出了许多流露正统宗教思想的作品，这些作品的题材后来成为经典，如《弟子》《离婚》《南方的魔鬼》等，那么多标题和计划都揭示了同一主题，其成功不在《罗克维亚尔家族》和《橡树和芦苇》之下。波尔多和布尔热堪称这一派的旗手。在他们之后，还有优秀作品——埃斯托涅的《印记》，以及许多在杂志上发表连载小说的作家，当时引起轰动的连载小说有《索米埃之家的晚会》《正派报纸》等一大批，可惜对此没有统计数据。反映宗教、劳动、祖国和家庭等广泛题材的作品，是军人在枯燥的军营生活中的伴侣，也是处于像阿纳托尔·法朗士那样大胆的伏尔泰主义和始终流行的传统价值观之间彷徨的资产阶级的读物。

另一边是赞美天主教精神的诗歌，作品的调门更高，作家的名气更响，他们独立于文艺小团体和学派之外，颂扬自己的宗教信仰：如《圣女贞德之神秘》和《圣母院的壁毯》的作者贝玑，他歌颂沙特尔和家乡的灵感永远不会枯竭；克洛代尔于 1912 年发表带有中世纪神秘色彩的《向马利亚报喜》，稍后还有《人质》，描写庇护七世遭软禁时的罗马场景。两位大诗人都以极丰富的语言和强烈的悲壮气氛渲染自己刚皈依天主教的热诚信仰，光这一特征就足以解释他们的成功。《向马利亚报喜》和《圣母院的壁毯》，前者是一位外交家出身的商人兼诗人在其漫长的外交生涯之初所作，后者是一位渴望行动者的抒情之歌，两部诗作都是宗教情感复兴之丰碑。

从 1880 年起——当时任何作家都不敢自称为天主教徒，人们对公开宗教信仰的人抱有一种怜悯之情——基督教唯灵论渐渐征服了失去两个世纪之久的知识阶层。只要注意一下天主教作家中脾气最暴躁、对人最苛求的莱昂·布洛伊晚年（他死于 1914 年）身边的朋友圈就可明白知识分子回归天主教的情形：他们中有学者如地质学家皮埃尔·泰尔米耶，作家勒内·马蒂诺、雅克·马利坦，音乐家费利克斯·罗热尔、乔治·奥里克，画家乔治·德瓦利埃、鲁奥。鲁奥的画作《耶稣的圣容》明显表达出"上帝卫士"的坚定信仰。布洛伊的几个女儿曾就读于樊尚·丹第的巴黎音乐学校，凡参加过布尔拉兰纳镇上布洛伊家聚会的客人一定听过维埃内和弗兰克的新宗教音乐，"狂热的天主教"感动过激奋的灵魂。

最后要强调一点，在宗教文学和艺术复兴中，教会人士的姿态十分低调。如果说拉贝托尼埃神父偶尔出现在哲学家们的身旁，在世纪初皈依天主教的所有重要人物面向的对象首先是世俗大众，然后才是神父：当时许多神父的信仰都不及他们热忱。那是因为神父们所受的教育？还是执行 1801 年和解协议的"共和"政策的结果？抑或是因为教会在 1880 至 1907 年间长期干预政治，令他们在再征服知识精英时无法处于前沿？最后，极可能是因为教会内部已分化为现代派和极端派，双方在典型的法国式辩论中发生冲突。

天主教政治

在道德层面上，或许因 1874 和 1875 年的有利形势，特别是复辟势力（不管是否打出代表王室的白旗）仍然嚣张，天主教会继续拥有支持者；在第一次世界大战前夕，保皇的天主教会还出现了一位领军人物，他在几十年中培养或者更确切地说影响了几代知识分子：夏尔·莫拉斯。他从 1908 年起创办极右派民族主义日报《法兰西行动》，在知名作家莫拉斯、莱昂·都德和雅克·班维尔的参与下，这份报纸形成了一股政治力量。巴雷斯不属于这个集团，但在宣扬民族主义上出了不少力，堪称他们的助手。《法兰西行动》尤其在两次世界大战之间发挥了重要影响；莫拉斯主义首先是敌视共和制度的反动思想，尽管遭到罗马教廷的谴责，仍在法国保持较大影响力直至第三共和国末期。发表"神的奇迹"①谬论后，莫拉斯的作用起了质的变化。然而，天主教复兴的主要特征并不在此：保皇天主教思想更像是一股残余势力，而后又提出诸如"近千年来 40 个国王造就了法国"等口号塑造政治神话；20 世纪初的一个重

---

① 译注：在第二次世界大战期间，莫拉斯支持贝当元帅和维希政府，称贝当元帅出掌维希政府是"神的奇迹"。

要特点是自由和社会性的天主教教义的复兴，这一复兴是在教皇利奥十三世的社会宣教影响和法国天主教人士（如贝玑和桑尼埃）的倡导下掀起的。教皇的社会宣教曾在法国引起特别大的反响。

1891、1892 年间，利奥十三世作出了两项重大举措。一项是政治性的政策，劝导法国天主教人士归顺已实施了十年之久的共和国。教皇的这一谨慎态度符合罗马教廷近年来的传统政策，它曾在 1801 年与第一执政拿破仑达成和解协议，又在 1848 年承认法国第二共和国。但是许多保守派政客犹豫不决，不愿像阿尔贝·德蒙那样归顺共和国。时间在观望中流逝，后来发生德莱菲斯事件，错过了与政府和解的时机。事实上，教会与共和国和解之事纯属法国内部事务，其影响远不及教皇颁布的通谕。这便是第二项重要举措。利奥十三世在该通谕中提出了工人的生存条件，通谕明确提出了因工业进步和阶级斗争日益尖锐而变得异常迫切的教会的社会理论，直至今天，这份教皇通谕仍被某些社会阶层视为天主教社会政策之根基[1]。教皇在通谕中驳斥了提倡集体所有制、取消阶级的社会主义理论，但主张慈善的义务和两个阶级的公正："富人和老板要记住，剥削苦难者和贫穷者、在贫困上进行投机，都会遭到上帝意志和人道法则的谴责。剥夺他人劳动和对天赌誓复仇一样是犯罪。你们从工人工资上舞弊偷窃得来的钱会朝你们呼喊，呼声会直达天庭，传到万能上帝的耳中。"教皇对教会人士提出了团结的目标，要求他们建立天主教徒的合作，为达到这一目标而工作："应当高声褒扬我们中间大多数人的热忱，他们十分明白当下的需要，在实地仔细探索，以寻求一条扶助工人阶级的光明之道……只要继续发扬光大，只要他们的组织在谨慎的指导下，依靠广大教士的团结，我们就一定能收获最幸福的果实……我们应以组织合作为普遍的和自始至终的原则，以最适合和最短的路径向每个成员提供达到其目标的方法，尽可能地让我们更健康、更聪慧和更富有。"除法国外，教皇通谕未在任何国家的世俗人士或教会中引起反

---

[1]　1931 年教皇庇护十一世再发表通谕强调恢复社会秩序，以及最后一次主教会议上发出的重要教谕都进一步加强了教会的社会理论。

响，也未为落实天主教的社会计划而采取任何行动。

教会在这方面所做的工作至今鲜为人知，在20世纪最初几年，保守派人士或反教会力量对此都不理解。巴黎和外省陆续出现了第一批工会，会员中职员人数比产业工人多；也出现了领取资本家津贴，旨在分裂劳动阶层的"黄色"工会，鱼目混珠，扑朔迷离。由职员占多数的工会为保证其独立性，既反对雇主亦反对势力强大的劳工总联合会（CGT）。在混沌不清的斗争中，培养出一批日后组建天主教联合会的工会干部，譬如加斯东·泰西耶和波安伯夫等。1904年由马利尤斯·戈南领导的一批知识分子创建了"社会周"活动，每年组织类似短期大学的研讨会：举办讲座、讨论会和碰头会，就社会问题、工会、劳工合约和公共机构的社会职能等议题展开讨论。参加"社会周"活动的人数达数百人之多，听众远远超过了活跃分子的人数；但是工人始终很少参与这类活动。可以说这些座谈会的对象是知识精英，因此难免会出现某种学院派的倾向。还有些人积极地探索群众运动的新思想：于是有了实践经验，也培养了少数干部，为第一次世界大战后开展天主教的社会运动作了准备。

贝玑

天主教社会运动中出现了两位主角，其中一位是创办《双周杂志》的贝玑，他那火辣辣风格的文章令目光短浅的索邦大学教授和陷于保皇政策泥潭的教会主教们目瞪口呆。贝玑尤其不喜欢索邦大学的历史学教授，常常这样嘲笑他们："历史学家治史往往不考虑历史条件和局限；或许他们有理由，最好每个人做自己的本行；一般来说，历史学家写历史最好不要太冗长。"贝玑心中有正义感，急于使法国变成自己所梦想的那样慷慨。他是一个战斗诗人，为一切美好的事物辩护，抨击所有特权和邪恶。作为社会党前党员，他摈弃最亲近的朋友所主张的反教会、反穷兵黩武政策，作为天主教徒，却对他认为背叛了初衷的教会始终不满。贝玑对自己表面的矛盾供认不讳，他以自己榜样性的"经历"宣告了一种作为法国当代文明的独特性之一的法国新典型：天主教徒贝玑没有保皇思想，主张民主和共和制度，自发地亲近受苦受难和饥饿的弱势民众；他属于左派（有人在 30 年后利用了这一点），其天主教社会思想令他毫无顾忌地引用《圣经》上的话替自己辩护，他说："耶稣对富人的厌恶是如此可怕，他（指耶稣）只爱贫困和穷苦人"。贝玑接受 1789 年法国大革命的遗产，甚至接受 19 世纪各场革命的成果。作为热忱的天主教徒，他并不因此而否认昔日之师：世俗学校，他是第一个（在如此氛围下！）公开承认世俗学校的重要意义的天主教徒。他有先见之明，指出世俗学校同样能为新的宗教生活服务，他接受法国宗教生活的多元化，并为之确立了自己的方法和目标。第一次世界大战前夕，在最全面反映法国状况的期刊之一《双周杂志》上，他阐述道："我们不再相信我们的世俗学校老师对我们说过的一个字，而完全听从本堂神父的教诲……然而世俗老师却留在我们心中，获得我们全部的信任。不幸的是我们不能说那些年迈的神父赢得了我们全部的心或者说获得了我们的信任……"作为精神启发者和思想大师，贝玑的著作被所有知识青年如饥似渴地阅读，年轻一代或被他的魅力所吸引或对他表示拒绝，总之，贝玑开辟了一条道路；他是当代法国意识的一个标杆。

桑尼埃

作为坚信有必要打破阶级和社会等级隔阂的理想主义者，马克·桑尼埃比贝玑更接近政治行动，他创办《犁沟》杂志代表他所领导的运动，或许比贝玑更有效。正值国家准备和实施政教分离之际，桑尼埃看到教会可以从与世俗政权割断一切有机联系中获得巨大好处，从此教会不再是国家领导阶层的联盟者；因此可诞生一个完全独立的新教会……经过了一段困难的时期，犹如拓荒中艰难地开出最初的犁沟之后，马克·桑尼埃看到了一个从反教权纷争中解脱出来的法国，从此能在和平的气氛中建设符合基督思想的社会正义。在桑尼埃周围形成了一个团体，其思想超越政治而更多地带有社会倾向，其大胆精神远远超过了十年前主张归顺共和国的那些人。《犁沟》杂志在 1910 年遭到罗马教廷的谴责（教皇在 1907 年已经谴责过一切煽动异端邪说的现代主义理论，声称要不折不扣地捍卫传统的信条和立场）；1912 年马克·桑尼埃创建青年共和国组织，其性质与其说是政党不如说是更接近于人权联盟那样的团体。该组织在人数上少得可以被忽略，但其民主和社会理想却在战后法国的政治生活中发挥了重要影响。

当人们读到教皇庇护十世，甚至利奥十三世晚年对天主教内自由言论的多次谴责，看到教会人士在教堂和修道院门前为清点教会财产而发生的卑劣冲突，目击在最初的有声电影银幕上出现神父身影而引起嘘声和狂吼时，贝玑和桑尼埃的声音在如此狂躁的年代是多么的微弱；然而这是正在成形的法国天主教的全新面貌，它标志着一个时代。天主教复兴不是传统教会的简单重现，而是一个超越过去、震动大地的时代之诞生：它酝酿着一场新的基督教化运动。

3. 无政府个性主义

在产生蒙田和帕斯卡、蒲鲁东和安德烈·纪德的国家，在几个世纪来个人奋斗赢得的赞赏多于集体事业的法国，崇尚个性主义恐怕不能说是一定条件下的产物，也不是偶然或巧合。20世纪初，法国无论在政治和文学方面，还是在戏剧和绘画中，都出现了一股追求个性表达的潮流，个人发现和成功的雄心凸显；在政治缺乏理论指导而更受个性支配的氛围下，组织上再坚固的政党也会受到渴望行动的无政府主义影响，正如瓦莱里和阿波利内尔时代的文学界亦有追逐时髦的无政府主义的倾向。所有这一切能发展而形成气候，是因为历史上有过众多先例，有过类似探索和坚实的传统。当然20世纪初的法国社会及其气氛（至少在巴黎，尤其是塞纳河左岸）亦促成了这股潮流的出现：实证主义的溃退、唯科学主义（或者说在孤陋寡闻的文人眼中的科学）的破产，人们头顶上那片星空也和他们内心深处的道德原则一样发生了危机，而恰逢其时出现了无政府个性主义的思潮。难道对于艺术家、画家、音乐家或诗人，作为一个纷乱时代规模庞大运动的敏感见证人来说，有何值得惊讶的吗？

政治和工团主义

在政治生活中，捍卫工人阶级利益的各种力量之走向最能说明问题。左翼或右翼共和党人组成的各激进党的发展就与个性主义现象有关：围绕着在国会内有影响力的若干重要人物而形成的不稳定小团体，因其在国会内外缺乏组织和纪律性，激进党内的这种个性主义便得到充分发展。被称作"反权力的公民"的阿兰就是这种激进运动——"无政府主义"——的理论家（"安那其主义"即"无政府主义"一词来自蒲鲁东，但将它加在阿兰头上并非偶然。阿兰的《杂论》一书充满了这方面言论）。但是最具个性特征的是工人组织的命运。事实上，这一时期是工格利富勒和梅尔海姆等主要人物的个人行动，出于这一特性，也由于工会干部轻视"无知的"大众，认为他们"尽读一些污秽淫书……没完没了地玩纸牌"，所以法国的工人运动停留在少数人身上，尚未放眼于广大的劳工世界。但是另一方面，也有一些工运积极分子意识到自己的义务和肩负重任，而这些人则遭到政府当局的围捕（如五一节前夕，对他们实行保护性拘禁是著名的一招）。这些先驱者或者说英雄，不是这个崇尚个性主义时代的反常见证人。

文化界人士

文化界还很少人嗅到大战前的恐慌气氛，然而十年来这种气氛已经弥漫在各种社会环境中。当时有名大作家只拥有很少读者，《白色杂志》的发行量也很小，与贝玑的《双周期刊》相仿。这些都不重要。《白色杂志》仅是一个例子，许多其他"小"期刊也反映了这一现象，特别是像《信使报》这类大报刊或者规模较小的《新法兰西期刊》在发行初期都是这样。纪德在 1912 年 2 月曾写道，"我们拥有 528 个订户，赠阅的份数有 244份"。总之，在 1900 年万国博览会和第一次世界大战前的文学界带有极其浓厚的个性至上色彩：自我崇拜为作家的第一准则。从年轻时起就崇拜司汤达的莱昂·布卢姆——与其说他欣赏司汤达的批评小说，不如说是因为塑造于连和法布里斯等人物的作家身上的个人主义——到建议年轻作家保持孤独的巴雷斯都有这一倾向，巴雷斯说孤独能使个人完全属于自己，保留内心世界。因此当时的文学是为被社会排斥者而写，他们受到公众的羞辱，也被 19 世纪末拒绝社会的兰波的继承者所排斥。另有一些作家遁入梦境寻求另一种世界：阿兰-傅尼耶的《大莫纳》就是一部逃避现实的小说。还有些作家在现成的道路之外另辟蹊径：小说人物纳塔尼埃在一只坚定的手引领下走向"地粮"（nourritures terrestres）①，当时

---

① 译注：纳塔尼埃（Nathanaël）是《圣经·约翰福音》中耶稣一个门徒的名字，原意为"神赐的"，这个名字因作家纪德在作品《地粮》中塑造的人物而在 20 世纪被许多人使用为名字。

最出奇的作家纪德还塑造了人物拉夫卡迪奥；普鲁斯特在同一时期创作了一部描写感觉已消逝的世界的小说，那世界有太丰富的智慧和感受。但是个性主义最典型的作家或许还是巴雷斯，因为他最早取得成功，其他作家都在一战结束后才出名的。写作《离乡背井者》的巴雷斯是洛林人，一个狂热的爱国主义者，他主张的个性主义道德与《不道德者》①的道德或《婚礼》作者所提倡的道德一样严苛。

作为马拉梅的继承者，诗人瓦莱里和阿波利内尔只为能读懂自己作品的少数文艺精英创作，不久他们最成功的诗作需要经过注释才能被人理解：诸如《年轻的帕尔卡》或《海的坟墓》就需要借助诗人朋友的诠释才能为"耳背"和理解力差的人读懂。正当大众小说或描写交际圈的作品借助龚古尔文学奖设立后产生的最早的文学奖效应不断扩大读者群之际，当时最重要的文学作品却成为少数人的专属领域，只有他们才有能力享受神秘诗篇所包含的敏锐智慧和细腻情感；而隐藏在背后的则是与其他作家用直白的语言所表达的同样不安：《海的坟墓》的作者就写道，"需要尝试着生活"。

于是，进入 20 世纪后，文学上的学派现象消失了；没有了任何标签，即使对象征主义这类刚诞生的派别，也难以用一个作家或一个名称来概括；浪漫派的最后一个作家已在 1885 年去世了②，为他出殡举行的国葬之隆重显示出他受民众爱戴的程度；巴那斯派诗人和自然主义小说家都没有如此大的哀荣。但是写作的痛苦，即在写作时为体现个人特征的努力则依然如故：最能体现文学安那其主义现象的可能是作家们对日记形式的创作产生了日益浓厚的兴趣，作家在日记中记载个人琐事，日复一日地乐此不疲；这一形式或许滥觞于浪漫主义文学，经由龚古尔等作家的传承，发展为逐日记载的"编年史"，最后成为作家常用的一种文体、一种记事形式。它透露出作家自我至上的表达欲。

---

① 译注：纪德作品。
② 译注：作者在此显然是指维克多·雨果，雨果于 1885 年 5 月 22 日在巴黎逝世。6 月 1 日，法兰西共和国为他举行了国葬，举国致哀，超过 200 万人参加了从凯旋门到先贤祠的送葬队伍。

音乐家

确实，从不断出现的各派喧嚣的宣言和激烈争论来看，人们可以用个性主义张扬来概括当时整个艺术界的状况——不光在有沉重历史承载的文学界。在欧洲文明中占重要地位——可以说最重要地位——的音乐和绘画界，于 20 世纪初表现出极明显的个性主义色彩。虽然建议人们不要太在意理论家和批评家的评论，包括在饭桌上将某些音乐家和画家吹捧得天花乱坠的言论，但是必须承认他们的话有更广泛的意义，比象征主义者的批评和孤芳自赏的沉思更有可信性。编年史不会搞错，根据法国音乐和绘画在国际上的影响，它提出了法国（音乐）学派和巴黎画派。

19 世纪末，在巴黎——以及外省一些大城市——交响乐十分繁荣，并拥有越来越多的听众；与此同时，戏剧音乐和以罗西尼和古诺为代表的歌剧、喜歌剧亦取得了极大成功。歌剧的保留剧目已经固定，不会以比才和马斯内时代一样的节奏不断扩充。当时最成功的剧目是夏庞蒂埃的《路易丝》，乐曲委婉动听：从此歌剧和喜歌剧在某些社会阶层中被认为是"大众化"音乐，于是轻歌剧开始流行。但是"庄重的"音乐（即人们所称的纯音乐）仍在一系列机构的推动下不断发展：包括古老的音乐学院（成名的音乐家或多或少都曾在那里深造过）、国家音乐社团（由圣桑在 1871 年普法战争惨败后因激愤而立志创建，国家音乐社团的风格比古老的音乐学院更自由更大胆）、后来樊尚·丹第创办巴黎音乐学院（1896），以及各种音乐会社团（每年冬季举办音乐会，推出新剧目吸引听众，剧目或一炮走红或失败）。弗兰克、圣桑、福莱和德英迪等人组织的最初几届音乐会取得了不小的成功。在瓦格纳等德国音乐家成功之时，法国音乐的复兴也影响了国际音乐界。

尽管他们的作品和成就有一定影响，法国音乐学派中最有影响的还是德彪西、拉威尔和斯特拉文斯基。艺术家们之间会有某些相互影响的关系，正如福莱受到当时某些诗人的影响那样，德彪西也受到象征派诗人，尤其是马拉梅的影响。但是克洛德德彪西的音乐探索——包括他的成功——从当时伟大的科学运动汲取了更重要的养分。拉威尔和斯特拉文斯基亦以同样的大胆，挑战 16 世纪以来的传统音乐技巧。在这一方面，传统音乐如巴赫的作品或者罗西尼的成就一向被视为像欧氏几何学（牛顿物理学的基础）一样不可动摇的基石；而德彪西以其作品《佩利亚斯和梅丽桑德》（1902 年的轰动事件）和《大海》，创造了一种全新的音乐——采用全音音阶，以及七度音程、九度音程和十一度音程等和弦，允许通常避免的不协和和弦，同时也不排斥传统技巧。他采用的新技巧曾遭到批评界的强烈反对，围绕着他的"垂直主义"引发了长时间的争论。德彪西为当今大胆创新的音乐作了准备。

莫里斯·拉威尔的主要作品出现在第一次世界大战后，在 1914 年以前他被看作是德彪西的弟子。他在创作中同样展现了大胆和革新，很快便与他的老师一样出名了。从 1905 年起，拉威尔创作了《天方夜谭》《喷泉》等乐曲，此后有更成功的《西班牙狂想曲》和《鹅妈妈》等名曲。拉威尔乐曲的纤细风格多少还有些"古典的"韵味；与之相比，伊戈尔·斯特拉文斯基的伟大创作激起更大的反对声浪：1901 年的《火鸟》，特别是 1913 年的《春祭》都引起了极大反响。当《春祭》在巴黎首演时，尽管巴黎听众十多年来已习惯了创新的印象派音乐，作曲家所用的节奏及音调还是引发了无休止的争论；这位俄罗斯裔作曲家在一战后入了法国籍，从此他在音乐界与德彪西齐名，成为现代音乐的伟大奠基人之一。

德彪西和斯特拉文斯基同为无政府主义者，都不遵循神圣的法则，但正由于这个相同的原因，他们的成就比单纯的个性张扬重要得多：在音乐史上再无别人比他俩引起过更大的震动。他们革新了传统和声学，发掘了音乐表现的新手段，从而创造了新音乐：谁都知道两次大战之间出现的六人乐团和其他许多音乐人都从他们身上汲取了养分。

画家

绘画界的情况更丰富多彩：画家们比音乐家引来更多的话题。在绘画独立派、新印象派、野兽派和立体派等时代，狂放的绘画理论引起了热烈的争论。艺术批评发端于司汤达（比狄德罗的批评范围更广，狄德罗的《沙龙》主要涉及文学批评），成熟于波德莱尔，成为德高望重的大师及其弟子的一项职业，有出版物、有标准和悖论。1900 年万国博览会及以后几年中，随着非洲和日本等异国情调艺术的输入，俄罗斯芭蕾舞的引入，批评界对各种造型艺术均冠以"主义"的头衔。画室内的讨论、批评家的高调评论，加上画家们或凭借个人经验或借鉴某个体系的探索，延续了莫奈、雷诺瓦、凡·高和塞尚等大师的工作；以至 50 年后的今天——即使带有所谓的历史距离感——对第一次世界大战前法国如此丰富多彩的绘画界进行评价仍然十分困难。安德烈·纪德在《伪币制造者》中借人物之口道出对当时五彩缤纷的绘画界的赞叹："我常问自己，绘画凭何奇才能如此发达，把文学远远抛在后面……"

有多少艺术家值得一提，但或许只有那个绘画奇才图卢兹-洛特雷克不能不提。他画海报也作石版画，画妓院内景也画马戏团，画动物亦画早期的体育场景。倘若只看当时最出名的画家，可以将他们分为两类：一类是从印象派发展而来的野兽派，包括凡·高、高更和修拉，他们继续在色彩上进行探索：马蒂斯、德兰和弗拉曼克是他们的代表。尤其是弗拉曼克，这位自行车赛车手出身的画家或许更称得上野兽派：他总蛰伏在一处作画，不像马蒂斯和杜飞那样到处出游。大胆采用色彩是这些画家的共同特点，至少在一个时期内是如此。野兽派画风在 1905 年左右达到巅峰。

另一类是比野兽派影响更大的立体主义画派；当时最好的画家很快被卷了进来，1910 年前后，统领画界的新画派引发了许多理论研究：物理立体主义、解析立体主义和装饰立体主义等等。毕加索（1914 年以前）、布拉克、杜飞和莱热在绘画界掀起了一场革命，他们阐述新艺术，特别是分析他们的感觉和表达感觉的形象，在画布上想象、构思通过他们的视觉而重新组合的造型空间：静物、人体——不再是自然景色——成为他们探索的新题材，作品既是理论研究也是实践经验。立体主义是一种思考的艺术，探索客观世界与思考主体的关系；它是现实与非现实的结合，是认识相对论的深层情感所发现的世界。皮埃尔·弗朗卡斯泰尔常用如下的精彩言语来强调立体主义画派，他说毕加索和杜飞比许多物理学家都更好地理解（和感觉）相对论。

立体主义画派以其观察世界新视觉的大胆以及与科学革命的深度合拍，代表了自 1865 年印象主义画派以来巴黎绘画界的一个最重要阶段；然而在 1910 年前后，毕加索和布拉克却因他们作品上的某些离奇形象而令同时代人感到不快——常常遭到嘲笑。但是他们毕竟打下了印记；他们的艺术——传统的、象征的或几何形的符号——即使在 50 年后仍然启迪着后继者，如吉西亚、富热龙和皮尼翁等人。立体主义画派以其解读空间的大胆，表达了人类的自信，特别是科学世纪的征服姿态。这种探索引领了当代生活的方方面面，乃至人们的日常生活：譬如立体图式化（一种风格或样式）时隔 30 多年仍影响着家具和家用物品的设计；通过受洛特雷克的影响而革新的招贴画，立体派画家将自己的新视觉影响到广大公众，在地铁里或沿着长栅栏，人们学会了欣赏意想不到的线条和色彩，习惯了这种非书写语言的启示力量。立体主义——在战后更甚于战前——影响了人们观察世界的视觉，这就是巴黎画派的影响，全世界（至少在各国首都）都在逐渐地发现和适应这种视觉。

当然，受作家、音乐家和画家影响的仅限于巴黎的市民，大战结束后无线电推广、招贴增多，但接触到这类艺术的人依然是少数：纪德、布卢姆、德尼、福莱、德彪西等人是例外，大多数艺术家只被少数人了解。但是尽管局限，尽管正统学院派的种种保留（美术学院为了抵制立体主义而大肆吹捧印象派画家，莫里斯·拉威尔在 1905 年的罗马大奖赛中落选），尽管民众不理解和嘲讽，法国艺术界的上述种种伟大创意构成了法兰西文明最活跃的部分。

第一次世界大战

在两次马恩河战役之间，法国在四年内经受了第一次世界大战最惨重的损失：五分之一的国土被占领，必须承担东部前线部队的给养，帮助从海路而来的盟军，直到1918年最终胜利为止，法国在一战中付出的代价比任何一个大国都巨大。一言以蔽之，在1939年，即20年后爆发第二次世界大战之际，法国尚未从一战的创伤中恢复元气。人口骤减、经济恢复缓慢，特别是集体心理上的阴影，都显露出法国在一战四年中所遭受的损失和痛苦。

自大战爆发以来的半个多世纪里，法国人口增长十分缓慢；尽管医学进步和人类平均寿命延长，出生率仍不断下滑；因战争造成劳动力的减少更为严重：战死人数达140万，占全国人口的二十五分之一，更确切地说，这个数字代表了法国五分之一的年轻人被战争夺去了生命。此外，还造成300万伤员，他们不同程度地成了残疾人，有的缺胳膊少腿，有的被毁容（人称"被毁容者"），还有人被毒气损坏了肺：存活者中五分之二的人无法重新融入正常的国民生活，至少四分之一的人因丧失或部分丧失自理能力而需要靠同胞来养活。因此，在1918年已成年的人中，有五分之二的人须帮助同胞或抚养死者的家眷；在两次世界大战之间，即便参加工作的女性不断增加，即便外国移民源源不断地来到法国，都不能弥补法国人口的骤然减少。

在人口损失方面，乡村比城市更严重（城市因工厂被特别征用，致使部分男劳力免于奔赴前线），再加上物资上遭受大量破坏：重建乡村整整花了10年时间；房屋毁坏（逾30万座）或部分损坏（50万座），公路受损（5万公里），铁路废弃（近万公里），5000座桥梁被炸断；加上3万平方公里的良田、牧场和森林被毁。为恢复农业生产需要排雷，重新耕作；还有数千公顷耕田一时无法恢复，地产主只能略加整理。更不用说北方的煤矿，占领者在撤退前放水把煤矿淹了，工业设施遭受严重毁坏。

兰斯、阿拉斯、桑利斯和吕内维尔等地在几个世纪中建成的古城，一座座在战争的狂轰滥炸下顷刻化为灰烬。战斗最激烈的战场凡尔登在骸骨堆旁还保存了城市的影子。正当法国必须付出全部经济力量来进行

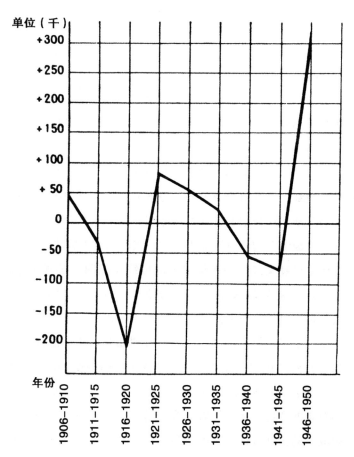

图36 20世纪上半期法国出生与死亡人数差的变化曲线

图表显示两次世界大战对法国人口的影响之大。在20世纪第二个十年里，世界上有哪个国家遭受了如此严峻的考验？

庞大的战后重建之际，其他未遭受如此战争重创的国家，如美国、英国、包括德国，可以发展工业装备，因此在经济上大大超过法国。

精神上的创伤——以及由此造成的集体意识的变化——也非常巨大。老兵们经历了战争年代的战壕生活：泥泞、地鼠、跳蚤和虱子等寄生虫、毒气和不断的警报声响，肉搏战和炮弹轰炸在这些老兵身上留下了令人难以想象的肉体伤害；他们的神经、肺部和肠道消化系统（打仗时难免大量饮酒）都受了损伤。1914至1918年的老兵，那些经历过消

捷克斯洛伐克，发生了多少令人焦虑不安的事件；和平未能实现，落实凡尔赛和约的希望渐渐破灭，这一趋势在 1933 年，尤其是 1936 年后不断加剧；西班牙战争的爆发，德国重新占领莱茵河西岸，埃塞俄比亚战争，奥地利被德国占领，直到慕尼黑和坦茨格会议，法国人早已被 1939 年 9 月之前的神经战和宣传战压垮了。

然而，透过事件的表象，各种纷扰反映出深刻变动中世界的冲撞和不安，同时法国文明仍然在不断地创新。尽管存在各种严重的不利因素，尽管遭到邻国甚至某些本国人的不断诋毁，尽管在摩洛哥的里夫发生的殖民战争和巴黎殖民地博览会的虚假繁荣，法国文明继续展现出一种国民生活的独特形式，一种巴黎和法国的生活方式。相隔若干年后回头再看，它与欧洲其他国家，甚至与新兴或传统的殖民社会相比，乃是全世界独一无二的生活方式。这种生活方式被人欣赏，试看那么多外国人来巴黎生活，或每年来住上几个月，或选择在此定居，享受此地无从模仿的人文氛围；举世瞩目的 1937 年万国博览会取得了巨大成功，尽管其间发生了一些不愉快的插曲。在新式交通工具使地球上的居民相互靠近、文化交流日益频繁的时代，当机械文明在美国、西欧和不久的苏联取得极大进步之时，法国的独特性依然像在一两个世纪前一样光彩照人，它在新世纪又赢得了新的欣赏者。

法国参与了 20 世纪科学和技术的迅猛发展，而且名列前茅；某些领域的适应方面可能比德国和英国慢——特别是在农业，甚至商业方面，也可能条件不及北美国家那么优越，但它的汽车工业较发达，乡村电气化实施也早，即使在阿尔卑斯山区也较早通了电，而且修筑了水坝和公路。法国的工程师及学者越来越意识到与外国"竞争者"在国际发明专利市场和科学研究方面进行竞争：至少自己处于领先地位。

同样在思想表达和传播领域，法国的地位也许更为显著：自由探索知识的氛围与前人创造的条件密不可分，它沐浴着精神活动的一切方面；尽管报章和电台在商业和经济逻辑的影响下乏善可陈，根本无法与 16 世纪慷慨的文艺资助家相比，但法国知识界的繁荣活跃反映出本国自由主义取得的无比成功。

　　技术和自由主义思想的进步影响了社会生活的深刻变化：在交通领域实现的第二次工业革命，促进农村人口向城市迁徙的同时亦提高了人民生活水平：在重建的十年中（1919—1929），法国人的物质生活大幅提高。如果说上卢瓦尔省农民还在用长柄镰刀收割、用连枷打麦、过着自给自足生活的话，这一切很快就过时了。城市居民生活更舒适、娱乐更丰富，城市生活经过几十年的变化拥有更大的吸引力。尽管 1931 年以后经济危机的影响，城乡对比发生了有利于城市的根本转变。

　　包括人口地域分布等一系列巨大改变，使社会生活也发生了很大变化。新一代的知识精英产生了，他们渗透到资产阶级阶层内，尽管不时有漂亮而空洞的革命口号，新一代精英仍模仿资产阶级，承认资产阶级作为社会的主导阶层；在相互渗透的作用下，法国社会形成了新的架构，同时经济危机也促使陈旧的社会结构最终解体。但是大众与精英始终处于对立状态，他们不参与同样的文化生活，对国家事务也没有共同的理想，两者似乎无法和解，但均无力完全压倒对方。除了选民阵营的对立和左、右两派的传统分歧，革命"传统"似乎已丧失殆尽：尽管在 1936 年热情曾高涨一时，当局推行社会改革而最终失败便是明证。在资本主义社会财富分配不均和金钱的巨大威力下，大众与精英的分化日益扩大：一边是成功者享受剧场娱乐、高级时装和已成为风雅人士专利的绘画；另一边则观看环法自行车赛、廉价的美国"西部片"、哼唱蒂诺·罗西的老歌。这就是法国的轮廓或者说外表：各种面目的差异很大……

1. 新技术：能源和交通

　　对于 20 世纪关注时间及与时间相关现象的人来说，最触动他们的就是迅捷，他们生活于其中的世界正以迅猛的速度改变着。人们日常的出行速度只有一切运动和历史本身的普遍加速才能比拟。因此可以发现在 19 世纪 80 年代已见过铁路和其他新鲜事件的我们祖父辈，跟生活在 17 世纪，甚至 16 世纪的他们祖辈比跟我们更亲近。20 世纪 30 年代的法国人所生活的科技环境与生活在 19 世纪 80 年代的前辈所处环境截然不同，当时蒸汽机、煤气、铁路和铁桥代表了物质进步的最新技术；然后电、石油和电影带来了更大变化，物质环境变化的规模有了质的不同。每年都有新的发明改变我们的日常用品，革新机器或交通工具。技术研发已成为工业家必须做的工作；否则他就得掌握发明新产品的知识。每年举办展览会，出版大量的季刊、月刊，都是为了在使用者和发明者之间进行必要的信息沟通。19 世纪展览会的周期较长，每七年或十一年举办一次，如今已跟不上需求了，这一习惯自然就消失了。问题是人们往往不理解举办展览会的必要：技术革新被人接受的过程相当长，原因是科学精神（包括设备折旧的合理计算和成本核算）尚未普及；更不必说对技术探索的兴趣了。马克·布洛克在 1940 年时还这样写道："我们有大学问家，可是别国的技术却比我们的先进。"因此改善日常生活全靠技术进步：机械成为农民每天劳作的帮手，农民使用电动离心脱脂机，正如大商场的会计离不开计算器一样。技术的应用在 20 年中不断扩大，反映出科学的实际水平。从理论到实验室发明或验算，再到实际应用之间的间隔时间在不断缩短；20 世纪出现的应用研发实验室就承担这个过渡阶段的工作。最后，比较缓慢的还是推广使用，其中或许有经济因素（新的生产工具价格往往比较昂贵），也有少数的技术因素，因为使用习惯的机器不需要对使用者进行专门的职业培训。此外，心理因素也是一个原因：

城里人使用吸尘器或农民采用拖拉机的最大障碍是克服使用扫帚或牛轭的习惯。总之，可以想象在 1890 年发明汽车，至 1914 年大战前夕在全法国才只有数万辆①，直到 1930 年前后，马路上奔跑的汽车才多了起来。电话、电影和唱片等也有类似现象……这 20 年中的突出标志是电和内燃机的推广使用。

至少有一点可以肯定，那就是科技的应用最大地改善了法国人的生活，当然不能忽略家政学的进步（其实除少数城市居民外，家政学还很少投入实际应用），亦不排斥生化领域和新药物研制的巨大成就（罗讷-波朗等公司靠这些技术发了财），不忽视 1939 年之前几年迅速发展起来的塑料工业。因化学进步而诞生的新兴化工业，由于专业狭窄的原因，在地理分布和技术方面都比较分散：从巴黎的制药厂到南部鲁西永地区的生产醋酸盐的工厂（罗迪亚醋酸盐厂［Rhodiaceta］）。虽然技术已有非凡的进步，但化工厂的规模仍相对较小。

新型发动机

电动马达和内燃机给机械文明带来了两大动力：正值开采了一个或数世纪的煤矿开始面临矿藏枯竭的威胁时，它们向工业提供了两种新型能源；利用雨水的水力发电，与用煤和石油发电相比具有取之不尽的优势。不过石油和电气使人类有了新的运输工具：汽车、摩托车和飞机，填补了铁路运输的不足，但很快便与象征上一世纪成功的铁路有了竞争。新型交通工具被迅速采纳，使人类能更好地开发利用自然。

1914 年之前，法国的煤炭产量就不足以保证其工业需要。至 1939 年前后法国的煤产量为 4 500 万吨，必须从德、英两国进口 1 000 万吨煤补缺。这就是为何法国铁矿产量 3 000 万至 3 500 万吨而钢产量才 600 万吨的原因。新能源的开发促进了机械工业发展。不过水力发电推广缓慢，尤其在 1930 年以后更加如此，原因是地方发电厂财力有限，无力引进水

---

① 纪德当年夫参加夏尔-路易-菲利普的葬礼：从穆兰到色里利去，汽车出租公司老板不愿出车，非得花好长时间找到一个专职驾驶员才肯放行。

力发电的设备；而火力发电通过高压长距离输电条件优越，因此在码头和产煤地区兴建了不少热电厂。热电厂虽容易建设，却消耗大量煤炭所以盈利低。到第一次世界大战前夕热电厂发电量几乎与水力发电量持平：1936 年热电发电量为 760 万度，水力发电量为 890 万度，其中一半用于向阿尔卑斯山区供电，四分之一供电给中央高原地区。石油方面，勘探进展缓慢，而且技术落后，全国只发现一处油田，即 1904 年由德国人在阿尔萨斯发掘的佩什布洛恩油田，在 1939 年前投产。该油田的石油产量仅占法国石油需求量的 1%，其余均靠从中东、美国和墨西哥等地进口成品油或原油。

尽管有种种局限，电动马达和柴油发动机在工业生产中仍占有重要地位。首先采用电力比蒸汽机灵活得多——每台机器安装一个电动马达，尤其在纺织和冶金工业中非常适用；特别是电力能输送至农村小规模的作坊，如里昂附近山区的纺织厂或汝拉山脉的手工作坊，令在上一世纪因工业化集中而濒临倒闭的山区小作坊起死回生。因此电气设备在大企业和小作坊都受到欢迎，尤其在织造和纺纱等行业。然而事实上因设备投资昂贵，企业内采用电动马达的效应远不及交通运输方面的革新。

在国内和国际运输两方面，电气和燃油马达带来的革新更为巨大：电动马达和柴油马达运用于铁路和城市交通；效率高、大量节约煤和发动加速稳定，各种优点说明新设备的成功，尽管某些人对蒸汽机仍依恋不舍，它还是难免衰退。巴黎—奥尔良—南方铁路（现在的西南路段）利用比利牛斯山脉高原湖泊的水资源发电，几乎完全采用了电力机车，同样它也运行在西部铁路的部分路段上。目前正计划在山区坡度大的路段也采用电力机车。作为技术应用，在一些短途路线上，铁路公司亦采用动力较大的柴油机车；此外大城市里开发了城市电气轨道交通网，但因受到汽车的严重挑战，在 1930 年达到巅峰后即开始衰退。不过衰退缓慢，尽管公共汽车和无轨电车相当灵活，巴黎直到 1935、1936 年还保留了有轨电车，外省都市如里昂和圣艾蒂安等地至今还未完全放弃轨道交通。

交通

内燃机比电气更大地革新了交通运输：于是汽车成为法国最重要的交通工具。1914年前，汽车是火车的补充——譬如在火车站与村庄之间或不通火车的两个小城市之间行驶——随后作为体育竞技和市内交通工具，每年使用汽车的人数不断增加。如同1900年时的自行车一样，汽车也成为所有人都想拥有的交通工具（这股风气一直延续至今）：1930年，大马路上剧场里歌手高唱"我终于有了汽车，我终于有了汽车……"；不久汽车有了新用途，卡车和小货车从事短途和货物运输，或者运送易坏的食品；再后来出现了公共汽车、出租车和私家车。汽车工业集中在巴黎周围，主要是几家有名的工厂——雷诺、标致和雪铁龙，1914年前还有若干靠手工匠制造的汽车厂，譬如德迪翁-布东，后来逐渐消失，大工厂将它们吞并而垄断了法国市场。到第一次世界大战前夕，法国每年汽车产量达到20万辆，近200万辆汽车驰骋在全国30万公里的柏油公路上，公路边有标志明显的车胎行（米其林轮胎厂）——为繁忙的交通提供必不可少的服务。汽车既是推销员、商业代理和商人们更为便捷的交通工具，也是人们周末外出郊游散步的娱乐工具，有车的人活动范围一下子扩大了，避免了骑自行车的劳累和赶火车的不便。

1925至1930年以后，大客车驶离城市，也不再局限于连接火车站周边的小市镇，开始长途载客运输：从巴黎到南部蔚蓝海岸，从巴黎到西南部的巴斯克海岸，等等。还有搬家公司的搬运车和"挨家挨户"送水果和蔬菜上门的送货车，它们穿梭于城市之间，从鲁西永地区直通巴黎。从此公路运输与铁路运输开始了激烈竞争。直至第一次世界大战爆发前，这一竞争始终十分激烈。铁路运输方面因受公共服务的种种限制（譬如价格、减价、法律规定必须保障的线路及列车班次的间隔等），不断地失去市场，被迫关闭某些线路和车站，以更轻便的电气火车取代蒸汽机列车；而公路运输方面在价格、线路、班次时刻和安全措施方面则灵活自由得多……1939年法国铁路公司（1937年合并各地区铁路公司而

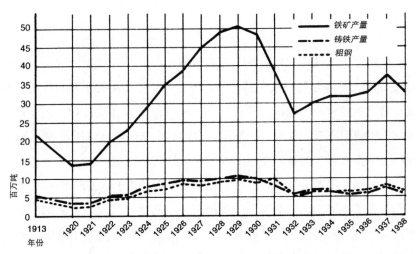

图 37　两次世界大战之间的法国冶金工业

在 20 多年时间里，大量出产铁矿的法国只能出口大部分的铁矿以换取冶金工业所需的焦炭。1930 年起，经济危机使铁矿的开采和出口受到影响：铸铁和炼钢业也随之减产，这一趋势一直持续至第二次世界大战爆发前夕，此后因加紧战备刺激了冶金工业重新增长。

实行国有化）经营近 4 万公里的铁路。尽管若干保守倾向的省议会提出抗议，尽管某些留恋蒸汽机小火车的人惋惜再看不到在乡间奔驰的小火车，绝大多数省一级的窄轨路段还是被放弃了，二级线路亦逐渐停止运营。一些在 1939 年未及"死亡"的省级线路，曾在 1940 至 1945 年间回光返照，红火过一阵。那是因为当时石油匮乏，早些年丢失的乘客又回来了，运营状况可与 1914 年前相比：如中央高原梅藏克山下的上卢瓦尔省—阿尔代什铁路线。

内燃机还应用在更大的航空设备上：飞机。航空事业在 1914 年战争期间取得长足进步，一战后期飞机已参与军事行动。飞机发展成为国际乃至洲际的交通工具。1927 年林德伯格驾机成功飞越大西洋；各大城市附近都建起了机场、中转站和驾驶学校；梅尔莫兹、多雷和圣-埃克朱贝利等人叱咤风云，开辟了多条航线：开始了航空邮政，并开辟了飞往南美的航线。布尔日机场开设定期航班，使旅客能以最快速度到达欧洲各国。1936 年航空旅行人数已达 7 万人，行程达 1 000 万公里。尽管价格昂贵，飞机还是成为最常用的交通工具，尤其是运送航空邮件。

最后一点，电力和石油还革新了航海和内河航运。装了柴油机的大型邮轮和货轮逐渐占主要地位，大量机动平底驳船行驶在内河和运河上，在北方至巴黎盆地的内河运输中发挥了重要作用。在1万公里的水路上，四分之一的水路由吨位超过300吨的驳船航行，只有数百公里的水路如莱茵河，才能航行3 000吨的大型驳船。在越洋航海业中，素来追求质量的法国造船技术在世界上名列前茅，大西洋航运公司的"诺曼底号"下水属世界首创。不过更大的成就还是货物海运业的进步。截至第一次世界大战前夕，海运船舶吨位总共达300万吨左右。法国在世界上名列第七，它造船不多，每年造船吨位在4万吨左右。

但是能享受勒阿弗尔—纽约航线的"诺曼底号"邮轮——当时被称为北大西洋的"蓝色绸带"——和巴黎—维也纳航空班机的旅客只是法国少数人，而真正改变人们的日常生活、促进交流和方便人们出行的还是汽车、摩托车和自行车——当然还有火车，它的历史使命远未完成。这些新型交通工具使人们能在村落与村落之间、农庄和耕田之间、城市和乡村之间以及各城市之间方便地出行，这是前所未有的。它推动了人口大流动，特别是1936年左派"人民阵线"政府创设带薪休假制度更大大加速了这一趋势。交通发展也带来了观念的更新：即便在毛驴和骡子拖车仍十分流行的山村，最早的笨重又结实的自行车也开始进入百姓之家，然后是机械构造更复杂的摩托车，"效率"比自行车高许多，颇受欢迎——方便人们外出参加"周日舞会"，亦为实现小农机械化作了准备，第二次世界大战后农村开始普及拖拉机。对城里人来说，雪铁龙B2型汽车或最新款汽车很快被更新换代，摩托车成为去近郊或更远地方最常用的交通工具：周末去钓鱼或打猎，假日出外度假，于是法国人发觉自己的国家变小了，对国家更了解了。至少在本土，不包括海外属地和殖民地，少数富有冒险精神的人或企业家开始探险或经济开发，但大多数人因缺乏财力与此无缘。交通进步对殖民地的开发建树不多，虽然常有人提出，但终未能实现。

　　随着中、短距离交通的发展，城市面貌逐渐改变，出现了一批大、中型城市。但也有一些城市如里尔、圣艾蒂安缩小了，而市郊、附近村庄和小市镇却发展起来，原因是人们对大工业和商业中心的喧哗心生厌烦，宁可搬往更安静、更大空间的郊区居住，于是出现有人住在维勒夫朗什、格里尼和沃涅赖而去里昂工作的现象。一些大企业如克莱蒙-费朗的米其林、勒克勒佐的施耐德等在离工厂不太远的地方建造工人住宅，每天用班车接送员工上下班；甚至鼓励工人住在离工厂 25 至 30 公里的乡村，因为农民工不像城里人那么会滋事。在 1931 至 1936 年间，巴黎减少了近 6 万居民的同时，塞纳省和塞纳-瓦兹省各市镇却发展起来。郊区各镇每天上午因上班族外出工作，显得冷冷清清，一到傍晚就热闹起来。这一趋势促进了大巴黎地区的形成（加上化工、制药和汽车等大工厂的催化作用），更多地吸纳法国的有生力量：至 1930 年大巴黎地区的居民人口已达 500 万，占全法国总人口的八分之一。1930 年时就拥有一个城市及郊区的交通网，再加上郊区铁路网，每天客运量达到 50 万，还有开私家车的人（10 万人左右）。巴黎拥有上百条有轨电车线路（行程共计 1 000 多公里），公共汽车各线路行程共有 600 公里，各条地铁线行程总共有 150 公里。

　　交通运输的第二次革命不但促进了居民和物资流通，引领人们改变了居住观念，而且在习惯思维中引进了速度概念：适应于更快速的交通工具，即使短途出行也希望快捷；还产生了以更快速度刷新纪录的体育趣味，以及在道路或跑道上赶超的好胜心和追求更快速度的乐趣。自行车赛、汽车拉力赛的出现就表达了这种欲望。它首先体现在城里人身上，后来逐渐蔓延到乡村人：19 世纪的法国人靠火车更快地出行，他们的儿孙在 20 世纪更具另一种性格，即喜欢速度，追求快速已成为法国人出行的行为习惯。

2. 知 识 氛 围

这 20 年的文化生活仍然多姿多彩。法国在顶尖科学的研究方面稍显逊色，而新传媒的出现赋予了文化生活前所未有的影响力；尤其是学者和思想家们创作的自由氛围始终是独一无二的成功。这样说，并不意味着法国科学研究有所衰退，它仍保持着自己的水平，在 20 世纪的世界科技发展中常处于领先地位。勒里什医生带领的外科学、巴斯德研究院的肺结核科医生以及维勒瑞夫的放射科医生的巨大成功获得举世公认；越南河内或刚果布拉柴维尔的医院，以及欧洲一些国家的医院都采用法国的医疗方法，法国人在医学研究、教学和临床方面都非常杰出。先进的卫生设施促进科学发展；医学——分科越来越专业化——效力日益显著；伤寒症和破伤风症已经绝迹，肺结核病例越来越少……

科学成就

在尖端的物理学研究方面，由朱利奥-居里夫妇（伊莱娜和弗雷德里克）、让·佩兰、保尔·朗之万和路易·德布罗格利各自领导的实验室都是世界一流的（在第一次世界大战结束后不久，德布罗格利"建立"的电子波理论攻克了相对论的最后一项空白）；1939 年大战前夕，朱利奥-居里夫妇在法兰西学院成功地进行了首次核反应实验，与此同时，德国、意大利、英国和美国在同一领域也有重大发现。

法国在物理学上的成就仍然超过在人文科学上的研究：如社会学还纠缠于限定范畴和建立方法，政治经济学方面的学派争论仍无休止，人文科学的许多领域都没有大的影响；哲学家们开始渐渐摆脱柏格森的理论（在 1920 年达到巅峰），但非理性哲学靠超现实主义的影响仍然保持着它的魅力；第二次世界大战前夕从德国引入的早期存在主义哲学（海德格尔）开始兴起。历史学方面，大学界出现了一股教科书热，出版了一批以大学生——而非广大读者——为对象的丛书，但质量平庸、充其量不过二流水平，许多学者热情甚高，投入了很大精力，其中多半是教师而非研究者①。相反，地理学在维达尔·德拉·布拉什的推动下，一批地理学家如德芒戎、儒勒·西翁、罗歇·迪翁、安德烈·阿利克斯、E. 德马托纳等人不懈努力，取得了与历史学相当的地位。同样，乔治·杜马和亨利·瓦隆的心理学，以及多扎和布吕诺的最早语言学著作也有相当建树……

尽管如此，相对于当时外国的科学研究和法国前一世纪的科学成就来说，这一时期法国科学研究的进展总体有所放慢：首先是战争的后果，科学研究与其他领域一样人才匮乏；但亦有其他方面的原因。10 个、20个国家在同时攻克某些科学难题，倘若一个科学家单枪匹马很难全面跟踪科学研究的动向；必须发扬团队精神，实现资讯交流，而法国在这方面不及其他国家：每个学者在其狭窄的领域里单独进行研究，往往缺乏开阔的视野；而在相邻学科内频繁的科学发现恰恰使拥有广阔的视野比任何时代都更有必要。历史学家们局限于"大事件历史"或"唯历史"研究——或者只做历史综述或当其他人文学科的配角——就是一个很好的例子，但不是唯一的例子。此外，不论在心理实验室或在回旋加速器旁，科学研究需要经费：科学家在阁楼和地下室里单干，用绳子和旧报纸粗糙地修补设备，进行振奋人心的实验的时代已经过去。学者们靠任教的大学提供微弱的研究经费，在缺乏资金、图书、设备，甚至实验室的情况下进行工作。因此，当时法国的教学和科研中心、大学都缺乏资金，而且"囿于庸碌"②。

1936 年的"人民阵线"政府意识到科研领域的双重问题，建立由朱

---

① 某些丛书至今尚未完成：如格洛茨（Glotz）的《人类进化》（*Evolution de l'humanité*），其他更"学院气"的著作有《人民和文明》（*Peuples et Civilisations*）等。历史科学的生命显然不在这里，而在乔治·勒费弗尔、阿尔贝·马蒂耶、马克·布洛克、吕西安·费弗尔和亨利·皮雷纳等人身上。

② 这话出自布洛克之口，或许有点刻薄。人们时常提及这位历史学家的一本书《离奇的失败》（*L'Étrange Défaite*），这是一部极其重要的著作，长期无人问津，最近才得以再版。

利奥-居里夫人领导的国家科研中心（此前几年曾设立科研基金鼓励科学研究，但资金薄弱，收效甚微）；该中心后来由让·佩兰主持。国家科研中心建立新的科研体制，通过招聘与大学保持密切联系，但独立于大学，获得重要贷款，专门从事理论和应用的科研工作。在第二次世界大战爆发时，它正处于运行磨合阶段。

印刷、广播和电影

当法国科研领域面临困难之际，文化生活却因出现传播思想的新媒体而发生了巨大变化。新媒体逐渐渗入民众的生活习俗，靠日积月累的普及才得以成功，同时也造就了更多的知识面较广的民众，至少在民众容易参与的精神生活领域是这样，当然简单化的"说教"也不无风险。

印刷品进步了：报纸采用传真图片等新的方法能快捷地传递照片。但是，当时法国报纸往往受到经济和政治的不可明言的影响，大量采用图片和大标题，并非传播文化的重要工具。即使在周刊上发表的文章（从《玛利亚纳》到《格兰戈瓦》，均过多地用意于政治，而像《小巴黎人报》《巴黎晚报》等发行量较大的报纸号称不带政治倾向）也往往是由科学知识浅薄者执笔的草率之作，作者更多考虑用词和文章漂亮，而非准确地传递思想。即便像《时代报》这样被视为最严肃的大报，也消息量不足，根本无法与当时英国的同名报纸相比。

书籍显然比报纸和期刊（包括《新法国杂志》《欧洲杂志》等有名刊物）的影响更大。不过除了大量的教育用书之外（阿歇特和其他书局因出版教育用书赚了钱），绝大部分的出版物均是文学书，尤其是小说：上流社会（十足巴黎化的沙龙）读者的兴趣，五花八门的文学秋季奖的刺激，以及外国翻译作品在法国大量出版等种种原因，使文学出版物压倒了其他所有领域。伽利玛和格拉赛两个出版社就靠"文学"起家，而拉布鲁斯和科林等老牌出版社以及较"年轻的"巴黎大学出版社则致力于出版高质量的学术著作来保住其市场份额，但影响较小。阿尔芒·科林出版社出版的《世界地理》和《艺术史》，以及拉布鲁斯出版的《法国大

百科全书》都是优秀的学术著作，只是出版量无法与伽利玛出版社的小
说发行量相比。

　　然而，随着无线电广播和电影的出现，传播和表达思想的途径很快
超越了已有 400 年历史的书籍范围。还有电话，亦与杂志一样成为交流
思想的工具，人们通过电话能更准确更快地交流看法，甚至还部分替代
了书信。作为艺术家的纪德曾在日记中写道："多少经典作品在电话通话
中消失……"无线电广播则另有一番魅力：家家户户安装了收音机，"话
匣子"很快便征服了广大民众，对他们来说收音机就是科学进步的象征。
广播以最有效的方式每天传播各种各样的新闻，听众除了工作时间，日
日夜夜被广播的声音包围着，阻断了与他们惯常的社会环境的一切接
触。由于广播无处不在，而且拥有比其他所有资讯手段更强的说服力，
不幸被私人利用牟利。巴黎电台——一个靠广告收入维持的私营电台，
竟滥用广告以灌输他们以音乐和语言组成的口号——与国营电台进行竞
争，广告宣传压倒了新闻传播；国营教育电台只能推出科普谈话、职业
信息，以及司法、工人和历史等专栏节目争取听众。事实上，除了文化
方面转播戏剧、音乐和体育节目外，法国电台也就是能较快地播报新闻，
并不完全取代报纸；此外就是做宣传和播放扰人心绪的广告。总之，共
和国并没很好地利用广播来宣传遭到严重诋毁的共和政体，相比之下莱
茵河东岸的纳粹政权就做得更好。

　　1918 年后，与无线电广播同时出现的电影却在法国人生活中占据了
重要位置，它提供的各项资讯不亚于广播，尤其在 1930 年以后，其作用
超过了印刷品：在影像的视觉效果下配以语言评论。然而电影也未被很
好地加以利用，除了让·班勒韦的科教片（大战前夕拍摄过一些用于教
学的真正科教片），可谓乏善可陈。

　　电影的文化功能局限在两个方面：每周时事新闻片，将一周内的大
事逐日拍摄下来，虽有图像显示却未能像报纸那样加以更多的说明；另
一类是资料片，仅作为节目空档的填充，往往流于劣质的民间采访，或
者粗制滥造的异国情调短片，用意只在制作花钱少的"配菜"而已。

于是，广播和电影——城市比农村更普及——丰富了法国的文化生活，但从某种程度上说，只是传播了低级趣味；加上报纸的推波助澜，使得科学骗子猖獗，伪科学的江湖骗术：占星术、偏方治病、玄学等，因科学取得一系列重大的进步，更趁机蒙骗了不少人。于是，医学的魅力造就了《科诺克医生》①的成功，亦让江湖郎中从中受益。或许埋头于研究的学者们未看到传播思想的新媒体的长处和危险，只顾在实验室或办公室里工作，教授们专心于给人数众多的大学生授课；而让口若悬河者和耸人听闻者征服了有文化的广大听众。只有制订规划才能避免伪科学的泛滥。在教育方面，当时已采取了非常的措施：1932 年实行中学的免费教育；在第二次世界大战爆发前已经开始了教育的普遍改革；在让·扎伊政府当政期间将义务教育从 12 年延长至 14 年。

政教分离

最后，两次世界大战之间法国知识文化生活的另一成就是精神自由氛围的确立，使法国人在所有的聚会和对话中享受到比世界上任何国家都自由的气氛。或许这种自由主义有长期传统的因素：鉴于任何一方都无法彻底清除异己，因此对立的教会——首先是天主教和新教——只能长期地相互承受。如果再往上追溯，可以找到法国天主教会自主自治的传统；自中世纪以来，主张法国天主教自主派与罗马教廷之间冲突严重，不分胜负；维护旧制度者与拥护大革命者之间的公开辩论贯穿整个 19 世纪；从路易-菲利普至第三共和国初期逐步形成的 19 世纪大学的自由传统，在高等教育上体现了思想自由交锋的氛围，它已经成为规则。大学教授受到的种种打击，特别是米什莱和耶稣会教士的争论，以及拿破仑三世解除勒维利埃巴黎天文台台长等事件，都显示出教育和科研领域内自由气氛的必要性。

---

① 译注：科诺克（Knock）系法国作家儒勒·罗曼一部喜剧中江湖郎中的名字，科诺克利用"现代医学"和民众的轻信，令许多健康人相信自己得了病，成为自己的病人。故事富有讽刺意义，也在一定程度上反映了当时的社会现实。

　　两次世界大战之间，整个法国知识界活跃在自由的空气中。一方面因为世纪初的科学运动，在受过教育的民众眼里意味着对一切宗教教条的最终摈弃；另一方面实行政教分离虽然有抗议和反对声浪，毕竟有了成果：教会完全独立，天主教内最明智的人士毫不迟疑地表示欢迎，"世俗"国家亦能卸下重负，否则在处理政教关系时，政界人士会因无能为力而陷于混乱。

　　最后需要特别指出的是，政教纷争的逐渐平息是实现宗教生活和平相处的重要因素：这并非因为派性十足的学校教师（反教权主义者或共济会成员）的神奇消失，也不是思想狭隘的本堂神父和斥责公立学校的狂热信徒的回心转意；事实是公立学校已被绝大多数法国人所接受，至少小学是这样；由此，公立学校在"中立化"的标志下成为各种宗教信仰者和平共处的场所。如果说对立还存在，特别是在成人教育领域里，在结构大致相仿的各教育机构之间展开公平竞争：一边是天主教行动组织、基督教青年工人、基督教农民和基督教大学生组织；另一边是种种"联盟"（包括法国世俗教育下属的体育和艺术联盟等），在 1926 年成立世俗教育总联合会。至于资金赞助，体育、音乐等教育机构和最早的电影俱乐部，承担对广大民众普及教育的任务，这类世俗教育机构得到国家的补贴，其他机构则由天主教会提供部分资助。于是产生了需要澄清的问题，即人们对在世俗教育机构、学校和校外活动中天主教影响的不同态度：对大多数人来说，纷争已在第一次世界大战前平息，这类天主教组织的活动已被民众接受并认为它们优于教会所办的中、小学校；由此可解释何以"法国少年尖兵队"（Éclaireurs de France）比"法国童子军"（Scouts de France）更受民众欢迎。但是在"激进的"天主教徒眼中，"自由学校"比什么都好，在那里宗教教育主导一切教育，学生不会受到在"世俗教育"机构中可能遇到的一切异端邪说的蛊惑：于是，天主教会资助和鼓励教会学校和青年运动——其意识形态难免会使过去的纷争死灰复燃。

　　在这一时期的最后几年里，法国的世俗化有新进展，特别体现在中学和大学——甚至小学——的教育中：世俗化运动不单是科学时代的反教权主义，也不再提"中立化"的泛泛口号，它已成为研究中的自由和表达真理的代名词，意味着对一切不同信仰的理解，既然各种信仰——从辩证唯物主义到各种理想主义——均已被认可。然而，世俗化也招致诸多批评：民主共和国也因此不能对主张权威、传统和专制的反对派实行高压政策，迫使政敌噤声；世俗化也只能允许那些总想强加自己"真理"的人乘机诋毁世俗化。正是在这样的氛围下，人们可理解1932至1939年间，由埃马纽埃尔·穆尼埃创办的基督教人格主义的杂志《精神》所掀起的社会思潮；理解每年在蓬蒂尼修道院举行的向所有人开放的"十日讨论会"① 的背景；同样可理解由阿纳托尔·德蒙齐和吕西安·费弗尔主持的大型工程《法国大百科全书》的意义……同样在向各种学术思潮和宗教思想开放的社会氛围下，去理解法国天主教自主运动在罗马教廷内的特殊立场：法国天主教会比其他任何国家的教会都更有革新精神，它经历了罗马天主教内部所有的思想运动，包括严厉谴责"世俗化"的思潮。从"唯理主义者联盟"到"天主教社会行动妇女同盟"，包括各政党（通常党员人数不多）的青年组织，以及天主教、基督教、犹太教青年大会等世俗运动，这些组织对知识生活和宗教生活的参与度有很大差别，但它们的存在反映出典型的法国式自由主义。

---

① 译注："十日讨论会"（les décades de Pontigny）指1910年起由保尔·戴雅尔丹在约讷省蓬蒂尼修道院组织的年度讨论会，为期十日。每天由一个作家或哲学家就文学、哲学和宗教等问题作演讲，讨论会向所有人开放。讨论会因第一次世界大战而中断，1919年恢复举办直至1939年。

3. 生 活 水 平

　　科学和技术的进步未能让全休人民均等地受益，而且科技的进步在这个传统的古老国家里发展亦不平衡，至 1928 年法国的城市人口才与乡村人口大致相等。在第二次世界大战爆发前夕，城市人口略多于乡村人口（约 53％与 47％），统计中的城市人口包括尚未完全城市化的大乡镇、外省各省会及区县行署所在地，这些市镇还未跟上现代化的必要节奏。正如布洛克先生所指出的："令人留恋的小城市，保留着它的慢节奏：缓缓行驶的公共汽车，懒洋洋的行政机关，自由随意的每一步都浪费着时间，驻防地咖啡馆内的逍遥自在，鼠目寸光的政客手腕，勉强糊口的手工匠人，图书馆内的崭新书架，喜爱似曾相识的事物，对一切可能打扰其传统习惯的变化都心存疑虑。"我们今天看到的法国卢瓦尔河南、北地区在物质生活上的明显差别，其实在这 20 年中已经显现。在卢瓦尔河以北地区，农业和工业在冶金工业的发展下同时并进，设备更新，逐步现代化，快速适应最新技术，从而保证生活水平的普遍提高；但南方包括中央高原、山区和南部平原，工业化仅局限于若干零星城市，依然主导地区经济的农业却革新迟缓，犹豫不决，甚至倒退，频频出现衰退现象。因此下阿尔卑斯山省、上阿尔卑斯山省和洛泽尔省的人口减少，耕田荒芜；相反，北方省、塞纳-马恩省、下塞纳省和摩泽尔省则人丁兴旺，持续繁荣，尽管有较多的土地转让和耕作经营方面的变化。无论从地域还是从社会层面上看，变革从 1914 年前已经开始，而且涉及面广，但各地发展不平衡。现在，所有这些因素都由法国统计总局仔细地加以统计和评估。该统计局从 1890 年创建以来，不断改进评估方法：数据、平均值、曲线等是统计学家和经济学家的研究领域。在评估生活水平方面，工资、物价和货币是主要的参考数据；它们组成了极其复杂的研究资料，而对这些数据的解释往往存在争议。这方面还有待进一步的研究，系统的研究才刚刚开始。不过其大致脉络可以归纳如下。

平均生活水平的提高

首先也是最重要的事实是生活水平的普遍提高：这是从平均值得出的结论——根据所有年龄段、各社会阶层的 4 000 万居民的统计平均值，当然其中可能会有虚假成分——不过已有足够的说服力。在这 20 年中，法国的城市设施完备，达到了今天我们认为的最低舒适水平：水、电和煤气；乡村中已实现供电，根据各地资源的不同情况，亦已开始最艰难的供水设施建设。建筑和住房方面的进展时快时慢：受战争破坏较严重的地区和大城市郊区，受益于鲁歇尔法案的优惠政策，房屋建造速度较快。战后房租暴跌部分说明了建筑行业的萎靡不振：当巴黎工薪阶层只需花工资的百分之六七付房租时，投资房产已无利可图；而在 1914 年前，房租占工资的比例为 16％至 20％。法国人外出走动得越来越频繁，特别是第二次世界大战前的最后几年，更多的城里人外出旅行（1936 年起实行带薪年假制度）：20 年中自行车数量增加了 2 倍多；开车人数增加了 15 倍。然而最明显、争议最少的是居民的伙食改善了——关于 150 万辆汽车的车主分配可能引起众说纷纭，但罗特希尔德①后人的胃一定不比布里地区②农业工人的胃更大。同一时期每人每年的食糖消费量从 18 公斤增加至 23 公斤，咖啡从2.9公斤增加到 4.4 公斤，酒类从 100 升增加到 116 升……在食品方面，已出现城乡不同的变化：肉食的平均消费量增加了，但城里人的肉食消费有所下降。出于营养学的原因，城里人的蔬菜、水果的消费量相对于面包和肉食有大幅增加，他们在 1914 年前更喜欢肉食和面包。相反，乡下人比过去更经常地光顾肉店，尤其是杂货香料铺：因此这一时期来自"殖民地"的商品，如咖啡、巧克力、茶、香蕉、橙子的销量大增，跃居为大宗消费品。让·盖埃诺在他的《一个40 岁男人的日记》中，有一页关于 1914 年前乡下人每年圣诞节前买橙

① 译注：罗特希尔德（Rothschild）系法国有名的银行家。
② 译注：布里地区（Brie）位于巴黎盆地东部，历史悠久，为法国著名农业区。

子情况的令人动容的描写，放在高高壁炉架上的橙子已开始腐烂，而孩子们天天眼巴巴地望着腐烂的橙子——这是家长承诺过的珍贵奖品呢！

表　1830 至 1930 年间，法国每人每年的平均消费
（引自富拉斯蒂埃：《机械化和舒适生活》）

	1830 年	1880 年	1930 年
小麦（公担，相当于 100 公斤）	1.4	2.4	2.2
土豆（公担，相当于 100 公斤）	1	2.8	3.4
酒类（升）	26	71	121
糖（公斤）	2.3	8.6	22
咖啡（公斤）	2.5	15	43
啤酒（升）	9	23	35
烟草（公斤）	0.3	0.9	1.3
棉花（公斤）	0.9	4.1	8.7
羊毛（公斤）	1.5	4	7.4

最后，羊毛和棉花的消费量在 20 年中原地踏步，但很难下结论说是因为生产停滞，原因是人们在衣着和室内装饰上的趣味变了——尤其在夏季人们喜欢穿单薄和轻便的服装，室内的三重床帐已成为过时的"老古董"了。虽然 1930 年后的通货收缩和失业困扰，人们的普遍生活水平仍比第一次世界大战前有所改善——不管经济学家把法国与世界其他国家，特别是与美国相比，得出技术性衰退有多严重的结论。如果把法国与地中海沿岸的欧洲国家和中欧国家相比，西班牙、意大利和波兰人宁愿移民法国——特别是移民到北方省、洛林地区和圣艾蒂安盆地等采煤地从事艰苦的煤矿工作，建筑工匠则愿意移民到法国任何一个地方谋生——便不难理解法国的普遍生活水平有所提高的说法。外国人移民法国主要是为生活水平所吸引，他们在自己国家看问题很简单，不外乎工资和日常消费品物价。因此这些移民与来法国寻求更自由空气的外国知

识分子和艺术家不同。此外，还有第三类移民，在这 20 年中不少人来到法国，各人情况不尽相同，他们是政治难民，在法国国民生活中同样占重要地位。

法国之所以能维持一定的生活水平，首先是因为 1926 和 1936 年再度货币贬值抵消了通货膨胀——也就是说增加货币量——以纸币取代 19 世纪的金属钱币，靠变动法兰西银行的储备金标准来玩弄货币游戏；其次就是靠执行贸易保护主义，这项在第一次世界大战前就已开始的政策被不断加强，借以保护本国农业及装备不良的工业：法国本土市场——以及占份额较少的帝国市场——趋向于维持自给自足。但是，借此维持较高生活水平的政策——终将在世界经济危机中破产——有受益者也有受害者。

农民

在乡村，受害者是小本经营的农户，他们靠直接耕作维持生计。中央高原、西南地区和山区的小农死守祖业，抗拒一切土地兼并，又缺乏资金，无力实现耕作机械化（其实在耕田零星分散的情况下，小农实行机械化毫无意义）。他们对国内市场的需求一无所知，生产无法适应城市需求，依旧过着呆板的生活：照样是黑麦、小麦、土豆和饲料作物等都种上一点，再养一些家畜，可用来耕田拉车，也有牛奶和肉类——如此经营只能勉强度日。在上卢瓦尔省、洛泽尔省等地还生活着最后一批靠自给自足小农经济过活的农户，落后的经营必然导致生活艰难。然而，这些地区偶尔也有个别成功的农户，如沃克吕兹省和鲁西永省的少数农家联合起来合作经营，专门种植水果和蔬菜；又如汝拉山的果农在闲季兼营手工业；利马涅平原、索恩河谷平原和福雷兹平原上的部分大农户，颇有北方大面积种植经营的气派。

其次，受害的还有波旁、旺代和布列塔尼南部农庄和租赁地较集中地区的小乡绅和城堡主，他们或许更有危机感，生活不算贫困但离平庸不远了：进项在逐年减少，因为劳动力被城市所吸引，找佣工困难，承租的佃农亦随着市场变化和人的意识转变而几近消失。中央省的农户虽已摆脱了依附地位，顾念昔日对城堡主的传统尊重，每年仍会来农庄帮几天工，不过……选票是不会再投给城堡主了。对城堡主来说，损失不像地租的损失那么重……那是另一回事了。

相反，在卢瓦尔河以北地区，农户的生活比较宽裕，即便在博斯、布里地区和加来海峡省等机械化农庄里的农业工人生活得亦不错。因为附近有城市和工厂，对大农庄主来说它们既是消费市场，也是劳动力的竞争对手，为了留住稀缺的劳动力，必须付给农业工人较南部更高的工资。在北部和东部受战争破坏严重的地区，1918年后的重整耕田促进了土地兼并，使小本经营的农户能更有利地进入地区或全国的市场。此外，北方和南方一样，耕田逐渐变为牧场，畜牧业——特别是奶制品业——取代了粮食生产。在诺曼底地区，即使只有几公顷土地的小农，也能"看着牧草生长"而获得更好收益。大巴黎地区和北方的大产业主的成功就更不用说了，他们拥有大批土地，资本雄厚，机械化程度高，又善于革新，实行最复杂的土地轮作制，掌握土壤的化学特性，每年根据市场需求调整生产，充分利用技术和商业优势，他们是南方和中部的"落后"（至少在技术上）农户的真正竞争者。

资产阶级

资产阶级——包括那些从巴黎政治学院和法国综合理工大学毕业进入高级行政机构和各大公司董事会的社会地位较高的阶层，以及领取年金者、实业家和大商人们组成的中等资产阶级——尽管生活阔绰，已渐渐感到地位受到威胁，特别是1936年后更是忧心忡忡，成为被激怒的领导阶级。虽然养尊处优，生活比普通平民、工人和农民高出许多，甚至可与正在消亡的旧制度下的贵族相比，但他们感到其阔绰生活相对来说不如以前：以至于看到下属员工去电影院娱乐都会怒气冲天。

这些资产阶级分子仍旧过着统治阶级的生活：服饰与一般民众的差别已不像过去那么明显，但仍穿着名牌；家里仆人的数量或许也减少了，很少有人再雇佣完全依附主人的家庭佣工，不过家电设备的改善能补偿仆人的减少；他们的生活依然丰富多彩，出入沙龙和招待会，去海滨城市多维尔消夏，冬天去南部蔚蓝海岸度假；他们住在各大城市的最好街区，譬如巴黎十六区和里昂的布罗托街区，住宅内浴室、电梯、电话……一应俱全，当时家里有一部电话是家道殷实的标志。

只是财富已变得如此不稳定：经过一个世纪（1801—1926）的货币稳定以及蒸汽机带来经济革命的繁荣，资产阶级的财富在战祸中变得动摇不稳，部分财富甚至在第二次工业革命中化为灰烬。美国工商业崛起，在1914至1918年大战期间加速扩张；欧洲以外其他新兴国家的经济发展，令欧洲资本主义面临萎缩。于是，法国靠年金生活阶层的收入缩水，他们不明白如此稳定的年金收入——在1914年仍是许多法国家庭的唯一进项——如何会迅速地消失，这一现象在1930年危机到来前已经发生了。他们靠年金生活变得越来越困难，开始羡慕公务员的退休金制度，而在20年前他们还公开嘲笑过公务员哩。

工业资本家也面临威胁，情况或许不像领年金者那么严重，但更加揪心，因为他们卷入阶级斗争。一方面，由于资金短缺（尽管有俄罗斯债券的惨痛教训，法国有钱人还是往外国投资或宁可认购国家公债）和设备陈旧，工厂利润微薄（除了雪铁龙、雷诺、标致和罗讷-波朗等少数大企业外），加上政府实行贸易保护主义政策，虽然避免了德国、英国和日本的商品竞争，但亦关闭了法国商品的外销市场，法国工厂只为有限的国内市场和微弱的殖民地市场生产，利润极其有限。国家税制落后，其基础还是拿破仑一世时代的产物，此后从未有过系统的调整，令实业家们怨声载道。另一方面他们还得对付员工的斗争，工人和职员们为争取加薪而团结战斗。每场危机带来新的困难，利润原本已经萎缩，加上业主为逃税而瞒报，所以工厂根本不可能进行必要的设备技术更新和商业改革。技术教育进展缓慢，大部分由私人出资，一般小业主都是从父辈手中继承产业，往往疏忽员工的技术培训，还是像过去行会的做法，让工人们边干边学，这也是工业停滞的一个原因。

　　自由职业者则因其他原因对社会普遍的生活水平提高感到困扰；高级职员看到中、低层民众生活提高而自己的薪金不加亦不乐意；律师、医生等必须更多地工作才能维持自己的生活水平，他们必须付雇员工资，不再把给下属发工资看作是统治阶级的一种骄傲，感觉自己跟员工一样拼命干活，心中难免产生时世艰难的苦涩。

　　在两次世界大战之间的这20年中，法国资产阶级忧心忡忡，对日益受到威胁的统治阶级特权更是依恋不舍，很少人对现实抱乐观态度：诸如银行高级职员、大商业主，尤其是食品业商家；在北非殖民地的殖民者，如阿尔及利亚西北部奥拉尼地区葡萄种植园主人、突尼斯橄榄园农庄主、摩洛哥大农庄主，每年夏季照常来法国本土的温泉疗养地挥霍和治疗；或许还包括少数出身平民阶层、靠国家助学金①念书而慢慢进入上层社会的人，或者靠非凡的个人努力而成功跻身资产阶级阶层的工人，但总体上人数极少。因此，1936年当"人民阵线"左派政府上台时，在实业家和商业资本家中引起了恐慌。即使往昔思想开明的资本家也会为财产安全而惊慌失措：如阿尔萨斯纺织业的基督徒业主们，长期关心工人生活，或许是为了笼络工人，但至少是慈善者。在左派政府上台后即刻变为员工们的激烈对立者……然而，法国社会分裂为两大阵营绝非是由1936年6月的变革挑起的，如果说统治阶级长期以来已感到特权受到威胁，对仅仅推行轻微改革又马上表示愿意"给自由资本主义最后机会"的左派政府亦放下心来，那么一场虚惊又何足挂齿！发人深省的倒是惊恐本身。

城市平民

　　城市平民大众也呈现不同的情况。部分民众始终与时代的技术进步无缘，他们的生活境况与其他阶层相比始终处于绝对贫困中：苦苦支撑小店的手工匠继续从事古老的职业，尤其是鞋匠、打铁匠和大车修理工等修修补补的行业；还有村镇上的手工匠，电工和加油站的修车工渐渐

① 参阅 J. 马鲁佐（J. Marouzeau）：《童年》（*Une enfance*），这是一本精彩的书。

取代了往昔的打铁匠和大车修理工；成千上万的磨坊工人也属这一类，他们在河道旁那无数的磨坊内每年只工作几周，可惜磨坊在大规模面粉厂的竞争下纷纷倒闭；此外，城镇上靠微不足道的收入度日的小商铺店主，以及零售大商号（如波丹、卡西诺等）的小连锁店经营者，他们收入微薄，在大商铺"Prisunic"的竞争下生计岌岌可危。上述这些人生活拮据，日益贫困却又不敢承认，构成了敢怒不敢言的城市平民主体，在危机当头的岁月，只盼望得到当局或者某个"社会改革"政党的帮助和救济。

然而，工业机械化的发展和企业兼并，虽然不像工业无产阶级的崛起那么喧喧嚷嚷和引人注目，但在技术进步带动最大的领域（冶金和化工）内，形成一支人数众多的工人队伍。产业工人——至少在大城市和大企业内——具有强烈的阶级意识，亦面临了一些特殊问题。如果说"一个"工人阶级，恐怕不妥当：就阶级意识和生活水平而言，在雷诺工厂的工人与外省小工厂（劳工监察部门往往不知道它的存在）学徒工之间有很大差别。但是行业内全国性的互助意识和生活水平比过去提高了。对无产阶级来说，这 20 年意味着生活水平的很大提高：1919 年战争刚结束即通过法案，规定 8 小时工作制，满足了工会长期来的要求，限定工作时间，并且同意工人分享前几十年中技术进步所带来的利益；1936 年实行每周 40 小时工作制及带薪年假制度是同一方向上的两项进步——尽管在战后马上实行 40 小时工作制有困难。至于工人期待从技术进步中获得另一项改善——增加工资，那是 20 年中一系列斗争的目标，从罢工权利到实行行业统一的雇工合同，集中体现在 1936 年 6 月的大改革中，劳资双方终于达成了关于"行业内统一待遇"的马蒂尼翁协议。

有两个问题涉及工人生活条件：一个问题是安全问题，它肯定不是个新问题，经济革命并未使问题得到缓解。企业必须为职工购买工伤及疾病保险——这项措施是缓慢而逐步实行的——对身处困境的工人有所帮助；但最大的不安全乃是失业：机械化的发展增加了对"专一化工人"

的需求，譬如自动化生产线不需要专门技能，很少需要有长期工作经验、对工厂运营必不可少的高级技工。由此对雇主来说，人工的可塑性大了，一旦企业遇到困难（特别在 1930 年后），雇主便十分容易辞退工人。工人承受着第二天即可能失业的思想压力，这一点从人们羡慕公职还能享受退休制度，或者宁可当邮递员或更理想的铁路职工上反映出来；这种想法在工人联合会的工会运动中十分敏感，也是工会提升阶级意识和发动"互助"罢工的一个主要因素（有些纯粹"互助"性质的罢工实在令"资产阶级"感到费解）；另一方面，危机造成大量失业人群，直到第二次世界大战爆发，这支庞大的"劳动力大军"人数不减，情况对雇主极为有利。在 1932 至 1938 年间，每年需救济的失业人数达 40 万人！

　　另一个问题是劳动条件。人依附于机器，被固定在本人无法控制的生产线上某个岗位从事单一劳动，工人不需要理解所做的工作，完全成了一个机器人。机器使劳动脱离了人，也使人摆脱了繁重的体力劳动，譬如清洗工作；越来越多的工作不需要人的创造性及责任性，相反，有些涉及机器制造或维护的工作则需要更高技能和更多关注。但是在一个企业内，自动生产线上的岗位永远占多数，工作的疲劳和单调向工程师提出了劳动生理学的棘手问题。美国泰勒制的翻版——合理化生产制度，结合计时员和增效措施，危害无产阶级的身心健康。1913 年当巴黎冶金行业最早引进泰勒制时，乔治·弗里德曼引述梅尔海姆[①]的如下呼吁，这 20 年中关于劳动环境的一切思考都围绕了梅尔海姆的尖锐话题："怎么能想象工会允许实行泰勒工作法？……难道人们没看清它是资本主义蔑视工人阶级的最刻毒的表现？它不是要求劳动者加强主动性，而是对他们说，做机器吧！不是发挥各人的特长和技能，而是剥夺他们的生产能力，只把他们当原始人来使用……人的智慧从车间和工厂被摈除，只留下在钢铁和肉身组成的自动生产线上以血肉之躯变成的无头脑的机器人之双臂……劳动者非但不能捍卫自己的劳动成果不被偷窃，还

---

① 译注：梅尔海姆（Alphonse Merrheim，1871—1925），工人出身，法国革命工团主义者。

得防备体力的衰竭，捍卫作为有智慧的人的生存权利。"① 于是工会、医生、社会学家和心理技术人员便开始研究如何制造适合于人的机器，调整工作节奏，以及改革学徒制度，在民间大学和技术教育中渐渐创立一整套人类劳动学，使新的劳动形式更"人性化"：这便是工业自动化，正如《摩登时代》中主角夏尔洛所体现的情形。

　　人们会说，只有在工厂里工作过，处身在行车、加工机床的喧闹声中，跟着机器停和转的节奏，从事机器维护和生产的人，才能意识到八小时工作制的滋味，体会到八小时站柜台和十小时坐办公室的不一样的疲劳！当然，1930 年的工人每天工作时间肯定比 1860 年的工人工作时间短了，甚至比工程师和老板的工作时间都短，但是体力消耗的差异不允许作如此简单化的比较。同样不能把蒸汽机车司机与车站检票员相比。工人不会对各种劳动强度、疲劳方式的差别一无所知，他们分得清各行业森严的、有时甚至不公平的等级区别。经过仔细的权衡，这一切劳动条件定义了工人的生存条件；1935 至 1936 年，工人群众高举拳头愤怒地提出要求绝非偶然，他们表达了一种伟大的期望。

---

① G. 弗里德曼（G. Friedmann）；《工业机械化的人力问题》（*Problèmes humains du machinisme industriel*），第 25 页。

4. 大众与精英

　　言论和事实，理论和技术的、经济的革命实践相冲撞：在法国经济危机激化社会矛盾之时，"阶级斗争"这个马克思主义的关键词，已被资产阶级本身承认为社会的基本现实。资产阶级和工人阶级之间的鸿沟已经存在，对立双方成为法国社会中最活跃的成分，农民社会因对意识形态和新技术的麻木，与广播和电影无缘，处于某一地区甚至某行政区的隔绝状态，依旧固守那些在城里早已消亡的传统，依然对许多社会和宗教价值抱有敬畏，似乎完全被排除在大辩论之外。

阶级斗争

　　作为一个多世纪来这个国家统治阶级的资产阶级是否应当让位了呢？它夺取了重要的地位，取得了无数成功，它最辉煌的文化继续在古老的欧洲和美洲新大陆彰显夺目，资产阶级丝毫无退出历史舞台之意。除了放弃自由民主——随着无产阶级解放事业的进展，一些概念已反过来威胁到它自身——资产阶级内部存在一股留恋邻国专制制度的强大势力；除了相信平民阶级会蜕化变质，甚至相信整个民族都会衰退，直到怀疑国家的命运：这就是在这 20 年中变得越来越突显的莫拉斯主义宣传的有效而危险的结果。但在 1934 至 1940 年间，随着一次次更大危机的冲击（1934 年 2 月 6 日、1936 年 6 月、1938 年 9 月和 1940 年 6 月）而不断扩大的鸿沟之另一边，工人阶级的积极分子声称"第四等级"已登上历史舞台——根据正统的马克思主义理论，这是尤其必要的——并且主张建立一个无阶级的社会：这是享受到新科技日益提供更多服务的所有平民的希望，但新技术往往偏离法国的文化传统，为人们提供更多商业化的无聊娱乐。正如马克·布洛克所言："在'人民阵线'——真正大众的而非政客们的'人民阵线'中，复活了某种 1790 年 7 月 14 日阳光下战神广场的气氛。"①

资产阶级中许多人抱有内疚心理是再明显不过的事实。1932年实施中学免费教育一举，难道不是反映了同样的内疚心态吗？这是秉承长期传统的自由主义的标志——事实上它是大革命时期孔多塞和国民公会中许多革命家的主张，因此可以说是雅各宾派的遗产；当然也意识到统治阶级的更新必要。绝大多数的企业主、高层行政主管和在职军官——也就是说领导阶层中相当一部分人——相信他们效忠的政治制度已经彻底腐烂了，国家已力不从心，无力抵抗任何经济或军事冲击，全体民众亦因受到各种蛊惑宣传而蜕化变质了。如此指责早已是所有报章和文学作品中的陈词滥调，只是忘记了这个制度和民众也是领导者造成的。

不过，内疚心理尤其反映出领导阶级的泄气，对自己的使命已失去信心，把失败的责任推到别人身上。物质方面的原因显而易见，从事物的反面来看，也显示出简单化的马克思主义理论多么深入人心。在他们看来，经济的衰落导致其他一切后果：所以20世纪30年代的"利欲熏心的物质主义"不在某政治家所指的那里。每周五天工作已成习惯，至少是理想：所以才有税务上的不道德行为。然而，偷税漏税并非受薪阶层所做的事，而是有东西要隐瞒、需要把收益转移至国外、在企业做假账的人所为；更有甚者，利用国家和公共财政的政策来转移资产的事屡见不鲜：本来将长期亏损、需公共财政屡次充资接济的铁路公司国有化并非坏事，重新整合省级公共汽车网同样亦无不妥；但是在山区的线路分配中，将利润高、客源多的平原地带线路留给私营汽车公司，而由国营省级公交公司经营利润薄的线路的做法就很说明问题。公路—铁路竞争中也反映出同样性质的问题。这种经济"自由主义"的最醒目形式与19世纪理论家的主张大相径庭。从那时起，法国自由资本主义就悄悄地利用国家，而在嫌弃公共权力的干预时就将它一脚踢开。

---

① 译注：1790年7月14日，攻占巴士底狱一周年之际，法国全体民众在战神广场集会，庆祝"联盟节"，象征全民族的和解。国王路易十六世在集会上宣誓忠于革命宪法。后来7月14日遂被定为每年的法国国庆日。

资产阶级泄气不光在物质层面，财富和收入的减少也显露其严重的衰落。从文学作品中可看到他们的处境。19 世纪末左拉在作品中"揭发"穷人的道德和物质贫困，而 1919 至 1939 年间莫里亚克则"揭露"资产阶级的道德和物质危机。法国已完全是"外省的"景象，不再是一个殖民帝国的面貌，亦很少有欧洲国家的气派，以至于有预见的学者、大学教授和工程师的话不再有人听；当吝啬的资产阶级付给孩子家庭教师的工资还不及用人，何以培养技术革命后所必需的大批工程师和研究人员？这仅是一个例子。第一次世界大战后，过去只有在城市内能感受到的自由风俗开始蔓延：这是经历四年艰苦卓绝之后的反应，也是在电气化、电影和广播的影响下更多人向往更美好生活的事实……然而身陷绝境的统治阶级却未能加以引导；只是一味地反对女权主义（女子中学教育发展缓慢、妇女始终被剥夺选举权、拒绝修改民法），其实随着 1914 年后的经济发展和妇女的社会地位不断提高，压制妇女的思想早已过时了；强调宗教的重要——其实信教早已变成人们在周日遵循的惯例，毫无热忱可言，仅表示从属于"正统的"统治阶级罢了。凡此种种都是软弱无力的反应。在统治阶级无能为力的内心深处可能隐藏着导致 1938 年慕尼黑妥协的"怯懦的自保"；但是在这困难的年代，资产阶级并非唯一责任者。

文化

然而，在一批天才艺术家的努力下，拥有丰富传统的法国文化仍绽放出灿烂的光芒，尽管它越来越面向少数受益者，但国际性越来越强；在黑暗年代到来之前，灯油减少了，火焰依然发光发热。时代的特征比以往任何时候都更集中地显现在巴黎：外省各地的音乐学院一所所凋零了，而巴黎聚集了更多的音乐家，艺术家们继续着前辈的探索，利用电影提供的新资源，创造出许多音乐杰作，很快被列入大型音乐会的传统曲目中。巴黎还集中了高级时装的名牌：如香奈儿等法国名牌令全世界的消费者心醉神迷，他们纷至沓来，在巴黎的和平大街、旺多姆广场周边街道的商店购物，盛况一直持续至第二次世界大战的爆发。高雅的时装配上别致的饰件显得尤其不可模仿，精巧的饰件使时装更加"雅致"。在这20年中，巴黎高级时装业在脆弱的工商业的基础上，创造了炫耀女性优雅的真正艺术。同样在各种超现实主义想象力的启发下，巴黎画派呈现出各种各样的面貌，其画作在各画廊和展览馆展出，吸引了批评家和无数艺术爱好者，也冲击了他们的视觉：毕加索、马蒂斯和布拉克的丰富创作始终引领巴黎画派。

最令人惊愕的艺术成功是话剧的复兴，话剧在19世纪末曾一度陷入夸张地朗诵法语的浪漫风格。第一次世界大战爆发前科波和杜兰就努力复兴话剧，戏剧界的一些名人参与了话剧复兴，如G.巴蒂、G.庞托埃夫，尤其是路易·茹韦是这场运动的发起者，并在舞台上一直活跃至生命终结。茹韦结识了剧作家让·季洛杜和儒勒·罗曼，在舞台布景设计师克里斯蒂安·贝拉尔天才创作的协助下，领导法国的话剧艺术。1923至1934年间在香榭丽舍剧院，1934至1939年在雅典奈-路易·茹韦剧场，以及在外省各地的巡回演出中，在忠实于剧本的基础上再现话剧的魅力。1936年，当这位演员、导演上演喜剧《太太学堂》时，创造了一种演绎古典戏剧的新风格。1936年5月9日《太太学堂》的彩排是一桩轰动法国的大事，比巴黎上流社会轰动一时的事件影响大得多。只要回忆一下当时最好评论家欣喜若狂的样子便清楚了，皮埃尔·西泽在《喜剧报》上这样写道："克里斯蒂安·贝拉尔的美轮美奂的布景。人们从未见过一种不靠单纯复制而让人联想到某种风格的艺术……我们身在何处？没有任何明确提示某一时代的东西，然而即便最无知的观众也不会搞错：这是17世纪的法国，这是在巴黎，在皇家广场，在沼泽区①，老剧场的照明灯和意大利即兴喜剧的传统布景……"路易·茹韦十年来就在这样的布景下演戏……他和朋友巴蒂、科波和杜兰一起，在爱德华·布尔代领导的法兰西喜剧院演戏，三年中这些舞台艺术家的演技深入人心，使这个剧场获得新生并一直延续至今。正当外省各地的剧场在电影

①　译注：沼泽区（Marais），巴黎一个古老的街区名，在今天的巴黎第四区。

的竞争下纷纷破产倒闭，剧团不得不靠断断续续的巡回演出维持生计之际，巴黎舞台却依然火爆，观众比萨拉·伯恩哈特和穆内-苏利的黄金时代的人数更多、修养更高。

大众文化

对于法国文明中最精彩的成功，工人大众无缘参与——或者仅略有所闻，受到少许波及——譬如聚集在"小白床舞场"门口或巴黎歌剧院前，围观某剧首场公演盛况的凑热闹者，在耀眼灯火下围观新款时髦服装；他们听说过茹韦的名字，当然不会在剧院而是在银幕上——《科诺克医生》《艺术家之门》《北方旅馆》；当最普通的广告画也已受到立体主义的影响（总是追求远距离的视觉效果）时，他们还把毕加索当作最荒唐绘画的代名词。

只要提出几条显明的解释就不难理解上述的差别：对工人的教育局限于每年仅数百名的工会积极分子，而且向他们提供的信息主要涉及政治和社会而非文化方面的内容；第一次世界大战后因缺乏经费和听课者，曾经轰轰烈烈的民众大学一蹶不振；到民众中去不再是公民责任感的表现，因为民众已去了别处——广播和观看体育（电影除外）。因此那些优秀的工运活动分子，譬如蒙穆索，是靠本人在劳动中自学成才，他们没有进过学校，全凭自己清晰的思路和明白的言语，靠个人的性格魅力来领导大众；在这些与众不同者的身上仍反映出传统文化的影响——但是他们毕竟是少数例外。

由于唱片制作的逐步完善，无线电台能整天在所有波长的频道上不断地播放轻松低俗的时兴歌曲；或许我们知道自古以来城市（或者宫廷）里都有哼讽刺小曲的传统，譬如挖苦马萨林红衣主教或玛丽-安托瓦内特皇后。但是自从有了广播及成千上万的听众，伤感的、哭腔的、淫荡的曲调取代了政治小曲，但"爱情歌曲"始终经久不衰，大战前的老歌成为有品味的示范性杰作。莫里斯·谢瓦利埃、夏尔·特雷内和蒂诺·罗西是国内众多歌星中的翘楚；而30年前，他们的巴黎同行还只是在大马

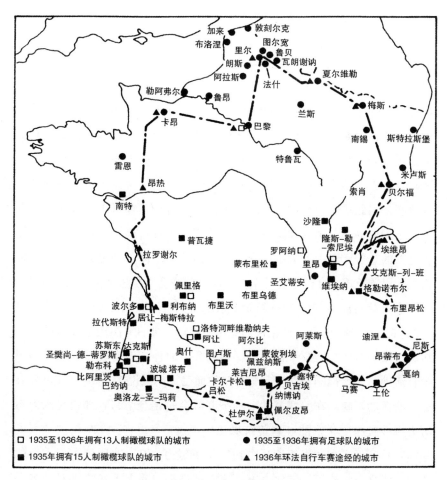

□ 1935至1936年拥有13人制橄榄球队的城市　　● 1935至1936年拥有足球队的城市

■ 1935年拥有15人制橄榄球队的城市　　▲ 1936年环法自行车赛途经的城市

图 38　1935 至 1936 年的职业体育

作为现代文明的一种表达，商业体育难道就没有它的地域分布图吗？橄榄球主要是南方的体育项目，足球的分布更广些，但在西南部较少。自行车赛有多项传统的赛事，如巴黎—图尔、巴黎—鲁贝、波尔多—巴黎和巴黎—尼斯等自行车赛，环法自行车赛是每年 7 月的一项真正的全国性体育盛事。

路剧场内演唱。广播当然也普及了高尚音乐：电台每周都转播喜歌剧、轻歌剧和歌剧，同样受听众的喜爱，肯定比"古典音乐"的音乐会更受欢迎。但是这种成功不能与《玛丽内拉》《瓦朗蒂纳》《蓝花》等歌曲的成功同日而语了。

城里人（和乡下人）天天在家里有"音乐会"可听，但城市居民照样参加集会，不过聚集地不在教堂，因为工人大众已与教堂彻底决裂了。这是从 19 世纪开始到两次世界大战之间完成的长期演变的结果。工人参加宗教活动的人比今天还少，反教会的现象不再令人惋惜，教会简直就被彻底打倒了。体育比赛取代了教堂弥撒。因为得不到国家的补贴，体育联合会为资助体育活动和谋取利益，调动商业手段而竭力组织周日体育比赛，因此拳击、足球、网球、橄榄球和自行车赛都十分火爆。多回合的全国锦标赛、个人和团体对抗赛和各种体育盛会，通过报纸、广播和电影的宣传而吸引了大批民众。在人们眼中"体育场上的英雄"才是真正的民族英雄：自行车赛冠军和法国足球联赛的优胜队尤其受到追捧。

毫无疑问，共和国没有意识到在民众中普及一种应有的文化，以"古老战歌"激励民众，使全民族感情交融的重要性：国庆节没有精彩的活动安排，至多在巴黎举行一场盛装阅兵，而外省没有驻军的城市则很少有活动，仅仅检阅消防队和警察队伍而已。如果说 7 月 14 日在巴黎有更多的活动，晚间在一些公共广场举办舞会是传统节目，那也是因为与历史事件有深刻联系的一些传统做法。不过，1936 至 1939 年间"人民阵线"政府确实在"组织娱乐方面"作了努力：组织戏剧和电影方面的活动，建立青年旅馆、文化之家，这些创举都与莱奥·拉格朗日的名字联系在一起，可惜时间太短未能有更大的建树；何况这些举措还遭到了资产阶级的阴险诋毁、嘲讽和杯葛……城市民众的文化生活局限于这些微薄的资源，再则日常艰苦的劳动也不允许他们去追求更多的文化享受。

工人运动

因此，工人阶级首先得以更多精力来改善他们的命运，工人干部是工会和工人阶级政党的积极分子。在19世纪末燃起的强烈的革命希望依然燃烧着：虽然国会内难以忘却的惨痛教训、战争的困扰以及饶勒斯在1917年危机中遇刺身亡都抑制了革命的希望，俄国十月革命的胜利使法国工人运动受到震动。凡尔赛和会后，法国社会党和工人总联合会面临困难时期：列宁领导的革命突如其来使法国社会主义思想陷入危机；无产阶级专政和马克思理论在法国工人思想界从未有过很大市场，顿时竟成了榜样。在著名的社会党图尔大会（1920）上经过激烈辩论，多数派创建了法国共产党，次年即加入列宁创建的第三共产国际，少数派则仍忠于第二国际。在1921年里尔大会上，工人总联合会也出现了分化，多数派忠于亚眠大会决议，而少数派成立了统一的工人总工会，在行业斗争中与共产党结盟。工人运动的分裂状态一直维持到今天：1936年工会组织曾尝试在亚眠决议的基础上实现统一，但好景不长，1938年因慕尼黑协议而再度陷于分裂。两个政党、两个工会，各方有自己的报纸、干部培训学校和青年组织，相互争夺群众，分裂局面令群众逡巡不前。在竞争局面之下，工人运动虽然也思考夺取政权和对资本主义国家进行社会主义改造等重大问题，但毕竟对法国社会主义运动带来严重的阴影。无休止的理论争论、领导层不同派别成员的个人恩怨和虚设领导岗位（在某些资产阶级化的行政机构内早已成惯例），这一切现象都是两次世界大战之间20年中法国工人运动衰落的原因。工会的衰退尤为严重：企业内两派工会的争斗导致工人群众远离工会，结果只有少数人愿意继续缴纳会费；同时也让基督教工会得以迅速发展。法国天主教劳工联合会（CFTC）就是这种多元化工会现状的最大受益者。

直到1934年2月6日，心怀不满的小业主和下级军官发动反国会的法西斯暴乱，严重威胁到共和国政体时，左派双方和左翼激进党才开始联会起来。从1934年2月12日的"反法西斯主义"总罢工到1935至1936年"人民阵线"达成协议，工人运动实现了短时期的强大的统一行动（工人总工会会员人数在数月内翻了5倍），重新有了希望；但成功仅限于1936年五六月份的立法选举，新国会内社会党议员达150个，共产

党议员有 70 个；但是派系之间的明争暗斗和磕磕碰碰依然如故。结果从
1937 年起"人民阵线"即开始溃退，与其说是因为政敌的攻击不如说是
因为内讧，慕尼黑协议和 1938 年秋季国民意识的危机感亦促使左派的挫
败。被雷缪萨、托克维尔的同时代人称为"第四等级"的工人阶级，尚
未做好接替资产阶级的准备……

　　第二次世界大战爆发前几年（1936—1939）是关键的年份：统治阶
级和工人大众之间互不理解、相互恐惧甚至仇恨的鸿沟越来越深；对自
身命运的担忧导致资产阶级责怪全体民众，而工人群众则放弃了长期来
口口声声的革命。头脑最清楚的法国人对局势感到忧虑，尤其在战争爆
发的最初几个月突然宣布总动员，令民众陷于惊恐，群情亢奋，尽管程
度不及一年前慕尼黑协议出炉时那么激烈。同一民族两个阶级的严重隔
阂终于使他们渐渐意识到彼此已成了陌路人，对立状况似乎过分了，毕
竟在一个具有古老文明传统国家的文化氛围下，社会群体之间或多或少
有交流，尽管已不甚明显：传递信息的报纸和招贴上使用的语言和风格
相同；对见证漫长历史的文化古迹的认同；由于人口流通、职业生涯、
普及性的娱乐和平民精英地位的缓慢上升（包括这部分人可能的资产阶
级化），对立阶级之间的个人交往越来越多；此外还有一个联结两个阶级
的重要的社会阶层，他们是小公务员、零售商、工矿企业的下层干
部……

有声电影

　　尤其是各阶层人士共同喜爱的电影，改变了城市居民的文化生活，
在法国城市生活中留下了不可磨灭的印记。在各大城市特别是巴黎，电
影观众的层次随街区、影院而不同，但是无法像对音乐那样（分为大众
音乐场和古典音乐厅）清楚地加以区分：电影吸引社会各阶层的观众，
从最有教养的到最无知识的。在这 20 年中，法国大、小城市内商业电影
院增至 2 000 多家，电影院成为吸引观众最多的娱乐场所。电影这门新
艺术靠灵活的商业推销和艺术的成功，几年内就变成最受欢迎的观赏娱

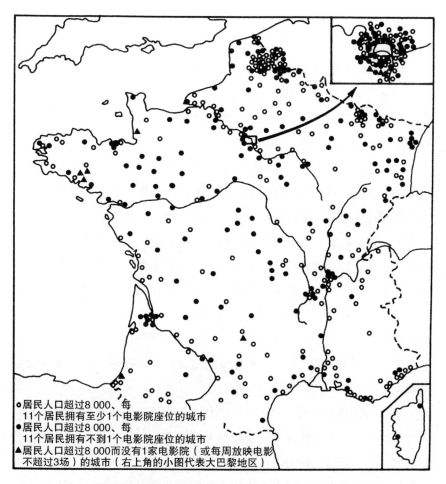

图 39　城市电影院设施的分布图（1936 年居民人口超过 8 000 人的城市）

　　本图反映了第二次世界大战前法国城市居民的大致分布情况，同时亦显示当时电影文化在各地城市传播不均匀的状况：每 11 个居民拥有 1 个电影院座位是当时全国的平均水平。标有"○"的是电影院设施较好的城市；标"●"的是电影院设施不足的城市；而标了"▲"的是电影院设施较差的城市。在北方省、大巴黎地区、圣艾蒂安和里昂等城市的郊区，电影院设施最差；相反，在波尔多到格勒诺布尔一线以南的法国南部地区，电影文化比较普及。此外，在布列塔尼、孚日省和中央高原等地，电影渗透很少，当地人不爱看电影。卢瓦尔河中游地带也是电影文化不发达的地区。

乐。如同许多其他国家一样，城市文明已变成有声影像的文明。农村地区尽管有巡回放映公司及各种文化协会的竭力推广，电影却不十分成功。或许因为电影的节奏对农民来说太快，或许放映的影片拷贝陈旧，节目太蹩脚。

法国电影业的发展经历了一个漫长和复杂的过程：第一次世界大战前夕，百代电影公司在制作和推销上曾雄踞世界霸主地位。1918 年后，美国和其他工业国的电影业飞速发展，结束了法国电影的垄断局面。美国好莱坞电影充斥一战后的电影市场。直到 1929 年无声电影寿终正寝，此时已建立起电影销售网和制作体系。电影销售网方面，电影院业主只租影片，负责制订放映计划和做电影广告；而制作方面，包括胶卷生产的一系列化工企业及电影制片工业。法国电影在巴黎地区和南部地中海沿岸的摄影棚摄制，规模与美国加州的无法相比。电影制片厂需要庞大的资金投入，影片制作和艺术本身与工业条件相关，很大程度上决定影片的质量。制片人出资着眼于能收回成本，选择有成功把握的项目，或者将戏剧、轻喜剧和音乐剧搬上银幕。电影院业主在制订影片的放映计划时，当然希望电影院每天从 14 点至 24 点能场场爆满，还有一个不容忽视的重要因素，即考虑影片要容易欣赏、内容俗而不滥，而且有较强的戏剧性。

电影的成功来自新艺术自身的魅力。无论无声还是有声，电影把观众置于电影场黑暗的环境中，借以梦魇的法力——心理学家尚未就此进行过分析——营造出梦幻出奇的魅力和常常令人毛骨悚然的惊险：使孩子们和头脑单纯者真正地出神入化，令所有观众都积极地参与到情节发展中，这是戏剧舞台无法做到的；剧场内观众明白情节的虚构性，整个剧场内弥漫着美学情感，观众与演员达到某种情感交流，但这不是电影所追求的目标。第七艺术是唯一能调动所有观众全身心融入剧情中去的艺术，即使演员不像舞台演员那样完全进入人物，也能在导演手中制造出某种距离效果，这就是茹韦所说的“互动的艺术”。因此可以毫不矛盾地说，投射在银幕上的影像具有调动观众主动参与的神奇功能，而这种效果在戏剧舞台上只有最伟大的演员才能靠他们的"表演"来达到。

　　20 年中法国电影取得的伟大成功——尽管同一时期有别出心裁的立体主义画派和无声电影最后几年的平庸出品——并非靠那些演技拙劣的明星（他们的头像吸引了周六晚上的大批观众，他们索取的高额报酬使电影制作商陷于破产），而是靠若干著名的导演：雅克·费代尔、让·雷诺阿、马塞尔·卡尔内、让·杜维维埃、勒内·克莱尔和马克·阿莱格雷，等等。他们从拍摄无声电影中积累了经验，于 1935 至 1939 年间创造出电影业上最伟大的制作。电影达到了成熟水平，年轻的艺术创造出视觉和听觉的语言，每位导演都像剧作家一样表现出个人的风格，布景设计师亦有自己的特色。于是，电影观众也出现了分化：有电影俱乐部的老资格观众，有追随电影评论员和根据影片介绍选择影片的电影爱好者，也有不管什么影片、每周六必到影院在同一座位就座的大批影迷……电影的魅力体现在数百万观众的数量和大明星的人气上：雷缪、迦本、米歇尔·摩根……

　　美国西部片、卓别林电影、迪士尼电影和法国现实主义影片都有一个明显的偏好，即塑造"坏男孩"的形象，总是表现某些特定的社会典型。这些影片空前有效地向观众提供信息，培养观众的智慧和敏感性。在 1939 年，电影的"消费"已成为法国文化的重要组成部分。

第十八章　回顾当代法国

　　从 20 世纪 30 年代至今的半个世纪是在灰色调中度过的。这 50 年有双重含义。1931 年的法国在殖民地博览会的节庆气氛中显示出帝国扩张和永恒的景象，当时进行的人口普查显示法国城市人口首次超过了乡村人口；而 80 年代的法国已回归到本土，只留下了当年帝国节庆时撒在地上的"五彩纸屑"，同时"农民"已经消失。两个时期的反差何等鲜明。另一方面，这是震撼法国的 50 年。在 1940 到 1958 年的不足 20 年中，一个制度暴死，中间又经过两个制度，第四个制度是在阿尔及利亚独立的动荡中用产钳引产的难产中降生。贯穿 40 年代的是当年曾被认为一流军队的溃败，接着被占领（从许多方面来看，这场抵抗外国的战争也是一场"法国人的"内战），然后是物资匮乏，国家特设的物资供应部直到 1949 年才撤销。至于 50 年代，法国受到了波及全球的世界性两大冲击波的严重影响：冷战和更致命的反殖民浪潮，把刚获得解放并充满希望的共和国撞得人仰马翻。

　　然而纵观历史，这些并不是最主要的。在事件中扬起的尘埃落定后，法国获得了半个世纪前所未有的快速发展；无论是国家面貌还是民众的精神状态，从自然景象到居民住宅，从人与人之间关系到国民的思想意识，一切都发生了根本性的变化。社会变革和意识改变的汹涌波涛比平常浪头迅猛得多，以至于费尔南·布罗代尔用来区分社会和意识转变的"长期效应"和"即时效应"的经典而有效的法则都失去了实用价值，划分任何时期至少以十年为单位。那么历史学家拥有足够的距离去考察当代法国吗？一开始涉足这方面研究就会遇到难以回避的障碍。为择取一个文明的独特性及制度特征，考察其意义和作用，须得有一定的时间距离；过近地捕捉最近几十年内发生的事件难道没有作壁画的风险吗？而这样做正违背了本书的初衷——"对有广泛意义的事件不必面面俱到"——那么为此所作的说明不就成了点彩画了吗？其次，如果历史学家硬闯入本人所处的国家和时代，以肉眼所见把这几十年粘贴在一起，做成一个按日期忠实地勾勒出当代法国文明演变的个人装饰品，那么它就成了一幅表现主义画作了。最后，不考虑目前仍十分有限的历史学研究成果——这便是第三个障碍——为避免错综复杂而作综合概括，那么出于上述的同样原因，法国大学对贴近的历史尚未展开广泛的研究，这类课题常常被当作"直接的历史"而留给新闻记者去做了。

不过仔细观察之下，科学成果还是有的，尽管零乱分散却很重要，靠它们能对50年中法国经历的社会和文化事件的沉积勾勒出一个轮廓，区分主次，探索其中的连续性和非连续性因素，整合各种现象作出展望；更何况这也属于历史学家的本分工作，只不过对研究者来说考察一个较久远的年代会比较容易。这项工作同样要求客观，至少要秉持一定程度的公正，才能在充满矛盾的半个世纪的沉淀中作出正确的探查。那么探索就在忽明忽暗的光线下，从"致命的十年"到"妥协式共和国"① 开始吧。

---

① 译注："妥协式共和国"是美国政治学家斯坦利·霍夫曼对法国第四共和国所下的定义。

1. 黑 暗 年 代

从 30 年代中期到 1944 年夏天这 10 年，也就是从 1934 年 2 月巴黎反法西斯热潮到法国处于解放前夕的激烈战斗的十年，在和平与战争相交替的传统编年史外，法国就算不统一，至少也显出某种一致性。历史学家马克·布洛克提出"离奇失败"的观点，综观战前这段历史，越发显得明白易懂。在第二次世界大战的急风暴雨中，当天空乌云密布时，内部分裂使法国人变成一盘散沙。

萎靡不振

显然，当时天空还未被乌云完全笼罩。正如前一章中所说，法国文化仍"绽放出灿烂的光芒"，"人民阵线"对左派阵营来说仍是值得庆贺的"晴空"。在时隔多年的今天来看，当年的晴空则是黄昏的晚霞。法国似乎已得了不治的萎靡症：相对于西方其他列强而言，较晚遭受世界性经济危机冲击的法国在整整十年过程中始终未能摆脱困境。严重的道德危机令全体公民深陷于士气不振之中，体制危机、思想分裂和普遍的衰落情绪这三大主要征兆体现在各界知识分子的身上，助长了维希分子的气焰。面对气势汹汹的极权制度，陷入困境的法国民主势力显得越来越瘫痪无力。当然，法西斯主义的危险还没有像某些政党在民众集会上所称的那样成为现实。一方面，如果法国历史学家已在各种社会势力中确认了那股"法国式法西斯主义"存在的话，他们同时也指出那只是局部地区的现象，尚未真正形成气候。另一方面，近年来发表的论文也指出，政府在这十年期间仍有预防办法。塞尔日·贝尔斯坦的研究指出，当时激进党仍然能左右中产阶级的政治言论——而在其他国家该阶级的偏激言论已在滋长法西斯主义了——将这股力量维系于共和国。安托万·普罗斯特描绘过一战老兵当时的心态，指出他们不想推翻当局，因为绝大多数人还忠于它。

　　问题是当局越来越陷于明显的瘫痪，更严重的是当时民众都认为政府已经瘫痪了。思想混乱加上内部分裂使局面变得更加危急。在民主生活各种对立势力意义上的传统反对派以外，还出现了超越和模糊派别之争的分化迹象，即使 1936 年的选举使各种势力的政治面貌已变得更加清晰。事实上，政治分野已围绕着反法西斯主义和反共产主义，因此辩论更多地着眼于过去而非现实的外部形势——也就是说，国际上大国的态度变化和对外政策。于是城市生活成了一只共鸣箱，10 年中暴风雨的噼啪声在这里共振放大，公民社会尤其是知识阶层的争论更是火上浇油。至此，已不可能再达成国家利益的任何共识，这就埋下了法国 1940 年全面溃败的祸种：事实上当时国民未能达成"神圣联盟"。相反，一场世界大战还包含了一场"法国人的内战"，内战的祸根来自 30 年代内部和外部的紧张关系。

　　然而，政权的衰落和知识界的首次"大分化"还不是酿成此后十年灾难和兄弟残杀的唯一因素。在发掘造成溃败的各种原因时，还必须指出另一个现象，它比前两种因素都更严重地影响了战争中法国的精神面貌。它形成于前一次大战的剧烈震荡，人们对它有多种称呼："和平主义""观望主义""失败主义""慕尼黑精神"。1914 至 1918 年流的血刻在各地无数的死难者纪念碑和有断层的年龄金字塔上，在人们的意识中留下了最大的伤痕。回顾历史可以看清，当年面对慕尼黑协议的退缩首先是 20 年前法国严重失血的象征，一想起上次战争对国家人口结构造成的深层创伤，人们就会本能地拒绝一场新的屠杀。

"奇怪的战争"和"离奇的溃败"

　　"奇怪的战争"，即从 1939 年 9 月初至 1940 年 5 月 10 日，法国军队在驻扎的阵地上原地不动的现象，细细分析起来还是源自国民的共同倾向。当然在 1938 至 1939 年冬季，或者在德国人于 1939 年 3 月违背慕尼黑协议时，法国民众中曾有过一阵骚动。以莱昂·布卢姆为首的部分社会党人曾主张对希特勒采取强硬态度，在右派方面也听到过类似声音。但是 1939 年夏，即慕尼黑协议（1938 年 9 月）引发危机后十个月，法国国会内仍有绝大多数议员赞成慕尼黑协议，只有一名社会党议员和一名右派议员亨利·德凯里利，投票支持共产党议员团的提案，反对批准慕尼黑协议。当时丝毫没有 1914 年神圣联盟的影子，法共在《苏德互不侵犯条约》出炉后即指责"帝国主义战争"，部分右派——他们中不少人后来赞成 1940 年 6 月的停战协议——成为公开的和平主义者，而许多社会党人和工会分子则以 1914 年时让·饶勒斯为榜样，继续谴责"好战分子"。多数国民顺从当局，接受对德宣战的决定。不过看得出他们厌恶真正的武装冲突。两次世界大战之间曾弥漫于法国大地的和平主义思想阴魂不散，只是国民相对认同对德国应采取强硬态度。在这种气氛下，"奇怪的战争"或许符合国民的集体愿望，即应该采取强硬政策，但不要发生真正的战争。可惜法德边境前线大规模的冲突终使战争不可避免。因此可以说，法国政治领导人和军事统帅倾向于防御的战略考虑与社会民众中无意识或半意识的愿望是吻合的。在 1939 年 9 月爆发的战争是被动应战而非积极参战。法国人从未真正担当过这场战争，这或许就是法国军队在开战的第六周就土崩瓦解的主要原因。如果说被法国民众认同的贝当主义——历史学家亨利·阿穆鲁称当时法国有"4 000 万贝当主义者"——产生于军队溃退和民众寄望于救星的心理，它也源自民众对失败的认定。既然贝当主义的产生与"必须停止战斗"的判断相关联，而这一判断符合从未真正赞同开战的人民心愿。

此外，法国并非不战而败，而是在六周内折损了十多万人！然而从 1940 年 5 月 10 日德国人发起进攻至 6 月 25 日停战协议生效这段时间内，法国方面撤换军事统帅（魏刚上将接替了甘末林将军），"实行区域协同防御"多次试图重整前线，但毫无结果。不久法国军队便溃不成军，沿公路往后撤退。面临德国军队的步步进逼，法国军队与数百万逃难民众胶着在一起。这种大溃逃是真正的"大恐惧"。事实上，大恐惧由几次冲击波组成，有的是因当局事先决定所造成的，但更多则是因为非理性的过度反应。如果说从战斗区撤退民众是当局的事先决定，那么随着德国军队的挺进，不久在北部、东部甚至巴黎地区等一大片地区的民众亦纷纷夺路出逃，如同山体滑坡似的难民潮涌向南方，在卢瓦尔河以南地区造成一片混乱。大规模的崩溃态势不仅发生在法国军队，也出现在公民社会中，其来势之迅猛直接导致了政权的更迭。

从此，法国陷入了长达四年的被占领期。尽管几代人的时间过去了，当时的情景在相隔半个世纪后的今天仍然留在人们的记忆中。1983 年，《快报周刊》做民意调查，询问什么是近几十年中最重要的事件，大多数法国人的回答是：解放和停战，亦就是说是使法国坠入黑暗年代和使它从中解脱的这两个事件。

四分五裂的法国

在长达四年被占领时期，人们还能说"一个"法国吗？实际上，从对战争的不同看法和不同态度来看，法国已四分五裂了。在军事失败中诞生的维希政府接受了失败，承认德国的胜利，希望缔结和平协议。在伦敦的"法国"自有另一番主张，即在世界大战的前景下站到英国一边。地下的"影子法国"则是抵抗组织，集合了拒绝失败、否认德国胜利的各种力量逐渐形成一个抵抗运动。最后是"依附敌人的"巴黎当局，全面认同国家社会主义的意识形态，指责维希政府对德国人不冷不热的态度。因此存在了四个法国，还不算殖民地法国（它很快成为伦敦和维希的争夺对象）和在莱茵河彼岸战俘营中的法国，战俘营中被关押的年轻战俘人数在 1940 年达到 150 万人，其中大多数人在"战俘集中营"或"军官集中营"中被关了 5 年。此外，还有日常生活中 4 000 万平民的法国，人民过着饥寒交迫的日子。

在四个不同政治立场的法国之间，彼此关系变化不定，力量对比也彼此消长。人们或许可以根据对德国人的态度将它们分为两部分，一边是伦敦和地下的法国，另一边是维希和巴黎的法国，两个阵营区分了战争中法国的两种构想。直到 1942 年，大多数法国人可能对两种构想的区分还看不太清楚。伦敦和维希双方从一开始就自称是权力的合法代表：维希政府依仗国会议员和参议员的信任投票——1940 年 7 月 10 日，国会议员把制宪权全权委托给贝当元帅；而伦敦方面则否认程序的合法性——特别是通过法学家勒内·卡森的文章——以 6 月 18 日呼吁作为流亡合法政府的奠基性声明。从一开始这两个法国就针锋相对：戴高乐将军被维希政府缺席宣判死刑，而伦敦电台则对维希政权大加鞭挞。然而开始时，是维希政府获得国际社会的承认，向各国委派大使；伦敦的"自由法国"只由少数人组成，在较长时间里未得到同盟国的承认。出于上述种种原因，维希政府无可争辩地得到公众舆论的广泛支持。当时不少法国人似乎心照不宣地认同戴高乐和贝当之间不同的使命：前者挥舞民族奋进的长剑，而凡尔登战役的英雄[①]则充当保护被占领区民众之盾。当然从历史观点来看，这种看法经不起分析。况且近年来的研究表明，从 1941 年起民众对维希政府的看法已发生变化。不过在此之前许多人确有过这一想法，剑与盾的形象在开始时确实符合数百万法国人的内心诉求。此外，民众并未马上意识到国家已分裂为接受失败和拒绝失败的两个阵营，而对于各包含两种观点的双方阵营之关系，任何一方都难以接受：拒绝失败的一方觉得不自在；接受失败的"合作分子"（Collaborateurs）和"附敌分子"（Collaborationnistes）也不希望看到如此局面。伦敦方面和国内地下抵抗者之间，开始时很难建立紧密的联系。地下抵抗运动不稳定而且相当分散，从客观条件上说，伦敦的"自由法国"不易与国内抵抗运动进行联络；而且国内抵抗运动一开始也不认为有必要接受一个知识分子出身、思想右倾的可疑将军的领导，戴高乐甚至被怀疑有个人野心。直到 1943 年春天，影子部队的人数越来越多，共同加入了全国抵抗委员会，联合国内外抵抗战士的统一形象才逐渐清晰起来。

在他们的对立面，维希政府和巴黎当局一开始同样缺乏协调一致，直到解放时，双方都被斥为"合作分子"而受到追究。美国史学家斯坦利·霍夫曼在 1969 年发表的一文中提出区分"合作分子"和"附敌分子"，这种区分现在被普遍接受了。"合作分子"指从事政府间合作，但合作不一定有思想意识指导；"附敌分子"则是全面接受国家社会主义理

---

① 译注：指贝当。

念或者欣赏德国法西斯制度的人。这种区分虽没有绝对意义，但区分了与敌方合作的不同类型。譬如，人们借此能解读巴黎"附敌分子"指责维希政府对德国合作不够积极的心理状态。在 1942 年末出现了明显转变：自由区被占领，由此维希政府声称的——真实或虚幻的——主权破灭，巴黎"附敌分子"进入皮埃尔·赖伐尔政府等，种种迹象表明两个集团互相渗透的增加。

倘若有人有证据可以认为，直至 1942 年维希政府和伦敦"自由法国"之间的分歧并非不可逾越，倘若贝当元帅在 1942 年 11 月德军占领自由区后迁往北非，他可能有另一种结局；但是在那以后，一切疑点都不再存在了。对于战争的最后两年，人们可以引用斯坦利·霍夫曼的话，认为这是一场"法国人之间的"内战与世界大战并存。直到法国获得解放，伦敦的"自由法国"后来变为在阿尔及尔的"战斗法国"，终于和国内的抵抗运动一起成为这场内战的胜利者。1944 年 8 月 25 日戴高乐将军宣布"法国回到了巴黎"。至此，分裂了四年的法国事实上——更在人们心目中——重新融合为一个统一的国家，由在 1940 年溃败中受到创伤的少数人（男人和妇女）奋起组成的"自由法国"领导人民重建国家。战后肃清运动及其后果说明了 S. 霍夫曼先生分析的正确性。

维希政权铁板一块？

以上就是在分析被占领期法国文化生活的主要特征之前应了解的黑暗年代的背景。背景确立后还得进行政治分析——议题超出了本书的范围——回答一些经常使法国史学家们陷入分歧的重要问题。诸如，维希政府是否是反共和国阴谋的产物，或者说共和国是否仅仅因军队败北而破产？换句话说，贝当元帅是清产管理人还是或多或少的破产责任者？不管是否阴谋，提出"民族革命"① 是否首先是对 1936 年的反拨呢？是

---

① 译注："民族革命"理论（Révolution nationale）是维希政府的官方意识形态。维希当局为推行所谓的"民族革命"制订了大量立法和法令，其主要思想是推翻多党议会制，实行个人极权统治，推卸战争失败责任，反犹，提倡阶级互助以维护社会秩序，以合作制取代工会，禁止罢工，等等。

否应像克列孟梭对待法国大革命那样，把维希政权看成铁板一块呢？此外，关于贝当、弗朗丹、达尔朗和赖伐尔，他们在政府的合作行为中是否有态度上的差别呢？这些政治人物的所作所为究竟是超出了德国人的期望，还是对德国人的行动起了缓冲作用呢？历史学家埃伯哈德耶克尔和罗伯特·帕克斯顿在查阅当年德国和美国档案的基础上发表的论著引起了十分热烈的争论。特别是罗伯特·帕克斯顿的专著《维希政府的法国》（该书于 1973 年译成法文），将维希政府描写为处心积虑推行合作政策的政权，引起了很大反响，即使该书的结论未被所有的史学家们接受。这个问题还引出另一个问题，即既然维希分子在战后是这样为自己正名的，维希政权对法国人来说是不是一枚有效的盾？于是又带出了第三个问题，罗伯特·帕克斯顿和另一位加拿大学者迈克尔·R. 马吕斯在这个问题上提出了大量材料：在德国人要求对犹太人实行迫害之前，法国本国的"民族革命"中反犹的国家行为，以及在德国人将至少 7.5 万名犹太人送往死亡集中营的罪行上，维希当局应负何种责任？即使 1942 年 6 月后，警察行为已取代了法律程序，但在参与搜捕犹太人时可能并不知情对他们的"最终处理"。

在政治研究中，还必须考察戴高乐派从 1940 年 6 月飞往伦敦到 50 个月后凯旋巴黎其间的做法；要提及国内抵抗运动的缓慢形成，逐步建立抵抗网络以及成千上万的法国人在反占领斗争中的英勇牺牲。在影子战争中，还包括许多作家和艺术家，即使他们中某些人战后被戴上"合作态度"的帽子。

被占领区的知识分子

被占领区的知识分子在国民的集体记忆中的地位容易解释。一方面，因为这部分知识分子与占领者有一定联系，他们的作品能被读到，声音能被听到，而其他的知识分子不再出声或者转弯抹角地表达意见，因此影响较小。另一方面，解放后的肃清中知识阶层首当其冲，其他阶层人士即便与德国人的关系同样深也不致遭到同样严厉的肃清，故知识分子在这段历史中的重要性被分外突出了。那么究竟与德国人合作的知识分子有多少呢？当然，法国知识阶层中合作分子的人数不容忽视，但亦非绝大多数。让-保尔·萨特在解放后曾写道，合作分子中大部分人是"主要政党的边缘分子"和"新闻界、艺术和教育界的二流货"。过几十年后再回头看，这一判断是精准的：如果数一下"附敌分子"的话，两次世界大战之间的大知识分子都不在其列。相反，不少当年充数的记者和作家，把德国人的占领和与德国人合作看作是翻身的机会：原来他们得不到或已被占的位子，现在可以取而代之了。"二流文人"的数量固然多，但史学家们更感兴趣的是战前热心参政的一些知识分子却淡出了文坛，相对于他们在 30 年代主流文化中所处的地位，直到 1940 年他们都处于"边缘"——引用萨特对政界某些人的形容词——状态。他们更关心的是意识形态的胜利，而非社会地位的翻身。

然而，除了这个共同侧面之外，"二流文人"或"政治边缘者"之间有许多不同的情况！考察"附敌现象"中值得注意的是，"附敌分子"的过往经历、动机和年龄层次各不相同，归根结底，各人的情况不同。譬如来自"法兰西行动"组织的异己分子罗贝尔·布拉西拉和吕西安·勒巴泰属于一种情况。前者曾频频参与关于知识分子社会责任及其后果的辩论，他生于 1909 年，毕业于巴黎高等师范大学。从 1931 年起负责《法兰西行动》报的文学版，因对夏尔·莫拉斯在 1934 年 2 月 6 日危机中的态度感到失望，随后在保皇倾向的周刊《我无处不在》上撰文，受法西斯主义的诱惑，对每年在纽伦堡举行的纳粹党大会着迷。战争期间主张与德国人合作，尽管在 1943 年已淡出政治，解放后还是因通敌被判处死刑。吕西安·勒巴泰也曾参加"法兰西行动"组织，战争期间发表作品《瓦砾》，对 1940 年遭受挫败的法国当局竭尽辛辣讽刺，曾在敌占区走红一时，加上其他一些原因在 1945 年被判死刑。如果这两个作家的年龄相仿，都未亲身经历过第一次世界大战，仅从母亲的惶恐或父兄的应征入伍而间接得知的话，那么德里欧·拉罗舍尔则属于经历过战火的一代，1914 至 1918 年的大战对他有决定性的影响。他一辈子都记得战壕里战友的激昂和战斗的惨烈。1934 年 2 月 6 日后，他走上了法西斯主义道路，自认为比共产党人更加革命。1940 年 12 月他恢复出版《新法国杂志》，该杂志在德国人进驻巴黎后自行停刊了。

第一次世界大战在德里欧的政治成长中起关键作用，同样在左派文人倒向合作的转变上也起了决定性作用。如果说纳粹恐怖导致解放后法国大部分右派信誉扫地的话，左派中也出现过合作分子，正如有左派参与"民族革命"一样，同样也有人当"附敌分子"，譬如贝兰、斯比纳斯或贝热里等等。左派"附敌分子"——主要在《社会主义法国》或《萌芽》等报上撰文——在多数情况下未放弃思想自由的主张和共和信仰，也不亲近维希政权。"附敌"一词在这种情况下需要明确界定。法国史学界将近年发掘出的左派通敌现象归入知识界"附敌分子"的范畴。对于这类附敌分子，至少可归纳出三个共同特征：接受德国人的胜利、承认与德国人合作的必要性以及在德国人严密监控的报纸上发表合作主张。但是除了在 1939 年前已脱离左派的个别边缘分子外，左派"附敌分子"中很少有人完全赞同德国纳粹的原则。这是和平主义和某些情况下的反共意识左右了他们的分析：他们认为对法国来说战争已经结束，那么与德国人合作算不了什么事。

维希政府亦在知识分子中寻找支持，这也得从 30 年代的动荡局势中找原因。保守的知识界右派反对制裁发动埃塞俄比亚战争的意大利，在西班牙内战期间也支持佛朗哥政权，因此他们中多数人支持贝当元帅。保尔·克洛代尔写的《贝当元帅颂》是最好的证明。但因此就将右派与维希政府画等号亦未必妥当。保守倾向的右派中部分人很快与维希政府拉开了距离：弗朗索瓦·莫里亚克马上站到抵抗运动一边，流亡在拉丁美洲的前莫拉斯分子的乔治·贝尔纳诺斯也立场鲜明地支持抵抗运动。几年前，当莫里亚克的同事——与莫里亚克同为法兰西学士院的院士——介绍佛朗哥军队时，两位天主教徒莫里亚克和贝尔纳诺斯，犹如西方基督徒游侠骑士那样，明确地对佛朗哥军队加以谴责。

在 1940 至 1944 年的法国知识界中，"附敌分子"和"民族革命"参与者这两类人很难调和，经常处敌对状态。有些人与巴黎通敌当局有联系，激烈抨击维希政府对德国不冷不热的态度，所以他们的作品在自由区被禁。再者在这两部分人之外，还有第三种人：抵抗运动中的知识分子，这部分人的情况更加复杂。因为城市知识分子发表声明或提议很有分量，而处于新闻管制和受迫害的形势下，知识分子不得不匿名或用化名发表文章，在地下发行。这些知识分子在被占领区便失去了部分影响力，但也不等于说地下抵抗运动中完全不存在法国的思想和作品。譬如大学就加入了战斗，很快被盖世太保破坏的人类博物馆内的组织就是知识界最早的行动；历史学家马克·布洛克——曾和吕西安·费弗尔一起创立法国史学界年鉴学派——在年近六旬时加入了抵抗运动，1944 年在里昂被德国人枪杀，是大学教授直接参加抵抗行动的例子。此外，同年在韦科尔战斗中牺牲的作家让·普雷沃，以及抵抗运动的情报组织成员、诗人罗贝尔·德斯诺斯被捕后死于流放中的，他们是法国文学界为抗战作出贡献的人。此外，存活下来的有阿尔萨斯-洛林支队负责人安德烈·马尔罗和化名"亚历山大队长"的作家勒内·夏尔，代表了与法国其他阶层人士一起直接扛枪打击德国占领军的文化人。

战斗也可以有其他的形式，有些知识分子选择用笔当武器，于是产生了《法国文学》杂志和子夜出版社。作为文艺界地下抵抗组织的刊物《法国文学》创刊于 1942 年 9 月，该组织于 1943 年 2 月改名为 CNE（全国作家委员会）。杂志创始人雅克·德库尔在此前 4 个月已遇害，接着杂志由克洛德摩根主持。他们身边还有保尔·艾吕雅，他曾与安德烈·布勒东一起在 1933 年被法共除名，但在被占领期间又重新加入法共。艾吕雅于 1943 年 7 月出版几个匿名诗人的诗歌合集《诗人的荣誉》，这些诗人中有路易·阿拉贡、罗贝尔·德斯诺斯、弗朗西斯·蓬热和皮埃尔·塞热。这本法国抵抗诗歌合集就是子夜出版社当年出版的 25 种作品中的一部。出版社由让·布吕莱和皮埃尔·德莱斯居创办，这家地下出版社还出版了韦科尔（即让·布吕莱本人）的小说《大海无声》，初版 350 册，在 1942 年秋秘密发行。1943 年 8 月，子夜出版社还出版了弗朗索瓦·莫里亚克以化名"福雷兹"写的《黑色笔记本》，莫里亚克后来加入全国作家委员会。诗人和作家除了用化名或匿名发表作品外，有时还以真名发表文章。譬如艾吕雅曾躲过新闻检查以真名发表了诗作《自由》，该诗与阿拉贡在秘密杂志上发表的《酷刑下的勇士之歌》和《玫瑰和木犀草》一起成为法国抵抗文学的象征和献给牺牲者的颂歌。

大海无声？

除了参加抵抗运动或者成为合作分子的知识分子外，许多法国作家和艺术家对自己提出了如下问题：是否应当选择停止创作，既然不管写什么都要受到德国方面的审查，似乎显得已接受既成事实？换句话说，是否应当实行文化焦土政策，使法国的敌占区成为精神沙漠；或者有义务高举起法国思想和艺术的大旗？回答这个问题并不容易，在解放后肃清时期，同样的问题曾显得格外尖锐，就在今天依然刺激着我们尚未完全愈合的伤口。

总之，有许多迹象表明，如果纠缠于这个历史问题的辩论，史学家们可能会误入歧途。事实上，法国在黑暗年代不但有文化创造，而且不少领域的文化创造还相当出色，充满生气。仅举数例如下：让-路易·巴罗将克洛代尔的剧本《绸缎鞋》搬上舞台，阿尔贝·加缪的小说《局外人》，以及在巴黎举办画家迪比费的首次画展——此举对当时还属无名画家的迪比费来说，肯定会被认为是狂妄自大。但稍加分析就会发现，这些迹象并非孤立，它说明敌占行为不能抑制法国文明。再看一下电影制作业就更清楚了，在战后看来，这一时期的法国电影更是不容忽视。

因为是维希时期的电影制作又部分地受到德国人的审查，所以长期以来敌占时期的法国电影遭到轻视；加上某些电影后来被斥为有合作倾向，而指责往往相当笼统。亨利-乔治·克鲁佐拍摄的一部反映某小城受到匿名举报困扰的电影《乌鸦》，曾被维希当局斥为伤风败俗，在解放后又被列为通敌影片。雅克·西克利埃写了一本研究第七艺术的著作，洗脱对其笼统不实的指控。其他譬如马塞尔·卡尔内的《夜间造访者》和《天堂里的孩子》、马塞尔·帕尼奥尔的《掘井工的女儿》以及雅克·贝克的《古比家奇案》证明了法国电影的多产而丰富，取得了极大成功。当时舞场被取缔、咖啡馆营业时间受限制以及餐馆物资供应紧张等因素把消费人群都引向了影院和剧场。电影虽在短时间内成为大众娱乐却从未获得如此多的观众：1942 年电影观众人数达 3.1 亿人次，而 1938 年时还只有 2.5 亿。4 年内法国出产了 200 多部电影——确切地说是 220 部。同时产生了新一代的电影导演，如罗贝尔·布雷松、亨利-乔治·克鲁佐和雅克·贝克等；尽管时势凶险，当年的出品仍十分优秀。当然，某些电影在解放后被指责受了德国人的资助，对贝当体制下拍摄的电影亦大张挞伐，因为它们是反映维希时代的题材，尤其表现对家庭和土地的眷恋；但是这些题材往往超越了"民族革命"的纯粹宣传，涉及时代精神——被蹂躏的法国企图重建家园？——或者与同一作家的战前作品有一脉相承的内涵。譬如《掘井工的女儿》虽然在某些方面带有维希政权的色彩——如剧中主人公聆听贝当元帅演讲的场面——但回归土地的题材在 1933 年和 1937 年由同一导演拍摄的影片《安琪尔》和《再生草》中均已有所反映。当时制作的影片只有十分之一是明显宣传"民族革命"意识形态的，譬如让-保尔·夏兰的《美好的夜》，作者通过在剧中扮演农民的夏尔·瓦内尔之口，高声朗读贝当元帅的文章选段。其余大部分影片都表现与战前影片相同的主题：除了警探片、喜剧片、历史题材片或幻想片外，绝大多数是逃避现实的消遣片，既无抵抗倾向亦无"合作"之意。这类影片后来又成为另一些批评家的又一话柄：难道影片应当鼓励人们逃遁现实或者保持缄默吗？

　　同样问题亦体现在其他艺术形式里。德国占领当局逼迫法国出版商公会接受协议，禁止出版某些被认为带有"欺骗性思想及其倾向的"书籍——扩大的标签下还包括犹太籍作家、共济会成员和共产主义信仰者的著作，凡列于"奥托书目"① 上的数百种书籍一律不准出版。作家们从此是否应当保持沉默呢？史学家们注意到在被占领期间出版界并非一片空白。无可争辩，当时出现过被收买的文学和戏剧，大部分作品自然也不会是抵抗作品，但亦非"合作分子"的作品。或许在当时德国驻巴黎宣传大队专员盖哈特·赫莱尔中尉的影响下，加缪的《局外人》获准出版，萨特的剧本《苍蝇》也被准许上演。

正如文学没有留下空页一样，绘画也没有留下空白的画布。画家们像法国民众一样被 1940 年五六月的炮声轰散了。夏加尔、莱热和马克斯·恩斯特相继离开了巴黎。画廊关门了，杂志停刊了，但震荡并没阻止法国绘画的创作。南方一些城市，如图卢兹成为流亡文化人的后方基地。即使在巴黎也没有完全停止绘画创作，1941 年 5 月，布洛恩画廊举办了法国青年画家作品展，20 多位法国传统画家参展，其中包括皮尼翁。一直到 1944 年巴黎还举办了其他画展，如同法国青年画展一样，显示了年轻一代画家的涌现，同时也体现出立体主义和野兽派画风的延续。

正如战时的一首歌曲《我等待》所唱的那样，一切文化创作活动不都在"等待"吗？虽然艺术家没有明说，至少暗示了等待的姿态。那是 1940 年炮火下的人民在等待，他们经受着占领者的折磨和潜在内战的痛苦，试图保护自己的传统历史；那是处于几代人和几种风格交汇点的文化在等待，如同国家尚剩一息，文化也处于低潮，它等待着在解放之日绽放出绚丽之花。

---

① 译注："奥托书目"（Listes Otto）指德国占领当局于 1940 年 9 月 28 日公布的违禁书目，全称为"德国当局禁止或出版商必须撤回的书目"，因当时德国驻巴黎大使名为奥托·阿贝茨，故书目被称为"奥托书目"。被禁作家大部分为犹太籍作家或共产主义者，如海涅、托马斯·曼、弗洛伊德、茨威格、容格、马克思和托洛茨基。1941 年 6 月"苏德互不侵犯条约"毁约后，还加上了苏联作家，后来还加上英国和美国作家，违禁书目据说达 1 000 多种。

2. 序幕拉开了

"我们给法国带来了独立、帝国和长剑。"1944 年夏，戴高乐将军赢了 6 月 18 日的赌注："自由法国"成为法国，成为战争的胜利者。但这仅仅是"一个幸福的结局"，对国家来说，解放只是"拉开了序幕"（弗朗索瓦·布洛克-莱内的话）。

革命、复旧或革新?

回过头来分析，解放后的几年历史围绕着相反的两极：革命或复旧。事实上，抵抗运动中最出色的报纸《战斗报》曾以副标题"从解放到革命"表明了其立场。曾主持过《战斗报》的克洛德布尔代在 30 年后出版《一场不确定的冒险——从抵抗到复旧》（1975）一书，似乎是当年《战斗报》副标题的回声，而在此前的 1965 年，菲利普·泰松在《戴高乐一世》一书中也持有同样的观点。那么史学家应当停留在进退两难的困境中吗？存在两种相反的观点，一种观点后来不攻自破，另一种观点也缺乏说服力。"革命"，并未发生过。无论政治制度还是经济、社会结构，虽然有深刻变化，但称不上根本性颠覆。政界人物即使有部分重组，至少就目前来看没有全面更迭的现象。无任何迹象表明社会、经济的政治基础已出现断裂——而这些是一场革命的重要标志——因此，连续性超过了变化。

那么是否可以说是"复旧"呢？历史学家对用"复旧"一词来概括这段历史发生了分歧。且不说解放后短期内的结构改革，我们注意到"复旧"一词低估了当时的一些重大变化，这些变化在后来十年中变得愈发明显。尤其在集体意识方面，因为集体意识既是一面镜子，又是促成各项变化的动力。在这方面，战后与战前的反差十分明显：50 年代以工业增长为基础的经济迅速腾飞逐渐影响到人们的思想，而不再局限于

"现代化"的核心人群。节衣缩食和储蓄的价值观渐渐被消费和使用信贷的价值观所取代。在前几十年中因通货膨胀而收入缩水的靠年金生活者，生活水平再次下降，其社会地位已不及企业管理干部。价值观的转变加上不断的社会变迁渐渐改变了引导国民生活的规则和禁忌。社会变迁因国际视野的同时扩展而变得更加深刻：长期来只局限于本土和帝国范围的法国，一下子面对了世界；它开始向欧洲拓展，而它的经济长期来受到本国政策的保护，现在需要面向欧洲和世界。

　　然而，这是一种中长期的演变，它尤其涉及人的思想意识。对缺乏足够时间距离的历史学家来说，研究工作会比较微妙。在一般人的心目中，"复旧"一词首先是指短期行为，而且从其历史内涵来看，主要是涉及政治领域。那么"复旧"一词用在这里是否贴切呢？很难说。不过可以确定的是，据某些研究者的分析，在 1946 至 1951 年间的战后第一届立法议会中，存在政治势力复旧的现象：三个势力最大的政党中，有两个政党（法共和国际工人组织法国分部 SFIO）属于战前的政治力量，战后新的政治格局中只出现了一个新政党，即 MRP（人民共和运动）。而且大多数政党的领导人都官复原职，占据重要的政治职位：仅从 1936 年组成人民联盟的三个政党情况来看，就一目了然了。莱昂·布卢姆从集中营归来后，立即成为法共以外的左派阵营无可争辩的精神领袖，尽管 1946 年他在自己党内已成为少数派，但是仍然拥有很大的政治影响力，直至他四年后去世；莫里斯·多列士从莫斯科返回后，被封为"法国第一抵抗战士"，重新执掌法共，尤其取代了法共抵抗运动的几位历史领导人；爱德华·赫里欧曾是激进党的历史领导人，但与人民阵线保持一定距离。虽然他因与第三共和国的渊源太深而一度失信于民，但仍在 1945 年立法选举中再次当选，不久又当选为立法会议长，立法议会后来正式改名为国民议会。但是关于战前政党领袖的上述例子还不够说明"复旧"的含义。事实上，战后右派阵营的政治面貌有较大变化，人们似乎不能说"复旧"。不过"复旧"确实发生在 1951 年选举后产生的第二届立法议会上，因为该届议会投票通过了大赦法案，而这肯定是向后倒退的象征。次年，安托万·比内被任命为内阁总理，此举意味着解放后对失尽人心的法国右派的肃清告一段落。需要指出的是，"复旧"行为虽然明目张胆，却无法全面实现。戴高乐派在1951年选举失败后进入冬眠期，戴高乐本人从1946年起就反对第四共和国，一旦第四共和国失败，戴高乐派随时可能东山再起，尤其是戴高乐将军的个人魅力，具有对抗其他政界人物的真正统帅形象。如果第四共和国的失败成为定局，他是出面收拾残局的不二人选。此外，50年代还诞生了其他一些政党，如孟戴斯-弗朗斯派，他集中体现了实现国家现代化的理想，团结了相当一部分的社会栋梁之材。

　　刚一解放，某些领域就表现出对现代化的渴望，有些甚至更早出现在"民族革命"时期。事实上，它的出现可以跳出革命—复旧的两难选择。连续性也许超过变革，但革新马上压倒了复旧。这就是那一时期某些观察家强调指出的趋势。雷蒙·阿隆曾在1944年10月和1945年8月连续发表的两篇题为《革命还是革新》的文章中，摈斥一切革命的论调，呼吁实行必要的改革，并为之勾勒了大致轮廓。这种要求改革的愿望不是少数个人的想法。最近由全国政治科学基金会组织的题为"1944至1952年的法国现代化道路"的讨论会指出，甫一解放就不可否认地涌现出一幅从各方面吸取智慧的现代化蓝图。1940年的创伤刺激了人们从所谓"30年代精神"（让·图夏尔之语）中产生的现代化想法。这一"精神"聚集了一批与世纪同龄的年轻人，他们来自各种政治信仰，面对两次世界大战之间法国面临的危机作出了同样的判断和救治方案：推进政治体制的改革，加强执政当局的权力，使国家在经济生活中占有更大的比重。在自由主义和共产主义之外寻求第三条道路，这种思想尤其在30年代初的一些小杂志上传播，如《计划》《X-危机》《新秩序》《精神》等。但是，发生了1934年二月事件以及后来政治生活的两极化，明显地阻碍了第三条道路的探索，以致"30年代的反潮流一代"只能在拥护和反对"人民联盟"之间作选择。于是，1940年以后，有些人来到了维希，另一些人选择了"自由法国"或国内抵抗运动。处身在不同的阵营，

"30 年代精神"遭遇了各不相同的命运。"民族革命"中的"技术精英"从中汲取灵感，为维希政府制订了某些计划，它们无疑是现代化的计划；而投身"抗德游击队"或伦敦"自由法国"的人，为全国抵抗委员会作出了贡献。亨利·米歇尔在分析抵抗运动内部的思想派别时，指出"反"字当先的特征：反资产阶级秩序、反第三共和国议会政治的弊端。1940年的溃败促使了"30 年代精神"的涌现，从这个意义说，"抵抗精神"也在很大程度上由此产生。

这一批人在解放时正值四十来岁，而且身居国家要职，能够为实现自己设想的现代化计划而大展宏图。上文提到的讨论会上有一篇报告（作者为勒内·雷蒙）指出在"战前"酝酿的这个计划的庞大规模和广泛的社会共识：论规模，计划涉及政治（提出建立新的政体）、社会（如建立社会保障体系）、经济（实行大企业国有化和计划经济）、文化（如教育改革）；论社会共识，从国家高层领导、政党、工会和农会，到部分企业主和知识分子，都一致主张实行改革。当然共识也不可能全民族一致。事实上，改革精英就算不是顶风而行，至少也遭到了某些冷遇——1947年 1 月的一份民间调查报告显示，50％的法国人从未听说过莫内计划，仅 19％的人相信改革的成效。在民间调查时，确实大多数人首先想到消除日常生活中的战争后遗症，人们习惯地想到过去而不是朝前看。或许只有政治体制现代化改革这一项才获得大多数人的赞同。

复兴

法国的革新首先要从复兴开始，因为国家经历了第二次世界大战后已极其虚脱。人口的损失肯定比 1914 至 1918 年的大战中少，但二战期间四分之一以上的国家财富化为灰烬——估计损失为 850 亿金法郎①，而 25 年前的第一次世界大战仅耗费了十分之一的国家财富。如此巨大的

---

① 译注：金法郎（franc-or），即"芽月法郎"，它是拿破仑执政时期，根据革命历十一年芽月十七日（1803 年 4 月 7 日）法令，由法兰西银行铸造的一种新法郎，其价值为 0.322 5 g 金价。

损失或许可以说明国民认同国家需要重建和现代化；相比之下，一战后人们曾寄望于德国战争赔偿金的经济作用。时代的新特征还不止于此。加倍的努力应在国家的推动和控制下进行。我们看到抵抗精神首先是在左派人士中产生，或许左派中亦有多种倾向，但是反资本主义、认为在1939 至 1945 年间"统治阶级已经破产"的判断加强和凝聚了左派思想。于是，国家的大政方针包括复兴和革新，以及将银行和能源等领域的"控制权"收归国有。解放初期在这两大领域实行国有化，乃是经济结构进行深层改革的时期；在这一点上，与"人民阵营"时期的几乎不作为形成鲜明的对照。实行国有化加上现代化规划和设备更新，大大增强了国家主导和控制国民经济的能力和手段。

那么第四共和国又是如何运用权力的呢？这个问题因第四共和国长期为世人诟病而愈发显得重要。相对于解放时人们对第四共和国的无限憧憬，其 12 年的存在显得软弱无能。希望的破灭以及在 1958 年春天大动荡中暴死，使该政权蒙上奇耻大辱。从此任何政党都不再愿与它有瓜葛，公众舆论亦从未对它有特别的留恋。然而不得不指出，给这个共和国的方方面面加以抹黑并不公道，它至少完成了重建法兰西的艰巨任务，带领国家走上了一条持续发展的道路。从 1948 年起，法国就赶上了战前 1938 年的水平，两年后即超过了 1929 年的最高指数。自那时起法国在整整 20 年中工业生产年均增长率达 5.3％。如果说法国的经济在 50 年代曾严重失衡，几度出现高通胀（1951—1952、1956—1958），"外贸平衡亦岌岌可危"（引自 R. 吉罗语），如果说政权存在的最后几年遇到严重的财政危机，这些都不能抹杀第四共和国领导经济振兴的成就。因为公众舆论对上述现象能立刻直接感受到，而经济增长的红利却是一下子看不到的。显然，法国在第四共和国以后的 15 年中真正收获了经济增长的果实：从 1958 至 1973 年是法国经济史上发展最快的阶段，从 1969 至 1973 年经济年均增长率达到了 6.5％！但是这 15 年的增长是在 50 年代就开始孕育的，很难否定第四共和国对"辉煌 30 年"的贡献。在第四共和国几届政府的领导下，法国推行了工业现代化和农村革命，法国经济开始面向欧洲，然后走向世界。

肃清

　　知识界在战后几十年中也发生了深刻变化。一方面，出版和新闻系统在解放后进行了整肃；另一方面，出现了一批主张对社会进行干预的新型知识分子。新一代知识分子、新报刊和新的读书协会等构成了法国知识界的新面貌。

　　肃清不但在国民意识上留下创伤，更延续并扩大了"法国人之间"内战的伤疤，造成几次化脓。在知识分子中造成持久影响的整肃主要表现在两种形式上。一种是行业内部肃清，被整肃对象不一定受到司法追究。这种形式的整肃纯属职业内部清理，即在解放初由全国作家委员会公布一份黑名单。全国作家委员会由抵抗运动人士组成，严格地说它并不拥有官方权力，但是在那个时代很难想象出版社或报刊编辑委员会对该机构的意见置若罔闻。凡列于黑名单上的人即意味着其作品被禁止出版或发表。1944 年 9 月初公布的第一份黑名单包括 12 人，其中有罗贝尔·布拉西拉、路易-费迪南·塞利纳、阿方斯·德沙托布里昂、雅克·沙尔多纳、德里欧·拉罗舍尔、让·季奥诺、夏尔·莫拉斯和亨利·德蒙泰朗等人。9 月 19 日又公布了第二份黑名单，要求出版商注意 44 个人，其中有皮埃尔·伯努瓦、亨利·波尔多和诗人保尔·福尔。全国作家委员会成员还向出版社表示，决不与发表"附敌分子"作品的出版商合作，不参与丛书的出版，也不在他们的杂志上发表文章。后来在 10 月份公布的最终黑名单上这三位作家的名字被取消了，这份黑名单总共包括 165 人，他们有的是"合作分子"，有的是"附敌分子"，其实两者并无真正的区别。

　　在行业内部清理——只是禁止某些作家在几年内发表作品——之外，另一种形式是司法整肃，它基本上是针对"附敌分子"，如上述的三名作家罗贝尔·布拉西拉、德里欧·拉罗舍尔和吕西安·勒巴泰。第一个人在 1944 年 9 月 14 日被捕，次年 1 月 19 日以刑法第七十五条的罪名

（"通敌罪"）被判处死刑。他的名字成为当时及此后一段时间内知识界争论的焦点，争论围绕着整肃有否扩大化以及量刑是否过重。在弗朗索瓦·莫里亚克——他在法庭上宣读了一封信，称"如此优秀人物的消失将是法国文学的损失"——以及当事人朋友们的发起下，63 名艺术家和作家联署了一份请愿书，要求当时临时政府首脑戴高乐将军特赦罗贝尔·布拉西拉。戴高乐将军没有回应这份请愿书，合作报纸《我无处不在》的这位前记者在 1945 年 2 月 6 日被处决。1944 至 1945 年冬季，德里欧·拉罗舍尔可能密切关注了对通敌知识分子的法庭审判。当时《法国文学》杂志曾揭露他还"逍遥法外"。事实上他躲藏在巴黎的一处住宅内，曾于 1944 年第一次自杀未遂，后来又企图投奔安德烈·马尔罗领导的阿尔萨斯-洛林支队未成，终于在 1945 年 3 月再度畏罪自杀身亡。至于吕西安·勒巴泰，1944 年 8 月藏身于德国，1945 年被捕，在罗贝尔·布拉西拉被处决后两年的 1946 年 11 月也被判处死刑。当时可能民众已不再那么激愤了，吕西安·勒巴泰的命运与《我无处不在》的前同事拉罗舍尔不同，关押几个月后于 1952 年被释放了。

与司法追究乃至被判刑相比，知识界内部的肃清对法国文化局面有更深的影响。不光极右派，甚至右派的大部分作家都因肃清运动而陷入沉默。因为在公众意识中，右派思想等同于纳粹主义和屠杀犹太人而遭到质疑，所以连与右派有牵连的非合作人士都无法发言。结果造成至少在十年中，意识形态领域由左派知识分子独领风骚。与两次世界大战之间的情况大不相同，当时虽然有一些重要知识分子站在"人民阵营"一边，但大多数知识分子则倾向于右派。战后知识界发生巨大变化还因为出现了另一现象，它发端于大战之前，与左派独占文坛的上述现象不无关系，即知识分子一致认同了"社会干预"的理念。

萨特和"社会干预"

对 1945 年的法国知识分子来说，作家有干预社会的"义务"。当然在 30 年代已经出现了这样的作家和艺术家，他们以反法西斯主义或者反共产主义的名义参与公众斗争。在这一点上，30年代无疑是1945年的前奏。只是当时"社会干预"的义务在知识阶层中远未形成共识，朱利安·班达在1927年发表《文人的背叛》一书，该书经常被曲解为替"象牙之塔"辩护，但事实上文章认为，文人若过于投入派性之争会"背叛"正义和真理的大事业。而1945年文人的背叛却是相反，即大多数作家和文人不参与斗争。

让-保尔·萨特在国民的集体记忆中是知识分子干预社会的象征。这种说法至少出于两个原因：首先是他在当时提出了作家干预的理由，其次在作家同行们和广大公众的眼中，他已成为作家干预社会的化身。1945年10月在首期《现代》杂志的著名《发刊词》中，萨特痛斥了作家"不负责任的诱惑"。因为不管作家如何行事，他们"总是赢家"。作家"生活在他的时代"，"既然我们是靠自己的存在作用于时代，我们决定要让自己的作用变得更自觉"。于是对作家来说，结论是明确的："我们希望他①更紧密地拥抱他的时代。"关于作家干预社会的全部观点——详尽阐述在《什么是文学？》一书中——都孕育在上述的《发刊词》中。当然，此前作家们已在不同场合有所参与，但今后作家的参与不再是紧急动员，而是与作家身份密不可分的一项活动。这一现象可以从作家的年龄来解释。1905年出生的作家当时正值40岁，处于历史舞台的前沿。作为"30年代一批离经叛道者"，他们很早就参与政治辩论，履行过社会干预的义务。从这一层面上来说，萨特的理论与其说是创见不如说是总结。事实上，现实远远超前于理论，在战前和战争期间已经出现。不过萨特成了这一理论的"化身"，其影响力在几年中迅速扩大。《现代》杂志发行后12年，《快报》在1957年为纪念"新潮流"而进行了一次民意调查，青年在回答"请指出下列作家中你认为对你们一代最有影响的人？"的问题时，萨特的名字遥遥领先，其次才是安德烈·纪德和弗朗索瓦·莫里亚克。

1945年，40岁的萨特提出了作家的社会干预义务，而他的文学名声

---

① 译注：指作家。

和政治干预力度却是在稍后才真正显现的。因为无论是文学成就还是政治干预，都需要战争和被占领来促成作家的"孵化"。这位 20 年前的巴黎高师毕业生，1924 至 1928 年间，对城市生活不太感兴趣，30 年代成为外省的一名年轻的哲学教师，萨特始终游离于政治斗争之外。1936 年选举时，他甚至没去投票！1933 至 1934 年的柏林之行似乎没给这位年轻的哲学教师留下什么印象；相反，他的高师老同学雷蒙·阿隆比他早一年去柏林时的反应就很不同。30 年代末，萨特发表最早的文学作品《恶心》和《墙》，未曾引起大的反响。据最近出版的他的《关于奇怪的战争》（1983）一书，萨特于 1934 年应征入伍时对职业生涯踌躇满志，头脑中酝酿着许多文学计划，但对政治却缺乏定见。然后是当战俘——1940 年萨特成了战俘，次年因眼疾而获释，1941 至 1944 年在巴黎孔多塞中学教书——以及德国人的占领，这些遭遇或许促成了作家的"孵化"。哲学家发表了第一部引人注目的哲学著作《存在与虚无》；文学家的剧本《苍蝇》上演；作为公民加入了抵抗运动，解放后成为全国作家委员会成员。

　　直到 1945 年秋季——第一个和平的秋天——让-保尔·萨特才在短时间内声名鹊起，成为"存在主义哲学"的象征。在《现代》杂志创刊号问世之际，萨特发表了《自由之路》前几卷，发表了著名演讲《存在主义是人道主义吗?》。当时报刊的评论匆促地把萨特的文学多产及其思想与当时弥漫在巴黎圣日耳曼教堂街区五花八门的文化活动混淆在一起，圣日耳曼教堂被称为"萨特大教堂"。聚集在"禁忌爵士乐俱乐部"（Le Tabou）、圣日耳曼俱乐部内的绝大多数年轻人也许只听说过"存在主义"这个词，所谓"存在主义村庄"在很大程度上只是《周六晚报》和《法兰西周日报》的"发明"而已。许多年轻人的态度恐怕主要是战后宣泄情感的需要，而非真正读懂了《存在与虚无》的哲学。几年后，雅克·贝克的影片《七月的约会》比曾经轰动一时的报刊文章更贴切地反映了年轻一代的心态。鼓噪一时的报刊文章把圣日耳曼街区的"地窖"、萨特和莫里斯·梅洛-庞蒂的文章、"两个怪瓷人"咖啡馆和"禁忌爵士乐俱乐部"、雷蒙·格诺、鲍里斯·维昂和朱丽叶·格雷科等人和事一股脑儿地"一锅烩"。让·科克托在 1951 年 7 月 16 日的日记中幽默地写道："存在主义，人们从未见过一个名词离它所要表达的意思如此遥远。在狭窄的地窖里除了喝酒什么也不做，这就是存在主义者。正好比在纽约的某些地窖里跳舞的相对论者，似乎就相信爱因斯坦也在那里跟他们一起跳舞哩。"圣日耳曼街区的游客总是人头攒动，正如西蒙娜·德博瓦尔后来在《事物的力量》中所写，"存在主义"跟高级时装一样成为圣日耳曼街区的特产。

法国镜子中的文化

在战后那些年里，知识分子如此密切地参与在社会事件中，因此产生某些直接反映时代的艺术和思想就毫不奇怪了。当时的艺术比任何时代都更像一面打碎的镜子，折射出多面的景象，它们之间往往显得相互矛盾，但是有些景象无可争辩地反映了时代特征。

然而，绘画基本上逃脱了以社会现实来解读作品的方法，关键是从什么审美视角去看。1945 年一位批评家曾对"形象艺术和人们所称的主观艺术之间的抗争"进行预测。显然对赞成形象艺术的人来说，这是一场未战先败的对抗：两派对峙了若干年，结果在两代人的捍卫下，"主观艺术"取得了胜利。两次世界大战之间的大师，如毕加索、马蒂斯、夏加尔、莱热等人的名声已如日中天。但与此同时，立体主义、表现主义和超现实主义大师成为经典画家后已步入晚年：康定斯基于 1944 年去世，波纳尔 1947 年去世。其间涌现出新一代的画家，即上文提及的在占领期间出现的那批画家，他们的抽象艺术逐渐占领画坛。从 1944 年起这股潮流已不容忽视。在刚解放的巴黎举行的秋季沙龙上，少数观众为表示抗议而取下了几幅被认为挑衅味太浓的毕加索的画。但正是这次沙龙画展汇集了自野兽派以来最典型的所有画派的作品：既有毕加索的作品回顾展，又有恩斯特、马格里特、马松、米罗等超现实主义画派的回顾展，最后还有巴黎画派中尚不出名的画家，如马内西埃和巴赞的作品。

各种风格的融合和几代画家的交汇使战后几年的画坛呈现出光芒四射的局面，但同时也造成这些年的画风很难归类的现象：画派层出不穷，创意不断更新。如果说60岁一辈的大师（如马蒂斯、布拉克、毕加索和德兰）继续影响着年轻一代画家（譬如巴赞公开表示1945年马蒂斯的作品回顾展对自己的影响巨大），年轻画家们也在探索新的艺术道路。有些人在探索色彩和表现手段（如格吕贝、马尔尚和皮尼翁）；一些"主观艺术"画家则呈现出另一种倾向，他们认为只有发掘内心的梦境，让色彩占有主要地位，才能表现真实。

在这样的背景下，很难判断40年代末法国绘画界的繁荣与社会环境之间的确实关系。充其量人们可把抽象画现象归结为对战后动荡现实的一种思想逃避。总之，与带有深刻时代烙印的其他艺术形式决然不同。譬如，文学从此致力于干预社会，而且在双重意义上自觉地烙上时代印记：文学应当融入于它的时代，于是它应该是一面镜子；文学家应当干预社会，他应该是一个参与者。因此，在战后文坛上出现了文学体裁的新排序。或许，这一转变需待几十年后才会被人察觉，我们现在就来评估战后几年中出现的若干现象似乎为时过早。但是现象不可否认：战后这些年里哲学逐渐取代文学而主宰文坛。让-保尔·萨特自己写了《自由之路》，却批评小说家"占了上帝位置"。小说，特别是心理小说，确实在此后20多年时间里一蹶不振：一方面，当时法国一些重要作家并非以写小说出名，另一方面，小说不再是一些周刊文学版的主要内容。于是"新小说"乘虚而入，不久便填补了空缺。

如上所述，哲学占领了文坛。这一点只需回顾一下战后20年中法国的诺贝尔文学奖得主便可一目了然。在1944至1964年的20年中，法国共有五位诺贝尔文学奖得主：安德烈·纪德（1947）、弗朗索瓦·莫里亚克（1952）、阿尔贝·加缪（1957）、圣琼·佩斯（1960）和让-保尔·萨特（1964）。在同一时期，英、美两国各有三人获得诺贝尔文学奖，他们是T. S. 艾略特、伯特兰·罗素和温斯顿·丘吉尔（英国）以及威廉·福克纳、海明威和约翰·斯坦贝克（美国）。可见，尽管战争创伤和反殖民运动高涨，法国文化在当时世界上仍有很大影响。1947 年获奖的安德烈·纪德在四年后去世，他的作品基本上发表于 1939 年前，甚至在 1929 年以前。他的获奖是对两战之间法国文学的致敬，一个作家获得国际承认需要一定的时间，这很正常。同样情况也部分地说明弗朗索瓦·莫里亚克的获奖：他的重要作品也都发表于第二次世界大战之前，1945 年后他基本上作为记者——非常杰出的记者——而非作家。相反，萨特和加缪两人肯定是战后的作家——圣琼·佩斯介乎战前、战后两代作家之间——他们获得瑞典科学院的奖项是因为得到了与其作品同时代人的承认，不过萨特拒绝了这一荣誉。然而在瑞典科学院院士和公众心目中，萨特是一个哲学家。至于加缪，即使更多地朝小说和戏剧方面发展，他的作品仍以其哲学视野而著称，况且其哲学思想在一些杂文中就有所表达。

如果说小说让位于哲学的话，戏剧则深受哲学思想的影响，呈现出一个新的历史阶段——至少与"大马路戏剧"或经典传统剧目没有任何关系。戏剧界的两种变化，一则某些哲学家，如萨特和加缪选择戏剧作为传播他们对世界看法的表达方式，通过舞台人物之口表达过去只在书本或课堂上讲授的哲学思想，赋予剧中人某种头戴光环享有威望的身份；一则随着哲学家直接投入戏剧，戏剧本身也朝同一方向发生了演变。正如两次世界大战期间，传统戏剧由剧作家让·季洛杜或戏剧导演路易·茹韦为代表一样，战后，被批评家们称之为"荒诞派"戏剧则体现在尤内斯库—贝克特—阿达莫夫三人的创作上。通过不同的舞台表现手法所表达的荒诞感觉，戏剧与时代充分融合，反映出当时人们思想的不确定性：第二次世界大战的恐怖造成的创伤尚未完全愈合，国际紧张局势风云变幻，尤其广岛原子弹爆炸引起的恐惧，人们根本没有真正"战后"的生活。这与经历第一次世界大战后"疯狂年代"（20 年代中期）的长一辈人的情况完全不同。在如此条件下，戏剧舞台——历史上尤其是美学纷争之地——几度成为政治交锋的战场就毫不奇怪了。不必说萨特的几出戏所引起的反响，更不必说罗歇·瓦扬以朝鲜战争为背景的

《福斯特上校的有罪辩护》，该剧成为 1952 年编年史的主要话题。这出戏在 5 月份只上演了两场，即被巴黎警察局长下令禁演：极右分子示威抗议该剧将美国军队等同于纳粹。值得一提的是围绕另一出戏而爆发的更出名的冲突——发生在解放后 20 年、另一场战争刚结束。1966 年 4 月，雷诺-巴罗演出公司在巴黎奥岱翁剧院上演让·热内的《屏风》。该剧以阿尔及利亚战争为背景，引发了极右团体"西方"和北非裔老战士的强烈抗议，抗议者在剧院周围示威，有人甚至冲进剧场内。那时代的戏剧创作总体来说已不再像 20 年前那么介入社会，但还留下些许过去时代的痕迹，即把文化创作视为时代的产物。因此它不仅要反映当代人的重要疑惑，而且要紧随国际关系的风云变幻，亦就是说烙下冷战的印记。

冷战

从 1947 年起世界进入冷战时期，法国文化"大分裂"的冲击波一浪高过一浪。从此，美国和苏联的两种相互对抗的模式发生竞争，而且愈演愈烈。

在某些文化领域内，战前已出现的"美国化"现象日益扩展地盘，"美国化"现象往往涉及面向大众的表现形式，如电影、音乐、警探和科幻小说等。1946 年 5 月签订的布吕姆-比纳斯协议有利于美国电影进入法国市场；音乐方面，圣日耳曼街区的"地窖"内传出了新奥尔良的音乐，年轻的"存在主义者"开始随博普爵士乐跳曳步舞，还有侦探和科幻小说。唯有连环画受到 1949 年关于青年出版物法的保护，使来自大西洋彼岸的影响回复到战前水平。相反，美国在科学领域的影响力比较深远，譬如在人文科学方面，美国的影响力急剧上升，以至 20 年后人文科学在知识界的价值观中超过了哲学。美国的影响无处不在。美国大学在各学科内的声望如此之大，使法国高等教育的地位受到严重威胁：特别是社会学领域，全法国文科大学只开出四个社会学班，两个在巴黎索邦大学（在 16 个哲学班中），另两个在外省：一个在斯特拉斯堡大学，另一个在波尔多大学。此外，美国一些基金会的资金几次对法国创设新机构起了决定性的作用：1947 年创建巴黎高等研究院第六学部①时，洛克菲勒基金会和福特基金会均发挥了重要作用。

另一方面，在"为党服务"的日丹诺夫原则指导下进行文化创作和生产的思想，冷战初期也影响了一些西方国家的共产党。艺术家和作家接受任务奋勇上阵，"在本职工作中"服务于捍卫和宣传工人阶级。这种"社会主义现实主义"尤其表现在绘画和文学中。安德烈·富热龙的绘画——属于名为"新现实主义"的流派，旨在与抽象主义绘画抗衡——最完美地体现了"党的艺术"，恰如文学中的阿拉贡（他从 1949 年起发表《共产党人》）、皮埃尔·库尔塔德和安德烈·斯蒂尔。如果对法国不少知识分子——法共党员或法共的同路人——来说，苏联已建立起一个能与美国抗衡的竞争模式，那么在 1947 年夏的一次民意调查中，只有 24％的法国人认为苏联是民主国家，而 57％的人则作出相反回答。当然，苏联的影响对地域和政治上邻近的国家会大得多：美国只有 5％的人认为苏联是一个民主国家，同一时期在荷兰则有 11％的人作出同样回答。总之，法国人解放时对苏联抱有的好感在 3 年后已逐渐减少，在法共党员及其同情者中、在相当大部分的知识分子中已大大减弱。

与法国式"社会主义现实主义"的创作数量相比，有更多知识分子受到苏联模式和法国共产党的吸引，它说明冷战冲击波何以在法国知识界掀起如此大的波澜，也说明法国知识分子受到了地缘政治上的影响。但是这些知识分子的人数并不像后来被描写的或人们通常所说的那么多。对于 30 多年前冷战期间受马克思主义影响、着迷于东方"伟大曙光"的当时法国知识界状况，让妮娜·韦尔代斯-勒鲁的调查报告作了恰如其分的分析。这位社会学家认为，在严格意义上说，当时的法共知识分子仅是一个"范围有限的圈子"，他们受教育的程度不等，而且在心理和社会家庭上的坚定性亦极不一致：他们中有著名画家和获得资格的哲学教师等党外的"独立知识分子"，也有"党内知识分子"——其文化水准只能称得上马克斯·韦伯所定义的"知识界的贱民"。尽管两者表面上

---

① 译注：经济和社会科学部。

在同一旗帜下进行着互有联系的斗争，但他们之间的鸿沟十分巨大。韦尔代斯-勒鲁女士的研究显示解放后几年里法共党内知识分子人数相对较少而且成分混杂，这就打破了一个神话：说明当时的知识界从未完全认同于"党"。神话虽被打破，信仰共产主义确实是当时的一个重要现象。造成这一现象有多方面的因素，使苏联模式在当时具有如此大的吸引力。最重要的因素是"斯大林格勒效果"：苏德互不侵犯条约的签订曾让许多法国人对苏联感到失望，后来苏联在第二次世界大战中战胜纳粹德国等于还了自己的清白。1944 年 9 月，法国公众舆论调查所（IFOP）的一份民意报告显示，当巴黎人被问到"哪个民族为战胜德国作出了最大贡献？"时，回答"苏联"的人数占 61％，仅 29％的人认为是"美国"。在二战中苏联红军参与打败纳粹，苏联人民付出了沉重的代价，苏联因此变得光彩夺目，苏联的制度和取得的成就也受到赞扬。于是在法国的部分知识分子眼中，苏联模式象征了革新和社会正义，成为发展工业和进行政治及社会重建的另一条道路。当时苏联确实成为颂扬者向往的目标，它象征的革命被认为不可抗拒，马克思列宁主义则成为指导革命取得胜利的理论——在许多人眼中成为让-保尔·萨特所说的"不可逾越"的地平线。所有这一切都被移植到曾积极参与抵抗运动、为无产阶级指明其历史使命的法国共产党身上。上述特征对 1920 至 1930 年间出生的新一代年轻知识分子——让我们称之为 1925 年的一代——尤其具有吸引力，他们中年纪稍大者曾在战争中通过抵抗运动加入了法国共产党，较年幼的在战后的学生年代被莫里斯·多列士的党所吸引。韦尔代斯-勒鲁的报告指出，错觉也许正出于此：解放时，法共在人们心目中曾代表了知识分子的政党，后来又被夸大，说成在大学、读书协会或报纸编辑部内有许多像安妮·克里格尔、埃德加·莫兰、克洛德鲁瓦或埃马纽埃尔·勒鲁瓦-拉迪里这样的青年学者。埃马纽埃尔·勒鲁瓦-拉迪里在《巴黎—蒙彼利埃》一书中描绘了四五十年代巴黎高等师范大学的状况，许多高师学生信仰共产主义。当年法共接受了这批年轻学生，而这批二十来岁的学生并没能提高法共的声誉。再仔细地分析一下，绝对服从法共领导的积极分子中，真正有名望的艺术家和思想大师远非人们后来所相信的那么多。毕加索、阿拉贡、保尔·艾吕雅和弗雷德里克·约里奥-居里四人是在各自的艺术和专业领域中拔尖的法共党员，至于其他同时代的名人与法共的关系若即若离。至于后来提到法共因青年知识分子的加入而扩大影响的说法更缺乏依据，实际上，当1925年一代的知识分子在社会上成名时，早就已脱离了法共。上述四位著名的法共党员在人到中年之时，于60年代之前都已离开了法共。不过值得指出的是，即使党龄最长不超过十年的法共经历，对这一代人的影响乃是决定性的。在80年代知识界的各年龄层中，我们可以发现一个人数相当可观的群体，他们的政治生涯都是从法共开始的。在这个"前法共党员"的年龄层上面，累积起拥有其他经历和共同点的其他年龄层。

从解放后到冷战时期，1925年的一代并不是唯一受共产主义影响的社会阶层。事实上，在坚决服从党领导的法共积极分子中，如果说著名艺术家和思想家只占少数的话，受法共影响的有名望的"同路人"数量不少。英国史学家戴维·科特指出，往往出于忠于启蒙思想而引导他们向法共靠拢——他们相信在东方看到了这一思想的复兴。这部分人数之多、个人声望之高以及他们与法共"路线"靠得很近的事实，也许是说明法共在许多人眼中成为一个知识分子政党的另一种解释。这一些"同路人"不属于法共知识分子的核心人物，只是范围较广的法共外围，这种现象在战后既非法国独有亦不只局限于某一年代。苏联1917年后的经验也引起其他许多国家知识分子的同样态度和经历。譬如韦伯夫妇[①]提供了一个英国模式。但是英国不存在共产党——美国也没有共产党——所以相对于有法共存在的法国模式，英国模式有自己的特点：它不是公开地宣传对苏联的赞赏，而是在国家政治生活中支持某个政党。其实这种模式战前在法国已有出现，1945年后冷战时期更趋活跃，许多作家和

---

① 译注：韦伯夫妇（Sidney et Beatrice Webb，1859—1947 和 1858—1943）系英国费边社（Fabian Society）的最早成员，费边社重在务实的社会建设，倡导互助互爱的社会服务，从而推行和平宪政和社会主义的道路。人们亦把这一理论称为"费边主义"。费边社在韦伯夫妇等人努力下逐渐成为一个在英国有重要影响的政治和知识精英俱乐部。

大学教授与多列士领导的法共并肩战斗。法共将法国文化界一些重要人
物团结在它的旗帜下以扩大自己的影响力：譬如访问苏联之前的 30 年代
的安德烈·纪德，或者 1952 至 1956 年的让-保尔·萨特。萨特曾在此前
遭到法共的严厉攻击——1947 年法共刊物《思想》曾斥责萨特为"掘墓
人""走狗"；次年法共的《法国文学》杂志又抨击道："正是萨特有一双
肮脏的手"①——直到 1952 年萨特发表了《共产党人与和平》，才开始
了长达四年的法共同路人的阶段，直至匈牙利事件的发生使萨特远离了
法共。萨特于 1956 年 11 月 9 日接受《快报》杂志采访时谈到了他与法
共关系的终结。总之，尽管在 40 年代末萨特与法共的关系紧张，他的整
个同路人生涯是知识分子受共产主义吸引的典型，这种思想影响被他的
巴黎高等师范学校的老同学雷蒙·阿隆称作为"知识分子的鸦片"。

"老同学"：雷蒙·阿隆和让-保尔·萨特

在战后几十年中，巴黎高等师范学校的这两位老同学代表了法国知
识界的两种不同倾向，这是两种不同的命运，而两人在早期却有许多共
同点。雷蒙·阿隆和让-保尔·萨特是巴黎高师 1924 年的同届生，都是
校内哲学小组的成员。学生时期他们曾一起沐浴在和平的甚至是反战的
气氛中。作为未来自由派《积极旁观者》，雷蒙·阿隆曾是社会主义者，
作为《民族间的战争与和平》的未来理论家，他浸润于和平主义的氛围
中；而作为知识分子干预社会的未来化身，年轻的萨特却对政治漠不关
心。但是除了参与公民辩论的不同方式，两人仍有过许多共同点和友情
（1927 年两人一起当了同届同学保尔·尼藏的证婚人）：他们都是学校哲
学的优等生。阿隆是 1928 年哲学资格考试的"状元"，萨特在同年考试
中失利，但次年即如愿以偿，排名在西蒙娜·德博瓦尔之前。他们俩都
曾去德国作过哲学家的经典之行，于 1932 和 1934 年相继在柏林的法国
之家下榻；而且在执教生涯之初都在勒阿弗尔的高中教过哲学，同样都
曾被视为法国大学界的哲学新星。但是此后两人分道扬镳。在方向选择

---

①   译注：萨特有一剧本名为《肮脏的手》。

上，阿隆走大学的路线，在取得哲学博士学位后，选择在大学教书；萨特则留在高中执教，同时开始酝酿哲学著作，他还选择小说、戏剧和短篇小说等大众容易接受的形式传播自己的哲学观点：1938 年他发表了《恶心》，次年又发表《墙》。毫无疑问，这些更容易为大众接受的文学作品在普及萨特思想中发挥了重要作用。对雷蒙·阿隆来说，德国之行的影响更大，从那时起年轻的哲学家确定了自己某些终身不变的特点：他跳出了纯哲学研究范围，开始关注政治经济学和国际关系，对专制极权现象进行思考，并在 1936 年选举中投票支持社会党，支持"人民阵线"上台，后来逐渐走向自由主义。从此，一生坚持自己的信仰，再无反悔。萨特则相反，30 年代他在政治上似乎还不成熟——如前所述，他甚至没有参加 1936 年选举的投票。

一直到第二次世界大战爆发——大战期间阿隆投奔伦敦，为《自由法兰西报》工作——年龄不满 40 岁的他们都还是普通知识分子，并不出名。相反，在此后的几十年中，他们成了思想观点完全对立的各自阵营的代言人。从解放时同属《现代》杂志编辑部成员——阿隆不久就离开了《现代》杂志——直至 1979 年 6 月为帮助越南战争中的海上难民而共同出席一次集会（几个月后萨特便去世了）为止，他们之间直接、间接地论战了整整 35 年。在第四共和国期间，雷蒙·阿隆的处境十分孤立，他反潮流而行，与知识界左派阵营进行针锋相对的论战，而萨特当时正是左派知识分子的旗帜。1955 年阿隆指责马克思主义以及法共对知识分子的吸引犹如"知识分子的鸦片"。其间虽然两人都反对阿尔及利亚战争，但未能实现和解。确实两人对战争的分析那么不一致，在用词和语调上并无真正的共同点。在处于大动荡中的法国，一切都使年近六旬的两位哲学家不相往来。

3. 辉煌的30年

1964 年 2 月,《新闻周刊》在一篇题为《回归强盛》的文章中预测:"相比于 40 年代末、50 年代初的法国,现今的法国正以光速在发展。"此话语气虽然夸张,意思并不错。60 年代中期正是从解放起直至 1973 年第一次石油危机之间整整 30 年的中间点,法国在这 30 年中经历了历史上最迅速的发展,当代人目睹了日新月异的变化。在此期间法国不但经济持续增长,而且社会发生了深刻转变,生活水平迅速提高,全国进入了"消费社会"。在这些现象的共同作用下,带动了社会行为同一化和文化均质化的发展。

乡村社会的终结

乡村的转变从第二次世界大战之前已经开始,1931 年人口普查显示,城镇人口有史以来首次超过了乡村人口。但是在 30 年代过程中,城乡人口比例几乎不变,这说明人口转变的节奏是以 10 年为单位而非逐年在变化:在 1931 至 1946 年间,乡村人口的比重从 48% 减至46.8%。大战的因素使原本缓慢的进程甚至倒退,有社会学家称之为"乡村的回复"(A. 普罗斯特)。一方面由于维希政府注重乡村居民,认为他们扎根土地,"不会说谎"。另一方面在物资紧张的年代,农业重新成为国家经济的支柱:1942 年 4 月农业部与物资供应部合并,象征了农业的重要性和城镇对乡村的依赖(当时城镇居民都吃不饱)。再则,不愿去德国服劳役的法国人和抵抗运动人士都躲在乡下,"丛林"(maquis)一词不久就用来泛指地下游击队。

事实上,在战后的 20 年中法国人口分布发生了巨大变化,从 1946 至 1968 年一代人的时间里,城镇人口从全国总人口的二分之一猛增至三分之二,确切地说从 1946 年的 53.2% 增加至1968 年的66.2%。1968 年前后，社会学家亨利·孟德拉斯以故意夸张的标题《农民的消亡》作为他一本专著的书名，分析法国乡村社会的转变。1946 年农业人口占就业人口的 36％，1954 年降为 26.7％，1968 年续降为 14.9％。1970 年，当亨利·孟德拉斯的专著出版时，法国的农民人数比解放时减少了 60％。而且减少的趋势远未停止，1975 年法国农民只剩 200 万人，仅占全国就业人口的 9％，而 1946 年农民人数曾有近 750 万人。这些数据极有说服力：说明在第四共和国时期，法国的乡村已不再占主导地位。然而，如果单从乡村和城市人口比例的转变来看问题，就低估了这一现象的重要性。问题肯定是部分乡村人口迅速——在不到一代人的时间——往城镇迁徙；但关键是这种迁徙意味着两个环境的相互交融，在社会面貌的改变和生活方式转变的两个层次同时进行。城市郊区逐渐扩大，延伸至周边的村镇，这些村镇成为随人口流动而迁移的劳动者的主要居住点。同时，城市跨越郊区沿国家公路向外发展，沿途招来工厂和仓库落户。这些国家公路也同样吸引了有些村镇的多余人口（譬如南部地中海地区，山村沿坡向平原公路干道发展），形成像郊区一样的人口汇聚点，促进了城乡融合；同时还出现了第二住宅的现象——它产生于部分居民的富裕以及对大城市喧闹的厌恶——亦有利于城乡结合。在乡村随处可见的第二住宅很快成为一种生活方式。让·富拉斯蒂埃在《辉煌的 30 年》中专门研究过 1946 至 1975 年间在凯尔西地区杜埃勒村的第二住宅现象。该村面貌的主要特征在 30 年中有深刻变化，最引人注目的是关于居民日常生活的数据：1946 年全村 163 户住宅中仅有 3 栋住宅的房龄在 20 年内，至 1975 年，在总共 212 栋房屋中新盖住宅 55 栋；解放时全村只有 5 户人家拥有冰箱，30 年后有冰箱的家庭达 210 户；同期，拥有煤气灶的家庭数量增加了 68 倍。电话已成为普通家庭的设备，汽车和电视机成为杜埃勒村民的日常生活工具。此外，卫生水平的提高和医疗设施的改善使儿童夭折的人数降低了 90％。

《农民的消亡》这个标题是故意夸大的。不过法国乡村在战后几十年里，无论是农民的日常生活还是在人口结构或技术环境上，都发生了惊人的转变。我们重新援引杜埃勒村的例子。该村的村民成分有很大变化。第一产业显然萎缩了：1946 年时，村里农民占全村就业人口总数 279 人中的 208 人；至 1975 年，农民在 215 人中仅占 53 人。相反，同期从事第三产业者的比例从只占 9％增加至 50％，人数超过了第一产业从业人数的 2 倍多。同一时期，生育率亦下降了三分之一多，显然这是法国乡村人口老龄化的原因和结果。技术方面得到更新：杜埃勒村的耕地出产率翻了三番，拖拉机数量增加了 20 倍。由于处在乡村主导型社会逐渐消亡的阶段，所以农业革命在战后越发显得引人注目，而且变革的速度相当惊人。仔细观察一下就明白了。事实上，大规模的乡村变革并非法国特有的现象，英国和美国都比法国早，而速度之快——远远高于苏联——却是法国的特征；这或许是因为法国在第二次世界大战之前已开始了农村革命，但大战爆发延缓了它的进程，战后一旦消化了战争的负面影响，变革的进程便加速向前，积聚多年的能量突然爆发出来。

中产阶级

如果说在农民人数减少的同时，工人在就业人口中的比例理应增加；然而，15 年后人们注意到工人的比例并没有增加：1946 年第二产业的工人占就业人口总数的 29.8％，至 1962 年占 38％，1968 年占 39.4％。原因是在 60 年代工人阶级中出现了一个新的阶层。如果说非技术工人的人数有所减少，机器制造业中的技术工人增加了，因为大工业分化，产业细化，出现了更多的技术工人和工头。不过，比这两类人数量上增加（从 1954 年的 300 万至 1975 年的 350 万）更重要的是，他们的生活方式和社会地位发生了变化。人们可以把他们称作为“新的工人阶级”。事实上，“蓝领”工人与技术工人与中层管理干部之间的距离扩大了，后两类人已成为“白领”阶层的一个层次。

“白领”阶层的迅速扩大促成战后法国社会的重要转变。从 1954 至 1975 年间，办公室职员人数增加了一倍，占就业人口的比例从 8.5％上升至 14.3％。与此同时，技术工人和企业中层管理干部的人数增幅更大，从3.9％上升为9.3％，而高级管理干部占就业人口的比例在 1975 年达到 4.2％，这一比例在 21 年前仅为 1.8％。1975 年以后，第三产业从业人数超过了就业人口总数的一半（51％），而 1946 年时仅占 34％。"管理干部"这一概念模糊的社会阶层已成为"辉煌 30 年"的核心阶层：如果说"管理干部"这一名称在战前已出现的话，它从 50 年代起才真正崭露头角。尽管它的成分比较复杂，但主要表现出以下两个基本特征。一方面，它的上层——高级管理干部——已问鼎工业化社会的"新精英"地位。在这个阶层内，资本的拥有已不再是决定性的因素了。在某些情况下，文凭起举足轻重的作用，培育着这个在国营和私营企业中起主导作用的社会群体，其社会地位已等同于经理或高级公务员。于是涉及"辉煌 30 年"中法国的社会擢升问题以及学校的作用。这批从重点高等学校毕业的知识精英能否在社会上发展更顺畅，在今后几十年里成为社会领导阶层呢？

其次，我们把第三产业高级干部现象暂且搁在一边，分析一下干部阶层的第二个特征：事实上，这一阶层已形成了一个人数相当多的中产阶级，而且其影响已超出了第三产业范畴。因为除了第二、第三产业之间的传统区别外，我们观察到在它们的结合部，"新的工人阶级"和"白领"阶层在生活方式和追求理想方面已有同一化趋向。两部分成员朝着同一方向合流。工薪阶层队伍在扩大，而且领薪方式趋于一致：1970 年后工人的工资按月发放，普及月薪制，近80％的就业者成为工薪阶级。此外，一个总体上较富裕的社会群体进入了"消费社会"，中产阶级的消费结构以及在娱乐休闲和生活追求方面逐渐地趋向一致。

富裕社会

1930 年，作家乔治·杜亚美在《未来生活场景》一书中描绘了正在形成的美国社会形态。在"咆哮的 20 年代"，先前孕育的城市文明进一步发展，从许多特征来看，这一文明已进入了消费社会。乔治·杜亚美担心的是美国式的消费社会成为法国的未来："在目前辩论阶段，每个西方人得坦率地指出他们的家庭、服饰和思想上的美国化现象。"

　　事实上在第二次世界大战前，美国化现象已经出现：当时"美国式生活方式"仅局限于美国本土。在法国，上述的城市变迁以缓慢的速度进行着，直到战后才出现加速趋势；家庭的消费转变情况也大致相同。无论在乡村还是城市，家电设备几乎为零，住宅也没有基本的舒适设施：1946 年的一份住房调查报告显示，巴黎市内只有五分之一的住房有浴室。首都 84 271 幢住宅楼中，只有 154 幢楼房的每层有倒垃圾的管道口。外省大城市里三分之二的楼房只有公用厕所间。国家统计和经济研究所（INSEE）的统计和调查报告更说明问题：50 年代中期仍停留在刚解放时的水平。如果说现代化现象从解放起就逐渐显现，此后的经济快速增长成为法国社会的基本背景，那么普通民众真正享受到实惠还是在 50 年代后半期。1954 年，食品费用还占家庭开支的 40％左右，20 年后已下降为 25％。同一时期，法国家庭拥有冰箱的只占 7.5％，有电视机的仅占1％。50 年代中期标志了法国人民迅速变富的起点。从 1953 至 1968 年间，法国的人均收入几乎翻了两番。如果将 1963 年的人均收入水平设为指数 100，那么 1953 年该指数为 69，15 年后这一指数已达到 123。在此后的几年里指数增长速度加快，直到 1974 年爆发第一次石油危机为止。法国国民收入和支出研究中心的报告指出，国民的收入直到 1968 年为止，属于快速增长阶段，而从 1969 至 1973 年间则属于"焦躁不安"的阶段（P. 马塞的用语）。所以这 20 年是法国社会迅速富裕的时期。尽管富裕并没让全体国民都受益，而且在西方国家中亦非个别现象，但应当承认这些年大多数国民得到了实惠。

　　说法国社会的富裕不是个别现象，即是指并非只有法国才出现经济或快或慢的持续增长，西方其他工业大国同期的国民人均收入也在增加。说富裕不是普遍现象，确实最贫困阶层还存在。譬如，外国移民一般从事法国人不愿干的最艰苦、最低等的工作，移民等同于填空补缺，根本谈不上社会升迁；有些岁数大的移民在这 20 年中停止了工作，便没有享受到社会富裕的成果。更何况社会富裕的红利需要等待一段时间后才能得到。又譬如，女性劳动者在就业人口中的地位提高了，她们可以在许多行业里就业，但是工资和晋级却不能与男同事相比。还有小农户，特别是小商人和小手工匠等社会阶层，他们的收入反而随着经济的增长而减少，成为经济增长的受害者。

不过，尽管经济增长中有被遗忘者和"苦力"，但毕竟绝大部分人受到了实惠。我们暂且把下面这个重要但意见分歧最大的问题搁在一边：究竟是企业管理干部，还是工人阶级或自由职业者享受了经济增长的最大利益？考察一下在这 20 年中，居民的购买力提高了一倍，如果以"辉煌的 30 年"来算，购买力则提高了三倍。如此的提升带动了上述中产阶级进一步同一化地发展，使法国进入了享受娱乐文明和消费社会的行列。他们的社会行为逐渐代表了民众的共同特征。追求舒适的生活刺激了在信贷推动下的消费，生活水平的提高允许家庭有更多的钱用于食品以外的其他开支。特别是住房条件的改善和家电设备现代化体现了那些年的经济增长，与美国的"繁荣期"前后相差 30 年。从此，以雷诺四马力小型汽车为象征的私家汽车进入了法国人的日常生活。这款小型车在 1946 年的汽车展览会上亮相后，立刻获得巨大成功。尽管当时法国汽车工业还存在薄弱环节的"瓶颈"现象，但该款雷诺小型汽车从 1947 年推向市场至 1961 年 7 月就销售了上百万辆——确切地说，是 1 105 499 辆。它一出现就被消费者迷恋的事实很说明问题：传达出民众的信心，他们看到物资紧缺的时代已成过去。当战后最初几年最关切的问题解决之后，社会迎来了消费的时代。四马力小汽车象征着人们缺吃少穿时代的结束。然而，这只是特定时期的一个现象，更重要的是这一现象的深远意义。当工业生产启动之后，法国马上进入了消费时代。雷诺四马力汽车和 1948 年推向市场的雪铁龙两马力小车的销售成功，以及价格更贵的标致汽车和辛卡牌汽车的市场需求，都表明法国社会相当多的人卷入了社会变革的洪流。从这个意义上说，1947 年 8 月 12 日最早一批雷诺四马力系列的小型汽车——在 1955 年该款车的买主中工人占了 38％——从雷诺比扬古工厂出厂，是法国当代社会史的一个重要日子。在这种情

其销售量在 3 年内（1958—1961）从 26 万台猛增到221.5万台，正是它阻止了在阿尔及利亚服役的法国士兵（"伙伴一代"的兄长们）卷入 1961 年阿尔及尔的军人叛乱；普遍富裕使这一年龄段的人成为法国历史上得天独厚的一代人，在 60 年代初成为前所未有的消费者一代。于是，60 年代初 10 至 15 五岁的青少年们，人人听"耶耶摇滚乐"（"yé-yé"一词从英语"yeah-yeah"转化而来），买同样乐曲的唱片和唱机，阅读同一份报纸。这是"伙伴一代"及他们的偶像（如约翰尼·哈里戴、茜尔薇·瓦丹和"黑统袜"乐队）的黄金时代。《伙伴，你好!》杂志在 1962 年 7 月创刊后，发行量迅速蹿升至 100 万份。为纪念报纸发行一周年和电台节目的开播周年，报纸和电台于 1963 年 6 月 23 日在巴黎民族广场举办露天音乐会，"耶耶摇滚乐"的大牌歌星登台献唱，音乐会现场聚集了 15 万青年。演唱会的庞大声势以及中途发生若干事故曾招致不少刻薄的批评，使隔代之间的鸿沟——至少在音乐上——进一步加深，也为两年后"披头士音乐"的涌入作了铺垫。

当然也不能将 60 年代初仅涉及法国部分青年的现象加以普遍化。但是，从此以后年轻一代的追求和爱好趋于同一化却是事实。此前乡村青年在战后的转变比较缓慢，他们所接触的世界，无论文化上还是家庭生活，无论在村子里还是在乡镇上，往往局限性较大；而城市青年已突破了社会层次和文化上的隔阂，因此双方长期以来互不沟通。对年轻人来说，应征入伍是一个机会，纵然不能使城乡青年完全交融，至少让彼此能发现差距和不同。半导体收音机以及稍后的电视机都促进了年轻一代的融合，当他们面临一个共同的世界时相互更加接近了：1960 年的青年人还达不到搭乘廉价航班作全球旅行的程度，但是他们已开始在欧洲各国到处走动了。

大众文化

60 年代初，法国青年一代交融一致的进程是在全社会文化融合的大背景下展开的，其基础就是新型传播媒体的发展，其中印刷品在开始阶段发挥了重要作用。带动书刊印刷品大量发行的一个因素是教育的进一步普及。法国中学生人数从 1913 至 1972 年增加了 22 倍（从 22.5 万增加到近 500 万），增长速度在第五共和国期间大大加速：从 1913 至 1956 年的 43 年中，中学生人数增加到 6 倍，达到 150 万；此后，直到 70 年代初的 15 年内又在 150 万的基础上增加了 2 倍。解放后生育高峰期出生的人在 15 年后都已达中学适龄期，但光是这一点还不足以说明中学生人数的暴涨。起初 20 年内，初中和高中的学生主要是受过教育的父母的孩子以及少量享受助学金者，绝大部分学生读完初小获得"学业证书"后便不再上学，或者继续读完高小取得"高小文凭"。从那以后，中学（至少初中）基本上只收当龄学生。第五共和国的教育政策提出"日建一所中学"，这不仅是一句口号，更是不容置疑的事实：在 25 年中从事国民教育的人数增加到近 4 倍，即从 1952 年的 26.3 万人增加到 1978 年的 91.2 万人。我们暂且把大规模推行中学教育的后果之争（说它是积极的或消极的、有益的或有害的）搁在一边，重要的是乡村文盲确实减少了，并且正如弗朗索瓦·福雷和雅克·奥祖夫所指出那样，早在儒勒·费里推出重要的教育法案之前，由于乡村的扫盲使得报纸和书籍在第三共和国期间已不再是少数高中毕业生的特权，高中毕业会考文凭（Baccalauréat）对他们来说，"既是学业程度的证明也是一道门槛"，它与当年资产阶级的"学业证书"相仿。普及中学教育即使不能让全体法国人受益，至少使中产阶级得到好处，他们是 30 年代初推行中学免费教育的主要受益者。扩大中学教育亦向民众打开了高等教育的大门。在 20 世纪上半叶，法国大学生人数基本稳定不变；但在"辉煌 30 年"的中期，即不到 20 年的时间里大学生人数增加到 4 倍，从 1950 年不足 14 万增加到 1967 年的 57 万。而 30 年前第二次世界大战爆发前夕，法国的大学生人数总共才 7.5 万！

另外，在同一时期书籍已变得不那么昂贵了，因为各出版社都推出了袖珍本系列。有名的"袖珍本丛书"（Livre de Poche）在 1947 年问世，它是袖珍本的首创系列。从此各大出版社相继推出小开本的廉价版图书，其价格往往不足传统版本的三分之二，而且发行量大大增加。与此同时，期刊更促进了大众文化的形成，它既是大众文化的推动起因也是结果。战前已出现的女性杂志进一步发展，而且战后又出现了同类的其他杂志。至第四共和国末期，《时尚回声》杂志拥有约 400 万读者——读者人数与发行量是两个概念，其数量更多——《咱俩面对面》杂志的读者人数相仿，《她》和《晚上好》两份杂志的读者分别达 300 万，《悄悄话》也拥有 150 万读者。如此看来，女性杂志在促进文化同一化的过程中发挥了一定作用。一方面从数字说明，女性杂志已超越社会阶层的界限，如同当年收音机——其申报数量从 1945 年的 500 多万台猛增到十年后的近 900 万台——进入家家户户一样，促进了各阶层妇女的社会融合，后来电视机又接替收音机发挥了同样的功能。另一方面，与其他大众传媒的作用一样，女性杂志促使各社会阶层的妇女形成一种共同的意识，很快超越了《时尚回声》杂志在战前介绍一些食谱和衣着建议等范围。杂志采用照片、开发与化工业相关的美容产品栏目，推广女性美的形象，杂志《她》成为这方面的象征。除了普及女性美和时尚等标准——这些也是统一女性读者思想的因素——杂志还通过《交心通讯》或《连环照片》等栏目促进社会交流和妇女地位的提高，从而缩小城市与乡村、工厂与资产阶级沙龙之间的差距。

此外还有体育报刊，它在战前也已存在，通过报道"环法自行车赛"、全法足球联赛和新兴的汽车拉力赛等赛事，在社会地位往往悬殊的读者中激起同样的体育激情，某种程度上也起到了社会融合的作用。《队报》头版大标题吸引了"蓝领"工人和穿西装的办公室职员，他们在体育竞赛现场或通过收音机转播，心系同一场赛事，稍后又都聚集在电视机前。《汽车报》的读者人数在第四共和国末期达到近 200 万，反映出一个社会现象，即有能力购买雷诺、雪铁龙、标致、辛卡和庞阿尔各款汽车的人数在不断增加。

《图片杂志》亦非在战后诞生。1939 年以前，作为某些新闻周刊主要内容的新闻图片已被越来越多地采用：让·普鲁伏斯特的《竞赛报》

当时的发行量已达 80 万份，1949 年改名为《巴黎竞赛报》，在 20 世纪 50 年代和 60 年代初成为法国新闻界最成功的刊物：在 50 年代末至 60 年代初，读者人数达到 800 万，发行量有近 200 万份。后来因电视机进入法国家庭，完全靠新闻图片走红的杂志遇到了真正的困难，《生活》杂志在 1972 年 5 月停刊，《巴黎竞赛报》在 1970 年发行量已减至 130 万份。报刊上的新闻图片不及电视机屏幕上的画面更吸引人。然而图片杂志在鼎盛时期也为统一读者的思想发挥过作用：直到 50 年代，人们对世界的认识仅局限在上小学时的地理知识，偶尔接触到某些杂志出于风格和编辑考虑添加的插图，以及电影院开场前放映的"时事短片"和"资料片"。战后——大战期间人们用图钉把地图按在墙上，跟踪世界各地的战争局势，可能也打开了视角；而过去人们的视野至多局限在帝国范围之内——《巴黎竞赛报》和其他杂志肯定比一些专门的政治周刊更开阔了读者的国际视野，同时也通过扩大的视野促进了读者的思想认同。在电视新闻扩大人们对世界的认识之前，图片杂志先把法国人的精神世界"统一"起来。火车和长途汽车打破了地区隔阂，而广播和报刊则消除了精神隔阂。如果说阿尔及利亚战争在法国人的记忆中挥之不去，除了人们心目中血淋淋的战壕外，《巴黎竞赛报》的作用不可低估。在冲突过程中，新闻图片起了不小的作用，譬如小女孩德尔菲娜·勒纳尔的脸被"秘密武装组织"（OAS）炸弹毁容的照片令人震惊。恐怖组织的袭击目标原本是安德烈·马尔罗。照片发表后，法国本土的公众舆论对 OAS 组织的同情消失殆尽，原先人们对该组织至少还抱中立的同情态度。

　　纵观全局，《巴黎竞赛报》发挥的作用，在某些方面比那些年的政治性周刊更大。事实上，政治周刊涉及的读者人数有限，至少在 1964 年《快报》改版为新闻杂志、同年《法兰西观察家》改版为《新观察家》之前的情况是这样。"辉煌 30 年"的前 20 年是这类期刊大发展的时期，继解放时创办日报——《战斗报》是当时许多日报中的翘楚——的潮流过后，期刊蓬勃发展。1950 年 4 月，由克洛德布尔代、罗歇·斯特凡纳和吉尔·马蒂内三人共同创办的《观察家》杂志，在 1954 年改名为《法兰

西观察家》，办刊方向为"不倾向任何路线"和反殖民主义，1964 年 10
月再次改名为《新观察家》。《快报》于 1953 年创刊，因得到皮埃尔·孟
戴斯-弗朗斯的支持，而且在阿尔及利亚战争中的态度正确，所以很快发
展成一份战斗性较强的周刊，在非共产党左派人士中拥有广大读者。
1955 年 10 月改版为日报，全力支持厄尔省国会议员①竞选地区议会主
席，于 1956 年 3 月再次改版回复到原来的周刊。抵抗运动期间秘密创刊
的《基督教见证》周刊规模较小，但也是 50 年代许多政治周刊之一。

    至此，自然要提到这些期刊在阿尔及利亚战争中的重要性：1957 年
雅克·苏斯戴尔著文提到《世界报》等"四大叛变报刊"。不过，在此只
强调有关报刊的内容与第二次世界大战前相比是如何转变的：《玛利亚
纳》或《天真汉》是性质不同的两份周刊，战前两份刊物的共同点是都
有篇幅较大的文学版面，特别是小说和短篇小说版。战后两份刊物还是
文化性周刊，但专栏中哲学和社会科学的分量渐渐增加，超过了纯文学
的比重：这一变化与战后知识界的转变相合拍，即作家让位于哲学
家——战后是哲学的黄金时期，所谓"黄金时期"并非指哲学思考本身
的水准，而是指哲学家对社会辩论的参与度——后来又让位于更广泛的
人文科学学者。于是随着杂志发行量的增加，各种主要思想潮流得以普
及，影响了更多的公众。《快报》发行量从 1953 年的 6 万份增加到 1967
年的 50 万份。《观察家》创刊号印数为 2 万份，改名为《新观察家》后
至 1965 年底发行量已接近 10 万份，3 年后发行量又翻了一番。从此，
直逼《天真汉》周刊的发行量（1936 年曾为 40 万份）和《格兰戈瓦》
周刊的发行量（1936 年 11 月达到 60 万份！）。它们都超过了发行量分别
为 10 万份的《玛利亚纳》和《星期五》。这些周刊影响了越来越多的读
者。这方面《快报》的读者群变化很说明问题：最初其读者是传统知识
分子——教师、大学生、某些自由职业者——后来特别是仿效美国《时
代》周刊和德国《明镜》周刊而改版为"新闻杂志"后，读者对象转为
企业管理干部，他们从中获得经营管理的艺术以及结构主义的最新成

---

    ① 译注：指孟戴斯-弗朗斯。

果。至 60 年代中期，收听半导体收音机的年轻一代听自己的音乐，而他们父辈则阅读《快报》周刊。正如雪铁龙 DS19 和标致 404 汽车，以及巴黎西郊的高档住宅小区"香榭丽舍 2"和"帕尔利 2"一样，《快报》也是中产阶级富裕阶层的标志。

连环画和"神奇的窗口"

印刷品还在另一个领域发挥文化作用，那就是连环画。连环画在 20 世纪上半叶已经相当普及，但它的地位是在"比利时学派"的影响下于 50 年代在法国渐渐扩大的，真正形成气候、对法国人产生影响是在 60 年代末。自那时起连环画无论如何再不能被看作雕虫小技了。

与战前不同，战后法国连环画的迅速崛起再没有任何英语连环画的竞争。事实上，1939 年前，尽管若干连环画人物诞生在法国——譬如科默利和班松于 1905 年在连环画《苏泽特的一周》中塑造的贝卡西纳、路易·福尔东于 1908 年起在连环画《太棒了》中塑造的"懒得要命"形象和在 1924 年塑造的比比·弗利科坦、阿兰·圣-奥冈于 1925 年塑造的齐格与普斯，以及乔治·雷米（化名埃尔热）于 1929 年塑造的著名连环画人物丁丁（不过他的连环画在战前基本上是比利时人看的）——称霸当时法国市场的是美国连环画：如 1934 年出版的《米琪日记》，作品中除了米琪外，还有皮姆嬷嬷、潘姆、布姆和丛林吉姆，该连环画的发行量达到 40 万册！另一部英语连环画《鲁宾逊》塑造了闪电般的盖、魔术师曼德拉克和大力水手波佩。1945 年后，风向变了。1949 年关于青年读物的法律大大阻遏了大西洋彼岸的连环画作品进入法国市场。法语连环画围绕"比利时学派"蓬勃发展起来：出现了两本连环周刊《丁丁历险记》和《斯皮鲁》，刊登埃尔热、弗朗坎、莫里斯和埃德加·P. 雅各伯等画家的作品，他们塑造的著名连环画形象丁丁、斯皮鲁、勒凯·吕克、布拉克和莫尔蒂梅感动了成千上万的法国青年。与美国连环画主要吸引成人读者的情况不同，法国青年一代每周跟踪他们连环画主人公的冒险经历，成为法国连环画的主要读者群。这一现象在 60 年代持续了整整 10

年。1959 年后出现了第三本连环画周刊《向导》，发表了一系列有影响的连环画集，如戈西尼和于德佐的《阿斯代利克斯》、格雷格的《阿喀琉斯之踵》。这本周刊后来在连环画内容上出现转变，即它的读者群由青少年逐渐向成人扩展，60 年代末某些画家的画风也体现了法国连环画的革命性转变。

多元化的印刷物——其中还包括侦探小说和车站报亭出售的通俗小说——于 1960 年前后继续在法国发挥着举足轻重的作用。当时法国的传播媒介尚停留在古登堡时代，麦克卢汉（MacLuhan）的传媒时代尚未到来，传媒界主要是通过画报和收音机来扩展"地球村"，电视机数量还很少。法国家庭拥有电视机是在"辉煌 30 年"的后半期，自那以后，电视机的发展势不可挡。1954 年年底，法国家庭申报拥有的电视机仅 12.5 万台——同期收音机数量为近 900 万台——5 年后进入 60 年代时，家庭电视机数量已增加到 11 倍，但总数也只有 136.8 万台；相对于有 2 000 万家庭的法国来说，电视机数量仍相当少。当然村里有了电视机，村民来往更多了，镇上唯一的一台电视机往往在咖啡馆里，它已经间接地闯入了男村民——甚至女村民——的生活里；同样的现象亦出现在城市里，只是邻居因此交往的程度不那么频繁。电视机引起的主要是好奇心而不一定是社会交往。在影像领域内，当年与印刷品竞争最激烈的还是电影。乡村中巡回或固定的电影"放映"直到 60 年代才被电视所取代。尤其在城市里，周六晚上一家人去电影院看电影仍是法国家庭的主要娱乐。

此后几年中变化更大：5 年内电视机数量增加到 4 倍，60 年代后半期在这基础上又翻了一番；至 60 年代末，家庭电视机数量超过了 1 000 万台。至此，一半家庭都有了电视机。在 70 年代拥有电视机的家庭比例达到 80%，而且有了彩色电视机，巨大的转变已经实现。尽管当时法国家庭拥有电视机的比例不及荷兰（88%）或日本（94%），"神奇的窗口"[①] 已成为法国人的日常生活电器，产生了多方面的影响。有些现象并非法国所独有，在此简述以作备忘。电视机在统一认识方面的效应不

———————————
① 译注：指电视机。

再是一国现象，而是世界性的。越来越多的法国人通过电视屏幕了解世界上发生的事件。如果说每个国家有自己传统的体育节目，它们已经通过收音机广播吸引了大批听众；那么在影像时代，体育节目拥有同样的魅力——体育爱好者们现在目睹了法国的足球锦标赛、环法自行车赛或部分地区的橄榄球赛——电视台还转播国际体育节目，如奥林匹克运动会或世界杯足球赛，比赛的重要性远远超过了过去。电视新闻几乎与收音机一样实现直播，配以画面所以反响更大。如果1963年仅400万拥有电视机的法国家庭通过电视屏幕目睹了肯尼迪总统遇刺以及稍后凶手奥斯瓦尔德被人开枪击毙的情景，那么1969年7月21日则有1 000万台电视机向法国人直播了人类首次登月的实况，1 500万台电视机转播了萨达特总统访问以色列。从此法国人的精神世界真正扩大到全球范围！然而，民族文化或许会因此而枯萎。事实上从60年代起，美国连续剧的人物充斥法国电视屏幕，曼尼克斯、埃利奥特·内斯等形象给法国电视观众留下深刻的印象。60年代因法国新增了几个电视台，美国电视连续剧和日本动画片有了更大的市场。电视机在某种程度上成为城市文明和"地球村"的混合物——世界大众文化的催生母体。

作为文化载体的电视发展超越了法国的范围。总之，电视机在法国以外获得惊人成就之前，其势不可挡的发展首先发生在60年代的法国，它与过去其他的大众传媒一样，也在法国人的文化统一上发挥了重要作用。何况当时法国只有一家电视台，其统一大众文化的效应更加凸显。某些电视节目已消失了20多年，但人们对它们依然耳熟能详，长期来在电视观众中激起的怀旧感说明当年它们的影响力之大。譬如电视节目《头版五栏目》（1959—1968）在开阔电视观众的全球视野方面可与《巴黎竞赛报》媲美，堪称"公认的教育片"。另一档专题《摄影镜头中的历史》培养了电视观众的历史观，其作用等同于第三共和国的教科书：节目除了"共和国启蒙书"的作用外，还加上一些传奇故事。乍一看似乎五味杂陈，其实使更多人有了共同的历史观。

60年代，当期刊受到视听传媒冲击时，介绍电视节目的刊物却应运而生，成为法国出版物中发行量最大的杂志。《电视七天》于 1960 年创刊，很快成为销量最大的期刊，发行量达到 300 万份。当然，介绍广播的刊物在 30 年代已有之，而且销量亦不小，但其影响从未达到电视杂志的水平：《小巴黎人报》发行《我的节目》附刊，印数为 50 万份，《一周广播》为 30 万份。

中产阶级参政

文化融合的加强并非中产阶级崛起的唯一结果。在政治生活上亦出现了变化。事实上，中产阶级的壮大必然带来政治层面的变化，1980 年举办题为《中产阶级的政治生活》研讨会就是试图回答这个问题。在第三共和国时期，社会中等阶层人士的政治取向混沌不清，这部分人基本上是通过激进党来表达自己的政治意愿，激进党成功地将中等阶层中的经济独立者（如小商人和手工匠等）和受薪者集合在自己的旗帜下。第二次世界大战后这两部分人士的分化加剧，前一部分人的社会地位直线下滑，而后一部分人则不断发展壮大。50 年代，小商人开始倒向右派，而中层和高级管理干部则成为处于上升阶段的中产阶级的中流砥柱，他们不甘留在政治附属的地位；在第三、第四两个共和国期间他们的政治倾向左右摇摆，因此争取这部分选民的意义十分重大。第四共和国的软肋恰恰在于未能得到中产阶级的支持，而在第三共和国时期他们曾经是社会的根基。大量的独立经营者在经济萧条的环境下，猛烈抨击第四共和国，而一心向往实现现代化的中产阶级受薪阶层也认为第四共和国效率低且政权不稳；所以不少企业管理干部一时倒向了戴高乐主义。但是20 年后却是社会党收买了中产阶级的人心，中产阶级和工人阶级一起保证了左派在 1981 年总统大选中的胜利，不过 1983 年，因中产阶级部分人士的"回流"导致同一左派在市镇选举中败北。可见部分中产阶级人士在政治上的左右晃动具有举足轻重的意义：因为他们处于社会的中间地带，又是政治分野左右两派之间的连接力量，所以他们的偏移能导致政治重心的改变。

也许中产阶级左右摇摆的特性源自它的双重意愿：一方面希望社会稳定——因为社会稳定意味着就业安全；另一方面也希望社会升迁——包括个人的职业晋升和子女受教育的成功。这一愿望本身是以社会的政通人和为前提的，而学校则是社会升迁的基本途径。中产阶级的行为和心理特征既出于个人考虑也浸润着传统意识。由此可见，传统意识在文化领域中特别明显。

皮埃尔·布热德和皮埃尔·孟戴斯-弗朗斯

50 年代中期，随着中南半岛的独立和阿尔及利亚的"事件"的发端，国际上掀起反殖民主义运动，法国国内社会正处于重塑期。国内、外局势的同时变化令法国社会处于震荡中，各阶层人士试图稳定社会。殖民地战争引发了民族主义和反国会意识的抬头，社会经济的转变亦伴随着社会组织撕裂时产生的种种压力。从地域上来说，圣马洛至日内瓦一线以南的法国地区，即经济发展较慢或未直接得益于经济发展的地区受到的各种压力比较大，于是这些地区的某些团体加入了反转变的潮流：主要是那些利益受损的农民，特别是小商业主，随着物资匮乏年代的结束和新兴物流手段的激烈竞争，他们在 40 年代的黄金时代已成过去。捍卫商人和手工匠联合会（UDCA）在这方面最具代表性。从该联合会的纲领中可以看到会员们的行业要求——矛头直指税务人员，所谓什么都管的"万金油公务员"——以及围绕民族主义和反国会情绪而显露出的焦虑心态。该组织由洛特省圣塞雷市的纸品商皮埃尔·布热德于 1953 年发起创立，提出的首要目标就是减税。但是读了 UDCA 的报纸《法兰西互助报》和观察其领导人的行动后发现，该运动很快超出了初创时所定的目标范围。皮埃尔·布热德投入了政治斗争，提出"让满任议员滚蛋！"的口号，这种反国会议员的行动在立法选举中起到了效果。在 1956 年 1 月的选举中，UDCA 获得了 250 万张选票，该组织 52 名候选人当选为国会议员，其中个别议员的资格后来被宣布取消。布热德派的政治影响力不久便很快消失了，但是这一动荡时期对小商业主政治上倒向右倾具有持续的不可否认的影响。

　　如果说布热德运动可解释为部分法国人面临社会转型、帝国崩溃和反殖民运动兴起而产生焦躁不安的突然爆发，把这一切看作可能使自己失去价值的危险；那么从某种程度上说，孟戴斯-弗朗斯的政治经历就是它的对立面。孟戴斯-弗朗斯体现了在殖民政策上的自由开明态度以及加速实现国家现代化的旨意。1954 年通过日内瓦协议宣布法国退出中南半岛，同时推动突尼斯的独立进程，使之在两年后真正独立。仅维持了230 天的孟戴斯-弗朗斯政府以其风格和行动留名后世；1955 年 2 月，该届政府因棘手的法属阿尔及利亚问题而被迫下台。孟戴斯-弗朗斯执政期间形成了孟戴斯派，虽然该派的政治轮廓不十分清晰，形式亦多样化，但成员们有一个实现国家现代化的共同理想。在法国的政治分野和知识界形成一股新潮流需要一个奠基人和一代人的结合。当年德莱菲斯事件就是一个例子，整整一代知识分子与被诬陷的上尉并肩战斗了一生，并成为以后行动的指南。同样在另一范围内，第一次世界大战在经历战壕苦战的一代人——不分政治倾向——心目中烙下了和平主义的烙印。孟戴斯主义在全体国民的意识中从未达到德莱菲斯事件或一战的深刻程度，但对于出生于三四十年代、至 1954 年已达到大学生年龄的部分青年或刚踏上职业道路的年龄稍大者来说具有极其重要的影响。当然，孟戴斯主义不光影响了年轻一代，从弗朗索瓦·莫里亚克到二十来岁的高等师范学生，从与卢维耶市市长[①]同龄、经历过 30 年代国家衰退的长者到国立行政学院的莘莘学子，各个年龄段都有人认同孟戴斯主义。不过在社会团体和政治组织中支持孟戴斯-弗朗斯的人以年轻人居多：譬如知识分子、经济管理干部和高级公务员等。尤其是高级公务员对孟戴斯-弗朗斯提出的"治国重在选择"的治国理念十分认同，因为这一理念意味着从国家行政管理学院毕业的人将得到重用。这句话是孟戴斯-弗朗斯在1953 年 6 月 3 日的国会演说中提出的，此后不久他的总理任命以几票之差未能获得国会的授权。但经济界国营和私营企业的许多领导人对他表

---

① 译注：指孟戴斯-弗朗斯。

示认同，他们在一年后终于当选为总理的孟戴斯-弗朗斯身上看到了当年圣西蒙主义的治国理念。

但是，假如在50年代中期的法国未出现意识形态消沉的催化作用，便不可能有新一代知识青年与孟戴斯主义的结合。也就是说，当左派因思想危机而在意识形态出现空白时，孟戴斯-弗朗斯因填补这一空白而发挥奠基作用，才会产生孟戴斯-弗朗斯主义。冷战时期法共自闭于"第二次斯大林冰冻期"，马克思主义失去了解放初期的魅力。自从1946年莱昂·布卢姆和达尼埃尔·梅耶企图用《人的环境》① 一书的观点整合社会主义阵营失败之后，工人国际法国分部（SFIO）面临不可逾越的种种矛盾，变得虚弱和衰败，自1951年起处于反对党地位，根本无力填补左派的意识形态空缺。在孟戴斯-弗朗斯之前，激进党偶尔在左派阵营占领导地位，但亦提不出具有吸引力的理论纲领。法国左派通过其杂志《基督教见证》《法兰西观察家》和稍后的《快报》，以及"俱乐部"形式来探讨、整合理论。作为政治联络的新形式"俱乐部"正处于孕育期——"雅各宾俱乐部"诞生于1950年——说明民众开始对左派政党失去好感，这一趋势在50年代后半期逐渐加强。因当时法国正处于一个国民对国家的认同发生危机的十字路口，所以左派的意识形态空白显得尤为严峻：迈入"辉煌的30年"使过去的政治和社会分析都显得——至少部分显得——过时陈腐。在这种情况下，孟戴斯-弗朗斯主义填补了左派的思想空白。它的出现令人想起20多年前"30年代精神"曾产生的影响，当时年轻的孟戴斯-弗朗斯还是左派激进党的一名成员，作为"青年土耳其人"② 组织的一员，曾以某种方式贡献于"30年代精神"。如上所述，1930年前后，一批在世纪初出生的法国青年人，面对第一次世界大战后疮痍满目的国家现状，探索在共产主义和自由主义之外的第三条道路；

---

① 译注：《人的环境》（À l'échelle humaine）系莱昂·布卢姆在第二次世界大战中被囚禁期间所写的一本书，解放后于1945年出版。

② 译注："青年土耳其人"是两次世界大战期间法国激进党的一个派别，其实该派成员不一定"年轻"，亦并非"土耳其人"，取这个名称是因为同情当时土耳其改革派"年轻的土耳其"党。

这批年轻人最终分化，分别为维希政府的"民族革命"和"抵抗运动"作出了某些贡献。

孟戴斯-弗朗斯主义不但灌溉了法国左派，也滋润了右派的土壤。因为从填补意识形态空白这一点出发，孟戴斯-弗朗斯主义的主要特征是它在左、右政治分野上的模糊性。事实上，孟戴斯-弗朗斯是一个结晶点，来自不同政治倾向而共同陷于迷茫的人士能在某一时期围绕着它汇聚到一起。除了认为第四共和国无能和失责外，很少东西能把年轻的国立行政管理学院学生——一心想着实现工业化和社会结构的现代化——与天主教人士结合在一起，成为左派的集合点，甚至与左派沟通的一条通道。天主教人士把孟戴斯-弗朗斯主义看作可以取代"人民共和运动"（MRP）的政治选择，事实上 MRP 在十年中已逐渐偏向右倾。这种种思考在模糊的"现代共和国"理想中并非不能兼容，甚至可能相互靠拢、趋于同一。不过在目标的优先次序上可能存在分歧，皮埃尔·孟戴斯-弗朗斯像磁铁一样把各种倾向的政治力量凝聚在一起。后来各派自行独立，孟戴斯-弗朗斯主义只剩下一个人；不过因在孟戴斯-弗朗斯身上押注的人来自方方面面，这一代人都处在政治生涯的起跑线上，有望在未来发挥重要的作用，所以孟戴斯-弗朗斯主义的影响十分深远。如果说孟戴斯-弗朗斯时期相当短促，却能在法国政治生活中留下足够宽阔的犁沟，那是因为它不但曾起到了新一代高级公务员和知识分子政治实习地的作用，而且更是一个四通八达的十字路口：这一代人在后来并没有聚集在一起，相反，他们朝政治舞台的两极分化。当然，年轻的孟戴斯-弗朗斯分子的经典出路是通向"新左派"，在 60 年代初转向"统一社会党"（PSU）和各种左派俱乐部，其间投身于反对阿尔及利亚战争；这部分青年成为法国左派的中坚力量。然而，在日后的分化中也有人倒向右派，某些人曾参与孟戴斯主义运动的外围活动。雅克·沙邦-戴尔马的"新社会"运动就曾从孟戴斯运动中物色了几名重要成员，几年后德斯坦总统身边也聚集了孟戴斯运动的若干前成员。年轻的经济学教授雷蒙·巴尔在 50 年代其政治生涯之初，亦曾被孟戴斯-弗朗斯总理所吸引。可见孟戴斯主义作为 1955 年前后已届成年的新一代人主张现代化的思想潮流，曾经是他们将理念付诸实践的减压舱和中转站。

一边是希望实现现代化的法国之崛起，另一边是濒临死亡的法国在最后挣扎？现代化对抗因循守旧？布热德主义和孟戴斯主义的同时出现引人注目。如果说在 1955 年两条路线平行地出现于法国政坛，是因为经济发展已取得了最初成果，人们在日常生活中感受到发展带来的实惠，按照政治改革通常滞后于经济变革几年的逻辑，经济现实从此开始影响政治生活。1956 年 1 月的立法选举中，正当共和阵线的孟戴斯主义者以厄尔省国会议员为中心形成一股经济和政治的现代化力量，在殖民政策方面扮演解放者的角色时；圣塞雷市纸品商的政治同盟者获得了在经济增长中受害者的选票。但是从历史教训来看，两条平行的政治路线不过是一种错觉而已：布热德运动沿着一条抛物线达到顶峰后很快回落，1956 年初选举胜利后不久便衰落，成为绝唱；而孟戴斯主义后来融入了一个正处于振兴中的政党。尽管这一政治派别后来湮没于第四共和国的政党角逐中，又因孟戴斯-弗朗斯拒绝接受第五共和国的政体而在政治上彻底解体了，但孟戴斯主义通过一代高级公务员和年轻政治家（包括左派和右派）留下了深刻影响，1981 年 5 月的总统大选中，让左派赢得胜利的某些口号令人略微觉得是 1954 年夏季的回响。

阿尔及利亚悲剧

印度支那战争没有对国民的意识造成大的冲击。除了共产党揭发这场"肮脏的战争"以外，其他政党和公众舆论都没有真正关注过这场冲突。奠边府的晴天霹雳过后，一切（或几乎一切）都被慢慢地消化了。地处遥远、当地居民未被完全殖民化、只有职业军人身陷泥潭倒在印度支那的坑道里，种种缘由造成国民的漠不关心。然而，从 1954 年起发生阿尔及利亚战争以来，也正是这些缘由的相反因素起了作用。阿尔及利亚位于地中海的彼岸，从巴黎乘飞机或从马赛搭渡船仅几小时的航程，那里生活着 100 多万欧洲国家的公民；没多久政府又派去了应征入伍的部队：有多少家庭的儿子、兄弟、丈夫或未婚夫在那边。知识分子在这种情况下出面干预不正成为国民思想混乱的共鸣箱吗？他们反对战争，掀起论争，扩大影响不把事件越闹越大了吗？这是国民面对一场深刻危机时引发的老问题，其背后隐藏着各种利益的盘算。对有些人来说，"亲爱的教授们"——历史学家亨利·马鲁在《世界报》上发表了一篇反对酷刑的文章而遭到布尔热-莫努里的如此嘲笑——蓄意破坏法国的军事努力，毁掉了在当地取得胜利的一切可能性。对另一些人来说，八年的殖民战争及其残酷镇压和使用酷刑玷污了国家形象，是知识分子挽救了国家的荣誉。总之，各种回答出自不同的意识形态，殖民战争造成的创伤至今尚未愈合。

确实，在战争中的选择往往会带来令人心碎的后果。所以出生在阿尔及利亚的作家阿尔贝·加缪从 1956 年起就保持痛苦的沉默。他曾于 1945 年法国殖民当局镇压塞提夫和君士坦丁两地民众暴乱时，在《战斗报》上屡次发表社论，呼吁更多的正义，而且他还支持费尔哈特·阿巴斯提出的建立与法国联邦的"阿尔及利亚共和国"。11 年后的 1956 年 1 月，加缪再次发出"在阿尔及利亚实现对平民停火的呼吁"，这也是他针对阿尔及利亚问题的倒数第二次的公开表态。出于憎恶对平民实行恐怖政策和暴力镇压，他从此不得已地完全退出了战争的任何一方，当时冲突双方都开始激化了自己的立场。加缪本人在十多年时间里曾是在阿尔及利亚的法国人极端主义社团的攻击目标，之后 4 年直到 1960 年在一场车祸中丧生，他也始终遭到所谓"进步"知识分子的指责。这些人在 1952 年杂文集《反抗者》发表时已对加缪有了误解，认为萨特在辩论中有理由指责加缪。1957 年 12 月，当加缪在斯德哥尔摩出席授予他诺贝尔文学奖的授奖礼上发表演说提到阿尔及利亚战争时，这些文人更为之哗然。加缪说："我相信正义，但我更要捍卫我的母亲。"加缪这句话常常被人曲解或误解，其实他凭借着知识分子的勇气，只想表达自己的不安和焦虑。遭到误解和攻击的加缪从此再度沉默。

然而，当时的辩论变得越来越嘈杂。它已超越了年龄，某种程度上也超越了政治派别。一些右派知识分子开始在阿尔及利亚问题上采取较自由开放的立场，甚至像阿隆等人公开主张阿尔及利亚独立。弗朗索瓦·莫里亚克在摩洛哥事件后离开《费加罗报》而投入《快报》。皮埃尔-亨利·西蒙在《世界报》和他的作品《反对酷刑》中旗帜鲜明地参加战斗。左派人士则更广泛地加入了战斗。人们可以把这场大辩论与60年前的德莱菲斯事件相提并论。至少有三个共同特点使人们把这两次大辩论联系在一起。首先，两次大辩论都是大是大非的争论——1898年的辩论事关正义和真理，而50年代下半期的争论是关于人权和人民的自决权。其次，知识分子都在战斗中冲锋陷阵。在1898年的辩论中，知识分子反对军事当局；而在关于《共和国的酷刑》①的辩论中，也是军刀与笔杆子的对峙。譬如，1958年法国子夜出版社出版了共产党记者亨利·阿莱格的《拷问》一书，作者在书中叙述了自己的被捕以及遭受法国空降兵施行酷刑的经过。该书出版不久即被禁售，出版者热罗姆·兰东以损害军队士气罪被控。最后，两次发生在动荡年代令国民撕心裂肺的大辩论都深深地震撼了国民的意识，唤醒了年轻一代。因此可以毫不夸张地认为，阿尔及利亚战争在政治领域里也培养了一代新人。

　　"一代人"的概念，在使用时其实有点微妙。如果人们用它来指某一年龄段，或者从涉及民族历史某一时期的居民数量、从生物现象上来说，"一代人"的用法是人为约定的：传统上一个世纪分为三代人！但在以下两种情况下，"一代人"的概念在使用中便带有另外的含义。一种情况是我们用来叙述孟戴斯主义现象时已采用的含义：特指一批年龄相仿的年轻人共同意识到他们面临的危机，对危机有相近的分析，拥有相同的理想。另一种情况是从较广泛的文化层面（不是在政治上）来使用"一代人"的概念，即不仅包括阿尔贝·蒂博代所称的"文学上几代人"，而且还指在某一时期对音乐、装饰和语言上有共同倾向的人，用以区别于前

---

　　① 译注：《共和国的酷刑》（*La torture dans la République*）系法国历史学家皮埃尔·维达尔·纳盖写的一本书，该书写于阿尔及利亚战争结束之时，先在英国和意大利出版，1972年才在法国子夜出版社出版。

一时期的人。我们看到在上文所用的"伙伴的一代"并无不妥，它是指在解放时出生到 1960 年前后已成为青少年的一代，比他们年长几岁的人就属于另一代人。这就是前一种情况的用法。

事实上，阿尔及利亚战争的一代人出生于"人民阵线"年代。当北非冲突爆发时，这批年轻人应征入伍，在北非度过了几年。他们中有"应征者"，也有"召回者"或"留伍者"，战争在他们身上留下了深刻的烙印，但与参加过 1914 至 1918 年第一次世界大战的老战士不同，大部分人处于心照不宣的状态。当年的大学生因享受暂不入伍的优待，没有直接面临开赴阿尔及利亚的问题，但战争的阴影对他们来说同样是决定性的：1956 年法国大学生联合会中"未成年人"占多数，新组成的领导班子于是决定采取反阿尔及利亚战争的立场。在大学生联合会领导层变动的背后，出现了一个新的青年政治运动，他们多数来自"基督教青年大学生"组织（JEC），这些人的政治生涯是在阿尔及利亚战争的阴影下开始的，带有明确的反战倾向。

在孟戴斯主义时期，许多知识青年投向了非法共的左派阵营，稍年长的则倾向于法共。几年后，北非冲突的爆发使这批青年人再次分化，有些青年转向法共。譬如 1956 年形成的"新左派"从工人国际法国分部（SFIO）分化出来，对 SFIO 参与殖民战争不满，同时亦对法共不满，"新左派"吸收了大批大学生。当然，1956 年发生的一些国际事件对法国大学生运动的分化也有一定影响：如苏联赫鲁晓夫的秘密报告以及苏联军队入侵匈牙利事件等，事件发生之后的 18 个月内，大批法共党员，尤其是知识分子党员离开了法共，不少党员虽留在党内，但成为党内的"反对派"，这些人后来最终还是脱离了法共。在阿尔及利亚战争问题上，法共被指责反战不力，不管有无根据，许多年轻人是这么认为的，因此法共受到了严重打击，尤其是在其影响力业已趋弱的情况下更加不堪。

对法共打击尤其大的是，一部分人脱离法共而促使了"新左派"的诞生——"新左派"与孟戴斯主义运动合流，几年后再融入统一社会党，从 1974 年起成为社会党内一个派别——也有部分人成为法共侧翼的极左派，从而使法共完全丧失了在左派知识界的领导地位。人们可以正当地把《121人宣言》看作是极左派重生的象征。这是个有名的文件：1960年9月，包括作家、大学教授和艺术家在内的121人联名主张"在阿尔及利亚战争问题上的抗命权利"，宣言指出："我们尊重并认为拒绝对阿尔及利亚人民动用武器的抗命是合法的。"参与联署者都是知名人士，其中包括几十名左派人士——除了发起者外，还出现了一些新面孔——而法共对宣言却表现出最明显的保留态度。从更广意义上说，这是一股最大含义的"极左势力"，正如它在60年代的发展所表明的，在1968年5月中表明得最为充分。因此，极左势力也间接地"受孕"于阿尔及利亚战争的大辩论中，尽管沉浸在最激烈的反战辩论中的极左派大部分成员并没有直接参与战争。

第四共和国的终结

解放后在生育高峰期出生的一代人到60年代政治上成熟了，国家也从阿尔及利亚战争综合征中解脱出来，又刚更替了政体：第四共和国在1958年5月13日正式宣布解体，"（1956年）2月6日的示威成功了"①（安德烈·西格弗里德语）。第四共和国"暴死"后，"法医们"不无私念地纷纷对共和国猝死原因进行剖析。诊断结论为制度不足，需要"休克疗法"，也就是更换政体。这方面的辩论远未得出结论，我们在此不予讨论，只指出如下事实：如果说制度缺陷至少部分地体现在1946年宪法文本的精神上，那么如果天下太平的话，第四共和国或许还能延续生存。然而，这一政体的悲剧是它不可能获得如此的休养调理：它从幼年起便受到来自两方面的夹击，步入青年后又接连遭受两次世界范围的震荡。从1947年起被排斥于权力圈外的法共，在冷战时期处境不妙，因此成为这一政权的死敌。从此，作为政体的政治基础——法共、工人国际法国分部（SFIO）和人民共和运动（MRP）三党的政治妥协——瓦解了。何

① 译注：第四共和国总理盖·莫莱于1956年2月6日访问阿尔及利亚，当地法国人社团发动大规模的示威，对法国当局表达不满。事件反响很大。

况同时诞生了"法国人民联盟"（RPF），该政党坚决主张结束第四共和国。对于一个刚建立就遭到冷战和反殖民浪潮两大冲击波的年轻政权来说，它的生存堪忧。从此共和国在麻木中逐渐陷入消沉，越来越失去民众的支持。第四共和国的种种无能和失责令人民丧失信心，人们根本不相信这个政权能带领国家实现经济起飞，尽管上文所述的经济成就是不争的事实。说起"不受宠爱的"第四共和国，人们只想到它的软弱，而经济发展都记在它的继承者——第五共和国——身上。第五共和国诞生前就在许多方面收获了已实施的若干计划的"红利"，因而能马上将法国带上了持续发展的道路。

4. 持续的增长

    1962 至 1968 年，在国民心目中是经历阿尔及利亚战争后的缓慢疗伤期。从 1962 年起，"反修宪联盟"的惨败证明国民对新宪法已达成共识，虽然各政党仍有不同政见，至少在公众舆论中已有广泛的认同。在此后几年里，"戴高乐主义的社会发展理念"（让·图夏尔语）指导了经济的高速发展：事实上，这一时期正是"辉煌 30 年"的黄金时期，持续 30 年的经济增长改变了整个法兰西的面貌，其间国民也更加团结。蓬皮杜在 1962 年 4 月至 1968 年 7 月期间担任总理，戴高乐将军在 1965 年 12 月重新当选为共和国总统。

"两极四头"格局的形成

    1965 年的大选给政治生活带来了许多深刻的变化。首先是实行普选。前所未有的普选本身已具有重要意义——如果不算 1848 年 12 月的所谓普选——选举中政党联合的游戏规则变得更加微妙。1958 年恢复总统大选的两轮多数制，从某种程度上迫使各政党在第二轮选举之前相互结盟，遂形成了两极政治。选举总统的新规则只会使两极政治更加激化。竞选规则的变化也带来了各政党参谋部的策略改变，于是整个政治生活，从党魁到党部下达的指令都发生了变化。

    第四共和国是小党派的黄金时代，它们游刃于大党之间，无论在组织联合政府还是在变幻不定的政治格局上，都是大政党的必要补充。譬如中左派小党"抵抗运动社会民主联盟"（UDSR）曾在选举中拥有与该党规模不相符的力量，从而保证其在 15 年里捞足政治资本，以至弗朗索瓦·密特朗到 1958 年为止 11 次入阁担任部长或国务秘书；又如激进党，尽管在第二次世界大战中影响力大大减弱，在第三共和国时期被排斥在权力圈之外，然而因为它的中间立场，在第四共和国时多次参加组阁。

在第五共和国的政体下，整个中间派为选举制度的改革付出了代价。新的选举制度保证一个强大和稳定的多数派，前政体下的那种脆弱和昙花一现式的政治联合从此消失，而中间派小党正是靠政治联合这一招左右逢源的。需要补充说明的是，在以政治结盟为基础的政体下，国民议会是小党派表达政见的最佳场所；但是 1958 和 1962 年两次修宪加强了执政当局的权力，大大削弱了国会的实际权力和影响。在这种情况下，中间派小党的影响力在 15 年内逐渐减弱是顺理成章的事。当然，在 1965 年的总统大选中，中间派仍作为独立的反对党存在，它既不与戴高乐主义派联合，也反对左派政党之间已显露头角的结盟。中间派总统候选人让·勒卡尼埃成功地获得了近 400 万张选票，占选民总数的 15％。但是这一战绩不过是强弩之末，皮洛士式胜利①只维持了几年。从 1969 年总统大选起，作为"人民共和运动"（MRP）继承者的民主中间派便分崩离析了，部分成员附和蓬皮杜总统，其余成员在 5 年后的 1974 年总统大选时又跟原来的同党一起组成"社会民主中心"（CDS），最后成为"法国民主联盟"（UDF）内的一个派别。在左派方面，左翼激进党也挡不住潮流，1972 年他们中的部分成员在共同执政纲领下参加了左派联盟。尽管左翼激进党党魁罗贝尔·法布尔于 1978 年倒戈，多数党员仍留在左派联盟内，终于在 1981 年的总统大选中取得胜利。激进党其余成员——"瓦卢瓦党人"——在 1974 年倒向德斯坦总统，参与执政直至 1981 年；与上述的"社会民主中心"一样也加入了"法国民主联盟"。

因此，在政治领域内逐渐形成了两极化的局面，中坚的两大政党坐大，中间派小党被边缘化。政治生活渐渐围绕着四个主要政党，形成"两极四头"的格局（莫里斯·迪韦尔热语）。根据勒内·雷蒙的经典划分，右派方面的两大政党是戴高乐派和自由派——分别继承了历史上的波拿巴党和奥尔良党——两党联合乃权宜之计，停止历史敌对以求轮流

---

① 译注：皮洛士（Pyrrhus，前 318—前 272）为摩罗西亚国王，是希腊化时代有名的政治家兼将军，曾是抵抗罗马帝国企图称霸意大利半岛的最强大的对手之一。虽然在对抗罗马军队的一些战役中取得了多次胜利，但自己也付出了惨重的代价。谚语"皮洛士式胜利"源自他。

坐庄，问鼎共和国总统的宝座。左派方面，经过 1962 年和 1972 年的多次犹豫和倒退，尽管因调整共同纲领而在 1977 年 9 月曾一度破裂，在 1981 年总统大选第二轮前夕再次达成合作，终于取得大选胜利。德斯坦总统关于法国人民希望中间派执政的分析，至少在总统七年任期届满后的两次选举中失灵，两极化政治登峰造极。

当然，无论左派还是右派，从 1958 年以来的两极化联合，除了制度和选举原因外，还有其他因素：右派方面，如上所述两党的竞争对抗有历史渊源，它们的联盟仅基于共同的价值观和对抗左派的需要，但选举中的内斗并未停息。1981 年 5 月弗朗索瓦·密特朗当选总统或许与右派的内斗不无关系。左派方面，1920 年 12 月的图尔大会在法国工人运动中留下的裂痕从未消除。但 1936 年组成"人民阵线"政府、解放时组成联合政府以及 1981 年 5 月后的左派执政中，法共都支持左派联合。国际形势的变化对左派联合始终会带来影响，冷战因素和东西方之间的危机都会危及左派联盟。因此把法国政治生态完全归结为制度因素的分析是不切实际的。

无论如何，制度终究是决定性的因素，1965 年第五共和国首次实行普选总统，这一年也是转折的一年。何况视听传媒首次介入法国选举，发挥了重要作用，尤其是电视。1962 年 11 月 6 日的法律规定，"在总统大选中，国家保证向所有候选人提供同样的便利"，法国广播电视署对每个候选人提供同样多的时段。这一措施打破了由执政当局牢牢把控的宣传机器，开创了法国政治生活中不可逆转的时代：从此电视在选举中发挥极其重要的作用。初次尝试后的九年，即 1974 年弗朗索瓦·密特朗与瓦莱里·吉斯卡尔·德斯坦两位候选人在总统大选第二轮投票前的一场电视辩论成为全国注目的事件，2 000 多万选民目不转睛地盯着电视屏幕；形势似乎对德斯坦有利，德斯坦辩论中的几句话震撼了舆论：他称对手密特朗为"过时的人物"，还说"您不享有良心的特权"①，这些话都十分著名。

---

① 译注："您不享有良心的特权"（Vous n'avez pas le privilège du cœur），德斯坦的原话可能为"您不垄断良心"（Vous n'avez pas le monopole du cœur）。他说这句话是回应密特朗指责他在财富分配上的不均，密特朗的原话是"这几乎是智慧的问题，但也与良心有关"（C'est presque une question d'intelligence, c'est aussi une affaire de cœur），（转下页）

在 1965 年选举中被首次采用的另一媒体是广告，尤其是招贴——候选人勒卡尼埃借用了广告社的专业服务——这一做法很快被普及，后来密特朗也采用这一方法。1981 年的总统大选中，广告制作人的一句口号"沉稳的力量"（la force tranquille），替候选人密特朗加分不少，通过广告招贴途径来扩大影响，提高知名度。

1965 年，转折的一年

1965 年仅仅是有政治意义的一年吗？人们可能会这样想。让·富拉斯蒂埃完全有理由将"辉煌的 30 年"的终点定在 20 世纪 70 年代中期。如此分析是有根据的，因为至 70 年代中期，不但经济状况发生逆转，而且靠经济增长的支持、已习惯于充分就业的社会组织，在危机和失业抬头的情况下已出现裂缝，对社会进步的信心开始动摇；作为社会意识形态标杆的知识界也一反镇定的常态，在"索尔仁尼琴效应"下出现了决定性的转变。总之，从解放起直至危机冒头的 30 年与以后年代之间有着十分强烈的反差。自"觉醒的十年"起，五六十年代出现了经济增长、生活水平提高和制度改革的"黄金时期"，带动社会发生了前所未有的变化。但是经济增长和生活水平提高的势头至 1974 年戛然而止。在让·富拉斯蒂埃提出"辉煌 30 年"的最后十年情况发生逆转，预示了此后的变化，而 1965 年——若干年后回头来看——与 1944、1945 年或者 1974 年不同，或许赋予了集体意识和社会行为上一种真正的意义。

在构成国家整体基础的另一领域——人口方面——也发生了变化。如果说解放以来的几十年里法国是一个年轻国家，至 1965 年发生了深刻的变化。两次世界大战之间，法国的死亡率（16‰）超过出生率（15‰）。大战结束后趋势逆转，出生率大大超过了死亡率，由此保证人

（接上页）德斯坦反驳说："密特朗先生，您不垄断良心！……我和您一样有一颗心，它以它的节奏跳动着，它是我的心。您不垄断良心。"（Vous n'avez pas, Monsieur Mitterrand, le monopole du cœur! ……J'ai un cœur comme le vôtre qui bat à sa cadence et qui est le mien. Vous n'avez pas le monopole du cœur.）密特朗一时无言以对。据说，当时许多尚在犹豫的选民因这番辩论最终投了德斯坦的票，但此事无从证实。

口年增长率达到8‰。从1946至1976年人口增加了近三分之一，亦就是说，增加了1 300万居民。延续至50年代初的生育高峰期中，出生率曾保持在20‰以上；但是生育高峰期过后，人们注意到出生人口开始下降，人口增加主要因为死亡率降低。而且从60年代中期起，人们还注意到出生率开始下降——这一现象通常发生在富裕社会中。观察结果令人对人口现象产生困惑，尤其当人们注意到上一次出生率逆转（指出生率回升）是发生在最黑暗的1942年！

从1964年起出生率的下降并未立即反映在出生数量上，因为那时在生育高峰期出生的青年陆续开始成家，按逻辑来说，夫妻数量肯定比过去多，因此在十年内掩盖了出生率下降的现象。直到1975年前后，人们发现出生率下降的事实才感到担忧：从此，每年每千人减少了15名新生儿。难道人口金字塔不久将失去平衡，法国人口将迈向老年高峰期？

人口问题不是演变缓慢且通常滞后于政治节奏和经济周期的唯一领域。集体意识和社会行为的变化同样也会滞后发生。事实上，如果说法国从解放起已进入了一个经济持续发展，社会实现历史上最大转变的时期，那么作为个人行为和社会生活基础的价值观仍停留在过去乡村社会阶段，当年的物质生活相对贫困、经济水平至少不能与1945年以后相提并论。

在法国或在发展水平相仿的其他社会里，价值观仍停留在"刻苦耐劳、节俭储蓄以防年老疾病，总之是推迟享受的观念"（让-达尼埃尔·雷诺语）。譬如，靠年金生活者仍受人尊敬，贷款消费鲜为人知，经济仍以衣食生存为主，消费型经济尚未出现。这样的社会在许多方面比我们今天的社会更艰苦，社会机制——教会和家庭等——扮演着维护规范和权威的角色。然而，1945年以后工业化和城市化的法国，在经济的持续增长和充分就业的带动下，安全感变得更为重要，不单社会结构和生活方式发生变化——正如人们在1945至1965年间所看到的——而且价值观和社会规范也转变了。这种转变是缓慢的，甚至是长期潜移默化的，有时倏然停顿，但不可否认。这方面有两个征象很说明问题：在长期以节俭和储蓄为美德的社会里逐渐浮现出享乐主义的行为和价值观，家庭财富的积累被看轻而快速挣钱、马上满足物质需求的生活方式受到青睐；在思想意识上，希望与别人类同而被社会承认的因循守旧观念凝聚了部分社会成员，但不久出现了标榜与众不同、特立独行的主张。在最初时人们还不能说这种现象是一种普遍性的抗争，但毕竟它是面对权威——也就是面对社会规范和禁忌——的一种新态度，一种新价值观。

在这个意义上，1965 年是最初出现裂缝的一年，这些裂缝预示了 60 年代末的大动荡。社会学家亨利·孟德拉斯指出，"人们在那个时候发觉年轻人去教堂的比例大幅减少……杂志和电影里出现了裸体。民意和消费动机的调查表明出现了'价值观危机'，也从那时起人们开始谈论价值观危机"。除了各种迹象外，有一件事是确定的：1968 年的五月事件不但意义十分重要，它更是显影剂和催化物。在那之前的几年中，人们已注意到在崇尚权威的传统制度与辉煌 30 年中形成的社会之间的不协调，人们在家庭和工作场所表现出某些反传统的新行为方式。据一些观察家认为，这些新行为的真正起始点就是 1968 年的五月事件，并在此后一个阶段内具有象征意义。事实上，1973 年利普钟表工厂工人运动和 70 年代拉尔扎克村农民反征地运动都扎根于前几年的 1968 年运动的土壤中，从 60 年代末的社会矛盾中汲取了养分。从 1968 年春的动乱对法国社会造成的震荡来看，两个事件不只是一面镜子，更加速了社会演变。

1968 年 5 月

人们常常把 1968 年 5 月的危机比作三级火箭。这一形象的比喻有部分的贴切性：运动过程中，三场危机——大学危机、社会危机和更广意义上的政治危机——接连地爆发，每一场危机触发了下一个危机。但同时这一形象与历史真实又不尽一致：三级火箭的每一级在完成使命后与上部的装置相脱离，而 1968 年运动则不同，当下一场危机爆发后，前一场危机并不消失。运动中的三场危机并非接力现象，而是整场危机的规模逐渐扩大，以至最终爆发为全面的危机。不过三级式火箭的比喻便于对运动的理解，显示危机逐步升级的过程，这场危机确实是从学生运动引发的大学危机开始的。自 1967 年 10 月起，巴黎近郊南泰尔大学文学院和大学生宿舍已闹出动静，部分学生的抗议虽然规模不大，但学生总体对社会现实存在不满情绪。至少今天看来是这样：大学已停课，学生杯葛考试，对大学宿舍的规章制度提出抗议，少数极左派学生闹事，但影响很大，几位政府部长去大学调解遭到学生围攻，法共领导人到场讲话被阻拦。在这一阶段，无论是公众舆论还是主管当局，都未把这一切看作是将在来年春季爆发危机的先兆。然而正是在这一时候，机器已经发动。在 1968 年复活节假期前的 3 月 22 日，若干冲突导致南泰尔大学第一次关闭。5 月 2 日，大学第二次关闭等于在炸药上点火。自此学生运动全面爆发。次日，在索邦大学举行了学生抗议集会，反对校方的决定。由于警方到场干预引发混乱，当晚即在圣米歇尔大街上爆发了学生与警察的暴力冲突。5 月 6 日（周一），又发生更严重的冲突，导致在几天内法国大学陷于全面瘫痪，在强烈的冲击波作用下，酿成学生总罢课，并且占领大学；10 至 11 日夜间，拉丁区首次出现了"街垒"，被学生占领的索邦大学成为学生运动的象征，某些观察家已开始称之为"学生公社"。

为抗议"警察镇压"，工会组织号召在 5 月 13 日（周一）发动总罢工，当天学生领袖和工会领导人肩并肩地上街示威游行。极左派、法共、学生组织和工人总工会团结一致地反对戴高乐政权，而且这一天具有象征意义——它正好是 1958 年 5 月 13 日戴高乐首次当选总统的十周年。但接下来 20 天内发生的事态证明它不只是象征而已，在 5 月中旬时运动的重心已经转移：工会原定于 5 月 13 日发动总罢工一天，而罢工延续到下一周，工人运动犹如油渍一样迅速蔓延。不久，法国一些工厂被占领。形势令人回想起 1936 年春季"人民阵线"取得选举胜利后工会发动的罢工。当年工运的希望及哲学家西蒙娜·韦伊描述的"节日"情景依然留在老一代工运积极分子的脑际，如今他们再次参加罢工。但 1968 年工人运动的规模今非昔比：1936 年参加罢工的主要是工人，32 年后所有（或几乎所有）的受薪者都参加了罢工。5月份的下半月人们都不上班了，有的主动参加罢工，有的是因为加油站无油供应和公交司机罢工而无法上班。因此说，1968年5月的罢工是法国社会史上规模最大的社会运动。但是与学生们的期望相反，底层工人受工人总工会的领导，工会担心社会运动失控，因此只提出加薪要求，于是在索邦大学这条"醉船"和雷诺公司比扬古工厂提出的口号之间不甚合拍。尽管运动的某些积极分子希望的"革命阵线"从未结成，法国在5月下旬还是完全瘫痪了。局势陷入僵局。此时，反对派在国会提出不信任案，企图利用民众运动，但在5月22日议会表决时，不信任案因缺少11票而遭到否决。至于戴高乐总统，在几天中似乎失去了对国家的控制，事后他承认当时的局势已"无法掌控"。他在5月24日（周五）提出就改革企业和大学举行全民公投，但该建议未产生预期效果。当晚巴黎和各大城市再次出现民众的"街垒"，群情愈发激愤——里昂一名警察局长死于冲突——并再次掀起沸腾的学潮。

至此，政治性危机已经酿成。索邦大学和奥岱翁剧院被占领，工厂企业瘫痪，国家元首已控制不了局面：法国历史上在出现类似权力真空的情况下，政权往往开始动摇。这几天里会否真发生夺权？人们私下猜疑着，此后这一问题虽常有人提及，但却始终不可能真正决断。事实上在这段日子里，当时主要反对派法共似乎从未想过单独或联合其他政党来利用局势，因此结论是否定的。相反，法共只想引导运动，担心局势完全失去自己的掌控；工人总工会在工运问题上也采取了同样的态度。因此，蓬皮杜总理能利用"工人总工会"（CGT）来对抗"法国劳工民主联合会"（CFDT），经过两天的谈判，在5月27日周一凌晨劳资双方签署《格雷内勒协议》。但是就在当天，这份特别规定"较大幅加薪"的协议却遭到底层工人群众的反对，包括作为工人总工会大本营的雷诺公司布洛涅-比扬古工厂的工人。同在5月27日那天，数万示威者在巴黎夏莱蒂体育场举行声势浩大的集会（皮埃尔·孟戴斯-弗朗斯出席了集会），显示了极左反对派誓不罢休的决心。一周前，当局势已变得"无法掌控"，国家因总罢工而陷于瘫痪，行政机构和各部都停止运作之际，一些观察家认为政权正处于瓦解中。5月28日，非法共的左派领袖弗朗索瓦·密特朗在一次新闻发布会上声称，"政府已不复存在"，建议组成由孟戴斯-弗朗斯领导的"临时看守政府"。他的这一态度随即遭到指责，言外之意在戴高乐总统万一辞职的情况下，他自己想竞选总统。但是，从第二天起已不再是夺权问题了——或许夺权问题从来就没存在过——戴高乐将军杀了个回马枪，打得政敌猝不及防，在36小时内挽回了局面。5月29日（周三）戴高乐到德国巴登-巴登与马苏将军会晤后，宣布将在次日发表广播讲话。30日下午4时，他表示将继续留在总统职位上，总理仍由蓬皮杜担任，同时宣布解散国会。总统铿锵有力的语调激励了支持他的民众，当天傍晚50万民众上街示威，这无疑是5月最为壮观的一次游行。

局势顿时发生逆转，一方面因为社会舆论对混乱局面已经厌烦，部分民众起初同情学生运动，不久便对运动声势和危机的旷日持久表示不安。6月份上半月，学生运动便开始偃旗息鼓，放弃占领索邦大学和奥岱翁剧场；工矿企业陆续复工，《格雷内勒协议》最终被接受。事实上宣布解散国会以来，法国已进入了立法选举的竞选，准备参选的各大政党都意识到危机再持续下去并无好处。右派政党欲表现得依然掌控局势，而左派政党则无论如何不愿被看成为"纵火者"，无意在炭火上再煽风点火。总理在竞选中把矛头直指法共，指责他们是挑起危机的罪魁祸首；但从上述事件经过来看，如此指责有违历史事实。不过指控已经发出，整个左派都被"沉默的多数派"认定是五月事件的责任者。于是在一年前立法选举中刚取得大胜的左派阵营在这次选举中遭受惨败，经历了5、6两个月的动荡，力量反而大大削弱。社会民主左派联盟（FGDS）在1967年选举中曾取得118个议席，而那次选举中仅夺得57个席位；法共的情况更惨，议员人数从73人减至33人。总统多数派方面，因选民担心时局不稳，结果使共和民主联盟（UDR）大举得胜，一党夺得总共485议席中的294席，占议会绝对多数。

在政治层面上，1968 年的五月事件没有引发革命。相反，在一年前选举中地位不稳的政权，从此获得了真正"求之不得的议会"①。1968 年事件的结果还应在别处寻找，事件的演变融合在对危机的全面诠释中，它既分析了起因又揭示了后果。然而，观察家们对事件有不同的解释。有些观察家认为事件本身是次要的，但有的人把 1968 年的五月事件看成一场地震，认为它暴露了法国社会的裂痕。事件发生后两年，史学家让·图夏尔在《法国政治科学杂志》上撰文，对事件的性质罗列了十来种假设，从颠覆性阴谋论到文明危机论，包括大学危机、青年一代的热情冲动、传统的社会冲突抑或是新型的社会冲突，以及各种危机的连锁反应等等。作者在提出一系列假设后指出，要解释 1968 年 5 月的危机，或许没有唯一的答案；事实上大多数的假设至少包含了部分的真理，只有将各种因素集合在一起才能解释这场危机的特殊意义；有时不协调的现象，经过更仔细地观察会发现一些看似"反动的"（取该词的词源意义）论点，其实更主要是拒绝社会革新，而不是赞成正在进行中的社会转型。至于事件对法国文明带来的影响，有两个基本的特征：首先，这场危机——及其对危机的解释——事实上大大超越了法国的国界；其次，事件对政治行为和意识形态领域具有十分明显的双重意义。

第二次"大西洋革命"？

当然，法国 1968 年的五月事件的某些方面有相当的特殊性。譬如，德国从 1967 年起也有过学生运动，至 1968 年 4 月因德国社会主义学生联盟领导人鲁迪·杜契克遇枪杀未遂后，学运规模逐渐扩大；但是尽管学运期间与警方发生了激烈冲突，学生运动最终未酿成社会危机。意大利的情况则相反，1968 年学生运动引发了社会和政治动荡。法国的五月事件属于第三种类型的危机：与德国和意大利的情况都不同，学潮不但

---

① 译注："求之不得的议会"（la Chambre introuvable）出自复辟时期国王路易十八之口。1815 年法国第二次王政复辟，当时竟选举产生了一个由极端保皇派成为多数的议会，法王路易十八对此大喜过望，这正是他求之不得的事。

引发了社会、政治危机，而且还起了催化剂的作用。但是如果从最基本的方面来说，法国学潮的特殊性并不重要，也就是说，1968 年的五月事件与 60 年代在富裕工业国产生和发展的各种社会抗议是融合一体的。当然，这股潮流也波及世界的其他地区，譬如东欧国家，青年一代在同一年参与了"布拉格之春"运动，抑或其他发展中国家，如墨西哥在 1968 年亦发生了学生运动，结果学生遭到血腥镇压。然而，形成"反叛"之势的地域，除日本以外，基本上局限于北美和西欧。因此从某种程度上说，这是第二次"大西洋革命"，但其性质与 18 世纪最后几十年发生在大西洋周边国家的那场革命却完全不同。尽管学生运动提出的口号表面上已熄灭，尽管反正统文化的议题——与表象相反，保存了建立在被抗议的经济繁荣基础上的某种乐观主义——因经济危机及其对社会、道德等影响而显得杂乱无章，各国在同一时期开辟了自己的道路，一起重新塑造了西方社会的生活方式。这一切尤其是通过在社会各阶层的渗透——表明社会机体最终拥有包容"抗议"的强大调控能力——以及通过几代人的更新来实现的：1965 至 1970 年间的一代青年，换言之，在战后生育高峰期出生的一代人，至 80 年代已成壮年和社会栋梁。

在 1968 年的五月事件以后的法国，不单在音乐和服装上有明显变化，在家庭或工作场所等人们的社会行为亦发生了巨大变化。阿兰·图雷纳在《乌托邦共产主义》一书中对"后资本主义"社会出现的社会斗争新形式作了分析，美国学者斯坦利·霍夫曼在《论法国》中亦揭示了"对法国权威制度的反叛"现象。这种反叛是模仿行为——即雷蒙·阿隆所说的"心理剧"——还是真实行动？70 年代初利普钟表工厂工人尝试自治和拉尔扎克村农民反征地运动，在很大程度上是五月风潮以及风潮发生前社会裂痕的产物。而且可以毫不过分地说，1981 年社会党与孟戴斯主义等左派的胜利也源于 1968 年 5 月的运动。其实，1969 至 1972 年间担任总理的雅克·沙邦-戴尔马已注意到 1968 年的矛盾，在推行"新社会"计划时吸纳米歇尔·克罗齐埃对"卡住的社会"的分析，选择孟戴斯主义者西蒙·诺拉和雅克·德洛尔作为顾问；因为正是 1968 年 5 月的运动暴露出民众对某种权威形式的抗议，反映了法国社会正处在转型期，至少部分地促成了一些重要的改革措施和计划，譬如扩大新闻自由、推广合同工资制以及加强成人职业教育的立法。正因为这一思路——尽管关系较远——"新社会"的设想在当时戴高乐主义多数派内部的反响不太热烈，多数派也因此在 1972 年 7 月赞同蓬皮杜总统及其顾问的决定，中止沙邦-戴尔马总理的"新社会"计划并导致总理辞职，尽管沙邦-戴尔马政府在几周前刚获得议会的信任投票。

意识形态领域的转变？

1968 年春天的动乱虽非改变历史的根本性事件，却是一种显影剂和催化物。它或许促进了社会的演变，而演变在 60 年代中期、1968 年风潮之前已经开始了。三级火箭的比喻比受潮鞭炮的形容更为贴切；虽然没有发生某些人以为看到或乐意称为的爆炸，至少它是一支照明火箭，在表面看来一致认同的工业化和城市化文明的富裕社会里，猛然揭示出世人熟视无睹而正在进行的社会转型。

最后还有一点，重要的不在理解事件的本身而在于对五月风潮后的意识形态领域进行分析。如果说 1968 年的五月事件在国民的意识形态上留下深刻的印记，由于运动的意识带有马克思列宁主义和自由主义的双重色彩，因此不易进行分析解读。人们记得，1956 年标志着苏联模式对法国知识界的吸引力开始减退；而阿尔及利亚战争促使在大学生中形成法共影响圈外的"新左派"。这一现象在 60 年代逐渐扩大，大学生和知识分子掀起五月风潮在很大程度上是反共产主义性质的。1967 至 1968 年爆发于南泰尔大学的学生运动中，示威学生的矛头既指向学院的"行政领导"也针对参与进来的法共领导人。示威学生与共产主义学生联盟（UEC）之间也发生冲突，而且两派学生在运动过程中的分歧公开化并不断扩大。在一些极左组织看来，丹尼尔·科恩-本迪特领头的"三月二十二日运动"学生组织批评资本主义制度的同时，也抨击苏联和法共及其意识形态。从五月风潮中提出的一些问题可以看出这场学生运动的自由主义倾向，对上文提及的风俗和社会行为的演变起到催化作用：整个"极左派"的来龙去脉——包括在阿尔及利亚战争和 121 人宣言中透露的种种迹象——都隐隐约约地显现出来了，这股潮流在 1968 至 1972 年达到巅峰后继续从侧面影响了法国社会 25 年之久。

然而，60 年代初马列主义在法国知识界的渗透并未因此而中止。如果说同时出现了其他模式，马列主义始终活跃在意识形态领域内。在法国知识分子的心目中，第三世界逐渐取代了苏联，摆脱了殖民统治的新生民族已代表长期以来只有工业化社会的工人阶级才能担当的革命希望。这种希望包涵同样的意识形态基础：第三世界是革命的，因为它由"无产者"国家组成，而无产阶级负有解放全人类的使命。事实上，无产阶级与资产阶级的矛盾已逐渐变为"帝国主义"与由"无产者"组成的第三世界的矛盾，第三世界肩负着"人民民主国家"已背叛的革命使命："欧洲已完蛋"（萨特语），独立的阿尔及利亚应该是"社会主义国家"，哈瓦那能成为拉丁美洲革命风暴的中心。让-保尔·萨特对这两个国家的讲话反映出 70 年代初法国左派的雄心壮志。雷吉斯·德布雷在稍后撰写的文章也说明法国知识界同情和关注点的转移。特别是中国曾凝聚了他们的部分希望。出于某种奇怪的类推，中国成为"贫穷者的共产主义"典范，不但实现了在农业国的经济起飞，克服食品匮乏而保持了政治和经济的独立，而且还是可被西方社会借鉴的建设社会主义的典型。1968 年的五月事件爆发前一年，法国导演让-吕克·戈达尔的电影《中国姑娘》活生生地体现了中国模式对法国极左派的巨大魅力。巴黎高师哲学教授路易·阿尔都塞的一些学生成为毛派，正如 20 年前该校许多学生受法共吸引一样，历史学家埃马纽埃尔·勒鲁瓦-拉迪里在他的政治自传体著作《巴黎—蒙彼利埃》中见证了当时的情形。政治上发生偏移，但没有放弃马列主义；1968 年法国有两个亲华小党，名称是："共产主义青年联盟（马列）"和"法国共产党（马列）"。

如果说，60 年代中期部分青年与共产主义青年联盟决裂，譬如阿兰·克里维纳演变为托洛茨基分子，显然在 1968 年 5 月的学生运动中不少人仍信仰马列主义。由此产生如何理解 70 年代的一个重要问题：从法国知识界与马克思主义的错综复杂关系来看，1968 年春天是否作为一个跳板，左派意识形态在东欧感到失望后借助这个跳板实现转换？抑或是某种止动器，使左派意识撞得四分五裂了呢？从表面看，5 月份过后法国马克思主义思潮继续发挥着影响，似乎已借助跳板脱胎换骨；但是到 70 年代已消失得无影无踪。一方面，在法国社会经历的行为和意识的演变中，1968 年 5 月的"自由主义"倾向比它的对立面留下了更深的痕迹。另一方面，作为对立的另一种倾向——马克思主义思潮事实上孕育了"弑父"的"新哲学家"一代：从 1975 年起在曾经的毛派中间产生了一些最激烈攻击马克思主义的人。因此，1968 年 5 月的危机也直接或间接地成为法国知识分子历史上一个重要的日期。

5. 告别 "轻松的年代"

　　1968 年动荡以后，戴高乐将军在政治上仅存活了不到一年的时间。确切地说，在 6 月 30 日立法选举赢得胜利后的 9 个月零 27 天，他因提出关于地区重组和参议院改革的全民公决未通过半数而下台。数周后，戴高乐派的乔治·蓬皮杜当选共和国总统，其 5 年任期在某种程度上标志着戴高乐将军的第二次死亡①（戴高乐本人于 1970 年 11 月 9 日逝世）。

从夏尔·戴高乐到弗朗索瓦·密特朗

　　其实，蓬皮杜总统并非戴高乐主义消亡的责任者，从许多方面来说，他继承前任的路线多于改革。但是，如果认为戴高乐主义现象具有当年波拿巴主义的魅力，能争取到数百万左派传统选民的选票，如第五共和国最初十年所表现出的那样，那么这种戴高乐主义确实在 1969 至 1974 年间消亡了。1969 年 6 月当选的蓬皮杜总统，或许在 1967 年就看到了某种根本性的政治变化：几年内从左派争取来的选民大量地回归社会党或法共。况且在 1974 年大选时，左派联合候选人弗朗索瓦·密特朗差点就当选总统。

　　戴高乐主义选民的分崩离析与社会党的崛起有关。鉴于在 1968 年 6 月立法选举中法国左派，尤其是社会党力量大大削弱，它的再次崛起尤其引人注目。果然社会党在 1981 年 5 月至 6 月赢得了大选的胜利。或许社会党的崛起有其本身的政治原因：密特朗征服权力的策略大大压制了法共的影响力，借此使社会党力量在左派阵营内得到加强，于是在大选第二轮的关键时刻能化解部分中间派选民的心理障碍。在德斯坦总统七年任期的最后几年里，中间派的反对意向不断加强，而且在 1981 年总统大选中，保卫共和联盟（RPR）和法国民主联盟（UDF）两党的关系微

---

　　①　译注：所谓 "第二次死亡" 是指戴高乐主义的死亡。

妙——我们在此不予分析——将来当历史学家掌握资料时，定能说明这种关系演变的决定性意义。另一方面，是否可以把非法共左派力量的崛起与"辉煌30年"中法国的深刻变化联系起来加以考察呢？1981年5月10日左派在大选胜出后，尤其是社会党在6月的立法选举中取得压倒性多数之后，法国的政治学者曾进行广泛讨论，对社会党的胜利有几种不同的评价。譬如弗朗索瓦·戈盖尔认为，社会党在立法选举中夺得高票——包括左翼激进党在内，得票率达到37.8%——的原因是右派疏忽造成的失误，许多人在5月总统大选失败后弃权未参加6月的立法选举。热罗姆·雅弗雷的意见则相反，他写道，左派的胜利是"势力不断壮大的结果，它迟早会赢得胜利"，还认为"历史学家能顺理成章地下结论说，真正的出人意料不是左派在1981年的胜利，而是它在1978年的失败"；他列举了促成左派取胜的一系列因素，除了上文提到的政治因素外，还有"社会的变革"和"文化层面的变化"。右派可能没认识到以城市中产阶级为主体的法国已取代了农民和小商人的法国。换言之，工薪阶层和城市化孕育了左派的法国；弗朗索瓦·密特朗的成功是"辉煌30年"和宗教意识减弱的产物，这些因素尤其促成社会党势力在西部地区的扩张。关于宗教意识淡薄的结果，史学家和政治学者的看法一致，认为它是法国选举的一个重要变量。至于其他因素，各家说法不一。

毫无疑问，德斯坦总统在七年任期的末期面临了法国社会的各种冲突：经济上，在第一次石油危机后右派两党间的竞争加剧；社会领域，面临城市化发展和工薪阶层扩大后带来的问题。后两个问题在60年代戴高乐执政时期已经存在。1983年市镇选举中，右派反对党在人口超过3万的许多城市中胜出的事实，使城市化发展有利于左派政党的假设受到质疑。"辉煌30年"在政治上的影响或许更多地体现在人们的日常生活和工作场所，对政治力量此消彼长的作用并不明显，总之在统计数字上不显著。如果说社会转型对选举有一定影响的话，作为社会转变基础的经济发展从1973年起已出现了裂痕。70年代的法国成了前30年经济快速增长的孤儿。经济危机只会削弱执政领导层的影响力，"增加社会党在国有化和国家干预等议题上的说服力"（热罗姆·雅弗雷语）。

经济增长停顿

经济在"辉煌 30 年"中高速增长。如果说在 60 年代末、70 年代初沸沸扬扬的社会环境中，经济增长遭到质疑——尤其来自刚诞生的环保运动的批评——在国民的价值观中经济发展仍受到重视。根据伊福普民意机构在 1972 年 4 月的调查报告，66％的受调查者认为，经济增长对提高生活质量是必不可少的。

然而，被公众舆论认可的经济增长在 1973 年出现第一次石油冲击后开始走下坡路。各项经济指标明白无误地显示了这一趋势。若仅以此前的 10 年为依据，把 1962 年定为基准指数 100 的话，至 1974 年阿尔及利亚战争结束时工业生产指数恰好翻一番（指数为 200）。相反，若以 1970 年为基准指数 100 的话，那么 1977 年该指数为 126，即与 1974 年的指数几乎相仿。事实上，在 1974 至 1977 年这段时间内，因 1974、1975 年的经济衰退大大降低了经济增速。若同样以 1970 年为指数 100，那么到 1983 年，指数仅为 132：那是因为第二次石油危机的严重影响。所以在 1962 至 1974 年的 12 年中，经济增长了 1 倍，而从 1974 至 1983 年的 10 年中，经济增长不足 10％。其间，经济停滞代替了增长，经济"零增长"成为现实。

经济增长止步不可能不带来社会问题。从 1974 年起就业市场急剧恶化，10 年后的失业人数超过了 200 万。除了这种经济形势必然带来民众的个人悲剧外，整个劳动阶层亦受到剧烈的震荡，更使长期来充分就业的社会产生了忧虑，人们原以为社会不安全的日子已经一去不复返了。在如此社会里渐渐产生了一种感觉：危机袭来使"好日子到头了"（让·富拉斯蒂埃语）；1979 年出版的《辉煌 30 年》一书，与其说是一曲颂歌不如说更像一篇悼词。

法国人，你变了吗？

1973 年以后的几年里，大多数法国人的日常生活是否发生了很大变化呢？1983 年《快报》杂志发表一份关于 1973 至 1983 年的调查报告时所用标题就是："法国人，你真的变了！"事实上，许多社会指标在这 10 年期间都改变了，变化是毋庸置疑的。但是这种变化不能以迄今为止的物质变化来衡量。譬如这 10 年内，拥有电视机家庭的百分比从 60％增加至 93％；拥有彩电的家庭在 1983 年已达 52％。从 1976 年起 91％的家庭有了冰箱，72％的家庭有洗衣机。1976 年以来拥有高保真音响设备的家庭比例从十分之一增加至三分之一。10 年内收音机的数量增加到 2 倍，至 1983 年达到 5 000 万台，同期家庭电话机数量亦增加到 4 倍，从 500 万台增加至 2 000 万台。

尽管发生了经济危机，还是有许多因素促进着国民生活方式的同一化，我们看到这种同一化的进程开始于经济高速增长的年代。生活方式同一化主要涉及娱乐、服装和日常生活。相对来说，至 80 年代中期，法国家庭在食品上的费用仅占全部开支的五分之一。而其他方面，特别在住房上的社会差距愈加扩大。巴黎北郊萨塞勒市的情况在当时有象征意义。50 年代，在一些大城市周边人口稠密地区推行城市改造计划：当时"高层建筑"和"长条连体住宅"尚未大量出现。郊区的城市改造计划无疑对缓解城市人口迅速膨胀造成的住房困难有一定贡献，在改善居民住房的舒适和卫生条件方面，收效十分明显。但是问题马上出现了：以萨塞勒市为典型的"宿舍城市"很快令人感到压抑和烦恼。25 年后，这种"密集型居住区"出现了另一个问题：住房破旧失修、居民特别是年轻人的失业严重、通常住这类住房的外籍移民家庭的子女融入社会困难等种种因素，造成社区警民关系紧张，甚至发生冲突；譬如韦尼雪市曼盖特街区从 1981 年夏天起，多次爆发青少年与警方的暴力冲突。

1973 年以后，法国人在物质生活方面真的发生了变化吗？电脑的涌入、通信手段的普及（电话、录音机，以及当局允许"私人电台"存在）肯定影响到人们的日常生活，而最基本的变化已经实现：从四马力小汽车到影像设备，一脉相承的发展持续进行着，上文提到凯尔西地区杜埃勒村在 1975 年出现的主要特征标志了决定性的转变，此后几年只是继续发展而已；从此，城乡居民在生活方式上越来越接近。

"巴士底狱"的倒塌

　　物质上的变化可用数量来表达，因而也相对容易被察觉，但对思想意识和社会行为演变的分析则困难得多：这方面统计数据更少，对现象的解释更困难，而且不可能用曲线来描绘。此外，我们已看到，意识和行为并不依政治和经济的节奏变化，惯性机制在这一领域里起着作用。出于这一原因，转变直到 1965 年左右才开始。因此，1973 至 1974 年的断裂现象在思想和社会行为方面的表现要比经济层面的影响小得多，所以探讨这一时间段前后在思想和行为上的变化或连续性的意义不大。重要的在于考察 60 年代中某些社会机制的衰落和演变，这些社会机制在历史上曾是规范人们社会行为的根基。在这一领域内，20 年中人们看到几座"巴士底狱"纷纷倒塌或出现裂痕。

　　1965 年前后，当梵蒂冈实施规模庞大的第二次教会改革时，法国天主教会显示出深刻危机的若干征兆。我们暂且把这两个现象的相互关系搁在一边，因为回答这个问题势必关系到对罗马天主教主教会议的评价。更重要的是天主教的内部危机与法国人参与宗教活动急剧减少同时发生。事实上，人们观察到教会信徒人数减少和教会本身出现了危机。教会问题的最突显症状是神职岗位减少而造成教士人数下降。受戒教士从 1959 年的 567 人下降至 10 年后的 370 人，至 1979 年只剩 125 人。如果这一数字得到确认，那么神父数量将从目前的 3 万多人减至 20 世纪末的 1.2 万人。至于很少参与圣事活动和周日礼拜的信徒们，一方面是因为"脱教的"人数增加，另一方面也因为受到第二次梵蒂冈主教会议通过的改革礼拜仪式的困扰。更何况年轻一代对教会的态度——他们中受洗礼人数明显下降——令振兴教会更无希望。80 年代初只有 15％的小学生和 8％的中学生与学校内的指导神父有定期联系。随着信徒年龄的老龄化，出现了这样一个重要问题：20 年后法国人是否还是天主教徒？不管人们对这个问题作何回答，也不去预料神明会否报复，有一点是无可争辩的，即法国天主教会正面临自身定位的危机。

那么家庭机制是否同样存在危机呢？结论不那么简单。如果从家庭生活的关键即婚姻的表面情况来看，危机确实存在：结婚更难、离婚更易。当然法国还没达到斯堪的纳维亚国家的水平，但"婚前同居"的现象增加了，从1968年到1977年，"婚前同居"的男女比例从17％增加至44％。但是这一数据亦可以作相反的解释，人们可以认为"青春期同居"是"婚前行为"，正式婚姻被推迟了。如果这样来考虑问题，就不是对传统家庭机制的反叛，只是社会行为发生了变化。对家庭机制威胁较大的是男女"随意同居"数量的增加，这类男女在80年代中期的法国社会中有将近50万对。1980年在法国出生的新生儿中婚外生育占十分之一，在巴黎占五分之一。许多男女不是推迟婚姻，而是不考虑。或许在这种情况下男女两人比较容易分手：事实上，最近15年来法国的离婚率上升已是不争的事实。但是进一步分析会发现，"同居"属于不想结婚或出于同一想法地摆脱婚姻，而不是婚姻的推迟。"随意同居"男女常常对家庭共同生活的设想与结婚男女的想法不同，1978年社会保险局承认了男女自由同居的权利。如果说离婚现象上升，男女长久结合的理想却没有改变：如果男女双方中断关系，是因为他们看到双方长久结合的条件不再具备。这样来看，家庭机制并没遭到质疑。1982年进行的关于是否仍相信"传统价值观"的民意调查显示，18岁以上的法国人中相信"婚姻价值观"的人占72％，而相信"政治理想"的只有33％。

除了婚姻问题外，是否还能说家庭观念的衰落呢？维护者或反对者中许多人会作出肯定的答复。但是事实上不一定。1982年的同一次民意调查显示，88％被调查者的价值观中"家庭"占首位，仅9％的人对"家庭"的价值表示怀疑。史学家安德烈·比尔吉埃在评论那次民意调查结果时指出，看来家庭仍是"稳定的有安全感的价值"。事实上，从"家庭"赖以支撑的两大支柱——血亲关系和家族成员关系——来看，很难得出家庭观念衰落的结论。血亲关系，即有血缘关系的家庭成员之间，依然起着重要的纽带作用。由于人口平均寿命的延长，一家人与父母亲、祖父母，甚至曾祖父母相处生活的时间会更长。而且因城市生活的束缚和女性参加工作等原因，祖辈在照看和教育孩子方面发挥更大的作用。经济因素往往亦迫使年轻夫妇在父母家待得更久，即使离开了往往还需要父母的帮助。虽然城市化时代的血亲关系不像过去乡村中那么重要和有凝聚力，但也不像人们常常描写的那样分化瓦解。至于家族成员的关系，我们观察到它也不像初步分析得出的不稳定结论。因此有些现象还得归结为社会行为的变化。

至于社会行为的变化，人们可从女性生活条件和性这两个领域来观察。在这两个领域内，现代避孕方法的普及和国家允许堕胎都起了决定性的作用。1972 年博比尼地方法院审理一起私自堕胎案引起轩然大波，仅仅两年后的 1974 年 12 月 20 日，根据时任卫生部长西蒙韦女士提出的法案，国会通过了一项在某些条件下允许自愿堕胎的法律。此事不能不引发社会争论和大辩论，国民对此意见分歧，认为导致"放任的社会"。但是真会因此带来性道德的更加开放吗？由于缺乏真正可信的调查，很难精确地估计青年男女中有婚前性行为的比例——其实如上所述，人们在 60 年代已看到了这方面的变化——也很难说标榜的性自由只是倡导移风易俗还是真的实际性行为。总而言之，与社会行为一样，社会的想象亦发生了颠覆性的巨变：在 20 年中，社会面对性问题的宽容度有了深刻的不可逆转的转变，抗拒力量节节后退。

因此得出如下结论：一些传统的社会机制退化了，但某些社会行为及风俗变化更大。或许后者的影响更值得注意：风俗的转变以及面临快速发展的时代和社会价值观的变化，对诸如生死、工作、性关系及婚姻等方面有了新的态度。这 20 年来，不但社会制度出现危机，人们更经历了"某些传统调节机制的危机"（米歇尔·克罗齐埃语）。我们看到，若干约束性的调节机制长期占主导地位，它们是与经济贫困、社会不安全以及建立在节俭、储蓄防老等观念基础上的文明密切相关的。当法国在"辉煌 30 年"中富裕起来后，比过去多得多的民众有了充实的安全感，那些构成调节机制的传统美德便丢失了。随着社会各阶层权威的弱化，

经济约束感的松弛也导致了社会监督的松懈。如果说这层因果关系的意
义深长，那么在持久遭受经济危机冲击、社会机体发生深刻变化、意识
形态上已失去部分参照系的法国，将会产生怎样的新型社会关系呢？

典范的消失

1978 年让-克洛德吉耶博在《孤儿年代，1968—1978》一书中描绘
了一幅充满着"轻率的神话""破败的信念""战斗失败"的知识界景象，
他的结论是："如果 1978 年春天的时尚是优雅的悲剧主义和'新哲学'，
谁会感到惊讶呢？"事实上，数月前一批年轻的哲学家登上了舞台。从编
年史的角度来看，"新哲学"运动无疑是昙花一现。在同一旗号下集结了
一些所谓思想家，他们的分析往往不着边际，这些人后来的政治轨迹也
显示了这一特征。这批人靠大张旗鼓的媒体宣传才略成气候，更显示出
他们的影响纯系人为炒作。

不过，靠人为炒作起家、瞬息即逝的团体出现却是一个征兆，一种
催化剂。称其为征兆是因为 70 年代法国知识界再次对马克思主义提出质
疑。法国知识界对马克思主义提出质疑并非开始于 1977 年，但因为那时
出现了一批"新哲学家"而显得更加突出，须知这些"新哲学家"几年
前还沉浸在马克思主义思想源泉里不亦乐乎呢。"新哲学"运动不但显示
出一个更广范围的现象，还是该现象中的一个因子，掀起了一场关于极
权主义制度的大辩论。其实辩论本身在它出现之前已经展开，个别成员
只是通过出版几本畅销书，使这场辩论突破知识界的狭窄圈子而扩大到
更广的社会。譬如贝尔纳-亨利·列维的《人面兽行》和安德烈·格卢克
斯曼的《思想大师》两本书的发行量很大。对研究法国知识界现状的分
析家来说，"新哲学"作为征兆和催化剂是首选的观察站，它处于多种思
潮的交汇点上，因此通过它能从源头上了解在 60 年代影响了部分青年大
学生的各种思想。我们又遇到了"一代人"的现象：许多"新哲学家"
在 1965 年前后年龄为 20 岁，1968 年前就读于文科预科班（en khâgne），
后来多数到巴黎高师深造。那时精神分析学家雅克·拉康正在高师开设

著名的课程，大师在课上阐述的论题成为日后"新哲学派"发挥的议题之一。同时，巴黎高师也是法共成员、哲学家路易·阿尔都塞发挥影响的地方，不过他的一些弟子后来转向为毛派；10年后又对中国模式感到失望。在此期间发生了1968年的五月事件，使马克思主义在知识界的影响变得模糊不清。

但是这一代"新哲学家"尤其受到"索尔仁尼琴效应"的影响。因苏联在1956年干涉匈牙利，以及1968年华沙条约组织占领捷克斯洛伐克，苏联的典范早已受到侵蚀，在70年代更进一步地分崩离析。之所以会造成这一现象，《古拉格群岛》一书起了决定性的作用，正如它在其他国家产生了类似的影响。该书第一卷于1974年在法国出版，发行60万册很快售罄。如此大的发行量扩大了该书的影响，不但在知识界而且也触及了较广泛的公众舆论。这本书的影响除了被广泛阅读而传播外，还由于该书的双重意义。一方面，它把斯大林现象与劳改营联系起来。这一点过去也有人指出，但是索尔仁尼琴的书使人们从此不能再回避这个问题。另一方面，苏联政府在剥夺索尔仁尼琴的国籍后，于1974年2月将他驱逐出国，于是令法国舆论界更关注"政治异见者"的命运。《古拉格群岛》最后冲毁了苏联模式，从此，卷入巨浪中的某些"新哲学家"热衷于借题发挥，扩大影响。1975年安德烈·格卢克斯曼发表《吃人者及其厨娘》后写道："古拉格群岛不是'意外事件'，而是与马列主义一脉相承的。"于是辩论涉及意识形态领域。对马克思主义的批评重新激活了对极权主义现象的思考。

与此同时，在60年代曾受到推崇的中国模式也开始被怀疑。对苏联感到失望的法国极左派也不再把中国看作典范。由于在70年代初，中国的影响已超出知识分子的狭小圈子而波及更广范围，因此风向的转变显得更为猛烈。当年有不少法国知识分子作中国之行，"从中国归来"成为一个热门话题；其内容即使不算热门，至少民众都愿意听。这股风引起法国公众舆论的好奇心，他们把注意力越来越多地投向这个世界上人口最多的国家。阿兰·佩雷菲特在1973年发表《当中国觉醒时》一书获得巨大成功便是明证。70 年代末对中国模式的疏远突如其来。其来势之迅速可以从几年内多种因素的汇合来解释。首先是中国经济发展迟缓，令人对一直以来把中国作为第三世界国家发展社会和经济、克服贫穷落后、对外坚持独立、根据贫穷国家现实来发展工业的典范产生了怀疑。在深受第三世界国家吸引的法国知识界，怀疑中国有否能力走出一条发展中国家的独特道路，于是中国失去了部分的同情者。再则在同一时期，中国正开始扩大国际交往，寻求与西方资本主义相互接近，这些在极左派看来都损害了中国的形象。

其他一些替代苏联模式的国家也遭到了不信任。古巴在十年前被称为拉丁美洲的革命中心，后来又因切·格瓦拉为革命事业献身而被光环笼罩，但 70 年代中被光环笼罩的古巴逐渐褪色。古巴因与莫斯科站在一边而受到影响。同时，古巴被揭露在监狱中关押着政治犯而失去了许多法国知识分子的同情。此外，法国知识界与广泛的公众舆论对 1975 年发生在中南半岛的事件感到极大震惊。许多法国人反对美国干涉东南亚，支持越南和柬埔寨的抗美战争，因此对逃离战火的越南"海上难民"的命运极为同情。但是"红色高棉"集团在柬埔寨搞"血腥的乌托邦"被揭发后，人们对某些第三世界国家解放运动的评价急转直下。由于这种种典范（犹如语法上作为动词变位的范例一样）的破灭，从此再不能作为选择革命道路时的借鉴。

结束语

在欧洲其他国家，因长期吸引极左派的"革命典范"倒台引起了恐慌，加上 1968 至 1972 年间"极左"战斗精神遭受挫折，因此转向搞暗杀和恐怖活动。法国极左派没有在政治幻想破灭后走上极端形式的道路。是否因为法国的社会和经济境况比意大利较优越而不同？这种说法无论如何不能解释当时西德的极左恐怖活动。那么社会制度稳定是否起更决定性的因素呢？事实上，西德的政治协调机制运作得相当正常。如果说当年法国的极左派没有走上武装行动的道路，可能是因为知识界氛围的不同。贝特朗·普瓦罗-德尔佩什曾以"文化环境"来解释现象。让-保尔·萨特或许以其全部影响力阻止了极左派走上恐怖主义道路。雅克·拉康或许也间接地发挥了避雷针的作用，他在课堂上说服某些年轻知识分子避免走集体解放的虚妄之路——这种想法总是被某个"大师"所阻拦。此外，人们在这些影响中看到了"新哲学派"运动的一个根源，它在三四年后开花结果，在更广泛意义上成为孕育人权运动的土壤之一。总之，因法国"极左派"的文化底蕴深厚而构成了一道防护墙，致使极左运动最终导向伦理领域，而非实际行动。

不论是否伴有恐怖主义，关于极权制度的辩论以及对"典范"产生怀疑，此两者引起了法国知识界的"哥白尼式革命"。事实上，整个意识形态失去了习惯的参照系，从此，须以另一种方式来审视世界。跨入80年代后，国际关系再度紧张，使苏联模式在法国人心目中丧失殆尽。冷战期后，苏联在第三世界势力的扩张以及它在欧洲舞台上保持核武器和常规武器的优势，不但损坏其形象——民意调查结果显示，1980年仅有24%的法国人认为"苏联是真心想和平的"，而在1975年时持同一看法的还有58%——还令人产生不安，重新感受到在"和平共处"时期已经淡忘了的苏联威胁。埃莱娜·卡雷尔·当科斯的《崩溃的帝国》一时成为畅销书，或许反映了法国人的忧虑心态。

以往几十年中"伟大典范"消失后留下的空白，是否造成1983年被人称为"左派知识分子大沉默"现象的原因呢？有关这一现象的讨论使当年夏季各报刊专栏十分热闹。在此仅指出一点，即这一空白使某些处于边缘的思想潮流进入了法国的意识形态领域。那些五花八门且往往相互矛盾的思想有一个共同点，即它们过去在知识界毫无影响，现在突然间冒了出来。譬如，60年代末诞生的"新右派"显然在左派意识形态危机出现之前就已存在，它在十年后才开始被人议论。当左派的意识形态占统治地位时，人们无法想象"新右派"的一些观点——譬如"遗传的等级""社会精英主义"等——会有任何市场。那么它是否能在法国文化的土壤里真正扎根呢？目前看来这只不过是"孤儿年代"动荡的一个迹象，称不上是一次知识的分化。影响更大、意义更重要的倒是在左、右派的思想交锋中，自由主义思潮在几年里站稳了脚跟。长期来在法国知识界遭排斥的雷蒙·阿隆在晚年得到更多的认同，这一现象具有一定的显示意义。当然在法国思想史上自由主义流派一直存在，但是与英美或德国不同，法国的自由主义在 20 世纪从未成为主流意识形态。相反，人们看到在战后年代中，自由主义流派在法国处于相当孤立的境地，至少在知识界如此。

有利于自由主义滋长的各种意识形态的交锋，不但因为某些"典范"的销蚀而趋于活跃，也使历来泾渭分明的政治视野变得模糊不清。法国几位重要的思想家在 70 年代先后去世，令思想界的模糊局面更为突显。一方面因"典范"消失而希望落空，另一方面丧失了公认的思想大师，法国部分知识分子骤然变为双重"孤儿"。事实上，一年内多位大师出现变故，1980 年初雅克·拉康停止了他的"学派"活动，4 月间让-保尔·萨特和罗兰·巴特相继去世，11 月哲学家路易·阿尔都塞因精神病被送入医院。

左派知识分子"伟大榜样"的退出舞台，左派知识界致力探索新的道路、思考法国社会的深刻变化，以及自由主义思潮在裂缝中冒头等等，这一系列因素使 80 年代初期的法国与其说是出现了黄昏景象不如说是德莱菲斯事件以来多次发生的知识界的脱胎换骨。目前看来，知识界转型的轮廓尚不分明，历史学家只能揭示 70 年代法国知识界的分化和面临的问题，以及 80 年代中期的困惑。我们无法在此推断，只能指出正在进行的知识界辩论中各派分歧，在这场辩论和文化创造中，或许人们正看到人道主义的复兴。将人类及其充分发展作为艺术创造和政治斗争的最终目标是否属于一种新现象呢？或许不是，但是也不得不看到人道主义的价值已逐渐发生了变化。近年来的伟大哲学已揭示出它的某些过时甚至反动的一面——萨特在一次引起轩然大波的演讲中曾宣称"存在主义即人道主义"，而时代精神却得出了人类死亡的结论。抽象艺术捅破了表象，摈弃塑造人物的"新小说"无力对破碎的表象加以修补，贝克特和尤内斯库的戏剧也对此无能为力。35 年后，形象艺术东山再起，小说特别是历史小说强势登台，是否说明人道主义重新获得了尊重呢？总之，它们与政治辩论中捍卫人权的斗争不无关系，人权观念已超越了法国左右两派的传统分歧，深入知识分子的人心。从这层意义上说，让-保尔·萨特和雷蒙·阿隆俩在一次声援越南难民的集会上重逢并以他们的方式结束了几十年来在意识形态上的纷争：第二次世界大战结束以来，象征着法国知识界两派对立观点的两位知识分子在 1979 年 6 月的会面，其象征意义令观察家们刮目相看，事件的重要性或许远远超过了两位当事人的个人关系。

本书法汉译名对照表（人名）

A. Guépin A. 盖潘
Abbon 阿邦
Abel Lefranc 阿贝尔·勒弗朗
Abélard 阿贝拉尔
Acarie 阿卡莉
Adalard 阿达拉尔
Adam de la Halle 亚当·德拉阿勒
Adamov 阿达莫夫
Adolphe Blanqui 阿道夫·布朗基
Adrets 阿德雷
Agricol Perdiguier 阿格利科·佩迪吉埃
Alain Krivine 阿兰·克里维纳
Alain Peyrefitte 阿兰·佩雷菲特
Alain Saint-Ogan 阿兰·圣-奥冈
Alain Touraine 阿兰·图雷纳
Alain-Fournier 阿兰-傅尼耶
Albert Camus 阿尔贝·加缪
Albert de Mun 阿尔贝·德蒙
Albert Einstein 爱因斯坦
Albert le Grand 大阿尔贝神父
Albert Thibaudet 阿尔贝·蒂博代
Alberti 阿尔贝蒂
Alceste 阿尔塞斯特
Alexandre Dumas 大仲马
Alexandre Ⅶ 亚历山大七世
Aliénor 阿丽埃诺
Alphonse Daudet 阿尔丰斯·都德
Alphonse de Châteaubriant 阿方斯·德沙
　托布里昂
Amauri de Bène 阿莫里·德贝纳
Ambroise Paré 安布鲁瓦兹·帕雷
Anacréon 阿那克里翁
Anatole de Monzie 阿纳托尔·德蒙齐
Anatole France 阿纳托尔·法朗士
Andre Siegfried 安德烈·西格弗里德

André Allix 安德烈·阿利克斯
André Breton 安德烈·布勒东
André Burguière 安德烈·比尔吉埃
André Fougeron 安德烈·富热龙
André Gide 安德烈·纪德
André Glucksmann 安德烈·格卢克斯曼
André Malraux 安德烈·马尔罗
André Stil 安德烈·斯蒂尔
Andrea del Sarto 安德烈亚·德萨尔托
Angélique Arnauld 安热莉克·阿尔诺
Angélique de Saint-Jean 安热莉克·德
　圣让
Anne du Bourg 安纳·杜·布尔
Anne 安娜
Annie Kriegel 安妮·克里格尔
Antoine Arnauld 安托万·阿尔诺
Antoine Baïf 安托万·巴依夫
Antoine Ducup 安托万·杜居普
Antoine Godeau 安托万·戈多
Antoine Jacmon 安托万·雅蒙
Antoine Pinay 安托万·比内
Antoine Prost 安托万·普罗斯特
Apollinaire 阿波利内尔
Apollon 阿波罗
Arago 阿拉戈
Aristide Briand 阿里斯蒂德白里安
Aristote 亚里士多德
Armand Peugeot 阿尔芒·珀若
Arnaud de Corbie 阿诺·德科尔比
Arnoul Gréban 阿尔努·格雷邦
Arthur Young 亚瑟·永格
Aubigné 奥比涅
Auguste Comte 奥古斯特·孔德
Augustin Thierry 奥古斯丁·梯叶里
Autant-Lara 奥唐-拉腊

Averroès　亚维侯
Avicenne　亚维森纳
Aymond　埃蒙

Babeuf　巴贝夫
Balzac　巴尔扎克
Barbe Buvée　芭尔贝·布韦
Barbès　巴贝斯
Barbier　巴比埃
Barère　巴雷尔
Barrès　巴雷斯
Baudelaire　波德莱尔
Baudry de Bourgueil　博德里·德布尔盖伊
Bazaine　巴赞
Bazard　巴扎尔
Béarn　贝亚恩
Beaumarchais　博马舍
Beauneveu de Valenciennes　包纳伏·德瓦朗西纳
Bécassine　贝卡西纳
Beccaria　贝卡里亚
Beckett　贝克特
Beethoven　贝多芬
Belin　贝兰
Benjamin Franklin　本杰明·富兰克林
Benoît Malon　伯努瓦·马隆
Benserade　邦瑟拉德
Benvenuto Cellini　本韦努托·切利尼
Béranger　贝朗热（11世纪教区督学）
Béranger　贝朗瑞（19世纪诗人）
Bergery　贝热里
Bergès　贝热斯
Bergson　柏格森
Berlioz　柏辽兹
Bernard-Henri Lévy　贝尔纳-亨利·列维
Bersuire　贝尔絮
Berthelot　贝特洛
Berthollet　贝托莱
Bertrand Poirot-Delpech　贝特朗·普瓦罗-德尔佩什
Bertrand Russell　伯特兰·罗素
Bérulle　贝吕勒
Bibi Fricotin　比比·弗利科坦

Biron　比隆
Bizet　比才
Blake　布拉克
Blériot　布莱里奥
Boccace　薄伽丘
Boèce　波埃斯
Boileau　布瓦洛
Boisrobert　布瓦罗贝尔
Bonald　博纳尔德
Bonaventure des Périers　博纳旺蒂尔·德佩里耶
Boniface Ⅷ　卜尼法斯八世
Bonnard　波纳尔
Boris Vian　鲍里斯·维昂
Borkenau　博克瑙
Bossuet　波舒哀
Bouchard　布夏尔
Boucher　布歇
Boucicaut　布锡考特（14世纪法国元帅）
Boucicaut　布西科（19世纪商人）
Bouhier　布依埃
Bourgès-Maunoury　布尔热-莫努里
Bourget　布尔热
Bouvard　布瓦尔
Branly　布朗利
Braque　布拉克
Bredeau　布雷多
Briçonnet　布里索内
Brissot　布里索
Brunehaut　布吕纳奥
Brunet Latin　布吕内·拉丁
Brunetière　布伦蒂埃
Brunhes　布吕纳
Bucer　比塞
Buffon　布丰
Buonarotti　布奥那罗蒂

Cabet　卡贝
Caillaux　卡约
Caillebotte　卡耶博特
Calderon　卡尔德隆
Camille Sée　卡米耶·塞（19世纪法国政治家）

Camille　卡米耶（高乃依《贺拉斯》中人物）

Campanella　康帕内拉

Canfeld　康费德

Caravage　卡拉瓦乔

Carnot　卡尔诺

Casanova　卡扎诺瓦

Cassandre　卡桑德勒

Castellion　卡斯特利奥

Catherine Ⅱ　叶卡捷琳娜二世

Catherine de Médicis　卡特琳·德美第奇

Caton　加图

Caumery　科默利

Cavaignac　卡芬雅克

Celse　克理索

Cervantes　塞万提斯

Cézanne　塞尚

Ch. Morazé　Ch. 莫拉泽

Ch. Trenet　夏尔·特雷内

Chagall　夏加尔

Chalais　夏莱

Chapelain　夏普兰

Chaptal　夏普塔尔

Chardin　夏尔丹

Charles Ⅶ　查理七世

Charles-Jean-François Hénault　夏尔·埃诺

Charlemagne　查理曼大帝

Charles Ⅱ　查理二世

Charles Ⅴ　查理五世

Charles Ⅵ　查理六世

Charles Ⅷ　查理八世

Charles Ⅸ　查理九世

Charles Ⅹ　查理十世

Charles de Gaulle　夏尔·戴高乐

Charles Fourier　夏尔·傅立叶

Charles Maurras　夏尔·莫拉斯

Charles Perrault　夏尔·佩罗

Charles Vanel　夏尔·瓦内尔

Charles-Louis Philippe　夏尔-路易·菲利普

Charlot　夏尔洛

Charpentier　夏庞蒂埃

Chateaubriand　夏多布里昂

Chimène　希梅娜

Choderlos de Laclos　肖代洛·德拉克洛

Chopin　肖邦

Chrétien　克雷蒂安

Christian Bérard　克里斯蒂安·贝拉尔

Christine de Pisan　克里斯蒂娜·德比尚

Christophe Colomb　哥伦布

Chrysale　克利萨勒

Cicéron　西塞罗

Cinq-Mars　圣马斯

Claude Bernard　克洛德贝尔纳

Claude Bourdet　克洛德布尔代

Claude Debussy　克洛德德彪西

Claude Monet　克洛德莫奈

Claude Morgan　克洛德摩根

Claude Roy　克洛德鲁瓦

Claude Seyssel　克洛德赛塞尔

Claus Sluter　克洛斯·斯吕特

Clémenceau　克列孟梭

Cléopâtre　克莱奥帕特

Clovis　克洛维

Cognac-Jay　科尼亚克-热

Colbert　柯尔贝

Coligny　科利尼

Collucio Salutati　科吕希奥·萨卢塔蒂

Colonne　科洛纳

Combes　孔布

Concini　孔奇尼

Condé　孔代

Condillac　孔狄亚克

Condorcet　孔多塞

Condren　孔德朗

Copeau　科波

Copernic　哥白尼

Coppée　科佩

Corbon　高尔蓬

Cornélius Jansénius　康内留斯·让森

Corot　柯罗

Coton　科东

Courajod　库拉若

Courbet　库尔贝

Cousin　库辛

Cramoinsy　克拉莫瓦齐

Croquart　克罗加

Cupidon　丘比特

Cuvier　居维叶

Cyrano de Bergerac　西拉诺·德贝热拉克

d'Alembert　达朗贝尔

d'Argenson　达尔让松

d'Artagnan　达塔尼昂

Daniel Cohn-Bendit　丹尼尔·科恩-本迪特

Daniel Guérin　达尼埃尔·盖兰

Daniel Mayer　达尼埃尔·梅耶

Danton　丹东

Darlan　达尔朗

Darwin　达尔文

Dauzat　多扎

David Caute　戴维·科特

David de Dinant　大卫·德迪南

de Bourdeille　德布尔代耶

de Canillac　德卡尼亚克

de la Devèze　德拉德韦兹

de Launay　德洛奈

de Lautrec　德洛特雷克

de Lespinasse　德莱斯皮纳斯

de Longueville　德隆格维尔

de Malestroit　德马莱斯特瓦

de Mortsauf　德莫尔索

de Pompadour　德蓬帕杜尔

de Rambouillet　德朗布耶

de Rou　德鲁

de Saci　德萨西

de Saillans　德塞昂

de Sourdis　德索迪斯

de Talleyrand-Périgord　德塔列朗-佩里戈尔

de Tencin　德唐森

de Tour　德图

de Turenne　德蒂雷纳

Degas　德加

Delacroix　德拉克洛瓦

Delcassé　德尔卡塞

Delescluze　德勒克吕兹

Delibes　德利布

Delphine Renard　德尔菲娜·勒纳尔

Demangeon　德芒戎

Denis Papin　德尼·帕潘

Denys　德尼

Deprez　德普雷

Derain　德兰

Des Jardins　德雅尔丹

Diderot　狄德罗

Dienne　迪耶纳

Dimanche　迪芒什

Doletus　多雷图斯

Dom Juan　唐·璜

Domenico del Barbiere　多梅尼科·德尔·巴比埃

Don Quichotte　堂吉诃德

Donat　多纳

Dontenville　东唐维尔

Doon　都恩

Dreyfus　德莱菲斯

Drieu La Rochelle　德里欧·拉罗舍尔

Drumont　德吕蒙

du Bellay　杜贝莱

du Deffand　杜·德芳

Dubuffet　迪比费

Dubuisson Aubenay　杜皮松·奥伯内

Dufy　杜飞

Duguesclin　杜·盖克兰

Dullin　杜兰

Duns Scot　邓斯·司各脱

Dupuy　杜普伊

Durkheim　涂尔干

E. de Martonne　E. 德马托纳

E. Juillard　E. 朱亚尔

E. Labrousse　E. 拉布鲁斯

E. Villermé　E. 维莱梅

Eberhard Jäckel　埃伯哈德耶克尔

Écrasons　埃克拉宗

Ecrlinf　埃克兰

Edgar Morin　埃德加·莫兰

Edgar P. Jacobs　埃德加·P. 雅各伯

Édouard Ⅲ　爱德华三世

Édouard Bourdet　爱德华·布尔代

Édouard Herriot　爱德华·赫里欧

Édouard Michelin　爱德华·米什兰

Ehrenberg　埃伦贝格

Eliott Ness　埃利奥特·内斯

Gaufridy　戈弗里迪

Gauguin　高更

Gautier　戈蒂埃

Gay-Lussac　盖-吕萨克

Geoffrin　若弗兰

Geoffroy　吉奥弗瓦

Geoffroy-Saint-Hilaire　若弗鲁瓦-圣-伊莱尔

George Sand　乔治·桑

Georges Auric　乔治·奥里克

Georges Bernanos　乔治·贝尔纳诺斯

Georges de La Tour　乔治·德拉图尔

Georges Desvallières　乔治·德瓦利埃

Georges Duhamel　乔治·杜亚美

Georges Dumas　乔治·杜马

Georges Friedmann　乔治·弗里德曼

Georges Lefebvre　乔治·勒费弗尔

Georges Méliès　乔治·梅利埃

Georges Ohnet　乔治·奥内

Georges Pompidou　乔治·蓬皮杜

Georges Remi　乔治·雷米

Georges Sorel　乔治·索雷尔

Georgette Auclere　若尔热特·奥克莱尔

Gérard de Nerval　热拉尔·德奈瓦尔

Gerbert　热贝尔

Gerhardt Heller　盖哈特·赫莱尔

Géricault　杰利柯

Gilles Martinet　吉尔·马蒂内

Giotto　乔托

Gischia　吉西亚

Glotz　格洛茨

Godefroy Cavaignac　戈德弗鲁瓦·卡韦尼亚克

Godin　戈丹

Goethe　歌德

Goncourt　龚古尔

Gondi　贡迪

Gontier Col　贡捷·科尔

Goscinny　戈西尼

Gounod　古诺

Gouvion-Saint-Cyr　古维翁·圣-西尔

Greg　格雷格

Grégoire　格雷古瓦

Greuze　格勒兹

Gruber　格吕贝

Guépin　盖潘

Guibert de Nogent　吉贝尔·德诺让

Guillaume Ⅸ　纪尧姆九世

Guillaume Budé　纪尧姆·比代

Guillaume d'Ockham　纪尧姆·德奥克汉姆

Guillaume d'Orange　纪尧姆·德奥朗热

Guillaume de Lorris　纪尧姆·德洛里斯

Guillaume de Machaut　纪尧姆·德马肖

Guillaume Fichet　纪尧姆·菲谢

Guise　吉斯

Guizot　基佐

Gutenberg　谷登堡

H. de Guibert　伊波利特·德吉贝尔

Hamon　阿蒙

Harlay　哈莱

Harlequin　阿勒坎

Haussmann　奥斯曼

Heidegger　海德格尔

Hélène Carrère d'Encausse　埃莱娜·卡雷尔·当科斯

Hélène　海伦

Helvétius　爱尔维修

Henri Ⅱ　亨利二世

Henri Ⅲ　亨利三世

Henri Ⅳ　亨利四世

Henri Ⅴ　亨利五世

Henri Alleg　亨利·阿莱格

Henri Amouroux　亨利·阿穆鲁

Henri Berr　亨利·贝尔

Henri Bordeaux　亨利·波尔多

Henri Brémond　亨利·布雷蒙

Henri de Kérillis　亨利·德凯里利

Henri de Saint-Simon　亨利·德圣西门

Henri Gagnon　亨利·加尼翁

Henri Marrou　亨利·马鲁

Henri Mendras　亨利·孟德拉斯

Henri Michel　亨利·米歇尔

Henri Poincaré　亨利·普安卡雷

Henri Wallon　亨利·瓦隆

Henri-Georges Clouzot　亨利-乔治·克鲁佐

Marat　马拉
Marbode　马尔波德
Marc Allégret　马克·阿莱格雷
Marc Aurèle　马可·奥勒留
Marc Bloch　马克·布洛克
Marc Sangnier　马克·桑尼埃
Marcel Carné　马塞尔·卡尔内
Marcel Pagnol　马塞尔·帕尼奥尔
Marchand　马尔尚
Marconi　马可尼
Marcrinus　马克里努斯
Margot　玛戈
Marguerite de Berry　玛格丽特·德贝里
Marguerite de Navarre　玛格丽特·德纳瓦尔
Marie de Médicis　玛丽·德美第奇
Marie-Antoinette　玛丽-安托瓦内特
Marie-Thérèse　玛丽-泰蕾兹
Marie　玛丽
Marius Gonin　马利尤斯·戈南
Marivaux　马里沃
Marot　马罗
Marrast　马拉斯特
Mars　玛尔斯
Marsile de Padoue　马西尔·德帕度
Martin Kléberg　马丁·克莱贝尔
Martin Nadaud　马丁·纳多
Massenet　马斯内
Massillon　马西永
Masson　马松
Mathiez　马蒂埃
Matisse　马蒂斯
Maugis　莫吉
Maupassant　莫泊桑
Maurice Duverger　莫里斯·迪韦尔热
Maurice Merleau-Ponty　莫里斯·梅洛-庞蒂
Maurice Ravel　莫里斯·拉威尔
Maurice Scève　莫里斯·塞夫
Maurice Thorez　莫里斯·多列士
Max Ernst　马克斯·恩斯特
Max Planck　马克斯·普朗克
Max Weber　马克斯·韦伯

Mayenne　马耶纳
Mazarin　马萨林
Méline　梅利纳
Mélusine　梅吕茜
Mendelssohn　门德尔松
Mermoz　梅尔莫兹
Merrheim　梅尔海姆
Mersenne　梅森
Messance　梅桑斯
Metternich　梅特涅
Meyerbeer　梅耶贝尔
Michael R. Marrus　迈克尔·R. 马吕斯
Michel Crozier　米歇尔·克罗齐埃
Michel Servet　米歇尔·塞尔韦
Michel-Ange　米开朗琪罗
Michèle Morgan　米歇尔·摩根
Michelet　米什莱
Mickey　米琪
Millerand　米勒兰
Millet　米勒
Miniali　米尼亚利
Miró　米罗
Mistral　米斯特拉尔
Moïse　摩西
Molière　莫里哀
Molina　莫利纳
Monatte　莫纳特
Monge　蒙日
Monmousseau　蒙穆索
Montaigne　蒙田
Montalembert　蒙塔朗贝尔
Montespan　蒙特斯庞
Montesquieu　孟德斯鸠
Montluc　蒙吕克
Montmorency　蒙莫朗西
Montorcier　蒙托西埃
Moreri　莫雷利
Morice　莫里斯
Morny　莫尔尼
Morris　莫里斯
Mortimer　莫尔蒂梅
Mounet-Sully　穆内-苏利
Mozart　莫扎特

Pierre Courtade　皮埃尔·库尔塔德

Pierre d'Ailly　皮埃尔·戴利

Pierre de Bourbon　皮埃尔·德波旁

Pierre de Fontaines　皮埃尔·德方丹

Pierre de l'Estoile　皮埃尔·德埃斯托伊勒

Pierre de Lalande　皮埃尔·德拉朗德

Pierre de Lescure　皮埃尔·德莱斯居

Pierre de Vaud　皮埃尔·德伏德

Pierre Francastel　皮埃尔·弗朗卡斯泰尔

Pierre Hamp　皮埃尔·昂普

Pierre Laval　皮埃尔·赖伐尔

Pierre le Grand　彼得大帝

Pierre Leroux　皮埃尔·勒鲁

Pierre Lescot　皮埃尔·莱斯科

Pierre Lombard　皮埃尔·隆巴尔

Pierre Mendès France　皮埃尔·孟戴斯-弗朗斯

Pierre Poujade　皮埃尔·布热德

Pierre Scize　皮埃尔·西泽

Pierre Seghers　皮埃尔·塞热

Pierre Termier　皮埃尔·泰尔米耶

Pierre-Henri Simon　皮埃尔-亨利·西蒙

Pignon　皮尼翁

Pim　皮姆

Pinchon　班松

Pissarro　毕沙罗

Platon　柏拉图

Pline　普林尼

Plutarque　普鲁塔克

Poimbœuf　波安伯夫

Polignac　波利尼亚克

Polybe　波利比乌斯

Polyeucte　波利厄特

Poniatowski　波尼亚托夫斯基

Popeye　波佩

Porchnev　波什内夫

Porphyre　波菲尔

Postel　波斯代尔

Pouget　布热

Poum　布姆

Poussin　普森

Préclin　普雷克兰

Priscien　普利西安

Proust　普鲁斯特

Psyché　普赛克

Ptolémée　托勒密

Puce　普斯

Puvis de Chavannes　皮维·德夏凡纳

Quesnel　凯内尔

Quincy　凯西

Quinet　基内

Quintilien　凯蒂里安

R. Mousnier　R. 穆尼埃

R. Simon　里夏尔·西蒙

R. Thabault　罗热·塔博

Rabelais　拉伯雷

Raimu　雷缪

A. Rambaud　阿尔弗雷德朗博

Rameau　拉摩

Raoul Girardet　拉乌尔·吉拉德

Raphaël　拉斐尔

Raymond Aron　雷蒙·阿隆

Raymond Barre　雷蒙·巴尔

Raymond de Sebonde　雷蒙·德司邦德

Raymond Queneau　雷蒙·格诺

Raynal　雷纳尔

Réaumur　雷奥米尔

Régis Debray　雷吉斯·德布雷

Rembrandt　伦勃朗

Rémusat　雷缪萨

Renan　勒南

Renaudot　勒诺多

René Baehrel　勒内·巴厄雷尔

René Cassin　勒内·卡森

René Char　勒内·夏尔

René Clair　勒内·克莱尔

René Descartes　勒内·笛卡儿

René Martineau　勒内·马蒂诺

René Pintard　勒内·潘塔尔

René Rémond　勒内·雷蒙

Richelieu　黎塞留

Richer　里歇尔

Riemann　黎曼

Rivarol　里瓦罗尔

Scarron　斯卡龙

Schopenhauer　叔本华

Schumann　舒曼

Scudéry　斯屈代里

Sébastien Gryphe　塞巴斯蒂安·格里夫

Séguenot　塞格诺

Séguier　塞吉埃

Seignobos　塞纽博斯

Sénèque　塞内克

Serge Berstein　塞尔日·贝尔斯坦

Serlio　塞利奥

Seurat　修拉

Sévigné　塞维涅

Shakespeare　莎士比亚

Sieyès　西哀士

Siger de Brabant　西热·德布拉班特

Silvio Pellico　西尔维奥·佩利科

Simon de Hesdin　西蒙·德海斯丁

Simon Nora　西蒙·诺拉

Simone de Beauvoir　西蒙娜·德博瓦尔

Simone Veil　西蒙韦

Simone Weil　西蒙娜·韦伊

Sion　西翁

Sisley　西斯莱

Sismondi　西斯蒙迪

Socrate　苏格拉底

Soljenitsyne　索尔仁尼琴

Sophie Volland　索菲·沃兰

Sorel　索雷尔

Spée　斯佩

Spinasse　斯比纳斯

Spinoza　斯宾诺莎

Spirou　斯皮鲁

Spooner　斯普纳

Stace　斯塔提乌斯

Staël　斯塔埃尔

Stanley Hoffmann　斯坦利·霍夫曼

Stendhal　司汤达

Stresemann　斯特莱斯曼

Suétone　苏埃东

Suger　絮热

Sully　苏利（家族）

Sylvestre Ⅱ　西尔韦斯特二世

Sylvie Vartan　茜尔薇·瓦丹

Tabalot　塔巴洛

Tacite　塔西陀

Taine　泰纳

Talon　塔隆

Tannery　唐内利

Térence　戴朗斯

Théodore de Bèze　泰奥多尔·德贝兹

Théophraste Renaudot　泰奥弗拉斯特·勒诺多（17世纪法国报纸发行人）

Théophraste　泰奥弗拉斯托斯（公元前4世纪古希腊哲学家和科学家）

Thérèse d'Avila　亚维拉的德兰

Thiers　梯也尔

Thomas Corneille　托马斯·高乃依

Thomas d'Aquin　托马斯·阿奎那

Thomas Stearns Eliot　T. S. 艾略特

Thucydide　修昔底德

Tilly　蒂利

Tino Rossi　蒂诺·罗西

Tintin　丁丁

Tite-Live　蒂托·李维

Tocqueville　托克维尔

Tolain　托兰

Toulouse-Lautrec　图卢兹-洛特雷克

Trajan　图拉真皇帝

Trembley　特朗布莱

Trévoux　特雷武

Tristan　特里斯坦

Tubi　杜比

Turgot　杜尔哥

Uderzo　于德佐

Urbain Ⅱ　乌尔班二世

Urbain Grandier　于尔班·格朗迪埃

Usbek　伊斯贝克

Valentin　瓦朗坦

Valère Maxime　瓦莱尔·马克西姆

Valéry Giscard d'Estaing　瓦莱里·吉斯卡尔·德斯坦

Valla　瓦拉

Valois　瓦卢瓦

Van Eyck　凡·爱克

van der Meulen　冯·德默伦

Van Gogh　凡·高

Van Robais　冯·罗班

Varlin　瓦尔兰

Varron　瓦隆

Vauban　沃邦

Vaugelas　伏日拉

Velasquez　委拉斯开兹

Ventadour　旺塔杜尔

Vénus　维纳斯

Vercors　韦科尔

Vésale　维萨里

Veuillot　韦约

Victor Considérant　维克多·孔西代朗

Victor Cousin　维克多·库辛

Victor Duruy　维克多·迪吕伊

Victor Griffuelhes　维克多·格利富勒

Victor Hugo　雨果

Vidal de La Blache　维达尔·德拉·布拉什

Vierne　维埃内

Vigny　维尼

Villèle　维莱尔

Villermé　维莱梅

Vincent d'Indy　樊尚·丹第

Virgile　维吉尔

Vitruve　维特鲁威

Viviani　维维亚尼

Vlaminck　弗拉曼克

Voiture　瓦蒂尔

Vulteus　伏尔图斯

Wagner　瓦格纳

Wallenstein　瓦伦斯坦

Watteau　华托

Webb　韦伯

Welser　韦尔瑟

Weygand　魏刚

William Faulkner　威廉·福克纳

Winston Churchill　温斯顿·丘吉尔

Xénophon　色诺芬

Yves　伊夫

Zadig　查第格

Zeus　宙斯

Zig　齐格

Zola　左拉

Zurbaran　苏巴朗

Zwingli　慈运理

本书法汉译名对照表（地名）

Abbeville　阿布维尔

Adriatique　亚得里亚海

Agadir　阿加迪尔

Agen　阿让

Aigoual　艾瓜勒山

Aigues-Mortes　艾格莫尔特

Aire-sur-la-Lys　利斯河畔艾尔

Aisne　埃纳省

Aix　艾克斯

Albi　阿尔比

Alexandrie　亚历山大港

Allier　阿列河

Alpes　阿尔卑斯山脉

Alsace　阿尔萨斯

Amiens　亚眠

Amsterdam　阿姆斯特丹

Andalousie　安达卢西亚

Andrézieux　昂德雷济约

Angers　昂热

Angoulême　昂古莱姆

Anjou　安茹

Annonciade　阿侬西亚德

Antilles　安的列斯群岛

Antioche　安提约

Anvers　安特卫普

Anzin　昂赞

Aquitaine　阿基坦

Ardèche　阿尔代什省

Ardenne　阿登

Argonne　阿戈纳丘陵

Arles　阿尔勒

Arras　阿拉斯

Artois　阿图瓦

Ars　阿尔斯

Asie Mineure　小亚细亚

Assise　阿西斯

Asti　阿斯蒂

Aubin　欧班

Aubusson　欧比松

Auch　欧什

Augsbourg　奥格斯堡

Aurillac　欧里亚克

Austrasie　奥斯特拉吉

Auteuil　欧特伊

Autun　欧坦

Auvergne　奥弗涅

Auxerre　欧塞尔

Auxonne　欧索讷

Aveyron　阿韦龙省

Avignon　阿维尼翁

Avila　亚维拉

Azincourt　阿赞库尔

Bagnolet　巴尼奥莱

Balbigny　巴尔比尼

Bâle　巴塞尔

Balkans　巴尔干半岛

Baltique　波罗的海

Bamberg　班贝格

Barcelone　巴塞罗那

Barrois　巴鲁瓦

Bar-sur-Aube　奥布河畔巴尔

Basse-Alsace　下阿尔萨斯省

Basse-Bretagne　下布列塔尼

Basse-Indre　下安德尔

Basses-Alpes　下阿尔卑斯山省

Bath　巴斯

Bavière　巴伐利亚

Bayeux　巴约

Bayonne　巴约讷

Beauce　博斯
Beaulieu　博略
Beaune　博讷
Beauvais　博韦
Beauvaisis　博韦西
Bec　贝克
Belleville　贝尔维尔
Bergame　培加姆
Berlin　柏林
Bernay　贝尔奈
Berry　贝里
Berzé-la-Ville　贝尔赞城
Besançon　贝桑松
Bessin　贝桑
Béziers　贝济耶
Bièvre　皮埃弗尔河
Bissy-la-Maconnaise　比西-拉-马索内兹
Blebenheim　布雷班汉姆
Blois　布卢瓦
Bobigny　博比尼
Bologne　博洛尼亚
Bordeaux　波尔多
Bourbonnais　波旁（地区）
Bourges　布尔日
Bourg-la-Reine　布尔拉兰纳
Bourgogne　勃艮第
Brabant　布拉班特
Brandebourg　勃兰登堡
Brazzaville　布拉柴维尔
Bresse　布雷斯
Brétigny　布雷蒂尼
Briare　布里亚尔运河
Brie　布里地区
Brinay　布利内
Brou　布鲁
Bruges　布鲁日
Brunswick　不伦瑞克
Burgos　布尔戈斯
Byzance　拜占庭

Caen　卡昂
Cahors　卡奥尔
Calabre　卡拉布里亚

Calais　加来
Cambrai　康布雷
canal de Riquet　里凯运河
Canigou　卡尼古
Cantal　康塔尔
Cantorbéry　坎特伯雷
Carcassonne　卡尔卡松
Carentan　卡朗唐
Carrare　卡拉拉
Cassel　卡塞勒
Castille　卡斯蒂利亚
Catalogne　加泰罗尼亚
Caux　科地区
Cerilly　色里利
Cévennes　塞文山地区
Châlons　沙隆
Chalon-sur-Saône　索恩河畔沙隆
Chambord　尚博尔
Champagne　香槟地区
Champier　尚皮耶
Charentes　夏朗德地区（包括夏朗德和滨
　海夏朗德）
Chartres　沙特尔
Chassy　夏西
Châtillon-sur-Seine　塞纳河畔沙蒂永
Chenonceaux　舍农索
Chinon　希农
Choisy　舒瓦西
Clairvaux　克莱尔沃
Clermont　克莱蒙
Clermont-Ferrand　克莱蒙-费朗
Cluny　克吕尼
Colmar　科尔马
Cologne　科隆
Combourg　孔堡
Combraille　贡布莱伊河
Combrailles　贡布莱伊（地区）
Comtat　贡塔郡
Comté　孔泰
Conques　孔克
Constantine　君士坦丁
Constantinople　君士坦丁堡
Corbeny　科尔贝尼

Corbie　科尔比
Cornouaille　康沃尔
Corse　科西嘉岛
Côte basque　巴斯克海岸
Côte d'Or　科尔多省
Cotentin　科唐坦半岛
Cracovie　克拉科夫
Crécy　克雷西

Dantzig　格坦斯克
Danube　多瑙河
Dauphiné　多菲内
Deauville　多维尔
des îles de la Tyrrhénienne　第勒尼安诸海岛
Dieppe　迪耶普
Dijon　第戎
Dole　多勒
Domrémy　东雷米
Douai　杜埃
Douelle　杜埃勒村
Dunkerque　敦刻尔克
Durance　迪朗斯河

Ébre　埃布罗河
Elbe　易北河
Enghien　昂吉安
Épinay-sur-Seine　塞纳河畔埃皮奈
Ermenonville-Chaalis　埃默农维尔-夏利地区
Escaut　埃斯科河
Espagne　西班牙
Étampes　埃唐普
Eure　厄尔省

Fernay　费尔内
Feurs　弗尔
Figeac　菲雅克
Flandre　佛兰德
Fleurus　弗勒吕斯
Fleury　弗勒里
Florence　佛罗伦萨
Foix　富瓦
Fontenay-le-Comte　丰特奈-勒孔特
Fontenay-sous-Bois　林畔丰特奈

Fontevrault　丰特夫罗
Forez　福雷兹
Fourchambault　富尔尚博
Fourmies　富尔米
Franche-Comté　弗朗什-孔泰
Francheville　弗朗什维尔

Gand　根特
Gannat　加纳
Garonne　加龙河
Gascogne　加斯科涅
Gaule　高卢
Gênes　热那亚
Genève　日内瓦
Génolhac　热诺拉克
Gévaudan　热沃当
Givry　吉弗利
Grenoble　格勒诺布尔
Grétry　格雷特利
Grigny　格里尼
Guadeloupe　瓜德罗普
Guyenne　吉耶讷

Hainaut　埃诺
Hambourg　汉堡
Hanoï　河内
Hanovre　汉诺威
haultes Sévennes　上塞文山地区
Haute-Auvergne　上奥弗涅地区
Haute-Loire　上卢瓦尔省
Haute-Marne　上马恩省
Hautes-Alpes　上阿尔卑斯山省
Haute-Saône　上索恩省
Haute-Savoie　上萨瓦省
Honfleur　翁弗勒尔
Hongrie　匈牙利
Horme　霍尔姆
Hurepoix　于尔布瓦

île-de-France　大巴黎地区
Isère　伊泽尔河
Issoire　伊苏瓦尔
Issy　伊西

Italie　意大利

Jérusalem　耶路撒冷
Jumièges　瑞米耶日
Jura　汝拉山

La Bérésina　拉培雷齐纳
La Coustière　拉古斯蒂埃
La Ricamarie　拉利加马里
La Rochelle　拉罗谢尔
La Haye en Touraine　图赖讷拉海
La Charité-sur-Loire　卢瓦尔河畔拉夏里代
La Haye　海牙
La Lozère　洛泽尔省
La Moselle　摩泽尔省
La Tour du Pin　拉图尔迪潘
Le Chambon-sur-Lignon　利尼翁河畔勒尚邦
La Creuse　拉克勒兹
La Côte d'Azur　蔚蓝海岸
La haute Provence　上普罗旺斯省
La mer du Nord　北海
La mer Noire　黑海
La montagne Sainte-Geneviève　圣女日内维
　耶高地
La Seine　塞纳省
Le Lot　洛特省
Le Nord　北方省
La vallée de Chevreuse　谢夫勒斯谷地
Labourd　拉布尔
Lagny　拉尼
Lahn　兰河
Landau　朗多
Langres　朗格勒
Languedoc　朗格多克
Laon　拉昂
La plaine du Pô　波河平原
Larzac　拉尔扎克村
Lauraguais　洛拉盖
Le Bassin parisien　巴黎盆地
Le canal de Bourgogne　勃艮第运河
Le canal du Centre　中部运河
Le Creusot　勒克勒佐
Le détroit de Messine　墨西拿海峡

Le Havre　勒阿弗尔
Le Mans　勒芒
Le pays de Galles　威尔士
Le Puiset　皮塞
Le Puy　勒皮
Leipzig　莱比锡
Leningrad　列宁格勒
Léon　莱昂
les Landes　朗德
les Rochers　罗歇
Levant　黎凡特
Liancourt　利昂库尔
L'ill　伊尔河
Lieusaint　列安圣
Lille　里尔
l'Île Bourbon　波旁岛
Limagne　利马涅平原
Limoges　利摩日
Limousin　利穆赞
Lisbonne　里斯本
Lodève　洛代沃
Loing　卢万河
Loire　卢瓦尔河
Loiret　卢瓦雷省
Lombardie　伦巴第
Lorraine　洛林
Loudun　卢丹
Lourdes　卢尔德
Louvain　勒芬
Louviers　卢维耶市
Luçon　吕松
Lucques　卢卡
Lunéville　吕内维尔
Lyon　里昂

Mâcon　马孔
Mâconnais　马孔地区
Madère　马德拉
Maillanne　梅拉纳
Main　美因河
Maine　曼恩
Marne　马恩河
Marseille　马赛

Martinique　马提尼克
Massif Central　中央高原
Mayence　美因茨
Mayenne　马耶讷
Mazières-en-Gâtine　马济耶尔-昂加蒂讷
Meaux　莫城
Médina del Campo　梅迪纳德尔坎波
Melun　默伦
Messine　墨西拿
Metz　梅斯
Meuse　默兹河
Mézenc　梅藏克山
Milan　米兰
Milly　米利
Montauban　蒙托邦
Montbrison　蒙布里松
Montereau　蒙特罗
Montlhéry　蒙莱里
Montmartre　蒙马特尔
Montmirail　蒙米拉伊
Montpellier　蒙彼利埃
Montvilliers　蒙维埃
Morée　摩里亚半岛
Moulins　穆兰
Mulhouse　米卢斯
Munich　慕尼黑
Muret　米雷

Nancy　南锡
Nantes　南特
Naples　那不勒斯
Navarre　纳瓦尔
Narbonne　纳博讷
Nérac　内拉克
Neustrie　纳斯特里
Nevers　纳韦尔
Nièvre　涅夫勒省
Nîmes　尼姆
Nohant　诺昂
Normandie　诺曼底
Novgorod　诺夫哥罗德
Nuremberg　纽伦堡

Oberkampf　奥贝康普夫
Odessa　敖德萨
Oise　瓦兹河
Orange　奥朗日
Oranie　奥拉尼地区
Orléans　奥尔良
Othis　奥蒂斯

Palatinat　帕拉蒂那
Palerme　巴勒莫
Palestine　巴勒斯坦
Pamiers　帕米耶
Paris　巴黎
Pas-de-Calais　加莱海峡省
Passy　帕西
Pau　波城
Perche　佩尔什
Périgord　佩里戈尔
Périgueux　佩里格
Pézenas　佩兹纳斯
Picardie　皮卡第
Piémont　皮埃蒙特
Pise　比萨
Plaisance　皮亚琴察
Plombières　普隆比埃
Poitiers　普瓦捷
Poitou　普瓦图
Pontoise　蓬图瓦兹
Potsdam　波茨坦
Prague　布拉格
Prémontré　普雷蒙特莱
Privas　普里瓦
Proche-Orient　近东地区
Provence　普罗旺斯
Provins　普罗万
Pyrénées　比利牛斯山

Quercy　凯尔西

Reims　兰斯
Réunion　留尼汪
Rhin　莱茵河
Rhône　罗讷河

Rif   里夫

Riom   里永

Rive-de-Gier   里沃-德日耶

Roanne   罗阿纳

Rodez   罗德兹

Rome   罗马

Romorantin   罗莫朗坦

Rouen   鲁昂

Rouergue   鲁埃格

Roussillon   鲁西永省

Royat   鲁瓦亚

Saint-Agrève   圣阿格雷沃

Saint-Amour   圣阿穆尔

Saint-Céré   圣塞雷市

Saint-Chamond   圣沙蒙

Saint-Cloud   圣克卢

Saint-Denis   圣德尼

Saint-Domingue   圣多明各

Sainte-Hélène   圣赫勒拿岛

Saint-Étienne   圣艾蒂安

Saint-Germain   圣日耳曼

Saint-Gilles sur le Rhône   罗讷河畔圣吉勒

Saint-Jacques de Compostelle   圣地亚哥-德
    孔波斯特拉

Saint-Loup-de-Naud   圣鲁德诺

Saint-Malo   圣马洛

Saint-Michel   圣米歇尔

Saint-Omer   圣奥梅尔

Saintonge   圣通日

Saint-Pétersbourg   圣彼得堡

Saint-Pierre et Miquelon   圣皮埃尔和密克隆

Saint-Quentin   圣康坦

Saint-Rambert   圣朗贝尔

Saint-Rambert-sur-Loire   卢瓦尔河畔圣朗
    贝尔

Saint-Thierry   圣蒂埃里

Saône   索恩河

Saône-et-Loire   索恩-卢瓦尔省

Saragosse   萨拉戈萨

Sarcelles   萨塞勒

Sarrebruck   萨尔布鲁克

Saumur   索米尔

Savoie   萨瓦

Saxe   萨克斯

Scandinavie   斯堪的纳维亚

Sedan   色当

Seine-Inférieure   下塞纳省

Seine-et-Marne   塞纳-马恩省

Seine-et-Oise   塞纳-瓦兹省

Seine   塞纳河

Senlis   桑利斯

Sens   桑斯

Sétif   塞提夫

Séville   塞维利亚

Sicile   西西里岛

Sienne   锡耶纳

Soissons   苏瓦松

Solignac   索利尼亚克

Sologne   索洛涅

Somme   索姆河

Somme   索姆省

Sommières   索米耶尔

St. Paul   圣保罗

Stockholm   斯德哥尔摩

Strasbourg   斯特拉斯堡

Syrie   叙利亚

Tanger   丹吉尔

Tavant   塔旺

Thèbes   底比斯

Thiers   梯也尔

Thoronet   多罗纳

Thourout   托尔豪特

Tolède   托莱多

Toulon   土伦

Toulouse   图卢兹

Touraine   图赖讷省

Tournai   图尔奈

Tournus   图尔尼

Tours   图尔

Transvaal   德兰士瓦

Troie   特洛伊

Troyes   特鲁瓦

Tulle   蒂勒

Tyrol   蒂罗尔

Utrecht 乌得勒支
Uzès 于泽斯

Valence 瓦朗斯
Valenciennes 瓦朗谢讷
Vaucluse 沃克吕兹省
Vaugneray 沃涅赖
Velay 沃莱地区
Vendée 旺代省
Venise 威尼斯
Vénissieux 韦尼雪
Verdun 凡尔登
Verg 韦尔格
Vermandois 韦尔芒图瓦
Vermenton 韦尔芒通
Verneuil 韦尔讷伊
Vervins 韦尔万
Vézelay 韦兹莱
Vic 维克
Vichy 维希

Vienne 维也纳
Vienne 维埃纳（法国一城市）
Villefranche 维勒夫朗什
Villeneuve-lès-Avignon 阿维尼翁新城
Vincennes 万森
Vistule 维斯瓦河
Vivarais 维瓦赖
Vosges 孚日山脉

Wartburg 瓦特堡
Waterloo 滑铁卢
Weimar 魏玛
Westphalie 威斯特法利亚
Wissembourg 维桑堡
Wittenberg 维滕贝格

Ypres 伊普尔

Zurich 苏黎世